U0503716

国际组织、国际规范、国际公共政策

新动向与新挑战

王逸舟　张小明　庄俊举◎主编

上海人民出版社

序言：期待学术的坚守与拓展

借此机会，我想先就本文集的主题简单谈一点看法，进而就更广泛的议题——国际关系研究百年，把自己近期的思考与读者分享，期待更多的争鸣与探讨。

首先，第十一届全国博士生论坛，聚焦的是与国际组织和公共政策相关的规范和制度问题。

国际组织、国际公共政策特别是国际规范的研究，近些年成为中国国际关系学界探讨的重点之一。原因之一是国际规范领域出现了新情况和新问题，研究界渴望分析产生这些情况和问题的原因，找到应对它们的办法。例如，随着美国特朗普政府的不断“退群”，一些国际组织遇到了各种困难（如财政方面）和压力（如单边主义的诉求），若干国际规范似乎在削弱和退化，以联合国为中心和代表的国际组织体系遭遇结构性挑战。那么，许多重大规范的进一步弱化乃至分崩离析是可能的前景吗？还是说它们只是某种“钟摆效应”？国际机制和法律的全球大网遇到的麻烦，是否会加剧各国的保护主义政策、激化民族主义和孤立主义情绪？在国际规范的复杂演进和互动的下一阶段，可能给理论工作带来哪些新鲜线索，比如分析工具与思路的重新选择？历史告诉人们，理论的丰富与升华，总是伴随危机的演化或问题意识的强化。现在的局面也许是新一代理论工作者的良机。另一个原因是中国自身发展新阶段的需求。中共十八大特别是十九大以来，在习近平新时代大国外交思想和战略的推动下，中国在国际事务上更加活跃；海外利益的扩大和全球责任的加重，促使中国比从前更加重视各种国际组织、法律和规范。何况，所有人都能看到大洋彼岸那个超级大国的“卸任”态度，给这边的新兴大国带来了反向激励。国内外的各种条件，似乎给中国在全球制度安排的新一轮进程中发挥更大作用提供了便利。中国年青一代研究者，也因此变得更加雄心勃勃、富有进取心。从这本文集内收录的各篇论文中，清晰可见新的大国意识、全球责任感、更加开阔的视野与好奇心。作为一个过来人，我能感受到不太一样的氛围与心情。时代确实不同了。特别须提醒，从前期的研讨到后期的成稿，我们既可看到年轻学者的进步，又能看到不足。比如提炼论文主题、寻找最佳案例、推敲逻辑环节、得出创新结论等方面，本文集不少作品仍存在打磨余地。我相信，只要抓住问题不放，做持续的努力和改进，三五年、七八年之后，年轻作者就会崭露头角，在专门的领域和问题上有发言权。

其次，在国际关系学诞生百年之际，我在不同的场合反复提出一个论点：国际关系学人须更加重视“科学-艺术-人文”三位一体的研究视角，大力拓展新鲜有趣的课题。

首先要观察“科学意义上的国际关系学研究”。

科学的国际关系学是国际关系研究的支柱，支撑着学科前进，推动着国际关系研究不断朝着规范化和专业化方向发展。科学的国际关系学研究是指用现代科学的学科方法、理论工具和评价标准进行国际关系研究。科学的国际关系研究要求得出确定的规律性结论，并且研究过程经得起重复检验，因此，这种研究在认识论和方法论意义上具有浓厚的科学研究色彩。回顾西方国际关系学的学科发展历史，以20世纪60年代历史主义与科学主义之间的“第二次大辩论”为标志，国际关系研究的科学方法逐步取代古典的历史人文研究方法，成为学科发展的主流。具体表现为此后一代又一代学者使用科学方法对“国际关系规律”展开探索与争鸣。尽管这些研究关注的问题层次、议题焦点与工具方法不尽相同，但它们都对探索国际互动中的规律有着强烈的学术冲动，并且在研究方法上呈现出向自然科学靠拢的趋势。正是得益于国际关系研究与科学研究的对话，当代国际关系学才得以与时俱进、不断发展。对策化、机械化和技术化是当前我国国际关系研究面临的主要问题。首先，国内国际关系研究议题的局限性较大，多数聚焦与中国有关的热点问题，对世界其他地区问题的关切不够。尽管国际关系的研究议题愈发多元，但学术界对政策性问题更为青睐，国际关系研究与外交政策研究在我国呈现合流的趋势。即便研究者有良好的科学研究素养，在政策驱动下，权力现实主义难免成为主导的思维方式，研究的深度和广度被不断压缩，研究者探求真理的韧性与耐心也逐渐减少，国际关系学的发展面临“失焦”困局。其次，机械化和碎片化的研究较多，国际关系研究中的低水平重复现象严重，学科发展缺少知识社会学意义上的进步。国际关系学的发展不应该止步于技术的改进、经费的增加、招生数量的扩展和课题项目的增多，更应该着眼于知识的增长。要考察是否出现了新的研究范式或思想方法，是否开辟了新的研究空间或研究议题，某个次级学科的发展是否对其他次级学科起到了带动作用等等。最后，国际关系学在变得更加国家化、政府化和对策化的同时，“人”显得越来越模糊，研究成为“去人化”的技术生产。科学的国际关系研究并不等同于研究黑暗、丑陋、算计和博弈，更要看到它的真善美，看到人的面孔和色彩，科学的国际关系学应该真正建立在对人的研究之上。做好科学的国际关系研究要求我们紧跟科学发展前沿、不断创新，明确知识的更迭方向，搭建知识对话的平台。第一，科学研究的生命力在于不断创新，尤其是研究范式的更新、方法的更新和思想观念的创新，而不是执着于金钱和招生人数的简单增长，更不是抱残守缺，排斥新的技术。科学的国际关系研究只有紧跟科学发展前沿，从最新的自然科学与社会科学发展中汲取养料，才能够充满活力。第二，粗放的、数量带动的国际关系研究无法带来学科整体知识的增长，科学的国际关系研究应当是知识引导型的。而知识进步的兴奋点和知识进步的方向则关乎国际关系研究未来道路的选择。无论我们采取何种策略作为知识进步的方向，目标都在于避免碎片化、机械化和应激式的重复研究。第三，科学的国际关系研究要有知识对话和交流的平台。不同的议题一定存在某种知识上的通约，例如，彼此之间有共同的话语体系，不同的方法论之间可以产生火花，思想能交流延伸和互动。

其次来说说“艺术性质的国际关系学研究”。

如果将科学的国际关系学比作人类的右脑，主导着理性思维，那么，艺术的国际关系学便是人类的左脑，是国际关系研究中创造力和想象力的源泉，也是研究中新动向、新方法和新增长点之所在。艺术的国际关系研究是指在国际关系研究中借鉴艺术领域的学科思维、工具方法与审美策略，最大限度地激发研究者的想象力和创造力，在增添研究趣味的同时，拓展研究视角，展现国际关系中更具色彩的一面。然而，在国际关系与艺术的跨学科研究中，对艺术和艺术性思维的关注仍然处于边缘地位，国际关系中的艺术议题仍然从属于权力政治逻辑，艺术被简单等同于国家宣传工具或是权力意志表达。国际关系的学者之所以回避艺术问题，究其原因有两点：第一，艺术具有较强个体性和瞬时性特征，研究者很难对艺术的“文本”进行准确解码，以满足科学的研究需要；第二，国际关系学者深感自己缺少有关艺术的专业技术知识，他们觉得对艺术议题的研究最好留给专业人士。鉴于此，增强艺术修养，学习相关知识，同时大胆涉足艺术议题是解决困境的最好方法。艺术和国际关系并非两条平行线，也非从属关系，它们不仅在研究议题上有着广泛的交集，更在研究方法上存在可供相互借鉴、相互补充的内容。当前，三大类议题占据了作为艺术的国际关系研究的舞台中心。第一，艺术和国家想象、国家建构之间的关系。艺术和国家想象之间联系紧密，艺术不仅是对不同时期社会意识形态与大众心理的再现，还隐微地反映着特定社会语境下主流政治叙事和日常生活中政治实践之间的张力。国家建构和主权确认，以及公众对主权的想象都无法绕开艺术话题。第二，艺术作为透视政治关系的独特视角。这类研究不再将艺术视为与政治无关的审美活动，转而关注它们实际卷入的复杂国际关系，通过解读艺术隐含的主权叙事，深刻反思全球化背景下不同人种、文化与文明遭遇的种种偏见，其中对博物馆和国家间权力关系的探讨便是一例。第三，失窃文物的跨国追索与艺术品的跨国保护。失窃文物的跨国追索不仅涵盖国际合作、国际规范、跨国犯罪、去殖民化等国际关系议题，还牵涉艺术史、考古学、文物保护、文化产业等相关学科，而艺术品的跨国保护问题更是从艺术角度直击国际关系研究中的主权问题。可见，艺术对于国际关系不再是一个无关紧要的话题，它已经成为国际关系研究的一项“构成性制度”，同权力、利益、信念等基本概念一样，艺术连同它所指涉的艺术创作、艺术体验和艺术表达一起成为形塑国际关系的重要力量。

用艺术思维审视国际关系现象，并尝试重构研究者的世界，艺术的国际关系研究将为科学的国际关系研究注入更多想象力和创造力。近年国际关系学掀起了一阵“美学转向”之风，这些研究一方面批评了国际关系研究对艺术领域的忽视，另一方面则借用艺术与美学领域的认识论与方法论挑战传统的国际关系学科假设。从艺术的角度看，仅仅采用科学的方法，通过实证主义、经验主义解读国际关系并不能准确、全面地揭示国际互动的本来面目，因为这种认识框架将人的情感与冲动排除在外。只有辅之以感性的视角，透过艺术的、情绪性的表达凝视国际关系，才能够更好地还原被科学方法所过滤掉的事实真相。

在此基础上，大致有三个方向可以作为艺术的国际关系学研究的切入点。第一，将艺术视为国际关系的构成性要素，关注情感与艺术共同建构的国家忠诚和国家边界问题。第二，将艺术作为国际关系的研究客体，关注艺术品内涵的社会转型和其中隐含的主权要求。具体而言，“艺术-认同-主权”“艺术-人权-正义”与“艺术-宗教-主权”问题可供探索。第三，将艺术视为自足的国际关系概念，关注“艺术的”研究视角，尤其是全球化浪潮中的“艺术主权”与“艺术反抗”。艺术就是艺术本身，它自己就是参与国际关系的实体，它不需要依附任何现有的国际关系知识体系。对于艺术而言，它能够传达超越过国界的价值观念，能够表达并沟通持有不同观念的群体之间的政治意见，它既可以表达民族团结，又可以宣扬民族自治，既可以抚平战争的创伤，又可以为流离失所的平民提供精神慰藉。如果我们能够接受这一点，国际关系研究的空间将被大大拓展。

最后来看看“人文的国际关系学研究”。

人文的国际关系学是国际关系研究的灵魂，将人置于国际关系研究的核心地位，将人“大写”是人文的国际关系研究的内涵所在。“关系”是国际关系学研究的落脚点，而人又是关系的核心，研究国际关系的本质是对“人”这个概念的深度考察和终极关怀。无论是科学的国际关系研究还是艺术的国际关系研究，它们的技术性和工具性色彩都更为突出，研究中的温度、草根视角、对人性的关怀和对人性的比较难免不足。国际关系不是单纯的物理关系，也不是可以完全模型化的数量关系，它是各种群体之间的关系，包括人的群体、部族的群体、社会不同阶层的群体、非政府组织的群体，以及跨国的群体。在研究这些群体的关系时，我们不能被“大我”遮蔽，不能将眼光局限在整体性思维之中，不能只看到大国博弈和利害冲突。人文的国际关系研究强调我们在“以邦观邦，以天下观天下”的时候，更要做到“以身观身，以家观家”，以人的好恶和人性的特点去识别、比照、研究“最小的国际关系”。将对他者的关切丰富起来，着眼于对其他民族、国际社会、群体境遇的体察，重拾国际关系研究中的“温度”。人文的国际关系研究旨在告诉我们什么是人，何以为人，什么是人的精神与价值。王缉思教授曾经指出，安全、财富、信仰、公正与自由是世界政治的终极目标，而这些终极目标的背后都闪现着“人”的身影，因为它们都关乎“人”的价值实现、保护和发展。对权力、利益、偏好、身份的研究最终要考虑到如何促进人的福祉，如何尊重人的本体性地位，如何透视国际社会对人的物化与异化。人文的国际关系研究不只关心和平与战争的原因，还思考如何减少因战争冲突而带来的死伤；不只关心跨国公司、国际组织与主权国家之间的互动博弈，更思索如何在全球化进程中增进个体的生活质量水平；不只关心族群认同和边界冲突，还讨论如何减少社会成员的焦虑感与不安全感。仅用单一的国家尺度、战争尺度和外交尺度是无法充分理解国际关系的，过度机械化、政治化、国家主义化的研究路径无疑会缩小我们的研究视野，使国际关系研究失去哲学意义上的崇高感。正如英国学派的一位学者所说，“这些看上去闪闪发光的科学模型，就像在夜深人静的时候仰望星空，是那么明亮，但同时又是那么孤冷。我们还需要一件温暖的外套，一件人文的外套”。科学的和艺术的国际关系研究最终都要落脚于人文的国际关系研究，要时刻秉持人文关怀，从更低但更坚实的角度开展研究。在人文的国际关系研究中，人居于中心位置，因而我们在关注宏大叙事的同时，不妨适当地回落研究层次，关注日常生活中的国际关系现象，回归对人的体察。首先，这种日常生活研究关注寻常之中的不寻常，要求对日常事务进行批判与祛魅，剥去传统国际关系研究设定的外衣，探索理解人、事、物的另一种可能，最终为被压迫、被边缘化的个体发声。其次，日常生活研究有着更丰富的理论工具箱，通过考察观念史、心态史、社会风俗史来研究国际关系，这种年鉴学派式的结合了社会学、人类学、民俗学、历史学的研究思路将有助于增加国际关系研究的厚度和深度。最后，人文的国际关系研究强调视角转换，研究思路不再是自上而下，而是自下而上。也许这种日常生活研究并不能为我们带来政策建议，但它能够说明甚至预示某项政策施行的后果，它也许不完全符合理性选择，但却是对理性选择结果的最好注释。

我的结论是，尽管科学、艺术和人文在当前的国际关系研究中隔阂重重，但我们务必要寻求一条解决之道，使真、善、美三者能够恰如其分地融合于研究之中，让国际关系学兼具严谨与秩序、趣味与洞见、温度与情怀。做好三位一体的国际关系研究，未来需要的不仅是智慧与洞见，更是持之以恒的韧性和博大宽广的胸怀。期待学术的坚守，期待更大的进步！

“全国国际关系、国际政治专业博士生学术论坛”是我国研究生教育创新工程项目之一，由国务院学位委员会办公室和教育部学位管理与研究生教育司共同发起，迄今已经成功举办11届。论坛旨在为全国国际关系、国际政治专业优秀青年学子提供深度学术交流平台，畅谈立足时代、放眼世界的学术思想，畅谈学问之道、共促学科发展。本届论坛由北京大学国际关系学院、华侨大学国际关系学院和《国际政治研究》编辑部共同主办、华侨大学心理文化学研究所承办，并得到北京大学研究生院“研究生教育创新计划”资助。本届论坛共收到境内外 24 所高校及科研院所的在读博士研究生论文 77 篇，最终共有 33 篇论文通过学术委员会的匿名评审并获得参会资格。本书即由这些论文择优辑录而成，部分文章已经刊发在《国际政治研究》等杂志。

本届论坛的召开得到国际政治研究领域诸多学者的支持和帮助，外交学院外交学系牛仲君副教授、华侨大学国际关系学院王秋彬教授、王冠玺教授、游国龙副教授、陈琮渊副教授，以及北京大学国际关系学院的节大磊副教授、项佐涛副教授、祁昊天助理教授、刘莲莲助理教授和许亮助理教授等学者对论文进行了认真的评审和深入细致的点评。《国际政治研究》编辑部编辑王海媚、华侨大学心理文化学研究所工作助理林秋双、北京大学国际关系博士生刘舒天、张豫洁、杨芳菲等同学为本届论坛的召开付出诸出努力，在此一并表示衷心的感谢！

王逸舟

目　录

国际规范研究

国际组织研究

中国政府性非政府组织参与全球治理的内外关系网络分析

——以中国扶贫基金会为例

刘晓伟*

通过填补服务空白、推动创新、塑造公众舆论和社会变革，非政府组织成为全球治理中不可或缺的一环。①《国际组织年鉴 2017/2018》显示，全球共有国际性组织 69 340 个，其中，国际非政府组织 61 628 个，占比高达 88.96%。②中国参与的国际非政府组织有 4 457 个，落后于美国（9 794 个）、日本（6 425 个）和印度（5 782 个）等国家，排在第 34 位。③根据瑞士非政府组织全球日内瓦（Global Geneva）发布的 2015 年全球非政府组织 500 强所在国的国家占比排名，依次为美国（占比 26%）、英国（占比 9.2%）、瑞士（占比 6.6%）、印度（占比 6.2%）、日本和荷兰（占比 3.6%）。④同时，中国严重缺乏本土发育的国际非政府组织。截至 2017 年底，全国共有非政府组织 76.2 万个，其中，各类基

---

* 刘晓伟，北京大学国际关系学院博士生。

① 非政府组织 Nexus 官网，http://www.theglobaljournal.net/group/ngo-nexus/about/，最后访问时间 2019 年 1 月 14 日。

② Union of International Associations，"Number of International Organizations by Type，" *Yearbook of International Organizations 2017—2018：Guide to Global Civil Society Networks*，Edition 54，Brussels，Belgium：Brill/Martinus Nijhoff Publishers（Leiden/Boston），https://uia.org/yearbook，最后访问时间 2019 年 1 月 14 日。

③ Union of International Associations，"Country Participation in International Non-governmental Organizations by Numerical Ranking，" *Yearbook of International Organizations 2017—2018：Guide to Global Civil Society Networks*，Edition 54，Brussels，Belgium：Brill/Martinus Nijhoff Publishers（Leiden/Boston），https://uia.org/yearbook，最后访问时间 2019 年 1 月 14 日。

④ The Global Journal，"The New 2015 Top 500 NGOs Is Out，" 4th February 2015，http://www.theglobaljournal.net/article/view/1171/，最后访问时间 2019 年 1 月 14 日。

金会 6 307 个。①然而，在如此庞大的非政府组织体系中，涉外非政府组织屈指可数。在一个国家边界模糊、全球性问题频发的时代，缺乏以非政府组织为代表的非国家行为体会对我国参与全球治理、提升软实力和影响力形成掣肘。

随着“人类命运共同体”和“一带一路”倡议等落地，以政府性非政府组织为代表的不同领域的非政府组织开始超越传统的限于“请进来”的内向国际化水平，尝试通过长期海外公益项目和设立国家办公室等举措更深层次地参与全球治理进程。但是，与西方相比，作为国际化先行者的中国政府性非政府组织从一开始就不是自主选择和自然发展的组织行为体。因此，其参与全球治理的方式和影响因素也具有特殊性。

一、既有研究回顾

（一）政府性非政府组织

政府性非政府组织经常被称为“自上而下”组织起来的非政府组织或“官办社团”。此类组织政府性质比较强，体现在它的决策、财权、人事、职能设定、组织目标等方面，正式或非正式地遵循着行政程序或政府的意志。与西方不同，在中国的非政府组织中，政府性非政府组织处于主流地位，这类组织是 20 世纪 80 年代以来政府体制改革的背景下建立和发展起来的，是政府职能转移的产物。

为了更清晰界定研究对象，本文根据规范意义上“是否需要在民政部登记”，将“自上而下”的非政府组织分为两类：其一，参加中国人民政治协商会议的八大人民团体和由国务院机构编制管理机关核定的二十多个群众团体。这些组织是《社会团体登记管理条例》第三条规定的免于登记的组织，②属于准行政机构，具有党政特殊职能。其二，在不同程度上由业务主管部门发起、以民

① 民政部：《2017 年社会服务发展统计公报》，http://www.mca.gov.cn/article/sj/tjgb/201808/20180800010446.shtml，最后访问时间 2018 年 10 月 28 日。

② 其中团体、企业事业的“单位内部团体”也是无需登记的。《社会团体登记管理条例》（1998 年 10 月 25 日中华人民共和国国务院令第 250 号发布，根据 2016 年 2 月 6 日《国务院关于修改部分行政法规的决定》修订），http://www.gov.cn/gongbao/content/2016/content_5139379.htm，最后访问时间 2018 年 10 月 28 日。

政部为登记机构的社会组织。此类组织由政府部门或政府人员发起成立，原始基金的全部或大部分来自政府的一次性投入或行政募集，人事权尤其是组织领导人的任免具有明显的行政机制等。此类组织是“自上而下”类组织的主体组成部分，且内部差异巨大，在“国际化”探索中属于先行先试的力量。因此，它们是本文讨论的主要对象。

政府性非政府组织以政府公共服务职能的承接者和替代者的身份出现，扮演着政府协助者的角色。但是，随着改革开放和市场经济的发展，国家和社会逐渐分离，中国进入“后全能社会”。这种转型赋予政府性非政府组织一定的自由发展空间和自由发展资源。而且，政府对社会组织自行发展和行政“脱钩”的倡导也在相当程度上使政府性非政府组织重新定位自己并寻找新的发展道路。在此过程中，一些有国际视野的政府性非政府组织便开始尝试“走出去”和探索参与全球治理的路径。

（二）非政府组织参与全球治理

全球治理，即为了解决不断出现的跨界政治问题，不同层次的行为体通过合作来维持正常的国际秩序。①学术界对于政府性非政府组织参与全球治理着墨不多，我们可从学者对非政府组织的研究中汲取营养。

首先，在参与全球治理的合法性方面，安东·维德（Anton Vedder）指出，非政府组织的合法性是一个多维度和多层次的概念，既包括组织在整体方面的所有活动的合法性，也包括特定活动的合法性，称之为“属性合法性”（dispositional legitimacy）和“发生合法性”（occurrent legitimacy）。此外，他通过管理（regulatory）、道德规范（moral normative）和社会（social）三个维度来表述非政府组织合法性的内涵②——符合规则与道德准则和价值观相关的道理，得到相

① 关于全球治理的定义研究参见 Lawrence S.Finkelstein，“What is Global Governance，” *Global Governance*，Vol.1，No.3，1995；James N.Rosenau，“Governance in the Twenty-first Century，” *Global Governance*，Vol.1，No.1，1995；Oran R.Yong，*Global Governance*：*Drawing Insights from the Environmental Experience*，MIT Press，1997；俞可平：《全球治理引论》，载俞可平主编：《全球化：全球治理》，北京：社会科学文献出版社 2003 年版；Peter Willetts，*Non-Governmental Organizations in World Politics*：*the Construction of Global Governance*，Routledge，2011。

② 在运用这三个维度说明非政府组织正当性之前，作者指出直接将这套用于国家的标准套用到非政府组织可能是欠考虑的。

关对象的认同并可以代表之。①维维恩·科林伍德（Vivien Collingwood）和路易斯·罗基斯特（Louis Logister）提出非政府组织合法性的七个来源：程序、大众支持、效力、国际规范、道德、公认和代表性，但是合法性也面临着挑战，如非政府组织怎样推动自身议程来影响国家行为、如何在发展有效的工作关系和网络的同时，保持自身的身份和特定的关切，以及在何种程度上遵循国家和国际层次的标准等。②中国学者邓国胜等认为中国非政府组织参与全球治理的合法性可以从外部的战略视角出发，围绕身份合法性、行为合法性和结果合法性三个维度展开。③

其次，在参与全球治理的作用方面，1997 年，史蒂夫·查诺维茨（Steve Charnovitz）将国际非政府组织参与全球治理历程分为七个历史阶段，并总结了国际非政府组织参与全球治理的十个方面的作用。④肯尼亚学者芭芭拉·格米尔（Barbara Gemmill）和尼日利亚学者阿宾博拉（Abimbola Bamidele-Izu）在研究非政府组织的全球环境治理时，指出非政府组织的治理角色和治理模式是多元的，其新形式的参与已经改变国际环境的决策本质，一定程度上决定了治理结构的完整度和全球决策的正当性。⑤非政府组织作为独立于其他国际行为体的政治力量，催生了新的政治和外交领域。改变了传统的国家权力结构模式和外交治理体制，使世界政治的多元化特征更加明显。⑥同时，非政府组织通过将某些

① Anton Vedder, "Questioning the Legitimacy of Non-Governmental Organizations," in Anton Vedder ed., *NGO Involvement in International Governance and Policy*: *Sources of Legitimacy*, London · Boston: Martinus Nijhoff Publisheres, 2007, pp.6—10.

② Vivien Collingwood and Louis Logister, "Perceptions of the Legitimacy of International NGOs," in Anton Vedder ed., *NGO Involvement in International Governance and Policy*: *Sources of Legitimacy*, London · Boston: Martinus Nijhoff Publishers, 2007, pp.30—52.

③ 王杨、邓国胜：《中国非政府组织参与全球治理的合法性及其行动策略：以中国非政府组织参与海外救灾为例》，载《社会科学》2017 年第 6 期，第 17—18 页。

④ Steve Charnovitz, "Two Centuries of Participation: NGOs and International Governance," *Michigan Journal of International Law*, Vol.18, No.2, 1997.

⑤ Barbara Gemmill (Kenya) and Abimbola Bamidele-Izu (Nigeria), "The Role of NGOs and Civil Society in Global Environmental Governance," in Daniel C.Esty and Maria H.Ivanova eds., *Global Environmental Governance*: *Opinions & Opportunities*, Yale Center for Environmental Law & Policy, 2002, pp.6—7, 19—20.

⑥ 宋渭澄：《联合国体系下非政府组织及其国际政治效应》，载《国际论坛》2003 年第 2 期，第 10 页。

国内政治问题国际化，在诸多政策环节嵌入了民众关注，从而强化了国家形象和声誉因素在国际政治中的作用。①具体来讲，非政府组织在全球治理中主要扮演以下角色：知识和信息的传播者、政策制定的参与者、政策或协议的监督者、国家社会化过程中的教化者②（即“带来促进全球治理道德性和民主合法性的价值观和声音”③）和国际机制的推动者。④

当然，非政府组织参与全球治理也存在诸多困难。除了组织的结构性制约⑤外，非政府组织在国际法和国内法层面都缺乏合法性：一是由于非政府组织合法性主要是由注册国国内法来规定，并没有通行于国际的统一法律。二是由于各国法律的差异性和国家意图的多样性，在一国合法的非政府组织可能在别国会被当成非法组织。加之国家内部可能出现的非政府组织立法体系不完善状态，这对于非政府组织开展国际活动造成一定的障碍。此外，非政府组织一般掌握的资源少、专业人员缺乏、对官方援助的依赖使其面临被政府议程“吸收”和独立的社会基础被侵蚀的危险。⑥正因存在以上掣肘，才使得构建以非政府组织为核心的内外关系网络至关重要。

（三）关系网络与全球治理

非政府组织参与全球治理是一个动态而复杂的实践过程，在此过程中，非政府组织需要与诸多国际、国内的行为体产生互动关联。因此，学者试图借鉴

① 刘贞晔著：《国际政治领域中的非政府组织：一种互动关系的分析》，天津：天津人民出版社2005年版，第281页。

② 刘贞晔：《国家的社会化、非政府组织及其理论解释范式》，载《世界经济与政治》2005年第1期，第26页。

③ Jan Art Scholte, “Civil Society and the Legitimation of Global Governance,” *Journal of Civil Society*, Vol.3, No.3, 2007, p.305.

④ 吕晓莉：《全球治理：模式比较与现实选择》，载《现代国际关系》2005年第3期，第11页。

⑤ 朱迪思·德勒指出，非政府组织的成功很多情况下源于其小型化和地区化，一旦扩张就难以确保成效。所以在扩展项目或宣传经验方面，非政府组织有一种特定的结构无能。参见Judith Tendler, “What Ever Happened to Poverty Alleviation?” *World Development*, Vol.17, No.7, 1989, pp.1042—1043。

⑥ Michael Edwards and David Hulme, “Introduction: NGO Performance and Accountability,” Michael Edwards and David Hulme eds., *Beyond the Magic Bullet: NGO Performance and Accountability in the Post-Cold War World*, Kumarian Press Inc, 1996, p.4.

跨国关系与社会网络等分析方法对非政府组织参与全球治理进行解读。

跨国关系，指跨越国家边界且不受中央政府的外交政策机构控制的联系、联盟和互动。①1995 年，托马斯·里塞-卡彭（Thomas Risse-Kappen）提出了跨国关系分析框架，强调国家和跨国行为体的互动，并认为国内结构和国际制度共同决定跨国行为体和跨国联盟的政策影响程度。②从跨国关系角度思考非政府组织及其形成的网络对国家政策的影响大有裨益。国内结构、国际制度和跨国行为体之间的影响从来不是单向关系，它们之间的复杂多向性互动加速了包括以非国家行为体为主要角色的国际社会的逐渐形成，以及非等级制的国际体系对传统国际体系的取代。此外，多罗西娅·希尔霍斯特（Dorothea Hilhorst）从经验性角度，通过对非政府组织日常政治（everyday politics）的跟踪研究，认为非政府组织与地方、国际行为体和全球环境的互动是影响其形成、价值观和实践活动的重要因素。而且，这种互动也对非政府组织内部的政治权力和合法性产生影响③。

威廉姆·德马斯（William E. DeMars）和丹尼斯·迪吉克祖尔（Dennis Dijkzeul）认为通过结伴（partnering）和“搭桥”（bridging），非政府组织形成了一个宽松且多样的国际机制化网络。④非政府组织的效力是在和其他同类组织、公共领域和私有领域的行为体之间形成的网络中产生和呈现出来的。⑤玛格丽特·凯克（Margaret E.Keck）和凯瑟琳·辛金克（Kathryn Sikkink）认为这是一个由相关行为体组成的，以共同的价值观和道德理念为核心，经过深度的信息交流和服务而凝聚起来，就某个议题进行国际活动的网络。⑥“倡议”表明这些

① Joseph S. Nye，Jr. and Robert O. Keohane，“Transnational Relations and World Politics：An Introduction”，*International Organization*，Vol.25，No.3，Summer 1971，p.331.

② Thomas Risse-Kappen，“Bringing Transnational Relations Back in：Introduction，” Thomas Risse-Kappen ed.，*Bringing Transnational Relations Back in*：*Non-state Actors*，*Domestic Structures and International Institutions*，Cambridge University Press，1995，pp.5—7.

③ Dorothea Hilhorst，*The Real World of NGOs*：*Discourses*，*Diversity and Development*，London/New York，Zed Books Ltd.2003，p.4.

④ William E. DeMars and Dennis Dijkzeul，“Introduction：NGOing，” in William E. DeMars and Dennis Dijkzeul eds.，*The NGO Challenge for International Relations Theory*，London and New York：Routledge，2015，p.5.

⑤ David C.Korten，“Third Generation NGO Strategies：A Key to People-centered Development，” *World Development*，Vol.15，Supplement，1987，pp.149—156.

⑥ Margaret E.Keck and Kathryn Sikkink，*Activists Beyond Borders*：*Advocacy Networks in International Politics*，Ithaca and London：Cornell University Press，1998，p.2.

网络的形成旨在提倡某种事业、道德观念和规范，以及呼吁改变政策。而“网络”则突出了以志愿、互惠和水平沟通和交流模式为特点的组织形式。跨国倡议网络的行为主体包括国际和国内非政府研究和倡议组织、地方社会运动、基金会、媒体、教会、商会、政府部门等等，其中，非政府组织在这些网络中发挥关键性影响。①

社会网络分析始于心理学研究，后被逐渐被应用到国际关系研究中。加州大学戴维斯分校政治学系教授泽夫·毛兹（Zeev Maoz）提出通过“社会网络分析”（social network analysis）的方法理解国际关系演变及其影响的复杂性，从而构建了一种解释国际网络形成和演变的“国际政治网络理论”（networked international politics）。②在国际关系中，网络通常被视为一种促进集体行动与合作、施加影响以及作为国际治理方式的组织模式。③从社会网络视角出发，国际体系中的行为体通过一定的联系形成了特定的国际网络，行为体（包括国家或非国家行为体）就是网络中的“点”，“联系”界定它们之间互动的“规则”。社会网络分析采取结构分析路径，着眼于行为体的位置及相互关系，而非仅仅关注行为体的利益、权力或意识形态等自身的属性。④

具体到非政府组织，米歇尔·希尼（Michael T.Heaney）和斯科特·麦克勒格（Scott D.McClurg）认为，社会网络分析是一种多层次的研究方法，用于分析个人和组织在日常活动时建立的关系模式。因此，网络分析特别适合研究非正式组织和不同层次上的组织。⑤对国际非政府组织来说，各国民众、政府及相关力量是其对目标施加影响的依靠力量，而参与由国内外行为体组成的网络则是其发挥作用的必要步骤。一般来讲，国际非政府组织的网络参与主要有操作性参与和倡议性参与，前者多涉及人道主义救援和发展援助等无关国家主权和

---

① Margaret E.Keck and Kathryn Sikkink, *Activists Beyond Borders: Advocacy Networks in International Politics*, Ithaca and London: Cornell University Press, 1998, pp.8—9.

② Zeev Maoz, *Networks of Nations: The Evolution, Structure, and Impact of International Networks, 1816—2001*, New York: Cambridge University Press, 2011.

③ Emilie M.Hafner-Burton, Miles Kahler, and Alexander H.Montgomery, “Network Analysis for International Relations,” *International Organizations*, Vol.63, 2009, p.560.

④ Stacie E.Goddard, “Brokering Change: Networks and Entrepreneurs in International Politics,” *International Theory*, 2009, Vol.1, No.2, p.254.

⑤ Michael T.Heaney, Scott D.McClurg, “Social Networks and American Politics/Introduction to the Special Issue,” *American Politics Research*, 2009, Vol.37, pp.729—730.

意识形态的活动，而后者则更多会涉及价值层面的内容，常具有抗议和要求变迁的特征。

根据以上对相关研究的综述，可以看出学界对非政府组织参与全球治理的研究多集中于合理性和治理功效方面，而对于治理效果以及影响治理效果的因素的探究相对较少。其中，学界对中国政府性非政府组织参与全球治理研究也相对碎片化，没有一个整体性的研究框架将“政府性非政府组织-母国”的内向互动与“政府性非政府组织-对象国”的外向互动联系起来，因此难以全面理解中国政府性非政府组织作为一类特殊的行为体参与全球治理的内涵。

二、政府性非政府组织参与全球治理的内外关系网络

不同领域的非政府组织通过设置议程和国别活动，以及推动国际公约的签署等方式显示其在全球治理中的效力。在非政府组织何以有效实施全球治理的原因方面，既有研究多以非政府组织自身性质和资源独特性角度作为解释出发点。然而，非政府组织作为一类行为体进入国内社会和国际社会的过程，实质上是嵌入各种关系网络的复杂过程①。既有结构在限制非政府组织活动或者为其提供服务和机遇的同时，也会因非政府组织的介入而不断地产生变迁。网络结构的“持续性互动”界定了非政府组织作为全球治理主体之一的参与模式与影响力。本文采用社会关系网络②分析的方法，将我国“走出去”的政府性非政府组织视为在国内和国际层面的行动者，关注以其为中心的内向和外向互动网络对它参与全球治理的影响。

（一）政府性非政府组织参与全球治理的内向关系网络

在国内层面，作为“先天性官办”组织，政府性非政府组织在诞生与发展

① 李峰：《国际宗教非政府组织的国际网络参与模式及其影响因素》，载《学术交流》2008年第11期，第61页。

② 相关研究参见 Emilie M.Hafner-Burton，Miles Kahler，and Alexander H.Montgomery，“Network Analysis for International Relations，” *International Relations*，2009，Vol.63，No.3.；Miles Kahler ed.，*Networked Politics：Agency，Power，and Governance*，Ithaca，NY：Cornell University Press，2008.；Scott John，*Social Network Analysis：A Handbook*，Sage Publications，2002。

过程中与政府有密切的关系；作为“非营利”组织，政府性非政府组织的长期存续又与以企业为主的市场捐赠主体有必然的依赖关系；而作为“非政府非营利，且服务于人民”为目标使命的组织，政府性非政府组织与人民大众同属民间范畴。因此，政府性非政府组织存在于政府、市场和社会三种制度环境的复杂互动中，它们决定了非政府组织的定位、生存和发展①。政府的政策支持、企业的资金捐助和民众的信任是政府性非政府组织“走出去”的前提，也是其成功参与全球治理进程的基础支持网络。

1.“自主倾向的依赖性”权力关系

政府凭借其独有的强制力权力而成为国内网络中最特殊的行为体。学界对政府与非政府组织的关系探讨从未间断。关于政府和非政府组织关系的研究，西方学者通过国际对比，对政府和非政府组织的关系进行比较分析和总结归类，提炼出“政府-非政府组织”互动关系的不同类型。如本杰明·吉德罗（Benjamin Gidron）等人的“四模式”理论②、丹尼斯·扬（Dennis R.Young）从经济学理性选择理论出发提出的“三模式”理论③、约翰·克拉克（John Clark）将政府和非政府组织分为三种关系模型④。此外，还有珍妮弗·科斯顿

---

① Helmut K.Anheier，“Philanthropic Foundations in Cross-National Perspective：A Comparative Approach，” *American Behavioral Scientist*，Vol.62，No.12，pp.1593—1594.

② 即从服务的资金筹集和授权，以及服务的实际提供（actual delivery）两个角度，将非政府组织与政府的关系分为四种不同的模式：政府主导模式（government-dominant model）、非政府部门主导模式（third-sector-dominant model）、并存模式（dual model）和协作模式（collaborative model）。参见 Benjamin Gidron，Ralph M.Kramer and Lester M.Salamon，“Government and the Third Sector in Comparative Perspective：Allies or Adversaries?” Benjamin Gidron，Ralph M.Kramer and Lester M. Salamon eds.，*Government and the Third Sector：Emerging Relationships in Welfare States*，San Francisco：Jossey-Bass Publishers，1992，pp.16—20。

③ 即补余模式（supplemental model）、合作模式（complementary model）和冲突模式（adversarial model）。参见 Dennis R.Young，“Alternative Models of Government-Nonprofit Sector Relations：Theoretical and International Perspectives，” *Nonprofit and Voluntary Sector Quarterly*，Vol.29，No.1，2000，pp.149—155。

④ 即以“政策环境、政府选择和非政府组织自身能力诉求和主要捐赠者意愿”为考量要素，将政府和非政府组织分为三种关系模型：非政府组织得到国家资金和政策支持来实施国家项目的“委托代理”式；政府和非政府组织没有共同的发展目标和合作意愿的“对抗性”关系模型；“建设性合作”型关系模式。参见 John Clark，“The State，Popular Participation and the Voluntary Sector，” David Hulme and Michael Edwards eds.，*NGOs，States and Donors：Too Close for Comfort?* Palgrave Macmillan UK，2013，pp.49—52。

（*Jennifer* M.Coston）的“八类型”理论①、阿迪尔·纳吉姆（Adil Najam）的“4C”框架②、斯泰因·库恩（Stein Kuhnle）和佩尔·塞利（Per Selle）的“两维”关系模型③等等。中国学者赵黎青等也将非政府组织和政府关系作了不同的类型划分。④

作为特殊的非政府组织类型，政府性非政府组织在生成发育、资源获取、结构特征和管理体系等各个方面都与行政体制有着诸多关联。加之我国政府对非政府组织的“双重管理体制”⑤规定，因此，与学术研究中政府与非政府组织呈现出“对抗-无视-互补-合作”的关系结构光谱不同，在中国社会组织管理体制下，无论在国内实践还是海外公益探索，合法的政府性非政府组织都不可能以“对立”于母国政府姿态而存在。此外，体制性规定也决定了我国非政府组织——无论是官办社团还是草根组织——都与政府部门存在治理与服从的“权力”隶属关系。

随着政府职能转变和市场经济的发展，一些政府性非政府组织凭借独有的

---

① 即镇压（repression）、对抗（rivalry）、竞争（competition）、缔约（contracting）、第三方政府（third party）、协作（cooperation）、互补（complementarity）和合作（collaboration）。参见 Jennifer M.Coston，“A Model and Typology of Government-NGO Relationships，” *Nonprofit and Voluntary Sector Quarterly*，Vol.27，No.3，pp.358—382。

② 即协作关系（cooperation）、对抗关系（confrontation）、互补关系（complementary）和吸收关系（co-optation）。参见 Adil Najam，“The Four-C's of Third Sector-Government Relations：Cooperation，Confrontation，Complementarity，and Co-optation，” *Nonprofit Management & Leadership*，Vol.10，No 4，2000，pp.383—389。

③ 根据“沟通和联系”（communication and contact）以及“财务与控制”（finance and control）两个维度来建构的四种关系类型：整合依附型（integrated dependence）、分离依附型（separate dependence）、整合自主型（integrated autonomy）和分离自主型（separate autonomy），参见 Stein Kuhnle and Per Selle，“Government and Voluntary Organizations：A Relational Perspective，” Stein Kuhnle and Per Selle eds.，*Government and Voluntary Organizations*，Avebury，1992，pp.28—30。

④ 相关研究见赵黎青：《非政府组织问题初探》，载《中共中央党校学报》1997 年第 4 期，第 126 页；何增科主编：《公民社会与第三部门》，北京：社会科学文献出版社 2000 年版，第 6—8 页；李培林、徐崇温、李林：《当代西方社会的非营利组织：美国、加拿大非营利组织考察报告》，载《河北学刊》2006 年第 21 期，第 73 页；崔开云：《中国政府与非政府组织间关系：一个总体性研究》，载《理论探讨》2009 年第 4 期，第 155—156 页。

⑤ 即规定社会组织的成立和运行必须接受业务主管单位和登记管理机关的双重管理。2008 年以来，我国不断探索非政府组织直接登记的管理模式，直到 2016 年《社会团体登记管理条例（修订草案征求意见稿）》明确规定了四类可以直接登记的社会团体，除此之外，仍按照双重分层管理模式进行。

体制资源和组织资源在社会转型中赢得了越来越大的自主性。但是，当政府性非政府组织进入国际项目的运作逻辑中时，对于准确信息、便利政策、安全保障，以及多行为体关系处理能力的需求等，使其自然转向“主动依赖”本国政府部门：通过实时报备来获得信息、资源和安全等。这种从“被动依赖”到“主动依赖”的灵活且务实的转变，体现的更是组织自主性的不断提升，以及自主前提下独立发展逻辑的不断形成和完善。

政府性非政府组织与政府的力量对比是一个复杂的动态变化过程，很难精确地衡量两者在“互动”关系中的主导程度。对政府性非政府组织来说，在进行国际化项目的探索时，“依赖”政府既是难以改变的事实，又是组织的自觉选择。同时，由于国际社会相关行为体对于中国非政府组织独立性的要求和期待，保持“自主”也是必然的承诺。对于政府来讲，政府性非政府组织有天然的亲近感，此类组织的国际探索不仅可以拓展本国的海外利益，而且还能成为国家间机制成效的实验者和新机制的提供者①。因此，但在国际化探索的初期阶段，双方呈现出“自主倾向的依赖性”互动关系模式，这种关系模式在本质上是合作性的。而且，随着政府性非政府组织国际化的进一步深入和海外慈善项目的不断落地，在越来越多行为体构成的网络中，其自主倾向会越来越强。

2.“公益性”市场关系

作为非营利性质的组织，政府性非政府组织很少自行产生足以支撑组织运作的可支配资金或资源。而企业捐赠长期以来都是主导性的社会捐赠来源②。政府性非政府组织的海外公益项目需要稳定且持续的捐赠来源，鉴于国内民众尚不具备国际慈善的意识和能力，而政府的资金又容易被解释为“有附带意义”。因此，“走出去”的企业大军自然成了政府性非政府组织在海外活动中的主要动员对象。

一方面，在“走出去”方面相互契合是政府性非政府组织与企业互动的基础；政府性非政府组织虽有政府背景，但只能间接享受政府的制度和体制资源，无法对企业形成“权力”关系。同样，作为市场核心行为体的企业也无法对非

① Virginia Haufler，“Crossing the Boundary Between Public and Private：International Regimes and Non-State Actors，” in Vilker Rittberger eds.，*Regime Theory and International Relations*，Oxford：Oxford University Press，1993，pp.94—95.

② 企业捐赠占我国社会捐赠的近 70%，参见杨团主编：《中国慈善发展报告（2018）》，北京：社会科学文献出版社 2018 年版，第 30 页。

政府组织形成强制力，因此两者是完全平等的行动主体。

相同的发展路径是产生互动关系的前提，政府性非政府组织在国际化发展的动力和诉求，以及国际化带来的特殊责任方面是相同的，而这种共同性是两者在海外慈善项目中形成捐赠关系的前提。对于政府性非政府组织而言，开展国际慈善活动是组织的战略选择和发展方向，更是进入国际非政府组织网络和最终成长为成熟的国际性非政府组织的必由之路。对于企业来说，“走出去”已经成为其加快转变经济发展方式、积极融入经济全球化的重要途径。“入世”之后，我国企业呈规模性“走出去”，发展十分迅速①。同时，对于非政府组织和企业来讲，国际化行为赋予其不同于国内实践的特殊定位，以及这种特殊定位带来的特殊要求和责任。企业作为经济组织，对多属于社会范畴的履责活动并不擅长。而政府性非政府组织“走出去”恰好更擅长通过开展惠民项目拉近中方和外方的距离。因此，双方在国际化中所承担责任的类同，以及优势的互补是两者产生长期、积极互动关系的重要原因。

另一方面，双方关系既有市场性，又有公益性。企业作为纯粹的经济行为体，其一切行为的出发点皆是增进利益。作为和企业平等的市场行为体，政府性非政府组织只能通过“交易”与之产生联系。因此，两者在海外形成的互动本质上是“市场性”的交易行为，即双方凭借自己的优势资源和对方进行交换，以此达致双赢的目的。这种“市场性”充分体现在双方建立关系的动机和过程中。在动机方面，政府性非政府组织需要动员企业以获取开展项目所需的资源，而企业则倾向于选择与非政府组织合作或者采取直接委托的方式履行海外责任。即前者以独立特性和专业能力换取企业的捐赠，达到互惠互利的效果（如图1所示）。在过程方面，政府性非政府组织除了扮演合格“代理人”的角色、提升海外公益项目质量外，还会通过多种方式回馈企业，旨在形成“正向反馈”的投入-收益关系以维持长期互动。总之，受经济利益动机驱动的企业和寻求捐赠的非政府组织之间形成彼此需要和互利共赢的市场性互动关系。

政府性非政府组织与企业之间的市场交换关系并不排斥两者在互动中的公

① 傅梦孜：《“一带一路”沿线中国企业经营意识问题》，载《世界知识》2017年第15期，第65页。

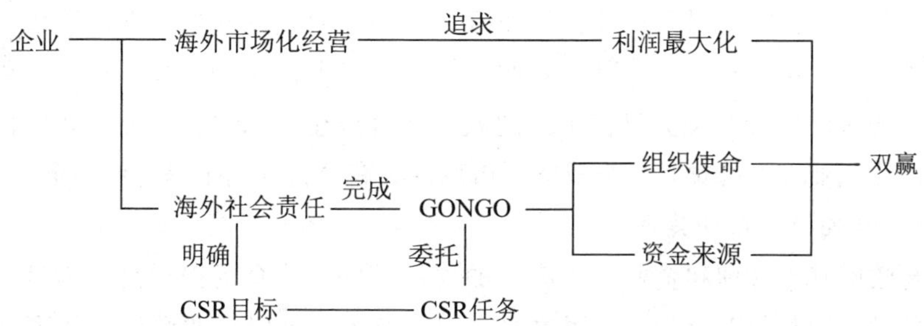

图 1 企业与政府性非政府组织在海外社会责任方面的合作示意图①

益性②。客观上讲，两者在“社会责任”方面形成互动关系本身就具有道义性特点，而且这种合作还结出了公益的果实，从结果方面显示出两者关系的道义性。在企业“走出去”和政府性非政府组织的国际化探索中，由于慈善意识和捐赠能力的提升，两者互动关系的“公益性”特征更加明显。

总之，政府性非政府组织的公益使命和企业海外社会责任的契合为双方在国际公益项目上形成捐赠关系提供了必要条件。前者以专业能力和符号资源获得后者在海外履责方面的代理权，同时通过接受委托获得开展项目所必需的资金，双方形成平等的市场交换关系③。同时，双方在“走出去”的过程中都承载

① 根据“商业类国有企业经营与社会责任履行外包示意图”绘制，参见梁鹤、艾德洲：《分类改革背景下国有企业社会责任履行的非政府组织联动发展研究》，载《当代经济管理》2016 年第 9 期，第 8 页。

② 康晓光认为，公益中同样存在类似市场中的需求与供给关系，公益组织可以被视为“供给方”，公益项目的受益者和捐方可被视为“需求方”，而交易的“产品”就是公益组织的公益项目。而且，公益中也存在自发的竞争机制，任何参与者都是独立平等的，符合市场特征，存在客观的“拟市场性”。参见康晓光：《义利之辨：基于人性的关于公益与商业关系的理论思考》，载《公共管理与政策评论》2018 年第 3 期，第 29—30 页。

③ 在非政府组织的研究中，“非政府组织-捐赠者”的关系被认为是典型的委托-代理关系。其中，非政府组织作为代理者，需要取悦捐赠者来获得资金等捐赠以追求自身的政策目标，而委托人则关心其捐赠是否被明智的利用。但是也有学者对此框架持批评意见，认为捐赠者与非政府组织有同样的偏好，不符合“委托-代理”模型。相关研究参见 Alexander Cooley and James Ron，“The NGO Scramble：Organizational Insecurity and the Political Economy of Transnational Action”，*International Studies*，Vol.27，No.1（Summer 2002），p.15；Stephen E.Gent etc.，“The Reputation Trap of NGO Accountability，International Theory”，*International Theory* Vol.7，No.3，p.430；Michael N.Barnett and Martha Finnemore，“The Politics，Power and Pathologies of International Organizations”，*International Organization*，Vol.53，No.4（1999），pp.699—732。

着公共外交的内涵，对于外部世界而言，逐利性的企业和独立性的非政府组织在海外活动时都具有“国家”的鲜明概念，代表着国家的形象。而且，双方合作执行的惠民项目客观上改善了当地教育条件或生活水平。因此，政府性非政府组织和企业在海外项目中形成既具市场性又有公益性的平等合作关系。

3.“认同性”信任关系

与政府基于管理和企业基于履责的立场不同，公众的捐赠是一种基于价值认同的“自愿托付”行为。按照捐赠行为的有无，可以将非政府组织面向的公众分为捐赠行为体和非捐赠行为体。前者与非政府组织形成捐赠关系，支持和监督着非政府组织的公益行为，后者也自发扮演非政府组织活动监督者的角色。在信息化时代，捐赠人不仅是“给钱的人”，而且逐渐成为真正的“支持者”“改变者”和“拥有力量的行动者”。①公众的信任是非政府组织社会合法性的来源，它在为非政府组织提供更为灵活和稳定的捐赠来源的同时，又因信任的“脆弱性”而迫使非政府组织提升组织能力和公信力。2011 年以来我国慈善机构的负面新闻频发，公众掀起的“全民问责风暴”导致全国接收的捐赠总额连年下降，使非政府组织更加清晰的认识公众的信任是自身得以生存和发展的核心因素。

信任关系的建立需要时间周期与环境导向，相对于草根非政府组织，政府性非政府组织与公众的互动时间更长，效果更明显。同时，它也享有政府支持及由此带来的合法性和权威性。因此，在信任关系的建立和程度上，有政府背景的非政府组织占据优势。双方信任关系直接决定公众对其开展国际公益项目的态度，但是，国际公益项目在动员公众捐赠方面仍与国内项目有较大差别。在国人平均生活水平尚未达到发达程度时，非政府组织“到国外做慈善”较难引起公众的“共情”和认同。因此，政府性非政府组织一方面通过展示组织的海外项目运作能力和组织透明度来建立社会信任机制以取得公众的信任，另一方面努力将这一信任关系延伸到国际项目中。

在国际化项目探索阶段，政府性非政府组织和国内公众尚未形成常规性捐赠关系，公众对于国际项目的支持多通过公益平台进行无定向意识的捐赠，双

① 彭微：《信息化，到底为公益领域带来了什么改变?》，中国基金会发展论坛·2018 年会“闪电发布”演讲实录，中国基金会发展论坛：http://www.cfforum.org.cn/content/1339，最后访问时间 2018 年 12 月 1 日。

方互动仍基于“认同层次”的信任关系。

总之，政府性非政府组织在国际化过程中与政府形成的“自主倾向的依赖性”权力关系、与企业形成的“公益性”市场关系和与公众形成的“认同层次”的信任关系是相辅相成、互相促进的。这一不同于国内项目的互动支持网络符合政府性非政府组织现阶段国际化运作逻辑。同时，非政府组织的“官方色彩”和自主性、“走出去”的“外交内涵”也赋予了该关系网络的独特性。

（二）政府性非政府组织参与全球治理的外向关系网络

“国际化”使政府性非政府组织在取得国内行为体的认可和支持外，更要争取对象国家相关行为体的认同与合作。项目对象国政府的支持与合作、合作伙伴的能力和效率，以及收益民众的认可和期待所形成的外向社会关系网络是政府性非政府组织顺利进行国际化实践，并取得积极效果的必要支持网络。

1.“浅层”合作关系

相比于国际非政府组织，我国政府性非政府组织在与对象国政府互动时具有鲜明的特点：一是受本国社会结构特色和组织本身政府性色彩较浓厚的影响，政府性非政府组织在国际化实践时倾向于将对象国政府部门作为最重要（甚至是唯一重要）的关系行为体。二是受国际化发展阶段的影响，政府性非政府组织与对象国政府相关部门的合作关系程度较低，体现在涉外活动领域、政府部门合作伙伴选择和合作方式等各个方面。

在项目领域，政府性非政府组织与对象国政府相关部门的合作多体现在国际交流、紧急救援和基础民生项目领域。这部分与非政府组织多年的国内扶贫经验有关，同时也因为这些项目操作起来相对简单，而且不会使对象国政府产生某些政治或者安全方面的顾虑。但是，过于谨慎的合作领域界定也会束缚组织活动的范畴，制约组织产生更多公益效果的可能性。在合作对象的选择上，政府部门或者政府、执政党建立的组织是最受信赖的合作对象。一方面，政府性非政府组织相对容易通过本国相关政府部门结识对象国职能类似的政府部门，而且对象国相关政府也可能通过官方渠道直接寻求帮助。另一方面，政府部门及其下属单位的可信度较高，与其合作的风险较小。在合作方式上，中国大部分政府性非政府组织与对象国政府的互动更类似于“资助型”合作方式，即非政府组织提供项目资金和验收结项，对方负责项目实施。而且，这种合作方式

“分工明确”，尽量避免对象国政府的猜忌或不必要的“麻烦”。

政府性非政府组织与特定政府部门的合作相对浅层化，这固然与非政府组织的国际化阶段有关。但根本上是由其组织性质决定的：“政府性”使其在与对象国政府打交道时受制于“路径依赖”的困境。而以“仰赖政府权威”和“对外活动的内向性”为特征的路径依赖则是源于它在国内的长期存在和发展状态。

2.“强政府性”合作关系

与国际非政府组织强调内在价值不同，中国政府性非政府组织的宗旨会聚焦于特定领域①。因此，价值观方面的追求并不会使其刻意与当地的草根非政府组织进行互动。换言之，中国政府性非政府组织在选择合作伙伴方面的务实考虑较多。一是建立或维系与对象国家政府部门的良好关系，取得境外开展项目的合法性；而在与政府关系方面，草根非政府组织显然不具备优势。二是通过当地合作伙伴更加有效的实施项目，规避风险。同时也通过培训和能力建设项目实现一定程度上的“赋能当地”的目标；鉴于政府性非政府组织多在周边国家和非洲一些经济欠发达的国家开展项目，当地草根组织的发展水平较低，且国家对草根组织的扶持力度较小。因此，政府性非政府组织一般选择有党政背景的当地非政府组织或全球网络成员组织②，进而建立政府性较强的合作关系。

此外，在具体合作中，双方仍多采取“分工明确”的方式，即我方与彼方

① 乐施会在20世纪60年代开始便规定“要尽可能和当地伙伴合作开展活动”；《国际红十字和红新月运动及从事救灾援助的非政府组织行为体准则》第六条也规定“应努力增强当地的灾害应对能力……只要条件允许，我们就将通过作为合作伙伴的当地非政府人道机构来规划和执行行动……”。https://www.icrc.org/zh/doc/resources/documents/misc/code-of-conduct-290296.htm，最后访问时间2018年12月4日。中国的非政府组织则没有此类价值目标，例如中国和平发展基金会的宗旨是：支持中国有关机构和组织参与国际交流与合作，开展国际公益活动，促进世界和平发展与共同繁荣。中国青少年发展基金会的使命是：通过资助服务、利益表达和社会倡导，帮助青少年提高能力，改善青少年成长环境。中国扶贫基金会的宗旨是：扶持贫困社区和人口改善生产条件、生活条件、健康条件并提高其素质和能力。中国红十字基金会的宗旨则是弘扬人道、博爱、奉献的红十字精神，致力于改善人的生存与发展情况，保护人的生命与健康，促进世界和平与社会进步。

② 例如，中国和平发展基金会选择有政党色彩的德国艾伯特基金会作为合作伙伴；中国妇女发展基金会倾向于同其他国家的妇联合作；而中国红十字会则更多与其他国家红十字会组织或者国际红十字与红新月会国际联合会建立战略合作关系。

在任务分配和责任承担上有明确的规定，责任共担的情况极少。而且双方在技术、人员和实施方面的合作较少，这种有鲜明区隔的合作方式在本质意义上仍未超过“资助”的范畴。

3.“单次性”援助关系

在非政府组织的伙伴关系中，受益对象不仅有直接的“项目受益人”，更拥有“项目参与者”“项目承接者”和“最终评价者”等多重身份。然而，我国政府性非政府组织在海外项目中仍将被援助对象视为待解决的“问题”，与当地民众的互动也多呈现“单次性”的特点，尚未形成完整的社区参与或社区主导的发展理念。这主要与我国政府性非政府组织国际实践的活动领域、专业能力，以及组织自身性质有关。

我国政府性非政府组织的国际项目可以分为三类：国际交流项目、紧急救援项目和长期落地项目。其中，国际交流一般难以在基层层面展开；紧急救援项目一般周期较短且多是一次性的事件，施援的非政府组织很难在短时间内深入当地社区和产生较为持久的影响；相对而言，长期项目满足“深耕当地”的前提条件。但是，我国政府性非政府组织在海外开展的长期项目屈指可数，而且也多以修建学校、医院等民生服务类项目为主。此类项目的负责对象多是捐赠者和监管机构等，对受益对象的负责多作为一种道德要求而存在。此外，政府性非政府组织普遍不关心受益社区的缺失和潜力，没有深入社区、成为社区多元关系行为体一元的意愿，缺乏与受益民众建立信任关系和对受益民众负责的意识。同时也缺乏在基层建立跨领域伙伴关系（cross-sector partnership）① 的能力和通过动员社区来重建当地经济发展与和平共处所需的社会结构②的能力。

总之，由于权力关系和问责模式的不同，政府性非政府组织在国际化过程中和外向行为体的互动方式与国内行为体有明显差异。与对象国政府相关部门的浅层互动合作、与合作伙伴形成的“强政府性”合作，以及与受益对象建立

① “Local Partnership：A Guide for Partnering with Civil Society，Business and Government Groups，” http://www.mercycorps.org，最后访问时间 2018 年 12 月 15 日。

② “和平改变”国际美慈“变革框架”的原则之一。即遵循“无害”（Do No Harm）法则，在转型社会的中既承认冲突会发生，同时也相信社区有能力引导紧张局势并采用和平的方式管理变革。参见“Guide to Community Mobilization Programming，” http://www.mercycorps.org，最后访问时间 2018 年 12 月 15 日；Mary B.Anderson，*Do No Harm：How Aid Can Support Peace-or War*，Boulder，Colo.：Lynne Rienner Publishers，1999。

的“单次性”援助关系共同构成政府性非政府组织的初期外向关系网络。该网络呈现“涉及范畴小、行为体多元性不足、互动程度低”等特点，同时在性质上体现出鲜明的“官方性”。

三、案例分析：中国扶贫基金会参与全球治理的内外关系网络

中国扶贫基金会是由国务院扶贫办提议成立和主管，在民政部注册的全国性扶贫公益组织，初期是一个典型的政府性非政府组织。1996 年，中国扶贫基金会开始探索转制改革，取消事业单位编制和行政级别。2005 年，中国扶贫基金会尝试国际化发展道路，2009 年底设立国际发展项目部，并于 2015 年正式在缅甸和尼泊尔注册成为国际非政府组织。截至 2017 年底，中国扶贫基金会已累计投入 1.32 亿元人民币，惠及 19 个国家和地区的 30 万受灾或贫困群众，①是中国政府性非政府组织国际化的现行官。

（一）中国扶贫基金会的国际化探索

在组织自身动力和外在拉力的综合作用下，中国扶贫基金会开始国际化实践。②其尝试和探索可大致分为三个阶段：第一阶段是以国际会议形式为主的国际化摸索阶段；通过“中国 NGO 扶贫国际会议”“跨国公司与公益事业高级论坛”等国际会议与壳牌、拜儿等外国著名企业，以及欧盟、美慈、福特基金会等国外政府和非政府组织建立了较为密切的关系，积累了一定的专业经验。第二阶段是“借船出海”和“出差式”国际化试水阶段；例如联合国际美慈分别向印度尼西亚海啸灾区和美国卡特琳娜飓风受灾区提供援助、通过联合国世界粮食计划署向缅甸飓风灾区捐赠救援物资等。该阶段主要借助国际合作伙伴开展国际救灾援助活动，是基金会进入国际舞台的最初方式。第三阶段是以“国际

---

① 《中国扶贫基金会 2017 年年度报告》第 21 页，http://www.cfpa.org.cn/information/institution.aspx，最后访问时间 2019 年 1 月 13 日。

② 自身动力在于其公益性、志愿性等内在价值和致力于世界和平、健康和可持续发展的组织使命，以及中国扶贫基金会对新的机遇和挑战进行反思，进而重新进行组织定位的选择。外在拉力则主要来自政府（需要非政府组织加入来弥补官方发展援助的弊端）、海外中资企业（履行社会责任需要非政府组织的平台和指导）和国际非政府组织（以及与国际非政府组织的交流和合作刺激了非政府组织进行“同伴学习”）。

发展项目部”的成立为标志，基金会进入长短期项目相结合的国际化立体发展阶段；通过援建苏中阿布欧舍友谊医院等系列项目①、注册国际办公室和派遣国际员工等方式，基金会的国际化进入有长期项目、有常驻人员、有常驻办公室和有长期资金的“四有”阶段。

中国扶贫基金会以中国周边国家和欠发达地区为重点工作区域，即东南亚和非洲国家。秉承“尊重当地原则，需求导向原则”②，出于紧急救援、战略选择和专项资金需求三种原因，中国扶贫基金会开展了以国际人道主义救援项目、国际发展项目和国际倡导项目为主要类型的国际项目。通过“品牌复制”和精准定位相结合的项目选择模式和巧妙选择合作伙伴的项目开展策略，中国扶贫基金会开展了卓有成效的国际化探索。

（二）中国扶贫基金会国际化实践中的内向关系网络

经过去行政化改革，中国扶贫基金会已经在资金、人员等方面切断了双重功能管理体制中业务主管单位与所辖慈善组织之间的流动途径，成为相对独立、自主发展的民间组织。但是，对于中国扶贫基金会的国际化实践而言，以政府、企业和民众为主要行为体构成的国内关系网络是其基础支持力量。

首先，与政府的良性互动关系是中国扶贫基金会所仰仗的独特资源。

作为发育在中国社会环境中的非政府组织，中国扶贫基金会在国际化进程中对政府部门的配合和依赖显而易见。从项目动议、项目实施到项目验收的整个流程，本国政府的影响和基金会对本国政府的依赖贯穿始终。但是这种“依

---

① 目前，中国扶贫基金会已在缅甸、尼泊尔、苏丹、埃塞俄比亚、乌干达和柬埔寨6个国家开展长期国际项目。在缅甸，基金会开展“胞波助学金项目”（2014年12月至2018年12月）、“中缅爱心奖助学金项目”“掸邦北部优质教育援助项目”和“电脑教室项目”；在尼泊尔开展“博卡拉乙肝筛查项目”“学校重建项目”（2015年8月至2017年8月）和“爱心书包项目”；在埃塞实施“微笑儿童学校供餐项目”（2015年6月至2020年6月）、“水窖项目”和“妇女职业培训项目”；在苏丹开展“微笑儿童学校供餐项目”（2015年6月至2020年6月）和“电脑教室项目”；在柬埔寨持续开展“供膳项目”，并计划开展“东亚（柬埔寨）乡村减贫合作示范项目”；在乌干达启动“幸福家园项目”。作者根据中国扶贫基金会年报整理而成，http://www.cfpa.org.cn/information/institution.aspx，最后访问时间2019年1月13日。

② 中国扶贫基金会官网，http://www.cfpa.org.cn/project/GJProject.aspx?tid=21，最后访问时间2019年1月13日。

赖”关系的主动性质更加明显，体现出“依附性的自主性”（dependent autonomy）[①] 关系模式。

对于中国扶贫基金会的国际化而言，最小化政府的政策约束和最大化其资源支持是双方互动的最佳结果。因此，遵守既有政策规定和依赖政府资源是基金会的现实选择。在政策方面，虽然《基金会管理条例》（修订草案征求意见稿）规定了直接登记和双重管理混合的登记管理制度，但是在监管方面，更加明确了业务主管单位和登记管理机关的监督管理职责和可以采取的治理措施（第 63 条、第 64 条、第 66 条），同时也规定了其他相关部门应当履行的监管职责（第 67 条）[②]。而且，当前管理条例并没有明确规定非政府组织国际化的相关内容，因此，中国扶贫基金会在国际化探索中的难题依然要依靠业务主管部门和相关外事机构来解决。此外，政府享有资金、人员和宣传资源方面的特殊权利，政府的支持是非政府组织国际化发展的重要刺激因素。“一带一路”倡议的逐渐落地和“南南基金”的设立也表明政府越来越重视对外援助以及民间组织参与提供区域公共产品的意义。对于处在重新布局对外援助体系阶段的政府来说，提供支持既是基于对项目本身的认可，也是对中国扶贫基金会国际化本身具有的先行先试意义的认可。而随着国际化实践方面的日臻成熟和成功国际项目的日益增加，中国扶贫基金会在与政府的互动关系中的自主性会不断提升，双方关系的合作性质也将不断外显。

其次，运用市场化动员和回馈手段，争取企业的捐赠资源。

企业不仅是基金会开展海外项目的主要支持者，有时还是直接合作方。中国扶贫基金会在国际项目上主要有三种类型的企业支持：一是在当地有业务的中资海外企业，且以国有企业居多。例如徐工集团在埃塞俄比亚兴建收集雨水

---

① Yiyi Lu，*Non-Governmental Organizations in China*：*The Rise of Dependent Autonomy*，London/New York：Routledge，2009.相关研究见李侃如（Kenneth Lieberthal）和米歇尔·奥斯伯格（Michael Oksenberg）提出的“碎片化权威”（fragmented authority），参见 Kenneth Lieberthal and Michael Oksenberg，*Policy Making in China*：*Leaders*，*Structures*，*and Process*，Princeton University Press，1988；毛雪峰（Andrew C.Mertha）提出“更宽容、温和的碎片化权威”（a kinder，gentler fragmented authority）参见 Andrew C. Mertha，*China's Water Warriors*：*Citizen Action and Policy Change*，Ithaca & London：Cornell University Press，2010。

② “民政部就《基金会管理条例（修订草案征求意见稿）》”，2016 年 5 月 26 日，中国政府网，http：//www.gov.cn/xinwen/2016-05/26/content_5077075.htm，最后访问时间 2019 年 1 月 13 日。

的小型水利设施、中地海外支持埃塞妇女就业培训项目等。二是国内大型电商（云商）企业的捐赠支持，包括直接捐助、通过集团下设基金会资助和提供募款平台进行支持；如百度基金会支持的“缅甸胞波助学”项目，苏宁云商支持尼泊尔灾后项目，阿里巴巴“公益宝贝”“腾讯公益”网络捐赠平台和蚂蚁金服公益服务平台支持非洲“微笑儿童”项目和“爱心包裹”项目等。三是国内企业的捐赠支持；如无锡灵山文化旅游集团支持的埃塞微笑儿童项目（中扶国际合字〔2014〕11号）①、纳泓财富管理的“微笑‘童’行”公益项目②等。

非政府组织和企业之间并不存在天然的捐赠关系，而且在国际项目上，中国扶贫基金会与企业的互动还处在“打基础”阶段。通过市场化的动员、合作和回馈，中国扶贫基金会积极争取和维系与企业的在海外公益项目上平等合作关系。凭借其独立身份、专业水平和宣传能力，中国扶贫基金会获得了企业在“履行海外社会责任”方面的“代理权”，并通过接受企业“委托”而获得组织开展项目的资金和对企业负责。双方的合作动机和过程显示了捐赠关系的市场性，但无论从人的发展和价值实现，还是从国际项目产生的客观效果方面，双方互动也体现出客观的“公益性”。

再次，通过信任机制的建立获取公众对“国际公益”的认同和支持。

中国扶贫基金会与国内公众在国际项目上的互动主要分为两种：一是与联合国际非政府组织和公益网络平台对网友进行联合劝募；一是通过公益募捐平台与公众建立在长期性国际项目中的捐赠关系。其中，联合劝募是中国扶贫基金会在动员公众的初期阶段经常采用的方式，即中国扶贫基金会负责接收国内民众捐款和国内任务的执行，涉外项目的执行由国际组织负责③。通过公益平台募集的资金是目前中国扶贫基金会开展国际项目是最主要的公众资金来源，如阿里巴巴爱心网商支持的国际爱心包裹项目。

---

① 中国扶贫基金会网站 http://www.cfpa.org.cn/project/GJProject.aspx?id=52，最后访问时间2018年11月15日。

② 纳泓财富管理官网 http://www.nahongwm.com/charitable_nh.html，最后访问时间2018年1月15日。

③ 例如，2011年，中国扶贫基金会和联合国世界粮食计划署、腾讯公益慈善基金会发起的针对中国西部和东南亚国家儿童的“网织希望——为饥饿儿童送营养”月捐行动。中国扶贫基金会负责接收全部捐赠和中国西部儿童营养餐的执行，东南亚国家部分需要转赠世界粮食粮食计划署负责执行。

对于公众而言，通过淘宝公益宝贝和腾讯乐捐进行的“微”捐赠大多是一种下意识，甚至更多是无意识的选择。这种捐赠的唯一条件就是认同中国扶贫基金会开展国际公益活动，即中国扶贫基金会凭借其专业水平和透明运作获得公众的信任和支持时，这种无意识的“微”捐赠才能变成定向的常规捐赠。通过机制化改革、提升项目专业能力、组织透明度和倡导行业监督等方式，中国扶贫基金会着力构筑组织的社会信任关系和提升公众的信任层次。

总之，通过灵活处理与政府相关部门的“隶属-独立”关系，中国扶贫基金会得到一定程度的“法外成长”，①通过“商业共赢”，中国扶贫基金会将企业纳入国际项目的合作中，通过借用互联网，中国扶贫基金会以细微和感人的方式激发民众的代入感和同理心。可以说，在国际化的探索阶段，中国扶贫基金会已经构建一套适合于国情，且有助于“走出去”的内部关系网络。

（三）中国扶贫基金会国际化实践中的外向关系网络

在进行国际化实践时，中国扶贫基金会不可避免的要与所在国政府、合作伙伴，以及受益民众打交道。形成“以我为主”的国际互动关系网络对于维持其海外实践、扩大项目影响力意义明显。

第一，取得进入许可，并与对象国政府部门建立多元合作关系。

在与对象国相关政府部门进行互动时，中国扶贫基金会具有更明显的“政府色彩”和“民间色彩”双重属性。

一方面，中国扶贫基金会谨遵双方的法律法规，主动建立和维系与对象国相关政府部门的关系，选择教育、卫生等低敏感度的民生项目；另一方面，中国扶贫基金会倾向于以项目导向建立与政府部门的合作关系。一是将对象国政府视为信息提供者和活动保护者，建立浅层合作关系。②二是将对象国政府部门

① 王名：《中国民间组织 30 年（1978—2008）——走向公民社会》，北京：中国社会科学文献出版社 2008 年版。

② 例如，在进行“微笑儿童”埃塞俄比亚实验项目的调研时，中国扶贫基金会相继拜访了埃塞俄比亚第一夫人办公室、联邦教育部、亚的斯亚贝巴市教育局、妇女青年和儿童事务署等相关部门。在了解情况之余还获得了相关部门的支持，如第一夫人办公室表示将组织专人负责协调事宜，并安排办公室主任协助和陪同调研团安排行程；亚的斯亚贝巴市教育局也表示将安排专人参与项目、配合和提供帮助。同样，中国扶贫基金会在考察苏丹项目时，也得到其人道主义救援署在注册、免税等方面提供便利的允诺。

纳入合作方，确保项目的顺利进展，并建立中国扶贫基金会的退出机制。[①]三是在技术相关项目中与相关政府部门较为深入的立体合作关系。[②]

第二，根据项目需要，形成以政府性非政府组织为主要合作伙伴的多元合作关系。

“合作原则”是中国扶贫基金会国际化四项基本原则之一。[③]根据项目需求，中国扶贫基金会选择有政府色彩的非政府组织、当地民间组织或者有常年合作经验的国际非政府组织作为合作伙伴，其中，中国扶贫基金会倾向于选择政府性较强组织形成合作关系。例如在埃塞俄比亚项目中，选择第一夫人办公室推荐的“母性之本”（Ye Enat Weg）作为合作伙伴。在苏丹项目中，选择第一副总统夫人为负责人的比尔特瓦苏慈善组织（BTO）[④] 作为合作伙伴。而且，中国扶贫基金会倾向于签署包含相关政府部门的三方合作协议，尤其是在合作伙伴是民间组织时。例如，在埃塞俄比亚或苏丹“微笑儿童”供餐项目协议中，一般都有埃塞俄比亚/苏丹第一夫人办公室的参与，发挥协调作用。在尼泊尔民生项目协议中，尼泊尔社会福利委员会同样作为合作方之一体现在合作协议中，承担协调、监督和评估等总体问责的角色。

此外，中国扶贫基金会在探索与对象国民间组织和当地运作的国际非政府

---

① 例如，在苏丹的很多项目（“微笑儿童”苏丹项目、苏丹水项目和苏丹电脑教室项目）中，苏丹驻华大使馆都是合作协议方之一。此外中国扶贫基金会在缅甸的项目更是获得缅甸教育部的持续支持，在缅甸办公室的注册过程中，缅甸教育部也先后给缅甸外交部、计划与发展部和内政部发出推荐函。徐彤武、蔡礼强：《中国社会组织走出去：使命、探索与挑战—以中国扶贫基金会在缅甸的实践为例》，黄晓勇等主编：《中国社会组织报告（2018）》，北京：社会科学文献出版社 2018 年版，第 280 页。

② 例如，中国扶贫基金会在尼泊尔开展的乙肝筛查项目中，就与加德满都卫生部（Department of Health Services，KTM）、县卫生办公室（District Health Office）和公共健康中心（Public Health Centers）建立合作关系。其中卫生部负责项目批准，以及监督和评估项目实施；县健康办公室负责体用技术建议、与当地卫生工作人员和协调者合作，以及协助监督项目的实施；公共健康中心负责协助建立技术标准、与其他健康组织建立合作，以及与相关县级卫生人员保持联系；中国扶贫基金会则负责领导制定项目发展计划和实施计划、建立项目的规则制度和技术标准，组织监督项目实施，为合作伙伴提供资金、医疗设备、技术和人员培训等支持。参见尼泊尔乙肝筛查项目操作手册（Project Management Manual），中国扶贫基金会内部材料。

③ 中国扶贫基金会国际化的四项基本原则分别是“尊重当地/民间帮助民间”“需求驱动”“合作原则”和“可持续原则”，http://www.cfpa.org.cn/project/GJProject.aspx?tid=23，最后访问时间 2018 年 12 月 6 日。

④ 比尔特瓦苏慈善组织官方网站 http://bto-sd.org，最后访问时间 2018 年 12 月 10 日。

组织的合作方面，超越了传统政府性非政府组织的国际化伙伴关系。基于组织的国际化原则和项目实际需求，中国扶贫基金会也会选择当地的民间组织，如尼泊尔慈善组织（Safa Sunaulo Nepal，SSN）、缅甸的和平发展基金会（Peace and Development Foundation，PDF）为合作伙伴。同时，中国扶贫基金会也尝试将与国际非政府组织的合作从国内延伸到境外，在长期发展项目中与国际美慈进行试点合作。在合作性质方面，中国扶贫基金会并没有止步于简单的提供资金，而是不同程度上参与了项目的整体规划和具体实施。根据项目性质和双方贡献，合作双方形成了不同的决策权共享关系。在帮助合作伙伴的能力建设方面，中国扶贫基金会也设计了多种双向互动的方式完成培训和技能授予的任务。而且，通过设立国别办公室和派驻上期员工，中国扶贫基金会迈出了深耕当地的第一步。

第三，尊重当地的原则和与受益对象“短时期、浅层次”的互动特征。

鉴于组织的过渡性特征，以及其开展国际项目的规模和能力的限制，中国扶贫基金会与当地社区的互动仍停留在初级阶段。在单次性国际项目，中国扶贫基金会与受益对象形成间接互动关系。其中，中国扶贫基金会作为规则制定者的角色远大过合作伙伴的角色，动员受益群体的意识和能力较弱，呈现出“官方组织”的鲜明特色。例如在“中缅友好奖学金”项目中，中国扶贫基金会与驻缅大使馆、缅甸相关教育部门共同确定受助学校，然后由学校成立资助委员会推选奖学金名单和筛选助学金名单，中国扶贫基金会缅甸项目组对初选名单进行复审并确定最终名单①。在延续性的国际项目中，中国扶贫基金会选择与当地社区及其他行为体合作建立项目“退出”机制。另外，中国扶贫基金会与当地社区建立持续性互动的探索趋势一直存在。例如，中国扶贫基金会在“中苏阿布欧舍友谊医院”项目的退出机制设计中，不仅与苏丹合作伙伴比尔特瓦苏慈善组织、杰济拉州卫生厅签订了捐赠和合作管理协议，而且还形成了包括地方政府、社区、医院在内的阿布欧舍合作伙伴董事会。②此外，在十余年的国际探索中，中国扶贫基金会一直将“能力建设”纳入项目设计来提升合作伙伴的组织能力建设，并结合当地实际，开展针对妇女和难民的直接“赋能”培训

① 《“中缅友好奖学金”项目执行方案》，中国扶贫基金会内部材料。

② 《苏中阿布欧舍友谊医院第一届董事会第一次会议纪要》，中国扶贫基金会内部材料。

项目，给予受益群体自力更生的能力①。

总之，由于权力关系和问责模式的不同，中国扶贫基金会在国际化过程中和外向行为体的互动方式与国内行为体有明显差异。而且由于进行了去行政化改革，中国扶贫基金会作为过渡型的政府性非政府组织与传统政府性非政府组织在国际化实践方式上也存在一定差异。相对而言，中国扶贫基金会在海外公益实践中的合作伙伴比较广泛，且与当地社区进行深层互动的意识不断提升。但是与国际非政府组织相比，中国扶贫基金会所构建的外向关系网络仍然相对初级，反映出它的国际化发展水平和特殊性。

四、结　语

本文通过社会关系网络的分析方法来理解中国政府性非政府组织的国际化实践，以及其在实践中对全球治理的参与。同时将中国扶贫基金会作为过渡型案例，说明它对传统政府性非政府组织的继承和发展，试图勾勒出我国政府性非政府组织在国际化探索过程中所建立的关系网络的完整图景。需要指出的是，以政府性非政府组织为界别的内向和外向关系网络不是独立存在的，彼此亦有内部的逻辑联结。这一由多元行为体的复杂互动构建的动态网络决定了中国政府性非政府组织参与全球治理的效果和前景。通过将政府性非政府组织作为“国际-国内双向互动”中有自主性的联结者，可以更好地揭示出中国政府性非政府组织如何适应国内和国际两种关系逻辑，并“以我为主”地开展相关国际实践，更好地参与全球治理。

① “中地海外埃塞俄比亚妇女培训项目毕业典礼举行”，http://www.fupin.org.cn/news/news_detail.aspx?articleid=582，最后访问时间 2018 年 12 月 30 日。

多元-多层视角下的国际环境非政府组织：结构定位与互动关系

罗　楠*

引　言

2017年1月1日，我国《境外非政府组织境内活动管理法》（以下简称《管理法》）正式实施。按照该法规定，在华开展活动项目的境外非政府组织都需要在公安部注册，并向与其活动领域相关的行政部门申请作为其业务主管部门。《管理法》不仅对境外非政府组织在华活动提出更高要求，而且促使国内各行政部门开始重视国际性非政府组织——不难理解，在开展业务主管工作之前，主管部门首先要对所管理的对象有清晰、系统的认知，包括其自身特点、与其他行为体之间的区别和互动，以及如何发挥作用等等。《管理法》提出的背景是中国在全球治理中愈加积极，与国际行为体接触加深。但是对于许多中国的行政部门来说，国际非政府组织（international non-govermental organization，以下称INGO）是一个相对陌生的概念。①这在很大程度上归因于中国开始重视国际组织并全面参与国际事务的起步较晚，国内各部门与国际社会互动的经验尚不充分。尽管近年来中国在国际舞台的姿态愈加积极活跃，但是主要的国际互动依然保持在政府层面，官方色彩较为浓厚。从这点来看，中国对国际事务发展的认知与全球治理多元化、“去权力中心化”的趋势和格

* 罗楠，北京大学国际关系学院博士生。

① 2017年环保部对外合作中心的一位负责人曾表示，该单位作为环境领域境外非政府组织的业务主管部门，除完成必要的注册手续之外，不知道应该如何对这些组织工作展开管理，因为对这类组织机构的工作方式不甚了解。

局变化并不同步。①

国际权力格局的变化趋势不仅表现在从传统西方国家转向以中国为代表的东方国家的水平权力转移，而且体现在从国家政府走向非国家行为体的垂直权力分散。然而，政界和学界的注意力长时间聚焦在水平上的权力转移，而忽略了垂直关系上的权力分散。②后者的重要性是近年来随着非传统安全议题出现、全球化问题蔓延以及对全球治理形成共识而逐渐凸显。由于全球治理要解决的是影响全人类、涉及多层次、多方面利益攸关方的问题，因此全球治理强调行为者的多元性和多样化，包括 INGO 在内的非国家行为体在第二次世界大战后迅速发展起来并开始成为研究和实践中关注的对象。在跨国性突出、影响力快速扩张的全球环境治理领域，INGO 的各类环保活动对数次气候峰会产生干预和影响，由此提升自身的受关注度，学界开始出现对全球环境治理中 INGO 的研究，并把 INGO 置于更宏大的全球治理结构中去分析。

当全球治理格局权力分散的趋势与中国积极参与国际事务的姿态相遇，系统理解 INGO 是中国政界、学界不可绕开的任务。这也是《管理法》推行后所反映的需求，因为只有对 INGO 进行系统认识，才能够发展出合理科学的良性互动模式以及相关管理政策。国内既有文献主要是 INGO 的个案研究，较少以结构框架来进行全景理解，所以难以从宏观上对 INGO 的重要性形成判断和印象。本文以全球环境治理中的 INGO③ 为研究对象，引入多元-多层的治理结构视角，并结合既有的研究成果和与 INGO 一线工作者的访谈，试图从结构定位、与其他行为体的互动关系以及核心影响机制对 INGO 进行全局性把握。文章的结构以如下脉络展开：首先梳理现有研究对全球环境治理 INGO 的认识，在总结既有研究缺少治理结构分析框架的基础上，引出多元-多层治理结构视角的意

---

① 笔者曾经有近距离感性观察的案例：在 2016 年世界自然保护大会期间，全球主要的国际环境非政府组织齐聚一堂，为探讨保护自然环境积极发声。而中国代表团则十分谨慎，不仅与非政府组织保持距离，而且还因凡事要汇报而极少参与讨论，以至于中国对全球环境治理的贡献鲜为人知。

② 参考约瑟夫·奈在北大的发言。“北阁对话”公开论坛：《适应世界政治的新时期》，http://www.oir.pku.edu.cn/info/1037/2748.htm，最后访问时间 2019 年 9 月 9 日。

③ 本文对全球环境治理中的 INGO 的界定参照北京大学张海滨老师给出的定义，即由跨过成员组成、在两个以上国家设立办事机构，主要从事环境与资源保护活动的非政府组织。参见张海滨著：《环境与国际关系：全球环境问题的理性思考》，上海：上海人民出版社 2008 年版。

义；其次，基于多元-多层的全球环境治理结构，对INGO进行定位分析；再次，进一步以多元-多层的动态结构探讨INGO与全球环境治理中与其他行为者的互动关系；总结部分，本文提出观念建构是INGO发挥作用的核心路径以及根本区别于其他治理行为体的独特之处，国家在发展全方位的参与国际事务策略时应该对INGO予以充分重视。

一、既有研究对全球环境治理INGO的认识

INGO作为一种非国家行为体的重要形式在第二次世界大战后迅速发展起来。据统计，无论从总数量还是新增量来看，INGO都远超于政府间组织（inter-government organization，以下称IGO）（见图1和表1①）。主要原因在于，科学技术的发展尤其是交通和通信技术的开发打破了跨国活动的壁垒，让地方性的市民社会活动得以走向国际。此外，IGO的成立和行动均受到国际条约的约束，相比之下INGO的创建和运行都更加松散和灵活，筹建门槛较低。在全球环境治理领域，INGO的发展与两个里程碑式的重大事件密不可分——1972年的联合国人类环境会议和1992年的联合国环境与发展大会（地球峰会）。这两次全球性的环境治理会议广泛吸纳了INGO参与，不仅催生更多INGO，还吸引了国际学者对这类组织的研究。②在环境政治议题逐渐由政治讨论的边缘向中心转移的过程中，INGO也发挥了非常重要的作用。在2015年国际社会通过了旨在应对全球变暖的《巴黎协定》，气候变化治理已经成为全球治理和国际政治

① 图1和表1均来自Union of International Associations，*Yearbook of International Organizations*，edition 48，volume 5（Brussels，Belgium：Union of International Associations，2011）。

② 国外研究的相关文献可参考Wapner，P.，*Environmental Activism and World Civic Politics*，New York：State University of New York，1996；Bolo，J. and G.M. Thomas，"World Culture in the World Polity：A Century of International Non-Governmental Organization，" *American Sociological Review*，Vol.62，No.2，1997，pp.171—190；Finnemore M. and K.Sikkink. "International Norm Dynamics and Political Change，" *International Organization*，Vol.52，No.4，1998，pp.887—917；Keck，M.E. and K.Sikkink，*Activists Beyond Borders*：*Advocacy Networks in International Politics*，Ithaca，NY：Cornell University Press，1998；O'Neil，K.，J.Balsiger，and S.D. VanDeveer，"Actors，Norms，and Impact：Recent International Cooperation Theory and the Influence of the Agent-Structure Debate，" *Annual Review of Political Science*，Vol.7，No.1，2004，pp.149—175. Delmas，M.A. & Young，O.R. eds.，*Governance for the Environment*：*New Perspectives*，New York：Cambridge University Press，2009。

的共识话题之一。而在《巴黎协定》中，“非缔约方利益相关者”（non-party stakeholders）的概念被提出并强调，意味着以 INGO 为代表的非国家行为体在后巴黎时代气候治理中的作用在不断提升。①

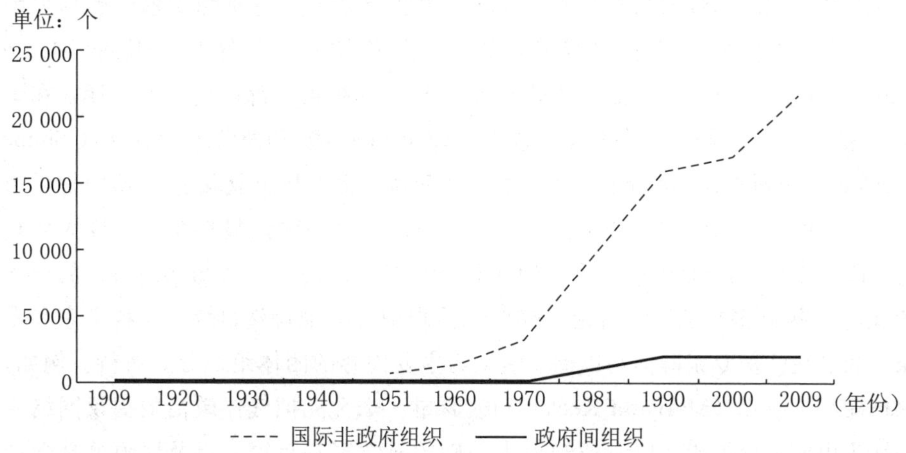

图 1　政府间组织与国际非政府组织总数增长对比（1909—2009 年）

表 1　政府间组织与国际非政府组织新增情况对比（1909—2009 年）

	国际非政府组织（单位：个）	政府间组织（单位：个）	国际政府组织：政府间组织
1900—1909 年	445	118	3.77
1910—1919 年	492	118	4.17
1920—1929 年	845	215	3.93
1930—1939 年	731	208	3.51
1940—1949 年	1 244	317	3.92
1950—1959 年	2 580	523	4.93
1960—1969 年	3 822	775	4.93
1970—1979 年	5 645	1 219	4.63
1980—1989 年	7 839	924	8.48
1990—1999 年	8 988	1 299	6.92
2000—2009 年	3 505	500	7.01

① 李昕蕾、王彬彬：《国际非政府组织与全球气候治理》，载《国际展望》2018 的第 5 期，第 136—156、162 页。

研究INGO的学者关于如何界定相关行为体的概念外延尚无定论。例如伊丽莎白·科雷尔（Elisabeth Corell）和米歇尔·贝兹尔（Michele M.Betsil）在讨论NGO在环境谈判过程中的作用时，就意识到NGO指代的范围十分宽泛（从草根团体到国际非政府机构），①而概念过于宽泛会导致对研究对象的解释力削弱，因为不同类型主体发挥着不同的作用。米奎尔·卡布雷（Miquel Muñoz Cabré）对于NGO的定义是“非政府行为体”，即把第二部门的企业也涵盖在了NGO的范围里。②同样，克莱尔·高夫（Clair Gough）和西蒙·沙克立（ Simon Shackley）也对NGO进行了三个分类：活动家、智库与企业联盟。③然而把以市场为导向的第二部门和以公益为宗旨的第三部门合并讨论显然是一个庞大而具有风险的工程。由彼得·哈斯（Peter Hass）等人首创的“认知共同体”的概念和理论，④被许多文献用于讨论气候变化治理中的一个特殊群体——科学家和专家，而且往往把专家群体与以倡议活动为主要内容的团体组织分立看待。例如，玛格丽特·凯克（Margaret Keck）和凯瑟琳·辛金克把气候政治的倡议网络主体视为由两部分组成：以专业知识为基础的科学家和专家，以及以道德理念和价值观为核心的活动家。⑤迈克尔·祖恩（Michael Zürn）表示学者在对跨国环境网络主体研究一般关注两类：认知共同体和国际非政府组织。⑥瓦普纳（Wapner）也在相关研究中表述出INGO和认知共同体的对立。⑦这种对立是否成立，亦不尽然。例如克莱尔·高夫和西蒙·沙克立就认为认知共同体包括活动家、

---

① Elisabeth Corell and Michele M.Betsill，“NGO Influence in International Environmental Negotiations：A Framework for Analysis”，*Global Environmental Politics*，Vol.1，No.4，2001，pp.65—86.

② Miquel Muñoz Cabré，“Issue-linkages to Climate Change Measured through NGO Participation in the UNFCCC，” *Global Environmental Politics*，Vol.11，No.3，August 2011，pp.10—22.

③ Clair Gough and Simon Shackley，“The Respectable Politics of Climate Change：The Epistemic Communities and NGOs，” *International Affairs*，Vol.77，No.2，2001，pp.329—346.

④ Emanuel Adler and Peter M.Haas，“Conclusion：Epistemic Communities，World Order，and the Creation of a Reflective Research Program，” *International Organization*，Vol.46，No.1，1992，p.372.

⑤ ［美］玛格丽特·凯克、凯瑟琳·辛金克著：《超越国界的活动家：国际政治中的倡议网络》，韩召颖译，北京：北京大学出版社2005年版。

⑥ Michael Zürn，“The Rise of International Environmental Politics：A Review of Current Research，” *World Politics*，Vol.50，No.4，1998，pp.617—649.

⑦ Wapner，“Politics Beyond the State：Environmental Activism and World Civic Politics，” *World Politics*，Vol.47，April 1995，p.320.

智库和企业联盟，①显然是对认知共同体做了扩大理解。董亮和张海滨则以认知共同体理论不仅分析了以联合国政府间气候变化专门委员会（IPCC）为代表的科学组织，还包括一系列 INGO。因为气候变化的结论本身带有很强的道德维度，这与 INGO 在国际责任维护上具有很高的道德共识，因此众多 INGO 与 IPCC 关系密切，形成间接影响国际气候谈判的渠道。②罗辉也表示 INGO 并不只是压力团体，它们整理科学信息，并将此类信息传播给决策者和公众，有助于气候变化领域共有知识的形成，并凭借其专业知识和研究能力参与气候谈判，从而成为全球气候治理中不可或缺的行为体。③可见，专业性是气候变化领域组织的优势，但并非全部特点。真正获得可信度和影响力的 INGO，是那些专业性与价值倡导有机结合的组织。

许多既有文献还探讨了 INGO 在全球环境治理领域的作用，这一问题主要包括两个方面。第一个方面是 INGO 发挥作用的程度高低，大部分的文献都对全球环境治理中 INGO 所发挥的作用给予了正面的评价。若干文献都以个案分析的方式介绍了 INGO 在全球环境治理中发挥的积极作用，如利用媒体提升大众意识、通过游说活动等方式参与气候谈判等。④另一个方面是 INGO 如何或在哪些环节推动治理发展，有不少文献聚焦在了气候变化谈判领域。⑤然而既有文献多数都是描述性的，如果没有特定的分析框架或给定标准，实则很难对 INGO

① Clair Gough and Simon Shackley, "The Respectable Politics of Climate Change: The Epistemic Communities and NGOs," *International Affairs*, Vol.77, No.2, 2001, pp.329—346.

② 董亮、张海滨：《IPCC 如何影响国际气候谈判——一种基于认知共同体理论的分析》，载《世界经济与政治》2014 年第 8 期，第 64—83 页。

③ 罗辉：《国际非政府组织在全球气候变化治理中的影响——基于认知共同体路径的分析》，载《国际关系研究》2013 年第 2 期，第 51—62 页。

④ 宋效峰：《非政府组织与全球气候治理：功能及其局限》，载《云南社会科学》2012 年第 5 期，第 68—72 页；唐美丽、成丰绛：《非政府组织在应对气候变化中的作用研究》，载《理论界》2012 年第 1 期，第 167—169 页；王晓文：《全球气候治理中的国际非政府组织》，载《财经界》2011 年第 7 期，第 104—106 页；徐步华、叶江：《浅析非政府组织在应对全球环境和气候变化问题中的作用》，载《上海行政学院学报》2011 年第 1 期，第 79—88 页；李晶晶：《全球气候治理中的非政府组织》，载《中共中央党校》，2011。

⑤ 唐虹：《非政府环保组织与联合国气候谈判》，载《教学与研究》2011 年第 9 期，第 66—72 页；刘雨宁、杜宝贵：《论非政府组织在世界气候谈判中的主要作用》，载《沈阳农业大学学报（社会科学版）》2012 年第 2 期，第 172—175 页；侯佳儒、王倩：《国际气候谈判中的非政府组织：地位、影响及其困境》，载《首都师范大学学报（社会科学版）》2013 年第 2 期，第 55—60 页。

的作用进行评估，说明INGO在环境治理领域的特殊作用。伊丽莎白·科雷尔和米歇尔·贝兹尔的一篇比较研究与许多描述性文献相比，在方法上有更多优势，不仅通过厘清数据类型和把控数据来源以确保支持NGO影响力的证据是系统有效的，还通过正反双向论证确保NGO和环境谈判之间具有因果关系并明确解释力大小。①同样，巴斯·亚特（Bas Arts）也注意到泛泛而谈的研究会产生对INGO过誉的问题，该研究通过深入的案例分析与对比，认为INGO能够在气候变化条约的内容协商阶段和早期执行阶段发挥作用，但是作用有限。②玛格丽特·凯克和凯瑟琳·辛金克则以IPCC与众多著名环境非政府组织关系为例，细致剖析了INGO如何在全球范围“选购”提出问题的最佳途径，并且寻找可以施加压力的杠杆支点。③迈克尔·祖恩提醒，国际非政府组织的兴起到底是国际环境政治的原因还是结果，仍需要更加细致的考察，而在论证时应该通过反证来使因果关系逻辑完整；此外，应该划分政策流程的步骤，并细致考察INGO在哪个/哪些环节产生影响。④米奎尔·卡布雷通过对参与UNFCCC的NGO进行细致的分类分析，发现环境、学术、能源和商业领域的NGO是最为主导的⑤。

从以上既有研究来看，多数文献主要是INGO的个案研究，难以使我们宏观地对INGO的重要性形成判断和印象。因此有必要把INGO置于更宏大的全球治理结构中分析。在使用系统理论来理解全球气候治理与INGO的问题上，已有文献做出了值得借鉴的努力。例如，于宏源和王文涛尝试通过制度碎片化和领导力赤字的理论来理解INGO在全球气候治理中的作用。⑥托马斯·普林森

① Elisabeth Corell and Michele M.Betsill, “A Comparative Look at NGO Influence in International Environment Negotiations: Desertification and Climate Change”, *Global Environmental Politics*, Vol.1, No.4, November 2001, pp.86—107.

② Bas Arts, *The Political Influence of Global NGOs: Case Studies on the Climate and Biodiversity Conventions*, International Books, 1998.

③ ［美］玛格丽特·凯克、凯瑟琳·辛金克著：《超越国界的活动家：国际政治中的倡议网络》，韩召颖译，北京：北京大学出版社2005年版。

④ Michael Zürn, “The Rise of International Environmental Politics: A Review of Current Research,” *World Politics*, Vol.50, No.4, 1998, pp.617—649.

⑤ Miquel Muñoz Cabré, “Issue-linkages to Climate Change Measured through NGO Participation in the UNFCCC,” *Global Environmental Politics*, Vol.11, No.3, August 2011, pp.10—22.

⑥ 于宏源、王文涛：《制度碎片和领导力缺失：全球环境治理双赤字研究》，载《国际政治研究》2013年第3期。

（Thomas Princen）和马蒂亚斯·芬格（Matthias Finger）认为，政治议价（political bargaining）和社会运动（social movement）这两个常用于解释非政府组织的理论不足以理解全球治理宏图下的非政府组织的发展。国际非政府组织是市民社会对经济全球化和政治国际化的逻辑反应，其活动在全球层面不仅仅是关于参与和影响既有的结构和决策过程，更在于创造结构。因此提出要用“第三系统理论”（Third System Theory）来理解国际非政府组织，因为环境跨国网络的建立意味着世界社会的出现和对局限于本国公民社会利益的超越，这也就是所谓的“超越公民运动”。①与传统政治中非政府组织处于从属或者补充地位不同，普林森和芬格对“第三系统理论”的倡导反映了治理权力从第一部门向其他部门（尤其是第三部门）转移的意识觉醒。类似的探索还包括范菊华《非国家行为体在全球气候治理中的作用》一文，作者详细审视和分析了国际组织、跨国公司和非政府组织等分处三大部门的非国家行为体在全球气候治理中的作用，并认为从塑造气候理念到建立全球气候治理制度，它们在国家和国际两个层面上都能发挥重要作用。②在观察全球气候治理中不同主体的作用时，作者有意识地区分了三大部门的行为体，并观察它们在不同层面的作用，一种多部门-多层次的框架呼之欲出。由于全球治理展现的是一种不同行为体在不同层次互动合作的交互场景，对INGO的理解也不可脱离这种语境来孤立认识。因此本文拟引入既有研究中有关多元-多层治理结构的探讨成果，并以此视角来观察INGO在全球环境治理中的定位以及与其他行为体的互动关系。

二、定位INGO：基于多元-多层的全球环境治理结构

全球环境治理中的INGO种类多样，按照其工作内容和活动性质主要可分为倡议类、执行类/服务类和专业类/科学类。③目前有关INGO的文献大部分是

① Thomas Princen and Matthias Finger, *Environmental NGOs in World Politics: Linking the Local and the Global*, London and New York: Routledge, 1994, p.262.

② 范菊华：《非国家行为体在全球气候治理中的作用》，载《阜阳师范学院学报》（社会科学版）2014年第3期，第56—62页。

③ Delmas, M.A. & Young, O.R. eds., *Governance for the Environment: New Perspectives*, New York: Cambridge University Press, 2009, p.130.

基于个案分析，即没有在系统框架下去考察，容易出现对特点进行以偏概全的总结。要明确如何对INGO作出有效对比，就需要一个合理的分析框架。只有在确定了分析框架以及INGO在其中的定位之后，才能在系统对比中体现INGO的特点。约瑟夫·奈（Joseph Nye）曾在《全球化世界的治理》中对全球治理活动做出了多部门、多层次的二维概括并进行系统论述。他认为，全球治理主体可视为三个部门（私人部门、政府部门、第三部门）在三个层次（超国家层次、国家层次、次国家层次）所组成的九格矩阵（见表2）。①张海滨将这个全球治理框架应用在了全球环境治理活动中，对全球环境治理中的国际非政府组织形成的国际政治影响做了全面的介绍，发展成了适用于全球环境治理体系中的框架。②

表2　全球治理活动

部门 层次	私人部门	政府部门	第三部门
超国家层次	跨国公司（MNC）	政府间国际组织（IGO）	非政府组织（INGO）
国家层面	公司	中央政府	非营利部门
次国家层次	地方	地方	地方

在此，笔者借鉴引入全球环境治理的多元-多层结构并做了一定简化（见表3）。需要说明的是，本文认为，无论是从规模差异还是组织特性来说，差别主要存在于超国家层面和国家、次国家层面之间。因为国家和次国家层面的行为体在很多时候是高度重合的，这并不是否认国内各种参与治理行为体的多样性。因此在这里，本文认为可以合理地合并国家和次国家层面，统称为国内层面。这种合并的意义在于，暂时忽略细节的差异有助于我们看清全球治理主要行为体的区别。全球环境治理的“多元性”体现在多种行为体的共同参与。在传统的统治或者管理领域，政府往往作为唯一的行为体。然而治理的扁平化要求主体多元化，即利益攸关方的全面投入，一般来说可以分为三个部门。第一

① ［美］约瑟夫·奈著：《全球化世界的治理》，王勇、门洪华译，北京：世界知识出版社2003年版。

② 王杰等编：《全球治理中的国际非政府组织》，北京：北京大学出版社2004年版；张海滨著：《环境与国际关系：全球环境问题的理性思考》，上海：上海人民出版社2008年版。

部门是传统的政府或者国家，第二部门即以企业为核心的私有部门，第三部门即区别于前两个部门的社会领域。全球环境治理的“多层次”体现在国内和国际层面的连通性，即治理的国内行为会外溢至全球层面，跨国性的治理成果也会影响到国内治理环境。横向的“多元性”和纵向的“多层次”相互交错，结果是三大治理部门在国内、国际层面有不同的表现形式。

表 3　全球环境治理的多元-多层结构

	第一部门	第二部门	第三部门
国际层面	政府间组织（IGO）	跨国公司（MNC）	国际非政府组织（INGO）
国内层面	国家政府	国内企业	国内非政府组织（NGO）

从表 3 可以看出，全球环境治理结构从多元-多层两个维度综合可得出六个象限。其中，INGO 处于第三部门的国际层面。基于 INGO 在全球治理结构中的定位，我们可以对其展开比较观察，即在横向国际层面与第一、第二部门对比，在纵向上与国内非政府组织对比，从而较为系统地了解 INGO 的特点。

与政府间组织（以下称 IGO）相比，INGO 具有非政府性和灵活性。IGO 主要以联合国及其专门机构为代表，他们的决策程序和运作流程在很大程度上受制于国家政府间签订的国际条约，因此掣肘甚多。相比之下，INGO 人员精简，实行扁平式管理，因此灵活性很高。此外，INGO 的核心在于非政府性，它们不受政府控制，其政策利益不是官方表达，更容易占据道德高地，获得公众支持。与跨国公司（以下称 MNC）相比，INGO 最大的特点在于公益性和非营利性。MNC 追求的是自身商业利益的最大化，而 INGO 所代表的利益往往超出了利益集团的狭隘范围，具有某种公益目的性。大型的 INGO 具有媲美 MNC 的“盈利”手段和成果，但是“营利”并非 INGO 的活动初衷，服务于所有人获利的公共利益才是 INGO 产生和利用其盈利收入的宗旨。

与国内非政府组织（以下称 NGO）相比，INGO 的国际性意味着它拥有网络化优势，也意味着可以获得更多的合法性。NGO 囿于自身的利益定位，活动范围往往局限于特定区域，这会导致全球治理的碎片化。INGO 凭借在全球各地建立分支机构，建立起了从当地到全球的网络组织形式，通过各种信息传递、资源共享、共同行动等形式开展活动，构成一种非机构体系的网络，形成网络化治理的新模式。INGO 的国际网络化还意味着更多的合法性，这种合法性不仅来自自下而上的民众支持，也来自自上而下的政府认同。有鉴于 INGO 在全球治理中的广泛影响力，政府无论在决策还是执行上都更倾向于选择与 INGO 合作，INGO 可以为决策者带来全球价值和本土经验相结合的思想和信息，这是本地 NGO 难以具备的资质。除此之外，环境领域的 INGO 还有其他领域所不具备的专业性特点。如在上述分类时提到的，环境领域更多地涉及实证调查、标准制定等内容，这是在安全、人权、发展领域中少见的。全球环境治理中的 INGO 能够经常不断地提出新思想、新概念和新措施，且有系统的理论根据，具备很强的说服力。

三、全球环境治理 INGO 与其他行为体的互动关系

如果说多主体-多层次的治理结构是治理主体的静态陈列，那么奥兰·扬(Oran Young) 等人则展示了全球环境治理中的多元主体的动态关系，《环境治理：一些新的视角》(*Governance for the Environment*：*New Perspectives*) 一书的核心视角即关注多元主体在国际至国内层面的不同角色与彼此互动（见图 2)。①

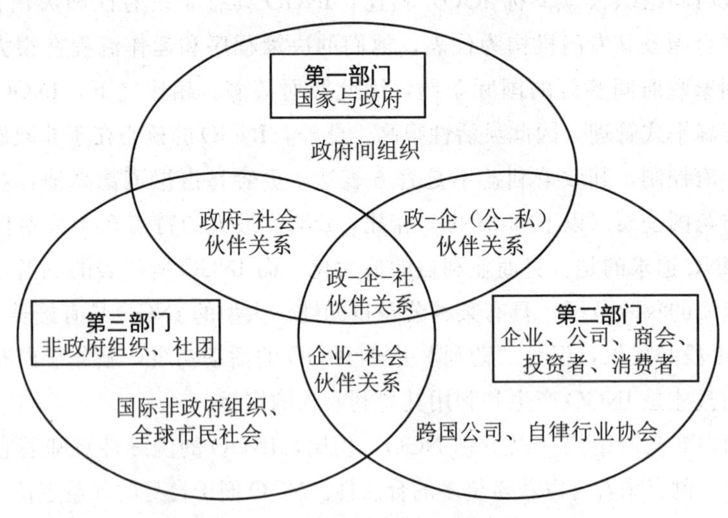

图 2　环境治理系统中的部门互动

① Delmas, M.A. and Young, O.R. eds., *Governance for the Environment*: *New Perspectives*, New York: Cambridge University Press, 2009.

治理作为一种解决公共问题的新模式，它不再是线性的、单向的，而是全面的、多维的。理解治理动态的主要方式之一，就是把握其中的主体互动。如前文所述，全球环境治理的主体主要包括政府机构/第一部门、企业/第二部门和市民社会/第三部门等多元行为体，而且三大部门在国内、国际层面的活动也相互贯穿流动。在实践中，全球化、去中心化和市场化要求全球环境治理必须以一种混合的形式展开，即三个部门尽管各有所长，但并非各自为政，而是形成合作互动的伙伴关系。而理解 INGO 在全球环境治理中的作用不应该也不可能脱离与其他行为体互动而孤立地完成。在上述全球环境治理多元-多层结构的基础上，本文基于奥兰·扬有关三大部门互动合作的环境治理系统，试图分析此系统中与 INGO 有关的互动关系，从动态的互动视角考察全球环境治理中的 INGO。如图 2 所示，以 INGO 所属的社会/第三部门为基准，我们分别从以下三对关系探讨 INGO 与全球环境治理和其他主体的互动关系：政府-社会关系、企业-社会关系以及政府-企业-社会在国内、国际两个层面的关系。

（一）全球环境治理中的政府-社会伙伴关系

在政府-社会伙伴关系中，INGO 一般以比较潜移默化的方式参与上游决策环节。政府作为主要决策行为体，在环境政策制定上有最大的决定权力，例如在全球环境治理中哪些议题应该被优先排序，应该如何采取手段实现目标。因此，除了承接政府委托的执行项目，INGO 与政府的互动更多的是针对政策影响，以期从源头更为有效地参与全球环境治理的走向。在与政府接触的过程中，INGO 会采取倡议、游说、咨询等不同方式与政府互动，重点互动的领域在国际环境议程设定和国际环境政策制定。

国际环境议程设定，是指某个涉及环境问题的利益诉求得以形成概念或者理念并受到政策制定者的认识、理解和认同，这是一个从利益表达到利益综合的过程。INGO 源于非政府组织，同时具有国际影响力，因此一方面能够通过组织的工作网络掌握详实的所在地信息，整合利益表达；另一方面，它对接政府机构和政府间组织，能够将重要议题以更为正式的方式呈现并且“教化”政府，使政策决定者最终接受。INGO 往往可以结合全球趋势和具体国情提出建议，因此政府在作出环境决策尤其在跨国环境决策时，愿意听取 INGO 的意见，这为 INGO“教化”政府提供意愿基础。

2015年，两个与全球环境治理息息相关的历史性成果诞生：可持续发展目标和气候变化《巴黎协定》。“可持续发展”和“气候变化”这两个理念在从提出到正式化的过程中，INGO发挥了功不可没的作用。“可持续发展”概念的明确提出，最早可以追溯到1980年由世界自然保护联盟（以下称IUCN）、世界自然基金会（以下称WWF）与联合国环境规划署（以下称UNEP）共同发表的《世界自然保护大纲》：“必须研究自然的、社会的、生态的、经济的以及利用自然资源过程中的基本关系，以确保全球的可持续发展。”①《世界自然保护大纲》由UNEP委托IUCN起草，其核心与IUCN的组织宗旨高度统一。在议程设定过程中，INGO一般会与IGO密切合作，借助政府间平台最大范围地接触政府决策者，把政府原本并不关注的议题以更加正式而隆重的方式强调出来，达到议程“正式化”的效果。《世界自然保护大纲》提出后，世界各国陆续接受其的思想，并依据它的精神制定本国自然保护大纲，“可持续发展”的概念也逐渐深入人心。INGO不仅借力于IGO，还助力IGO对某些议程的倡议和主张。例如在强调“气候变化”严重性时，IPCC评估报告确定“人为因素是引起气候变化”的结论曾经遭到许多国家的质疑，尽管IPCC是政府间形成的气候变化评估机构。由于该结论本身带有很强的道德维度，与INGO在国际责任维护上具有很高的道德共识，因此众多INGO与IPCC关系密切，形成间接影响国际气候谈判的渠道。国际科学学会联合理事会、IUCN、绿色和平国际、WWF等知名INGO都积极发声，维护IPCC的科学权威与合法性，避免了国际气候谈判失去科学指引。②

国际环境政策制定，主要指针对某个既定的环境议程，研究如何采取手段实现相关目标，集中体现在国际环境条约谈判。由于国际条约的政府性决定了INGO难以在谈判过程中深入参与，INGO的作用主要发挥在“前谈判”阶段。③即便如此，INGO的实际影响也不容小觑。在谈判前，多个国际环境条约的缔约方大会形成专门咨询INGO的“固定环节”。INGO扎根民众，又与媒体关系密切，掌握的信息多于、先于政府，所以在重要谈判场合，政府代表团总

---

① 参见IUCN网站www.iucn.org，最后访问时间2019年9月9日。

② 董亮、张海滨：《IPCC如何影响国际气候谈判——一种基于认知共同体理论的分析》，载《世界经济与政治》2014年第8期。

③ Bas Arts and Sandra Mack，“Environmental NGOs and the Biosafety Protocol：A Case Study On Political Influence，” *European Environment*，2003，pp.13，19—33.

会一览 INGO 的报告；反过来，政府的谈判代表向 INGO 传达本国的原则立场和基本预期，而 INGO 也传达来自社会的声音。例如，中国在进行气候变化谈判之间召开气候变化领域 NGO 对话会，其中包括 WWF、伯尔基金会、绿色和平、WRI、国际自然资源保护协会、乐施会等 INGO。①因为这种交流是非正式的而且建立在政府与社会主体之间的互信之上，因此交流的内容也会更加实际，为政府后续谈判做好预热。IUCN 作为 INGO 中的特例，由于其涵盖非政府组织和政府机构的特殊会员形式，不但能够影响条约谈判，还能进一步参与到《濒危野生动植物种国际贸易公约》（CITES）等国际条约的制定过程，甚至承担条约秘书处的功能。IUCN 特殊的组织形式赋予它得天独厚的议程传达与制定的渠道。②

（二）全球环境治理中的企业-社会伙伴关系

在与企业互动合作时，INGO 常常将目标设定为跨国公司或者产业龙头企业，其合作逻辑不仅仅是基于道德的，即产业领军代表能够形成道德标杆；更重要的是，一旦这些大型企业通过实践证明，接受来自社会关于环境保护的理念可以提升收益，其示范效应能带动其他企业参与到这场“环境竞争”中。企业与社会最典型的关系莫过于社会力量对企业的监督，即通过第三方监督加强企业在环境领域的社会责任。这种监督关系不仅简单指代传统意义上对企业的显性污染行为做出警示和约束（这方面主要由政府完善监管制度和加强监管力度来实现），而且是在环境责任已成为企业基本共识的背景下，对企业提出更高的要求，即从“合法”行为进一步到“合理”行为的推动。这种“进阶版”监督，一般要通过 INGO 实现，因为它们的大规模和国际性能够获得企业的足够重视。例如，京东与 WWF 建立战略合作伙伴后，尽管所售蓝鳍金枪鱼符合所有国家规定，但为了响应 WWF 在全球范围内反对野生蓝鳍金枪鱼的捕捞行为、不支持养殖蓝鳍金枪鱼市场化的行动号召，京东决定下架自营蓝鳍金枪鱼。③可

① “气候变化领域 NGO 对话会在北京举办”，中国气候变化信息网，2013 年 11 月。http://www.ccchina.gov.cn/ Detail.aspx?newsId = 41773&TId = 57，最后访问时间 2019 年 9 月 9 日。

② 参考 IUCN 网站 www.iucn.org，最后访问时间 2019 年 9 月 9 日。

③ “为爱停售——再致蓝鳍金枪鱼 | WWF News,” WWF 世界自然基金会，新浪微博 2017 年 6 月 12 日，https://weibo.com/ttarticle/p/show?id = 2309404117894639264921，最后访问时间 2019 年 9 月 9 日。

见，WWF的监督标准不仅停留在要求企业行为“合法”，而是比政府规定更高的“合理”层面。而京东之所以能够接受WWF更为“苛刻”的监督标准和理念，很大程度上是因为WWF作为一个大型INGO是环保界的标杆，其影响力是任何小型NGO所难以具备的，因此WWF的品牌值得用放大镜去看。

除了监督，INGO还擅长与产业链涉及环境的企业进行合作，撬动市场杠杆。首先，INGO在宣传环保意识、调动民众关注上有先天的优势，这会动摇市场基础，例如消费者会更愿意购买环境友好型的产品。这使得企业不得不重新审视自己的商业战略，更多地把环保因素考虑在内。其次，INGO利用自身科学性、专业性的优势，与企业合作，为他们提供商业可持续发展的咨询服务或者直接参与项目合作。典型例子是保护国际（CI）与星巴克联合开发咖啡与种植农公平惯例准则（C.A.F.E.），为达到最佳社会（公平交易）和环境（树荫种植、有机认证）标准的种植者提供优先的采购政策；同时在南美、印度尼西亚等咖啡种植地区向种植农推广培训环境友好型的咖啡种植技术，确保咖啡种植者的生活稳定，同时持续供应高质量的咖啡。①反之，当企业在与INGO合作过程中将环境理念内化为自身的发展战略后，为了扩大市场范围，企业会自觉加强对环保理念的宣传，把环保作为品牌宣传的“噱头”。由此，INGO利用商业市场进一步扩大环境理念的推广。

除了产业链直接与环境相关的产业，还有更多的企业以基金会等形式参与到环保事业中。INGO作为第三部门行为体与商业部门合作，撬动资金杠杆，可以在很大程度上补充政府在环境治理上的空白，尤其是资金不到位的问题。例如社会公益保护地的概念在发达国家比较盛行，即民间机构、商业部门或个人治理或关系的自然保护地，补充政府在生态保护和可持续发展方面的管理不足。而在中国，自然保护区从来都是政府的分内事，但是资金不足导致许多保护区的管理效果不佳，保护区在保护和开发之间左支右绌。这种情况在2010年出现转变。由美国大自然保护协会（以下称TNC）牵线搭桥，马云（TNC全球董事会中第一位中国人）等TNC中国理事会理事联合发起四川基金会，启动5 000万资金建立社会公益保护地。TNC在其中扮演的是“科学家加资本家”的角色，

---

① “我们在可持续发展方面的未来”，星巴克官方网站，https://www.starbucks.com.cn/about/responsibility/our-future-in-sustainable-coffee/，最后访问时间2017年9月10日。

一方面它拥有极强的募集资金能力，吸引企业投资，另一方面它作为公益组织保证自然保护区不会沦为商业开发。TNC综合美国保护地经验和中国实际情况，尝试推行一种“企业出钱、社会组织出力”的保护模式。[①]中国的自然保护区长期是政府-企业的官商资源搭配，缺少来自公众监督和科学专业的指导。而且中国还有很多重要区域未能纳入由政府主导实施的自然保护区范围。社会公益自然保护地是企业-社会的合作新模式，在中国设立社会公益自然保护地是对已有自然保护地体系的补充，具有重要意义。

（三）全球环境治理中本土-国际互动关系

全球环境治理的多元特点表明，在治理实践中可以找到政府、企业、社会三个部门的身影（即便是在前文所阐述的案例中，也能体现三方互动的关系，只是鉴于文章篇幅有限而突出某种双边关系）。全球环境治理的多层结构同时意味着三方互动并不局限于国内或者国际，而是在两个层面相互交错影响。全球环境治理不仅涉及治理部门之间的横向联系，还包括本地社会与国际社会之间的纵向互动。INGO是地方非政府组织、个人以及其他社会力量的集合体，同时也是全球决策场的重要行为体之一，此外还能在一定程度上发挥市场参与者的作用，因此可以作为连结地方社会与国际社会的重要桥梁，从自下而上和自上而下两个角度深度参与全球环境治理的三方互动。

自下而上的主要逻辑是，INGO既是社会环境理念正式化的重要推动力，又是地方问题全球化的传输渠道。在面向社会民众进行环境理念的传播教育方面，INGO与政府间组织相比拥有更多的灵活性。INGO能更敏锐地捕捉到民众所关切的环境问题，并擅于使用与媒体的合作推广环境保护理念，活动形式也多种多样。保护国际的“大自然在说话”微电影系列、WWF“地球熄灯一小时”的旗舰项目、野生救援“没有买卖就没有杀害”的宣传运动都是在全球范围广为人知的案例。社会民众形成一定的环境理念，会改变自身对商业消费的价值取向，从而影响消费市场的走向，例如人们更倾向于购买有机食品或者环保材质的衣物，或者更愿意为消费的碳排放买单。这种转变会导致企业调整发展战略，

---

① “富豪扎堆倾金自然保护区”，《南方周末》2011年1月14日，http://www.infzm.com/content/54643，最后访问时间2017年12月3日。

选择开拓环境友好型的发展道路。企业的市场化选择会形成规模，进一步通过市场扩大环境理念的影响力，同时获得政府决策者的关注。加之INGO直接对政府进行游说和咨询，实现把原本仅停留在社会观念和市场规则中的环境议题以正式决策的方式固定下来。例如，绿色和平组织不是一个单纯进行倡议运动的激进组织，它在推动新能源方面的努力是一种自下而上的典范。自2001年起，绿色和平组织就在全球范围发起“新能源一代”的国际青年人项目，旨在通过向年轻人们传授新能源的知识，利用年轻人的热情和切实的行动在全球范围内推广太阳能、风能等可再生能源。这个长期项目随着时间推移展现出其效果，随着越来越多的年轻人进入企业或者政府工作，新能源的使用和开发意识逐渐加强。同时，为了助力新兴的新能源市场，绿色和平出台了若干份有关新能源的报告，并为光伏产业提供融资平台。此外，绿色和平还作为唯一的INGO被邀请参与了中国可再生能源法的咨询过程。

地方问题全球化是自下而上的另一个侧面。在环境生态领域，以命运共同体的全球视角看待并解决本土问题已成为趋势。没有任何国家或地区能够独善其身——环境问题因为具有外溢性，因此往往也存在跨国性，甚至是全球性。INGO作为连接地方社会和国际社会的连接体，把本地的环境问题带到全球决策场合。例如，在IUCN世界自然保护大会召开期间，来自世界各地的非政府组织会就各自地区所面临的环境生态问题联名提案，这些提案都会在全体大会上讨论并投票通过。无论议案最终是否会被通过，对地区议案进行全体性讨论本身就地方问题获得全球注意的一种途径。此外，会场还有各种场合供本地NGO进行游说活动。例如在2016年大会期间，拉美地区的原住民曾设法联系INCN中国办事处，反映所居住的社区因跨国公司（包括中国企业）的开发而遭到破坏，希望中国办事处可以向大会主席（中国人）报告，并在大会上讨论。

自上而下的主要逻辑是政策的全球化制定到地方化执行，以及国际经验的地方化借鉴。例如在设定行业标准和规则时，以INGO为核心的第三部门可以依据专业信息和科学调查提供可信用的标准，政府提供权威性的背书，而企业是规则与标准有效执行的主体。比较有代表性的实例是IUCN提出的“濒危物种红色名录”，是全球动植物物种保护现状最全面的名录，已成为生物多样性保护领域的权威文件。2014年IUCN再次推出“保护地绿色名录”，旨在通过一个相对简单的激励机制来有效推动自然保护地管理水平的提升。最初的设想是建立全球统一标准，后来经多方考量，最终采取在全球层面上制定标准框架，各国在框架基础上细化本国标准的模式。绿色名录全球标准框架制定了全球统一的4大部分，包括规划、治理模式、管理计划和执行，以及管理成果和影响。参与绿色名录的区域/国家则在该框架基础上制定相应的国家或地区标准。在第一个试点阶段，8个试点国家共有40个表现突出的自然保护地被收录形成全球第一份《IUCN自然保护地绿色名录》，同时作为典范在全球范围分享经验。①

在全球环境治理的政府-企业-社会三方关系中，自下而上和自上而下的互动是相互交错、相互影响的。例如在象牙贸易问题上，INGO通过自身的组织网络将发生在非洲和亚洲的大象捕猎问题自下而上地带到国际场合，通过影响各国政府决策者，实现象牙国际市场的关闭，从而自上而下地影响各地相关商业部门的行为。INGO作为连结地方和国际层面的主要行为体，在双向都发挥着作用。与此同时，通过若干案例的观察得出，在宏观层面，全球环境治理呈现的是政府主导、企业为主体，社会积极参与的互动模式；而在地方的微观层面，越来越多的迹象表明，第二部门和第三部门的市场化合作能够更为有效地填补第一部门环境管理不足的空白。

四、总结与启示：INGO的影响机制

通过全球环境治理多元-多层的结构分析可以得出，第三部门与政府、企业处于平行位置，而INGO又处于第三部门的国际层面，这不同于一般观念中对于INGO边缘性的设想。INGO具有灵活性、公益性和灵活性等特点。此外，不少环境领域的INGO还具有科学专业性的特点。这些特点是在多元-多层的全球环境治理结构下对比得出的，无论从部门角度还是层次角度，INGO都有着无可替代的特性，这些特性相互交织综合，增强了INGO在全球环境治理中的合法性，获得来自政府的重视、企业的配合以及社会民众的支持。从全球环境治理三方互动的分析中，我们看到INGO与各类治理行为体的互动关系。INGO影响并推动国际环境议程设定，积极参与国际环境政策制定尤其是国际条约的前谈

① 张琰、刘静、朱春全：《自然保护地绿色名录：内容、进展及为中国自然保护地带来的机遇和挑战》，载《生物多样性》2015年第23期。

判阶段；在企业参与环境实践中发挥监督作用，同时与企业密切合作，引导企业资金进入环保领域；INGO既是社会环境理念正式化的重要推动力，也是地方问题全球化的传输渠道，同时还是全球环保标准的重要制定者和推广者。

从INGO的结构定位和互动关系来看，INGO主要发挥作用的机制是通过观念建构的。在传统管理范式中，资源分配是关键能力，而政府分配资源依靠强制，企业分配资源依靠市场，而第三部门在直接掌控资源方面并无太大优势，甚至有时出现“志愿失灵”。但是在全球治理范式中，资源的权力结构更加平等，利益攸关方更加多元，第三部分可以通过观念建构作为杠杆撬动资源——一旦某种环保理念成规模地形成，资源便会向特定方向流动。INGO作为第三部门国际层面的行为体，表现更加突出：从影响议程设定到为谈判造势，从监督引导企业到向大众推动环境理念，还是从利用自身专业优势树立环保标准，INGO更多地利用观念建构发挥着作用。

INGO重要性的上升要求政策界和学术界应该对这类组织有更加深入而系统的认识。在全球环境治理的宏观层面，治理图景呈现的是政府主导、企业为主体，社会积极参与的互动模式；而在微观层面，越来越多的迹象表明，第二部门和第三部门的市场化合作模式能够更为有效地填补第一部门环境管理不足的空白。尽管INGO并不能替代国际政府成为治理的主导力量，其重要性一定程度上也需要政府的认同才能得以发挥，但这并不意味着INGO不具有主动权。相反，发达国家的经验给我们的启示是，那些重视INGO并且能与之形成较好互动的国家，往往能够从INGO的影响力中获益。中国已成为引领全球环境治理的大国，应该在治理的各个环节都重视起INGO的作用：利用INGO的非政府性和灵活性寻求解决环境领域实质性问题的非正式场合；鼓励各级政府、企业和非政府组织积极接触INGO的工作，借助其平台更好地施展国家的软实力；在具体项目上，运用INGO的市场化运作解决政府失灵的问题，推动新型公共管理模式的实践。

规范扩散视角下联合国与东盟的合作关系探析

王　悦*

引　言

（一）研究缘起

自20世纪80年代末以玛莎·芬尼莫尔为代表的学者提出国际规范的生命周期理论之后，大批国际关系学者对规范扩散问题展开研究，不断充实和细化这一议题，形成了大量的研究成果。这些研究成果大多关注国际组织如何在体系规范之下通过一定机制、用一定行为规范促使主权国家接受国际组织的规范和规则，从而使不同的国家产生相同的利益偏好。但随着各类非国家行为体在国际社会中扮演越来越重要的角色，并逐渐产生更多的相互联系，国际规范的扩散现象已不仅仅存在于国际组织和主权国家的交往过程中。在不同国际组织的交往中，国际规范扩散正逐渐对国际组织之间的关系发展产生重要影响。因此，对存在于国际组织交往过程中的国际规范扩散问题进行探讨就显得尤为必要，并有助于促进我们对国际组织作为一个独立的行为体的认知。21世纪以来，联合国与各个区域性政府间国际组织（例如欧盟、非盟和东盟）之间的交往在频率和深度上都有明显增加。而从本质上来看，一个全球性国际组织与区域性政府间组织之间的交往不仅将对这一地区的发展产生影响，而且在与不同的区域性政府间组织交往时，国际规范将呈现出不同的扩散路径，其与地区规范也将发生多样化的碰撞。

本文之所以选取联合国与东盟作为案例进行研究，主要基于以下两方面原

* 王悦，复旦大学国际关系与公共事务学院博士生。

因：其一，学术研究滞后于实践发展。联合国与东盟早在东盟成立之初就展开合作，迄今为止已持续将近半个世纪。双方的合作领域正在逐渐扩散，对话与合作机制也日趋完善和成熟，并对东南亚地区的发展产生了不可忽视的影响。但相应的学术研究并不充实，明显滞后于实践发展。此外，从目前学界的关注焦点来看，“联合国与欧盟的合作关系”以及“联合国与非盟的合作关系”问题研究有较大进展，并形成专门的研究成果；①而关于“联合国与东盟合作关系问题”的研究却基本散落学者对其他问题的论述过程中。其二，与其他区域性组织相比，东盟在地区主义发展过程中的特殊性。20 世纪 50 年代之后东南亚一体化及其地区主义的发展既不同于西欧的基于主权国家理念的制度化发展模式，又不同于非洲的“跨越式和直接过渡”的泛非主义模式，而是同时基于被殖民经历、主权国家理念和民族主义之上的松散和非正式的发展模式，持续表现出更加复杂多元的特征。再加上当前正处于非国家行为体在处理地区事务中扮演愈加重要的角色以及联合国机制的调整和转型阶段，因此，探究东盟与联合国的合作关系能为“过渡时期联合国与区域性国际组织的合作对地区治理产生何种影响”这一问题提供一个有价值的案例。

（二）文献综述

针对“联合国与东盟合作关系问题”的探讨，学术界目前已有一些研究。从切入角度来看，大致可分为以下三个方面。

第一类阐述了联合国与东盟展开合作的历史过程，并分析双方合作的特点、挑战和发展趋势，认为随着合作领域的不断扩展，双方的合作将面临一定障碍，应寻求开拓新的合作方式。这类研究以新西兰威灵顿维多利亚大学罗德里克·阿利（Roderic Alley）、瑞士独立智库人道主义对话中心和上海国际问题研究院周士新的研究为代表。威灵顿维多利亚大学罗德里克·阿利的研究具有重要意

① 具体可参见 Paul D.Williams and Solomon A.Dersso，*Saving Strangers and Neighbors：Advancing UN-AU Cooperation on Peace Operations*，New York：International Peace Institute，2015；Arthur Boutellis and Paul D.Williams，*Peace Operations，The African Union and The United Nations：Towards More Effective Partnerships*，New York：International Peace Institute，2013；龙静：《欧盟与联合国改革》，载余华川主编：《联合国改革与发展：欧亚视角国际会议论文集》，上海：华东师范大学出版社 2009 年版，第 309 页。

义，她阐述了在面对东南亚地区所发生的国内政治冲突、难民问题、人权问题和地区环境与可持续发展等问题时，联合国所发挥的具体作用及其与东盟的合作关系。阿利认为，联合国与东盟在诸如地区环境保护和促进经济可持续发展等问题上的合作开展顺利。但从国际政治结构的本质特征来看，东盟作为亚太地区一个关键的多边主义机制，其与联合国的合作基础相对薄弱。另外，若联合国进行内部改革，尤其是涉及安理会的内部改革，那么双方的合作将面临障碍。①周士新博士分别从合作动机、发展历程与发展前景三方面对联合国与东盟的合作关系进行梳理和分析，并指出：总体来说东盟在组织规范上没有超越联合国的范畴，双方进行包容互鉴的互动，建立起现实适当的框架，维护了东盟各成员国的切身利益，推进东盟在促进内部整合与对外合作方面发挥更大作用，并维护和促进国际体系的转型与演进。②瑞士人道主义对话中心的研究表明，在过去将近半个世纪里，尽管东盟与联合国在各方面——尤其是在促进经济可持续发展方面——的合作已取得显著成效，但总的来说东盟与联合国的合作依然落后于联合国与其他区域性国际组织的合作，例如欧盟与非盟。其背后的主要原因是东盟担心联合国可能会过多干预东南亚地区的内部事务，尤其是在维护地区安全与和平以及保护人权方面，这也是东盟与联合国之间的合作所面临的主要挑战。基于此，双方需要在现有合作方式的基础上寻求开拓新的合作方式和路径。③

第二类以东盟本身为研究对象，分析东盟在地区发展中所扮演的角色及其发挥的作用。这类研究主要分析在人权保护和地区安全等高政治问题领域，联合国与东盟不同的角色定位、双方合作所取得的成效及其困境。这类研究认为双方的合作关系在全球主义和地区主义的张力中呈现出不同的状态，是目前研究联合国与东盟合作关系的主流。

在人权保护问题上，伦敦大学玛丽皇后学院国际关系学系讲师李·琼斯（Lee Jones）以缅甸、柬埔寨和东帝汶为例，分析东盟的“不干涉原则”和联合

① Roderic Alley，*The United Nations in Southeast Asia and the South Pacific*，London：Macmillan Press Ltd，1998，pp.65—76.

② 周士新：《东盟与联合国伙伴关系的演进：动力溯源与议程选择》，载《东南亚纵横》2015年第4期。

③ 人道主义对话中心官网：“New Directions in The Relationship Between ASEAN and the UN，” hd-centre.org/publishcations/new-directions-in-the-relationship-between-asean-and-the-un/，2009.02，pp.5—7，最后访问时间2019年9月8日。

国的干预行动如何在冷战和后冷战时期同时存在，并由此进一步塑造东盟本身。① 李·琼斯认为，东盟在国家主权与干涉问题上持一种现实——建构主义者的态度，不干涉原则与干预行动本身可以在发生地区冲突时同时存在。而种种事实表明，20 世纪整个 90 年代联合国与东盟在开展干预行动方面展开了密切合作。②美国西北大学法学博士约翰·阿伦肖斯特（John Arendshorst）以缅甸作为案例分析东盟与新兴的东盟政府间人权委员会（AICHR）如何在缅甸人权问题上采取行动，并由此指出东盟与联合国在人权保护问题上已展开一定程度的合作，东盟政府间人权委员会在成立之初就加入了其他区域性人权机制。而与联合国人权机制相比，地区性人权机制在处理地区人权问题上更有优势，能够更为直接和有效地推行措施，并面临较少阻碍。③

在维护地区安全问题上：新加坡国防与战略研究所梅利·卡巴莱罗·安东尼（Mely Caballero Anthony）认为，理论上来说，在处理地区事务时，区域组织要求联合国能够有所涉及，与区域组织一起承担地区任务。但若涉及某些难以处理的地区冲突，安理会常任理事国则更偏向通过联合国寻求一个全面适当的解决方案，而不是让东盟在其中发挥领导作用。此外，从历史事实来看，东南亚发生的某些地区性冲突或危机往往是在联合国展开行动下才得到缓解，这也在一定程度上削弱了东盟的地区影响力。④菲律宾学者朱利奥·安曼道尔三世（Julio S.Amador III）和乔伊斯·特奥多罗（Joycee A.Teodoro）指出：东盟在处理中南半岛所发生的地区冲突过程中积累了一定经验，并试图将这种经验内化为东盟本身的规范和原则。但宏观上来说，在处理地区安全事务或冲突时，东盟还是要在《联合国宪章》以及《联合国和平议程》的框架下与联合国进行合作，联合展开行动。一旦东盟在面对地区冲突时计划采取较为强烈的做法，将

---

① Lee Jones，*ASEAN*，*Sovereignty and Intervention in Southeast Asia*，Hampshire：Palgrave Macmillan，2012，pp.128—140.

② 在东盟吸纳柬埔寨成为东盟成员国之前，联合国对柬埔寨进行干预，并建立柬埔寨过渡时期联合国权力机构。而这种干预东盟是乐于见到的，其本身也积极参与到这种干预行动当中，这与其本身所倡导的“不干涉原则”相违背。

③ John Arendshorst，“The Dilemma of Non-Interference：Myanmar，Human Rights，and the ASEAN Charter，” *Northwestern Journal of International Human Rights*，Vol.8，No.1，2009，pp.120—121.

④ Mely Caballero Anthony，*Regional Security in Southeast Asia*：*beyond the ASEAN Way*，Singapore：Institute of Southeast Asian Studies，2005，pp.15—19.

出现一些不可预料的问题。①

第三类运用比较的方法，对联合国、东盟和欧盟在应对全球或地区问题上所采取的机制进行对比分析，认为东盟实际上是在联合国主导的框架下参与全球治理，双方的合作是不对等的。这类研究以瑞典林奈大学斯塔芬·安德森（Staffan Andersson）和英国阿斯顿大学延斯-乌韦·文德利希（Jens-Uwe Wunderlich）的研究为代表。

英国阿斯顿大学延斯-乌韦·文德利希表明：冷战的结束改变了全球体系的结构，并使得全球治理变得更加复杂。在这种环境下，作为区域性组织的欧盟和东盟一方面在联合国框架下寻求更多机会参与到全球治理当中，另一方面，它们受到全球体系结构的改变也不断加快其机制化改革的进程。但由于欧盟和东盟各自进行改革所依托的社会文化传统和政治经济要素各不相同，因此两者所走的地区主义道路也具有明显差异。此外，本文暗含的一个观点是作者将欧盟和东盟放在以联合国为主导的全球治理框架下与全球化进行互动，而并非将它们看作是与联合国进行互动的同一层次的行为体。②瑞典林奈大学斯塔芬·安德森以人口贩卖为研究内容，运用“批判性话语分析”（Critical Discourse Analysis）对联合国、欧盟和东盟在人口贩卖问题上的应对体系进行比较分析。安德森认为，联合国、欧盟与东盟虽然在“何为人口贩卖”这一问题上具有相同的认识，但在具体解决这一问题时所表现出的行为方式却有明显差异。尤其是在欧盟与东盟之间，由于两者在政治一体化上的发展进程不同，这种差异也表现得更为明显。但总的来说，在结构上作者基本认为不论是东盟还是欧盟，它们都是在以联合国为主导的框架下参与全球或地区治理。③

综上所述，上述三类研究从合作领域对合作关系的影响、全球主义和地区主义之间的张力以及合作的对等性三个角度分析了联合国与东盟的合作关系，

---

① Julio S.Amador III and Joycee A.Teodoro, *The Role of ASEAN in Post-conflict Reconstruction and Democracy Support*, Stockholm: International Institute for Democracy and Electoral Assistance, 2016, p.19.

② Jens-Uwe Wunderlich, “Comparing Regional Organizations in Global Multilateral Institutions: ASEAN, the EU and the UN,” *Asia Europe Journal*, Vol.10, 2012, pp.127—143.

③ Staffan Andersson, *Do the UN, EU and ASEAN Approach Human Trafficking in The Same Manner?*, Goteborg: Institutionen for Statsvetenskap, 2013, pp.30—32.

并提供了大量的历史背景知识以及双方在合作过程中的一些关键细节。但上述研究对于国际规范在联合国与东盟合作过程中的扩散问题并未给予深入探讨，多是对合作过程中单个事件的历史梳理和论述。基于此，本文将以国际规范扩散的概念和理论为视角，对联合国与东盟的合作关系进行论述，分析双方在合作过程中东盟对联合国所倡导的国际规范的接受程度及其背后的原因。笔者认为，东盟与联合国的合作实际上是在相互对等的基础上展开的，双方的合作领域从最初的经济社会扩展到地区安全维护等敏感问题上来，合作也越来越制度化。在诸如地区安全和人权保护问题上，联合国并非通过单方面的传导和教授促使东盟完全接受它所倡导的国际规范，而是在平等的基础上向东盟介绍国际规范的主要内涵，接受东盟将国际规范与东南亚实际情况相结合的现实，逐渐促使东盟了解并接受联合国的国际规范。

(三) 研究方法

本文主要使用过程追踪和案例分析两种研究方法。首先，本文将运用过程追踪法（process-tracing）对联合国与东盟的合作过程进行历史梳理，通过观察合作程度的变化以及规范在双方合作过程中的扩散路径的变化进一步确定关键历史节点，对双方合作关系的不同阶段进行划分，从学理化的层面对联合国与东盟的合作关系进行解构。

其次，本文将在分析过程中选取案例进行过程追踪，在每个具体案例中观察国际规范如何在联合国与东盟的对等合作过程中实现扩散。具体来说，本文将首先确定案例总体，即选定在高政治问题领域（以维护地区安全问题为主）联合国与东盟进行合作已完成的所有事件，并在前述确定的关键历史节点前后，选取不同的案例进行比较分析，以观察在不同阶段联合国与东盟合作关系的不同特征，以及国际规范在不同合作阶段的扩散路径的不同。

一、概念界定与假设的提出

(一) 国际规范与地区规范

冷战结束之后，随着建构主义国际关系理论的不断发展，国际关系研究出现了明显的社会学转向。相应地，国际规范问题被带入主流国际关系研究，随之也涌现了大量关于国际规范如何约束国家行为或改变国家对自我利益认知的学术著作。从内涵方面来看，虽然不同学者关注和聚焦的视角不同，但总的来说对于什么是规范或国际规范的问题，目前已基本达成共识。卡赞斯坦和温特等人更加关注规范的功能含义，认为规范是定义行为体的规则，具有建构效应；同时也是一种标准，规定已定义的身份应当如何行事。①美国学者玛莎·芬尼莫尔将规范定义为“行为体共同持有的适当行为的共同预期”，她认为规范与观念不同，观念是个人持有的，而规范是共同拥有的、社会的。它们不仅仅是主体的，而且是主体间性的。规范涉及行为，同时也是集体持有的行为观念。②可以看出，学者们基本认为规范是行为体所共同拥有的一种规则标准，用以规定行为体的行为，并塑造行为体的行事观念。相应地，国际规范是国际社会成员的价值标准与行为准则，约束和塑造着国际社会成员的对外行为及其互动。③

本文中的国际规范是指目前由联合国倡导的、国际社会普遍认可和接受的一套价值理念和行为规则。具体来说，联合国以维护国际和平与安全、保护人权、提供人道主义援助、促进可持续发展和维护国际法作为自己的行动使命。④在诸多国际规范中，本文主要关注集体安全（common security）与人权保护（humanitarian protection）这两项国际规范在联合国与东盟合作过程中的扩散问题。联合国所倡导的“集体安全”理念是一种共同体式的安全结构，它强调国家安全是相互依赖的，安全合作是第一位的，每一个国家应加入任何一国的反

① 潘忠岐：《国内规范、国际规范与中欧规范互动》，载《欧洲研究》2017 年第 1 期，第 21 页。

② ［美］玛莎·芬尼莫尔著：《国际社会中的国家利益》，袁正清译，上海：上海人民出版社 2012 年版，第 16 页。

③ 陈拯：《建构主义国际规范演进研究述评》，载《国际政治研究》2015 年第 1 期，第 136 页。

④ 《联合国宪章》对联合国的宗旨作出明文规定：一、维持国际和平及安全，并为此目的：采取有效集体办法，以防止且消除对于和平之威胁，制止侵略行为或其他和平之破坏；并以和平方法且依正义及国际法之原则，调整或解决足以破坏和平之国际争端或情势。二、发展国际间以尊重人民平等权利及自决原则为根据之友好关系，并采取其他适当办法，以增强普遍和平。三、促成国际合作，以解决国际间属于经济、社会、文化及人类福利性质之国际问题，且不分种族、性别、语言或宗教，增进并激励对于全体人类之人权及基本自由之尊重。四、构成一协调各国行动之中心，以达成上述共同目的。可见联合国官网：《联合国宪章》（第一章：宗旨及原则），http://www.un.org/zh/sections/un-charter/chapter-i/index.html，最后访问时间 2018 年 9 月 24 日。

侵略战争中去。因为对于任何一个国家来说，任何地区的侵略都在威胁它的安全。此外，集体安全的实现也需要一个为了维护和平而组织国家间合作的国际组织的出现。因此，集体安全本质上是合作性和协调性的。①“人权保护”则是在全球范围内扩散并被广泛接受的国际规范，尤其在冷战之后，这一规范得到了美国和其他西方国家的大力支持，“保护的责任”（responsibility to protect）这一概念的提出和在政治层面获得广泛的国际共识便是人权保护规范在新世纪的成功实践。需要说明的是，本文之所以选取这两个国际规范进行分析，主要是考虑到随着东南亚各国之间交往的增多以及合作经验的积累，东盟逐渐发展出一套用以处理东盟地区内部事务和外部事务时所坚持的地区规范。通过 1971 年《和平、自由和中立区宣言》、1976 年《东南亚友好合作条约》和 1976 年《东盟协商一致宣言》的通过，东盟确立并强化了其独特的“东盟方式”（ASEAN Way），其主要内容包括：不干涉他国内部事务、和平解决争端以及地区问题地区解决。其中，不干涉他国内部事务（即不干涉原则）日渐成为东盟处理成员间内部事务和国际事务时所坚持的最重要的原则，2007 年东盟将其写入《东盟宪章》，赋予这一原则法律地位。这一原则包含两层含义：一是反对东南亚国家干预其地区邻国的内部事务，二是反对地区外大国对东南亚地区事务进行干预。②但这一规范也为东盟与其他行为体进行合作带来诸多问题，尤其是在处理地区安全或人权保护等高政治领域问题时往往面临很多障碍，进而加剧东盟与其他行为体合作的难度。从这个意义上讲，联合国与东盟的合作不仅与保证联合国政策在地区层面的一致性以及优化东南亚的地区治理息息相关，而且对东盟既有的地区规范而言是一种冲击。

---

① 郭学堂：《集体安全与权力均势——兼析国际政治体系的演变》，载《中国社会科学》2001 年第 2 期，第 168—173 页。

② 不干涉原则具体是指：（1）禁止对成员国政府对待其人民的行动进行批评，包括违反人权的行动在内，禁止把国家的国内政治体系和政府风格作为决定东盟成员国资格的基础；（2）批评被认为是侵犯了不干涉原则的行为；（3）禁止认可、庇护或以其他形式支持任何试图破坏或者推翻邻国政府的反叛组织；（4）对成员国开展的反对颠覆性和破坏性的行动提供政治支持和物质援助。具体可参见［加拿大］阿米塔·阿查亚著：《建构安全共同体：东盟与地区秩序》，王正毅、冯怀信译，上海：上海人民出版社 2001 年版，第 81—82 页。古小松主编：《东南亚——历史 现状 前瞻》，北京：世界图书出版公司 2013 年版，第 26—28 页。

（二）假设的提出及其出发点

如前所述，在国际规范的理论研究方面，不同学者有不同的解读。本文试图进行对话的是玛莎·芬尼莫尔提出的“规范生命周期”理论，她从行动者本身出发，探讨规范扩散的机制，这种研究方式一方面突破了传统规范研究忽视非西方行为体能动作用的局限，另一方面又将非西方社会视为被不断纳入国际社会的对象。[①]芬尼莫尔认为，与社会生活一样，国际社会生活的组织化程度相当高。国家利益的界定常常不是外部威胁或国内集团要求的结果，而是由各国共享的规范和价值所塑造的，这些规范和价值组织了国际政治的生活并赋予其意义。而一种规范在发展演变过程中要经历三个阶段：规范的兴起、扩散和内化，每个阶段后面的变化机制都不一样。国家通过国际组织接受新的规范、价值和利益观念而被社会化。[②]

从这一理论出发，本文的核心假设是：在联合国与东盟的合作过程中，国际规范的扩散并不同于国际组织通过社会化[③]促使不同的国家接受国际规范并产生相同的利益偏好这一方式，而是在平等的基础上双方展开在各领域的合作，并就在地区安全和人权保护问题上的“东盟方式”与国际规范的碰撞问题进行对话，逐渐实现东盟对联合国所倡导的国际规范的接触、了解以及结合东南亚地区实际情况的接受。

本文提出上述假设的出发点是：与其他国际组织相类似，东盟在本质上也属于官僚机构，其具有自主性、拥有一定权力并表现出自身的变迁和发展轨迹。自主性是指国际组织并非以国家规定的方式行动，其所做的事情经常超过成员国的预期，并不仅仅执行国家交给它们的任务。[④]其一，作为区域性政府间国际组织，东盟自主性的获得同时来源于各成员国授予东盟的权威以及东盟本身所

---

① 袁正清、李志永、主父笑飞：《中国与国际人权规范重塑》，载《中国社会科学》2016年第7期，第190—191页。

② ［美］玛莎·芬尼莫尔著：《国际社会中的国家利益》，袁正清译，上海：上海人民出版社2012年版，第4—5页。

③ 社会化（socialization）是指社会化者通过一定机制、用一定行为规范影响被社会化者接受某团体的规范和规则的过程。

④ ［美］迈克尔·巴尼特、玛莎·芬尼莫尔著：《为世界定规则：全球政治中的国际组织》，薄燕译，上海：上海人民出版社2009年版，第3页。

追求的使命，这是国际社会和东南亚各国所珍视的目标。不论是成立之初对共产主义的恐惧，还是发展过程中对地区安全的维护以及当前对共同体的建设，都是东盟各成员所追求的目标。其二，拥有权力则是指国际组织具有可以自行支配的资源和信息，并对它们进行分析解释，赋予资源和信息以特定的含义，从而确定行动并创造社会现实。①而东盟的权力表现在对秘书处和秘书长职责的界定，以及对东盟各种机制（包括三个东盟共同体理事会、常驻东盟代表委员会和东盟基金会等）的建设、强化以及根据需要进行调整。②其三，拥有自身的变迁轨迹则是指国际组织的变迁不是国家要求改变的结果，而是在面临新的形势和问题的情况之下，国际组织自身持续地表述它们面临的崭新任务，并表现出崭新的特点。③对于东盟而言，不论是20世纪80年代东盟各国政治强人（诸如印度尼西亚总统苏哈托、新加坡总理李光耀、马来西亚总理马哈蒂尔以及泰国外长西提）之间紧密的非正式联系还是21世纪成立的东盟名人专家小组(EPG)④以及在此基础上形成的各成员国政治领导人之间的相互信任和共同体意识，都促使东盟成为一个真正的国际组织，并促进了东盟各类共同体机制的建设，而这一发展已远远超出了东盟各成员国的要求和预期。⑤可以说，虽然东南亚地区主义的发展不同于欧盟机制化建设，但从自主性、权力使用和变迁轨迹来看，东盟具有官僚机构的主要特征，拥有一定的自主性和理性合法的权威。相应地，东盟具有自身的行为逻辑和倾向，一方面它不断强化自己作为东南亚地区政府间组织的角色，在处理地区事务时坚持其特有的“东盟方式”，强化以“不干涉原则”为核心的东南亚地区规范；另一方面又在社会化的过程中不断接触到联合国所倡导的国际规范，并将其与东南亚地区实际情况相结合，对于与

① 薄燕：《作为官僚机构的国际组织——评〈为世界定规则：全球政治中的国际组织〉》，载《外交评论》2008年第3期，第107页。

② ［新加坡］马凯硕、孙合记著：《东盟奇迹》，翟崑、王丽娜译，北京：北京大学出版社2017年版，第197页。

③ ［美］迈克尔·巴尼特、玛莎·芬尼莫尔著：《为世界定规则：全球政治中的国际组织》，第3页。

④ 东盟名人专家小组（EPG）成立于2005年，其成员包括：印度尼西亚前外交部长阿拉塔斯、马来西亚前副总理希塔姆、菲律宾前总统拉莫斯、越南前副总理阮孟琴、文莱前外交和贸易部长林玉成。

⑤ ［新加坡］马凯硕、孙合记著：《东盟奇迹》，第53、194—195页。

既有地区规范相冲突的部分，东盟并非全盘接受或否定，而是根据问题本身所表现出的不同需求，通过发挥自主性、行使权力并支配一定资源对地区规范与国际规范之间的关系进行调整，从而不断融入国际社会。

二、联合国与东盟合作关系的兴起与发展

(一) 经济社会领域合作的开启和深化

追根溯源，联合国与东盟的合作从20世纪70年代初就已展开。1967年8月，印度尼西亚、马来西亚、泰国、新加坡和菲律宾五国外长在泰国曼谷举行会议，发布《东南亚国家联盟成立宣言》，标志着东盟正式成立。在全球冷战的环境下，出于对共产主义的恐惧和被西方国家殖民的共同经历，初成立的东盟将“促进东南亚地区的经济社会发展”作为东盟建设的主要目标。①因此，东盟与联合国的合作是从经济领域展开的，并且在之后很长一段时间内双方都十分重视在经济发展领域内的合作。在合作的初始阶段，“东盟-联合国伙伴关系”的构想并不成熟，所签署的第一份合作协议也并非在双方高层领导人的共识下达成，而是东盟与联合国系统内的子机构出于功能性合作意愿所签署。

双方所展开的第一项合作是东盟与联合国亚洲与远东经济委员会（ECAFE，以下简称“亚远经委会”）就东南亚地区的经济恢复所展开的研究。亚远经委会不仅是《联合国宪章》框架内成立的首个区域性经济组织和亚洲首个区域政府间组织，而且是西方国家与新兴发展中国家之间创建的最早的南北性区域经济合作机制。从1947年6月正式运行到20世纪60年代，亚远经委会一直是着眼于亚洲整体发展的唯一的联合国区域机制，是影响亚洲区域国际关系的重要

① 根据《东南亚国家联盟成立宣言》（也称《曼谷宣言》）的精神，东盟成立的目标和宗旨是：(1) 通过共同努力加速本地区的经济增长、社会进步和文化发展；(2) 通过坚持不懈地维护正义和法制及遵守联合国宪章的原则，促进区域合作与稳定；(3) 在经济、社会、文化、科学技术和行政管理领域内，促进对共同有利的事业的积极合作和互助；(4) 在教育、职业、技术和行政方面用培训和提供研究条件的方式相互援助；(5) 为更充分地利用它们的农业和工业，扩大它们的贸易，包括国际商品贸易问题的研究、交通运输设施改进和提高人民生活水平而进行更富有成效的合作；(6) 促进对东南亚地区的研究；(7) 与其他进步组织密切合作。可参见［澳］托马斯·艾伦：《东南亚国家联盟》，郭彤译，南洋校，北京：新华出版社1981年版，第411页。

因素和亚洲国家开展多边行动和重要论坛。①东盟第二次部长级会议所发表的联合公报明确表示，欢迎亚远经委会对东南亚的经济发展展开社会调查。1969 年，亚远经委会与联合国其他机构一起起草了一份关于“旨在援助东南国家联盟（东盟）的经济合作”谅解备忘录，以为协助东盟探查更为密切的经济合作机会建立发展方案。在 1971 年东盟第三次部长级会议上，亚远经委会任命了一支团队来实施对东盟经济社会发展的相关研究。东盟第四次部长级会议审查了这一研究团队所提交的关于“与东盟合作的可能性和政策工具的初步评估”报告，并提出指导意见，认为应进一步探究联合国与东盟之间在具体领域进行合作的可能性。②此后，东盟与联合国系统在经济领域内的合作从准备阶段走向实施阶段。

自 1977 年以来，联合国开发计划署（UNDP）成为东盟的对话伙伴，直到 21 世纪初，开发计划署也一直是东盟唯一的非国家实体性质的对话伙伴。③20 世纪 70 年代初期，联合国开发计划署为东盟提供了一个为期两年的资助计划，以推动东南亚地区的经济发展。这一资助计划不仅在制定东南亚区域发展战略和向东盟项目提供财政和其他援助方面发挥了重要作用，而且为东盟后来在工业、农林、交通、金融、货币和保险服务等领域与域外行为体的合作奠定了坚实基础。④东盟成员国也通过该计划极大地促进了本国的经济发展，新加坡是最早通过这一资助计划发展经济的国家，最初主要是为了推动运输和民航业的发展，随后扩展到城市规划、电信、公共交通、公共部门的管理、教师培训和粮食生产等方面。随着资助的不断深入，开发计划署也曾针对新加坡经济的发展进程调整资助方案，完善新加坡的劳动力资源规划和技术升级问题，进一步促使新加坡的经济稳健迅速地崛起。开发计划署最终减少了对新加坡的资助，这也意味着资助计划在新加坡的成功。在马来西亚，开发计划署的资助涉及农业、林

---

① 郑先武：《亚远经委会区域合作实践与“亚洲方式”初创》，载《世界经济与政治》2016 年第 13 期，第 39 页。

② Alison Broinowski ed.，*Understanding ASEAN*，London：The Macmillan Press LTD，1982，pp.22—23.

③ 人道主义对话中心官网：“New Directions in The Relationship Between ASEAN and the UN，” hdcentre.org/publishcations/new-directions-in-the-relationship-between-asean-and-the-un/，2009.02，p.9，最后访问时间 2019 年 9 月 8 日。

④ 东南亚国家联盟官网：“An Overview of ASEAN-UN Cooperation，” asean.org/?static_post = background-overview-united-nations，2017.08，p.1，最后访问时间 2019 年 9 月 5 日。

业、渔业和工业发展，以及人力资源和自然资源管理方面。此外，在乡村健康、社区发展和提高妇女地位方面，开发计划署也提供了大量援助。同时，开发计划署在吉隆坡设置办事处，并在此后不断加大对马来西亚经济发展的资助。在印度尼西亚，开发计划署根据印度尼西亚的五年发展规划周期（1994—1999 年）进行资助，资助领域包括公平性发展、环境保护与资源再生、减贫到人力资源开发和提高妇女的社会地位等方面。开发计划署在泰国和菲律宾的援助领域也与新加坡、马来西亚和印度尼西亚的基本类似，并极大地推动了东盟成员国的经济社会发展。可以说，在 1997 年金融危机之前，联合国开发计划署对东盟成员国的援助是各成员国经济迅速稳健发展的不可或缺的因素。①

另一方面，进入 90 年代之后，双方在经济领域的合作进一步深化。这主要基于两方面因素：从联合国方面来看，为进一步保证方案和政策实施在地区层面的一致性，联合国经社理事会（Economic and Social Council，ECOSOC）于 1998 年通过联合国 1998/46 号决议，建立"联合国亚太区域合作机制"（United Nations Asia-Pacific Regional Coordination Mechanism，以下简称"区域合作机制"），以此加强联合国与区域性组织的协作。而"东盟-联合国伙伴关系"（ASEAN-UN Partnership）项目被列为这一合作机制中一个关键的子项目，并在联合国下设的各个组织、委员会和基金会协作之下持续运转。简单来说，区域合作机制为联合国与东盟之间的合作提供了一个平台，以使双方能就共同面临的重大战略问题交换意见，并就东南亚地区发展的优先事项与全球发展优先事项的协调与相关决策的达成进行讨论，以此实现联合国政策在地区层面的一致性。此外，作为联合国秘书长执行全球优先事项的重要工具，区域合作机制在诸如应对气候变化、促进两性平等和减少地区性金融危机和贫穷等问题上与东盟一道发挥了重要作用。②而从东盟方面来看，自成立以来，东盟在经济社会发展方面的一个主要和长期目标就是与联合国的千年发展目标（MDGs）接轨、缩小东南亚与其他区域的发展差距，以及建立一个以东盟自由贸易为基础的东盟

① Roderic Alley，*The United Nations in Southeast Asia and the South Pacific*，London：Macmilian Press Ltd，1998，pp.69—74.

② 联合国亚太经社委员会官网："Brochure of United Nations Asia-Pacific Regional Coordination Mechanism，" unescap.org/partners/working-with-escap/un-regional-coordination，p.2，最后访问时间 2019 年 9 月 7 日。

经济共同体或单一市场。[①]基于此，从 20 世纪 90 年代至 2008 年之前，东盟与联合国在经济社会领域的合作不仅仅是出于促进该地区经济增长的目的，而且致力于东南亚地区社会经济的良性发展。因此，这一时期联合国系统内的各个机构、基金和方案都与东盟广泛开展合作，并在一系列问题上与东盟定期展开合作。例如在实现金融稳定致力于建立地区金融机制的过程中，东盟与国际货币基金组织、世界银行和世界知识产权组织合作开展活动。此外，东盟还与世界卫生组织、粮农组织和联合国环境规划署共享相应的合作安排。2007 年 7 月，东盟参加了由联合国亚太经社会（United Nations Economic and Social Commission for Asia and the Pacific）组织的关于全球气候变化的亚太会议。2008 年，为提高东南亚地区应对金融危机的能力和反应机制，东盟秘书长持续推动与国际金融机构和亚太经社会的合作。同年，东盟领导人与联合国秘书长探讨了在粮食和能源安全以及气候变化等问题上加强合作的可能性，粮农组织与东盟就粮食安全的区域战略部署展开合作。[②]

进入 21 世纪之后，联合国与东盟的合作关系朝着制度化的方向发展。联合国大会分别在 2002 年、2004 年和 2006 年的各项决议中特别强调要加强联合国与东盟之间的合作。[③]2000 年 2 月 13 日，双方在泰国曼谷召开第一届东盟-联合国首脑峰会。此次峰会上讨论了诸如人力资源开发和南南合作等问题，并寻求扩大双方之间合作的规模和领域。2005 年 9 月 13 日，第二届东盟-联合国首脑峰会在联合国总部召开，联合国秘书长与东盟各机构的负责人进行会晤。东盟领导人在这次会晤中对联合国所提供的支持表示感谢，双方达成共识认为应在更多领域展开更广泛的合作，使联合国各专门机构更多地参与东南亚地区关键问题的解决当中，特别是消除贫穷和实现千年发展目标、预防和控制传染病、跨国问题、贸易和投资等问题。此外，此次峰会还讨论了东盟称为联合国观察员的可能性。在这两次首脑峰会之后，联合国大会便邀请东盟出席联大的日常会议活动，并以观

① 人道主义对话中心官网：“New Directions in The Relationship Between ASEAN and the UN,” hd-centre. org/publishcations/new-directions-in-the-relationship-between-asean-and-the-un/，2009. 02，pp.10—11，最后访问时间 2019 年 9 月 8 日。

② Ibid.，p.5，最后访问时间 2019 年 9 月 8 日。

③ 主要是指以下三份决议：联合国大会 2002 年 A/57/35 号文件、2004 年 A/59/05 号文件和 2006 年 A/61/46 号文件。

察员的地位行事。2006 年 12 月 4 日，联合国大会通过第 61/44 号决议案，决定授予东盟以观察员席位。2007 年，东盟被正式授予联合国的观察员席位。同年，东盟外长将东盟与联合国的合作关系确定为全面对话伙伴关系（“Full Dialogue Partner” Status），①这意味着双方的合作更加强调相互对等，东盟将在未来的合作过程中发挥更积极的作用。而这一变化是基于过去三十多年东盟与联合国各个机构、基金和项目在经济社会领域方面所展开的合作成效。2007 年 9 月 27 日，东盟与联合国就双方的合作关系签署了一项合作备忘录，备忘录要求双方应定期就战略合作与常规发展问题进行磋商，以有效实现共同目标，并为双方未来在经济、社会文化和政治方面展开双赢合作奠定坚实的基础。备忘录还规定，东盟和联合国应就具有战略重要性的问题定期协商，以有效实现共同目标。②

总的来说，从 20 世纪 70 年代开始到 2007 年，东盟与联合国各个机构、基金和项目已经在除了地区安全和人权保护之外的其他所有经济社会发展问题展开了广泛合作，并经历了从最初联合国对东盟的单方面援助到后来东盟发挥更加积极作用的过程。通过联合国亚远经委会、联合国开发计划署和联合国亚太区域合作机制这些联合国的下属机构和平台，一方面联合国对东盟成员国的经济援助成效愈加明显，东南亚地区的经济发展水平有显著提高，在此基础上诸如消除贫穷、疾病控制、粮食安全和金融稳定等问题也相应得到改善，东南亚地区的社会经济良性发展开始凸显；另一方面，东盟对联合国所倡导的诸如促进可持续发展、提供人道主义援助和实现千年发展目标这些价值和目标有了更深的了解，而联合国也开始从实践层面认识到上述价值和目标在发展中国家落实的具体路径，更多地关注到因历史积淀而形成的发展中国家及其组成的国际组织所具有的特殊的行为逻辑。

（二）经济社会领域合作的制度化发展

随着东盟与联合国在促进区域经济发展、减少贫穷和维持金融稳定等方面

① 联合国亚太经社委员会官网：“Striving Together ASEAN & The UN，ESCAP Series on Inclusive & Sustainable Development，” unescap.org/cgi-bin/koha/opac-detail.pl?biblionumber = 6165，2009，p.7，最后访问时间 2019 年 9 月 5 日。

② 东南亚国家联盟官网：“An Overview of ASEAN-UN Cooperation，” asean.org/?static_post = background-overview-united-nations，2017.08，p.1，最后访问时间 2019 年 9 月 5 日。

合作关系的深化，以及双方在不同时期所具有的不同的利益诉求，联合国与东盟之间的合作领域开始扩展，双方的合作关系也开始发生质的变化。尤其在2008年之后，联合国与东盟之间的合作关系取得了突破性进展。2008年5月，热带风暴“纳尔吉斯”（Cyclone Nargis）在缅甸海基岛附近登陆，风暴对缅甸南部造成了巨大影响，超过万人遇难，严重摧毁了缅甸的公共服务建设和社会经济发展。面对这一情况，联合国与东盟紧急采取了共同人道主义救援行动，在从未展开联合行动的情况下，双方在短短几天之内就处理好外交协调、金融资助和紧急物资救援，有效地应对了东南亚地区数十年来最大的人道主义灾难之一。这一行动是东盟与联合国合作关系史上一次重要的变化，标志着双方在应对非传统安全问题上展开紧急联合行动的成功。而双方也以这次联合行动机制为蓝本，不断拓展和深化合作领域和深度。①

2010年10月29日，东盟与联合国举行第三届首脑峰会，在此次峰会上双方领导人不仅重申了在应对全球金融危机、气候变化、粮食与能源安全、灾害管理和实现千年发展目标等共同关心的全球和区域问题上展开密切合作的重要性，而且首次谈到了在人权问题上展开合作的必要性。从后来的实际发展来看，这次峰会对《东盟人权宣言》的发表以及东盟政府间人权委员会的成立具有重要影响。此外，此次峰会还通过了《东盟-联合国灾害管理合作共同宣言》。②2011年11月9日，东盟与联合国在印度尼西亚举办第四届首脑峰会，签署并通过了《东盟-联合国全面伙伴关系共同宣言》（以下简称《共同宣言》）。《共同宣言》实际上为双方秘书处就如何在经济发展、社会文化和维护地区安全方面加强合作提供了行动框架。③2013年10月10日，东盟-联合国第五届首脑峰会在文莱举行，双方一致认为伙伴关系的建立有助于东盟各个部门与联合国各机构、基金和项目之间展开更加协调一致的合作行动。此外，东盟领导人呼吁联

① 人道主义对话中心官网：“New Directions in The Relationship Between ASEAN and the UN，” hdcentre.org/publishcations/new-directions-in-the-relationship-between-asean-and-the-un/，2009.02，p.5，最后访问时间2019年9月8日。

② 东南亚国家联盟官网：“An Overview of ASEAN-UN Cooperation，” asean.org/?static_post=background-overview-united-nations，2017.08，p.1，最后访问时间2019年9月5日。

③ 东南亚国家联盟官网：“Co-Chairs' Statement of The 4th ASEAN-UN Summit，” asean.org/%20achive/documents/19th%20summit/UN-CCS.pdf，2011.11.19，pp.1—2，最后访问时间2019年9月9日。

合国支持东盟共同体（2009—2015 年）执行路线图，推动实现 2015 年后的东盟共同体发展愿景。2014 年 11 月 12 日，双方在缅甸举行第六次东盟-联合国首脑峰会，并通过了《2015 年东盟-联合国工作计划》，这一计划列出了双方在《共同宣言》的行动框架下维护地区安全和促进地区繁荣的优先事项。此外，东盟领导人对设立联合国驻雅加达联络官表示欢迎，并鼓励东盟相关部门与联合国各机构进一步展开实质性合作。2015 年 11 月 12 日，双方第七次首脑峰会在吉隆坡举行，此次会议对东盟和联合国秘书处联合提交的《东盟-联合国全面伙伴关系 2013—2015 年报告》（ASEAN-UN Comprehensive Partnership 2013—2015 Report）执行情况进行审查，并鼓励双方根据报告所提出的建议采取措施进一步深化合作关系。此外，会议计划制定一项为期五年的行动纲领（2016—2020 年），以贯彻落实《共同宣言》的核心精神，并与《东盟 2025 年愿景》（ASEAN Vision 2025）和《联合国 2030 年可持续发展议程》相接轨。2016 年 9 月 7 日，双方在老挝举行第八次首脑峰会，在考虑到《东盟 2025 年愿景》和《联合国 2030 年可持续发展议程》的关键要素和目前双方优先合作领域的基础上，双方签署了《东盟-联合国全面伙伴关系共同宣言 2016—2020 年行动纲领》（以下简称为《2016—2020 年行动纲领》），以用来指导双方在今后五年的合作行动。①

可以看出，自 2010 年开始，双方首脑峰会召开的频率稳定下来。每年召开一次首脑峰会，使双方领导人就合作的重大战略和优先合作领域的调整问题及时交换意见，最终在宏观合作方案上达成一致。而从 2000 年第一届首脑峰会到 2017 年第九届首脑峰会，东盟与联合国在经济社会发展上的合作已日趋完善，合作领域不断扩展，合作程度也不断深化（参见表 1）。此外，值得指出的是，自 2010 年开始，东盟与联合国每年定期举行部长级会议，为联合国秘书长、联大主席和东盟成员国各国外长就关乎双方利益的各种具体问题进行及时沟通提供一个稳定的平台。例如在 2016 年 9 月 22 日，双方在在纽约举行东盟-联合国部长级会议，并通过了《2016—2020 年行动纲领》。根据《2016—2020 年行动纲领》的主要精神，会议还制定了《2016—2020 年灾害管理联合战略计划》和《2016—2020 年东盟-联合国环境与气候变化行动计划》。②从首脑峰会到部长级

① 东南亚国家联盟官网："An Overview of ASEAN-UN Cooperation," asean.org/?static_post = background-overview-united-nations，2017.08，p.2，最后访问时间 2019 年 9 月 5 日。

② 联合国亚太区域合作机制官网，http://unaprcm.org/asean-un-partnership，最后访问时间 2018 年 8 月 14 日。

表 1　东盟-联合国历届首脑峰会一览表（2000—2017 年）

会议名称	时间/地点	会议主题	成　果
第一届	2000 年 2 月 13 日/泰国	人力资源开发、经济和金融问题、南南合作	无
第二届	2005 年 9 月 13 日/纽约	消除贫困、预防和控制传染病、贸易和投资问题、东盟成为联合国观察员的可能性	无
第三届	2010 年 10 月 29 日/越南	全球金融危机、气候变化、粮食与能源安全、灾害管理，首次谈到人权保护问题	《东盟-联合国灾害管理合作共同宣言》
第四届	2011 年 11 月 9 日/印尼	政治安全、经济和社会文化领域的全方位合作、以及双方秘书处之间的合作	《东盟-联合国全面伙伴关系共同宣言》
第五届	2013 年 10 月 10 日/文莱	东盟各个部门与联合国各机构之间的协调行动、联合国支持东盟共同体（2009—2015）执行路线图	无
第六届	2014 年 11 月 12 日/缅甸	促进地区和平与繁荣、设立联合国驻雅加达联络官、双方各部门之间的深入合作	《2015 年东盟-联合国全面伙伴关系行动纲领》
第七届	2015 年 11 月 12 日/马来西亚	审查《东盟-联合国全面伙伴关系 2013—2015 年报告》，计划制定《2016—2020 年行动纲领》，并将《东盟 2025 年愿景》与《联合国 2030 年议程》进行对接	基于《东盟 2025 年愿景》与《联合国 2030 年可持续发展议程》的共同行动纲领
第八届	2016 年 9 月 7 日/老挝	双方合作的机制化建设情况（东盟外长-秘书长-联大主席会议、秘书处联席会议等）、在预防性外交、冲突预防和人道主义事务上的合作开展情况	《2016—2020 年行动纲领》
第九届	2017 年 11 月 13 日/菲律宾	合作的机制化发展、双方在人口贩卖、毒品走私、反恐和预防暴力极端主义方面的合作、加强东盟人权保护委员会和联合国相关人权机构的合作	无

资料来源：笔者自制。

会议，东盟与联合国的合作关系经历了一个由浅入深、由宏观到具体的过程。而从2010年至2016年双方首脑峰会的讨论内容来看，制度化发展是双方合作关系发展的一个明显趋势：从双方应加强合作的行动框架到制定出关于双方全面伙伴关系的共同宣言和具体行动规划，东盟与联合国的合作关系已通过一系列制度性安排固定下来，在从上述由宏观到具体的过程中不断拓宽合作领域，探索在更多问题上合作的可能性。

（三）高政治问题领域合作的艰难推进

但在地区安全和人权保护问题上，双方合作的开始时间相对较晚，合作推进也并不顺利，这在很大程度上与东盟所坚持的地区规范有关。在地区安全问题上，从20世纪70年代到90年代中后期，双方的合作难以推进。但在此之后双方的合作有了明显进展，我们可以从联合国对柬越战争和东帝汶危机的介入程度及其达成效果的不同看到这一变化（参见表2）。1978年，越南入侵柬埔寨不仅导致双方在民族利益上产生尖锐矛盾，而且严重破坏了东南亚地区的安全。再加上战争发生正值冷战时期，整个东南亚地区安全形势更加复杂。在这种情况下，东盟通过三条路径完整实现并确立了用于处理地区安全问题的“东盟方式”。首先坚持“不干涉原则”和合法性原则维持民主柬埔寨的正统地位，主张在民族自决的基础上建立柬埔寨联合政府；其次努力维护“不以武力解决争端”的规范，坚持越南军队全部、无条件撤出柬埔寨是政治解决柬埔寨问题的前提；最后利用国际社会尤其是联合国和欧盟的力量，迫使越南军队从柬埔寨全部撤出。①需要说明的是，虽然东盟是在联合国的框架下处理柬埔寨问题，实际上它是以一种实用主义的理念和工具主义者（instrumentalist）的心态让联合国参与到柬越战争的解决过程中，即它是以考量在何种程度上联合国的介入有利于东盟利益的获取为依据与联合国进行合作。②1991年，联合国成立“柬过渡时期权力机构”（UNTAC），但对结束战争发挥关键作用的还是东盟所进行的一系列非

---

① 曾晓祥：《东盟国家在国际冲突管理中的行为选择》，载《世界经济与政治论坛》2015年第4期，第26—27页。

② Sebastian von Einsiedel and Anthony Yazaki，“East Asian Perceptions of The UN and Its Role in Peace and Security，” Norwegian Peacebuilding Resource Center，i.unu.edu/media/cpr.unu.edu/attachment/2158/Einsiedel-Yazaki-East-Asia.pdf，2016，p.7，最后访问时间2019年9月8日。

正式的外交斡旋。1988年7月，东盟通过“鸡尾酒会”促使柬埔寨四方与越南实现第一次接触；1989年2月，柬埔寨四方代表、越南、老挝和东盟六国外长在雅加达召开关于柬埔寨危机的区域会议，东南亚地区安全攸关方第一次在没有外来势力介入的情况下表达自身的利益诉求并讨论问题的解决方案，这对于东南亚地区安全治理的形成具有重要意义，而这种非正式的“软规范”也被柬越双方所接受，在随后的谈判过程中发挥了重要作用。①可以看出，在处理柬埔寨问题的过程中，东盟强调对包括协商一致、不干涉原则和地区问题地区解决在内的“东盟方式”的运用，是坚持东盟地区规范的表现，这次战争之后东盟也完成了走向“一个东南亚”的目标，将印支国家纳入整个东南亚地区安全秩序的建构中。

表2　联合国参与东南亚地区冲突事件一览表

事　件	联合国参与形式	东盟态度/回应	起止时间	介入对冲突解决起到积极作用
柬越战争	柬埔寨过渡时期权力机构	排斥，寻求自我解决	1991—1993年	否
印度尼西亚-马来海岛争端	国际法院仲裁	倾向交由国际法院仲裁	1997—2002年	是
东帝汶危机	联合国进驻东帝汶特派团、过渡行政当局	欢迎并积极配合	1999—2002年	是
缅甸军人政变	特使调解	冷淡	2000—2005年	否
马来-新加坡海岛争端	国际法院仲裁	倾向于交由国际法院仲裁	2003—2008年	是

资料来源：笔者自制。

与柬越战争不同的是，在处理东帝汶危机的过程中，联合国的参与程度以及东盟与联合国的合作程度较柬越战争时期都更加深入。尤其是在1991年“圣克鲁斯大屠杀”和1999年“东帝汶危机”之后，联合国在与东盟协商的基础上，对东帝汶危机的解决发挥了关键作用。在1975年印度尼西亚入侵东帝汶

① 曹云华：《东南亚的区域合作》，广州：华南理工大学出版社1995年版，第8页。

时，东盟基于“不干涉内政”的原则，将东帝汶问题视为印度尼西亚的内部事务，并且以“不干涉原则”为由拒绝执行联合国制裁印度尼西亚的各项决议。① 90年代之后，随着冷战的结束以及“大东盟”的最终实现，东盟内部开始审视和调整原先所坚持的“不干涉原则”。再加上1997年金融危机的爆发导致苏哈托政权下台，给东帝汶问题的解决带来转机。1999年，东帝汶局势失控，东盟积极采取行动，马来西亚、菲律宾、泰国和新加坡联合参与东帝汶维和行动，这次维和行动也是东盟国家首次在东南亚域内的危机中承担维和任务。同时，东盟积极支持并协调联合国的各项行动。1999年东帝汶危机爆发后，联合国紧急派出以澳大利亚为主的多国维和部队进驻并接管东帝汶。安理会通过决议决定成立“联合国东帝汶过渡行政当局”（UNTAET）。1999年10月至2002年5月，过渡行政当局接管了东帝汶的内外事务，组织并监督了东帝汶的制宪会议和总统选举，协助东帝汶成立自治政府，最终帮助东帝汶实现国家重建。②在更具体的层面，东盟以积极的态度欢迎联合国各项调查行动的展开。1999年9月，联合国人权委员会派遣三名特别报告员调查1999年人权事件的真相，他们随后提交给联合国大会的报告显示，印度尼西亚军队和警察参与了东帝汶的暴力事件。同年11月，联合国设立国际调查委员会，系统收集和汇编在东帝汶发生的可能违反国际人道主义法的反人权事实。2000年1月6日，这一委员会向联合国秘书长提交报告，报告同样显示“印度尼西亚军队和警察与东帝汶境内的亲印度尼西亚派民兵之间存在广泛的合作”。③上述两个委员会对1999年东帝汶危机的调查为后续联合国在东帝汶展开促进东帝汶民族和解与国家重建的工作奠定了重要基础。可以看到，在处理东帝汶危机的过程中，东盟以积极合作的态度欢迎并支持联合国参与到域内的安全治理当中。不难发现，这种情况之所以发生是因为东盟不再一味坚持“不干涉原则”的地区规范，而是在不断融入国际社会的过程中，根据所面临的地区安全形势的不同，确定作为一个整体的东盟的利益诉求，同时接受联合国所倡导的“集体安全”理念，加深与联合国在

① 曾晓祥：《东盟国家在国际冲突管理中的行为选择》，第24页。

② 张云：《东南亚区域安全治理研究：理论探讨与案例分析》，载《当代亚太》2017年第4期，第146—147页。

③ 朱陆民、彭琳：《“转型正义”为何艰难：以东帝汶为例》，载《东南亚研究》2018年第5期，第112页。

地区安全问题上的合作。

此后，东盟与联合国在维护地区安全上的合作取得明显成效。2001—2006年间，东盟与联合国定期举办关于“预防、解决冲突与维护和平”的年度会议，这一会议由联合国政治事务部、联合国开发计划署、东盟秘书处、东道国外交部以及东盟的国际战略研究机构联合主办，会议持续讨论了一些关于维护东南亚地区安全的具体问题。①此外，联合国通过东盟成员国国家协调中心和维持和平中心网络也开展了一系列关于预防冲突和冲突后重建的活动。截至2015年7月，东盟成员国已为联合国和平特派团提供了大量专门技术知识和5 500位军事和警务人员，有效加强东盟成员国维持地区和平的能力。在预防性外交经验交流方面，自2012年以来已经举办过三次东盟-联合国区域对话（AURED）讲习班，分别是：2014年6月在马来西亚举行的关于“在多元文化的社会环境下预防冲突和维持和平与稳定”讲习班、2015年2月在缅甸举行的关于“支持东盟和平研究所（AIPR）创建”讲习班、2016年11月在印度尼西亚举办的关于“预防冲突和防止暴力极端主义产生”讲习班。与此同时，联合国还举办了第一届“联合国亚太区域预防性外交与和平创造”培训项目，这一项目由老挝主办。此外，应联合国秘书长的邀请，东盟秘书长何乐民（H.E. Le Luong Minh）于2015年5月1日—2日在纽约出席联合国秘书长与各区域组织首脑高级别讨论会，重点讨论联合国与区域性国际组织在调解、建设和平和开展维和行动方面的合作问题。东盟秘书长何乐民向与会者分享了东盟在和平建设与支持联合国维和行动方面所作的努力，以及未来需要从以下三方面促进东盟与联合国之间的合作：维护法治、加强区域机构的作用、学习最佳方案、吸取教训并分享成功经验。②

在人权保护方面，双方的合作也取得明显成效。联合国人权事务高级专员办事处（OHCHR，以下简称“人权高专办”）、联合国妇女署（UN Women）等相关联合国子机构与东盟政府间人权委员会（AICHR）、东盟促进和保护妇女

① 人道主义对话中心官网：“New Directions in The Relationship Between ASEAN and the UN，” hdcentre. org/publishcations/new-directions-in-the-relationship-between-asean-and-the-un/，2009. 02，pp.11—12，最后访问时间2019年9月8日。

② 东南亚国家联盟官网：“An Overview of ASEAN-UN Cooperation，” asean.org/?static_post=background-overview-united-nations，2017.08，pp.4—5，最后访问时间2019年9月5日。

儿童权利委员会（ACWC）以及东盟妇女委员会等相关的东盟子机构在信息共享与能力建设方面加强了沟通交流。联合国下属机构的代表通过参加由东盟组织的各种培训活动以提供专业知识和技能，这其中就包括东盟政府间人权委员会所举办的年度人权保护高级培训。此外，联合国还与上述机构建立了定期协商机制，并促进这些机构与相关人权保护的国际组织之间的对话。此外，双方在跨国犯罪和国际恐怖主义问题上也加强了合作。东盟成员国和东盟秘书处的代表参加了由联合国主办的关于网络犯罪、环境犯罪、贩毒、贩卖人口和打击恐怖主义等问题的区域讲习班和会议，联合国各机构也参加了由东盟主办的关于非正常移民和贩卖毒品等跨国犯罪问题的各种会议。①

从实际情况来看，由于东盟对“不干涉原则”的坚持，维护地区安全和人权保护问题始终是东盟开展地区治理的敏感问题。因此在 20 世纪 90 年代中期之前，双方在上述领域的合作难以推进；随着地区安全形势的逐渐复杂化以及东盟对融入国际社会的需求不断升高，东盟开始调整以“不干涉原则”为核心的地区规范。再加上进入 21 世纪之后东盟在东亚一体化进程中发挥越来越重要的作用，联合国愈加重视与东盟之间的合作关系，双方进而不断探索在地区安全和人权保护问题合作的可能性和施展空间，加强在这些领域的合作成效。在这一过程中，东盟对“集体安全”和“人权保护”规范的认知也经历了从拒绝、接触、了解到有选择性接受的过程，以在优化东南亚地区治理水平的同时不断融入国际社会，同时实现了联合国政策与方案在地区层面的一致性。

三、从抵抗到调整：双方合作深化的原因

（一）东盟行为逻辑的内在驱动力

如上文提及，作为区域性政府间国际组织，东盟在本质上属于官僚结构，其所具有的自主性、拥有的权力以及自身的变迁轨迹促使东盟成为一个真正的国际组织，表现出超越各成员国之上的行为逻辑。在不同的历史环境下，东盟虽具有不同的利益诉求。但总体上来看，东盟是在相互对等的基础上，发挥主

① 东南亚国家联盟官网：“An Overview of ASEAN-UN Cooperation,” asean.org/?static_post=background-overview-united-nations，2017.08，pp.4—5，最后访问时间 2019 年 9 月 5 日。

观能动性并选择加强与联合国之间的合作关系，这一行为逻辑的形成根源于长期历史发展过程中东盟本身的历史积淀。

首先，东盟成员国政治精英或领导团体之间的相互信任是东盟与联合国能够不断加深各领域合作的重要前提和基础。这种相互信任是在东盟的政治精英和决策者之间已经形成的、看不见却真实存在的共同体心理意识，实际上这种心理意识对于东盟在政治安全、经济和社会文化领域的共同体建设有奠基性意义。冷战结束以来，数以千计的正式会议和非正式的私人联系（诸如高尔夫球比赛），在东盟各成员国的官员之间培育了无形的信任和合作网络。新加坡前外长尚穆根·贾古玛在其书中曾写道：高尔夫球将他自己与印度尼西亚前外交部长阿拉塔斯、马来西亚前副总理希塔姆、菲律宾前总统拉莫斯、越南前副总理阮孟琴以及文莱前外交和贸易部长林玉成凑在一起。打高尔夫球不仅使他们成为长期的高尔夫球友和东盟名人专家小组（EPG）的成员，而且使他们培育了一种团队认同感，以及他们对东盟共同体的责任感。①在此基础上，东盟也建立起各种机制来强化这种隐形的共同体意识。2003 年 10 月，东盟正式宣布将着力建设由政治安全共同体、经济共同体和社会文化共同体 3 部分组成的东盟共同体（the ASEAN Community）。随着 2015 年底东盟共同体的正式成立，东盟在政治、安全、经济、社会文化一体化的制度建设方面取得重大进展。②不论是隐形的共同体意识还是制度化的共同体建设，这些都成为东盟得以与联合国在经济发展、社会文化和地区安全等领域展开全方位合作的重要基础。

其次，从东盟本身的发展变化来看，近年来，东亚一体化和更大范围内亚太地区一体化进程不断加强。在东盟领导人看来，这些一体化进程之所以发生，很大程度上取决于东盟的成立，它开启了地区合作，并为地区合作的深化提供了一个长期而稳固的平台，它对地区和平的贡献远胜于其他地区组织。在这样的逻辑之下，“东盟的中心地位”（ASEAN Centrality）思维开始加强。自从 1978 年东盟开始邀请其对话伙伴来参加年度部长级会议时起，“东盟的中心地位”便开始形成。在每年东盟外长会议后召开的是东盟外长扩大会议。早期的东盟外长扩大会议是与来自美国及其冷战盟国的外长们召开，包括澳大利亚、

① ［新加坡］马凯硕、孙合记著：《东盟奇迹》，第 194—195 页。

② 韩志立：《东盟共同体建设困局与观念交锋》，载《南洋问题研究》2017 年第 1 期，第 29 页。

新西兰、欧盟、加拿大和日本。随着时间的推移，东盟外长扩大会议促进了更大范围内共同体的发展，进一步推动了东盟成员国之间的共同体意识。这种共同体意识为后来更大范围内的合作倡议提供了基础。这些合作倡议包括亚太经合组织（1989 年）、东盟地区论坛（1994 年）、亚欧会议（1996 年）、“东盟 + 3”会议（中、日、韩，1997 年）、“东盟 + 6”会议（“东盟 + 3”再加澳大利亚、新西兰和印度，2005 年）、东亚峰会（2005 年）。可以说，东盟的成立为地区合作带来了信心，反过来也促使许多其他以合作思想为基础的地区进程和组织诞生。① “东盟的中心地位”思想促进东盟不断加强与联合国在政治安全、经济和文化领域的全方位合作，成为东盟与联合国合作关系的内生性驱动力。

对于东盟而言，20 世纪 90 年代中后期至 21 世纪初是一个重要的过渡时期，这一时期内东南亚地区发生了一些重大的影响地区安全的跨国问题，需要东盟成员国联合起来甚至借助外部力量进行解决。诸如因印度尼西亚森林焚烧所引起的区域环境污染、1997—1998 年的金融危机、1999 年东帝汶危机以及持续增加的跨国犯罪和恐怖主义问题。在面对这些问题时，东盟需要在苏联解体和冷战结束的国际环境下迅速调整发展战略，通过将越南、老挝、缅甸和柬埔寨纳入东盟从而实现“一个东南亚”的目标。但这一过程也给东盟带来了新的挑战，使得东盟所面临的地区治理任务更加复杂和艰巨。如何处理柬埔寨和越南之间的关系问题、印度尼西亚对东帝汶开展的军事活动，以及缅甸国内持续的政治压迫等问题都成为东盟因扩大而需要承担的巨大压力。②而东盟同时期的地区合作主要集中在地区贸易自由化、经济一体化和环境保护方面，这就导致东盟处于急需解决地区安全问题但又缺少相应的制度化安排之间的矛盾之中。基于此，东盟开始调整传统的以“不干涉原则”为核心的地区规范，不再一味强调“不干涉内政”的原则，开始根据现实需要对这一原则进行修正。在 1997 年金融危机之后，东盟内部出现了要求重新审视“不干涉原则”的呼声，泰国和马来西亚等东盟成员国提出了“建设性干预”（constructive engagement）和“灵活干预”（flexible engagement）的概念，以帮助东盟处理金融问题、跨界污染、难民问题等日益严重的跨国问题。虽然缅甸等成员国坚决反对改变东盟的传统规范，但

---

① ［新加坡］马凯硕、孙合记著：《东盟奇迹》，第 70—71 页。

② Amitav Acharya and Alastair Iain Johnston，*Crafting Cooperation*：*Regional International Institutions in Comparative Perspective*. New York：Cambridge University Press，2007，p.44.

自21世纪初东盟宣布其建设政治安全共同体的目标之后，东盟成员国广泛接受了“灵活干预”的概念，开始根据需要介入成员国内政。①这也成为2007年之后东盟与联合国能在地区安全和人权保护问题上展开合作的重要外部驱动力。值得一提的是，2007年底东盟第十三次峰会通过《东盟宪章》，《东盟宪章》的起草是一个复杂的过程，而上文所提及的名人专家小组为《东盟宪章》的通过和东盟人权机构的成立作出了重要贡献。《东盟宪章》明确表明：允许非成员国和国际组织任命驻东盟大使，以及成立东盟人权机构。2009年，在第十五届东盟峰会上，东盟领导人签署《东盟政府间人权委员会成立宣言》，东盟政府间人权委员会（以下简称东盟人权委员会）正式成立。联合国人权高专办也将东盟人权委员会的成立视为其最高优先事项，这部分是因为亚洲是全球唯一没有人权机构的地区。相应地，人权高专办也对东盟人权委员会抱有很高的期望，希望它能够通过举办教育活动和相关的培训项目促进东南亚地区的人权保护意识，以及通过持续的情况监测和必要的补救实现对侵犯人权现象的挽救。此外，人权高专办希望东盟人权委员会能够在实现公民的经济、社会、文化权利和政治权利之间寻求平衡。②可以说，从“不干涉原则”到“灵活干预”，从《东盟宪章》的通过、东盟人权委员会的成立以及东盟共同体的成立，这背后蕴含着东盟对联合国所倡导的“集体安全”和“人权保护”规范的了解和接受，同时也意味着在东盟领导下的东南亚地区治理正朝着一个更加制度化的方向发展。总的来说，东盟的利益诉求并不简简单单是东盟各成员国国家利益相加的总和，而是以东盟各成员国的国家利益为基础、以东盟的运作方式为导向、以东盟的自身意识为内生驱动力所形成的一种作为国际组织所拥有的独立的利益诉求。苏联解体、冷战结束以及东南亚地区发生的一系列重大地区问题使东盟当前所形成的行为逻辑与初成立时大相径庭，其不再绝对坚持成立之初的地区规范，而是根据实际需要采取灵活的地区政策，从而为联合国与东盟在高政治问题领域展开合作提供可能性。

---

① Amitav Acharya and Alastair Iain Johnston，*Crafting Cooperation*：*Regional International Institutions in Comparative Perspective*. New York：Cambridge University Press，2007，p.45.

② 人道主义对话中心官网：“New Directions in The Relationship Between ASEAN and the UN,” hdcentre.org/publishcations/new-directions-in-the-relationship-between-asean-and-the-un/，2009.02，pp.14—15，最后访问时间2019年9月8日。

（二）国际规范对东盟行为逻辑的影响

首先，在联合国看来，东盟已经成为亚太地区无可取代的政府间国际组织。这同时也是东盟本身的优势，许多地区外大国（包括美国、中国、日本和印度在内）在维持东盟发展方面拥有既得利益。尽管这些国家在东南亚地区的利益存在分歧，但是东盟的生存和成功对它们来说都是有利的。只要东盟能够成为一个各大国可以相互接触的中立和有效的平台，东盟就具有不可替代的重要价值。①因此，在全球治理的中心地位受到挑战和质疑的情况下，联合国需要不断加强与区域性政府间组织的协作，保证联合国政策和方案在地区层面的一致性。这是联合国推进与东盟在高政治问题的合作关系时所考虑的一个重要战略因素。

其次，联合国在21世纪初所出台的与地区安全和人权保护有关的重要文件及其所展开的维和行动明显影响了联合国与东盟随后的合作关系。这些重要文件包括：《联合国秘书长关于预防武装冲突的报告》（以下简称《预防冲突报告》）（2001年）、《联合国和平行动问题小组报告》（也称《卜拉希米报告》）（2000年）以及《干预与国家主权委员会报告》（也称2002年《保护的责任报告》），这三份报告对东南亚的地区安全以及未来东盟在该地区和平行动的展开极其重要。再加上20世纪90年代末期联合国对东帝汶危机介入的成功，表明从冲突后恢复重建、创建和平到最终维持和平的每个阶段，联合国能够有效地参与到地区安全事务的治理当中。②

《预防冲突报告》这份文件指出了联合国在东南展开的维和行动不仅包括军警机构的建立，而且还涉及负责发展援助项目的机构。对于联合国而言，防止冲突的再次发生是其在东南亚地区的关键任务。为实现这一目标，联合国采取了一系列措施以查明冲突发生的原因，这同时也符合《预防冲突报告》文件的主要精神。这主要是因为：首先，报告承认预防冲突的主要责任在于主权国家。而考虑到东盟大多数成员国都有被殖民的经历，因此一直以来它们都更多关注其国家边界内发生的事情以及国家的独立自主。当发生地区冲突时，东盟成员国也始终坚持“不干涉原则”。虽然东盟随后根据实际情况的需要提出了“灵活

① ［新加坡］马凯硕、孙合记著：《东盟奇迹》，第198页。

② Mely Caballero-Anthony and Amitav Acharya, *UN Peace Operations and Asian Security*, New York: Routledge, 2005, p.35.

干预”和“建设性干预”的原则，但联合国认为这一原则应用到实际当中并不成功。其次，《预防冲突报告》提出的另一个关键问题是，预防性行动的重点应当关注根深蒂固的社会经济、文化、环境、体制、政治等其他结构性的原因，因为这些因素往往决定着冲突的表现方式。这一问题的说明对推动东盟各国欢迎联合国的和平行动起到了关键作用。作为有过被殖民经历的发展中国家和欠发达国家，它们担心接受联合国的和平行动会对破坏和侵蚀国家主权的完整性，但是成员国欢迎以发展和预防冲突为目的的和平项目的展开，因为这将有助于减少或消除冲突发生的许多关键因素，同时促进各国经济的可持续发展并增强对人道主义问题的关切程度。①总的来说，东南亚各国十分重视《预防冲突报告》中提及的包括社会经济、文化和环境等因素对国家建设和冲突预防的重要作用。而在区域层面，东南亚各国需要通过东盟来实现这些目标。基于此，东盟根据《预防冲突报告》所提出的关于冲突预防的核心理念，通过引入“合作和平”与“共同繁荣”概念，完善和更新了东盟的预防冲突管理战略。这一战略包括《预防冲突报告》所蕴含的核心理念、东盟地区论坛以及东盟国家基于共识而展开的预防性外交行为，并逐渐代替“不干涉原则”而逐渐被东盟各个成员国接受。②

在意识到20世纪90年代区域组织在地区传统安全问题上的治理存在严重的机能失调之后，时任联合国秘书长科菲·安南于2000年3月7日决定组建一个高级别小组，专门从事联合国和平与安全行动的深入研究，这个小组由阿尔及利亚资深外交官拉赫达尔·卜拉希米领导，并于同年8月21日公布《卜拉希米报告》，这份报告呼吁联合国部队必须能够使用武力以执行其职责，阻止针对平民的暴行。此外，在开展复杂的建设和平行动时，虽然联合国同时拥有外交与政治支柱（秘书长的特别代表）、军事支柱（蓝盔部队）和人道支柱（包括联合国难民署、世界粮食规划署、联合国发展署等机构），但并不能完全实现这份报告所强调的通过提高在现场工作的不同行动者之间的协调来加强多功能任务的前后连贯性。③而21世纪初的东盟还无法完全依靠自身的治理框架建立起域内

① Mely Caballero-Anthony and Amitav Acharya, *UN Peace Operations and Asian Security*, New York: Routledge, 2005, p.37.

② Ibid., p.35.

③ ［法］罗纳德·哈托：《从维持和平到建设和平：和平行动中联合国作用的发展与演变》，李强译，载《红十字国际评论》2018年第3期，第28页。

多国维持和平的常备力量，也难以建立起一个统一的培训中心用来对维和人员进行常规培训，因此东盟需要借助联合国的力量开展常规的建设和平行动。①基于此，东盟内部开始审视东南亚地区的安全治理架构及其问题。2003 年，印度尼西亚首先提出设置东盟安全委员会以及有必要建立常规的东盟维和力量的构想，印度尼西亚认为应以其作为处理东南亚地区安全争端的方式，而不是通过双边的或海牙国际法庭等域外的多边方式进行处理。同年 10 月，在巴厘岛举行的第九次东盟首脑会议通过印度尼西亚的这一构想并将其与“建设东盟经济和社会文化共同体”的愿景一道写入《巴厘协调宣言 II》②。在随后召开的会议中东盟继续讨论了关于设置东盟安全委员会的问题，以及在 2012 年之前建设安全委员会的具体方案计划。作为东盟安全委员会构想的支持者，印度尼西亚认为：东盟迫切需要加强自身的地区安全治理机制，例如建立区域常备维和部队。印度尼西亚外交部长哈桑·维拉贾（Hasan Wirajuda）曾在第四届东盟-联合国首脑峰会上指出：我们必须开始制定区域内的维和安排。在具体建议上，东盟和联合国讨论了拟建成的东南亚维和力量所应具备的最快反应机制问题，包括常备军队待命安排、联合国对维和力量的培训问题以及东盟成员国参与联合培训和其他活动的协调问题。③

虽然在“国家主权”思想主导下，东南亚各国对《干预与国家主权委员会报告》中所提及的精神并非全部接受，它们坚持认为保护的责任的履行程度取决于各国政府而非国际组织。但随着恐怖袭击的频发以及各类非传统安全问题使东南亚地区的安全形势愈加复杂化，东盟各国开始重新审视《干预与国家主权委员会报告》的核心主张。④自 2005 年世界首脑会议召开以来，菲律宾开始坚定支持“保护的责任”主张，新加坡也成为“保护的责任”的小组成员。印度尼西亚在联大会议上公开表示支持“保护的责任”理念，而越南之前作为这一

① Vesselin Popovski，“Book Review：UN Peace Operations and Asian Security，” *Contemporary Southeast Asia*，Vol.28，No.，2006，p.175.

② 具体可参见东南亚国家联盟官网：“Declaration of ASEAN Concord II（Bali Concord II），” https://asean.org/?static_post = declaration-of-asean-concord-ii-bali-concord-ii，2012，最后访问时间 2019 年 9 月 5 日。

③ Mely Caballero-Anthony and Amitav Acharya，*UN Peace Operations and Asian Security*，New York：Routledge，2005，p.37.

④ Ibid.，pp.35—36.

概念最强烈的反对国家也开始对这一理念表示支持。可以看出，东盟逐渐作为一个整体开始广泛接受“保护的责任”理念，①与此同时，东盟国家对人权的概念以及具体的权利内容展开了持续讨论，这在一定程度上是受到印度尼西亚民主化进程取得成功的影响。在成功实现民主过渡之后，印度尼西亚率先倡议在东盟框架内促进人权和民主的实现，将保护人权的基本原则纳入2007年《东盟宪章》，并分别在2008年设立《巴厘民主论坛》，在2009年推动东盟设立政府间人权委员会。②2014年，前东盟秘书长苏拉·皮苏万（Surin Pitsuwan）领导公布《“保护的责任”高级别咨询小组对东南亚地区的调查报告》，并引起东盟各国对“保护的责任”这一概念的激烈讨论。该《报告》认为东盟应积极接受“保护的责任”理念，因为其有助于东盟地区规范的再塑造以及东盟融入国际社会的进程。而从实际情况来看，虽然东盟各国都建设性地参与到联合国大会每年关于“保护的责任”的多边对话（包括印度尼西亚、泰国、菲律宾和马来西亚），但它们仍然不愿意在东盟的地区治理框架内正式讨论“保护的责任”在东南亚实施的可行性，坚持认为现阶段仍处于民族国家的形成过程中，问题或危机的处理应保留在国家边界之内。即便国际社会认为其有“责任”进行干预，也只有在东南亚各国政府进行评估之后，国际社会才能将“保护的责任”进行落实，从而在一定程度上排除《干预与国家主权委员会报告》所定义的干预行为。③可以看到，东盟实际上是将《干预与国家主权委员会报告》所阐明的“保护的责任”理念与东南亚地区在这一问题上的实际情况进行融合，从而形成具有东盟特色的“保护的责任”实施路径。

综上所述，联合国通过将“集体安全”和“人权保护”规范落实到具体的法律文件中，从冲突预防、维持地区和平以及人权保护三方面与东盟的现有机制和安排进行对话，进而优化东南亚的地区安全治理机制。客观地说，这三份文件的影响称不上前所未有，但它们的确为东盟作为一个整体不断调整其以

① Sebastian von Einsiedel and Anthony Yazaki，“East Asian Perceptions of The UN and Its Role in Peace and Security，” Norwegian Peacebuilding Resource Center，i.unu.edu/media/cpr.unu.edu/attachment/2158/Einsiedel-Yazaki-East-Asia.pdf，2016，p.13，最后访问时间2019年9月8日。

② Ibid.，p.12.

③ Mely Caballero-Anthony and Amitav Acharya，*UN Peace Operations and Asian Security*，New York：Routledge，2005，pp.35—36.

“不干涉原则”为核心的地区规范发挥了缓慢但坚实的催化剂，同时对于东盟改变其在高政治领域的行为逻辑方面起到了十分关键的作用。在此基础上，联合国与东盟才得以在地区安全和人权保护问题上拥有更广泛的共识基础，双方的对话与合作也不断深化。

结　语

东盟成立初期正处于全球冷战的大背景，刚脱离殖民状态的东盟各成员国出于经济发展的考虑寻求获得联合国相关机构的经济援助，自此东盟与联合国开始了在经济发展领域的合作，这一过程持续了三十余年。到21世纪初时东盟与联合国的各个下属机构、基金和项目之间已在经济社会发展领域展开了全面合作，不仅极大地推动了东南亚地区的经济发展，而且也使联合国进一步参与到东南亚的区域治理过程中。但在地区安全和人权保护问题上，双方合作的推进并没有同步发生。基于东盟对“不干涉原则”的坚持，20世纪90年代中期之前，双方在上述领域的合作未有起色。从90年代后半期开始，东盟开始调整以“不干涉原则”为核心的地区规范，并采取“灵活介入”的方式，与联合国合作成功解决了东帝汶危机。此后双方在地区安全和人权保护问题上的合作不断深化，不断优化东南亚既有的地区安全治理机制。而东盟政治安全、经济和社会文化共同体的建设以及东盟政府间人权委员会的成立都为东盟与联合国在高政治问题领域合作的拓展奠定坚实的基础。而双方在经济社会发展领域的合作也通过首脑峰会和部长级会议等各种制度性安排稳定下来。

通过国际规范扩散的视角来分析联合国与东盟合作关系的发展进程，我们得以重新审视东盟作为国际组织的社会化过程。国际组织所具有的官僚机构的特性使其拥有自主性、一定权力以及自身的变迁发展轨迹。对于东盟而言，其利益诉求和行为逻辑并不完全等同于各成员国利益诉求相加之和，而是超越了各成员国的要求和预期产生了东盟作为一个整体的利益偏好和行动。在与联合国展开各领域合作的过程中，东盟同时受到联合国所倡导的国际规范和价值以及东南亚地区规范和价值的影响，同时，东盟根据地区形势的变化及其在区域内发挥影响力的能力和大小，不断将既有的地区规范与国际规范的内涵相结合，从而不断融入国际社会。

纵使过去四十余年来双方在各个领域的合作不断深化，但一个非常关键且不容乐观的事实是：当前联合国与东盟之间的合作关系如何发展在很大程度上仍取决于东盟的地区治理模式。迄今为止，以东盟为主导的地区治理实际上仍是一种非正式的、协商一致的磋商过程，而不是依托共同和正式的规则进行治理。相关决定的作出往往依赖于东盟各国领导人之间的协商而并非东盟秘书处所拥有的权力，通过这一路径东盟国家保证了对国家主权的维护。[①]一旦各国领导人发生更替或变化，东盟作为一个整体的优先事项就极易发生变化，而如何在以协商一致为基础的政府间进程和为东盟秘书处授予更大决策权之间取得适当的平衡仍是现阶段东盟需要面临的重大挑战。东盟的社会化将是一个漫长且充满不确定性的过程，因此，双方的合作关系将在国际规范和地区规范的持续碰撞中不断发展。在东盟现有的决策机制之下，东盟还不可能完全接受联合国所倡导的"集体安全"和"人权保护"规范，在高政治问题领域合作的持续深化很容易面临障碍，双方需要在现有的合作机制之外持续探索更新的合作路径。

① 联合国亚太经社委员会官网："Striving Together ASEAN & The UN，ESCAP Series on Inclusive & Sustainable Development，" unescap.org/cgi-bin/koha/opac-detail.pl?biblionumber = 6165，2009，p.1，最后访问时间 2019 年 9 月 5 日。

东南亚的难民保护困境和区域非传统安全合作

陈　宇*

东南亚地区特别是在冷战之后因国际战争、边界冲突、国内武装冲突等原因，成为世界上难民问题最为严重的地区，难民问题是东南亚地区最传统、最突出的非传统安全问题之一。东南亚地区的国家也普遍视难民为威胁国家主权、身份认同、边界安全“旷日持久”的问题。自2012年缅甸西部的若开邦（Rakhine State）发生严重的民族宗教冲突之后，大量的信仰穆斯林的罗兴亚人沦为难民，这些难民不断涌向孟加拉国、泰国、中国、马来西亚等缅甸陆上邻国，还通过海洋绕道邻国抵达印度尼西亚、澳大利亚和印度等地，使得东南亚遭遇自第二次世界大战之后最严重的人道主义危机。①此次难民危机给邻国和地区的国家安全、经济繁荣、社会稳定、文化认同甚至是环境保护等都造成冲击，难民危机在全球媒体的广泛报道下情感地缘政治不断扩大，成为全球关注的人道主义问题。②

可以想见，难民危机已经成为东南亚地区客观事实上不可回避的重要非传统问题，是东南亚地区非传统安全区域治理的重要议题。遗憾的是，东南亚区域的国家大多没有签署1951年的《关于难民地位的公约》和1967年的《关于难民地位的议定书》等具有普遍国际规范的法律文件，国内也没有相应的难民

---

* 陈宇，中山大学政治与公共事务管理学院博士研究生，主要从事国际政治与世界民族问题研究。本文是2016年国家社科基金重大项目“当前主要社会思潮的最新发展动态及其批判研究”的阶段性成果（批准号：16ZDA100）。

① “Myanmar's Shame,” *The Economist*, March 21, 2015, https://www.economist.com/asia/2015/05/21/myanmars-shame，最后访问时间2018年4月15日。

② ［法］多米尼克·莫伊西著：《情感地缘政治学：恐惧、羞辱与希望的文化如何重塑我们的世界》，北京：新华出版社2010年版，第1页。

保护政策框架，地区各国又限于“不干涉原则”和“国家主权原则”等地区性规范难以达成合作，在责任推诿中不仅没有具体形成难民保护效力，反而加深了难民危机及其带来的次生影响。那么，东南亚地区形成难民保护合作的限制条件是什么？东南亚地区对难民保护的既有区域合作框架是什么？是否可以以“区域主义”的政治合作在国际规范和地方性规范中寻找到缓解难民危机的地区合作空间？本文尝试回答以上问题。本文在第一部分将分析难民保护的国际机制及其遵循的普遍规范原则；第二部分将分析东南亚地区内的难民危机现状；第三部分将分析东南亚地区内的难民保护机制建构进程及变革；第四部分将分析东南亚难民危机治理及非传统安全合作困境的根源。

一、难民危机与国际难民保护机制的基本规范

难民问题在历史上是一个长期存在的问题，战争、冲突、饥荒、灾害、宗教或民族的迫害使得许多人逃离家乡，流亡他乡成为难民，“苦难人群”是人类社会演进过程中十分普通的现象。既然有那么多“苦难的人群”，就会有许多措施来保护这些“苦难人群”。尽管难民是有悠久历史的现象，但这个概念确实是一个现代的概念。有人认为，人类的20世纪是一个“战争的世纪”，因而也就产生了一个“难民的世纪”，人类在20世纪的两次世界大战造成大规模难民潮。难民问题的研究也在这个时候兴起和发展。①在第二次世界大战之后到冷战结束的这段时期内，两极的相互平衡使全球的安全局势处于相对稳定状态。冷战结束，两极崩塌，整个世界范围国家内部、国家之间、地区之间的冲突使难民危机在冷战结束后重新迎来高潮，此时关于难民、难民保护、难民管理等研究也

① Stoessinger, John George, *The Refugee and the World Community*, University of Minnesota Press, 1956. Betts, Alexander, *Protection by Persuasion: International Cooperation in the Refugee Regime*, Ithaca, NY: Cornell University Press, 2009. Feller, Erika, Volker Türk, and Frances Nicholson, eds., *Refugee Protection in International Law: UNHCR's Global Consultations on International Protection*, Cambridge University Press, 2003. Loescher, Gil, Alexander Betts, and James Milner, *The United Nations High Commissioner for Refugees (UNHCR): The Politics and Practice of Refugee Protection into the 21st Century*, Routledge, 2008. Betts, Alexander, and Gil Loescher. "Introduction: Continuity and Change in Global Refugee Policy," *Refugee Survey Quarterly*, Vol.33, No.1, 2014, pp.1—7. Goodwingill, Guy S, "The Dynamic of International Refugee Law," *International Journal of Refugee Law*, Vol.25, No.4, 2013, pp.651—666.

重新兴起。①对难民研究的内容也涉及难民保护机制、难民身份、难民文化、难民政治和难民的历史等等。②

战争冲突、自然灾害、政治迫害、宗教民族等原因导致的难民危机在人类社会发展历程中历史悠久③，早期的难民危机产生于欧洲现代社会的早期，宗教破坏和民族间冲突造成人口大量流离失所，此时也就有宗教组织和官方政府出于人道主义、经济利益、殖民主义、军事利益、信仰忏悔（Confessionalization）等途径的考虑来对难民进行保护。④彼时的保护更侧重于宗教形式的救护等方式，真正的难民保护应该追溯到 17 世纪欧洲国家从绝对主义国家过渡到现代主权国家之后。⑤经过大革命洗礼的现代国家确立了国家的公民身份，个人权利和自由成为公民身份的“内在属性”，个人和国家自此开始确立起有着较为清晰的权利和义务关系。⑥当威斯特伐利亚体系建立之后，欧洲国家普遍确立了国家主权、地理边界和规范化的国际关系规范，难民成了“具有主体间共享的集合意义”⑦的国际法律地位议题。当现代主权国家意识逐渐形成之后，人口往来于具有排斥性的民族国家政治地理空间之间跨界流动便成了国家间事务。⑧在 19 世纪

① Gibney，Matthew J，The Ethics and Politics of Asylum：Liberal Democracy and the Response to Refugees，Cambridge University Press，2004. Price，Matthew E.Rethinking Asylum：History，Purpose，and Limits，Cambridge：Cambridge University Press，2009. Malkki，Liisa H，“Refugees and Exile：From ‘Refugee Studies’ to the National Order of Things，” *Annual Review of Anthropology*，Vol.24，No.1，1995，pp.495—523.

② Knox，Katharine，and Tony Kushner，Refugees in An Age of Genocide：Global，National and Local Perspectives During the Twentieth Century，Routledge，2012. Gatrell，Peter，The Making of the Modern Refugee，Oxford：Oxford University Press，2013.

③ “难民”越来越被认为并不是人类社会进行自然自我划分的知识概念，包含着丰富的社会经济地位、个人历史、精神状况的描述性内容和规范性概念，而是可以作为推广的人的“种类”或者某些情况下“类型”的标签。参见 Malkki，Liisa H，“Refugees and Exile：From ‘Refugee Studies’ to the National Order of Things，” *Annual Review of Anthropology*，Vol.24，No.1，1995，pp.495—523。

④ Lachenicht，Susanne，“Refugees and Refugee Protection in the Early Modern Period，” *Journal of Refugee Studies*，Vol.30，No.2，2016，pp.261—281.

⑤ ［英］佩里·安德森：《绝对主义国家的系谱》，刘北成、龚晓庄译，上海：上海人民出版社 2016 年版。

⑥ ［美］基思·福克斯著：《公民身份》，郭忠华译，长春：吉林出版集团有限责任公司 2009 年版，第 26—37 页。

⑦ Guzzini，Stefano，“A Reconstruction of Constructivism in International Relations，” *European Journal of International Relations*，Vol.6，No.2，2000，pp.47—182.

⑧ 周平：《国家治理须有政治地理空间思维》，载《探索与争鸣》2013 年第 8 期，第 11—16 页。

末期，哈布斯堡和奥斯曼帝国因为暴力危机产生了穆斯林和基督徒难民管理①，涉及难民分类、提供援助、遣返等环节，这些初步具备了现代难民保护的雏形。

对难民的保护逐渐成为在国家间关系和国际组织的条约内容从而确立了自身的法律地位，难民保护成为现代国家、国际组织等国际行为体共同认可、共同理解的行为机制②，难民保护深深根植于集体持有谅解或规范的现代国家的“国家实践”之中。③这些规范需要不断地在国际事务中被扩散、模仿、商讨、重塑和接受④，最终成为个人、组织、机构、国家和其他国际行为体在国际事务范围内共同理解的原则，并不断成为涵化这些行为体行为的制度化或非制度化规范。在两次世界大战之前的难民保护规范就在探索之中不断完善，围绕难民保护的规范自 1921 年起在国际法和国际组织的实践中被制度化，随着难民保护规范得到各国认可，在 1951 年创建了关于难民保护的专业性组织联合国难民事务高级专员公署，签署了国际公约《关于难民地位的公约》。⑤

国际法上的难民保护机制是难民获得保护的基础，正如普遍认为的“关于难民保护的国际法就是允许身处危境的人‘用脚投票’”。⑥斯蒂芬·克拉斯纳（Stephen D.Krasner）认为，国际机制是：“在一个既定问题领域的原则、规范、规则、决策程序，围绕这一问题领域行为体形成了一致预期”⑦，那么《关于难民地位的公约》作为国际范围内具有普遍国际规范价值的国际机制同样应该呈现出这样的规范。1951 年通过的《关于难民地位的公约》成为难民保护的普遍国际法规范，身处危境的个人满足《关于难民地位的公约》所规定的难民标准

① Manasek，Jared，“Protection，Repatriation and Categorization：Refugees and Empire at the End of the Nineteenth Century，” *Journal of Refugee Studies*，Vol.30，No.2，2017，pp.301—317.

② Orchard，Phil，“The Dawn of International Refugee Protection：States，Tacit Cooperation and Non-extradition，” *Journal of Refugee Studies*，Vol.30，No.2，2016，pp.282—300.

③ Finnemore，Martha，and Kathryn Sikkink，“International Norm Dynamics and Political Change，” *International Organization*，Vol.52，No.4，1998，pp.887—917.

④ 袁正清、李志永、主父笑飞：《中国与国际人权规范重塑》，载《中国社会科学》2016 年第 7 期，第 189—203 页。

⑤ Orchard，Phil，“A Right to Flee：Refugees，States，and the Construction of International Society，” Cambridge：Cambridge University Press，2014，p.9.

⑥ ［美］詹姆斯·C.哈撒韦著：《国际法上的难民权利》，黄云松译，北京：中国社会科学出版社 2017 年版，序言。

⑦ Krasner，Stephen D，“Structural Causes and Regime Consequences：Regimes as Intervening Variables，” *International Organization*，Vol.36，No.2，1982，pp.185—205.

则自动成为难民①，那么其难民地位也就应该得到承认。在《关于难民地位的公约》签署之后最大的挑战莫过于说服各国政府承认国际公约中难民的地位，而在其中最大的难度就是各国围绕着难民定义和难民资格的争论。②特别是在欠发达国家，在基于实用主义、自身条件制约以及国际法原则的考虑下，这些国家难以用符合《关于难民地位的公约》的标准来接收和保护难民，以排斥、推脱、边缘等方式来拒绝承认难民地位。难民保护的环境随着历史进程不断变化，难民保护的确立标准、边界范围和主要议题都不可避免发生变迁③，不过，《难民公约》中的难民保护机制依然是主权国家对待难民的基本原则和核心规范，依然具有国际规范意义。

（一）人权规范原则

人的保护和人权规范的确立是人类社会发展进步的重要标志，也是人类社会进程中得以减缓暴力冲突的重要措施，已经成为当今国际政治体系各主权国家共同努力的目标。当“大规模、系统性和有组织的人权侵犯行为”④发生时，随之而来的便是难民危机爆发，人会陷入有可能遭遇屠杀、强奸、拘留、饥饿等方面的危机之中。在现代国家建立之后，现代主权国家在提供“美好生活”⑤的目标之中便有：“每个国家都有责任保护其公民免遭种族灭绝、战争罪、种族清洗和危害人类罪的侵害”，“有责任保护公民免遭可以避免的灾难，免遭大规

---

① 1951年的《关于难民地位的公约》在第一章第一条关于“难民”一词的定义中将“难民”定义为：由于1951年1月1日以前发生的事情并因有正当理由畏惧出于种族、宗教、国籍、属于某一社会团体或具有某种政治见解的原因留在其本国之外，并且由于此项畏惧而不能或不愿受该国保护的人；或者不具有国籍并由于上述事情留在他以前经常居住国家以外而现在不能或由于上述畏惧不愿返回该国的（对于具有不止一国国籍的人，“本国”一词是指他有国籍的每一国家。如果没有实在可以发生畏惧的正当理由而不受他国籍所属国家之一的保护时，不得认其缺乏本国的保护）。参见“The 1951 Convention Relating to the Status of Refugees，Article A，” UNHCR，http://www.unhcr.org/3b66c2aa10，最后访问时间2018年6月2日。

② ［美］詹姆斯·C.哈撒韦著：《国际法上的难民权利》，第1页。

③ 严骁骁：《国际难民机制与全球难民治理的前景——叙利亚难民保护实践的启示》，载《外交评论》2018年第3期，第129—156页。

④ Grant，Ruth W.，and Robert O.Keohane，“Accountability and Abuses of Power in World Politics，” *American Political Science Review*，Vol.99，No.1，2005，pp.29—43.

⑤ ［英］鲍桑葵著：《关于国家的哲学理论》，汪淑钧译，北京：商务印书馆1995年版，第190页。

模屠杀和强奸，免遭饥饿，但是有关当局不愿或者无力这样做的时候，必须由更广泛的国际社会来承担此责任”①。因此，在现代国际政治经济秩序的框架下，在任何国家和地区出现大规模、系统性人道主义灾难时，任何国家都有责任基于《联合国宪章》《世界人权宣言》中确立的甚至是扩大的“人人享有基本权利和自由不受歧视”为基本原则的人道主义精神提供保护，或者是通过庇护、外交、援助等方式提供保护责任②。

在人权规范的保护责任内，现代主权国家要保障难民的基本人权规范涉及的内容有《关于难民地位的公约》中不受歧视、宗教信仰自由、继续居住等“一般规定”，也有个人身份、艺术权力和工业财产、结社权利、向法院申诉等“法律地位”，以及以工资受偿、自营职业、自由职业等“有利可图的职业活动”，还包括定额供应、房屋、公共教育、公共救济和社会立法及社会安全等方面的权利。同时，难民也享有有关行政协助行政措施的权利，对所在国负有责任、遵守该国法律和规章等一般性义务。在难民地位的存续期间，这些基本的人权规范都必须始终得到尊重，当难民确立了居住权利和其他身份之后还将获得更多的规范权利。

(二) 不推回原则

现代国家都是民族共同体和公民共同体的集合，具有固定疆域边界，只有取得合法公民身份的公民才能为国家所承认和保护，公民身份成为主权国家得以存续发展的关键③，也是现代国家主权的标志④。因此，维护公民共同体的边界、限制非公民人员进入国境是各国的基本政策，通过限制非本国公民入境也

① “Responsibility to Protect,”“2005 World Summit Outcome,” *United Nations on Genocide Prevention and The Responsibility of protect*, September 16, 2005, http://www.un.org/en/development/desa/population/migration/generalassembly/docs/globalcompact/A_RES_60_1.pdf，最后记问时间 2018 年 6 月 7 日。

② 邱昌情：《“保护的责任”与国际人权规范建构》，复旦大学 2014 年博士论文，第 50 页。

③ 郝时远、朱伦、常士訚等：《热话题与冷思考——关于“国族—国家”建构与民族政治发展理论的对话》，载《当代世界与社会主义》2013 年第 5 期，第 4—12 页。

④ ［英］安东尼·吉登斯著：《民族—国家与暴力》，胡宗泽、赵力涛译，北京：生活·读书·新知三联书店 1998 年版，第 7—18 页。

是防止当发生大规模难民潮影响到本国社会安全的需要①，倘若难民被拒绝则意味他有可能面临着被遣返原籍国或者成为“无国籍”人口②。原则上，无论难民通过合法还是非法方式到达他国领土，《关于难民地位的公约》的缔约国必须对其负有保护责任，而无权将难民强制遣返或推送回人身安全受到威胁的国家，这便是“不推回原则”。

“不推回原则”的难民保护规范也导致有的国家将难民保护规范结合移民政策进行“重新阐释”，以国家、边境“安全化”为理由将难民与人口犯罪、毒品走私、恐怖主义等问题“挂钩”而拒绝难民入境③，继而转变成为“合法化拒绝”④，在难民保护责任推诿的情况下极容易造成“人类乒乓球”（Human Ping Pong，也成为“海事乒乓球”）的后果。坚持将难民推回的国家采取限制措施禁止难民入境，即便已经入境的难民也将以非法移民、人口贩卖者、人口走私等理由拒绝提供难民保护，或将难民关闭在边境墙外，或将难民推回到海中甚至在难民到来之前就采取提前拦截办法限制难民入境⑤。这种限制难民入境的状况在北美、欧洲、东南亚等国内难民管理法律机制不健全的国家较为严重，甚至在难民保护机制健全的地区，当面临着紧急情况时，它们也会直接拒绝难民入境以摆脱难民负担。此外，主权国家地理政治空间与难民保护的两方面矛盾又导致部分国家租借土地来安置难民，也有的国家通过在国家内部建立起由国际社会监督的难民庇护所来保护难民，我们看到欧洲的希腊在爱琴海的部分岛屿建立了“难民庇护所”以做“离境前难民营”，泰国在本国的安达曼海附近的岛屿建立“难民拘留所”，印度尼西亚在苏门答腊岛西北部的亚齐省建立“难民庇护所”进行收留，并制定管理政策以最低人道主义标准救护难民，并在规定

---

① ［美］詹姆斯·C.哈撒韦著：《国际法上的难民权利》，第 100 页。

② 本文关心的东南亚罗兴亚难民在缅甸被视为“孟加拉国籍非法移民”，而在孟加拉国则被视为“缅甸非法移民”。缅甸不承认罗兴亚人公民的身份，同时他们在孟加拉国得不到身份证明，逃离到海外也不被认为是难民，最终成为“无国籍”的人口。

③ 吴琳：《东南亚移民危机与移民治理：从“安全化”到“区域化”》，载《东南亚研究》2017 年第 5 期，第 1—20 页；Juliet Lodge，“Internal Security and Judicial Cooperation，” in Juliet Lodge，*The European Community and the Challenge of Future*，Palgrave Macmillan，1999，pp.315—399.

④ Davies，Sara E，“The Asian Rejection?：International Refugee Law in Asia，” *Australian Journal of Politics & History*，Vol.52，No.4，2006，pp.562—575.

⑤ ［美］詹姆斯·C.哈撒韦著：《国际法上的难民权利》，第 138—144 页。

时间内遣返或者驱逐。

二、东南亚地区难民危机的历史进程

东南亚的历史进程与世界历史进程相一致，东南亚地区在历史上长期受到殖民统治、世界大战的肆虐，在20世纪50年代之后经历了风起云涌的独立进程、民族解放运动、国家建构的历程。这些历史使得该地区的人民饱受战争、冲突的摧残，许多人流离失所而不得不远走他乡或寻求庇护，难民数量之多在全球范围仅次于非洲地区。东南亚在近现代发展时期内都曾出现过严重的难民危机，特别是在第二次世界大战日本入侵朝鲜半岛、中国大陆和东南亚等大部分地区造成大规模的难民危机①。大部分的东南亚后殖民国家在反殖民的民族解放独立运动中也出现了大规模的难民危机，最为世界关注的便是1947年印度和巴基斯坦分治以及东巴基斯坦在1971年的独立导致大量难民流入东南亚地区。在冷战期间，印度支那半岛在20世纪50年代至80年代的战争，以及柬埔寨、老挝、缅甸等国家的内战及边界冲突都增加了难民和寻求庇护者的人口。据研究显示，仅东南亚地区的印度支那半岛在整个冷战期间的难民人数就达250万。②

今天，整个东南亚依然有包括140万无国籍人口和70多万寻求庇护在内的270万难民③，也有研究显示东南亚地区至少有1 000万事实上的难民或者在原籍国之外“非法移民”。④东南亚地区是世界范围难民数量规模最大的地区，然而难民数量规模庞大但实际上得到难民保护的数量极为有限。难民要么不知道自

---

① H.M. Vinacke，*A History of the Far East in Modern Times*，London：George Allen and Unwin，1960，p.514.

② W. Courtland Robinson，*Terms of Refuge*：*The Indochinese Exodus and the International Response*，London：Zed Books，1999，p.105.

③ 从联合国高级难民署2014年东南亚地区难民危机统计数据来看，缅甸500 364人，斯里兰卡有4 786人，阿富汗有4 282人，巴基斯坦有3 077人，其他国家有11 083人，总计523 592人。参见UNHCR Reginal Office，“South-East Asia Fact Sheet，” *UNHCR*，September 2014，http://www.unhcr.org/protection/operations/519f67fc9/south-east-asia-fact-sheet.html，最后访问时间2018年7月1日。

④ Davies，Sara E，“The Asian Rejection?：International Refugee Law in Asia，” *Australian Journal of Politics & History*，Vol.52，No.4，2006，pp.562—575.

身能够寻求难民身份，要么便是遭遇到地区内国家的“合法拒绝”不承认其难民地位而得不到保护，这与难民大陆的非洲极为相似。①特别是在2015年之后，缅甸的若开邦（Rahkine）发生佛教徒和穆斯林的严重暴力冲突，导致成千上万的罗兴亚人逃到邻国孟加拉国、泰国、马来西亚和印度尼西亚等国沦为难民，罗兴亚难民因为遭到各目的地国的“海事乒乓球”的“推回”而滞留在孟加拉湾和安达曼海，东南亚难民触目惊心的遭遇得到全球的关注和同情②，引起整个东南亚地区和亚太地区的情感地缘反响③。在整个东南亚地区，缅甸、孟加拉国、印度尼西亚、泰国、柬埔寨、老挝等都有着不同程度的难民问题，而且这个地区范围内的难民问题与其他地区如南亚的印度、巴基斯坦、尼泊尔、阿富汗、斯里兰卡有着紧密关联。④在整个东南亚地区“旷日持久”的难民危机中，泰国、马来西亚、印度尼西亚、澳大利亚是承担难民责任最重的国家，各国也采取了不同的难民政策。⑤在难民承担国之间，印度尼西亚和澳大利亚又是难民跨海寻求庇护的主要目的地，泰国则是中南半岛邻近国家难民跨陆的主要目的地。

东南亚地区不仅拥有在国际法规范意义上的难民，也有大量潜在的寻求庇护的难民，还有得不到难民身份从而以“非法移民”生活在东南亚国家的人。东南亚国家考虑到政治经济负担、政治安全和社会稳定，不断通过各种手段加紧对移民的控制，通过加强边境控制来防控移民进入，通过及时与来源国进行政策协调及时遣返，在国内则采用非法移民合法化、遣返、经济和人身处罚等方式控制。⑥在此种情况下，无论是联合国高级难民署、所在国以及人道主义组

---

① Davies, Sara Ellen, *Legitimising Rejection: International Refugee Law in Southeast Asia*, Leiden: Brill, 2008, p.3.

② 参见 UNHCR,“Mixed Maritime Movements-UNHCR Regional Office for South-East Asia,” *UNHCR*, April—June 2015, http://www.unhcr.org/protection/migration/554c6a746/irregular-maritime-movements-south-east-asia.html，最后访问时间2018年7月1日。

③ ［法］多米尼克·莫伊西著：《情感地缘政治学：恐惧、羞辱与希望的文化如何重塑我们的世界》，姚芸竹译，北京：新华出版社2010年版，第1—26页。

④ 郭秋梅：《亚太移民区域磋商机制与国际移民问题》，载《南洋问题研究》2013年第4期，第68—77页。

⑤ Mathew, Penelope, and T.Harley,“Refugee Protection and Regional Cooperation in Southeast Asia: A Fieldwork Report,” *Acta Carsologica*, Vol.43, No.2—3, 2014, pp.241—255.

⑥ 文峰：《浅议马来西亚的非法移民问题》，载《东南亚研究》2010年第3期，第23—27页。

织都无法提供官方的程序和基础设施对其进行保护，即便是提供最基本的人道主义救援也仅仅是临时性的。①同时，这种情况的存在也为东南亚国家在难民问题上留下行动空间，大多数不愿意承担难民责任的同时便将难民重新阐释为非法移民，这也使得难民在主观上不愿意申请难民身份以获得救助。

三、东南亚地区难民保护制度的发展过程

东南亚地区的国家仅有柬埔寨（1994 年）和菲律宾（1981 年）签署了《关于难民地位的公约》（1951 年）和《关于难民地位的协定书》（1967 年），但两国都没有将国际法文书纳入本国的法律体系。②东南亚国家不愿意承担难民负担，不仅在签署国际难民法律规范上存在消极行动，对制定区域难民合作制度也难以达成共识，对难民危机也难以提供共同的法律或政治框架以作出回应。因此，该地区内的难民保护基本上都是在外部力量推动下的政治合作，“综合行动计划”（CPA）和“巴厘进程”（The Bali Process）的合作框架是东南亚地区就难民保护问题取得成效的地区性规范框架。

（一）“综合行动计划”难民保护框架

东南亚国家曾在 1989 年签署关于应对印度支那半岛越南、老挝难民的《综合行动计划》，旨在防止和阻止中南半岛难民对东南亚国家的持续涌入，印度尼西亚、马来西亚、菲律宾、香港、泰国等国实行甄别来确定难民身份，被认可的难民将得到重新安置，被拒绝接受庇护的难民将在联合国难民署的帮助下返回自己的国家。③东南亚在面临严重难民危机时在国际社会的帮助、压力下提出

① Piyasiri Wickramasekera，“Asian Labour Migration：Issues and Challenges in An Era of Globalization，” *International Migration Programme*，*International Labour Organization*，Geneva，2002，https：//www.ilo.org/asia/publications/WCMS_160632/lang-en/index.htm，最后访问时间 2018 年 7 月 1 日。

② Davies，Sara Ellen，*Legitimising Rejection*：*International Refugee Law in Southeast Asia*，Leidon：Brill，2008，p.5.

③ “综合行动计划”促进了难民接受国家承认并随后重新安置了 7.4 万多名越南难民，并支持 8.8 万多名越南人自愿遣返越南。同时，“综合行动计划”还促进了难民接受国重新安置了约 5.1 万老挝难民，并支持 22 400 名老挝难民自愿遣返和重返原籍国。Bronée，Sten A，“The History of the Comprehensive Plan of Action，” *International Journal of Refugee Law*，Vol.18，No.4，1993，pp.534—543.

了“分摊难民问题负担”的综合行动计划框架，事实上却充满缺陷，同时也在“综合行动计划”的框架下无可否认地实现了结束印度支那难民危机的既定目标：东南亚20世纪90年代的难民人数迅速下降，难民在美国、加拿大等发达国家得到有效安置。①

在此阶段，以老挝、越南为主的难民保护得到有效解决，当时东南亚国家短时间解决难民问题的框架主要受到了国际压力和道德压力的推力，“综合行动计划”的初衷是希望为难民问题做长时段的管理并形成国际难民保护标志性的框架②。在难民危机之后，“综合行动计划”在处理难民的多边关系和管控难民问题的“持续性”上受到质疑。特别是“综合行动计划”的“第三国安置”无疑是个难以持续的解决办法。这主要存在两个方面的原因：

一是在东南亚地区解决难民问题上，非政府组织在“全面和平协议”下发挥了很大的作用，而政府间国际组织发挥的作用要小得多。这个问题与东南亚国家奉行的“互补干涉原则”有着密切关系，同时东南亚国家普遍没有关涉难民保护的法律、制度安排，许多国家怀疑这种制度性安排和国际性义务。③这种活动和传统也直接影响现今难民问题的解决。

二是国际条约规范中关于难民保护的权利及义务在东南亚国家难以施行，东南亚国家在难民定义上有着分歧，它们的潜在假设是“大多数船民并不是真正的难民”。在香港、印度尼西亚在接受难民安置的具体“筛选”实践中都避开《关于难民地位的公约》规定的标准和联合国难民署的“难民专员办事处手册”中的相关规定④，其中马来西亚从来没有完全接受这种平衡，并对难民进行了“重新定向”让其返回。进而难民的权利、地位、身份都得不到有效保障，难民的安置也就存在不可持续性。

以上两个方面的原因是20世纪80年代东南亚爆发老挝、越南“船民”难

① Tepper，Elliot，*Southeast Asian Exodus*：*From Tradition to Resettlement*：*Understanding Refugees from Laos*，*Kampuchea and Vietnam in Canada*，Canadian Asian Studies Association，1980.

② Helton，Arthur C，“Refugee Determination under the Comprehensive Plan of Action：Overview and Assessment，” *International Journal of Refugee Law*，Vol.5，No.4，1993，pp.544—558.

③ Moore，Bob，and V.Muntarbhorn，“The Status of Refugees in Asia，” *International Affairs*，Vol.69，No.2，1992，pp.359—360.

④ Briggs，Josh，“Sur Place Refugee Status in the Context of Vietnamese Asylum Seekers in Hong Kong，” *Am. UL Rev*. Vol.42，1992，p.433.

民危机之后提出“综合行动计划”所反映的东南亚在难民保护问题上的分歧。“综合行动计划”在此后的国际难民保护中没有得到有效效仿，除了该计划是应对难民危机的应景式解决办法之外，最大的难题还是在于东南亚地区对难民定义、地位的确定。尽管菲律宾、泰国等国已经就该问题寻求以多种方式达到国际标准、惯例，但还是一直存有争议，妨碍“综合行动计划”框架的运行，难民保护效果有限。当然，这种困境延续至今。虽然“综合行动计划”框架在实施上存在缺陷，甚至被称为“国际声援和分担责任的典范，也被批评为国际堕落和可疑妥协的典范”。不过，该计划确实成为难民寻求庇护、难民重新安置和难民遣返等内部承诺及如何促进区域合作以应对长期难民危机提供了极为难得的典范。①

东南亚国家解决20世纪80年代持续至21世纪的难民危机的“综合行动计划”框架第一次系统提出涉及难民、难民来源国、难民接收国、国际社会等多方面关系的解决框架。涉及政党和庇护国、原籍国和移民安置国、国际援助方等多方面，足以解决难民问题为导向的责任分担安排框架②，“综合行动计划”也经常被视为难民危机、难民保护方面一个新的多边特殊体系的模型。③东南亚国家难民危机的这次尝试已经突破1951年的《关于难民地位的公约》，扩大了难民保护的制度范围，为了保护难民和实现持久解决提供了路径。

（二）“巴厘进程”的难民保护框架

21世纪初期，有大批来自东南亚地区的船只从印度尼西亚运送人口到澳大利亚北部、西澳大利亚、安石礁（Ashmore Reef）、科科斯（基林）群岛（Cocos [Keeling] Islands）以及圣诞岛（Christmas Island）等地区，澳大利亚的非正规移民在短时间内突然大量增加。④基于此，约翰·霍华德（John Howard）领导下的

① Robinson，W.Courtland，“The Comprehensive Plan of Action for Indochinese Refugees，1989—1997：Sharing the Burden and Passing the Buck，” *Journal of Refugee Studies*，Vol.17，No.3，2004，pp.319—333.

② Feller，Erika，“The Evolution of the International Refugee Protection Regime，” *Washington University Journal of Law and Policy*，Vol.5，No.1，2001，pp.129—139.

③ Robinson，W.Courtland，“The Comprehensive Plan of Action for Indochinese Refugees，1989—1997：Sharing the Burden and Passing the Buck，” pp.319—333.

④ Global Commission on International Migration，“Migration in an Interconnected World：New Directions for Action，” The Global Commission on International Migration，October，2005，https://www.unitar.org/ny/sites/unitar.org.ny/files/GCIM%20Report%20%20PDF%20of%20complete%20report.pdf，最后访问时间2018年7月2日。

政府采取了一系列政治和立法措施来限制移民涌入，这些政策包括引入“偷渡人员”罪行、强制性判决、更严苛的移民拘留安排、海上拘留、重新组织边界和海上管制安排等，旨在减少移民从海上进入澳大利亚，同时也希望寻求包括“巴厘进程”在内解决移民问题新的双边、区域、国际性对策。①“坦帕事件”发生后，澳大利亚亟需为防止和阻止非正常移民作出政策安排，为出现的问题不得不在国家层面寻找解决办法。2001 年 9 月 11 日在美国发生恐怖袭击后，澳大利亚政府将非正常移民的现象等同于全球恐怖主义，将非正常移民界定为对澳大利亚国家安全有着严重威胁的安全源。②此后，澳大利亚对非正常移民的安全感知更是被从国家安全层面扩展到对澳大利亚传统生活和文化的安全威胁。③

为应对移民涌入，澳大利亚在国内层面、国家间层面都开展了系列工作。就国家间、地区层面来看，澳大利亚外交部长亚历山大·唐纳（Alexander Downer）和印度尼西亚外长哈山（Hassan Wirajuda）决定在 2002 年 2 月在巴厘岛共同主办一个关于走私、贩运人口和有关跨国犯罪的区域部长级会议，以此来加强双边和区域合作处理走私和贩运人口问题。④澳大利亚政府还在 2002 年 4 月设立了“人员偷运问题大使”以推进部长级会议的成果，促进打击偷运和贩运人口的问题，找到有效解决亚太地区非法移民区域性、国际性方案。

1996 年，国际移民组织召开“关于难民、流离失所者和移民问题”的政府间会议（the Manila Process），讨论有关人口流动，包括难民、流离失所者和移徙者的议题。⑤此后，该论坛由澳大利亚顺利推动，并于 1999 年在泰国曼谷再次

① Douglas, Joseph H., and Andreas Schloenhardt, “Combating Migrant Smuggling with Regional Diplomacy: An Examination of the Bali Process,” *The University of Queensland Migrant Smuggling Working Group, University of Queensland, Research Paper*, 2012, p.4.

② Humphrey, Michael, “Refugees—An Endangered Species?” *Journal of Sociology*, Vol.39, No.1, 2003, pp.31—43. Carrington, Kerry, *Law and Order on the Border in the Neo-colonial Antipodes. Borders, Mobility and Technologies of Control*, Springer Netherlands, 2006, pp.179—206.

③ Oberoi, Pia, Irregular Migration, *Migrant Smuggling and Human Rights: Towards Coherence*, International Council on Human Rights Policy (ICHRP), 2010.

④ Millar, Caroline, “‘Bali Process’: Building Regional Cooperation to Combat People Smuggling and Trafficking in Persons,” *Institute for the Study of Global Movements*, Monash University, Melbourne, July 29, 2004, https://dfat.gov.au/news/speeches/Pages/bali-process-building-regional-cooperation-to-combat-people-smuggling-and-trafficking-in-persons.aspx，最后访问时间 2018 年 7 月 3 日。

⑤ “About the Bali Process,” The Bali Process on People Smuggling, Trafficking in Persons and Related Transnational Crime, December 2017, http://www.baliprocess.net/，最后访问时间 2018 年 7 月 2 日。

召开，该地区的部长和代表召开了主题为“关于非正规/无证移徙的区域合作”的研讨会。①东南亚地区两个最大国家澳大利亚与印度尼西亚自2000年起试图建立正式机制或“区域合作安排”，以澳大利亚和印度尼西亚的双边关系推动区域多边关系进行东盟区域合作机制建设，这种颇具东盟合作特色的“论坛协商”模式有力促进了“巴厘进程”的产生。

“巴厘进程”受到来自地区各国强有力的政治支持，区域国家的外交、司法、执法和移民等部门为处理偷运和贩运人口问题提供了有效的合作平台。当然，东盟地域大国在此次的难民框架构建中发挥了重要作用，特别是澳大利亚和印度尼西亚受到地缘的影响成为难民最理想的目的地，“巴厘进程”国家层面的议程设置、框架设计都由澳大利亚主导。②澳大利亚和印度尼西亚之间高效的地区性伙伴关系是关键性因素，两国的外交部、警方与移民署双方在难民甄别、评估和救护上有着高效合作，对贩卖人口的行为进行有力打击，在阻止移民进入上都有着密切合作。③也正是在以上密切有效的合作情况下，才使得“巴厘进程”继续成熟并持续运行。因此，关于难民方面的合作也是东盟地区合作推进的重要组成部分，具有鲜明的东盟区域合作特色④，“巴厘进程”的全称是“巴厘走私贩运人口与相关跨国犯罪议程”，此论坛是政府间进行政策对话、信息共享和实际合作的论坛，由印度尼西亚和澳大利亚共同主持，拥有48个国家及地区组织。“巴厘进程”最重要的目标在于支持和加强东南亚地区在对贩卖人口、走私以及东南亚地区内人口移徙的管理。⑤

---

① International Symposium on Migration，“Towards Regional Cooperation on Irregular/Undocumented Migration，” April 1999，https://www.iom.int/jahia/webdav/shared/shared/mainsite/microsites/rcps/manila/Bangkok-Declaration-1999.pdf，最后访问时间2018年7月2日。

② Kneebone，Susan，“The bali process and global refugee policy in the Asia-Pacific region，” *Journal of Refugee Studies*，Vol.27，No.4，2014，pp.596—618.

③ Millar，Caroline，“‘Bali Process’：Building Regional Cooperation to Combat People Smuggling and Trafficking in Persons，” *Institute for the Study of Global Movements*，Monash University，Melbourne，July 29，2004，https://dfat.gov.au/news/speeches/Pages/bali-process-building-regional-cooperation-to-combat-people-smuggling-and-trafficking-in-persons.aspx，最后访问时间2018年7月3日。

④ Kneebone，Susan，“ASEAN and the Conceptualization of Refugee Protection in Southeastern Asian States，” *Regional Approaches to the Protection of Asylum Seekers：An International Legal Perspective*，2016，pp.295—323.

⑤ “About the Bali Process，” The Bali Process on People Smuggling，Trafficking in Persons and Related Transnational Crime，December 2017，http://www.baliprocess.net/，最后访问时间2018年7月14日。

全球局势深深影响着难民潮，在2001年爆发阿富汗战争之前，流往澳大利亚的难民并不多。阿富汗战争爆发后，2001年至2002年流往澳大利亚的难民陡然增加。在陡增之后又回复到低潮，2008年后难民潮又猛然回升，2009年伴随着难民问题的重新上升，难民问题加剧了东南亚地区安全、社会的紧张局势。①"巴厘进程"也在2009年开启第二阶段的合作，印度尼西亚和澳大利亚于2009年4月在印度尼西亚巴厘岛主持召开由东盟地区成员国、难民问题相关国家和相关国际组织共同参与的"关于走私、贩运人口和有关跨国犯罪"的第三次巴厘区域部长级会议，这次会议重申有关打击走私、贩运人口和有关的跨国犯罪活动，并重新确认了对"巴厘进程"的承诺。②在"巴厘进程"的第二阶段更加凸显难民问题的"安全性"，主要集中在跨国犯罪、恐怖主义方面，这些问题都上升成安全问题。

"巴厘进程"确实为东南亚解决难民危机提供了合作的平台和渠道。"巴厘进程"第五次部长级会议明确提出，最重要的措施是提升强有力议程以减少地区内人口非正常运动，并支持区域合作框架（RCF），包括通过参与区域合作支持办公室（RSO）制定和实施实际的合作方法。③同时，会议还建立了雅加达执法合作中心（JCLEC）以及"巴厘进程"工作领导组（AHG）。在缅甸罗兴亚难民危机不断上升的情况下，"巴厘进程"的工作也不断地得到改善，提升区域和次区域应急计划和准备、引进联合国和国际移民组织的帮助，还举办了印度洋非正常迁徙特别会议、印度洋非正常移民特别撤退会议、东盟部长级跨国犯罪紧急会议、亚洲地区人口不规范运动会议、解决人员不规则运动的雅加达会议。这些"巴厘进程"之外的非正式磋商，较为灵活地处理变动性较大的

① Kneebone, Susan, "The Pacific Plan: The Provision of 'Effective Protection'?" *International Journal of Refugee Law*, Vol.18, No.3—4, 2006, pp.696—721.

② "Third Regional Ministerial Conference On People Smuggling, Trafficking in Persons and Related Transnational Crime," *Regional Ministerial Conferences*, Bali, Indonesia, April 2009, http://www.baliprocess.net/UserFiles/baliprocess/File/Co%20chairs%20statement%20BRMC%20III_FINAL.pdf，最后访问时间2018年7月12日。

③ "Fifth Ministerial Conference of The Bali Process on People Smuggling Trafficking in Persons and Related Transnational Crime," *Regional Ministerial Conferences*, Bali, Indonesia, April 2, 2013, https://www.baliprocess.net/ministerial-conferences-and-senior-officials-meetings/regional-ministerial-conferences/，最后访问时间2018年7月15日。

难民危机。①

表 1　2002—2018 年历届"巴厘进程"部长级会议及高官会议

届次	时间	地点	参与方	主要及新增内容
第一次	2002 年 2 月 26—28 日	巴厘岛	主持国：印度尼西亚、澳大利亚 正式参与国：马来西亚、缅甸、瓦努阿图、越南、国际移民组织、联合国高级难民署等 观察员国：奥地利、加拿大、太平洋岛屿论坛、世界银行、红十字国际委员会等	人口偷运和贩运人口存在的人权问题；强调非法移民的规模和复杂性；对政治、经济、社会存在的安全隐患；保护正常移民和国家边界；在国际义务之内提供力所能及的救助；区域利益和共同目标；表达政治承诺；发挥地区内"曼谷宣言"（Bangkok Declaration）既有非法移民治理网络；有效的信息和情报共享；加强立法和执法合作；强调和国际组织的合作；加强区域和国际机制；加强专家后续机制。
第二次	2003 年 4 月 29—30 日	巴厘岛	同上	更加注重解决问题的根本原因；加大打击力度；与国际移民组织合作；增加特设专家组。
第三次	2009 年 4 月 14—15 日	巴厘岛	同上	"巴厘进程"已经成熟；强调区域协商（RCP）的双边合作；特设专家组（AHG）机制重新调整以制定方针。
第四次	2011 年 3 月 29—30 日	巴厘岛	同上	边界完整性和执法合作；加强信息和情报共享；双边和多边安排；保留特设专家组并加强工作；肯定与国际组织的合作。
第五次	2013 年 4 月 2 日	巴厘岛	同上	欢迎观察员国作出的贡献；加强和实施国家立法、执法合作；机构间合作；强调发展合作；注重人道主义。

① "Fifth Ministerial Conference of The Bali Process on People Smuggling Trafficking in Persons and Related Transnational Crime," *Regional Ministerial Conferences*, Bali, Indonesia, March 26, 2016, https://www.baliprocess.net/ministerial-conferences-and-senior-officials-meetings/regional-ministerial-conferences/，最后访问时间 2018 年 7 月 14 日。

（续表）

届次	时间	地点	参与方	主要及新增内容
第六次	2016 年 3 月 23 日	巴厘岛	同上	通过“巴厘宣言”；改进国家、区域和次区域应急计划和准备；召开具体问题的会议；建立临时会议机制；加强边境管理；扩大参与国的移民管理；承认私营部门的作用；设立中断问题工作组；信息情报生物识别数据共享。
第七次	2018 年 8 月 7 日	巴厘岛	同上	与雅加达执法合作中（JCLEC）合作；加强执法和边境管理合作；其他国际咨询机制合作；扩大民间参与；建立联络官网络（RILON）和自愿报告制度（VRS-MSRC）；促进使用“巴厘进程”指南；试行“巴厘进程”“工具包”；建立辅助自愿返回和重返社会（AVRR）项目；建成“巴厘进程”区域支持办公室（RSO）。

四、东南亚地区难民保护存在的根源性问题

在东南亚地区范围内的大部分国家都没有签署 1951 年《关于难民地位的公约》和 1967 年《关于难民地位的协定书》等国际法规范文件，在地区内也没有致力于制定具有地区性合作规范的地区共同体规范文件，也无法做到以区域难民机制补充国际难民法规范的可能。东南亚地区的合作有着自身的地方性规范知识，规范大多要避免直接涉及国家主权、国家安全和独立自主等规则，难民保护需要在这些规范中获得机制空间。同时，东南亚地区的政治、经济和社会合作中通常需要在域外理论的带动下方可建立有效机制，该地区的国家都将自身设定为“临时”过渡国而依赖于“第三方”安置，难民保护难以在无外部支撑下实现。

（一）严重地区难民危机与地区保护规范机制的匮乏

令人十分诧异的是，在全球范围的难民保护存在悖论：难民问题最严重的地方恰恰是所在地区国家最少签署《难民保护公约》等难民保护文件的地区。①而这个“难民保护悖论”恰恰在东南亚地区表现得最为典型，从中南半岛到马来群岛、从太平洋到印度洋之间的区域仅仅有柬埔寨和菲律宾两个国家签署《关于难民地位的公约》《关于难民地位的协定书》，以及《公民及政治权利国际公约》等国际难民保护文件，而面临严重难民问题的印度尼西亚、马来西亚、缅甸等东南亚地区大国都没有签署国际难民保护文件。

因此，在没有国际法律规范的“规训”下，大部分东南亚国家拒绝承认难民地位，而是以“非正常移民”“人口贩卖”“越界人口”等称呼定义难民，东南亚地区的难民身份确认难度较大。②东南亚地区的难民也倾向于拒绝向联合国高级难民署办事处寻求难民身份。③东南亚地区国家认为，作为国际法的“难民公约”是在欧洲的发展历史中建立起来的国际规范，是建立在欧洲保护难民的基础上，脱离了东南亚各国的实际情况和核心利益。④因此西方国家更有责任来确保国际规范实施，“难民公约”的条约准则过于苛刻且不切实际，该条约规范在东南亚国家内难以实施。⑤那么地区性的难民事务只能由地区性的框架规范来规定，澳大利亚和印度尼西亚共同主持的关于打击“偷运人口、贩运人口和有关跨国犯罪”的“巴厘进程”成为大多数国家承认和接受的难民保护地区性政治合作框架。

实质上，特别是在打击“偷运人口、贩运人口和有关跨国犯罪”的“巴厘

① “2008 Global Trends：Refugees，Asylum-seekers，Returnees，Internally Displaced Persons and Stateless Persons，” Office of the United Nations High Commissioner for Refugees，2009，http://www.unhcr.org/statistics/country/4a375c426/2008-global-trends-refugees-asylum-seekers-returnees-internally-displaced.html，最后访问时间 2018 年 7 月 20 日。

② Hugo，Graeme，“Postwar Refugee Migration in Southeast Asia：Patterns，Problems，and Policies，” *Refugees：A Third World Dilemma*. *New Jersey：Rowan and Littlefield*，1987.

③ Alexander，Michael，“Refugee Status Determination Conducted by UNHCR，” *International Journal of Refugee Law*，Vol.11，No.2，1999，pp.251—289.

④ Abrar，Chowdhury R.，“Legal Protection of Refugees in South Asia，” *Forced Migration Review*，Vol.10，No.1，2001，pp.21—23.

⑤ Lee，Chen Chen，“Refugee Policy Is A Realist's Nightmare：the Case of Southeast Asia，” *Migration Letters*，Vol.3，No.2，2006，p.137.

进程”中，并非所有东南亚地区国家成为缔约国，但所有国家均参与其中，还包括了地区外的国家、地区组织和国际组织。这种合作框架可理解为主要由区域内大国澳大利亚“主领导”和印度尼西亚“次领导”形成的东盟+6难民合作框架，即由区域综合经济伙伴关系（RCEP）推动的经济合作外溢的东盟与六个贸易伙伴国（中国、印度、日本、韩国、澳大利亚和新西兰）形成的政治合作。虽然东南亚地区各国在难民保护的地区框架“巴厘进程”中始终强调和呼吁，要加强打击人口偷运、人口贩卖和跨国犯罪的国家立法，在地区范围内建立起具有一致性的法律机制，以及根据国内法和国际人权建立起合作原则。事实上，大部分的东南亚地区国家都时刻在回避以难民问题作为国际问题进行合作。

（二）地区内国家间合作障碍与难民机制效率低下

“不干涉”原则是在国际政治经济秩序内进行国际交往、处理国家间关系和制定国际法的基本原则，这条具有全球普遍性的基准原则也构成东南亚国家处理国家间关系形成的“东盟方式”的基本原则。①在东南亚地区国家的政治、经济、安全合作中无不偏重“协商合作”的方式，关于难民合作的共识也倾向于采取协商合作的方式进行，从而转化为“不干涉国家内政”原则。因此，东盟地区国家界定难民就有纷争，在地区内无法坚持符合国际通则的难民保护制度，大部分国家不承认使用国家难民治理的“人权话语”制度，而对难民的关注则是根据地区内自身传统“人权观”和“安全观”将难民界定为影响本国安全的“非常规移民”，东南亚地区国家认为难民不应被视为1951年的《国际难民公约》或者《难民保护公约》国际法律框架内“真正的”难民，而应被视为“原则上”的难民②，这些关于难民概念的纷争导致各国在统一框架中无法形成合力，难以应对非正常移民和由非正常移民带来的安全问题。③东南亚地区国家采用难民问题和国家主权、国家内政“脱钩”的方式进行合作，避免讨论有内政

① 希罗·卡苏马达、向来：《东南亚外交准则的重新修订：严格遵循“东盟方式”的理由》，载《南洋资料译丛》2004年第1期，第18—27页。

② Davies，Sara Ellen，*Legitimising Rejection*：*International Refugee Law in Southeast Asia*，Leidon：Brill，2008，pp.187—224.

③ 吴琳：《东南亚移民危机与移民治理：从“安全化”到“区域化”》，载《东南亚研究》2017年第5期，第1—20页。

争议的地区问题。

恰当运用“东盟方式”来解决难民危机问题在“1989年综合行动计划”和“巴厘进程”的地区难民危机合作框架中都取得成功。因此，东南亚国家不接受国际法律通行规则内的难民接受、甄别和安置程序，不会受到国际社会的制约或者谴责，东南亚国家可以根据自身的法律法规重新甄别、安置那些被认为是“真正的”难民，而那些被视为“原则上”的难民则可以采取多种措施拒绝入境，“合理”“合法”回避自身的难民保护责任。①东盟政府间人权委员会在第21届东盟首脑会议以及东盟政府间人权委员会特别会议（AICHR）上通过了《东盟人权宣言》（AHRD），表明在公民、政治、社会、经济、文化、发展、自由等方面的基本人权，具体在合作中则是所有人权和基本自由必须以公平和平等的方式对待；东盟所有成员国的主要责任是促进保护所有人权和基本自由；以公正、客观、不歧视、不对抗和避免双重标准和政治标准来保护人权和自由；在难民保护中可以考虑到地区和国家的经济、法律、社会、文化、历史和宗教背景等差异。②

（三）地区合作传统与域外国家支持的缺失

尽管联合国难民署也始终督促东南亚地区国家加入国际难民保护框架，而东南亚国家认为“难民公约”是欧美国家在“冷战”期间处理移民问题的经验，偏向于“政治难民”框架，并不符合东南亚国家地区因为广义国内冲突而导致人口外流的情况③，更多考虑到国家间和区域内“高政治”或“国家间外交、安全”政策④，多以政治和外交上“互不干涉原则”⑤、本国提供难民保护“经济

① Davies, Sara Ellen, *Legitimising Rejection*: *International Refugee Law in Southeast Asia*, Leidon: Brill, 2008, p.5.

② The Association of Southeast Asian Nations, “ASEAN Human Nights Declaration,” November 2012, http://www.asean.org/storage/images/ASEAN_RTK_2014/6_AHRD_Booklet.pdf，最后访问时间2018年7月30日。

③ Abrar, Chowdhury R, “Legal Protection of Refugees in South Asia,” *Forced Migration Review*, Vol.10, 2001, pp.21—23.

④ Abrar, Chowdhury R, “Legal Protection of Refugees in South Asia,” *Forced Migration Review*, Vol.10, 2001, pp.21—23. Burke, Anthony, and Matt McDonald, eds., *Critical security in the Asia-Pacific*, Manchester University Press, 2007. Suhrke, Astri, “The ‘High Politics’ of Population Movements: Migration, State and Civil Society in Southeast Asia,” *International Migration and Security*, 1993, pp.179—200.

⑤ ［加］阿米塔·阿查亚：《建构安全共同体：东盟与地区秩序》，王正毅、冯怀信译，上海：上海人民出版社2004年版。

成本负担”①和难民安置带来“社会秩序混乱”②来解释本国面临难民问题的政策抉择，采取难民与边界、安全为连带关联，进而采取“合法化”“合理化”的“亚洲拒绝”③或者难民保护中的“亚洲例外主义”④。

东南亚地区各国更倾向于采取区域内“协商一致”的合作框架惯例、东道国和原籍国之间双边谈判的政治解决方案，通过引入区域合作来协调各国在非法移民、人口贩卖、跨国犯罪上的行动，回避国际社会通行的关于难民基本定义、概念和保护机制。因此，东南亚地区大多数国家签署了1966年亚非法律协商委员会（AALCC）制定的《曼谷原则》（Bangkok Principles）。《曼谷原则》承认难民的存在，坚持地区各国提供相应庇护并坚持“不干涉原则”“难民不威胁国家安全”，亚非法律协商委员会于1988年重申该原则。然而，事实上东南亚地区的国家对“国家主权”和“国家边境安全”等问题较为敏感，难民问题通常被视为国家的内政事务，难民的跨国境流动通常直接被视为威胁国家安全、社会稳定和福利体系的严重问题，⑤在对待难民问题上各国基本上都将其“安全化”⑥，进而对难民实现了“合法的推回”。《曼谷原则》仅仅是作为难民保护的指南，起到的仅仅是指示性、宣誓性、意向性和非约束性的作用，其难民保护的原则和责任各国依然可以按照自身特殊情况进行调整，该难民保护原则的时间既不执行又不受监测。⑦结果，东南亚地区的难民危机解决方案基本没有受到《曼谷原则》的影响。

由于历史的原因，域外国际大国与东南亚地区国家以及东盟都有着复杂关

---

① Suhrke, Astri, “The ‘High Politics’ of Population Movements: Migration, State and Civil Society in Southeast Asia,” *International Migration and Security*, 1993, pp.179—200.

② Weiner, Myron, “Rejected Peoples and Unwanted Migrants in South Asia,” *Economic & Political Weekly*, Vol.28, No.34, 1993, pp.1737—1746.

③ Davies, Sara E., “The Asian Rejection?: International Refugee Law in Asia,” *Australian Journal of Politics & History*, Vol.52, No.4, 2006, pp.562—575.

④ Aka, Philip C, “Legitimizing Rejection: International Refugee Law in Southeast Asia,” *African & Asian Studies*, Vol.8, No.1, 2009, pp.187—191.

⑤ 王利文：《东南亚边境安全与地区恐怖主义》，载《南洋问题研究》2017年第4期，第23—34页。

⑥ 吴琳：《东南亚移民危机与移民治理：从“安全化”到“区域化”》，载《东南亚研究》2017年第5期，第1—20页。

⑦ Kneebone, Susan, “The Bali Process and Global Refugee Policy in the Asia-Pacific Region,” *Journal of Refugee Studies*, Vol.27, No.4, 2014, pp.596—618.

系，大国在地区内政治、经济、安全等方面之间的矛盾难以调和。同时，东南亚地区又奉行严格的“不干涉原则”和“国家主权”原则，纵然难民危机作为从“传统安全”中脱胎而来的安全议题，①传统安全与非传统安全的界限和敏感性还是限制了东南亚国家的合作。任何外部力量的干预都不利于难民危机的缓解，反而使得原有的合作出现新的争端。东南亚地区的合作逻辑是旨在排除外部干扰并且团结合作，强调外部国家始终将东南亚作为整体进行对待②，而事实上的外部力量在整体之外又外加了双边关系，形成合作互动的双层结构。在东南亚地区内关于难民保护的合作框架中，无论是《综合行动计划》（1989 年）还是“巴厘进程”都是在域外国家推动下形成的，没有受难民危机困扰的澳大利亚和印度尼西亚在“巴厘进程”发挥领导作用，在缺乏主要领导国家的东南亚只会陷于区域内消耗而难以协调。在保护机制不健全和效力不高的情况下，澳大利亚只能与马来西亚和印度尼西亚进行协商合作而不是“责任分担制”，这反过来又制约着地区内难民保护合作。澳大利亚和印度尼西亚既作为难民问题的主要载体也作为次区域内大国，在难民保护主体中承担主要责任，也成为难民保护机制的主要推动者、建设者和设定者，澳大利亚在其中承担的责任更多。特别是在“巴厘进程”中，澳大利亚强调该区域其他国家的集体责任，而地区内国家大多不是“难民公约”的缔约国，澳大利亚的利益又明显高于该地区其他国家的利益，澳大利亚只能承担其引导责任。幸运的是，在罗兴亚难民危机之后，国际社会已经从外部对东南亚地区施加舆论压力和增加援助，包括美国、中国、欧盟等大行为体都在不同场合敦促缅甸及东盟进行难民保护，同时也在加大对东南亚难民的援助。

五、结　　语

因为在全球范围存在大量因战争冲突及社会原因形成的难民，难民危机也成为次国家、国家间、地区和全球范围的重要公共议题。然而，因为各种匹配

① 陆忠伟主编：《非传统安全论》，北京：时事出版社 2003 年版，第 35 页。

② Christian-Marius Stryken，“The US Regional Maritime Security Initiative and US Grand Strategy in Southeast Asia,” in Kwa Chong Guan and John K.Skogan，*Maritime Security in Southeast Asia*，Routledge，2007，p.140.

因素的制约，寻求保护的难民和寻求保护的难民对待的方式存在显著差异，国际社会始终致力于根据《国际难民公约》等规范来协助国家确定难民身份和实现国际规范性的难民保护。东南亚地区特殊历史进程、独有合作规范以及面临的严峻难民危机使得它在难民保护上出现着难以摆脱的困境。东南亚区域在难民保护领域的相互合作有，关于人口走私、贩运人口和有关跨国犯罪的"巴厘进程"以及东南亚国家联盟，含糊其词、模棱两可的难民保护制度、传统使得东南亚地区难民问题严重而无法解决，也给该地区传统安全和非传统安全带来挑战。

东盟地区国家在难民保护方面经过不断的探索发展，需要在地区范围解决十分活跃的移民问题和难民危机问题，东盟各国需要在地区范围实现政策协调和统一行动来实现地区内移民治理"区域化"。移民问题逐渐从经济维度、社会维度向政治维度、权利维度和法律维度过度，加重了东南亚地区各国合作难度。①"巴厘进程"是由域外大国澳大利亚依据自己的利益和愿景与地区内大国印度尼西亚领导创设的治理地区内有关人口走私、贩卖人口及相关跨国犯罪的论坛，该论坛同东南亚地区内的大多数区域治理机制相似，是非正式的、不具约束力、商谈合作性的讨论论坛。因此，非法移民的泛滥和"安全化"扩散极容易导致该论坛的兴起也较容易使得论坛内的参与方产生分歧。特别是东南亚地区内的国家普遍对"国家主权""不干涉原则"等地区性规范较为敏感，而移民又恰恰关涉国家边界安全、社会稳定、政治安全等"高政治"议题，当移民并不符合本国利益和主权的时候，"地区命运共同体"各国都难以协调政策步骤以达成难民治理的理性共识。

然而，我们也需要看到东南亚地区作为具有重要地缘政治意义的地区，无论在政治、经济、社会、宗教、民族、文化等方面都有着显著差异，而在"巴厘进程"上又取得了极为难能可贵的合作，在差异性极强且地方规范明显的东南亚地区反而在高度分裂和高度政治敏感的移民问题上取得共识，既建立了地区内的政治合作机制"巴厘进程"，又建立了双边政治框架下澳大利亚与印度尼西亚的合作、澳大利亚与马来西亚的合作甚至是澳大利亚与巴布亚新几内亚的

① Munck，Ronaldo，"Globalisation，Governance and Migration：An Introduction，" *Third World Quarterly*，Vol.29，No.7，2008，pp.1227—1246.

合作框架。譬如“巴厘进程”历次的《联合公报》都强调要以区域为基本出发点来考量地区内的移民危机；强调地区之间的合作；根据移民的不同层次、不同阶段来治理。这些合作并非我们对东南亚地区国家在地区合作中存在的“议程设置与机制悬置”（Making Process，Not Progress），反而是创立了东南亚地区在地区治理中以域外大国推动和域内大国引领的又一合作典范。即便存在着责任推诿等策略性责任回避等现象，产生的具体实际成果很少，但“巴厘进程”所取得的合作成绩依然值得肯定和期许。

国际机制研究

全球规范体系转型与中美合作的着力点

——以气候合作为例

施　榕*

进入21世纪后，非西方国家的群体性显著崛起，以及非传统安全威胁的扩散使得当前的国际体系处于复杂的转型阶段，这种转型不仅包括物质层面的权力格局变化，还包括观念层面的全球规范体系的转型。规范指的是对某一合适行为的共同期待，这种共同期待往往基于共享的价值和规则①。一系列在国际社会演化中自然产生而赢得普遍认同的制度——英国学派称之为“首要制度”（primary institution）——如主权、外交、均势、战争、国际法、大国管理等，以及为了在实践中维护和发展“首要制度”所人为设计的“次要制度”（secondary institution）——如国际组织、国际公约等，一起组成某种规范体系（normative structures），并为行为体设置了行为标准（standards for behavior）② 和在国际舞台上的“游戏规则”，以此来界定“自我”和“他者”的身份。相比于新自由主义者强调的那些“次要制度”，英国学派关注的是那些在演化中产生而非特意设计的“首要制度”，认为它们具有很强的生命力、悠久的历史和深厚的根基，而且在一定意义上还属于构成性的（constitutive）制度，规定着谁是社会中的行为体③。英国

* 施榕，北京大学国际关系学院博士生。

① Peter Katzenstein, *The Culture of National Security*: *Norms and Identity in World Politics*, Peking: Peking University Press, 2009.

② Martha Finnemore and Kathryn Sikkink, “International Norm Dynamics and Political Change,” *International Organization*, Vol.52, No.4, 1998.

③ 巴里·布赞、李晨：《英国学派及其当下发展》，载《国际政治研究》2007年第2期，第101—112页。

学派还认为，国际规范虽然一直处于变迁之中，但始终制约和塑造国家的对外行为，也是国家行为合法性的重要来源。目前学界对全球性国际体系转型的研究主要集中在物质层面，但对同样重要的全球性规范体系的讨论却少之又少。事实上，规范体系的变迁不仅决定着以中国为首的新兴国家能否取得大国俱乐部的合法性地位，更影响以美国为首的西方国家能否延续其领导地位。自 19 世纪以来，中国一直因无法完全接受以西方为主导的全球性规范体系而被视为国际社会中的“他者”，这也是导致中美之间战略互疑难以消解的根本原因之一。然而，在非传统安全威胁以及人类整体利益日益凸显的背景下，“环境治理”（environmental stewardship）① 已经成为一种新的“首要制度”②，并且超越了西方中心主义，弥合了“自我”与“他者”的界限，改变了大国责任的内涵与标准，对中美两国都提出了新的挑战和新的机遇，并使得与环境治理相关的领域成为中美推进合作的着力点。

因此，本文的中心问题是，当今全球规范体系的转型——尤其当“环境治理”成为一种首要制度时——将会对中美关系产生怎样的影响，中美又该如何应对？首先，本文将分析全球规范体系的内容特征和历史演变。在此基础上，本文将指出环境治理作为一种新兴“首要制度”的生成过程，以及它对普遍意义上的国际关系和特殊意义上的中美大国关系产生了哪些影响。最后，本文以中美两国自奥巴马政府以来的气候合作为例，说明中美两国在规范体系转型的影响下，逐步在气候领域建立了合作共赢的新型大国关系，虽然目前在中央/联邦政府层面遭遇了一定的阻碍，但是其影响不可被夸大。在全球规范体系转型的背景下，以气候合作为代表的践行“环境治理”规范的实践，可以且应当成为中美之间推进合作的着力点。

一、全球规范体系：历史演进与转型

（一）全球规范体系的内容与历史演进

自从 19 世纪国际社会从欧洲或西方扩展到全球以来，凭借军事和经济上的

---

① 目前国内学界对“environmental stewardship”这一词组的翻译还未明确，本文暂时翻译为“环境治理”，其内涵与全球治理语境下的“环境治理”不同，这里更多的是指一种新型的国际规范。

② 关于“环境治理”是否成为一种“首要制度”的判断标准，见 Robert Falkner and Barry Buzan, “The Emergence of Environmental Stewardship as a Primary Institution of Global International Society,” *European Journal of International Relations*, Vol.25, No.1, 2019, pp.135—155.

优势，西方国家一直是国际社会的主导者，是国际规范的制定者、解释者和裁定者，国际社会中的行为规则与核心价值被西方国家所主导，被称为“文明标准”，是用来判断国家是否为国际社会中的合法成员的重要准则。① “文明标准”曾经是一个和殖民主义密不可分、名声不太好的词，散发着文化帝国主义、种族傲慢以及西方中心主义的气味。②这是因为自威斯特伐利亚和会之后，欧洲的“文明标准”，尤其是作为核心要素的主权规范，被认为不适用于非欧洲国家，这些非欧洲国家被归类为野蛮国家，只有在经历一段启蒙教育和自治准备的时期之后才可以被接纳为国际社会的成员，③这为奴隶制度和殖民主义提供了合法性基础。只有当这些殖民地完全获得独立并被承认为主权国家的时候，它们才可以进化为国际社会的合法成员，国际社会才真正地具有全球性质。随着西方的殖民扩张，世界各国也按照西方的标准被划分为“文明”国家或“非文明”国家，中国等非西方国家自然被归类为“非文明”国家。④

虽然第二次世界大战期间及第二次世界大战结束后，“文明标准”作为一个声名狼藉的概念已经过时，但是某种其他形式的“文明标准”依然存在于国际社会中，其内涵也一直发生着变化。在冷战时期，西方学者在论及“文明标准”时，更多地强调主权及不干涉原则对维护国际秩序及稳定的重要作用，⑤认为虽然不同文化和政治制度的国家能够分享共同规则和制度的程度较低，且相互间存在竞争状态，但是依旧能够共存于国际社会，并建立一个无政府但有秩序的社会。因此，在这个时期，国际社会具有多元主义的性质。但是冷战结束后，西方自由主义大获全胜，加上美国实力的显著超群，不少西方学者开始弱化主权原则，提出“新文明标准”（new standard of civilization），并向全球推广其意

---

① 张小明：《中国的崛起与国际规范的变迁》，载《外交评论》2011 年第 1 期，第 36 页。

② Gerrit Gong, *The Standard of "Civilization" in International Society*, Oxford: Clarendon Press, 1984, p.66.

③ ［英］詹姆斯・梅奥尔著：《民族主义与国际社会》，王光忠译，北京：中央编译出版社 2009 年版，第 55 页。

④ 张小明：《诠释中国与现代国际社会关系的一种分析框架》，载《世界经济与政治》2013 年第 7 期，第 35 页。

⑤ ［英］赫德利・布尔著：《无政府社会——世界政治秩序研究》，张小明译，北京：世界知识出版社 2003 年版。

识形态，①这种重塑规范体系的愿望在“人权”和“民主”两个领域体现得最为明显。②当代英国学派的学者明确指出，国际社会的规范已经发生变化，主权国家以外，个人也是国际社会的主体之一，主权不再是绝对的，而是有条件地建立在是否能保障人权的基础上。人权已经成为衡量国家合法性和“正确行为”的新标准。③国家的合法性不仅在于它们是否拥有主权，更在于它们是否尊重和保护好国内的人权，尤其是个人的生命权和生存权。如果国家无法保障甚至威胁到个人的基本生存权利，那么国家的行为即为非法，主权已经不能成为阻止国际干涉的借口，这就使得人道主义干涉成为国际社会合法的实践。同样，民主也是如此，如果一国不具有西方民主政治思想和制度，那将被视为落后和“不正确”。在这种“新文明标准”下，国际社会中西方自由主义阵营或被称为“民主联盟”（Concert or League of Democracies）与非自由主义国家之间的身份界限悄然确立：前者被视为“有序、统一、合法的”，后者则是“非法、无序、混乱、落后、危险的”。④国际社会的这种规范转向正以新的形式放逐他者，这与 19 世纪中的“文明标准”不无类似，只不过现在这个标准变成了“民主”和“人权”。⑤

中国在全球规范体系中一直处于一种尴尬的被支配地位。自 19 世纪以来，全球规范体系经历了由“文明标准”到“新文明标准”的演变，国际社会也从偏向多元主义转向了自由连带主义，但是以中国为首的非西方国家与以西方为主导构建的全球规范体系之间，一直或多或少存在着紧张状态，这种紧张状态在冷战时期有所缓和。当时美苏两大集团的对立和第三世界民族解放运动的兴

---

① Jack Donnelly，“Human Rights：A New Standard of Civilization?” *International Affairs*，Vol.74，No.1，1998，pp.1—23.亦可参见 Ian Clark，*Legitimacy in International Society*，Oxford：Oxford University Press，2005。

② Andrew Hurrell，“On Global Order：Power，Values，and the Constitution of International Society，” *Economic Record*，Vol.87，2007，pp.648—650.亦可参见 Justin Morris，“Normative Innovation and the Great Powers，” in Alex Bellamy，*International Society and its Critics*，Oxford University Press，2005，pp.265—282。

③ Tim Dunne，“The Rules of the Game are Changing：Fundamental Human Rights in Crisis After 9/11，” *International Politics*，Vol.44，No.2—3，2007，pp. 269—286.

④ Zhang Yongjin，“China and the Struggle for Legitimacy of a Rising Power，” *Chinese Journal of International Politics*，Vol.8，No.3，2015，p.301.

⑤ Gerrit Gong，*The Standard of “Civilization” in International Society*，Oxford：Clarendon Press，1984，p. 66.亦可参见 Zhang Yongjin，“System，Empire and State in Chinese International Relations，” *Review of International Studies*，Vol.27，No.5，2001，pp.43—63。

起强化了主权原则、不干涉原则和民族主义等国际规范，虽然这些规范在 19 世纪给了西方殖民侵略的借口，使中国遭受过外国侵略的“百年耻辱”。但是新中国成立后，中国却迅速接受并利用它们反对霸权及外部干涉，捍卫自身文化和政治的多样性。同时，对于均势、主权、外交、大国管理等传统的“首要制度”，以及 20 世纪兴起的市场经济制度，冷战后期的中国也是较为接受的。尤其是对于均势和市场经济两种制度。英国学者巴里·布赞指出，中国是均势的坚定捍卫者，中国提出的新型大国关系也暗示着一种新的大国管理制度。①改革开放以来，中国也日益成为市场经济和自由贸易的坚定捍卫者。然而，从 90 年代以民主和人权为核心的“新文明标准”的盛行开始，崛起的中国与西方所主导的国际社会之间又遭遇了前所未有的矛盾冲撞。因而中国作为一个非西方国家，在寻求合法性大国地位的过程中遭遇了根本的挑战。这种挑战在中国历史上早已有之，19 世纪晚期和 20 世纪早期具有殖民主义色彩的“文明标准”曾带给中国类似的危机，只不过现在这个标准变成了“民主”和“人权”。

（二）正在转型中的 21 世纪全球规范体系

全球规范体系的历史演变表明，国际关系中存在着显而易见的“规范性歧视”，即一个国家根据彼此在制度上的相似性或相异性来决定与另外一个国家的关系，各国会根据相互间是否拥有共同价值观而把彼此归类为敌人或朋友，②这种“自我”与“他者”的分界在当下非西方国家群体性崛起的背景下，又进一步加剧了非西方与西方国家间的分化。然而，两个主要因素使得以西方为主导的全球规范体系又面临着转型的挑战。第一，2008 年金融危机之后，非西方国家的群体性崛起不仅改变了国际体系的力量结构，也使得各种不同的文明重新焕发了生机与活力，最典型的是伊斯兰文化和儒家文化，还包括一些威权主义的文化传统，许多国家都在复兴和提倡有着本国传统的文化，比如中国提出的一系列“中国特色”的中国方案，印度的印度式民族主义，俄罗斯对斯拉夫认同的回归等。它们共同促进了世界道德/文化秩序朝着更为多元化的方向发展。③

---

① Barry Buzan, “China's Rise in English School Perspective,” *International Relations of Asia-Pacific*, Vol.18, No.3, 2018, p.457.

② 张小明：《诠释中国与现代国际社会关系的一种分析框架》，第 33 页。

③ Barry Buzan, “China's Rise in English School Perspective,” *International Relations of Asia-Pacific*, Vol.18, No.3, 2018, p.454.

在此背景下，全球规范体系合法性的来源将更加多样和分散。第二，进入21世纪后，随着全球化的发展，非传统安全和传统安全问题相互交织在一起，不仅威胁着英国学派所说的处于国际社会边缘的中东和非洲国家，同时也威胁着作为国际社会核心、界定国际社会成员身份的“首要制度”——主权、领土和民族主义等，面对这些超国界的全球性危机，西方国家难以有效应对，使得它们不仅正在丧失权力和财富上的主导地位，同时也失去了理念层面领导国际社会的合法性。与此同时，日益严峻的全球性危机也改变了全球治理的性质，非国家行为体逐渐发挥着重要的影响力并分享着全球治理的部分权力，这对以国家为中心的全球性国际社会造成冲击。因而，物质结构和规范结构的双重变化，将使正在兴起的后西方全球性国际社会逐渐告别以西方为主导的模式。对于后西方全球性国际社会而言，需要解决的问题不再是个人与国家哪个更为优先，而是如何既能应对全球层面人类面临的共同挑战，又能满足全球社会对于文化多样性的需求。①

因此在21世纪，“环境治理”作为一种首要制度开始兴起，就如同19世纪的民族主义，以及20世纪的市场经济。②事实上，“环境治理”作为一种国际规范开始出现，主要是受20世纪60—70年代由美国引领的环保革命的推动。全球性环境问题给主权国家带来了合法性危机，以国家为中心的国际体系难以有效地应对这种挑战，非国家行为体发起的环保运动迅速席卷整个国际社会，尤其是西方发达国家，并具有空前的广泛性。如果说20世纪初的环保运动主要局限于政府官员和学者等精英阶层，那么60—70年代人类对于自我生存面临威胁的恐惧使得由社会各界普遍参与的全民性环保运动得以流行。在民间环保运动的驱使下，美国政府开始重视环境保护。20世纪60—70年代也成为美国环境立法最为集中的时期，在这期间美国联邦政府和国会先后制定及通过的环境保护相关法案有数十部。在1970年4月22日，约2 000万美国公民参与第一次世界地球日的集会，让国际社会逐渐意识到主权国家不再是环境规范的唯一倡导者，

① Barry Buzan, “China's Rise in English School Perspective,” *International Relations of Asia-Pacific*, Vol.18, No.3, 2018, p.454.

② Robert Falkner, “Global Environmentalism and the Greening of International Society,” *International Affairs*, Vol.88, No.3, 2012, pp. 503—522.

科学家和环保运动人士也成为其中的一员。①1972年，在斯德哥尔摩召开的联合国人类环境大会具有里程碑式的意义，在美国和其他西方发达国家的推动下，会议不仅倡导设立国际环境议程，还同时宣布保护和改善环境涉及全世界各国人民的发展和幸福，也是全世界各国人民的迫切希望和各国政府义不容辞的责任。自此之后，“环境治理”——坚持各国不论是作为单个的国家，还是作为联合的整体，都对全球环境负有保护的责任——开始作为国际社会的一种“首要制度”而出现。福克纳等认为，它的出现，是国家行为体与非国家行为体互动的结果，代表着国家间社会里最为显著的规范进步，因为这证明了国际社会是一个“多孔”（porous）的实体，它的核心规范不仅来源于维持主权国家体系的逻辑，还来源于跨国非政府组织作为规范倡导者所制造和推动的规范。②

（三）21世纪全球规范体系转型对国际关系的影响

通过前文的分析可知，21世纪全球规范体系转型对国际关系的影响主要集中在以下几个方面。

第一，国际规范中意识形态的因素被削弱。一直以来，全球规范体系被西方国家所主导，在冷战结束之后更是带有很强的西方意识形态色彩。“环境治理”虽然最初被西方国家当作普世价值予以推崇，但是与主权、均势、战争、国际法等构成国际规范体系核心要素的“首要制度”不同，它并不是西方自由主义意识形态的一部分，也超越了多元主义与社会连带主义之间的争论。这种规范产生于人类对于应对日益严峻的全球性问题的需要，超越了意识形态的分歧，遵循着一个与以国家为中心不同的逻辑：认为人类作为一个整体对地球负有共同的责任。因而很容易被非西方国家接受。事实上，国际社会所提倡的价值观不能仅是西方国家所提倡的自由、民主、人权等理念，而应是超越国界并能轻易得到各国人民认同的全球价值观。

第二，大国的标准被改变。大国的标准是一个不断变化的概念，一般说来

---

① Robert Falkner and Barry Buzan，“Global Environmental Politics in English School Perspective：Environmental Stewardship as an Emerging Primary Institution of International Society，” paper presented at the 2017 Annual Convention of the International Studies Association，Baltimore，February 22—25，2017.

② Ian Clark，*International Legitimacy and World Society*，Oxford：Oxford University Press，2007.

学界对大国标准的界定主要有两种观点。一种是强调军事能力的传统现实主义观点，即如果一国拥有能抵抗其他国家联合起来发动战争的能力，该国可以被称作大国。另一种观点认为，大国不仅需要有强大的军事能力，还需要获得国际社会的认可，这种认可是大国地位合法性的重要来源之一。此类观点以英国学派为典型代表，本文更加倾向于采用英国学派的观点。英国学派学者赫德利·布尔在早些时候提出了衡量大国地位的三个标准：第一，存在若干个地位可比较的国家；第二，拥有一流的军事力量；第三，国际社会对该国拥有某些特权和义务的承认。①在布尔之后，英国学派学者巴里·布赞也认为，衡量国际体系中大国的标准有两个，即物质实力和社会角色。②物质实力即人们通常所说的硬实力，社会角色则是大国在国际体系中享受的权利和承担的义务，以及他国的承认。而他国是否承认一国为大国则在很大程度上取决于该国是否满足全球规范体系、尤其是其中的“首要制度”。因此，自19世纪以来，从规范体系的视角出发，大国的衡量标准经历了由是否拥有主权、是否遵循互不干涉原则到政体是否民主、是否尊重人权，再到现在的是否积极参与“环境治理”，承担保护环境的责任。

第三，以零和竞争为特征的传统大国关系正在过时。传统的现实主义认为世界无政府状态决定了各国都在理性而自私地追求生存和权力，他国实力的增强等于本国实力的削弱，他国获得安全的代价是让本国变得不安全。因此，国家之间是处于一种零和竞争的状态。在此基础上，新现实主义进一步认为，国家在合作中追求的是相对收益而非绝对收益，即努力使自己的收益要比他人的收益多。这种对相对收益的追求，将会使合作难以维持，利益难以调和、信任难以建立。然而，“环境治理”规范的出现改变了这一状况。每一个国家通过“环境治理”都能为改善全球环境作出贡献，从而也使别国受益，因而在“环境治理”领域，各国间不再是零和竞争的关系，而是合作共赢的关系。

第四，全球治理与大国管理相融合。“环境治理”规范不仅强调国家间需要合作，国家与非国家行为体之间、“首要制度”与“次要制度”之间也需要充分的互动与完善的协调，从而应对全球环境变化给人类带来的挑战，这为规范体

① ［英］赫德利·布尔著：《无政府社会——世界政治秩序研究（第四版）》，第169—171页。

② ［英］巴里·布赞著：《美国和诸大国：21世纪的世界政治》，刘永涛译，上海：上海人民出版社2007年版，第60页。

系内各种要素的互动提供了条件。在各要素的互动中，“环境治理”对大国管理（great power management）的影响最为深刻。在英国学派的论著里，大国管理是始于17世纪欧洲威斯特伐利亚国际社会的“首要制度”，其来源于受到国际社会成员普遍承认的大国俱乐部（great power club）在国际社会里享有特殊的地位和权利，因而需要承担与这种特殊地位和权利相匹配的责任，从而维护大国俱乐部的合法性。①在布尔看来，大国的管理角色可能有助于降低国际政治中的危险与摩擦。虽然这一机制带有明显的等级色彩，但是其他国家也愿意接受和承认这种不平等性。因为只有大国才有能力管理它们相互之间的关系，也只有它们能通过培育对于责任的共有理解，以及利用自己对于势力范围内国家的支配权力，来维持国际社会的总体均势，从而构建和维护国际秩序。②因此，传统的大国管理机制强调大国对世界的责任，忽视小国及非国家行为体的作用，认为只有大国才有资格和能力管理全球事务。这恰好与如今日益兴起的全球治理的理念相矛盾。一般认为，全球治理是属于国际关系理论中自由主义和建构主义的思想和理论。其强调不论国家大小都应参与应对全球性问题，承担各自的责任，并积极发挥非国家行为体的作用，而且它认为大国在很多时候是麻烦的制造者而非解决者。③

在传统大国管理机制下，大国责任的实施主要集中于威胁国际安全及和平的领域，比如战争，联合国安理会的设置是大国管理的最典型例证。然而，日益严重的非传统安全威胁改变了安全问题的性质，拓宽了安全议程，大国所肩负的特殊责任也有所拓展和深化。正如崔顺姬和巴里·布赞所指出的那样，大国管理作为一种全球国际社会的制度，已经与国际安全议程的变化紧密地联系起来。④事实上，国际安全议程的变化不仅改变了传统大国责任的内涵，而且对各种非传统安全问题的安全化行动及其应对也将大国管理和全球治理这两种原

① Hedley Bull, *The Anarchical Society*: *A Study of Order in World Politics*, London: Macmillan, 1977, p.196.

② Ibid., pp.194—222.

③ JN. Rosenau, “Governance, Order and Change in World Politics,” in JN.Rosenau and Czempiel EO, *Governance without Government*: *Order and Change in World Politics*, Cambridge: Cambridge University Press, 1992.

④ Cui Shunji and Barry Buzan, “Great Power Management in International Society,” *Chinese Journal of International Politics*, Vol.9, No.2, 2016, pp.185—196.

本互斥的机制相互结合起来。在这方面，对环境问题的安全化就是一个典型的例证。2007 年 4 月 17 日，联合国安理会举行了历史上第一次有关气候变化及其与国际安全的关系的讨论，环境问题的安全化由此启动，被纳入了国际安全的议程。①环境问题从此被纳入进大国管理的范围。由于“环境治理”规范不仅强调国家间需要合作，各个国家与非国家行为体之间也需要合作，只有合作才能共赢。因此，在全球环境治理进程中，各种非国家行为体，包括各类国际组织和跨国公司以及个人，也都参与其中，促进了“环境治理”规范的进一步传播及发展。这表明大国管理与全球治理这对原本互斥的机制能够相互融合，相互促进。

综上所述，自 19 世纪以来，全球规范体系经历了从“文明标准”到“新文明标准”的变化，如今“环境治理”规范又引领着 21 世纪全球规范体系的转型。“环境治理”作为一种“首要制度”的出现是对当下全球性挑战日益严峻的一种典型回应，它的出现削弱了规范体系中的意识形态分野以及国际社会中一直存在的“规范性歧视”，改变了衡量大国地位及大国责任的标准，并且以其不带有意识形态的特性为西方与非西方国家、发达国家与发展中国家的合作奠定了基础。它将不仅影响国际社会作为一个整体，更重塑着大国管理和全球治理的模式及内容，为改变传统大国关系的性质提供了历史机遇，并且提出了新的历史要求。事实上，中美两国正通过合作践行“环境治理”规范来迎合全球规范体系的转型，中美在此相关领域的合作可以且应当成为日后推进持续性合作和消解战略互疑的着力点。下面本文以奥巴马执政以来中美两国在气候领域的合作实践来加以说明。

二、全球规范体系转型背景下中美的气候合作

气候变化是环境治理领域的重要议题之一，各国如何携手应对引发了全世界的关注。英国前首相托尼·布莱尔曾指出，除气候问题外，国际社会不再面临更重大的长期性问题。②气候变化是人类面临的共同挑战，它使国际社会形成

---

① 潘亚玲：《安全化/非安全化与国际规范的生命周期——以艾滋病和气候变化为例》，上海市社会科学界学术 2007 年年会论文集。

② 杜受祜、杜珩：《中美气候变化战略比较及其合作共赢关系的构建》，载《社会科学研究》2016 年第 4 期，第 64 页。

最广泛的命运共同体。全球公共问题的跨国属性和国际社会的无政府状态在客观上决定了只有建立在可持续发展基础上的国际合作才能应对全球气候变化。在国际社会看来，中美两国作为全球温室气体排放量最大的两个国家，在气候变化问题上自然承担着巨大的责任与义务，应对气候变化也成为中美关系的重要领域之一。

（一）中美关系中的气候合作：历史回顾

中美两国的气候合作始于 20 世纪 80 年代，主要的动力在于气候问题被日益安全化之后与国家安全紧密相连。20 世纪 80 年代初至 90 年代初是中美气候合作的初步发展期。当时，双方的气候合作主要在科研领域进行。美国利用中国辽阔的国土及不同类型的自然现状，获得了在本国很难得到的科学数据，而在合作中，中方则在完善有关环境标准、法规、监测方法和治理技术等方面受益匪浅。①但是在这一阶段，中美对于气候问题的关注更多的是被笼统地放置于整个环境保护的框架中，并未将其特殊对待。

克林顿成为美国总统时，环境保护已逐渐成为各国对外政策中必不可少的议题。早在竞选美国总统时，克林顿就表现出对全球环境问题的关注以及愿意付诸实际行动的决心。②克林顿当选后其政府一改往届的消极态度，认为气候变化与国家安全有直接联系，并把气候外交作为美国的主要外交政策之一，提出美国要做保护环境的领导者。1997 年 12 月，在日本京都召开的《联合国气候变化框架公约》缔约方第三次会议上，由于国际社会对环境问题给予了高度关注并呼吁美国承担国际环境领导责任，在时任副总统戈尔的推动下，美国最终签署了《京都议定书》。然而，早在 1997 年 7 月 25 日，美国参议院就通过了布赖德-赫格尔决议（Bryd-Hegel Resolution），确立了美国气候变化外交政策的基调：即在发展中国家缔约方不同时承诺承担限制或者减少温室气体排放义务或将会严重危害美国经济的情况下，美国不得签署任何与 1992 年《联合国气候变化框架公约》有关的协议。③在此情况下，以中国方面为代表的发展中国家坚持认为，

---

① 史卉：《中美环境外交的成就与问题》，青岛大学 2008 年硕士学位论文，第 8 页。

② 李倩：《论中美在全球气候变化问题上的博弈》，燕山大学 2011 年硕士学位论文，第 12 页。

③ 董勤：《安全利益对美国气候变化外交政策的影响分析——以对美国拒绝〈京都议定书〉的原因分析为视角》，《国外理论动态》2009 年第 10 期，第 27 页。

在气候变化问题上，各国要实现的减排目标必须以本国的经济发展水平为前提，各国在此问题上承担的责任是共同但有区别的，中国仍然是发展中国家，因此并未就二氧化碳的减排目标作出具体承诺。这也给了美国以指责中国不负责任的借口，并以此为托词在之后的气候合作中拒绝承担相应的责任。因此，在克林顿时期，美国政府虽然签署了《京都议定书》，但是从未将其送至参议院批准以使其对美国产生约束力。

小布什上台之后，美国对气候合作的立场发生根本性的转变。美国经济在20世纪90年代的急速增长巩固了美国的霸权地位，也给了小布什政府更大的战略信心与行动自由，加上当时美国民众对国际事务的普遍冷漠，使本身属于保守派的小布什政府更加倾向在国际事务中奉行强硬而具有冒险性的单边主义政策，对于有损自身国家利益的事明确表示拒绝。因此，小布什上台伊始就宣布反对并放弃执行《京都议定书》，声称京都协议不利于美国经济的发展，并对国内的就业率产生影响，而且此协议只针对发达国家，但对发展中国家的二氧化碳排放量却没有限制，因此该议定书是不符合美国的国家利益的。①由于美国的二氧化碳排放量占全球总排放量的25%，小布什政府的这一态度极大地阻碍了国际环境合作。消息传出立即引发众怒，国际社会纷纷批评美国不负责任未能发挥“世界领袖”的领导作用，希望美国以人类的共同利益为重，重新考虑这一立场。②世界基督教协会批评美国这一举动背叛了它们作为世界公民的责任。③英国《独立报》称：“布什将受到历史的批判，这甚至已经不是孤立主义而是一种居高临下的傲慢和挑衅。”④英国《卫报》更是称美国的举动已经越来越像一个流氓国家。⑤时任日本首相森喜朗（Yoshiro Mori）和德国总理施罗德都劝说美国发挥领导责任，重新考虑这一决定。对此，中国方面表示遗憾，但是依然坚持“共同但有区别的责任”这一原则不愿妥协。中国认为像美国这样的发达国家由于历史累计排放量巨大且经济技术能力强，应该采取积极行动，并在资金、技术方

① 马义义：《冷战后美国的气候外交研究》，青岛大学2012年硕士学位论文，第15页。

② 搜狐新闻：《美国退出“京都议定书”国际社会一片哗然》，2001年3月30日，http://news.sohu.com/99/61/news144456199.shtml，最后访问时间2019年9月9日。

③④⑤ “Desert News, Bush Sharply Criticized over Kyoto-Pact Decision,” March 31, 2001, https://www.deseret.com/2001/3/31/19578071/bush-sharply-criticized-over-kyoto-pact-decision，最后访问时间2019年9月9日。

面援助发展中国家；而美国则认为，全球气候治理如果不能让所有排放主体都参与进来，那么美国减排行动的效果将事倍功半，并且不利于美国的经济和就业，因此在行动上相当消极。①因此，在小布什执政时期，虽然中美两国元首曾于2002年达成加强两国应对气候变化合作的协定，并成立了中美气候变化工作组，确定了与应对气候变化相关的10个合作研究领域，但是总体而言进展缓慢，出于对国家利益（尤其是经济利益）的考量，中美之间的气候合作以竞争为主，并在气候谈判中难以取得共识。

（二）奥巴马政府时期的中美气候合作：以政府为主导，全方位多层次

随着“环境治理”规范的日益兴起以及国际社会对规范的接受和认同，中美两国作为世界上位居前两位的温室气体排放国，因在气候合作问题上未取得令人满意的进展和不满足国际规范标准而受到国内外的批评与指责，中美两国之间也曾相互抱怨对方的不作为及缺乏承诺。美国退出《京都议定书》更是严重损害了美国在国际气候合作问题上的国际形象以及在国际规范体系上的领导地位。正是在这样的情况下，2009年奥巴马入主白宫以后就向国际社会发出信号，表明美国要重新成为全球环境保护的领袖，并争取国际气候治理的领导权。气候问题这一曾经位于美国外交政策边缘的问题已经成为了美国两个最重要的双边关系中的核心议题，也是奥巴马对外实行“巧外交”政策的重要内容之一。但由于国会对奥巴马政府气候政策的限制，加之中美双方在关于世界主要经济体在减排量以及发达国家帮助发展中国家的义务上存在较大分歧，使得中美未能成功领导发达国家与发展中国家在2009年哥本哈根气候大会上达成一致，会议被认为是气候合作史上巨大的失败，更有人将其称为“灾难”。②有人将哥本哈根会议的失败归咎于中国，声称中国代表在会谈中表现消极，一直坚持着西方国家绝不会同意和让步的方案。③有人则认为主要是因为美国奥巴马政府在会上坚持不对长期的气候基金作任何具体承诺，仅愿意讨论短期的援助，因而导致

① 刘元玲：《巴黎气候大会后的中美气候合作》，载《国际展望》2016年第2期，第46页。

②③ Mark Lynas, “How Do I Know China Wrecked the Copenhagen Deal? I Was in the Room,” December 22, 2009, https://www.theguardian.com/environment/2009/dec/22/copenhagen-climate-change-mark-lynas，最后访问时间2019年9月9日。

会议进展缓慢。①不管怎样，中美两国在哥本哈根气候会议上饱受国际社会的批评，被认为是未能履行大国责任。哥本哈根气候大会之后，中美之间在气候合作问题上的分歧并未消弭，即使是在 2012 年中美战略与经济合作对话论坛上，气候变化问题也只是被提及，还远未成为双边关系的重要议题。②

中美在气候合作上的僵持一直持续到 2013 年，在这之前国际社会一直呼吁中美两国承担大国责任，引领全球气候合作。环境规范也进一步内化到两国国内层面。皮尤研究中心在 2013 年春季的一项调查显示，美国国内 40%的成年受访者认为气候变化已成为美国的主要威胁，64%的成年受访者支持对发电厂的碳排放进行控制。③相似的情况也发生在中国。2008 年的皮尤民调显示，31%的中国受访者将空气污染列为“非常严峻的问题”，而 2013 年在中国发生的环境危机使该比例飙升至47%。④2013 年对于中国来说是可怕的一年，当年“空气末日”现象先后殃及京、津、沪、杭等城市、黄浦江上出现大量漂浮的死猪、政府承认存在癌症村、广州公布“毒大米”信息。⑤日益集中爆发的各种环境危机引发了公众对环保问题的忧虑，促使政府采取更加积极主动的环保行动。在国内外的双重压力下，2013 年 4 月时任美国国务卿克里首次访华，倡议设立中美气候变化工作组以推动两国在气候变化领域开展双边合作。随后，在 7 月举行的第五轮中美战略与经济对话期间，双方确定了在智能电网、温室气体数据的收集和管理、建筑和工业能效等 5 个领域的务实合作，以加强应对气候变化的行动。⑥自 2013 年起，气候合作成为中美战略与经济对话论坛的重要议题。然而，合作的推进并不意味着

---

① David Corn，“ In Copenhagen，U.S. vs. China，” December 17，2009，https://www.theatlantic.com/magazine/archive/2009/12/in-copenhagen-us-vs-china/307809/，最后访问时间 2019 年 9 月 9 日。

② BA. Finamore，“How the U.S. and China Are Reinvigorating the Battle Against Climate Change，” April 23，2013，https://www.nrdc.org/experts/barbara-finamore/how-us-and-china-are-reinvigorating-battle-against-climate-change，最后访问时间 2019 年 9 月 9 日。

③ Funk Cary and Rainie Lee，“Americans，Politics and Science Issues—Chapter 2：Climate Change and Energy Issues，” July 1，2015，https://www.pewresearch.org/science/2015/07/01/chapter-2-climate-change-and-energy-issues/，最后访问时间 2019 年 9 月 9 日。

④⑤ 《美媒：环境危机频发 中国人增强环保意识》，《环球时报》2014 年 9 月 16 日，http://oversea.huanqiu.com/article/2014-09/5138734.html?agt=15422，最后访问时间 2019 年 9 月 9 日。

⑥ 吴心伯：《构建中美新型大国关系：评估与建议》，载《复旦学报》（社会科学版）2014 年第 4 期，第 91 页。

冲突和分歧的消失。在2013年11月的波兰气候大会上，以中国为首的77国集团和以美国为首的发达国家之间在设立绿色气候基金的问题上依然存在严重分歧。同时，自1997年《京都议定书》签订以来，由于中国已经成为世界第二大经济体和最大的碳排放国，西方国家越来越不愿意接受将中国列为发展中国家的气候协定。在中国经济日益崛起的情况下，美国尤其不愿意承诺巨额的减排量，担心这会将美国的经济发展置于不利的地位。中国方面则坚持"共同但有区别的责任"，双方在这一问题上僵持不下。

更进一步的转折发生在2014年。在2014年11月北京"习奥会"期间，中美元首共同发表《中美气候变化联合声明》，强调加强双边气候合作的重要性，表示将与其他国家一起努力在巴黎气候大会上达成具有法律约束力的全球性气候协议。中国在此份声明里第一次明确表示将在2030年左右使二氧化碳排放达到峰值且将努力早日达峰，并计划到2030年非化石能源占一次能源消费比重提高到20%左右。美国则计划于2025年实现在2005年基础上减排26%—28%的全经济范围减排目标，并将努力减排28%。①中美此举为2015年巴黎气候大会的成功召开奠定了基础。此份声明标志着中美在气候合作方面的思维与合作政策都发生了重大变化，被认为是体现了中美两国携手应对气候变化的决心，受到国际社会的积极评价。正如奥巴马指出的那样，2014年的《中美气候变化联合声明》是中美关系发展史上的里程碑，它体现了中美两国携手应对紧迫的全球挑战的可能性。2015年签署的《中美元首气候变化联合声明》进一步表明，气候合作已经成为稳定和促进两国关系发展的新支柱。②保尔森基金会发言人艾巧思认为，2015年的元首声明是中美两国在气候变化问题上姿态从观望到引导转变的实例；清华大学能源环境经济研究所副教授滕飞也表示，自2014年11月以来，中美两国已经在气候变化问题上展现了前所未有的领导力，两国关注的重点已逐渐转向如何落实应对气候变化的政策。③

2016年4月，两国元首再次签署《中美元首气候变化联合声明》，重申继续

---

① 《〈中美气候变化联合声明〉发表》，人民网2014年11月15日，http://politics.people.com.cn/n/2014/1112/c1001-26011031.html，最后访问时间2019年9月9日。

② 康晓：《多元共生：中美气候合作的全球治理观创新》，载《世界经济与政治》2016年第7期，第47页。

③ 《中美最新气候变化声明将推动巴黎气候谈判》，财新网2015年9月26日，http://international.caixin.com/2015-9-26/100857459.html，最后访问时间2019年9月9日。

履行减排大国责任的坚定信心。2016年，在中美战略与经济论坛上，中美达成了120多项成果，其中有50多项是直接与气候变化、能源问题以及环境相关，这充分显示了非传统安全议题已经演变成中美关系间的优先议题。①2016年10月《中美元首气候变化联合声明》中以“双边关系新支柱”表明气候合作已成为新时期中美关系的基础之一。2016年9月3日，中美同时正式签署《巴黎协定》，再次凸显了新兴国家与发达国家正共同努力解决气候变化带来的全球性挑战，受到国际社会的广泛好评，展现了大国责任及全球领导力。

除了两国中央/联邦政府层面的积极推进以外，在次国家层面的非国家行为体也为应对气候变化作出了重要贡献。以中国全球环境研究所、创绿中心，美国福特基金会、能源基金会、Eco linx基金会等为代表的环保非政府组织为推动气候谈判建言献策，例如美国环保基金会副主席丹·杜德克（Dan Dudek）长期跟踪研究中国在气候变化领域的政策，并积极推动中国相关的立法与政策制定。②同时，环保非政府组织还努力通过撮合中国各省和美国各州的合作，自下而上地来推动实际减排的执行。

值得强调的是，中美两国地方层面上的互动与合作为中美应对气候变化合作注入了新动力，并取得了显著成效。有学者甚至指出，在奥巴马领导的联邦政府改变气候政策之前，过去十余年来美国联邦政府在全球气候变化应对方面的不作为，导致美国地方政府参与气候外交成为一个普遍且显著的现象。③在美国，虽然各州行动受到联邦政府的约束，但它们仍然在气候变化问题上拥有广泛的自主权，并自下而上影响联邦政府的气候政策，有些影响甚至超越美国本土而对全球气候治理产生重要作用。④以加利福尼亚州为例，加州与中国的气候合作关系由来已久。早在2005年时任州长施瓦辛格访华时，气候和能源议题就被提上了议程。2013年9月，加州政府与中国国家发改委在旧金山签署关于气候变化、清洁能源以及低碳减排合作备忘录，以推动双方在未来开展更多应对

① B.Reynolds，“Climate Change Outcomes of the 2016 Strategic and Economic Dialogue，” June 30，2016，https://www.chinausfocus.com/finance-economy/climate-change-outcomes-of-the-2016-strategic-and-economic-dialogue，最后访问时间2019年9月9日。

② Judy Stoeven Davies，“Our Man in China：On the Road to Stabilizing Global Climate，” *Special Report Prepared for EDF Members*，New York：Environmental Defense Fund，Winter 2016，pp.1—2.

③ 潘亚玲：《美国气候外交中的地方参与》，载《美国研究》2015年第5期，第85页。

④ 同上文，第74—90页。

气候变化的合作①。2015年，加州州长布朗发起“低于2联盟”（Under 2 Coalition），加入该联盟的缔约方通过共同致力于减少温室气体排放来支持巴黎气候变化大会上倡议的环保行动。该联盟得到来自33个国家的170个地方政府的响应，覆盖人群达11.8亿、占全球人口的16%、全球经济的37%。中国四川省、江苏省作为中方代表，在2015年最早加入该联盟。②2015年，在巴黎气候变化大会的“中国角”，双方又召开了“中国-美国加州气候变化合作会”。2018年9月12—14日在加州举行的全球气候行动峰会上，中国气候变化事务特别代表解振华表示，中国将继续鼓励地方政府、企业和社会组织积极主动地投入应对气候变化事业。③开幕式结束后，中国多个部门及院校与加州政府和机构签订了《加州-中国友好合作联合声明》《中国生态环境部与加州关于气候变化与生态环境保护合作谅解备忘录》《清华大学气候变化和可持续发展研究院与加州大学伯克利分校合作谅解备忘录》等。④除此之外，还值得一提的是，苹果公司早年曾因污染及碳排放问题饱受批评。如今，这家科技巨头正不断扩大对华清洁能源投资，首个清洁能源的项目于2015年落户于四川，不仅推动了四川省的经济转型及创造就业机会，同时苹果公司也凭借其在四川建设的两个装机共4万千瓦的光伏电站使苹果在中国的办公室和零售店所需的全部电力达到碳中和，⑤显示了中美气候合作的双赢局面。

事实上，地方政府特别是大省份和大城市是全球温室气体排放的主要来源，比如华盛顿特区和纽约的城市人均二氧化碳排放量分别排全球第一位和第四位，上海和北京则分别排第三位和第五位，因此地方政府合作对于促进中美气候合作而言具有实质性的意义。⑥目前两国已经启动气候智慧型/低碳城市倡议。时任美国副总统拜登在2015年9月第一届中美气候智慧型/低碳城市峰会的致辞中表示，美中城市合作应对气候变化是一场双赢的博弈。中美两国在城市合作应

①② 《美国加州州长访华前专访：期待中国引领全球走向低碳未来》，人民网2017年6月2日，http://world.people.com.cn/n1/2017/0602/c1002-29314887.html，最后访问时间2019年9月9日。

③④ 《全球气候行动峰会，中国声音备受关注》，环球网2018年9月13日，http://world.huanqiu.com/GT_European/2018-09/13009339.html?agt=15422，最后访问时间2019年9月9日。

⑤ 《在川光伏电站并网发电　苹果公司锁定四川“热点”》，新浪新闻2016年9月28日，http://news.sina.com.cn/c/2016-09-28/doc-ifxwevww1747373.shtml，最后访问时间2019年9月9日。

⑥ 康晓：《多元共生：中美气候合作的全球治理观创新》，第50页。

对气候变化方面已经付出了巨大的努力。中国国务委员杨洁篪也并表示，该届峰会有力地推动了气候变化的国际合作，为全球合作应对气候变化注入了新动力。①在这次峰会上，中美多个地方领导人联合签署《中美气候领导宣言》，郑重宣布积极应对气候变化的决心。《中美气候领导宣言》中还指出，为支持中国的二氧化碳排放早日达到峰值，北京、深圳、四川等11个省市还共同发起成立“率先达峰城市联盟”。②

因此，回顾中美两国的气候合作历程可以发现，中美两国在应对气候变化问题上的合作由来已久，但并非一帆风顺，对各自国家经济利益的考量曾压倒对全人类命运的关注和对自身责任的承担。为何在奥巴马执政时，气候合作能成为中美关系中如此具有弹性的优先议题？根本原因之一就在于全球规范体系的转型，使得“环境治理”日益成为国际社会里一种新兴的“首要制度”并被内化到了两国的国内层面。它不仅丰富了传统大国管理和大国责任的内涵，也成为衡量大国地位合法性的标准之一。在这样的背景下，中美两大国不仅承受着国内民众的压力，更加害怕被国际社会指责为“不负责任的大国”，这是促使中美态度发生转变的主要动力之一。在奥巴马政府时期，中美已经在气候变化领域建立了以中央/联邦政府为主导的全方位多层次的合作模式，并取得了一定的成效，赢得了国际社会的赞赏。中美在气候变化议题上的合作不仅被视为“未来南北合作的模范”，同样也是中美夯实新型大国关系基础的支柱所在。然而不幸的是，自特朗普执政之后，中美气候合作遭遇了一定的阻力和困境。

（三）特朗普政府时期的中美气候合作：次国家行为体作用凸显

美国现任总统特朗普对气候变化持极度怀疑的态度，在竞选总统期间，他就把气候变化称作“中国的骗局”。当选之后，特朗普领导的美国政府更是成为气候变化的反对者，并试图削减给予NASA气候研究与环境保护机构的资金。2017年3月16日，白宫公布2018年的财政蓝图，其中环保署预算被削减得最

① 《中美气候领袖峰会闭幕》，搜狐网2015年9月18日，http://www.sohu.com/a/32325298_219055，最后访问时间2019年9月9日。

② 康晓：《多元共生：中美气候合作的全球治理观创新》，第51页。

多，高达 31%。2017 年 3 月 29 日，特朗普在美国环保署签署名为“促进能源独立和经济增长”的行政命令，撤销奥巴马政府为延缓气候变化而发布的一系列法案，解除对美国能源生产的限制，废除政府的干涉并取消不利于就业的规定，希望让美国再次富裕。①这份行政命令最重要的内容是撤回奥巴马政府在 2015 年推出的《清洁电力计划》，该计划是奥巴马气候政策的核心，它要求在 2005 年的基础上，美国发电厂到 2030 年需减排 32%，届时二氧化硫排放量将下降 90%，氮氧化物排放量将下降72%。②但这一法案由于触及传统能源行业的利益，遭到强烈的反对，并未真正施行。特朗普撤回了该计划，放松对排放温室气体的限制；解禁联邦煤炭出租，重新开放企业对联邦煤矿的开采权。在奥巴马执政时期，气候变化是影响政策制定的重要因素，特朗普则要求各个机构暂停或撤回有碍于能源开发的一系列法规，并在未来的基础建设许可中，降低对环保因素的考量。③

2017 年 6 月 1 日，特朗普正式宣布美国将退出《巴黎协定》，认为该协定是以美国工人和美国纳税人失业、降低收入、关闭工厂以及大幅减少经济产出为代价。这不仅给中美气候合作带来了沉重的打击，同时也阻碍了全球气候治理的进程，被美国媒体称为“美国站到了地球上所有国家的对立面”。④除了共和党人之外，美国民主党全体、以德英法为代表的各国领导人、商界人士、科学家和经济学家都对特朗普的决定表达了抗议和不满。美国前总统奥巴马最先站出来批评说，美国“加入了少数拒绝未来的国家行列”。⑤史蒂芬·霍金（Stephen Hawking）在英国早间电视节目上称特朗普退出《巴黎协定》将带来不可挽回的环境后果，气候变暖是一个重大的危机。⑥德国总理默克尔发表声明，坚持欧盟

---

①②③ 《特朗普签署行政令　正式推翻奥巴马气候政策》，凤凰财经 2017 年 3 月 29 日，http://finance.ifeng.com/a/20170329/15269637_0.shtml，最后访问时间 2019 年 9 月 9 日。

④ 《退出巴黎气候协定　美国站在了所有国家的对立面》，中金网 2017 年 6 月 3 日，http://www.cngold.com.cn/20170603d1702n152968625.html，最后访问时间 2019 年 9 月 9 日。

⑤ 《美国在批评与抗议声中退出巴黎协定》，新华社 2017 年 6 月 2 日，http://www.xinhuanet.com/world/2017-06/02/c_1121075274.htm，最后访问时间 2019 年 9 月 9 日。

⑥ Reynard Loki，“Stephen Hawking Warns Trump Withdrawal From Climate Deal Could Turn Earth's Temperature to 250 Degrees and Bring Sulphuric Acid Rain，” July 3，2017，https://www.alternet.org/environment/stephen-hawking-warns-trump-withdrawal-climate-deal-could-turn-earths-temperature-250，最后访问时间 2019 年 9 月 9 日。

将继续努力推动气候变化问题的解决，即使没有美国的帮助，①而早在特朗普签署废除奥巴马能源法案的时候，欧盟就表达了强烈批评以及坚持领导全球气候合作的决心。

然而，特朗普政府带来的消极影响也不可被高估。许多学者和专家指出，《巴黎协定》是建立在各国自愿参与的去中心化体系上，在面对外界压力时比《京都议定书》更具有弹性。除此之外，尽管国际社会存在着对美国退出《巴黎协定》所引发的多米诺骨牌效应的担忧，但是许多国家已经作出承诺将继续履行协定以应对气候变化，这在 2017 年德国汉堡二十国集团（G20）峰会时体现得尤为突出。从峰会最后发布的公报来看，尽管来自国际社会的压力没能使美国回心转意，但是除美国外的其他 19 个成员方在履行《巴黎协议》的问题上达成共识。正如二十国集团峰会公告表述的，《巴黎协定》代表的国际气候合作进程是不可逆的，而峰会在气候变化问题上最终形成的“19 比 1”格局，也显示出国际社会应对气候变化、推动国际合作的决心与共识并未受到美国退出《巴黎协定》的影响。②

除了国际社会层面对于《巴黎协定》及气候治理的积极支持外，美国国内包含许多州、城市、公司和社区在内的非国家行为体，也表达了对于协定的支持以及继续追求清洁、高效、智能的经济增长的决心。③它们已成为新时期中美合作的主要推动力。在特朗普宣布退出《巴黎协定》的第一时间，硅谷的科技巨头们迅速发声反对，以苹果、谷歌、脸书和微软为代表的科技公司纷纷表示，美国退出《巴黎协定》将造成不利后果。在特朗普宣布退出《巴黎协定》的决定之前，科技公司还为此发布了整版广告，其中包括一封由 25 家公司联名签署的公开信，公开信中称“美国继续参与《巴黎协定》将以多种方式有利于美国

① Jason Le Miere，“Merkel Slams Trump：We Can't Wait for the Last Man on Earth to be Convinced by Climate Change，” June 29，2017，https://www.newsweek.com/merkel-trump-climate-change-paris-630096，最后访问时间 2019 年 9 月 9 日。

② 《汉堡 G20 峰会公报评论：19 比 1，全球气候合作通过考验》，新浪网 2017 年 7 月 11 日，http://news.sina.com.cn/o/2017-07-11/doc-ifyhvyie0994634.shtml，最后访问时间 2019 年 9 月 9 日。

③ N.Stern，“Nicholas Stern and Bob Ward Respond to President Trump's Announcement about the Paris Agreement on Climate Change，” June 1，2017，http://www.lse.ac.uk/GranthamInstitute/news/nicholas-stern-and-bob-ward-respond-to-president-trumps-announcement-about-the-paris-agreement-on-climate-change/，最后访问时间 2019 年 9 月 9 日。

的公司和美国经济。通过稳定而务实的框架带来高效而平衡的全球响应，这最符合美国公司的利益”①。在特朗普宣布退出《巴黎协定》一周后，美国众多非政府组织与企业和地方政府一起，在网上共同表达了对于继续履行《巴黎协定》的决心。加州与纽约州、华盛顿州更是明确表态称，将继续支持《巴黎协定》，此三个州的经济总量占全美五分之一。仅在特朗普宣布退出《巴黎协定》的一天后，加利福尼亚州州长杰瑞·布朗访华，推动加州与成都、南京等城市的清洁能源伙伴关系的升级。2017 年 6 月 6 日布朗还赴北京参加第八届清洁能源部长级会议和第二届创新使命部长级会议，同意签署加利福尼亚州与中国清洁能源合作协议，以此来推进碳捕捉和储存技术的创新与商业化，同时探索进一步减少温室气体排放的措施。事实上，加州正与 7 个中国省份建立绿色能源伙伴关系。

2017 年 11 月联合国气候谈判大会在德国波恩举行，特朗普宣布退出《巴黎协定》导致本次大会第一次没有美国政府设立的“美国角”，美国也成为本次大会唯一没有设国家角的发达国家。不过，特朗普政府的退出没有阻止美国非联邦政府，包括州、城市和商业界、非政府组织的行动。美国 15 个州政府都派代表参加，并表达了行动的意愿。布隆伯格基金会出钱在布拉区（Bula Zone）旁边搭起了两个巨大的白色帐篷，称为“美国气候行动中心”（U.S. Climate Action Center）。②因此，特朗普政府退出《巴黎协定》实际上将气候政策的决定权从联邦转移到了地方、从国家行为体转移到了非国家行为体。

不过，特朗普的消极态度并不意味着中美两国在中央/联邦政府层面的合作完全停滞，只是速度有所放缓。2017 年 11 月 8 日至 10 日，美国总统特朗普率 29 家企业代表访华，其中有 11 家是与环保有关的企业，占比近 4 成，并签署了 1 637 亿美元的能源合作项目。中美地方层面的合作依旧得到了中美双方中央/联邦政府的支持。2007 年 12 月召开的第三次中美战略经济对话（SED）上，中美两国政府达成了《中美能源和环境合作十年框架》，其中“绿色合作伙伴计

① 《川普为啥不喜欢巴黎协定　谁支持谁反对如何退出》，美国中文网 2017 年 11 月 2 日，http://news.sinovision.net/politics/201706/00409398.htm，最后访问时间 2019 年 9 月 9 日。

② 汪燕辉：《波恩气候谈判：首次没有“美国角”的大会，中国如何做引领者?》，南方周末 2017 年 11 月 15 日，http://static.nfapp.southcn.com/content/201711/16/c791626.html，最后访问时间 2019 年 9 月 9 日。

划”是中美能源和环境十年合作框架下中美两国有关地方政府和机构之间开展具体结对合作的一个平台。2017年，即使特朗普退出《巴黎协定》，“绿色合作伙伴计划”仍然在两国政府的协调下持续推进，试点项目美国哥伦比亚大学-中国包头钢铁集团合作项目于2017年5月底在北京启动。根据项目计划，哥伦比亚大学工程学院将把其在工业废渣利用、减少温室气体排放等领域的最新科研成果应用于包头钢铁集团生产项目中。①

因此，可以预计到的是，特朗普政府在气候变化问题上的消极态度带来的影响或许并没有想象的那么大。首先，撤销奥巴马气候法案的过程与立法同样复杂，特朗普必须提出新的环保法案，征询意见，发布新法规，再接受其他的修改意见，这一程序通常耗时一年以上，而奥巴马政府花了六年时间，才得以推出清洁能源计划的第一稿。②美国最终正式退出《巴黎协定》之前，也还要经过漫长的行政手续，最快也要等到2020年11月。其次，“环境治理”规范已经内化到美国国内层面，美国民众日益关注气候变化问题。美国盖洛普咨询公司在2017年3月27日公布的一项调查结果显示，50%的美国民众关注气候变化，这是史上最高水平，2016年和2015年这一比例分别为47%和37%。③可以预计的是，如果“环境治理”规范进一步被内化，那么民众对于应对气候变化的呼声会日益强烈，而美国联邦政府作为民选政府，也要考虑民意，采取民众认同的政策，才能维护其合法性。最后也是最为关键的是，美国如若退出对“环境治理”这一新兴规范的制定和塑造，中国和欧盟等将作为引领全球规范体系转型的主要力量，这从长远来看对美国来说，是比失去物质性强权地位更为致命的损伤。因为大国地位的取得，并不仅仅是军事和经济实力的强大，还需要在规范层面发挥领导作用，得到其他国家的认同。事实上，追溯全球规范体系的历史演进可以发现，美国几乎一直是规范体系的领导者。现在规范体系的转型给美国带来巨大的挑战，没有任何一个国家能依靠自己单独取得对于规范体系

① 《“中美绿色合作伙伴计划”试点项目启动》，人民网2017年5月26日，http://world.people.com.cn/n1/2017/0526/c1002-29300636.html，最后访问时间2019年9月9日。

② 《特朗普签署行政命令　推翻奥巴马政府气候政策》，环球国际新闻2017年3月29日，http://world.huanqiu.com/hot/2017-03/10395469.html，最后访问时间2019年9月9日。

③ 《特朗普能源政策喜“旧”厌“新”　联合国表示反对》，环球国际新闻2017年3月20日，http://world.huanqiu.com/hot/2017-03/10400364.html?agt=15438，最后访问时间2019年9月9日。

的领导权，“环境治理”规范的制定、解释和维护离不开非西方国家甚至是非国家行为体的共同参与。如果美国还想维持它在规范体系上的领导地位，它就应该参与和顺应这种趋势，通过与其他国家合作来共同践行“环境治理”规范，尤其是在应对气候变化这一迫切需要解决的环境问题上。因此，在全球规范体系转型的背景下，气候合作日益成为中美关系中的重要问题。同时，随着“环境治理”规范日益被内化在两国的国内层面，在当前两国中央政府的气候合作遇阻时，越来越多的次国家行为体开始成为规范的倡导者，自下而上地推动中美两国践行“环境治理”规范，使得中美在气候变化领域的合作越来越显示出新型大国关系的特征，这对中美两国甚至是全世界而言，都具有重要的意义。

值得强调的是，当前规范转型还处于进行之中，各国对于规范转型的认知也存在滞后性，因而各国的政策可能会出现断裂或者不一致性，有些政策制定者更关注眼前的利益，而未能充分考虑长远的利益，但这并不能否定当前规范转型的趋势。以美国为例，相比于美国的制度霸权，当前美国的物质实力似乎下降得更快，所以当前特朗普政府的优先政策是竭尽全力保存美国在经济和军事上的实力，而对气候合作的态度较为消极，但这也并不意味着中美两国在中央政府层面气候合作的中断。“环境治理”规范被日益内化在两国国内层面，这使得地方政府和社会组织在中美气候合作中扮演了越来越重要的角色，成为当前中美气候合作的典型特征。未来当美国的制度霸权开始明显动摇时，相信中美在中央政府层面的气候合作将会得到进一步推进。

三、推进新时期中美合作的启示与思考

从全球规范体系转型的视角来看待和考察自奥巴马政府以来中美气候合作的实践，本文得到如下几点启示，并认为这几点启示也能为中国构建普遍意义上的新型国际关系提供借鉴，有助于完善中国特色新型外交理论体系。

首先，不能因为特朗普政府对于气候合作的消极态度就忽略和否认中美气候合作以及在其他环境领域进行合作的价值。随着“环境治理”成为一种新的“首要制度”，中美两国都面临着全球规范体系转型的挑战，只有通过在环境相关领域的合作才能共同应对。除此之外，双方通过气候合作践行环境治理的规

范，也有助于构建共同身份消解战略互疑，虽然这一过程可能十分缓慢而曲折，但是有总比无要好。因而，在全球规范体系转型的背景下，中美气候合作具有很高的价值和意义，但是这一点却往往被学界所忽视。

其次，未来中美的合作可以从环境治理领域着手从下往上推进，并重视发挥非国家行为体的作用。上述案例研究显示，“环境治理”规范已经被内化在两国国内层面。早在20世纪七八十年代，美国国内的科学家和非政府组织就为“环境治理”规范的传播和内化作出了重要的贡献。据罗伯特·福克纳指出，美国与国际气候规范的关系远比传统上认为的更为复杂，这使得很多人夸大了美国与国际气候规范之间的敌对和紧张关系。尽管美国拒绝签署《京都议定书》，退出《巴黎协定》，但“国际气候规范早已找到了其在国内的语境和战略”，①尤其是在地方政府层面。学者潘亚玲曾指出，美国地方政府对全球气候外交的参与可以说是一种“补位外交”，使美国在逃避国际责任的同时，还能有效掌握甚至引领相关的理念、技术和机制发展。②即使在特朗普时期美国联邦政府不愿意扮演“环境治理”规范的倡导者，中美两国国内的非国家行为体也能充当规范的重要倡导者，推动两国承担与大国地位相匹配的国际责任，并确保中美气候合作持续推进。正如布隆伯格和波普所说的那样，“关于气候领导权的实践，城市、跨国公司和市民等非国家行为体比中央政府走得更远”③。也正是在这样的背景下，即使特朗普政府决定让美国退出《巴黎协定》，中美气候合作也并未中断，反而在次国家层面激起了更大的合作动力，从中可以看出全球环境治理已经不再是一个由大国垄断、政府主导的排他性进程，非国家行为体在次国家层面上的合作日益发挥着重要的作用，全球治理与大国管理机制确实在相互融合，互相促进。因此，未来中美的合作可以从环境治理领域入手从下往上进行构建，并重视发挥非国家行为体的作用。

再次，构建合作共赢的新型大国关系不是一句空洞的口号。中国崛起引发

① Robert Falkner，“The United States and the Global Climate Norm：Who's Influencing Whom?” paper presented at the 2009 Annual Convention of the International Studies Association，New York City：February 15—18，2009，pp.4—5，20—29.

② 潘亚玲：《美国气候外交中的地方参与》，第86页。

③ Bloomberg M. and Pope C.，*Climate of Hope*：*How Cities*，*Businesses*，*and Citizens Can Save the Planet*，New York：St Martin's Press，2017.

了不少人对于中美两国将陷于“修昔底德陷阱”的担忧，为此中国提出了“新型大国关系”的概念，但被很多美国学者质疑是没有实际内涵和具体操作路径的空洞口号，也有部分中国学者呼吁尽快将其落实到可操作的层面。中美气候合作的实践已经证明，两国在该领域的交往已经呈现出新型大国关系的特征——合作共赢。因此新型大国关系的提出并非无意义，相反，它反映了现实情况与需要。如果中美两国能够认识到“环境治理”规范对于21世纪全球规范体系转型的意义，以及对本国在全球体系中地位的影响，两国会考虑将全球环境治理纳入自己国家核心利益的范畴。事实上，在奥巴马政府时期，中美两国愿意大力领导气候合作的实践已经说明，中美两国在考虑气候问题时不再以单纯的国家经济利益为中心，同时也在兼顾各自对于国际规范的领导权。可以说，国际规范通过界定国际社会中大国地位的合法性已经逐渐成为某种国家利益，而且规范的国内化更是使是否满足规范成为衡量各国政府合法性的重要标准，因此对于已经日益成熟的国际规范，各国政府各国都需要努力遵守并维护它。在这样的背景下，由于践行国际环境治理规范不可能依靠单个国家来完成，必然需要各国的合作，各国只有通过合作践行“环境治理”规范才能占据在全球规范体系上的主导权，且环境治理领域属于“低级政治”，没有传统“高级政治”的高度敏感性，因而若践行“环境治理”规范成为各国的国家利益，在这一领域要求各国做到相互尊重也并不是没有可能，新型大国关系的内涵也能得以实现。

最后，中国应引领全球规范体系转型，构建负责任的大国形象。长期以来，中国在世界上是一个全面落后的国家。改革开放后经过40年的努力，中国在经济上的崛起，在世界上已是一个不争的事实。但是，历史经验和学理研究都证明：大国崛起包括物质层面和理念层面两重含义。前者即一国在世界上的实力地位大大提高；后者则是一国被公认在国际事务处理中，特别是在国际规范体系的设立、调整与维护中具有领导作用，成为一个“负责任的大国”。物质上的崛起是一国主要凭借自身努力就可以实现的目标，而理念上的崛起则需要获得其他国家的认可与接受。近年来，随着物质实力的显著增强，中国国家主席习近平多次在国际公开场合表达中国致力于构建负责任大国形象、积极参与全球治理体系改革和建设的意愿，相继提出“人类命运共同体”和“新型大国关系”等一系列全球治理的新理念并付诸实践，并就应对气候变化、削减贫穷等全球议题作出郑重承诺。如巴里·布赞指出的，中国想要寻求大国地位，但是对外却始终坚持称自己还是拥有庞大人口的发展中国家，因而无法承担过多的大国责任。[①]在此背景下，新出现的“环境治理”规范对于正在崛起的中国而言，具有十分重要的意义。它超越了意识形态的纷争强调人类整体利益，能为中国进一步构建负责任大国形象提供坚实有力的突破口，将其落实到了可操作的层面。因此，中国不仅应该通过环境治理领域的合作与各国构建新型国际关系，更应该以身作则践行“环境治理”规范，引导全球规范体系转型，为构建负责任大国形象做铺垫。

四、结　语

如今随着中美关系的经贸摩擦加剧及竞争态势的增强，中美之间的气候合作已不再是人们关注的焦点。本文从英国学派的规范体系视角入手，重新思考和审视了中美两国间气候合作的意义与价值。“环境治理”这一新兴首要制度的出现，推动着全球规范体系的转型，也给中美两国提出了新的挑战。通过考察自奥巴马政府以来中美在气候问题上的合作，本文发现，中美两国早已通过在气候领域逐步建立起合作共赢的新型国际关系来参与对“环境治理”这一“首要制度”的塑造，以迎合全球规范体系转型的需要。虽然特朗普政府看似消极的态度给中美气候合作蒙上了一层阴影，但是“环境治理”规范早已内化到两国国内层面，即使中央/联邦政府层面的合作遇阻，次国家行为体也依然能使中美气候合作持续推进。因此，在全球规范体系转型的背景下，中美两国在以气候合作为代表的环境治理合作可以且应当成为中美合作的着力点，这不仅有助于中美两国践行“环境治理”规范成为负责任大国，也有助于双方培育共同观念消解战略互疑。

---

① Barry Buzan, “China's Rise in English School Perspective,” *International Relations of Asia-Pacific*, Vol.18, No.3, 2018, p.8.

理解国际机制融合的社会化逻辑

——兼谈“一带一路”沿线中的机制融合问题

王剑锋*

一、问题的提出

国际机制（international regimes）是指“在国际关系特定的问题领域里由行为体期望汇聚而成的一整套暗含的或明确的原则、规范、规则和决策程序”①，机制是世界政治中的不同行为体为了解决某一领域中不断涌现的新问题和新状况而人为创建的，它带有行为体有效解决现实难题的基本初衷。与此同时，基于行为体相互间的利益诉求、主观期望和多方博弈，基于同一国际机制可能无法辐射到某一问题领域的所有方面，国际关系同一问题领域往往不止有唯一的国际机制。例如，全球气候治理领域中存在分别以国家行为体和非国家行为体为主导的，以及分别以联合国治理框架和其他气候集团为核心的不同机制；东南亚地区的安全合作中呈现出以美国、东盟和特定问题为核心的机制多元化格局，等等。可以说，同时并存着形形色色的各类国际机制是当今国际关系某一问题领域中的显著特征。

然而，尽管国际关系同一问题领域中的不同机制处于同一发展进程之中，但它们并非始终得以按照机制设计之初的目标和方向运转，并非总能和谐有序地在同一系统中做到分工明确，以及清晰地划分各自的权责。反之，同一问题领域不同的国际机制在内涵、功能、目标和运行等方面通常不可避免地存在交叉、竞争和抵牾等问题。其中，最大的现实困境在于多种机制在同一问题领域

* 王剑锋，中国人民大学国际关系学院博士生。

① Stephen D.Krasner，“Structural Causes and Regime Consequences：Regimes as Intervening Variables，” *International Organization*，Vol.36，No.2，1982，p.186.

中并存的局面并未产生 1+1>2 的良性效应，而是在自我内耗和自我“争斗”中削弱了机制在解决和应对相关问题时的有效性，甚至引发“机制失灵”的现象。卢静等学者认为“当更多管理机制出现之后，各机制之间‘契合困境’的风险也加大了”[①]；尼古拉斯·格林伍德·奥努夫（Nicholas Greenwood Onuf）则认为“当存在的机制过多时，它们就无法真正起到人们期望它们所起的作用”[②]。换言之，同一问题领域多种机制并存的复杂化、无序化和“碎片化”现象导致机制的契合度和工作效率大打折扣。为了合理和高效地疏导机制拥堵和混乱的局面，找到可行的办法促使不同国际机制的融合在此背景下便被提上议事议程。

对于当代中国的外交实践来说，“一带一路”倡议在海陆两大方向上的布局与沿线既有的合作机制无可避免地在地缘上和内容上存在诸多交叉和重叠，甚至是彼此冲突的地方。“一些批评者认为‘一带一路’是对现有地区合作机制的挑战，将削弱其作用，并引起地区合作的混乱”。[③]显然，这种机制之间相互掣肘的状况是不利于“一带一路”倡议的稳步、深入推进的。因此，如何有效地将“一带一路”倡议与沿线既有的各类机制顺利实现战略对接，如何通过有效的国际机制融合化解“一带一路”倡议与沿线既有机制安排之间现存的或潜在的冲突点，如何让沿线既有机制自觉地认同“一带一路”倡议中的规范和原则，从而逐渐促使沿线国家将正面形象和积极态度投射到对“一带一路”倡议的认知光谱中去，便成为当前中国政府推进“一带一路”倡议需要从顶层设计的维度加以重视和解决的迫切问题。在这一过程中，找到切合“一带一路”沿线发展状况的国际机制融合的可行路径是重要抓手。

综上所述，本文着力探究的核心问题就在于寻找国际机制融合的可行路径。据此，本文的结构安排如下：首先，分析有关国际机制融合的既有文献，指出既有研究未能清晰地梳理出国际机制融合的具体路径；其次，提出机制融合的

① 卢静等：《全球治理：困境与改革》，北京：社会科学文献出版社 2016 年版，第 208 页。

② ［美］尼古拉斯·格林伍德·奥努夫著：《我们建构的世界：社会理论与国际关系中的规则与统治》，孙吉胜译，上海：上海人民出版社 2017 年版，第 133 页。

③ 参见张贵洪、邱昌情：《“一带一路”建设与南南合作创新》，载黄河主编：《一带一路与国际合作》，上海：上海人民出版社 2015 年版，第 6 页；信强：《“三重博弈”：中美关系视角下的“一带一路”战略》，载《美国研究》2016 年第 5 期，第 28 页。

社会化逻辑演进机理，系统分析机制融合的内涵、媒介、路径及政策类型；最后，探讨国际机制融合的社会化逻辑对当今中国推进“一带一路”倡议具有的现实意义。

二、既有文献述评

20世纪70年代末、80年代初，国际关系的理论学者开始关注和考察世界政治中的机制问题，并逐渐将国际机制作为一个独立的变量来解释国家间的合作问题。尔后，特定国际关系领域内的机制叠合与机制拥堵现象开始引发学者的思考，学者分别提出各自的解决方法，机制融合（regimes integration）便是其中一种。然而，当前学界有关国际机制融合问题的研究文献不多，遑论具体探讨机制融合的现实路径。通过梳理既有文献可以发现，有关机制融合问题的研究主要集中于政策与理论两大领域。

第一类研究着眼于全球治理的整体领域，或特定领域中往往存在不同的国际机制相互叠合与抵触的现状，然后在多种机制并存的全球治理领域中考察机制融合的效率与功能。然而，这类研究却存在两种截然相反的学术取向。一方面，有学者主张通过机制融合的路径来应对机制“碎片化”和“分散化”问题，以提升全球治理机制的工作效率和协调性。例如，王明国认为当前的全球治理朝向整体性治理机制的趋势发展，而机制融合则是实现这类整体性治理的必要一环。机制融合的最大功能就在于“通过协调规则间的分歧，提升全球治理的协作程度”，从而有效缓解冲突型“碎片化”对全球治理机制造成的消极影响。①荷兰阿姆斯特丹自由大学环境研究院教授弗兰克·比尔曼（Frank Biermann）等学者呼吁在全球气候治理机制中引入更好的融合进程，以降低机制间的重合性。他们认为“更好的（机制）融合有助于识别类似的行为体”。②另一方面，亦有学者对机制融合在全球治理中的实际功效持怀疑态度，认为机制融合达不到全球治理的预期目标。例如，美国普林斯顿大学教授罗伯特·基欧汉（Robert O.

---

① 王明国：《全球治理机制碎片化与机制融合的前景》，载《国际关系研究》2013年第5期，第26页。

② Frank Biermann et al., “The Fragmentation of Global Governance Architectures: A Framework for Analysis,” *Global Environmental Politics*, Vol.9, No.4, 2009, p.31.

Keohane）和加州大学圣迭戈分校政治学系教授戴维·维克多（David G.Victor）认为，面对全球气候治理领域中多种机制相互制约形成的分离的、片面的和松散连接的状况，执意追求机制融合是无济于事的。反之，气候治理领域中有效的机制复杂性“会导致积极的反馈，具有‘力争上游’的刺激效应”。①李慧明则认为无论未来的国际气候制度如何演变，意欲通过机制融合将联合国框架下的气候机制与其他气候集团及行为体创建的治理机制锻造为高度一体化的气候治理体系是不大可能的。②

第二类研究主要集中于对宏观性国际机制理论下的机制融合问题进行细化分析，意在系统地探究国际关系领域中机制融合的社会现象和发展规律。从纯理论上系统探讨机制融合问题的文献较为稀少，其中，美国杜克大学公共政策与政治学助理教授塔纳·约翰逊（Tana Johnson）和哥伦比亚大学政治学助理教授约翰内斯·乌尔佩莱宁（Johannes Urpelainen）对机制融合作了较为系统的分析。他们基于对世界政治不同议题领域中既存机制的比较分析，提出了一种机制融合或分离的战略理论，该理论强调机制融合与否取决于议题间外溢的性质。他们认为“积极外溢达不到机制融合的预期目的”，而“强有力的消极外溢则有助于机制融合”。③

上述研究成果为我们从政策和理论两大不同方向上理解机制融合问题提供了或多或少的启发和借鉴意义，然而，这些既有观点亦存在某些缺陷与不足之处。首先，不同学者在全球治理的宏观或微观领域内考察机制融合的有效性问题时，一般只是简要地、粗略地提及机制融合这一笼统的政策建议，他们并没有详细考察这种机制融合在路径上可行或不可行的具体逻辑。其次，对机制融合进行理论上的研究亦缺乏对国际机制融合的可行的现实路径进行深入而充足地挖掘，这也就使得对机制融合问题的探讨始终停留在理想层面，机制融合理论未能满足现有的实践需求。可见，上述观点的共同问题在于它们未能系统地

① Robert O.Keohane, David G.Victor, “The Regime Complex for Climate Change,” *Perspectives on Politics*, Vol.9, No.1, 2011, pp.19—20.

② 李慧明：《全球气候治理制度碎片化时代的国际领导及中国的战略选择》，载《当代亚太》2015 年第 4 期，第 147 页。

③ Tana Johnson, Johannes Urpelainen, “A Strategic Theory of Regime Integration and Separation,” *International Organization*, Vol.66, No.4, 2012, p.650.

梳理出国际机制融合的具体的运行路径，有关机制融合的逻辑演绎方面的工作仍然欠缺。

针对这种研究缺陷，本文提出一种国际机制融合的社会化逻辑，其核心观点在于强调特定问题领域的不同国际机制通过规则、规范、原则、价值理念和决策程序等制度性因素通过相互间的外溢和扩散，最终有效地减缓多种机制并存导致的冲突与矛盾。当前，国际关系学界对社会化问题的研究存在一定的成果，但是，它们集中于对国家社会化①和国际社会化②两大主题进行深入而系统地剖析，却鲜有涉及国际机制融合的社会化问题。据此，本文的一项中心任务就在于系统地梳理出国际机制融合的社会化逻辑。那么，国际机制融合的社会化内涵是什么？通过何种媒介的引导及路径的选择能够顺利地促使不同机制之间的社会化？不同原则主导下的机制社会化可分为哪些类型？机制融合的社会化逻辑对当代中国的外交实践具有怎样的现实意义？本文尝试回答这些问题。

三、国际机制融合的社会化逻辑

特定问题领域国际机制间的矛盾、互斥和冲突归根结底是由于不同的机制按照各自遵循的规范、原则、规则和决策程序等制度性要素行事，由此引发行

---

① 例如 Alastair Iain Johnston，*Social States：China in International Institutions：1980—2000*，NJ：Princeton University Press，2008；Trine Flockhart，“‘Complex Socialization’：A Framework for the Study of State Socialization，” *European Journal of International Relations*，Vol.12，No.1，2016，pp.89—118；Kai Alderson，“Making Sense of State Socialization，” *Review of International Studies*，Vol.27，No.3，2001，pp.415—433；G.John Ikenberry，Charles A.Kupchan，“Socialization and Hegemonic Power，” *International Organization*，Vol.44，No.3，1990，pp.283—315；刘贞晔：《国家的社会化、非政府组织及其理论解释范式》，载《世界经济与政治》2005 年第 1 期；钟龙彪：《国家社会化：国际关系的一项研究议程》，载《欧洲研究》2009 年第 2 期；刘兴华：《试析国家社会化的演进》，载《外交评论》2009 年第 3 期。

② 例如 Alastair Iain Johnston，“Treating International Institutions as Social Environments，” *International Studies Quarterly*，Vol.45，No.4，2001，pp.487—515；Jeffrey T.Checkel，“International Institutions and Socialization in Europe：Introduction and Framework，” *International Organization*，Vol.59，No.4，2005，pp.801—826；刘中民：《国际政治社会化初探》，载《世界经济与政治》1999 年第 3 期；郭树勇：《论国际政治社会化对国际社会发展的推动作用》，载《国际观察》2006 年第 2 期；李海龙：《国际制度中的社会化分析》，载《长春市委党校学报》2008 年第 6 期；苗红娜：《国际政治社会化：国际规范与国际行为体的互动机制》，载《太平洋学报》2014 年第 10 期。

为结果的差异。因此，有必要通过机制融合来化解这一症状。机制融合追求的是“通过机制间的制度性渠道增进核心政策的协调性”①。因此，借助机制融合来解决这种机制间的抵牾症状，其根本出发点在于不同机制倡导的制度性要素在互动过程中逐渐趋于一致，最终在某一问题领域内形成多种机制并存、但能协同解决特定问题的良性局面。简言之，制度性要素的扩散与内化是机制融合的关键环节。纵观机制融合过程中的制度性要素传播，施动者和受动者是两个不可或缺的重要角色，其中，施动者是指源机制中的行为体，受动者是所要融合的对象机制中的行为体。施动者极力促成本机制内的制度性要素向对象机制扩散，受动者主导下的机制主动或被迫接受这些外来要素，同时将本机制内的制度性要素反向作用于施动者，这个双向互动的过程最终导致了机制融合。在这个互动过程中，如何最大程度地减少不同机制的制度性要素之间存在的相互冲突、掣肘与不协调是实现机制间顺利融合的首要考量。

在这里，我们尝试用社会化的逻辑来解决多机制情境下的融合问题。社会化之所以有助于机制融合，有如肯尼思·华尔兹（Kenneth N.Waltz）所指出，社会化在减少行为和结果的多样性过程中具有重要作用，它是限制和塑造行为的一种方式，最为重要的是，“社会化减少了差异”。②简言之，社会化在削减差异性和增强同质性方面的重要功能是其促成多机制融合的根本基础。因此，通过社会化路径可以有效地缓解不同机制内的制度性要素之间相互抵牾的症状。

（一）国际机制融合的社会化内涵

社会化（socialization）最早是社会学（尤其是社会心理学、符号互动论）中的核心概念，迈克尔·朱恩（Michael Zürn）与杰弗里·切克尔（Jeffrey T. Checkel）认为社会化研究中存在着“定义上的悖论”，其中最接近于共识的社会化定义是指“行为体内化社会结构中的行为规范与标准”。③其后，社会化的概念

① Tana Johnson，Johannes Urpelainen，“A Strategic Theory of Regime Integration and Separation，” *International Organization*，Vol.66，No.4，2012，p.645.

② ［美］肯尼思·华尔兹著：《国际政治理论》，信强译，上海：上海人民出版社 2017 年版，第 80、81 页。

③ Michael Zürn，Jeffrey T.Checkel，“Getting Socialized to Build Bridges：Constructivism and Rationalism，Europe and the Nation-State，” *International Organization*，Vol.59，No.4，2005，p.1045.

被引入国际关系领域的研究，学者开始关注国家和国际社会化问题。挪威奥斯陆大学国际政治学教授切克尔将国际关系领域中的社会化界定为“引导行为体进入一个既定共同体的规范与规则之中的过程”，这个过程的最终结果是建立在行为体内化这些规范基础之上的持续顺从。①

概括来看，国际关系学者对社会化问题的研究集中于以下几个方向：一是研究不同层次行为体的社会化问题。这类学者分别将国家、区域集团或国际组织等不同层次的行为体的社会化进程作为研究的核心，并揭示出了社会化的核心机理在于规范等制度性要素扩散与接受。②二是建构主义学派对社会化的研究。以“社会化”为核心概念的建构主义学者对世界政治中的社会化现象作了系统的研究，他们着重于强调行为体的社会化离不开必要的媒介引导，并且，行为体社会化的进程遵循着性质各异的特定路径。③三是理性主义学派对社会化的研究。结构现实主义和新自由制度主义对于采取强制性还是软性的社会化方式是有所差异的。④

国际关系不同理论学者对“社会化”的理解，对我们厘清社会化的机理，以及在此基础上系统分析国际机制融合的社会化内涵有着重要的借鉴和启发价值。根据上述研究，国际机制融合的社会化内涵主要是指在特定问题领域内，在某一国际机制的规则、规范、原则和决策程序等制度性要素在特定媒介的引导下，通过不同的路径外溢传播到其他机制之中，最终在不同机制之间逐渐形成一致的和相互协调的行为标准和准则。需要明确的是，社会化作为国际机制

① Jeffrey T. Checkel, “International Institutions and Socialization in Europe: Introduction and Framework,” *International Organization*, Vol.59, No.4, 2005, p.804.

② 参见 Kai Alderson, “Making Sense of State Socialization,” *Review of International Studies*, Vol.27, No.3, 2001, pp.417, 419—420; Jan Beyers, “Multiple Embeddedness and Socialization in Europe: The Case of Council Officials,” *International Organization*, Vol.59, No.4, 2005, p.899; Alexandra Gheciu, “Security Institutions as Agents of Socialization? NATO and the ‘New Europe’,” *International Organization*, Vol.59, No.4, 2005, p.973.

③ 参见［美］亚历山大·温特著：《国际政治的社会理论》，秦亚青译，上海：上海人民出版社2008年版，第166、318页；［美］玛莎·芬尼莫尔著：《国际社会中的国家利益》，袁正清译，上海：上海人民出版社2012年版，第4、8—10页；Alastair Iain Johnston, “Treating International Institutions as Social Environments,” *International Studies Quarterly*, Vol.45, No.4, 2001, p.487.

④ 参见［美］肯尼思·华尔兹著：《国际政治理论》，第80页；［美］罗伯特·基欧汉著：《霸权之后：世界政治经济中的合作与纷争（增订版）》，苏长河等译，上海：上海人民出版社2016年版，第129页。

融合的重要路径，其根本要义不是用一种机制替代同一问题领域内的另一种或其他所有机制，反之，它着重强调机制间的制度性要素趋于一致。并且，这个定义还特别指出了国际机制融合的社会化进程不是自发的和盲目的，而是需要依靠不同媒介的引导，同时遵循着特定的路径。除此之外，在学习或权力等不同要素主导下，国际机制融合的社会化政策存在多个不同类型。

（二）国际机制融合的社会化媒介

机制社会化的实质是既有国际机制内的原则和规范等制度性要素通过一定的媒介向领域内的其他机制进行扩散的过程。这种机制之间制度性要素的扩散过程不是天然启动和自发完成的，而是需要不同的媒介进行恰当的导引和规约。一般而言，机制社会化的主要媒介包括国家、国际组织和政治精英三种不同层次的行为体。

1. 国家

国际机制一般主要是国家行为体在非等级制的无政府体系中为解决相应的问题而创建的，因此，机制关注和分析的重点是国家行为体①，故而国家在机制间的制度性要素的社会化过程中天然地扮演着至关重要的媒介角色。事实上，大多数区域性或全球性国际机制及其内蕴的规范、规则、原则和决策程序等制度性要素都是由大国、强国或发达国家主导的，而基于强大的经济、政治和军事后盾，以及塑造有利的国际环境等目的，②这些主导国家都期望自身倡导的机制能够影响、塑造和同化问题领域内的其他机制，最终形成本国倡导的机制在问题解决过程中牢牢掌握话语权与领导权，或者至少也期望其他机制内的制度性要素不与本机制相抵牾。因此，倘若某一问题领域内存在多种不同类型的国际机制，那么，该领域内的强大国家或主导国家必然总是渴望促进不同机制之间的制度性要素相融合。

2. 国际组织

无论是政府间国际组织还是国际非政府组织历来都是促进机制融合的重要

---

① ［美］詹姆斯·多尔蒂、小罗伯特·普法尔茨格拉夫著：《争论中的国际关系理论（第五版）》，阎学通等译，北京：世界知识出版社2013年版，第561页。

② 刘兴华著：《国际规范与国内制度改革》，天津：南开大学出版社2012年版，第69页。

社会化媒介。这主要得益于国际组织是促进规范普及的重要制度化保障，在国际层面上，所有的规范倡导者都需要利用既有的或创建新的国际组织来传导它们的规范。①施动者可以通过政府间国际组织将所要倡导的规范等制度性要素合法地和正式地纳入官方的章程和协议之中，这样，参与其中的成员就必须自觉地遵循并内化这些规范，最终形成施动者和受动者之间的机制协调。而就国际非政府组织来说，其参与国际机制亦能够加强机制的社会性，使得机制在考虑国家利益、理性选择和交易费用之外，更加注重学习和观念的建构作用。个体通过学习与互动等行为能够加强与集体之间的认同，从而使“合作主体在互动过程中重新确定所追求的利益和目标，成为国际机制的新的运作模式”。②

3. 政治精英

无论是国家层次还是超国家层次，机制社会化媒介所传播的各种规范和原则等制度性要素都是由作为个体层次的政治精英提出和构建的。约翰·伊肯伯里（G.John Ikenberry）与查尔斯·库普钱（Charles A.Kupchan）认为“社会化主要是一种精英现象，而非大众现象”。③在日常的国际合作中，除了借助其他社会化媒介，这些政治精英也念念不忘身体力行地通过官方往来和私人关系来促使其所制定和倡导的规范等在更大范围内得到扩散和推广。例如，美国总统威尔逊在第一次世界大战初期阶段处理与拉美地区国家间关系时便开始倡导民族自决权，战后，他将民族自决的理念推广到全球层面的集体安全合作机制中，力促民族自决原则成为一项世界性政策。一般来说，政治精英不遗余力地宣传、扩展自己提出的某种规范、原则和价值理念，除了物质利益因素的考量之外，威望、荣誉感和理想追求等心理动机是驱使政治精英行为的根本原因。④因此，政治精英作为国际机制社会化过程中的重要媒介是不容忽视的。

① ［美］彼得·卡赞斯坦等主编：《世界政治理论的探索与争鸣》，秦亚青等译，上海：上海人民出版社 2006 年版，第 308—309 页。

② 霍淑红：《国际非政府组织（INGOs）的角色分析：全球化时代 INGOs 在国际机制发展中的作用》，北京：中央编译出版社 2011 年版，第 81—82 页。

③ G.John Ikenberry，Charles A.Kupchan：“Socialization and Hegemonic Power，” *International Organization*，Vol.44，No.3，1990，p.314.

④ 芬尼莫尔等认为“规范倡导者之所以促进规范或观念，是因为他们相信这些规范所包含的理想和价值”，即使倡导规范对他们自身无任何利益可言，他们仍然坚持不懈。参见玛莎·芬尼莫尔、凯瑟琳·斯金克：《国际规范的动力与政治变革》，载［美］彼得·卡赞斯坦等主编：《世界政治理论的探索与争鸣》，第 307 页。

（三）国际机制融合的社会化路径

某一问题领域内的国际机制在不同层次的社会化媒介的导引下开启了融合的进程，在这一进程中，受动者对待机制融合态度的差异造成了两种不同的社会化路径。一般而言，国际机制融合的社会化路径主要分为主动路径和被动路径两大方向，前者主要是指同一问题领域内受动者的学习和效仿等内化行为，它是受动者以积极的态度促进机制间的制度性要素实现融合；后者意指领域内的施动者从外部施与的奖惩措施，它是受动者以消极的态势对待机制融合的结果。

一方面，就机制社会化的主动路径来说，模仿和学习是最常见的两种模式。江忆恩指出，模仿（mimicking）是指行为体“通过效仿所有其他成员的行为而使自身融入到某一团体的规范之中去”。模仿是最低层次的社会化路径，是一种最纯粹、最简单的行为效仿，其根源在于行为体“并不完全了解制度内的程序、惯例和互动语言”。①倘若原先倡导某一国际机制的行为体开始放弃或革新既有机制下的规范、原则或决策程序，转而模仿其他机制中这些制度性要素，那么，他们可能是出于一种利益考量，即某一机制下的规范和决策程序等为倡导该机制的行为体带来了实实在在的获益，对利益的渴望或损失的担心促成他们的模仿行为。或者，他们的模仿行为就是一种最基本的从众心理，即某一机制的规范等要素有着高度的受众基础和受欢迎程度，这促使倡导其他机制的行为体开始模仿符合多数人选择的行为模式。不过，尽管作为一种最单纯的机制社会路径，但行动模仿仍有助于促成规范等制度性要素在机制间的进一步融合。

厄恩斯特·哈斯（Ernst B.Haas）基于机制构建的语境将学习（learning）定义为“对实现共同获益的必要知识的累积性认知”，学习过程的发生在于“行为体正式接受由新的信息和知识构成的新的行为规则，或者接受寻求这些新知识的方法”。②与模仿不同，学习行为是某一机制内的行为体有意识、有目的，并带有明确的利益或价值期望的社会化路径，行为体对作为学习对象的其他机制内的制度性要素有着清晰而深入的了解。新自由制度主义理论学者重点分析了行为体的学习过程对机制融合的潜在影响。基欧汉与约瑟夫·奈（Joseph S.Nye）

① Alastair Iain Johnston，*Social States：China in International Institutions：1980—2000*，NJ：Princeton University Press，2008，pp.45，47.

② Ernst B.Haas，“Why Collaborate?：Issue-Linkage and International Regimes，” *World Politics*，Vol.32，No.3，1980，p.390.

认为国际机制能够“提供规则遵从的信息，促进对他者行为的学习”，通过持续的学习过程，“机制的原则和规范或被重要团体内化”。①然而，某一机制的制度性要素想要成为其他机制内的行为体主动学习的对象，一个不可或缺的条件就是该机制必须具备一种“榜样”或“模范”的作用。具体而言，作为被他者学习的机制在解决某一特定问题时必然是高效率的，或者该机制能为接受它的行为体带来可观的物质性或声誉性收益，这是意欲促进机制融合的施动者在机制设计和运行过程中必须重点考虑的问题。

另一方面，就机制社会化的被动路径来说，奖励和惩罚是最基本的两种模式。这两种模式出现的原因在于，施动者积极地致力于促进对象机制的制度性要素与源机制相融合，而受动者的冷漠与迟缓行动，甚至是直接拒斥与反抗等消极行为阻碍了上述目标的实现，强势的外部行为体据此而开始推行诱导式的奖励或强制性的惩罚措施。杰弗里·切克尔将奖励（rewards）和惩罚（punishments）视为社会化多重机理中的其中一种，他认为奖励和惩罚既可以是社会性的（如地位、羞辱），亦可以是物质性的（如财政援助、贸易机会）。②而在江忆恩看来，奖励与惩罚作为社会影响的两种主要模式是促成规范传播和被接受的重要路径。他认为奖励包括心理幸福感、地位、归属感，以及符合角色期望的幸福感等；惩罚包括羞辱、回避、排斥与贬低，以及因行为与角色和身份不一致而产生的失调。③

在具体的机制社会化实践中，为了促使本机制的规范被其他机制下的行为体所接受，最终实现其他机制的规范与本机制顺利融合，源机制的施动者开始向对象机制中的受动者许以各种物质性或荣誉性承诺，例如，市场准入、无息贷款、技术指导、官方开发援助、扩大进口承诺等，或承认受动者在某一共同体中的身份地位等。至于惩罚路径，施动者既可以直接推行此等模式，亦可以在奖励的社会化路径依然无法实现机制融合的期望后，转而奉行以受动者的代价付出为目的的惩罚措施。例如，经济制裁、外交孤立、军事威胁及形象抹黑

① ［美］罗伯特·基欧汉、约瑟夫·奈著：《权力与相互依赖（第4版）》，门洪华译，北京：北京大学出版社2012年版，第320页。

② Jeffrey T.Checkel，“International Institutions and Socialization in Europe：Introduction and Framework，” *International Organization*，Vol.59，No.4，2005，p.808.

③ Alastair Iain Johnston，*Social States*：*China in International Institutions*：*1980—2000*，NJ：Princeton University Press，2008，p.79.

等。不过，推行奖励或惩罚的施动者一般都需要在政治、经济、外交和军事等领域掌握着雄厚的权力、资源与话语权。

(四) 国际机制融合的社会化政策

纵观上述机制融合的两大不同的社会化路径，模仿和学习作为受动者主导下的机制社会化路径，是受动者基于一定心理预期作出的行为选择；奖励和惩罚作为施动者主导下的机制社会路径，它们的实施需要借助一定的软性或硬性权力资源。由此，根据权力资源和心理预期两大不同主导原则的介入程度和影响范围，国际机制融合的社会化进程又可以进一步划分为强制施压型社会化、效率竞争型社会化和沟通劝说型社会化等三种基本的政策类型。

1. 强制施压型社会化

在国际机制融合的进程中，推行强制施压型社会化政策的施动者一般都是拥有强大的经济和军事上的硬实力，以及广泛的政治和外交上的软实力，这是他们得以推行强硬政策的基本条件。一旦对象机制内的受动者拒绝接受本机制所推广和扩散的规范和原则等制度性要素，或者对象机制有意奉行严重违背本机制倡导的制度性要素，那么源机制内的施动者将利用所掌握的软、硬实力单方面地通过制裁、恫吓、孤立及蓄意抹黑等行为向对象机制强力推广自己认同的规范、规则、价值理念等制度性要素，最终胁迫对象机制内的受动者接受并内化与源机制倡导的这些要素。因此，强制施压型社会化政策是凭借高强度的胁迫性手段促使机制融合的，这种政策在受动者心理认同基础上实际上存在很大程度的不稳定性。

2. 效率竞争型社会化

不同于强制施压型社会化政策中的胁迫性意味，效率竞争型社会化政策更多是施动者通过强化源机制在解决特定问题时的应对能力和工作效率，继而提升源机制内的制度性要素的影响力，最终使得同一问题领域内的其他机制在与本机制的竞争中处于劣势地位。这种优胜劣汰的压力感促使其他机制逐渐接受本机制倡导的规范和原则等制度性要素，以缓解或改变落后的不利局面。华尔兹认为“竞争促使行为者对自身的行为加以调整，使之成为最为社会所接受的和成功的实践”。[1]然而，效率竞争型社会化政策并不总能导致对象机制内的受

① ［美］肯尼思·华尔兹著：《国际政治理论》，第81页。

动者最终接受源机制的制度性要素，受动者亦可能因无力与高效率的机制竞争而彻底关闭合作的路径，从而使得机制融合的愿景彻底消失。因此，在推行效率竞争型社会化政策时尤其要注重对竞争的度的合理把控。

3. 沟通劝说型社会化

这类机制融合的社会化政策是施动者通过劝说等软性手段在与受动者有效沟通的基础上，力促自己倡导的规范等制度性要素能为受动者所接受并内化。这类机制融合的社会化政策中，施动者与受动者扮演着类似“教师”与“学生”的角色，“教师”在其中承担着重要的指导功能。对于机制融合的施动者来说，“教师”在劝说和教化“学生”接受自己的制度性要素时，不仅自身需要具备高超的沟通技巧，还需要充分考虑到“学生”的认知能力、学习环境及物质基础等因素，从而以恰当的方式促使“学生”深入理解本机制。对于机制融合的受动者来说，“学生”必须提升自己的沟通能力及对制度性要素的学习和消化能力，同时亦要为接受并内化施动者倡导的制度性要素而营造健康、有利的氛围。①

综上，本部分从内涵、媒介、路径与政策四个层面厘清了国际机制融合的社会化逻辑。国际机制融合的最大的现实意义就在于，它有助于本国主导的机制内的规范等制度性要素与同一问题领域内的其他机制倡导的制度性要素在认知和问题解决过程中以一致的态度和共同的行为标准行事，从而不至于形成不同机制并存状况下的机制互斥和机制抵牾的局面。联系当今中国的外交实践，以社会化逻辑促成国际机制的融合对“一带一路”倡议在沿线的平稳、顺利推进亦具有重大的借鉴意义和思考价值。

四、“一带一路”沿线中的机制融合问题②

“一带一路”倡议作为中国追求的一种开放而包容的“新型地区合作机

---

① 关于社会化过程中施动者与受动者之间的互动模式，可参见郭树勇著：《国际政治社会学简论：马克思主义的视角》，北京：时事出版社2014年版，第18—19页。

② 本部分在探讨“一带一路”与沿线机制的社会化进程时，更多的是论述作为施动者的中国的策略选择，对作为受动者的沿线机制的反馈方面未做过多说明。但实际上，中国在向沿线机制传播和扩散“一带一路”倡议中的制度性要素时，亦在学习、借鉴并吸收后者中的制度性要素。因此，一个合理的、良性的和具有较高成功可能性的机制融合的社会化进程要求中国必须审视、科学地评估、吸纳沿线既有合作机制中的成熟的和合理的制度性要素。

制”①，它在海陆两大方向上的推进无可避免地会与沿线国家和地区的既有机制产生不同程度的交汇与重叠。目前，“一带一路”沿线中由单一国家推出的合作机制主要包括印度尼西亚“全球海上支点”、印度“季风计划”、韩国“欧亚倡议”、蒙古国“草原之路”及文莱“2035 宏愿”等；沿线的区域性合作机制主要有欧洲“容克投资计划”、俄罗斯欧亚经济联盟等。面对“一带一路”倡议与沿线多种合作机制并存的现状，中国政府和领导人多次强调，“一带一路”倡议在推进过程中是为了和既有的合作机制实现对接与互补，而非替代沿线国家或区域的既有机制。②而要实现这些机制的顺利对接与互补，最关键的因素在于促进共同的制度性要素被不同的机制所接受并内化。以推动“一带一路”倡议中的制度性要素积极外溢作为机制融合的重要抓手，有助于培育沿线行为体逐渐形成对“一带一路”倡议的正面认知和积极态度。在此过程中，社会化作为规范等制度性要素普及的主要作用模式，它是“一带一路”倡议与沿线各种不同合作机制相融合的一条值得深入挖掘的渠道。那么，如何将国际机制融合的社会化逻辑投射到“一带一路”倡议之中去呢?

首先，在社会化媒介的引导方面，应该充分发挥中国政府、中国主导或重点参与的国际组织，以及高层领导人这三大不同层次媒介的联动作用。唐纳德·普查拉（Donald J.Puchala）与雷蒙·霍普金斯（Raymond F.Hopkins）认为“尽管国际、跨国和次国家机构可能在事实上合法地参与国际机制，但是，民族国家政府才是绝大多数机制主要的正式成员”。③在“一带一路”倡议和沿线国家的各类发展计划中，中国及沿线各国政府在这些机制的制定、推广和实施中扮演着核心角色。对于有意愿参与“一带一路”倡议的国家，中国政府应该努力将“一带一路”倡议中的制度性要素加入与合作国家政府签署的官方协议中去。在“一带一路”未来的推介进程中，中国政府在与他国政府的协商谈判中应该注重引导“一带一路”倡议中的制度性要素传播，并以官方文件的形式确认双

① 门洪华：《“一带一路”规则制定权的战略思考》，载《世界经济与政治》2018 年第 7 期，第 22 页。

② 《习近平“一带一路”倡议的重要论述回顾》，国务院新闻办公室网 2016 年 2 月 12 日，http://www.scio.gov.cn/ztk/wh/slxy/gcyl1/Document/1468602/1468602.htm，最后访问时间 2018 年 9 月 15 日。

③ Donald J.Puchala，Raymond F.Hopkins，“International Regimes：Lessons from Inductive Analysis，” *International Organization*，Vol.36，No.2，1982，p.247.

方共同遵守的行为标准，最终使得合作方将这些制度性要素内化为趋同的行为准则。

在超国家层面的社会化媒介上，“一带一路”沿线中由中国主导的、并在其中有高度话语权的政府间国际组织与论坛主要有上海合作组织、金砖国家峰会等，中国作为重要成员国参与其中的有中国-东盟“10+1”、亚信会议、亚太经合组织等。“一带一路”在推介过程中既要保持与沿线国家已有的双边、多边合作机制，又要与当地已有的国际合作框架、机制相兼容，从而体现“一带一路”建设的连续性与兼容性。①因此，利用这些机制化和法制化发展已经大为成熟的既有国际组织或合作论坛来促进“一带一路”中的制度性要素的传播具有重大现实意义。②在具体实践中，作为重要的主导国或发起国，中国要积极将“一带一路”中的制度性要素写入享有高度话语权和领导力的国际组织和论坛的章程和协约中去，这样，参与其中的成员国就必须以这些正式的规范作为行为标准，这就为“一带一路”与这些沿线成员国倡导的合作机制的融合构建了认同基础。而在作为重要参与国的组织和论坛中，中国应该积极发挥在议事议程的设置和议题选择上的影响力，力促“一带一路”中的制度性要素能够成为各方关注和讨论的焦点，从而发挥规范等在塑造认同、决定行为等方面潜移默化的影响。在利用既有国际组织、论坛及合作机制等媒介推广“一带一路”中的制度性要素时，最关键的是参与其中的行为体能够学习、内化和认同这些要素，这是“一带一路”倡议与沿线机制融合的启动点。

作为次国家层面的社会化媒介，中国的国家主席、总理及部长等领导人通过主场外交、高层互访等渠道所发挥的制度性要素传播的中介作用不容小觑。主场外交方面，在诸如博鳌亚洲论坛等固定主场的主场外交，以及作为轮值主席国的诸如亚太经合组织（APEC）等非固定场所的主场外交中，中国应善于将“一带一路”倡议中的相关规范和价值理念等设为论坛的主题，并积极在会议主

---

① 邵峰：《“一带一路”战略：重中之重是经济合作》，薛力主编：《“一带一路”：中外学者的剖析》，北京：中国社会科学出版社 2017 年版，第 79 页。

② 中国 2015 年发布的《推动共建丝绸之路经济带和 21 世纪海上丝绸之路的愿景与行动》亦强调积极利用现有双多边合作机制推动“一带一路”建设，见《授权发布：推动共建丝绸之路经济带和 21 世纪海上丝绸之路的愿景与行动》，新华网 2015 年 3 月 28 日，http://www.xinhuanet.com/world/2015-03/28/c_1114793 986_2.htm，最后访问时间 2018 年 9 月 18 日。

旨发言、议题引导等方面宣讲、解读“一带一路”倡议中的核心规则与原则，从而加深与会行为体对这些制度性要素的理解。此外，在会议召开过程中，也要充分利用与与会国领导人进行的双边或小多边会谈，通过小范围内私人间的有效沟通引导后者树立对“一带一路”倡议规范的正面认知。高层互访方面，中国领导人可以积极利用氛围良好的双边会晤机制突出强调“一带一路”与对象国合作机制的互补性与协调性，而不是零和博弈式的规范竞争，以打消后者对机制融合的顾虑。

需要说明的是，中国政府、中国主导或重点参与的国际组织，以及不同职位的中国高层领导人作为媒介在机制融合的社会化过程中进行积极引导时，并不是单独开展的。例如，作为个人层次的中国领导人可能会借助某一国际组织或论坛中的多边会议来传播“一带一路”倡议中的制度性要素；而作为国家层次的中国政府着力推动“一带一路”则主要表现为“中国领导在重要国际场合和对外访问时直接推荐‘一带一路’倡议的理念和政策”①，等等。因此，中国在动用这些不同层次的社会化媒介进行制度性要素引导时要注重高效配合与协调作战。

其次，在社会化路径的选择方面，中国在促进机制融合时应重点选择学习与奖励模式，惩罚和寄希望于受动者的模仿路模式是不可取的。这是因为模仿的心理动因在于“当行为体自我意识到他们认为是‘成功’的行为体时，就会模仿，通过模仿获得了身份和利益”②。这一最原始的社会化路径存在的问题在于，在对施动者倡导的制度性要素不熟悉的情形下，一旦受动者潜意识内认为这些要素是“失败的”且无法从中获益时，那么他们可能受从众心理的影响而放弃继续模仿。而通过惩罚的社会化路径来促进机制融合则容易导致与“一带一路”沿线受动者的紧张关系，甚至加剧他们的误解与恐惧，同时也为国际社会渲染“中国经济扩张论”等论调提供了把柄。因此，这种强制式的与单纯希冀受动者模仿的“盲目式”的社会化路径是中国在推进“一带一路”倡议过程中所不能运用和依托的。反之，中国应该注重奖励以及受动者的学习这两大社会化路径。

就奖励式的社会化路径来说，它主要是依凭中国的经济实力引导沿线行为

---

① 宋国友、张淦：《“一带一路”倡议与中国的区域互联互通战略》，载宋国友主编：《一带一路倡议与国际关系》，上海：上海人民出版社 2017 年版，第 77 页。

② ［美］亚历山大·温特著：《国际政治的社会理论》，第 318 页。

体在接受“一带一路”倡议时给予的物质性回报，例如，在对沿线国家基础设施建设方面的财政支持与技术指导，在商品流通过程中的市场准入，在双边贸易中扩大进口比例，等等。奖励路径的推行在初始阶段需要构建一种积极的示范效应，即选择机制融合意愿度高的、地缘位置重要的支点国家作为奖励对象，印度尼西亚便是一例。作为“21世纪海上丝绸之路”的战略支点，印度尼西亚总统对本国的“全球海上支点”与“一带一路”之间的契合表达了美好意愿①。其后，中国逐渐加大了对印度尼西亚的投资，仅2017年中国对印度尼西亚直接投资就达34亿美元，“同比增长26%，名列印度尼西亚第三大直接投资来源国”②，而中国和印度尼西亚合作共建的雅万高铁亦被视为两国不同合作机制对接的“早期收获”③。通过这种“以点带面”的榜样模式，让其他沿线行为体看到实实在在的获益，从而引发它们的主动“学习”行为，最终为吸引这些沿线合作机制主动与“一带一路”相融合营造良好的氛围。

而就“一带一路”沿线行为体的学习路径来说，尽管这一路径是受动者主导下的行为，但是，基于“学生”更好地达到预期的学习目标，中国也应该主动在其中扮演好“教师”的传授与指导功能，这对“一带一路”沿线中“学习”能力严重不足的欠发达行为体来说显得尤为重要。具体而言，首先要向沿线受动者传授“一带一路”倡议中先进的发展理念与成熟的经济规划，从而帮助受动者理解“一带一路”倡议的真正内涵。例如，在“一带一路”与蒙古国“草原之路”两大机制的融合进程中，由于蒙古国特殊的地缘位置、社会政治制度与历史经验，使其对“一带一路”倡导的经济发展理念、合作规范等理解不足，甚至心存疑虑。因此，中国应该注重通过定期互访会晤机制等沟通渠道传播“一带一路”中的理念与规范，促使蒙古国各阶层对“一带一路”政策的理解，从而推动“一带一路”与“草原之路”的有效衔接。④其次，一些欠发达的沿线

---

① 《期待中国助力印尼基础设施建设——访印度尼西亚总统佐科》，新华网2015年3月23日，http://www. xinhuanet.com/world/2015-03/23/c_127612080.htm，最后访问时间2018年9月19日。

② 《印尼媒体关注“一带一路”框架下中国对印尼投资趋势》，搜狐网2018年5月4日，http://www.sohu. com/a/230373640_383657，最后访问时间2018年9月19日。

③ 李皖南、王亚琴：《从雅万高铁看中国印尼战略对接》，载《亚太经济》2016年第4期，第20页。

④ 华倩：《“一带一路”与蒙古国“草原之路”的战略对接研究》，载《国际展望》2015年第6期，第64页。

行为体由于基础设施建设落后、经济结构不合理及资金欠缺等因素，即便其有意学习“一带一路”中的先进发展经验，也会因物质环境欠缺而望而却步。例如，文莱“2035 宏愿”在实施过程中就急需外资及大型投资项目①，埃及“振兴计划”面临着产业结构升级的困境②，而非盟“2063 议程”亦存在基础设施落后和人才短缺的问题③，等等。针对这种学习环境不完善的状况，中国要在基础设施建设和重大项目直接投资上与沿线国家展开精准合作，并派遣专业性顾问团队深入这些国家予以技术指导和人才培训，以完善沿线国家的社会经济环境，从而提升他们主动学习、内化“一带一路”倡议中成熟的发展经验与先进的科学技术。

再次，在社会化政策的推行方面，强制施压型社会化政策之所以不可取，主要在于它毫无疑问会引起沿线行为体及国际社会对“一带一路”倡议的恐惧、强力反对与抵触，因此，中国应该主要推行效率竞争型与沟通劝说型两大社会化政策。效率竞争型社会化政策讲求的是中国在基础设施建设上的先进经验与技术，在资金储备上的雄厚基础，以及在全球经济和贸易发展上的广阔前景等优势，将这些国内优势投入“一带一路”倡议可以增加该机制在促进地区合作与社会经济发展方面的显著效率，从而在与沿线其他机制的竞争中展现自己的优越性，促使后者主动学习“一带一路”倡议中的先进要素，进而奠定了机制融合的基础。

实际上，提升“一带一路”在促进地区经济发展和增长中的效率和作用，也是在为推行沟通劝说型社会化政策营造有利的外部环境。“一带一路”倡议在问题解决过程中展现出的高效率正是中国劝说沿线受动者将其主导下的合作机制与“一带一路”融合的一项重要资本。因此，效率竞争型与沟通劝说型两大社会化政策在某种程度上是相辅相成的。就沟通劝说型社会化政策而言，这里的劝说（persuasion）是指“通过自由选择氛围下的信息传递，沟通者试图说服

① 马博：《文莱“2035 宏愿”与“一带一路”的战略对接研究》，载《南洋问题研究》2017 年第 1 期，第 69 页。

② 赵军：《埃及发展战略与“一带一路”建设》，载《阿拉伯世界研究》2016 年第 3 期，第 84 页。

③ 赵晨光：《从先行先试到战略对接：论“一带一路”在非洲的推进》，载《国际论坛》2017 年第 4 期，第 52 页。

他者改变对某一问题的态度或行为的象征性过程”①，它强调的是在平等、宽松氛围下通过有效沟通促使对方树立对某一问题的正面认知。而要达到这一心理预期，关键就是要在沟通劝说过程中做好有关“一带一路”的增信释疑工作。在中国政府发布的“一带一路”建设的愿景与行动纲领中就突出强调“政策沟通”在达成政治互信与合作共识过程中的重要保障作用②，这种政策沟通“既是政策对接，更是协商和构建共识的过程”③。在“一带一路”倡议未来的推介过程中，中国要从以下几点做到有效的沟通劝说：向沿线国家内的精英阶层表明“一带一路”倡议的开放性、包容性、共享性和地缘经济属性；充分借用“二轨外交”向对象国民众阐释“一带一路”倡议内蕴的合作共赢与平等等价值理念与理想目标，等等。通过这些有效沟通逐渐消解沿线国家和民众对“一带一路”的错误观念和认知偏差。显然，通过沟通劝说扭转“观念市场”是“一带一路”与沿线机制融合的必要认知基础和价值判断。

总而言之，在“一带一路”倡议实施的具体实践中，为了达到与沿线既有机制之间顺利实现融合的预期目标，应该充分发挥中国政府、中国主导或重点参与的国际组织，以及高层领导人这三大不同层次的社会化媒介的联动引导作用，依凭中国在“一带一路”倡议中的奖励与沿线既有机制内的受动者学习两大社会化路径，积极推行以效率竞争型和劝说教化型为核心内容的机制融合的社会化政策，最终形成“一带一路”倡议与沿线机制协同运作、共同发展的良性格局。

然而，必须重视的是，以社会化逻辑促成“一带一路”与沿线机制的融合亦存在某些潜在风险需加以重视和审慎评估。例如，在社会化路径方面，中国推行的单方面的奖励举措容易导致沿线行为体形成对中国的过度依赖，可能会诱发受动者在获益未达预期时退出这一机制融合的进程，而持续的奖励措施在某种程度上亦会加剧中国的经济负担。这就要求中国在奖励路径、沿线行为体

---

① Richard M.Perloff，*The Dynamics of Persuasion*：*Communication and Attitudes in the 21st Century*（*6th edition*），New York：Routledge，2017，p.22.

② 《授权发布：推动共建丝绸之路经济带和 21 世纪海上丝绸之路的愿景与行动》，新华网 2015 年 3 月 28 日，http://www.xinhuanet.com/world/2015-03/28/c_1114793986_2.htm，最后访问时间 2018 年 9 月 18 日。

③ 秦亚青、魏玲：《新型全球治理观与“一带一路”合作实践》，载《外交评论》2018 年第 2 期，第 8 页。

预期和可承受范围三者之间找到合适的平衡点。此外，社会化政策方面，效率竞争型政策的潜在风险在于竞争的“优胜劣汰”效应可能会将沿线既有机制排挤出局，从而加剧“一带一路”与沿线机制之间的紧张关系、认知分歧，乃至彻底决裂。诚如有学者指出，“‘一带一路’应被界定为地区合作的一个补充方式，而不是着眼于与既存的地区合作架构竞争或者排挤这些架构”。①因此，中国在推行效率竞争型社会化政策时应当注重度的把握，即在讲求效率诱导的同时杜绝机制间的恶性竞争，应该以不淘汰和排斥沿线其他机制为基本原则和宗旨。概而言之，在以社会化逻辑促使“一带一路”倡议与沿线机制的融合时需要警惕反社会化或逆社会化现象的出现。

结　语

针对国际关系某一特定问题领域中因存在多种机制并存而导致的机制拥堵与机制失调现象，本文提出以社会化作为国际机制融合的可供选择的现实模式，并且，本文还从内涵、媒介、路径和政策四个层面梳理出了国际机制融合的社会化逻辑。将这种机制融合的社会化逻辑运用于当今中国的伟大政治实践，其最根本的目标是为了探讨“一带一路”倡议与沿线既有机制之间进行融合的可能性与可行性。依凭这种机制融合的社会化逻辑，“一带一路”倡议得以缓解与沿线机制之间的相互重叠、掣肘与抵牾而造成的“同性相斥”消极境况。通过“一带一路”倡议中的原则、规范、规则、价值理念与决策程序等制度性要素的外溢和扩散，以及沿线行为体对这些要素的自觉学习、内化和遵守，最终促成不同机制在融合后形成了协调运转的健康格局。总而言之，“‘一带一路’合作并非是取代现有机制的新机制，而是要对现有不同层次和类型的机制予以补充和沟通，增加这些机制的运行效率和彼此的协调效应”②。作为21世纪初期中国对外政策中的一项顶级的战略构想与规划，通过机制融合引导“一带一路”倡议在沿线地区的合理布局，将会最终助力于这项重大倡议的平稳推进与顺利实施。

---

① 王联合：《美国对“一带一路”战略的认知与反应》，黄河主编：《一带一路与国际合作》，第203页。

② 冯维江、徐秀军著：《一带一路：迈向治理现代化的大战略》，北京：机械工业出版社2016年版，第191页。

不对称合作何以共赢：理论逻辑与现实发展

——以英美关系与西拉关系为例

谢剑南*

在世界多极化和经济全球化的不断演进中，国家间实力的不对称发展仍是客观现实，优势互补的不对称合作成为国家间关系的常态。如何正确认知彼此身份，促进权益公正分享，形成良性合作竞争态势，成为各国广为关注的问题。对于合作中各方不对称的身份与权益分享来说，“合作的起源本身是一个谜，而不对称合作的出现就更是一个谜中之谜”①。基于此，本文主要从国家间不平衡发展的客观态势出发，分析国家间不对称合作何以共赢，探讨国家间不对称合作的条件与不对称冲突的原因，研究全球化新时代国家间如何形成、发展和巩固与时俱进的合作共赢格局，分析对当前中美关系和全球治理的相关启示。

一、不对称合作现有理论的解释路径

不对称合作（asymmetrical cooperation）是指国家间实力不对等的双方或多方在不同领域进行合作共赢的态势。当前的国际关系理论都以国家实力不对称为假定前提，来研究国家间不对称合作/冲突关系及国际格局的发展状态，这为理解国际和平与冲突、推动合作共赢关系、建构公平合理的国际秩序提供了理

---

* 谢剑南，中共中央党校国家行政学院研究生院博士生，青岛大学政治与公共管理学院讲师。本文得到有关匿名评审专家的指导与修改意见，在此特以致谢。文章疏漏和不当之处由笔者负责。

① 孙杰：《不对称合作：理解国际关系的一个视角》，载《世界经济与政治》2015 年第 9 期，第 125 页。

论研究路径。

（一）自由制度主义与不对称合作

自由制度主义的重要观点是国际机制可以促进国家间合作。一般认为，制度主义本质上不是制度本身的问题，而是秩序与合作的问题，因而与其说制度主义是一种需要的论证，不如说是一种信仰的陈述。罗伯特·基欧汉（Robert O.Keohane）认为，当共同利益足够重要，以及其他的条件都满足时，没有霸权，合作也可以出现，国际机制也可以创设。①国际机制与国际秩序是相互反映的，国际机制是国际秩序偏好的反映，国际秩序也是国际机制偏好的反映。奥兰·扬（Oran Young）认为，国际机制有合作型、霸权型和协调型三种形式，国际机制供应公共产品的途径相应地也有三种，即自发合作产生、协调谈判产生、霸权强制产生，而且这三种形式和途径并不相互排斥。②这三种形式的途径各异，但都指向不同程度的不对称合作。显然，制度主义的假定是以行为体实力的不对称为基础的，国际机制是基于行为体间权力与利益的不对称合作而形成的，换言之，国家间不对称合作是合作常态。同时，制度主义相信各种相互依赖的体系性力量的作用，而相互依赖既是不对称合作的原因，又是不对称合作的结果。国际制度虽能促进国家间不对称合作，但并不能限制国家间不对称冲突，更不能保障国际安全与世界和平。如果不对称合作难以维持，或者国家间难以形成一种与时俱进的不对称合作关系，则原来的合作容易破裂，或者即使保持合作也可能是因为第三方因素而只有有限程度的合作。在既有国际机制运行情况下，当一些国家认为成本支出与国家收益不合理时，难免出现一定程度的民粹主义、民族主义、孤立主义和保守主义，国际机制的脆弱性在不对称合作中就显露无遗。

（二）结构现实主义与不对称合作

结构现实主义主要从国际体系结构的角度探讨了国家间不对称合作关系，

① ［美］罗伯特·基欧汉著：《霸权之后：世界政治经济中的合作与纷争》，苏长和、信强、何耀译，上海：上海人民出版社 2001 年版，第 60—61 页。

② 王建伟主编：《国际关系学》，北京：中国人民大学出版社 2010 年版，第 182 页。

认为权力分配决定了国际体系结构，结构由主要行为体（民族国家）界定，国际体系的变化是由体系内国家实力的不对称及其变化引起的。结构现实主义奠基者肯尼思·华尔兹（Kenneth Waltz）认为，国际体系的“各部分的排列组合产生了结构，排列的变化导致结构的变化”①。这种观点认为，国际体系总体上是一个不对称的动态体系，国家不是谋求权力的最大化，而是寻求权力的最佳配置，国家权力配置结果的不同，会产生均势、结盟、霸权、依附、集体安全等体系外在表现状态。其中，实力强大的大国及大国关系在国际体系的和平稳定格局中发挥了关键作用。布兰特利·沃马克（Brantly Womack）指出，国家间关系的结构是不对称的，国家的相对实力总是存在差异，不对称合作是国家间关系的常态，也是国际关系矩阵的一个共同特征。②这意味着，结构现实主义承认国家间的不对称条件引发了不对称合作/冲突，国际关系的现实是遵循“合作-冲突-合作”的循环路径向前发展的。因此，这一理论对不对称合作现状的解释性很强，不过在“解释变化方面却很弱”。③比如在体系结构稳定的情况下，有些国家显然可以从稳定的国际体系或区域体系中获益，也能从与他国的不对称合作中获得相对收益，却仍会采取不合作态度，采取“退群”行为甚至可能采取单方面的挑衅政策。

（三）权力转移理论与不对称合作

把权力及权力转移作为一个国际政治的关键变量单独研究，是现实主义理论中“迄今为止一项最重要的研究”。④基于大国在国家间关系中的重要地位，权力转移理论有两个切入点：一个是以霸权国为切入点，分析霸权国如何维持和延续霸权，避免陷入新的不利于自身的非对称劣势；另一个是以新兴大国为切入点，分析新兴大国如何取代霸权国并建构有利于自身的不对称优势。现实主

① Kenneth Waltz, *Theory of International Politics*, New York: McGraw Hill Publishing Company, 1979, p.80.

② Brantly Womack, “Asymmetry and Systemic Misperception: China, Vietnam and Cambodia during the 1970s,” *The Journal of Strategic Studies*, Vol.26, No.2, 2003, p.95.

③ Robert Keohane, *Neorealism and Its Critics*, New York: Columbia University Press, 1986, p.159.

④ ［美］詹姆斯·多尔蒂、小罗伯特·普法尔茨格拉夫著：《争论中的国际关系理论》（第五版，中译本第二版），阎学通、陈寒溪等译，北京：世界知识出版社 2013 年版，第 102 页。

义理论认为，新兴大国主观上具有排挤甚至挑战霸权国的意愿，因此新兴大国必然选择挑战霸权国的策略，试图打破现存的对自身不利的不对称劣势。现实主义理论还认为，即使新兴大国不挑战霸权国，霸权国也会采取高压措施包括军事行动来压制新兴大国，当这种结构性矛盾难以避免时，就会滑向“修昔底德陷阱”（Thucydides's Trap）。奥根斯基（A.F.K.Organski）等人提醒人们注意，“权力转移时，战争可能性有增大的危险”①。迈克尔·沙利文（Michael P.Sullivan）也指出，“两个国家越是旗鼓相当，冲突的可能性就越大”②。可见，无论哪种现实主义理论，都非常关注权力及权力转移本身，较少关注权力的局限性与分配形式，强调权力转移的不可避免性和崛起国与守成国之间的对抗性及冲突性，相对忽视了国家间实力不对称变化的时代背景与现实原因。对此，约翰·刘易斯·加迪斯（John Lewis Gaddis）提出疑问，如果实力分配的变化导致结构变化，那么实力分配变化不正是体系内国家实力变化的结果吗?③伊尼斯·克劳德（Inis L.Claude）也认为，在全球化、多极化与复合相互依赖日益深化发展的当今时代，“如果平衡意味着任何一方都可能输，它也意味着任何一方都可能赢”④。总体而言，在权力转移之前、之中、之后的过程中，建构稳定而与时俱进的不对称合作关系，对大国/强国和小国/弱国及相应的国家群体都非常重要，对国际秩序与世界和平也非常重要。

（四）身份认知理论与不对称合作

身份理论是建构主义的一个核心理论。建构主义认为，国家行为体是真实的，不可能被还原到支撑国家的个人，国家作为指涉客体是有身份的，身份是由内在和外在结构建构而成，它根植于行为体的自我领悟，但如果一直不能领悟身份需求并按照这些需求行动，就会失去这些身份。⑤身份认知理论认为，国

① A.F.K. Organski, *World Politics* (Now York: Knopf, 1958), chap.12; (2nd ed., 1968), chap.14.

② Michael P. Sullivan, *International Relations: Theories and Evidence*, Englewood Cliffs, New Jersey: Prentice Hall, 1976, p.166.

③ John Lewis Gaddis, "International Relations Theory and the End of the Cold War," *International Security*, Vol.17, No.3, winter 1992, p.34.

④ Inis L.Claude, *Powers and International Relations*, New York: Random House, 1962, p.56.

⑤ Alexander Wendt, *Social Theory of International Politics*, New York: Cambridge University Press, 1999, pp.218—232.

家身份有体系身份与相互身份之分，相互身份又有双边和多边之分，身份改变则权利、义务和责任也相应改变，身份改变的原因主要是实力、权力、制度、观念等要素，其中，观念与结构存在互构，观念影响并制约施动者，施动者的观念因时而异会发生相应变化，其过程具有长期性和滞后性，当然，“这一切取决于他者对以前的身份有多大的留恋程度，取决于双方有多大的权力”①。这意味着，不对称实力和不对称权力可成为不对称合作的基础，其中的关键因素是观念问题。身份认知理论为分析国家间关系提供了独特的分析视角，不过，如果身份认知错误，则很容易打破国家间脆弱的不对称合作关系，“在不对称状态下，对于集体身份的错误认知将导致双方冲突的迅速恶化”，并且，显而易见的是，“对于朋友、竞争者和敌人的身份认知，如果错误地将他者的角色身份定位为敌人，这将导致双方冲突的强度无限放大”②。这表明，尽管并不能防止出现身份认知错误的可能，然而正确地认知彼此体系身份和双边身份，对于不对称合作具有重要意义，当然，身份认知正确与否，并非不对称合作的充分条件，还有其他主客观因素作用。例如，小国在与大国的不对称合作中通常会获得相应收益，但在现实中却存在小国家主动挑衅大国的现象并由此可能招致大国的严厉报复，与此同时，即使大国享有绝对不对称优势，也可能很难掌控小国或者掌控过程屡屡受挫。不过，尽管如此，身份认知理论在价值目标指向上仍为国家间不对称合作提供了理论依据。

（五）均势理论与不对称合作

均势理论认为，国际体系的无政府状态和国家功能的同质化，共同决定了均势是国际体系的本质性结构状态，霸权则是均势状态的特定形式，“是均势的一个变种，是超强国控制次强国后形成的均势”③。按照马丁·怀特（Martin Wight）的归纳，均势的一般模式有两种：跷跷板式（简单均势）和旋转木马式

① ［美］亚历山大·温特著：《国际政治的社会理论》，秦亚青译，上海：上海人民出版社2000年版，第429页。

② 柳思思：《身份认知与不对称冲突》，载《世界经济与政治》2011年第2期，第120—121页。

③ 刘鸣著：《国际体系：历史演进与理论的解读》，北京：中共中央党校出版社2006年版，第248页。

（多边均势）。[①]不过，各国对均势的理解与要求的不同，“能派生出无数未经考验的理想模式”[②]。通常来说，局部均势和体系均势在性质上是一样的，均势所表现出来的特性，实质上就是为防止不对称冲突而进行不对称合作所呈现出的相对稳定的格局，因而均势不是单纯的、对称性的、一律化的存在形态，“总是一种有利于部分国家的力量分布”[③]。均势本身意味着一种实力与权力相结合的结构状态，它既会导致国家争权，也会限制国家争权，它既是国家间实力不对称变化的结果，也是“对付不均衡局面的策略”[④]。因此，均势实际上是一种不同范围、不同程度的不对称合作态势。国家对均势的策略运用与目标追求主要有三个层级：（1）下层级是竭力促进或保持对己有利的相对均势并维护均势，从而成为不对称合作中的不可或缺的重要国家；（2）中层级是努力成为其他均势国家的“离岸平衡手”，从而成为不对称合作的杠杆支点国家；（3）上层级是积极寻求并延长强（霸）权优势，从而成为不对称合作中的占支配地位的主导国家。在国际政治的现实中，均势作为国家的生存规律、国际体系的运行机制和国际格局的秩序状态，“它不可能永久保持稳定”。[⑤]如何促进国家间动态性的不对称合作，限制国家间对抗与冲突的升级，成为均势及均势运用的价值所在。当然，均势并非万能，如果均势真能管用，并且“国际法是与均势体系特征相适应的”，[⑥]为何均势还是没能阻止霸权国的产生呢。显然，均势场域的合作是不对称合作，共赢是相对的，大国通常获益更多，实力与能力积累更容易达到新高度。尤其在全球化时代，国家间相互依赖程度越来越广泛也越来越深，不对称合作越来越频繁、紧密，大国实力与权力格局变化也在相应加快。

由此可见，不对称合作既是国家间关系的主轴，又是和平稳定的国际秩序的前提基础。前述理论中都内在包含或承认国家间实力不对称的客观情况，并

① ［英］马丁·怀特著：《权力政治》，宋爱群译，北京：世界知识出版社 2004 年版，第 114 页。

② 刘鸣：《国际体系：历史演进与理论的解读》，第 226 页。

③ ［日］田中明彦著：《世界系统》，杨晶译，北京：经济日报出版社 1990 年版，第 51 页。

④ ［美］约翰·米尔斯海默著：《大国政治的悲剧》，王义桅、唐小松译，上海：上海人民出版社 2008 年版，第 203 页。

⑤ Michael Sheehan，*Balance of Power-History and Theory*，NY：Routledge，1996，p.13.

⑥ ［美］熊玠著：《无政府状态与世界秩序》，余逊达、张铁军译，杭州：浙江人民出版社 2001 年版，第 27 页。

在此基础上形成各有价值倾向的理论范式。通过理论梳理不难发现，不对称合作的本质是利益交换，形式是优势互补，目的是互利共赢。随着全球化背景下政治多元化、经济全球化和国际关系民主化的持续发展，国家间不对称关系随着实力的不对称变化也在发生动态变化，然而，既有的国家间尤其是大国间不对称合作关系能够维持或达到何种程度仍不得而知。本文试图从不对称合作自身蕴含的机理出发，分析全球化背景下的国家间不对称合作形成共赢的理论逻辑与现实发展，探讨国家间实力不对称变化引起的“合作-对抗-合作”循环发展进程，认为实力不对称的国家并不必然陷入历史的传统冲突逻辑，而是可以形成一种与时俱进的动态的不对称合作关系，从而持续促进并保持合作共赢的新型国际关系格局。

二、不对称合作的理论逻辑

（一）不平衡发展的客观性

由于地缘环境、人口基数、文化传统、制度政策、教育科技、资源能源等方面的差异，国家间的发展是不平衡的。知名学者詹姆斯·多尔蒂（James E. Dougherty）和小罗伯特·普法尔茨格拉夫（Robert L.Pfaltzgraff）共同指出：“历史一次又一次表明，经济秩序与技术秩序的变化以及宗教、政治、文化对于战争的性质和行为都会产生深刻的影响。然而，在一个不断扩大和日益复杂的国际体系中，这些变化的分布决不会是平均的或对称的。”①显然，正是这种不平均的或不对称变化的分布，国家间总是存在不平衡发展态势，并且由此成为国家间合作的基础，也成为国家间冲突的潜因。

国家间不平衡发展不仅在国际关系理论与现实中有广泛研究，马克思主义哲学和社会学等对国家间不平衡发展也有深刻认知。马克思认为，人类历史的发展是不平衡的，马克思甚至认为政治经济学就是要研究“生产关系作为法的关系怎样进入了不平衡的发展”②。恩格斯在《反杜林论》（哲学编）和《自然辩

① ［美］詹姆斯·多尔蒂、小罗伯特·普法尔茨格拉夫著：《争论中的国际关系理论》（第五版，中译本第二版），阎学通、陈寒溪等译，北京：世界知识出版社2013年版，第211页。

② 《马克思恩格斯选集》第2卷，北京：人民出版社1995年版，第27页。

证法》中，从自然史的角度对运动中的平衡进行了深刻阐述，他指出：“任何静止、任何平衡都只是相对的。”① “绝对的静止、无条件的平衡是不存在的。个别的运动趋向于平衡，总的运动又破坏平衡。”②人类社会进入资本主义后，列宁也有一个著名论断：“经济和政治发展的不平衡是资本主义的绝对规律。”③他指出：“资本主义的发展在各个国家是极不平衡的。”④毛泽东在深刻洞察历史演绎规律和社会发展规律之后指出：“不平衡是普遍的客观规律。从不平衡到平衡，又从平衡到不平衡，循环不已，永远如此，但是每一循环都进到高的一级。不平衡是经常的，绝对的；平衡是暂时的，相对的。”⑤邓小平进一步丰富了国家间非对称要素与不平衡规律的认识，他指出：“每个国家的基础不同，历史不同，所处的环境不同，左邻右舍不同，还有其他许多不同。”⑥他从发展的角度也同样得出非对称发展的论断，他指出：“发展是不平衡的。”⑦

国家间不平衡发展是不对称合作的基本前提。作为一个分析国际关系的有限概念，国家间不平衡发展有三个认知特性：其一，它明确认知国家间实力与能力不对称的客观存在，并在理论上与实践中，都以不平衡发展为假定前提，并在此基础上衍生出不同理论认知范式与国家发展模式；其二，它着眼强势物质主义的重要客观作用，认为国家间合作与竞争、对抗与冲突的根本动因在于物质要素的不对称变化，并且认知到观念建构与物质主义具有相对同步性，认为不对称关系是一种可修复的变化关系，追求的是一种动态的平衡状态；其三，它隐含着“只要有他者的存在，就会与自我产生矛盾和冲突之处，就会产生人类社会出现的一切社会组织与结构”⑧，从而也隐喻国际关系中“合作/竞争-对抗/冲突-合作/竞争”的循环发展路径与“平衡-失衡-平衡”的国际体系发展，是构成国际格局总体动态平衡的内在原因，同时也是国际关系趋稳与国际秩序

---

① 《马克思恩格斯选集》第3卷，北京：人民出版社1995年版，第399页。

② 同上书，第402页。

③ 《列宁选集》第2卷，北京：人民出版社1995年版，第554页。

④ 同上书，第722页。

⑤ 《建国以来毛泽东文稿》第7册，北京：中央文献出版社1992年版，第54页。

⑥ 《邓小平文选》第3卷，北京：人民出版社1993年版，第265页。

⑦ 《邓小平文选》第2卷，北京：人民出版社1995年版，第73页。

⑧ 谢剑南：《“他者的存在”与国际社会的无政府状态分析》，载《东方论坛》2011年第2期，第124页。

趋好的内在逻辑所在。

（二）不对称合作的权力寻租性

不平衡发展为不对称合作与互利共赢带来了重要机遇，使国家间合作有了可能性和必要性，但也可能成为对抗的诱因与冲突的潜因。由于先天条件的差异与后天发展的不平衡，导致了相互依赖与合作的脆弱性与敏感性，吉尔平认为："相互依赖产生了一种可供利用和操纵的脆弱性。"①从而，不断加强实力与独立性就成为了弱化这种脆弱性的主要对策，并且由合作过程产生的机制性安排与制度化合作，在强化合作稳定性的同时，也有弱化脆弱性的作用，对于促进不对称合作有重要现实意义。同时，不断加强实力与独立性，也可能为权力寻租提供了空间，或者导致权力的失衡而发生新的对抗/冲突。

合作不等于和谐，合作也不意味着没有对抗/冲突。合作的前提是能谋取利益，或者说是利益所致的内在需要，合作的基础是互惠，但互惠只是合作的必要条件而非充分条件。因此就功能上来说，一方面合作能增进利益并达到联合行动的目的，另一方面也是对冲突的预防与管理。尽管合作本质上是自愿或刻意配合的联合行动，但实际上无法回避实力及权力不对称带来的系列问题，这为合作的动机留下了各方不同的想象空间。米尔斯海默认为，"合作意味着一方具有利用对方的强烈动机"②。实际上，利用动机是双向的，双方都有自己的合作动机与利益预期。不对称合作的维持与稳定并不只依赖于不对称实力所产生的强制性及利益预期，也为共同的利益、动机及目标而进行主观配合。如果相互不对称对抗/冲突会带来极大代价，那么不对称合作自然就成了最好的现实选择。由此，国家间围绕权力与利益的不对称分配就会产生无数博弈，从而形成动态的既有合作/竞争又有对抗/冲突的国际秩序。

政治学、经济学和社会学都普遍认为，任何领域的不平衡发展，都可能形成垄断、支配或主导。在国内政治领域，对于单个国家来说，权力的垄断直接造成国家统治，并且权力本身也由不同派别的较量目标变成了国家的统治工具。

① ［美］罗伯特·吉尔平著：《国际关系政治经济学》，杨宇光等译，上海：上海世纪出版集团2011年版，第30页。

② ［美］约翰·米尔斯海默著：《大国政治的悲剧》，王义桅、唐小松译，上海：上海世纪出版集团2008年版，第52页。

对于国际体系来说，尽管有如戈特弗里德-卡尔·金德曼（Gottfried-Karl Kindermann）指出的，“把权力当作政治的最重要工具，并不是说权力就是政治的全部本质”①，但是，国家的不均衡发展使国家间实力此消彼长，出现不平衡发展，国际权力格局也随之变换，这种客观存在的现实性，形成了国家对不对称权力的持久追求与较量。因而，“不对称关系不再被视为一种反常现象或普遍规律的偏差，相反，它被公认为是社会进程的重要特征”②。国家通过对外合作与打击对手的方式，寻求获取利益、扩大实力与增进影响力的倾向，正是国家为了寻求权力、扩大权力和巩固权力的一种内在功能。然而，随着国家实力与影响力的扩大，一方面增强了国家的不对称优势，理论上能够谋求更大的权力与影响力，另一方面也会带来对自身不利的不对称劣势，扩张的成本将制约其控制能力和再扩张能力，客观上又造成了实力的巨大损耗和权力的分散与流失。

罗伯特·吉尔平（Robert Gilpin）认为，当国家基于权力的扩张成本大于或等于预期收益时，国际体系就处于均衡状态。一旦达到均衡状态，体系又开始变化，因为维持现状的经济成本的增长将快于维持现状的经济能力的增长。因此，失衡状态所反映的，是国家间不对称实力与能力之间的差距。他认为，历史上失衡状态的主要解决方式是战争，战争的结果通常是在胜利者和失败者之间重新进行权力分配。③然而，无论权力重新分配是否具有最大的公正性和均衡性，随着国家间实力的再次不平衡发展，又会出现新的失衡状态，国家间关系也会再次出现冲突的状况。如果在临界期不是以历史常见的战争方式来修正这种失衡状态，那么就需要在合作与竞争的不断博弈中向新的平衡状态过渡，直至形成一种新的为各方所能接受并且仍可不断修正的平衡状态。

国际体系或区域性体系在“平衡-失衡-平衡”转换过程中，会出现不对称对抗/冲突状态。这种状况通常意味着两类结果：一类是原有体系结构失衡（包括区域体系和全球体系），另一类是原有关系状态失衡（包括合作/竞争关系和

① Gottfried-Karl Kindermann，*The Munich School of Neorealism in International Politics*，unpublished manuscript，University of Munich，1985，p.11.

② 曹阳：《西方国际政治理论中的“非对称冲突”研究》，载《现代国际关系》2012 年第 1 期，第 57 页。

③ ［美］詹姆斯·多尔蒂、小罗伯特·普法尔茨格拉夫著：《争论中的国际关系理论》（第五版，中译本第二版），阎学通、陈寒溪等译，北京：世界知识出版社 2013 年版，第 89 页。

对抗/冲突关系）。由于失衡本身要么是实力发展不均衡的结果，要么是观念变化引发政策改变的结果，要么是实力与观念共同作用的结果，因此，这两类失衡实际上都是条件或观念变化引起了因果性失衡。这意味着，前者需要进行结构性修复，后者需要进行关系性修复。结构性修复既需要国家间实力结构的重新排列组合，使之处于逐步趋稳的均衡状态，也需要反复演绎修正并形成新的及不断内化的规范，还需要观念的调整跟进并相对定型。也就是说，国家各自及相互身份认知，要与彼此实力及体系结构相一致。关系性修复的关键在于一方或双方观念的转圜，因为不对称合作/竞争或不对称对抗/冲突，通常是由政治因素而非实力因素引起的，或者说政治因素远大于实力因素的作用，因而同样也需要各自及相互身份认知要与彼此实力与体系结构相一致，如很多西方学者经常列举的例子，认为朝鲜或伊朗拥有核武器对美国有巨大威胁，却不认为英国拥有核武器对美国是一种威胁。相对于历史上国际体系的平衡时段远大于失衡时段，失衡实际上可视为再平衡的一种过渡状态，因此不对称条件变化导致的不对称冲突的因果变化，其发展路径最终指向了新的不对称合作状况下的平衡。换言之，在全球化时代，无论从理论上还是现实中，对于国家的发展进步与国际秩序的和平稳定，国家间合作的意义远大于冲突的意义，共赢是国家间相处的最佳逻辑。

（三）不对称合作的共赢性

为谋求于己有利的不对称优势或者在合作中处于不对称的强势地位，国家曾使用过无数方式或方法，有些至今仍在使用并仍有效用，比如武力威胁与征服、政治压制与妥协、利益诱惑与分配、宗教传播与教化、文化约束与融合，或者屈服、依附与投降，或者寻求结盟与集体安全。大体而言，在第二次世界大战之前，国家在不对称合作中，主要是谋求实力发展上的不对称优势，主要靠武力手段来实现征服、掠夺、强取，以期形成对强者有利的不对称合作关系。这种共处与合作的旧模式，缺乏国际稳定结构保障和强力国际机制制约的强权关系，多有不公平、不合理、不均衡之处，当新的强者出现后，又会试图打破旧的秩序状态，力求谋取新的对己有利的秩序状态。如此循环往复，构成了过去人类发展史的基本脉络，也是国际政治发展的主逻辑与主基轴。

在核和平与全球化时代，传统的强权之下的不对称合作模式已经难以为继，新的基于规则、对等、共赢原则的合作新模式正在逐步得到广泛认可与推行。这种新模式是基于全球化时代国际分工再调整，能促进生产要素和消费要素更为均衡的流动，注重的是优势互补的不对称合作，强调把不对称的资源优势转化为发展优势，把不对称的地缘优势转化为互动优势，把不对称的差异优势转化为合作优势，具有五个方面变革的新特征：一是内生力量变革，能更广泛地更有效地解放和发展了生产力；二是体系容量变革，能促进走合作共赢与包容共生新路；三是机制存量，能推动全球经济再平衡发展；四是互动增量，能推进互联互通实现各国共同现代化与共同富裕；五是价值含量变革，能更好地建构以人为本的发展共同体。①因此，这种新模式与旧模式具有很大不同：一是经济增长方式不同，着重于包容性增长而非排他性增长；二是参与方式不同，着重于主动参与而非被迫纳入；三是合作方式不同，着重于平等型合作而非依附型合作；四是各国利益分享模式不同，着重于普惠共赢而非利益不均。

由于资源条件的自然差异和国家发展不平衡的绝对规律，基于国家实力大小而形成的不对称合作关系仍是国际社会的普遍现象，但总体上，公平性、合理性与均衡性将会得到更充分体现。不过，由于国际社会仍然对霸权国和强国缺乏统一有效的制约手段，在合作中弱国对强国的霸凌行为缺乏对等的反制手段而利益受损，这种不对称合作仍会引发对抗与冲突。对此，罗伯特·吉尔平提出了他的担忧，“核武器的出现并没有使人们放弃使用武力，经济相互依存并不能保证合作可以取代冲突。国际无政府状态必须以一种全球性的共同价值观和世界观来取代”②。从另一层面来说，这就产生了一系列全球治理失灵的问题，而应对失灵的解决路径，主要在于不断改进现有国际机制，创新或创设新的国际组织运作模式和新的国际合作平台，形成更加倾向于公平、合力、均衡的合作共赢格局。或许，在全球化时代，中国倡导在伙伴关系基础上构建相互尊重、公平正义、合作共赢的新型国际关系，逐步朝着建立更加公平合理的国际秩序的方向发展，则可能成为一种新的合理有效方案。

国家间尤其是大国间不对称合作的机制化和制度化，既是政治经济的客观

① 谢剑南：《“一带一路”与全球经济治理变革》，载《甘肃社会科学》2018 年第 3 期，第 109—113 页。

② Robert Gilpin，*War and Change in world Politics*，New York：Cambridge University Press，1981，p.230.

要求，又是体系结构上的派生自然物。究其作用，主要在于三个方面：一是约束了传统的国家或国家集团的对抗性态势，制度化与规范化合作在全球范围得到广泛拓展；二是淡化了事实上的国际体系等级关系并突出了多元化，部分抵消并限制了大国扩张的欲望；三是有限维护了中小国家的主权利益和发展利益，有限度地促进了不对称合作的公正性和共赢性。总体来看，“大国互动制度化可以补充和改善体系的调控和平衡机制”①。当前，国际格局正处于非战状况下的大变革、大发展、大调整进程中。与此同时，合作共赢日益成为国际和平发展的理论与实践路径，全球治理成为国际社会共同关注的问题，谁来治理、治理什么、如何治理也越来越受到各国和各界的广泛关注。

毋庸置疑，国际体系的和平稳定秩序建立在国家间尤其是大国间协调合作的基础之上。罗伯特·吉尔平指出：“如果国际体系的不均衡问题没有得到解决，体系就发生变化，意味着将形成力量重新分配的均衡。”②为何雅尔塔体制至今一直能得以维持并发挥作用，美国霸权主导下的全球不对称合作能持续得以维持？霸权稳定论是这种不对称合作的比较合理的解释。霸权稳定论认为，霸权主导下的不对称合作的稳定性，主要依赖于稳定而悬殊的实力对比，途径是霸主自愿为体系提供公共产品，以维护其在体系中的霸主地位，体系中的其他国家则通过搭便车等机会主义策略获益。③事实上，雅尔塔体制就是以美国为首的西方为中心的国际权力体制，这种体制建立在有强大不对称实力的霸权主导的基础上，而且其本身倡导基于规则、开放、合作、共赢的体制，迄今仍有巨大的惯性存在，并且能根据国际局势发展变化不断调整改进，弱国在这种不对称合作机制中，由于挑战霸权国的代价极大，更愿意选择留在不对称合作关系中，倾向于认可现实并遵守既定秩序与规制，采取配合与支持的战略与政策，因此国际体系不易出现颠覆性的秩序失衡，这就在大体上保证了国际上的不对称合作得以维持和巩固，并在一定程度上促进了互利共赢的实现，使国际体系

① 刘鸣著：《国际体系：历史演进与理论的解读》，北京：中共中央党校出版社 2006 年版，第 256 页。

② Robert Gilpin，*War and Change of World Politics*，New York：Cambridge University Press，1981，p.105.

③ ［美］罗伯特·吉尔平著：《全球政治经济学：解读国际经济秩序》，杨宇光、杨炯译，上海：上海人民出版社 2003 年版，第 100—102 页。

继续保持相对稳定。对此，罗伯特·基欧汉（Robert O.Keohane）解释道，“霸权并不是与合作相对立的，相反，霸权取决于某种不对称的合作，成功的霸主总是支持和维持这种不对称合作”①。迄今，美国霸权的维持与这种理论认知总体上是契合的。

从物质主义的物理力学角度来看也可得到类似的合理解释。物理学认为，每个作用力总有一个与之大小相等、方向相反的作用力，作用力的大小既取决于反作用的大小，也取决于所能提供的物源性力的大小，而且，作用力越大，反作用也越大。雅尔塔体制作为一种强势物质主义的现实存在，从某种意义上来说，美国的超级霸权力量，也可视为一种物理性力量。在反作用力没有超过作用力之前，不对称合作是可以保持的，如果反作用力超过了作用力，那么就可能通过激烈争斗或者自主过渡的方式，形成某种新的均衡格局。如果一个作用力消失了，那么就会在同一方向或另一方向出现另一个作用力来牵制。这个作用力，既可能是直接的物理性力量，也可能是间接的制度性（结构）力量，更有可能是物理性力量与制度性（结构）力量的共同结合。否则，国际秩序的天平不可能继续维持不对称的总体平衡，那么混乱、对抗、冲突与战争就会难以避免。从这一意义上来说，不对称合作的背后逻辑就是：秩序可以改进，和平可以维护，权力可以感染，霸权可以传递，合作可以共赢。因此，对于国际体系的和平与稳定，我们应当认识到，不对称优势不应当成为对抗与冲突的筹码，优势互补可以更好地促进发展，不对称合作是共赢发展之道。

（四）不对称合作的“变”与“不变”

国家间不对称合作存在“变”和“不变”的状况。所谓“变”，主要是指国家间相互关系随时间与条件而发生变化，例如对手关系、依附关系、盟友关系、伙伴（竞合）关系以及在经贸、科技、安全等领域的关系。所谓“不变”，是指国家间合作的基本要素不变，例如商业贸易、人员往来、医疗健康、科技教育以及共同面对的问题与挑战等。基于国家间身份定位及相互关系，国家间不对称合作关系有广义与狭义之分，广义的不对称合作关系主要有对手关系、伙伴

① ［美］罗伯特·基欧汉著：《霸权之后：世界政治经济中的合作与纷争》，苏长和、信强、何耀译，上海：上海人民出版社 2001 年版，第 59 页。

（竞合）关系、依附关系、盟友关系，狭义的非对称合作关系主要指依附关系。

（1）对手关系。国家的基本功能之一就是保卫国家与维护利益，如果国家间存在利益与价值的冲突时，就会产生对冲性权力关系，从而形成对手关系。这主要体现在政治、经济、军事、科技、贸易、教育、文化等各个方面，处于对手关系的强势一方，在非对称合作关系中对相对收益的关注更重于对绝对利益的关注，并且更倾向于在所有领域都压制较弱势一方。

（2）依附关系。某些小国和弱国甚至一些中等强国，在政治上、经济上和安全上，不同程度地对大国和强国形成一定的依附关系，并且同时会形成事实上的权力等级关系，这是最典型最直接的非对称合作关系。兰德尔·施韦勒（Randall Schweller）指出，如果一种失衡可能会带来利益，或新的秩序代表着无法抗拒的趋势时，更多的国家可能会追随强者，而不是奋起制约。①这对于当前以美国为核心的西方中心主义国际体系尤为明显。

（3）盟友关系。传统安全是盟友关系的最大关切，在涉及权力、利益、意识形态和价值观等的博弈时也仍是其主要共同目标。此外，共同谋求集体优势与争夺权力也是盟友关系的重要共同关切。在现实中，即使是盟友关系，也会有明显的不对称合作关系，并且内部并非铁板一块，弱势一方通常有赖于强势一方的保护或保护承诺，相互之间既有合作也有竞争，甚至在不同领域也存在不同程度的依附关系。

（4）伙伴（竞合）关系。在某种意义上，这种不对称合作关系，就是“相互尊重、公平正义、合作共赢”的新型国际关系。②不过，这只是针对实力与能力的不对称而言，不是指身份与权力的不平等，目的是合作共赢。冷战后，国家间各类伙伴关系得到迅速发展，这不仅符合世界发展大势，而且有利于各国互利共赢与促进全球治理，但其背后仍存在各国不同利益诉求，在竞争中合作、在合作中竞争，将成为一种常态性关系，但有霸权大国与其盟友仍然可能从损害别国利益中获取额外利益而难以受到有效惩罚，从而也会形成权力与收益都不对称的合作关系。

① Randall Schweller，“Bandwagoning for Profit：Bringing the Revisionist State Back In?” *International Security*，Summer 1994，p.96.

② 习近平：《决胜全面建成小康社会　夺取新时代中国特色社会主义伟大胜利——在中国共产党第十九次全国代表大会上的报告》，北京：人民出版社 2017 年版，第 58 页。

总体来看，国际体系的无政府状态，实际上是以“无”来定义“有”的状态，这种状态隐含了国家间的不对称实力承认与权力配置，从而催生了国家间不对称合作的“变”与“不变”。上述四类不对称合作关系，实际上是国际体系无政府状态的产物，也是国际秩序的具体表现。这四类合作关系在特定时期内可以相互转化。例如美日关系，在第二次世界大战前的一段时期曾是对手关系，第二次世界大战中是敌人关系，但在第二次世界大战后转换为安全上对美国的依附关系和与美国的盟友关系，同时美日关系也包含了事实上的伙伴（竞合）关系，尤其在经济贸易领域更是如此。各个时期国家间的不对称合作状态，构成各个时期不同的国际秩序，通常有多极均势秩序、单极霸权秩序、两极对抗秩序、单位否定秩序①，并且会随着国家实力的不对称变化而变化。在不对称合作关系发生失衡后，国家间关系将从一种或多种关系转变为另一种或多种关系，但国家间仍保持某种类型的不对称合作关系，从而形成不对称合作的“变”与“不变”。在这里，“变”的是实力、目的与关系形式，“不变”的是合作要素，如果从现实主义来看，“变”的是权力配置，“不变”的是权力本身。

三、不对称合作的现实发展

不对称合作的现实发展主要有身份互认、权益分享、合作竞争，它们相互影响、相互牵制、相互作用，为适应不对称合作关系的动态变化，每一类特征又都可能发生相应变化。

（一）身份互认

身份互认是不对称合作关系的重要前提。亚历山大·温特（Alexander Wendt）认为，身份根植于行为体的自我领悟，有两种观念可以进入身份，一种是自我持有的观念，另一种是他者持有的身份。他分析了行为体的四种身份，分别是个人或团体、类属、角色、集体，除了第一种身份之外，后三种身份可以在同一行为体上同时表现出多种形式。②这意味着，多角度准确认知自我身份

① 莫顿·卡普兰认为，单位否定体系是指出现一国的威胁力量足以影响和阻止别国行为的情势。参见倪世雄主编：《当代西方国际关系理论》，上海：复旦大学出版社 2001 年版，第 330 页。

② ［美］亚历山大·温特著：《国际政治的社会理论》，秦亚青译，上海：上海人民出版社 2000 年版，第 282—289 页。

与他者身份是不对称合作关系的重要前提。行为体对自我身份与他者身份的认知，主要有两类，一类认知基本符合客观现实，形成正确认知，另一类认知偏离了客观现实，产生错误认知。身份认知错误将产生三种状态：其一，是将他者置于对立面衬托自我优点的自我优越感；其二，是基于过去经验与主观臆想对他者产生固定态度与情绪指向的刻板印象；其三，是根据自己期望与价值喜好来定位自我与他者身份特征的愿望思维。①

显然，国家间错误认知会产生不利后果，对他者身份是"朋友"还是"敌人"的错误认知，将直接影响不对称合作关系的变化走势，甚至形成对抗与冲突。例如自冷战以来，中美关系经常出现波折，美国作为国际体系霸权国与美中关系的非对称强势方，一方面需要与中国在诸多领域与问题上进行合作，另一方面又想打压中国并防止中国实力超越美国，因此对中国的身份认知到底是"朋友"还是"敌人"，或者是"竞合者"还是"挑战者"的角色有摇摆不定的不确定认知，这也是导致美国对华政策在"接触"与"遏制"之间来回变化的关键原因，并且直接导致当前中美两国很难真正实现不冲突不对抗、相互尊重、合作共赢的趋好局面。

（二）权益分享

权益分享是不对称合作关系的关键纽带。各方达到合作共赢的途径并不相同，大国或强势一方可以通过以身作则、惩罚、奖励三种途径，保持与小国或弱势一方的不对称合作关系，小国或弱势一方则可以通过反复试探、配合、索取三种途径，发展与大国或强势一方的不对称合作关系。当然，在这种不对称合作关系中，合作收益不一定是公共产品或集体产品，也不一定是权力与财富分享的结果，更可能是不对称优势的互补，或是利益上的各取所需，并且是一种能够进行补偿性分配的可转移效用，其获益方式更多的是通过利益交换而非利益争夺来实现权益分享。由于国际体系的无政府性质和有关奖惩机制的存在，合作者比背叛者通常有更高的生存适应性，更可能主动与他国发展合作关系，从而能够实现不对称合作与不对称权益分享，达到一种动态平衡。

---

① 柳思思：《身份认知与不对称冲突》，载《世界经济与政治》2011 年第 2 期，第 121—122 页。

因此，不对称合作的权益分享有三层含义：其一，双方都能够分别从与对方不对称合作中获得相应合作权益，且强势一方要比弱势一方提供更多公众福利及公共产品，但所获直接或间接权益也更多；其二，不对称合作中会形成只有合作才能产生的公共产品和集体产品，其组织媒介的最好形式就是发展某种类型的伙伴关系甚至盟友关系，形成互惠共生、合作共赢的利益群体；其三，合作价值链之外的“沉默的大多数”，其权益有可能因此受到直接损害，也可能直接或间接参与价值链上的权益分享。如在代理人战争中，区域强国与全球大国往往会以不对称合作的方式各自寻找代理人，尽量减少直接对抗风险来维护或增进自身利益，强国或大国通过以身作则、惩罚、奖励的方式来加强与代理方的合作关系，代理方则通过反复试探、配合、索取的方式，来衡量及发展强国或大国的合作关系，双方在不对称合作中进行相对有限但各取所需的不对称权益分享。

（三）合作竞争

合作竞争是不对称合作关系的本质特征。身份认知与权益分享促成了不对称合作，然而，仍然不会脱离国际关系中的合作竞争本质特性。在国际关系现实中，合作与竞争都是国家间关系本质属性所呈现的客观现象，合作中含有竞争，竞争中兼顾合作，其动机与目的主要在于“赢”，但赢多赢少，单赢还是多赢，独赢还是共赢，则是不对称合作中各方的主要关切。当前，开放型世界经济贸易与全球化的深入发展，使各国越来越相互依赖，“一荣俱荣，一损俱损”的连带效应愈发明显，获益方式也发生根本转变，从过去如何竞争博弈获益，转向如何更好地合作而获益。在发展中竞争，在竞争中合作，在合作中共赢，成为一种普遍认可的发展理念与全球共识。罗伯特·吉尔平认为，合作本质上是“相互的，但又不平等的依赖关系”①。由于潜在冲突的存在，所以有必要进行合作，合作是要素互补，合作能弥合短板，能量聚集，节约成本，扩大优势，应对挑战。

不过，有共同利益不意味着合作，有合作不意味着和平，从另一方面来看，

---

① ［英］罗伯特·吉尔平著：《国际关系政治经济学》，杨宇光等译，上海：上海世纪出版集团2011年版，第24页。

"是对潜在冲突的管理"①。罗伯特·基欧汉认为："合作不应该被视为没有冲突的状态，而应该被视为对冲突或潜在冲突的反应。"②由于实力与财富的不对称分布，使国家间围绕权力与利益进行合作与竞争，甚至可能不惜损害他国核心利益来谋求特定目标，以建构并维护对自身有利的国际秩序。国家间不对称合作关系是基于正确认知自我与他者身份而形成的互动关系，既包含战略合作又包含战略竞争，在合作与竞争中不断进行动态博弈。国际政治的历史表明，不对称条件下的合作，产生的直接后果就是收益的不对称，在全球化时代，为了谋求和平与共赢，必然促使非合作博弈向合作博弈转向，并在进程中改变不对称双方的身份和结构性矛盾，达到合作共赢的状态与目的。如国家实力不对称的美国与以色列，建立了一种符合双方身份与利益需要的不对称合作关系，这是一种特殊的盟友关系，两国数十年来彼此从不对称合作中产生的安全与经济等集体产品获得相应权益，但显然也损害到了巴勒斯坦等其他相关阿拉伯国家的权益。

四、不对称合作的双边共赢案例：以英美关系为例

这里选取国际社会熟知度很高的英美双边关系作为不对称合作的分析案例，主要依据基于两个方面。其一，英美两国实力与权力在权力转移前后对比有悬殊反差性，同时英美先后都在国际体系中享有主导国地位，是一对实力不对称的典型代表，并且当双方实力对比出现显著变化后，两国并没有发生争权夺利的直接对抗与战争，而是在顺利实现了权力的和平转换，并建立英美一致的不对称合作关系。其二，由于不对称合作的传统研究主要集中在建立合作与防止冲突的一面，对于不对称双方如何在不断互动中正确认知对方身份、开展正常竞争与合作、实现权力与利益分享的情况缺乏相应深入研究，在当前中国、印度、俄罗斯、巴西等新兴大国快速发展而美国实力相对下降的状况下，尤其具有理论与现实的双重研究价值。

① 孙杰：《不对称合作：理解国际关系的一个视角》，载《世界经济与政治》2015 年第 9 期，第 122 页。

② ［美］罗伯特·基欧汉著：《霸权之后：世界政治经济中的合作与纷争》，苏长和、信强、何耀译，上海：上海人民出版社 2006 年版，第 53 页。

（一）在身份互认方面，英美两国经历了三个阶段的身份认知转换。第一阶段是从美国立国之初的第一次英美战争至第二次英美战争，这一时期双方原有不对称合作关系被打破，双方的相互身份认知互为霍布斯式的“敌人”关系，英国不认可曾经为自己殖民地的美国独立国家的身份，没有表现出视美国为对等国家的意愿并随之展开生死较量，但战争的双方并没有形成一方对另一方的消灭，而是从一个国家及其殖民地变成了两个国家。第二阶段是第二次英美战争至美国内战结束，这一时期双方的身份认知互为洛克式的“对手”关系，双方开始有了合作的制度化互动关系，此后两国一直保持一种总体和平的英强美弱的不对称合作状态，但两国利益矛盾仍然凸显，在一系列涉及两国利益的问题上，双方关系表现出互有攻守、互有进退、互有得失的关系状态。如在缅因边界争端中，英美双方互不相让，都在边界增强军事部署，明显地表现出了相互视为“对手”的态度。第三阶段为美国内战后至现在，这一时期双方的身份认知大体可认为是互为康德式的“朋友”关系，两国从美国内战后相互逐步有了“朋友”身份认知，彼此开始以非暴力与互助方式发展相互关系，形成了一种相对稳定的不对称合作关系。例如，在1898年美西战争爆发后，英国殖民大臣约瑟夫·张伯伦（Joseph Chamberlain）公开要求缔结英美同盟，他宣称只要“星条旗和米字旗盎格鲁-撒克逊联盟上空一起飘扬，就可以用低廉的代价赢得战争”①。

经过第一次世界大战和第二次世界大战，原来英强美弱的不对称合作关系，转换为新的美强英弱的不对称合作关系，两国实现了权力和平转移。对两国关系来说，双方大体表现出共促发展、共对挑战、共享权益的合作共赢态势。这表明，当国家间实力发生显著变化时，对抗与冲突并非恢复到原有不对称关系状态是有效方式，而应该与时俱进地正确认知到国家相互身份和各自国际体系身份的变化，以此发展非对抗性的新的不对称合作关系。

（二）在权益分享方面，两国在不对称合作中始终获得了巨大权益。与此同时，巨大权益的共享性反过来也制约了对抗与冲突，成为英美持续保持不对称合作的重要促进因素。大体来看，英美在三方面进行了权益分享：（1）各自产品权益分享。英国是老牌帝国主义国家，也是威斯特伐利亚体系以来第一个具

① 王绳祖主编：《国际关系史》，北京：法律出版社1986年版，第209页。

有全球意义的主导国，有发达的近现代工业、强大的军事实力和前沿的科教文卫等，美国是后起之秀，在军事、经济、金融、科技与教育等领域雄冠全球，位置又远在欧洲之外，相互无直接威胁，两国同宗、同源、同文、同种，因此双方都有丰厚的可供对方分享的自身权益产品。（2）集体产品权益分享。这种集体产品主要是“朋友”互助式的，两国在美国内战后，相互关系的身份认知由“敌人”逐步转变为“对手”“朋友”“盟友”，直至第二次世界大战后建立起了“美英一致”的“特殊伙伴”关系，双方不仅在战略上相互配合，在经济上相互融合，在文化上相互看重，在对外政策与行动上也相互借重，以达到单凭自身能力难以达到的目标。例如，在英强美弱时期，在巴拿马运河开凿与管理问题上，运河对美国具有极大战略意义，英国作出巨大让步支持美国单独修建和运营管理的权利，此时，美国同英国建立友善关系的基础已经奠定。①在第二次世界大战中，美国国务卿柯德尔·赫尔在国会为《租借法案》作证时明确表示，援助英国实质上是在“保卫我们自己的制度、自己的家园”②。第二次世界大战后，英美之间的实力与权力发生了逆转，变成美强英弱，美国则适时通过“马歇尔计划”对英国重建进行了强力支持，这就是具有战略互信的“朋友”关系相互所带来的重要集体公共产品。（3）公共产品权益分享。英美同属盎格鲁-撒克逊体系，先后成为全球重要核心国，两国利用数百年来一直保持的强大全球影响力，成功将自身的优势集体产品英语推动为全球通用语言，形成对自身极为有利的国际公共产品，同时还与其他西方国家一道，按照西方价值观，从维护自身利益出发，建构起了西方资本主义主导的国际制度、国际秩序与国际体系，从而共同分享这种公共产品带来的诸多特有权益。这表明，国家实力的不对称及发展上是此消彼长是一种客观现实，只有持续确保合作才能实现共赢，才能带来更多更大利益。

（三）在合作竞争方面，英美两国始终既有合作又有竞争。两次英美战争之后，两国开始从敌人身份认知逐渐向朋友身份认知转向，这期间，双方实力存在大幅值的起伏变化并且始终是不对称的，在诸多问题上既有合作又有竞争，在合作中竞争，在竞争中合作，并出现过短暂对抗态势，甚至曾一度不惜再次

---

① ［美］德怀特·杜蒙德著：《现代美国：1896—1946》，宋岳亭译，北京：商务印书馆 1984 年版，第 242 页。

② World Peace Foundation，ed.，*Documents on American Foreign Relations*，Vol.III，p.724.

发动战争相威胁。例如，1841 年美国抓捕了英国人亚克劳德，理由是他在 1837 年烧毁“卡罗琳号”事件中杀死了一名美国人，但英国首相帕麦斯顿要求美国立即释放，并威胁说：“（否则）将会引起战争，而且是性质可怕的战争，因为它将是一场施行报复和惩罚的战争。”①同样，美国对英国也有过类似的战争威胁，在俄勒冈边界问题争端中，美国在 1843 年就发出了“54 度 40 分，否则就是战争”的威胁口号。不过，这两次相互战争威胁，最后都以双方对自己与对方的正确认知而免于兵刃相见。

美国在内战后实力迅速发展，美英双方相互身份认知也逐步从“对手”向“朋友”发展。在两次世界大战中，国际格局和国际形势发生了巨大变化，美英紧密合作并成为特殊关系的坚定盟友，但是，双方仍在如何处置殖民利益、世界市场与原材料争夺、全球权益分配等方面存在分歧并展开竞争。在冷战期间，双方同属西方资本主义阵营，并且美国成为西方阵营的领头羊，英国的全球利益主要在于与美国合作并配合美国的全球战略，同时英国也在经济、贸易、金融以及英联邦等问题上与美国存在一定竞争。冷战后，英国一方面继续维护英美一致的“特殊关系”，另一方面，英国继续维护并追求英联邦等利益和全球利益。例如，在两次伊拉克战争和在阿富汗战争中，英美都保持了紧密合作状态，但同时英国也不顾美国劝阻，在中国发起亚投行时执意作为创始成员国加入，并自主性地积极参与中国倡导的“一带一路”建设。从而在争夺利益与保持影响力方面，英国保持了一定的独立自主性。当然，英美双方总体上始终保持了一种稳定互信的不对称合作关系，这表明从长远来看，合作竞争与比对抗冲突更符合两国各自国家利益需要。

此外，应当强调，任何不对称合作关系，都存在独一无二的特征。英美不对称合作关系的维持与发展，实现多领域多维度的合作关系，还具有一般性、特殊性和必然性。

其一，一般性。人类社会发展的内生动力是生产力发展，并且生产力也是生产关系的根本性决定要素，生产力决定生产关系，经济基础决定上层建筑。权力转移与经济实力直接相关，经济实力的不对称持续累积会带来权力的不对

① ［美］塞缪尔·埃利奥特·莫里森、亨利·斯蒂尔、康马杰、威廉·爱德华·洛伊希滕堡著：《美利坚共和国的成长》（上卷），南开大学历史系美国史研究室译，天津：天津人民出版社 1991 年版，第 682 页。

称持续增量。1870 年，美国 GDP 为 983.74 亿美元，英国 GDP 为 1 001.80 亿美元，两国相差无几；到 1913 年，美国 GDP 为 5 173.83 亿美元，英国 GDP 为 2 246.18 亿美元，英国的 GDP 已不到美国的一半；到 1950 年，美国 GDP 为 14 459.16 亿美元，英国 GDP 为 3 478.50 亿美元，此时英国的 GDP 已不到美国的四分之一。①如果说在两次世界大战中，英国只是比欧洲某个大国强大一些，但对美国而言却不是一个档次，对此，英国外交部官员也私下承认，“美国领土是英国的 25 倍，财富是英国的 5 倍，人口是英国的 3 倍，野心是英国的两倍，几乎是难以战胜的，更不要说在繁荣程度、能源供应、技术装备和工业科技上，美国至少与我们旗鼓相当了”②。这种对双方客观情况的理性认识，英国外交部的一份文件也有类似认知，“在我们与美国的争斗中，其决定作用的不是拥有 8 英寸口径舰炮的多少，而是两国的经济实力对比”③。显然，如果英国以较弱实力强行去挑战美国的强大实力，是不可能成功的，这使得两国实力的不对称最终和平地转换为权力的不对称，最终在没有发生战争的情况下，从一种英强美弱的不对称合作关系，转向了另一种美强英弱的不对称合作关系，并且形成了“英美一致”的盟友关系。

其二，特殊性。这种特殊性体现在三个方面：（1）两国间的内生特殊性，即英美文明同质性。人以群分，物以类聚。温特指出，“同质性认知对建构集体认同是有利的”④，英美同宗同源又同文同种，在文化传统、价值观和制度体制也同出一宗，本质上有天然的亲近感，容易产生集体认同，形成紧密合作的类集体。例如，在委内瑞拉边界危机中，英国殖民大臣约瑟夫·张伯伦表示，“两国之间发生战争不仅是一件荒唐的事情，而且是一种罪过”⑤。英国海军部也认为，“英国所能采取的最为明智的对策就是选择体面地撤退，同时与一个强大的

① Angus Maddison, *Contours of the World Economy, 1—2030 AD: Essays in Macro-Economic History*, Oxford: Oxford University Press, 2007, p.379.

② Anne Orde, *The Eclipse of Great Britain, the United States and British Imperial Decline*, 1895—1956, London: Macmillan Press, 1996, p.88.

③ B.J.C. Mckercher, *The Second Baldwin Government and the United States, 1924—1929*, Cambridge: Cambridge University Press, 1984, p.171.

④ Alexander Wendt, *Social Theory of International Politics*, Cambridge: Cambridge University Press, 1999, p.354.

⑤ Samuel Flagg Bemis, *A Diplomatic History of the United States*, New York: Holt, Rinehart and Winston, Inc, p.418.

国家结成永恒的友谊”①。在阿拉斯加边界争端中，英国驻美大使朱利安·帕斯弗特（Julian Pauncefote）表示，“美国似乎是我们现在仅有的朋友，与之相争将是很糟糕的”②。这意味着，两国虽有利益分歧与利益竞争，但也理性认识到相互保持合作关系至关重要。（2）两国间的外生特殊性。在近现代，英国强权有三大支柱，分别是近代工业、海军、殖民地，其中对英国强权冲击最深的是殖民地的非殖民化，同时由于工业和海军优势也逐步被德、法、日、美等其他国家赶上，两次世界大战又几乎耗尽了英国家底，极大地削弱了英国强权。反观美国，不仅有优越的地理位置，而且长期奉行孤立主义，凭借强大经济实力推行门户开放、自由贸易、自由航行等渐进并相对克制的策略，尽量避免在崛起期间与欧洲强国发生代价高昂的冲突，持续累积起了超群实力，建构起了从外围入主世界中心舞台的立体网络，为顺利承接衰落的英国霸权奠定了深厚基础。（3）国际格局的特殊性。在英美权力和平转换过程中，英国始终面临来自欧洲大陆德国、法国甚至俄国和日本的挤压，第二次世界大战后又面临苏联的强大威慑力量，只有美国才具备巨大实力来组织包括英国在内的联盟来应对挑战，所以这也是时代客观情况的特殊性所致。这表明，英美权力和平转移并建立新的不对称合作关系，既有来自双方谋求合作共赢的内在需求，又有来自国际体系的结构性压力，并非完全是英国自愿放弃不对称关系中的核心地位。

其三，必然性。国家作为国际体系的自组织体系，评估或预测国家实力与权力的大小，必然要考虑最基本的因素，如领土、人口、地缘、资源、经济、科技、教育、制度、文化等要素，在这些基本要素方面，美国的不对称优势明显是英国无法比拟的。与此同时，美国在快速发展过程中，采取的是能预防性的渐进性战略，没有像德国那样激烈地挑战英国不对称优势权力，更容易被英国所容忍和接受，从而确定了权力转换过程中的和平基础。例如，1922 年，美国为限制英日同盟，并在限制英国海军规模的同时扩大自己的海军实力，搞出了一个《限制海军军备条约》，以弱化英国引以为傲的海军相对优势，此举招致英国的激烈反应，英国外交大臣奥斯汀·张伯伦就此放言，“英美敌对不仅是可

① P.M. Kennedy, *The Rise and Fall of British Naval Mastery*, London: Lane, 1976, pp.211—212.

② Bradford Perkins, *The Great Rapprochement: England and the United states, 1895—1914*, New York: Atheneum, 1968, p.165.

以想象的而且也是很有可能的。”①不过，由于美国此举并没有把英国逼入墙角，英国的激烈反应在美国的强大实力面前不得不逐渐消弭并最终选择认可现实。奥根斯基（A.F. Organski）对此有过深度解读：英美的权力转移是尊重和维持“现状”的结果。美国尊重当时的国际体系和英国的国际地位，因此能够在不发生战争的情况下由后起的头号强国取代原先的头号强国。②由此看来，美国在崛起中较好地维持了与英国的不对称合作关系，成功防止了守成国与崛起国互掐的“修昔底德陷阱”，顺利促成了英美不对称权力的和平转换。显然，国家间实力的起伏变化，并不必然导致对抗冲突，需要各方正确认知相互身份，也需要共同努力管控分歧，着重共同权益分享，才能实现不对称合作关系变化上的合作共赢。

五、不对称合作的多边共赢案例：以西拉关系为例

西拉关系是指西班牙与拉丁美洲（拉美）关系。本文中的西拉关系，主要是指西班牙与 19 个拉美的西班牙语国家之间的关系。选取西拉关系作为案例来分析不对称合作关系，主要依据有以下三个方面：其一，作为发达国家与发展中国家的不对称关系，西拉关系数百年来，经历了多种合作形式的关系状态，但始终有很强的韧性和凝合性，在当前仍有紧密合作关系。其二，西班牙作为当前欧盟经济实力第四大国家和世界第十四大国家，无论在历史上还是现实中，与拉美大多数单一国家（巴西除外）的实力存在不对称优势，而如果拉美作为一个整体，相对西班牙也具有不对称优势，由此具有不对称的典型意义。其三，在这种不对称合作关系中，一方是国家，另一方是有某种纽带关系的多个国家，这种不对称情况对于大国或中等强国发展与其他国家的关系都有重要借鉴意义，如中国与东盟国家关系以及对中国推动“一带一路”建设就具有重要参考意义。

（一）在身份互认方面，双方有独特的历史政治和共同的语言文化基因。从历史来看，西班牙与拉美的关系始于 1492 年哥伦布在西班牙王室资助下发现美

① Alan P.Dobson，*Anglo-Amercian Relations in the Twentieth Century*：*Of Friendship*，*Conflict and the Rise and Decline of Superpowers*，London：Routledge，1995，p.61.

② A.F. Organski，*World Politics*，New York：Alfred A.Knopf，1968，pp.363—377.

洲大陆，从此开启了西班牙对拉美地区长达数百年的殖民统治。西班牙人在拉美进行了三大改造：一是天主教。西班牙人“一手持剑、一手持十字架”，不仅在拉美地区广泛进行殖民统治，而且不遗余力传播天主教，使今天的拉美成为最主要的天主教区，其教徒人数超过5.1亿。二是西班牙语。目前在拉美，西班牙语是最主要的语言，在北美、中美、南美共35个国家中，有19个以西班牙语为母语的国家，使用人数超过4.3亿，即使在美国，西班牙语也成为第一大外语，大量的美国拉美裔都是以西班牙语为第一语言。三是西班牙文化。从早期开始，西班牙人不断移民拉美拓展殖民地，带去了西班牙人的语言、文化、生活习惯，后来从拿破仑侵入西班牙到佛朗哥独裁统治时期，西班牙又多次出现大规模移民拉美浪潮，使西班牙人和现在的拉美人，在血缘和亲属关系上有着千丝万缕的关系，在语言、文化、艺术、法律、建筑和生活习惯上，也与西班牙一脉相承。①

西拉关系的身份互构与认同经历了曲折历程。早期南美的印第安人对西班牙的殖民统治几乎没有反抗之力，拉美呈现出较强的西班牙化，西班牙从中获利极为丰厚，“财富历史性地集中到西班牙一边”。②据统计，从1503年到1660年，来自秘鲁等地的18.5万公斤黄金和1 600万公斤白银运到塞维利亚港，白银的数量超过了欧洲白银储备总量的三倍，其中还不包括走私的。③然而，历史也有拐点，1836年，西班牙承认墨西哥独立以后，委内瑞拉、乌拉圭、哥伦比亚等拉美国家也纷纷独立，随后掀起去西班牙化运动，但是随着美国在拉美的强权政策产生了反衬作用，尤其是1898年美西战争后，反思后的西班牙提出了“西语美洲主义”，与拉美抵御泛美主义影响呼应，双方加强了文化等多方面的联系。1931年，西班牙第二共和国成立后，不再提以前的家长制和帝国制，而是宣称与拉美国家是兄弟关系。20世纪70年代末80年代初，西班牙在民主化的过程中，重新定位其外交。一方面，西班牙与美国关系大有缓和，积极向欧

① 孙岩峰：《西班牙：中国拉美合作的“新桥梁”》，载《世界知识》2011年第4期，第46页。

② ［英］佩里·安德森著：《绝对主义国家的系谱》，刘北城、龚晓庄译，上海：上海人民出版社2001年版，第54页。

③ ［乌拉圭］爱德华多·加莱亚诺：《拉丁美洲被切开的血管》，王玫等译，北京：人民文学出版社2001年版，第14页。

盟靠拢并于1986年加入了欧盟；另一方面，西班牙进一步放弃家长制的父权思想，与拉美发展平等交往，认为与拉美地区有历史、政治、社会、语言、文化、宗教等特殊身份维度的联系，积极推动成立伊比利亚美洲共同体（包括拉美19个西语国家和伊比利亚半岛的西班牙、葡萄牙以及安道尔共22个国家）。自1991年以来，西拉双方每年要共同召开一次伊比利亚美洲国家峰会，持续巩固了经贸关系，加强了文化联系，深化了身份认同。

社会语言学家认为，语言是承系过去、维系现在并且确保未来的文化资产。在西拉关系中，最重要的是西班牙语的普及，这不同于欧洲的拉丁语衍生出来众多语言，这是西班牙在拉美殖民留下的最耀眼明珠，也是最长久、最具价值的财富。为了进一步保护并提升西班牙语的应用范围，对抗英语在全球化中对拉美的侵蚀，提升西班牙在西拉关系中的核心地位，1991年3月，西班牙成立塞万提斯学院，由国王亲自担任名誉院长，发展的重点就是尽量多辐射拉美的西语国家，“西班牙政府相信，通过在南美推广西班牙语，语言学行业会繁荣，西班牙的形象会提升，与西班牙有关的一切事物的普及和对待西班牙的积极态度，转过来都会刺激对这个国家相关的产品的购买，并且会产生对于西班牙公司在南美生存的包容性”①。西班牙在拉美组织“泛西语联盟”，就是借此巩固并提升在拉美的地位，其在欧盟与拉美的区域角色及全球角色不断兼容，希望在拉美的集体认同与集体秩序起到核心作用，并且也希望在语言纽带作用中提供一个母国。正是由于共同语言带来的交流便利性和心理相通性，西班牙至今与拉美保持了独特的身份认同和密切关系。近年来，由于美国对拉美移民越来越严格的限制，西班牙成了拉美移民的主要目的地，特别是“9·11”事件之后，美国政府打击非法移民，大批拉美移民选择欧洲，如在2000年至2009年，每年平均有20万拉美裔涌入西班牙，持续深化了西拉关系的发展。其中，语言互通成为移民最直接的动机和最有利的生活工具。

（二）在权益分享方面，西拉双方相互从紧密合作关系中获益颇多。西拉双方由于历史、宗教、文化和语言等各方面天然的亲近感，西班牙至今仍将拉美称为“伊比利亚美洲”。借助西拉双方的历史关系的延续，在全球化背景下的西

① 杨敏：《孔子学院与塞万提斯学院发挥国家认同功能之比较》，载《新疆师范大学学报》（哲学社会科学版）2012年第6期，第77页。

拉双方重塑关系，1986年西班牙加入欧盟后，经济迅速发展，很快具备强大对外投资能力，西班牙加大了对拉美的投资范围与投资力度，不断发展西拉新合作关系并带来诸多实惠。

20世纪90年代，拉美进行了广泛的私有制改革，经济得到较快发展，区位优势越发显示出来，成为各国企业投资兴业的重要地区。在这期间，也是西班牙在拉美投资的高峰期，投资时机以利用拉美私有化为主，投资方式为独立投资或与其他国家企业建立伙伴关系。从1990年到1998年，西班牙对拉美的投资总额达到310亿美元，1998年的投资额是1990年的30倍。①1999年，西班牙对拉美投资318亿美元，占西班牙对外投资总量的63%，仅雷普索尔石油公司就在阿根廷投资了150亿美元。2009年，金融危机后的西班牙在拉美直接投资额仅次于美国，为75亿美元。2011年，西班牙对拉美投资有恢复性增长，达到215亿美元。②此后，西班牙对拉美的投资以及西拉经贸关系保持了相对稳定发展。

合作是互利的，西拉双方都从与对方的贸易中获益。例如，拉美地理区位优势明显，盛产水果，西班牙多年来成为拉美水果的主要出口市场。2012年，仅哥斯达黎加、阿根廷、厄瓜多尔和巴西四国就向西班牙出口了710 698吨水果，占到西班牙当年水果进口总量的50.5%。③在其他贸易方面，西拉也保持持续发展。2013年西班牙与拉美之间的贸易额达331.09亿欧元；西班牙对拉美出口额上升至150亿欧元；拉美对西班牙出口额达180亿欧元，占整个拉美出口的7.2%；西班牙有2.7万家公司从事对拉美出口业务。④

近年来，西拉关系持续保持良好发展势头。2011年桑坦德国家银行和西班牙对外银行（BBVA）在拉美地区业务量占其总业务量的24%，桑坦德银行

---

① 林华：《西班牙企业在拉美的投资与发展战略》，载《拉丁美洲研究》2003年第3期，第53页。

② 陈晓阳：《西班牙—拉美：爱很难，离更难》，载《世界知识》2012年第22期，第38—39页。

③ 童彤：《拉丁美洲：西班牙最大的水果供应商》，载《中国果业信息》2014年第1期，第49页。

④ 杜旸：《西班牙外交战略：重拾昔日荣光》，中国网2015年7月10日，http://opinion.china.com.cn/opinion_54_133254.html，最后访问时间2019年9月9日。

51%、西班牙对外银行68%的利润均来自拉美。①现在看来，西班牙在20世纪90年代实现经济起飞，与抓住拉美地区经济转型机会并大力投资拉美有很大关系，与此同时，拉美地区也因西班牙的投资，以及在西班牙带动下的欧盟投资等因素，实现了经济快速发展。2017年，西拉贸易额共计323亿欧元。2018年上半年，西班牙与墨西哥贸易额同比增长21%，与巴西、智利和阿根廷三国贸易额同比增幅均超过25%。截至2018年底，西班牙与拉美多国已签署18项避免双重征税协定和20项双边投资协定。②从未来发展看，西拉双方合作空间巨大，合作领域仍在扩大，合作程度也在加强。

（三）在合作竞争方面，双方总体上呈现出互相借重又有防范的态势。20世纪90年代，是西班牙与拉美在经贸关系发展上的最好时期，双方互有投资，尤其西班牙在拉美投资与援助非常活跃。大体来看，西班牙三分之二的海外投资和五分之二的对外发展援助投向了拉美地区。在2008年金融危机后，西班牙在避险能力有限的情况下，拉美成为西班牙不折不扣的经济发展“保险区”与预防危机的“防空洞”。拉美则借重伊比利亚拉美国家共同体，强化拉美内部协作，成功地建立欧盟-拉美战略伙伴关系，不再只是美国“后院的小伙计”。如今，无论欧洲、亚洲、澳洲还是非洲，如果想要深入与拉美发展经贸关系，西班牙语成了拉美贸易的通行证，这为传播西班牙语、提高西班牙和拉美地位有重要作用。

西班牙为了保持自身在拉美的核心国家地位，建构自身在拉美与世界其他地区关系中的“中间人”，以持续发挥独特的桥梁与纽带作用，一直不遗余力发展西拉关系。西拉关系的建构与发展体现在多方面：在政治上，拉美西语国家建成联盟（泛西语联盟）；在经济上，西班牙为首的跨国集团深耕拉美；文化上，着力促进西语文化发展，都在不断地强大，寻找与英语既抗衡又合作的立足点。③同时，拉美若想保持政治经济的独立性和语言文化的完整性，不想被美国“泛美国化”成为美国“后院的小伙计”的话，加强与西班牙和欧盟关系及

① 陈晓阳：《西班牙—拉美：爱很难，离更难》，载《世界知识》2012年第22期，第39页。

② 邹运、于新宇：《从西班牙对外投资看中西第三方市场合作》，载《国际工程与劳务》2018年第11期，第58页。

③ 杨敏：《孔子学院与塞万提斯学院发挥国家认同功能之比较》，载《新疆师范大学学报》（哲学社会科学版）2012年第6期，第77页。

亚洲等的关系成为不二选择。西班牙作为拉美通向欧盟的门户，拉美作为林业、经济作物、矿产、海产品极其丰富以及陆海交通十分便利的地区，双方优势互补的不对称合作非常紧密。近年来，西班牙提出亚太-拉美-西班牙战略三角关系，意在发挥西班牙独特的“中间人”作用，例如西班牙雷普索尔公司与中石化、西班牙电信与中国华为的合作，通常被视为成功案例。①

双方合作的同时，有些领域也存在竞争。尤其是西班牙投资拉美的过程中，西班牙美洲中央银行、国家电话公司、国家电力公司、桑坦德银行、雷普索尔公司（能源）、费诺萨联合电力公司、巴塞罗那自来水总公司、伊比利亚航空公司不同领域的跨国企业，与拉美阿根廷、智利、秘鲁、哥伦比亚、委内瑞拉等国当地的企业，进行了广泛竞争。由于西班牙是西方发达国家，在竞争中总体上具有不对称优势，拉美一些国家也担心在一些领域竞争不过西班牙。因此，西班牙在拉美抢占市场的战略导致各国担心垄断问题的加剧，由此在20世纪90年代就已经引发一场对西班牙“第二次征服”拉美的争论。②不过大体来看，双方的竞争是业务性而不是战略性竞争，是区域性而不是全球性竞争，是互惠共赢而不是零和博弈，总体上促进了西拉关系的发展。在竞争中，处于竞争劣势的拉美国家，甚至不惜采取政治措施来规避竞争劣势。例如，2012年4月，阿根廷政府通过《石油主权法案》，对西班牙雷普索尔石油公司所持有的阿根廷子公司雷普索尔-YPF公司51%的股份强制“国有化”。尽管西班牙政府和企业界强烈不满并采取一系列外交和司法抗争，但依然无法改变阿根廷政府的决策。③显然，拉美国家在与西班牙发展关系时，仍然把维护主权与经济独立性放在了第一位，今后西拉关系也将在合作与竞争中，继续在相互借重与防备中向前发展。

六、余　论

在国际政治现实中，要想与某一方保持优势互补的不对称合作关系，除了

① ［西班牙］胡利奥·里奥斯：《对中国了解不够？西班牙和拉美找到共同话题》，参考消息网2019年1月1日，http://www.cankaoxiaoxi.com/china/20190101/2367001.shtml，最后访问时间2019年9月9日。

② 林华：《西班牙企业在拉美的投资与发展战略》，载《拉丁美洲研究》2003年第3期，第54页。

③ 陈晓阳：《西班牙—拉美：爱很难，离更难》，载《世界知识》2012年第22期，第39页。

要管控好分歧与争端之外，还需要有借助某种双方都能接受且带来持续收益的方式，才能实现持久的合作共赢关系。事实上，在国际政治中，不合作态度等于自我封闭，无竞争精神等于自甘落后，与此同时，事事合作等于自主缺失，事事竞争等于自找麻烦。在动态性不对称合作关系中，实力差距、资源条件、格局变迁、外部威胁、战争冲击等系列因素，都可能造成合作关系破裂甚至形成对抗冲突关系。这对当前国际格局转型和中美关系发展有重要启示意义。

在当前国际格局中，当前中美两国间的不对称关系，被普遍认为是崛起国与守成国的关系，国际社会都在拭目以待两国能否避免陷入“修昔底德陷阱”，以形成良性的不对称合作关系。奥巴马时期针对中国的“亚太再平衡”战略，隐含着美国担忧中国崛起将造成美中在亚太乃至全球范围的不对称实力与权力逆转，从而威胁美国的全球霸权地位，因而不时利用台湾问题、南海问题、钓鱼岛问题等一系列问题牵制中国，一度成为中美关系的压力测试。摩根士丹利亚洲主席史蒂芬·罗奇（Stephen S.Roach）曾在提交给美国国会的一份报告中认为：“共生状态被不均衡状态取代的可能性越来越大——为美中关系的紧张提供了新的缘由”①。2017 年 12 月，特朗普政府的首份国家安全战略报告中，把中国视为“修正主义国家”，强调“美国优先”理念，要奉行“有原则的现实主义”，认为中国“挑战了美国的实力、影响力和利益”，定位中国身份为“战略竞争对手”。美国持续对中国崛起在全球各地形成的所谓操作别国社会、舆论与价值观的“锐实力”（sharp power）保持高度警惕②，在贸易问题、台海问题、知识产权、网络安全等问题上动作频频，试图继续维持美国在亚太及全球的不对称优势，以尽量巩固并延长美国的霸权地位。这就形成权力转移的旋涡，中美关系格局从美国具有明显不对称优势逐渐向势均力敌的格局发展，处于权力顶峰的美国愈发感觉到了权力必将转移所带来的强烈不适应感，因而明确视中国为战略竞争对手，从而引发美国从模糊的接触 + 遏制的对华战略，向目的更加清晰的制衡 + 遏制的对华战略转向，引发了世界对美中对抗发展态势的担忧。

在此情况下，当前中美不对称合作关系的发展态势，成为世界普遍关注的重大问题。对于不稳定状态中的中美关系，中国不仅要防范“修昔底德陷阱”，

---

① ［美］史蒂芬·罗奇：《对美国和中国的一记警钟：共生关系的压力测试》，载《中国证券报》2009 年 2 月 24 日，第 A14 版。

② The Economist，December 16th—22nd，2017，pp.17—19.

还应高度重视“吉尔平风险”，即罗伯特·吉尔平提出，处于相对衰落中的霸权国在应对崛起国时，“政治家大多选择打仗”。①就美国来说，这意味着美国自身正成为全球和平发展的“美国风险”，而且美国政治家选择“打仗”并非局限于传统的战争手段，而是可能在所有的核心利益问题上伺机发难，或者在贸易、网络、太空、科技、金融、汇率、知识产权等领域发起挑战。因此，一方面，中国要警惕美国在中国周边蓄意挑起纠纷与冲突，也要保持战略耐心和战略定力，诚如英国利德尔·哈特（Liddell Hart）在其名著《战略论》中论述的，“在战略上，最漫长的迂回道路，往往是达到目的的最短途径”②。另一方面，中国要防范美国以各种新名目敲打、牵制与围堵中国，以此延迟中国崛起甚至拖垮中国，来确保美国继续保持全球非对称优势和霸权地位，尤其当中国 GDP 总量超过美国的六成以上时，中美之间原来的不对称竞争，就有可能逐渐转向更为激烈的对称性竞争甚至是对抗，因为当前拥有非对称优势的美国，担心失去霸权地位的焦虑感更强，从而很可能更有意识地、更有战略性地针对中国采取“全政府遏华战略”，从领域性竞争转向全面竞争，从代理人竞争转向直接竞争，从接触性竞争转向遏制性竞争。为此，中国要警惕各种潜在风险，在坚持持续发展的同时，在外交上秉承公平、正义、合作、共赢的外交思想，塑造负责任的大国形象，积极发展大国伙伴关系，打造好周边外交关系，稳步推进“一带一路”建设，密切同各国的经贸往来与人员交流，扩大合作权益的共享与分享，积极促进战略互信与价值认同，和平顺利超越“崛起困境”。

人类社会发展有其自身规律，国家间自我与他者相处的现实，其规律就是一个判断与其相反判断的平衡共生。在国际社会的无政府状态中，国家间关系的不稳定性与不确定性，会带来诸多未知变数，即使在经济全球化时代，资本和劳动、增长和分配、效率和公平、发展与均衡的矛盾也始终存在，国家仍可能会为了权力、利益、声望、影响力甚至意识形态而发生对抗与冲突。各种不对称合作关系都应以不对称条件为基础，相互尊重，公平正义，平等友好，在开放互通中实现合作共赢。同时，在遇到争端应通过和平的建设性方式，公平

① Robert Gilpin, *War and Change in World Politics*, Beijing: Peking University Press, 2005, p.191.

② ［英］利德尔·哈特著：《战略论：间接路线》，钮先钟译，上海：上海人民出版社 2010 年版，第 16 页。

协商解决或搁置争议，才能实现合作共赢的大格局。在当代社会，无论国家间实力与关系是否处于不对称状态，也无论预期的权力与利益是否有反差，国际体系及大国间发生大规模冲突与战争已不可想象，世界和平发展已成不可遏阻的时代趋势，建构以伙伴关系为基础的、以合作共赢为核心的新型国际关系，已成为各国和平共处并共同应对全球挑战、推动全球治理的正确路径选择。

发展筹资与官方发展援助体系：关联与趋势

刘 宁*

第二次世界大战后，发达国家主导下的国际官方发展援助（Official Development Assistance，ODA）一直是支持国际发展的主要资金来源。冷战后，官方发展援助一度呈递减趋势。2016 年，发展援助委员会（Development Assistance Committee，DAC）成员的官方发展援助总额高达 1 444.92 亿美元，援助绝对总量超过以往。但从比例上看，近 20 年来，发展援助委员会成员的官方发展援助占其国民收入总值的比例一直维持在 2% 到 3% 之间。与世界经济发展规模相比，官方发展援助规模并没有太大变化。

为了解决国际发展资金不足问题，2000 年 9 月的《联合国千年宣言》（United Nations Millennium Development Goals，MDGs）强调，国际社会需要为发展中国家的发展进行再筹资。2002 年在墨西哥蒙特雷举行的第一届联合国发展筹资（United Nations Financial for Development）国际会议上，与会方通过的《蒙特雷共识》（Monterrey Consensus）进一步强调，国际社会需要整合国内外金融资源，提高金融资源的利用效率，帮助发展中国家摆脱贫困。①鉴于此，2010 年在韩国举行的二十国集团（G20）峰会上，《首尔发展宣言》（Seoul Development Consensus）② 提出了普惠金融行动计划（Financial Inclusion Action

---

* 刘宁，北京大学国际关系学院博士生。

① United Nations, *Monterrey Consensus on Financing for Development*, March 2002, pp.5—6, http://www.un.org/esa/ffd/wp-content/uploads/2014/09/MonterreyConsensus.pdf，最后访问时间 2018 年 7 月 10 日。

② G20 Seoul Summit, *Seoul Development Consensus for Shared Growth*, 2010, p.8, http://www.g20.utoronto.ca/2010/g20seoul-consensus.pdf，最后访问时间 2018 年 9 月 10 日。

Plan，FIAP）。①2015 年，在埃塞俄比亚举行的第三届联合国发展筹资国际会议上，与会国就《亚的斯亚贝巴行动议程》（Addis Ababa Action Agenda）达成一致，国际社会要为发展中国家吸引新的国际投资。②

那么，如何看待发展筹资？发展筹资与官方发展援助存在什么样的关联和区别，未来的官方发展援助会呈现出何种发展趋势？以上便是本文要讨论的问题。

一、概念界定与文献回顾

（一）概念界定

1. 官方发展援助

经济合作与发展组织给出了两种有关官方发展援助的定义。一是包括技术援助在内的，出于发展目的且具有优惠条件的官方赠款和贷款（贷款中的赠与成分不低于 25%）。二是官方发展融资（Official Development Finance，ODF），包括由多边金融机构提供的不具有优惠条件（non-Concessional）的贷款，以及其他以发展为目的且带有较低赠予程度的贷款，都被视为援助。③军事援助通常被排除在普通援助的定义之外。现有官方发展援助多半指的是第一种含义。

援助国的援助资金通常来自国家税收，这种援助被称作财政援助（financial assistance）。财政援助、粮食援助、技术援助和债务减免（debt relief）是目前官方发展援助的四种基本形式。④现有的官方发展援助资金，大部分来自发展援助委员会的成员。除了官方财政预算外，援助国的援助资金还有四个方面的来源：

① Global Partnership for Financial Inclusion，*2017 Financial Inclusion Action Plan*，July 2017，pp. 5—7，http://www.gpfi.org/sites/default/files/documents/2017%20G20%20Financial%20Inclusion%20Action%20Plan%20final.pdf，最后访问时间 2018 年 9 月 9 日。

② United Nations，*Addis Ababa Action Agenda of the Third International Conference on Financing for Development*，July 2015，pp.10—58.

③ OECD，DAC Glossary of Key Terms and Concepts，http://www.oecd.org/dac/dac-glossary.htm，最后访问时间 2018 年 9 月 10 日。

④ 李小云等主编：《国际发展援助概论》，北京：社会科学文献出版社 2009 年版，第 90—122 页。

一是援助国收回的贷款及利息，这部分资金往往会被打入援助国政府援外资金账户，实现援助资金的循环利用。二是援助国通过国际或国内资本市场融资。不过这类融资方式在双边援助中很少见。这类资金本质上会形成援助国的债务。三是援助国通过发行彩票的方式，在国内筹资，比如福利彩票和体育彩票。四是援助国地方政府为本国政府援助提供资金，这类资金多以资助海外留学生和服务培训为主。①

2. 发展筹资

发展筹资主要是指国际社会利用融资创新方式，为国际发展提供额外资金支持。②那么，国际社会应该通过何种手段进行筹资？

世界银行特别提到了三种发展筹资的手段（参见表 1），分别是：公私合作机制，团结税机制，催化机制。世界银行对筹资手段的划分混淆了官方发展援助与其他发展资金的区别。经济合作与发展组织随后发布了一份问题简报。简报认为，国际发展筹资应该支持官方发展援助，而不是试图建立包含官方发展援助在内的新体系。经济合作与发展组织认为，发展筹资要解决国际发展资金不足的问题，应该从以下三个方面入手：一是对援助方来说，扩大新的具有公共基础的财源，比如，征收包括碳税在内的新税收等；二是对受援国来说，受援国需要积极调动本国国内的金融资源，这意味着受援国需要调整国内发展政策，以吸引更多的发展资金；三是从市场的角度看，发展筹资需要培育市场运行机制，纠正市场失灵，引导市场朝着可持续发展的方向迈进，这类发展筹资方式也需要值得国际社会的重视，比如，如何引导企业进行社会责任投资。③

---

① 严启发、林罡：《世界官方发展援助比较研究》，载《世界经济研究》2006 年第 5 期，第 8 页。

② Angel Gurria, "Innovative Financing Perspectives in the Global Economic Outlook," May 29, 2009, Opening Remarks at OECD Headquarters, http://www.oecd.org/development/innovativefinancingperspectivesinthenewglobaleconomicoutlook.htm，最后访问时间 2018 年 9 月 10 日；厦门大学课题组：《国际发展援助的趋势分析》，左常升主编：《国际发展援助理论与实践》，北京：社会科学文献出版社 2015 年，第 1—5 页。

③ OECD, "Innovative Financing to Fund Development: Progress and Prospects," 2009, pp.3—6, https://www.cbd.int/financial/doc/oecd-innovative2009.pdf，最后访问时间 2018 年 11 月 17 日。

表 1　世界银行融资创新分类

		利用方式	
		公共部门	私人部门
来源和作用	私人部门（杠杆作用）	私人部门向公共部门融资（公私合作）	市场和社会中的私人（纯私人）
	公共部门（组织动员）	公共部门的资金转移（团结税）	改善投资环境（促进和催化）

资料来源：Navin Girishankar，“Innovating Development Finance：From Financing Sources to Financial Solutions，” *World Bank Policy Research Working Paper*，No.5111，November 2009，p.3。

总体来看，世界银行和经济合作与发展组织对发展筹资问题的不同看法。发展筹资及其利用方式事关重大，如果官方发展援助的资金来源与利用方式发生改变，也就意味着国际官方发展援助体系也会发生变化。重新解读发展筹资与官方发展援助之间的关联与区别也就显得尤为必要。

（二）对官方发展援助资金困境相关文献的解读

资金来源一直是国际发展援助中的核心议题之一。规范资金来源，也是发达国家积极努力的方向。从官方发展援助实践来看，从 20 世纪 70 年代开始，发展中国家和发达国家就援助总额问题，展开了多回合博弈。事实上，发达国家未能实现将其国民收入总值的 0.7%用于官方发展援助的承诺。在《联合国千年宣言》出台以后，官方发展援助资金问题愈加突出。2018 年 9 月 24 日，在联合国举办的为 2030 可持续发展议程项目融资高级别会议上，联合国秘书长安东尼奥·古特雷斯（António Guterres）强调，要实现 2030 年可持续发展议程，国际社会每年需要大概 50 000 亿到 70 000 亿的投资，①即使发展援助委员会国家实现将其国民收入总值的 0.7%用于官方发展援助的承诺，解决的资金总量大概只有五分之一。那么，官方发展援助为什么存在筹资困境问题？

① United Nations，“High-level Meeting on Financing the 2030 Agenda for Sustainable Development，” 2018，https://www.un.org/sustainabledevelopment/financing-2030/，最后访问时间 2018 年 11 月 18 日。

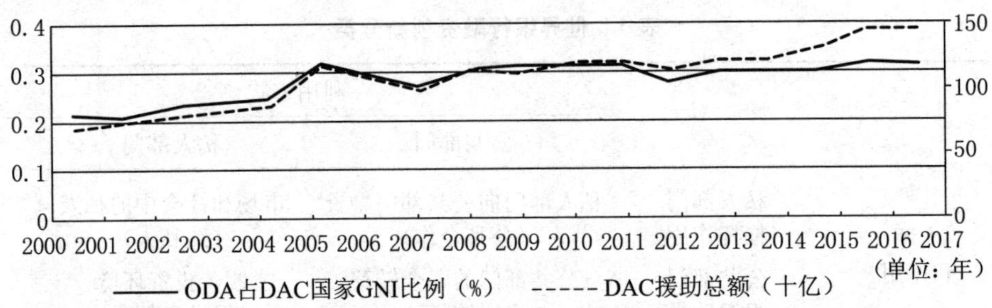

数据来源：https://data.oecd.org/oda/net-oda.htm#indicator-chart。

图1 发展援助委员会国家官方发展援助概况

第一，发达国家不愿意履行国际发展责任。国内观众成本过高，国内政治对国际发展没有特定偏好，以及发达国家缺乏援助激励等等，这些都会成为发达国家不肯增加对外援助规模的原因。就现实主义而言，发达国家只有在实现本国特定政治目标的情况下，才会有积极增加官方发展援助的可能。

汉斯·摩根索（Hans Morgenthau）认为，援助国对外援助的目的非常复杂，其将援助的目的划分为六类：人道主义、维持秩序（Substance Foreign aid）、军事援助、国际声望、贿赂、经济发展。①除了人道主义外与国际政治的联系相对不太紧密外，其他的援助形式几乎都与国际政治紧密相关。欠发达地区和国家获得外部资金所产生的在经济学理论上的经济发展效应被援助国的其他非发展性目标所抵消。事实上，政治与战略一直在国际对外援助中发挥着主导的作用。②冈纳·缪尔达尔（Gunnar Myrdal）对此进一步解读道，在冷战时期，对欠发达国家的援助，经常是出于一个国家或一个集团的一时的和狭隘的政治利益或战略利益，而不是出于普遍和永恒的价值。③丁韶彬在讨论奥巴马政府的对外援助变革时认为，虽然奥巴马政府有意改革美国的对外援助体系，想要提出新的倡议，但是对外援助作为美国实现国家利益的工具，其政策在很大程度上受

① Hans Morgenthau, "A Political Theory of Foreign Aid," *The American Political Science Review*, Vol.56, No.2, June 1962, p.301.

② Alberto Alesina and David Dollar, "Who Gives Foreign Aid to Whom and Why?" *Journal of Economic Growth*, Vol.5, No.1, 2000, pp.33—63.

③ ［瑞典］冈纳·缪尔达尔、［美］塞斯·金：《亚洲的戏剧：南亚国家贫困问题研究》，方福前译，北京：商务印书馆 2015 年，第 10 页。

制于美国国家安全战略。①庞珣和王帅对美国援助和受援国在联合国投票行为关系的研究表明，受援国在联合国支持美国政府的立场将会影响这些国家受到美国资金援助的水平。②就援助的经济目标而言，黄梅波和张博文在对比中日政府贷款与直接投资的差异后认为，日本政府的官方贷款往往带有很强烈的经济目标，这些目标促进了日本企业的海外投资。③白云真则将对外援助上升到国家战略的高度，认为中国需要将官方发展援助与国家战略目标结合起来，制定中国的对外援助计划和中国的对外援助战略。④上述研究立场基本都是国际政治现实主义的。在现实主义看来，援助能否促进国际发展并不是问题的关键，援助能否实现援助国利益才最重要。

冷战结束以后，发达国家的官方发展援助规模普遍大幅度降低。发展援助委员会成员国总体官方发展援助占国民收入比例的均值接近 0.1%。从这一侧面来看，冷战所产生的巨大地缘政治压力才是推动发达国家积极进行对外援助的推手。

第二，官方发展援助的筹资困境与官方发展援助本身有关。与发展筹资类似，官方发展援助也是一类特殊的国际发展筹资安排。官方发展援助界定了哪些资金流动是援助，哪些资金流动不是。这类特殊的筹资安排，其真实用意并不是为了促进国际发展，官方发展援助更多的是国际政治经济矛盾的产物。

第二次世界大战结束以后，出于恢复国际经济秩序和冷战的需要，在美国“马歇尔计划”和“道奇计划”的帮助下，西欧和日本快速实现了经济重建。这一时期的“援助”，主要作用是战后重建而不是发展。等到了 20 世纪 50 年代以后，西欧和日本的战后重建基本完成。西欧和日本很快产生了对外输出资本的

① 丁韶彬：《奥巴马政府的对外援助变革：以国家安全战略调整为背景》，载《外交评论》2012 年第 3 期，第 133 页。

② 庞珣、周帅：《中美对外援助的国际政治意义：以联合国大会投票为例》，载《中国社会科学》2017 年第 3 期，第 181—203 页。

③ 黄梅波、张博文：《政府贷款与对外直接投资：日本经验及启示》，载《亚太经济》2016 年第 6 期，第 85 页；周玉渊：《日本对外援助的政治经济学》，载《当代亚太》2010 年第 3 期，第 107—124 页。许豫东、吴迪、甄选：《日德对外援助资金与社会资金相结合的经验及启示》，载《国际经济合作》2016 年第 8 期，第 45—48 页。

④ 白云真：《中国对外援助的战略分析》，载《世界经济与政治》2013 年第 5 期，第 70 页；白云真：《“一带一路”倡议与中国对外援助转型》，载《世界经济与政治》2015 年第 11 期，第 53 页。

需求。这一时期的对外资本输出，很多来自混合信贷（mixed loan）和官方支持下的出口信贷（official supported credit），这些资本都打着援助的幌子。通俗的看法是，只要是以低于市场成本获得的资金，通常都会被当作援助。不过，这些资金往往都带有捆绑性质（tied aid）的。捆绑主要指受援国使用援助资金购买援助国指定的产品和服务。援助国将混合出口信贷作为援助方式导致援助国之间紧张的信贷出口关系。对外资金援助变相地成为援助国促进对外出口的工具。此举不仅违背了国际自由贸易的基本精神，导致更多的贸易纷争，同时也破坏了受援国国内的生产能力。

1958年美国首次出现国际收支赤字，政府开始认识到，在国际贸易以及国际资本流动方面，美国需要协调与盟友之间的国际经济政策。①其中，出口信贷与捆绑援助的关系成为重要议题。1960年1月，艾森豪威尔政府的副国务卿道格拉斯·狄龙（Douglas Dillon）提出建立发展援助工作组（Development Assistance Group，DAG）的计划。②美国提出建立发展援助工作组的主要目的有两个方面：一是随着美国贸易赤字的攀升，国际资本流动对美国来说越来越重要。国际资本流动的走向关乎美国的国际收支平衡。与西欧和日本相比，尤其是在美国经济相对衰落的情况下，考虑到美国及其盟友之间还没有搭建起一套经济信息交流机制，美国政府试图重新调整国际经济发展政策。③二是随着西欧和日本经济的快速复苏，美国同西欧和日本在国际贸易方面的关系日趋紧张。因而，美国希望发达国家之间能够密切合作，以为国际资金流动搭建一个共同的信息平台。④对此，美国希望能够与盟友建立一个经济协调机制，以便调和相互之间的经济矛盾。

1961年，随着西欧以外国家的加入，欧洲经济合作组织（Organization for European Economic Co-Operation，OEEC）正式演变为经济合作与发展组织，发

① Andrew Moravcsik，“Disciplining the Trade Finance：The OECD Export Credit Arrangement，” *International Organization*，Vol.43，No.1，1989，p.176.

② Helmut Führer，“The Story of Official Development Assistance：A History of the Development Assistance Committee and the Development Co-Operation Directorate in Dates，Names and Figures，” *Secretary General of the OECD*，Paris，1994，p.8.

③ 丁韶彬：《国际援助制度与发展治理》，载《国际观察》2008年第2期，第47页。

④ Michael Roeskau，“DAC in Dates：The History of OECD's Development Assistance Committee，” *OECD Working Papers*，2006，pp.10—16.

展援助委员会随之建立。发展援助委员会建立以后的首要工作则是界定官方发展援助的含义。从此之后，官方发展援助作为国际学术概念和政策概念，逐步进入国际社会视野。①

1973年，在内罗毕举行的国际货币基金组织和世界银行年会上，美、英、德、法、意大利和日本六国就规范出口信贷问题开始举行谈判。随后，1976年七国集团（Group Seven，G7）机制形成。1978年经合组织通过《官方支持出口信贷的指导方针》，这是一个“君子协定”（Gentlemen's Agreement），不是经合组织的法案，对各成员没有强制约束力。随后，经合组织逐步将官方支持出口信贷规范化。②20世纪80年代以后，越来越多的发达国家开始强调对外援助去捆绑政策，并要求援助国不对援助贷款使用各类附加条件。这一时期，来自援助国非官方的优惠商业资金开始增多，对官方发展援助形成一定的替代效应，这使得去捆绑政策逐步从限制官方资金扩大到商业领域。1992年，经合组织通过限制在可进行商业融资项目上使用捆绑援助规范（tied aid rules），又称“赫尔辛基准则”（Helsinki Discipline）。③2014年经合组织又修正《官方发展援助去捆绑建议》，要求成员国对最不发达国家和重债穷国，降低对外援助捆绑比例。④

西方国家对官方发展援助的资金来源设计，基本思路是将商业资金与政府支持下的资金相分离，以减少其他国家利用官方发展援助为本国谋求不当竞争优势。这种设计思路主要反映了发达国家之间的国际经济矛盾。这也注定西方国家设计官方发展援助的初衷并不是为了促进欠发达国家和地区的发展，而是

① OECD，“Mearing Aid：50 Years of DAC Statistics 1961—2011，” Pairs，April 2011，pp.5—6，http://www.oecd.org/dac/stats/documentupload/MeasuringAid50yearsDACStats.pdf，最后访问时间2018年9月10日。

② OECD，“Agreement on Officially Supported Export Credits，” January 16，2018，p.10，http://www.oecd.org/officialdocuments/publicdisplaydocumentpdf/?doclanguage=en&cote=tad/pg，最后访问时间2018年9月10日。

③ OECD，“Agreement on Officially Supported Export Credits，” March 10，2005，p.2，https://one.oecd.org/document/TD/PG（2005）8/en/pdf，最后访问时间2018年9月10日。

④ OECD/DAC，“Revised DAC Recommendation on Untying Official Development Assistance to the Least Developed Countries and Heavily Indebted Poor Countries，” August 12，2014，pp.2—6，http://www.oecd.org/dac/financing-sustainable-development/development-finance-standards/Revised%20DAC%20Recommendation%20on%20Untying%20Official%20Development%20Assistance%20to%20the%20Least%20Developed.pdf，最后访问时间2018年9月10日。

为了协调援助各国的政策立场。

第三，官方发展援助的融资困境与其有效性相关。大部分研究表明，官方发展援助取得的成就微乎其微，这也打击了发达国家实施官方发展援助的热情。对官方发展援助有效性的讨论，多半集中在国际社会应该如何改进官方发展援助。

不少学者反对官方发展援助。赞比亚经济学家丹比萨·莫约（Dambisa Moyo）在《援助的死亡》一书中认为，西方的援助模式已经死亡（dead aid)。①过度的援助只会产生诅咒（curse of aid)。②这类研究更倾向于减少官方发展援助。中国学者郑宇认为，国际发展援助的主要问题不是要减少援助，国际发展援助的主要问题是国际金融资源不足，援助机制扭曲以及国际援助体系碎片化。③必须看到，官方发展援助能够解决发展中国家面临的资本缺口问题。对很多非洲国家、重债穷国、太平洋岛国以及其他内陆边缘国家来说，官方发展援助依然是重要的外部资金来源，因而，官方发展援助还是有一定的积极意义。

综上，以往的研究表明，官方发展援助中的筹资困境问题主要来源于三个方面：援助国的需求、官方发展援助体系本身以及援助有效性。围绕国际发展资金不足的问题，国际社会提出了新的发展筹资方案。发展筹资可以被看作官方发展援助的一种补充，同时又能被看作改善官方发展有效性的一种措施。官方发展援助也正在改变资金来源和利用方式，发展筹资成为改变官方发展援助的一种动力。

二、官方发展援助与发展筹资的区别

官方发展援助面临的资金困境为发展筹资的兴起提供了机遇。从发展趋势上看，官方发展援助与发展筹资的不同主要表现在以下三个方面：融资特征、

① ［赞比亚］丹比萨·莫约著：《援助的死亡》，王涛等译，北京：世界知识出版社 2010 年，第 34—47 页。

② Simeon Djankov and Jose Montalvo, et al., “The Curse of Aid,” World Bank Working Paper, No.45254, December 2007, pp.1—24; Kevin M.Morrison, “What Can We Learn about the ‘Resource Curse’ from Foreign Aid,” *The World Bank Research Observer*, October 27, 2010, p.52.

③ 郑宇：《援助有效性与新型发展合作模式构想》，载《世界经济与政治》2017 年第 8 期，第 135—155 页。

政治特征以及机制特征。

表 2 官方发展援助与发展筹资的区别

特 征	官方发展援助	发展筹资
融资特征	官方资金	官方资金与私人资金
政治特征	西方国家主导 援助国导向 附加政治条件	西方国家与新兴国家 受援国和联合国导向 不带有政治条件
机制特征	双边为主	双边与多边，倾向多边

（一）融资特征

从融资角度来说，官方发展援助的资金主要来源于发达国家的财政拨款，国际社会主要从受援地区资金流动和资金来源两个方面，解决官方发展援助不足的问题。

第一，从资金流动的角度看，对受援国家和地区来说，其资金来源主要有以下几个方面：外国财政援助、对外直接投资（Foreign Direct Investment，以下称 FDI）、国外出口信贷、组合投资（外国商业银行、投资银行、共同基金、公司和私人）以及私人汇款。①考虑到发展中国家普遍存在市场机制不足、政治不稳定等情况，不仅缺乏引入 FDI 的能力，而且较低的政府信用使其通过国际市场融资的方式也不太会取得多大成果。因而，站在受援地区和国家的角度看，重新思考官方发展援助显得异常重要。

发展筹资更多强调官方资金以外的私人市场，利用官方与私人相互结合的办法，为受援地区和国家提供更多的发展资金。虽然这一点不太符合发展援助委员会对官方发展援助的定义，但现在这一点已经成为一种趋势。这种趋势主要强调官方发展援助的带动作用以及对受援地区的市场培育，这也可以被看作增加官方发展援助的一种方法。

在医疗领域，高发的传染病与非常低的人均预期寿命，是限制发展中国家发展的主要因素之一。1999 年，全球疫苗免疫联盟（The Global Alliance for

① ［美］斯图亚特・R.林恩著：《发展经济学》，王乃辉等译，上海：格致出版社 2009 年，第 396 页。

Vaccines and Immunisation，以下称 GAVI）成立，GAVI 是公私合作（Public Private Partnership，PPP）的全球性卫生组织，主要宗旨是提供技术和资金支持，促进全球健康事业的发展。2003 年，英国倡议要为 GAVI 提供新的筹资渠道。该倡议得到国际社会的支持。国际疫苗金融组织（International Finance Facility for Immunisation，以下称 IFFim）快速建立。IFFim 的具体筹资方式为：援助国向 IFFim 提供债务担保，世界银行管理 IFFim 并协调 IFFim 与援助国的关系，通过向国际资本市场发债的形式筹措资金，获取的资金用于全球疫苗项目。到目前为止，英国、法国、意大利、澳大利亚、挪威、西班牙、荷兰、瑞士和南非，已经承诺为 IFFim 提供为期 10 年到 23 年不等总计为 65 亿美元的债务担保。①

在基础设施领域内，2015 年，印度成立了国家投资和基础设施基金（National Investment and Infrastructure Fund，NIIF），NIIF 的总资本为 4 000 亿印度卢比。印度政府建立 NIIF 的目的在于：拓宽融资渠道以吸引更多的国内和国际资本投资印度的基础设施。NIIF 公布了第一期投资方向，分别是绿色增长股权投资、可再生能源、交通、清洁水系统、公共卫生和垃圾管理。为了继续补充 NIIF，2018 年在印度孟买举行的亚洲基础设施投资银行（Asian Infrastructure Investment Bank，AIIB）第三届理事会上，亚投行公开表示将会对 NIIB 第一期母基金注入 1 亿美元，以改善 NIIF 的融资环境。②自亚投行成立以来，印度已经接受来自亚投行的 3.29 亿美元的贷款，成为亚投行最大的资助对象。其中，亚投行出资的 1.5 亿美元作为印度的投资基金使用，该基金由美国投行摩根士丹利管理，摩根士丹利据此在印度基础设施领域内进行私人股权投资。此种做法与之前单纯强调资金援助的区别在于，其调动受援国国内资本力量的同时，也吸引了其他长期投资机构，比如国外养老保险基金、捐赠基金、保险公司以及其他金融机构投资者。

第二，从资金来源的角度看，发展筹资可能是弥补官方发展援助的一种折

① IFFim，"Donors，" September 10，2018，https://www.iffim.org/donors/，最后访问时间 2018 年 9 月 10 日。

② AIIB，*Project Summary Information*，June 25，2018，https://www.aiib.org/en/projects/approved/2018/download/india-infrastructure-fund/project-summary-information-NIIF.pdf，最后访问时间 2018 年 9 月 10 日。

中措施。发展筹资试图通过融资创新方式，开辟税源，补充官方发展援助资金池。目前，大量发展筹资机制已经被提出来了，这些发展筹资机制紧贴联合国可持续发展目标，这些发展筹资机制主要存在于以下几个领域。

在环境领域内，2015 年，在法国巴黎举行的联合国气候大会上，与会国正式通过了旨在应对全球气候变化的《巴黎协定》（The Paris Agreement）。当然，实现减排并不是简单的技术性问题，改造传统企业，发展绿色产能，都需要大量的资金扶持，对发展中国家来说尤其如此。因而，将减排与应对和适应全球气候变化联系在一起，成为国际社会实践发展筹资的行动指南。碳交易税（Auctioning of Emission Allowance）成为官方发展援助开辟财源的新渠道。

碳排放征税不仅涉及各国内部的税收体系，而且涉及各国内部的产业发展，实施起来面临不小压力。虽然自 20 世纪 90 年代以来，世界各国在《联合国气候框架协议》下已经进行多轮谈判，并且就资金问题也达成一定共识。2016 年，美国唐纳德·特朗普（Donald Trump）总统上台以后，不仅退出了《巴黎协定》，同时也顺带砍掉了绿色气候基金（Green Climate Fund，GCF），该基金主要负责为发展中国家实现绿色发展融资。在美国政府看来，美国在应对全球气候变化问题上，对国际社会已然让步太多。想要在美国以征收碳税的方式向欠发达国家和地区转移资源，似乎是不太可能的。

在国际金融领域内，20 世纪 70 年代以后，频繁爆发的国际金融危机对发展中国家产生了巨大的负面影响。如何纠正国际资本流动带来的消极影响一直是国际社会关注的重要议题。为了稳定国际资本流动秩序，金融交易税（financial transaction tax）成为发展筹资的另一举措。金融交易税的基本政策含义是给快速流动的国际资本轮子里撒些沙子，以此限制那些投机性交易。欧盟于 2013 年率先推出此税种。此税种一经推出，便引发巨大争议。反对的一方认为，如果没有全球性统一安排，在国家和地区范围内开征金融交易税，会扭曲国际资金流动。在国际政治层面，欧盟由于处于统一货币区，征收金融交易税相对容易。但是对其他国家和地区而言，由于各国和地区金融发展差异巨大，想要开征金融交易税，估计会存在不少困难。考虑到目前发展中国家面临的严峻国际金融环境，动荡的国际金融体系也是危及发展中国家发展的一大源头。如何纠正国际货币金融体系的波动并未发展中国家提供额外的金融救助，这个问题可能会是未来国际发展融资中的重要议题。

在其他领域，机票团结税（solidarity levy on airline tickets）是另一种可行的国际发展筹资方式。德国曾经为了适应统一，向西德地区征税，然后向东德地区转移，这种资源转移方式被称为团结税。2002 年联合国召开发展筹资会议以后，法国提议可以通过征收团结税的方式，弥补官方发展援助资金缺口。法国于 2006 年率先征收此税，其主要方式是在出售的每张机票上多征收小部分税收，此税占机票价格的极小一部分。这些税收不是用于调节国内福利，大部分机票团结税都流向了国际药品采购机制（UNITAID）。[①]机票团结税的理念和做法，得到不少国家的认可和支持。世界上已经有 10 个国家开征机票团结税。机票团结税的好处在于，几乎所有国家都可以对其所出售的机票征收此税种。而且，这种税收几乎是可持续的。预计在未来，越来越多的国家将会采取此种做法。

（二）政治特征

官方发展援助具有明显的政治导向性，具体表现为西方国家主导、援助国导向以及附带政治条件。官方发展援助的政治导向性引起国际社会的普遍反感。2000 年以后，国际发展领域内的一大变化是联合国等国际多边组织开始主导国际发展话语权，国际发展目标更加趋于可持续化和社会化。事实表明，当国际发展的政治基础发生变化时，受援国家和地区往往能够获得更多的好处。

20 世纪 70 年代，在石油危机的冲击下，西方发达国家普遍处于经济“滞胀”，西方国家调动国内资金的能力减弱。石油输出国组织（Organization of the Petroleum Exporting Countries，以下称 OPEC）在国际石油价格上涨的过程中积累了大量的石油外汇储备。OPEC 国家积累的这些外汇储备，对国际援助体系产生了两个非常意外的结果：一是在积累大量美元储备的情况下，在这一时期，OPEC 成为仅次于经济合作与发展组织的第二大援外集团。[②]OPEC 的对外援助资金与经济合作与发展组织所关注的领域有所不同。OPEC 援助资金主要为受

① 国际药品采购机制成立于 2006 年，与联合国世界卫生组织属托管伙伴关系，其致力于防治艾滋病、肺结核和瘴气，运营资金主要来源于机票团结税，参考 https://unitaid.org/about-us/#en，最后访问时间 2018 年 9 月 10 日。

② ［美］迈克尔·托达罗、斯蒂芬·史密：《发展经济学》11 版，聂巧平等译，北京：机械工业出版社 2014 年版，第 419—420 页。

援国的城市、农村、交通设施以及其他关系国计民生的部门提供资金支持。这些资金具有三个特点：一是无息或利息极低；二是贷款周期长；三是政治敏锐性低。OPEC国家的这些援助特点，逐步开始改变传统援助理论关于将援助资金提供给生产力最高部门就能促进经济发展的假设。国际社会普遍开始相信，促进发展中国家的经济发展，需要建立经济发展的基本条件。OPEC国家的这些对外援助实践，影响了20世纪70年代的国际援助理念，援助国开始逐步将发展援助资金投入到医疗、卫生、教育以及交通等公共部门。事实上，2000年以后的国际发展目标倾向，实际可以被看作一种向20世纪70年代的回归。

进入20世纪80年代，以美国为首的西方资本主义国家在新自由主义的引领下走向了新一轮的高速增长，一直到比尔·克林顿（Bill Clinton）政府时期，美国依然维持着高速的经济增长。反观此时的发展中国家以及国际政治格局，20世纪80年代，不少发展中国家开始经历不间断的国际金融危机。随着原苏东国家解体，接受援助的地区和国家突然增多。国际政治经济格局的变化使得国际发展完全导向了西方发达国家。

与此同时，国际货币基金组织和世界银行的援助逐步与受援国国内体制改革联系到了一起，开始强调结构性调整贷款在改革受援国国内政治经济制度中的作用。[①]这类结构性改革强调，接受援助的国家和地区，只有改善本国制度环境，就能自发地吸引更多的外资。以泰国和马来西亚为例，两国在20世纪90年代初期都将金融自由化改革当作国内经济改革的重要组成部分。不过，东南亚国家很快成为国际游资攻击的对象。在1997年东南亚金融危机中，泰国等国的外汇储备被洗劫一空，最终被迫向美国和国际货币基金求救。国际货币基金组织和美国给出的应对金融危机的办法是将资产证券化后抵押给国际投资者，以缓和所谓的市场信心，这种建议在危机时期与绑匪所要赎金几无区别，国际货币基金组织的建议在马来西亚碰了钉子。[②]

20世纪80年代到90年代，发达国家之所以完全控制国际发展话语权，与国际经济力量失衡密切相关。发达国家利用其政治优势，不断将其政治意识形

① Jac Heckelman and Stephen Knack, “Foreign Aid and Market Liberalizing Reform,” *World Bank Policy Research Working Paper*, No.3557, April 2005, pp.3—5.

② ［美］罗伯特·黑泽尔：《美联储货币政策史》，曾刚等译，北京：社会科学文献出版社2016年，第316—320页。

态带入到国际发展进程中。按照弗朗索瓦·沙奈（Francios Chesnais）的看法，20世纪80年代兴起的金融全球化，改变了整个国际政治经济体系。金融全球化主要是各国货币和金融市场相互联系的状况。①发达国家以官方发展援助为诱饵，诱导发展中国家进行朝着有利于自己的方向进行改革，这一点在原苏东地区尤为明显。

2008年金融危机以后，国际发展的政治格局也在慢慢发生变化，发展中国家也在不断分化。1997年6月20日，联合国51届大会通过《发展纲领》。②《发展纲领》对国际发展目标以及发展所需的内外各类资金进行了规划。在《发展纲领》签署仅一个多月后，东南亚金融危机全面爆发。东南亚金融危机客观上宣告了新自由主义的破产。同时，在不断的争议中，国际发展开始逐步走向2000年以后的《联合国千年宣言》。

（三）机制特征

官方发展援助总体以双边援助为主，多边援助较为少见。发展筹资恰恰相反，发展筹资主要以多边为主。发展筹资的出现是国际发展领域内的重大变化。③既然是筹资，那么筹资的路径肯定是多元化的，其运行机制也会是多样的。这改变了以往援助国单方面“施舍”的状态。④2009年，联合国公布八种正在运行的发展筹资机制，分别是国际药品采购机制（unitaid）、全球疫苗免疫联盟融资机制（IFFim-GAVI）、预先市场承诺机制（advance market commitment）、自愿以团结税方式向国际药品采购机制捐款、全球基金（the global fund）、将双边债务减让资金纳入全球基金（Debt2Health）、碳排放市场，以及社会责任投资。⑤综

① ［法］弗朗索瓦·沙奈：《金融全球化》，齐建华等译，北京：中央编译出版社2000年，第2页。

② 联合国公约与宣言检索系统：《发展纲领》，http://www.un.org/zh/documents/treaty/files/A-RES-51-240.shtml，最后访问时间2018年11月17日。

③ 毛小菁、姚帅：《发展融资：国际发展援助领域的重大变革》，载《国际经济合作》2014年第5期，第47—49页。

④ 徐佳君：《新兴援助国对国际发展援助理念的影响》，载左常升主编：《国际发展援助理论与实践》，北京：社会科学文献出版社2015年，第59—66页。

⑤ United Nations: “Innovative Financing for Development,” 2009, pp.13—75, http://www.un.org/esa/ffd/documents/InnovativeFinForDev.pdf，最后访问时间2018年11月17日。

合来看，上述八种发展筹资机制都有明显的多边主义特征。

在应对全球气候变化方面，气候融资是一项关键任务。正在兴起的发展筹资方式是通过市场融资，发行绿色债券（green bond）。其基本思路是：将全球气候变化与发行债券结合起来，以应对国际气候变化。国际绿色债券市场政治蓬勃发展中，尤其是在2007年金融危机以后，相关的全球绿色金融指数（Global Green Finance Index，以下称GGFI）也在编制。GGFI由英国玛瓦基金会（MAVA Foundation）资助，具体则由英国的商业智库Z/Yen集团（Z/Yen Group）和位于布鲁塞尔的专注于金融管制的非政府组织金融观察（Finance Watch）负责。在过去的10年中，国际复兴开发银行（International Bank for Reconstruction and Development，IBRD）在18种货币市场上已经发行132期绿色债券，共筹得资金101亿美元。这些筹集的资金，主要用于帮助受援国实现绿色发展。①类似的发展筹资机制安排还有气候投资基金（Climate Investment Fund，CIF）。2008年，在美国、英国、德国和日本的倡导下设立了气候投资基金，先后有14个国家向气候投资基金提供总计约81亿美元的资金，用于支持清洁技术和能源，促进发展中国家和中低收入国家的发展。气候投资基金作为多边气候基金，通过地区多边发展金融机构发挥作用。②有鉴于此，其他国家也在大力发展绿色金融产业。在中国，2015年底，中国人民银行、中国金融学绿色金融专业委员会分别发表《绿色债券项目支持目录》（2015年版），正式启动中国绿色债券市场。随后，中国国务院发展与改革委员会、上海证券交易所和深圳证券交易所相继发布绿色企业债和绿色公司债的相关文件，以推动中国绿色债券市场的发展，以为绿色产能注入更多的发展资金。

综上，从官方发展援助到发展筹资，国际发展领域内的资金来源、政治基础以及融资运行机制都在发生变化。官方发展援助不再是国际发展资金的唯一渠道，如何重新定位官方发展援助，建立一套新的适应联合国可持续发展目标

---

① International Finance Corporation，*Capital Markets Climate Finance*，April 2018，pp.6—9，https://www.ifc.org/wps/wcm/connect/7f9032cd-5568-40f5-bbef-101d084c53a8/201804_IFC-Perspectives_Issue-1_v2.pdf?MOD=AJPERES，最后访问时间2018年9月10日。

② 赵行姝：《美国对全球气候资金的贡献及其影响因素：基于对外气候援助的案例研究》，载《美国研究》2018年第2期，第67—83页。其他参考https://www.climateinvestmentfunds.org/finances，最后访问时间2018年9月10日。

的国际融资体系，可能是未来官方发展援助的方向。

三、官方发展援助与发展筹资的演变趋势

发展筹资问题的出现对官方发展援助体系产生了影响。总体来说，建立新的国际发展融资体系往往难以脱离旧有框架的束缚。就国际发展趋势而言，大概从2012年以后，有关改革官方发展援助的声音越来越多，经合组织也不断在召开高层政治会议，讨论改革国际官方发展援助体系的必要性。目前，国际社会出现了三种提议，分别是：全球政策筹资，官方发展绩效和官方发展融资。

（一）全球政策筹资

全球政策筹资（Global Policy Financing，以下称GPF）以全球发展目标为基础，这类目标以联合国2015年提出的17项可持续发展目标为基础，主要思路是试图用全球政策筹资取代官方发展援助。①根据GPF设计，联合国可持续发展目标大致可以分为三类：欠发达地区的经济发展融资（包括经济基础建设）、人的基本福利（社会基础建设、水、电、健康、教育等），以及全球公共产品（国际安全、气候变化、清洁发展、生物多样性等）。具体而言，国际社会有针对性地对不同的发展项目分别进行筹资。针对不同的发展领域，则是集中筹资、分类治理。

在具体措施方面，发展筹资充分利用融资创新机制，以市场促进援助，这是实现GPF较为可行的方法。②除了全球疫苗免疫联盟和国际疫苗金融设施、机票团结税、气候投资基金以外，国际社会还有其他的新倡议。

GPF的主要思路是通过将全球发展领域进行政策分割，以此为基础，重新确立全球发展模式。GPF的主要特征是：一是资金来源是开放式的，无论是官

① Jean-Michel Severino and Oliver Ray, "Death and Rebirth of a Global Public Policy," *Center for Global Development Working Paper*, No.167, March 2009, p.25；黄梅波、陈岳：《国际发展援助创新融资机制分析》，载《国际经济合作》2012年第4期，第71—77页。

② Tim Harford and Michael Klein, "The Market for Aid: Understanding Aid by Looking Forward and Looking Back," *World Bank Public Policy for the Private Sector*, No.293, Washington D.C., 2005, pp.1—4；Suhas Ketkar and Dilip Ratha, "Innovative Financing for Development," *World Bank*, 2009, pp.1—25.

方资金还是市场资金，都能参与其中，一定程度上加强了公共部门与私人部门的合作，改变了官方发展援助的利用方式。二是在政治上体现了向受援国家和地区以及联合国靠拢的倾向。三是在筹资机制上体现了多边主义的特征。

综上，以全球政策筹资这种方式改革官方发展援助，实际上沿着两条线路在走。第一，在全球发展政策的指引下，开辟新的资金来源，这类资金来源在气候变化领域非常明显。既然国际社会要实现绿色发展，那么针对绿色发展筹措的资金就应成为新的公共资金来源渠道。不少国家开始征收碳税，碳税现在也成为资金转移的一条重要渠道。这条渠道符合官方发展援助的定义。第二，全球政策筹资实际上要求官方发展援助必须改变以往的双边援助模式，加强多边合作，这样可以集中资源，有效应对国际官方发展援助体系的碎片化。

（二）官方发展绩效

官方发展绩效（Official Development Effort，ODE）以发展中国家的权益为基础（accrual basis），试图用官方发展绩效取代官方发展援助。①官方发展绩效主要针对受援国家和地区的发展权益，要求官方发展援助重新以受援国发展权益为基础，制定新的且能够反映受援国实际获益的发展筹资计划。

长期以来，官方发展援助之所以效果不好，关键原因在于发达国家不考虑受援国家和地区的实际情况。按照林毅夫的看法，很多发展中国家不但缺电，而且缺水，糟糕的卫生条件和低下的教育水平，都会成为这些国家发展的巨大障碍，这些问题不能通过市场去解决。②发达国家长期忽视受援国家和地区的基础设施建设，比如电力、水利、卫生、交通以及教育等。导致很多官方发展援助只是流于表面，而鲜有实质性成果。阿马蒂亚·森（Amartya Sen）对印度和中国社会发展差异的研究表明，完善的社会基础恰恰是影响受援国发展的基本因素。中国在这些方面要比印度做得更好。③

---

① William Hynes and Simon Scott，"The Evolution of Official Development Assistance，" *OECD Development Co-Operation Working Paper*，December 2013，pp.14—17.

② 林毅夫、王燕著：《超越发展援助：在一个多极世界中重构发展合作新理念》，宋琛译，北京：北京大学出版社 2016 年，第 67 页。

③ ［印度］阿马蒂亚·森、让·德雷兹著：《印度：经济发展与社会机会》，黄飞君译，北京：社会科学文献出版社 2006 年，第 68—99 页。

国际社会之所以强调官方发展绩效，主要是因为官方发展援助的统计口径有问题。这些统计口径更多考虑的是发达国家的开支，而不考虑发展中国家是否从中获益。①比如，受援国在援助国的难民、来自发展中国家的留学生以及其他“发展意识”（Development Awareness）计划，上述项目的开支一般都会被认为是官方发展援助。自2010年欧洲难民危机以来，发达国家在难民事务上的开支已经翻了三倍。发展援助委员会平均每个成员国官方发展援助的9.7%都用于国内外国难民支出，欧盟此数据是14%，援助大国德国此数据更是高达24%。②事实上，这是一种治标不治本的做法。这些援助究竟能不能起到所谓的发展效果，着实不敢恭维。因为这些援助开支都是发生在援助国内部，而不是受援国内部。援助国在本土内部实施的援助在多大程度上能够使受援国获益，促进受援国发展，这存在很大问题。其次，对本土留学生和其他“发展意识”计划的资助，能够在多大程度上保证学生会回到母国去，为母国创造收益？这类问题很难回答，而且也难以统计。一般来说，援助国的经济状况要好于受援国，援助国对受援国各类人才发展计划的支持，实际上造成了受援国更多的人才流失。因此，官方发展援助在不考虑其实际效果的情况下，其官方统计的数字其实只是发展委员会国家的面子工程。

发展中国家的国际发展合作实践，为改善官方发展绩效提供了另外一种思路。随着发展中国家的崛起，其国际发展话语权也在扩大。③与发达国家数额巨大的官方发展援助相比，南南合作（South-South Development Cooperation，以下称SSDC）一直被认为是次要的。SSDC主要指资源、技术、知识和专业技能在发展中国家之间的交换。随着新兴国家的快速崛起，SSDC为国际发展提供了新的思路。2008年，联合国经济与社会理事会（United Nations Department Economic and Social Council，ECOSOC）主办了第一届国际发展合作论坛（Development

① 毛小青、姚帅：《发展融资：国际发展援助领域的重大变革》，载《国际经济合作》2014年第5期，第48—49页。

② OECD，*Development CO-Operation Report 2018*，Paris，2018，pp.25—27，https://www.oecd-ilibrary.org/docserver/dcr-2018-en.pdf?expires = 1534745959&id = id&accname = guest&checksum = 47EB3BA17929C5E3A83FA4CF18286957，最后访问时间2018年9月10日。

③ Richard Manning，“Will ‘Emerging Donors’ Change the Face of International Cooperation?” *Development Policy Review*，Vol.24，No.4，pp.371—385.

Cooperation Forum，以下称 DCF）。①DCF 强调全球发展伙伴关系（Global Partnership for Development），SSDC 倡导的以合作促进发展的模式受到国际社会越来越多的青睐。全球发展伙伴关系比西方国家主导下的官方发展援助体系更广泛。②对提高官方发展援助的绩效具有很大的启示。

事实上，官方发展绩效是对现有官方发展援助模式的一种反思。官方发展绩效虽然没有提到扩大发展筹资的手段，但对发展筹资及其利用方式提出了新看法。这与新千年以后，国际社会对官方发展援助体系有效性的批评如出一辙。围绕如何提高官方发展绩效这个问题，发达国家、新兴援助国和受援国之间还会继续争论下去。

（三）官方发展融资

官方发展融资（Official Development Financing，ODF）以流入发展中国家的资金总量为基础，试图重新确立国际官方发展援助体系。ODF 主张灵活使用官方资金，以调动更多的市场资金。比如公私合作（Public Private Partnership，PPP），利用官方资金为引入市场资金创造条件。③

ODF 在某种程度上已经将发展援助的目标进行了区分。官方发展援助的目标一般有三类：政治目标、经济目标和人道主义。④事实上，传统的国际粮食援助和其他紧急援助，都可被看作人道主义援助（humanitarian）。就目标而言，人道主义援助关注人的存在，而不是人的发展。人道主义最接近援助的本质，是国际社会“善”（charity）的体现。因此，与人道主义有关的援助可以被认为是官方发展援助。ODF 的核心思路首先排除了与发展无关的因素，然后利用 ODF 统计所有由官方带动的流入发展中国家的资金总和，只要符合发展目标，ODF 将不再特别考虑资金的优惠性问题。对此，2014 年发展援助委员会提出了

---

① DCF，“A Renewed Global Partnership for Development for a Post-2015 Era，” *Official Summary Report*，June 5—7，2013，pp.1—2.

② United Nations Task Team on the Post 2015 Agenda，“A Renewed Global Partnership for Development，” New York，March 2013，pp. 1—22，http://www.un.org/en/ecosoc/newfunct/pdf13/dcf_ethiopia_summary.pdf，最后访问时间 2018 年 9 月 10 日。

③ Navin Girishankar，“Innovating Development Finance：From Financing Sources to Financial Solutions，” *World Bank Policy Research Working Paper*，No.5111，November 2009，p.3.

④ 李小云等主编：《国际发展援助概论》，第 2—3 页。

一个新概念，即官方可持续发展援助总量（Total Official Support for Sustainable Development，以下称 TOSSD），TOSSD 其实与 ODF 的基本含义一致。该概念包含向发展中国家和多边机构提供的支持可持续发展的且由官方带动的所有资金总和，此举方便测算整个官方支持流入发展中国家的资金透明度。①

ODF 的实际意图在于重新改善官方发展援助的利用方式。在国际私人资本的冲击下，官方发展援助也需要转变其在国际发展中的角色。不过，ODF 的提出，虽然为理解流入发展中国家资金总量提供了新的方法，但是也进一步混淆了各类资金的优惠程度。比如，官方支持下的出口信贷和其他不具有优惠性质的官方贷款，两者之间是什么关系？而且，ODF 可能会稀释发达国家的国际发展责任。因为，国际发展资金来源依然需要依靠发达国家。不论是在抑制全球气候变化还是维持国际货币金融系统稳定方面，发达国家的支持依然至关重要。因此，ODF 不能变成发达国家摆脱国际发展责任的工具。

从国际发展援助的总体趋势来看，无论是 GFP，还是 ODE 和 ODF，三者反映了一个共同的问题：如何设计一个合理的发展筹资体系以满足欠发达国家和地区的发展融资需要。这个问题在很大程度上将会影响未来官方发展援助的走向。

（四）改革官方发展援助的困境

就发展趋势而言，国际社会从发展筹资的角度，对官方发展援助提出了诸多改进的要求。作为回应，经合组织也开始重视官方发展援助以外的以实现联合国可持续发展目标为目的的资金流动，私人部门、多边机构以及非发展援助委员会成员都被统计在内。经合组织强调这些资金流动的透明度以及发展绩效。②经合组织对非发展援助委员会成员国发展资金流动的重视，说明发达国家也试图在寻求和发展中国家之间的合作路径。需要看到，改革官方发展援助，依然面临严峻的政治困难。

---

① OECD，“What is Total Official Support for Sustainable Development（TOSSD）?” www.oecd.org/dac/financing-sustainable-development/development-finance-standards/tossd.htm，最后访问时间2018年9月10日。

② OECD，“Development Finance Topics，” http://www.oecd.org/dac/financing-sustainable-development/development-finance-topics/，最后访问时间2018年11月17日。

经济或技术性的问题并不足以构成改革官方发展援助体系的障碍。比如，国际社会是有条件在国际层面征收货币交易税、金融交易税以及碳税等，在经济或技术上也有条件进行资源转移。不过，任何国际机制改革都要有国际政治基础。

尽管国际社会要求从发展筹资的角度，继续扩充官方发展援助资金池。但是，如何扩充，如何改善官方发展援助绩效，发展中国家与发达国家的意见并不统一。以碳税为例，应对环境变化是当今重要的可持续发展议题之一。碳税与气候变化联系在了一起，成为新的官方发展援助资源渠道。但是，国际社会已经在有关全球气候变化的议题上进行了近 30 年的谈判，依旧未能达成一致。尤其是在碳税和筹资问题上，发达国家与发展中国家立场尖锐对立。2016 年美国唐纳德·特朗普政府上台后，美国政府随即要求重新签订《巴黎协定》。因为，美国政府认定，美国在《巴黎协定》中承担了太多的国际责任。随着美国的强势退出，国际气候谈判再度陷入困境。根据 2016 年经合组织的统计，发展援助委员会成员官方发展援助总额达到约 1 449 亿美元，其他非发展援助委员会成员国对外援助资金规模约为 219 亿美元。发达国家提供的国际发展资金占整个国际发展资金总额的86.9%。①发达国家的官方发展援助依然至关重要。如果没有发达国家的支持，国际气候资金也会变得前途渺茫。庞珣认为，传统援助国与南方国家围绕对外援助的政策、实践、动因以及改革现有国际援助机制方面，矛盾重重，难以合作。②双方援助范式理念的不同，实则反映了发达国家和发展中国家之间的发展矛盾，想要建立一套新的国际发展体系，在国际政治层面将会面临巨大的挑战。

尽管改革官方发展援助体系困难重重，但是改革官方发展援助还是有一定的契机。尤其是随着中国等新兴工业国家的快速崛起，国际政治经济权力在慢慢发生变化。这种国际权力格局的转换，对改善官方发展援助体系是有很大促进作用的。而且，在联合国层面，发展中国家也在利用国际发展合作论坛不断

① OECD，“Development Finance of Countries beyond the DAC，” http：//www.oecd.org/dac/financing-sustainable-development/development-finance-topics/non-dac-reporting.htm，最后访问时间 2018 年 11 月 17 日。

② 庞珣：《新兴援助国的“兴”与“新”：垂直范式与水平范式的实证比较研究》，载《世界经济与政治》2013 年第 5 期，第 31 页。

表达自己的意见。不少学者对发展援助委员会和国际发展合作论坛这两种国际机制的研究表明，虽然国际发展合作论坛不具备发展援助委员会那样的经济实力，但是两者在发展意见和行为资助方面可以达成某方面的合作。①这将有助于继续改善官方发展援助的绩效。

结　语

本文主要从发展筹资的角度，讨论了国际官方发展援助体系的演变。在2000年联合国公布新的国际发展目标以后，由于发达国家官方发展援助缺口巨大，发展筹资问题就成为国际发展中的核心议题之一。

发展筹资与官方发展援助之间的区别主要表现在三个方面：资金来源、政治基础以及运营机制。发展筹资的资金来源比官方发展援助更广泛，因而在运营机制方面，发展筹资主要表现为多边主义。发展筹资问题的出现，对官方发展援助造成了一定的冲击，在客观上要求官方发展援助作出一些改变，以适应全球可持续发展以及国际发展筹资的趋势。围绕官方发展援助改革问题，国际社会出现了三种方案，第一类以全球政策融资为基础；第二类以受援方的权益为基础；第三类以发展资金总流量为基础。从发展筹资的角度看，官方发展援助试图从两个方面改善自己的发展筹资方式，一是在可持续发展目标的引领下开辟新的发展资金渠道；二是改变自身的利用方式，引导更多的发展资金流入。就目前的发展趋势来看，虽然在发展筹资框架下继续改革官方发展援助有一定的政治困难，但是随着国际政治经济格局的演变，官方发展援助在未来还是会出现一些新变化。

① Joren Verschaeve and Jan Orbie，“The DAC is Dead，Long Live the DCF? A Comparative Analysis of the OECD Development Assistance Committee and the UN Development Cooperation Forum，” *European Journal of Development Research*，Vol.28，No.4，2016，pp.571—582.

金砖国家的扩容：悖论与进程

孙艳晓*

金砖国家合作机制创立至今，发展与困境并存，悲观、乐观、怀疑之声不断，其中不乏对其开放性的质疑。一是质疑其没有明确的成员国标准。2010 年南非的加入是迄今为止唯一的一次扩容，基于对成员国标准的不同解读出现了两种相悖的判断。质疑者基于其较小的经济体量、缺乏有助于增加其他成员国战略影响力的前景，①称南非不符合金砖国家成员国标准。而支持者认为，经济体量并非唯一的考量因素，南非在非洲大陆的领导作用，②拥有独特的海洋位置优势，③是工业国家与发展中国家气候谈判的“搭桥者”，④能够在南北关系中发挥协调作用，⑤是合理的扩容对象。二是质疑其在扩容问题上的开放性。继南非

---

* 孙艳晓，华东师范大学国际关系与地区发展研究院博士生。本文原刊于《俄罗斯研究》2019 年第 1 期，内容有部分调整。感谢第十一届全国国际关系、国际政治专业博士生学术论坛评委老师给予的宝贵修改意见。

① Brooks Spector, Jim O'Neill, “South Africa's Inclusion in BRICS Smacks of Politics,” October 4, 2011, http://www.dailymaverick.co.za/article/2011-10-04-oneil-south-africas-inclusion-in-brics-smacks-of-politics/，最后访问时间 2018 年 11 月 15 日。

② ［巴西］奥利弗·施廷克尔著：《金砖国家与全球秩序的未来》，钱亚平译，上海：上海人民出版社 2017 年版，第 55 页。

③ “南非是金砖国家中唯一真正具有双海岸性质的成员国，它在非洲大陆的作用取决于它向西南印度洋和南大西洋提供的海上通道。”参见 Vreÿ François, “A Blue BRICS, Maritime Security, and the South Atlantic,” *Contexto Internacional*, 2017, Vol.39, No.2, p.358。

④ 赵斌：《新兴大国的集体身份迷思——以气候政治为叙事情境》，载《西安交通大学学报（社会科学版）》2018 年第 1 期，第 127 页。

⑤ Biswajit Dhar, “The BRICS in the Emerging Global Economic Architecture,” South African Institute for International Affairs, *Occasional Papers*, December 17, 2012, No.125, http://saiia.org.za/research/the-brics-in-the-emerging-global-economic-architecture/，最后访问时间 2018 年 11 月 15 日；Machiel Renier van Niekerk, “South Africa's Role in the BRICS Vision,” EIR, February 6, 2015, http://larouchepub.com/eiw/public/2015/eirv42n06-20150206/09-11_4206.pdf，最后访问时间 2018 年 11 月 15 日。

之后，土耳其、哈萨克斯坦、印度尼西亚、墨西哥、埃及、尼日利亚、阿根廷等国亦在不同场合表达过加入的意愿，但至今为止金砖国家未再次接纳新成员，其内部未就扩容问题达成一致，也未出台关于扩容的细则。2018 年在约翰内斯堡峰会上，土耳其作为受邀国参会时再次提出加入金砖国家的意愿并获得与会国商讨，在一定程度上显示出扩容问题成为显性议题的趋势。

金砖国家有其独特性，五国综合实力强但凝聚力缺失，发展阶段相近但异质性突出，成员国地域跨度大且缺乏集体认同感，国际上同类组织不多，可供借鉴的扩容经验有限。当前学界对金砖国家扩容问题的研究主要集中在个体视角，探讨土耳其①、哈萨克斯坦②、印度尼西亚③、韩国④、墨西哥⑤等单个国家是否应该被纳入金砖国家。而把金砖国家作为一个独立的国际关系行为体，关注其自身的融合能力，基于其集体身份这一整体视角去探讨其是否应当扩容、如何扩容、扩容前景的研究成果还比较少。⑥一方面，这与当前学界国际组织研究的工具理性倾向有关。⑦然而，国际组织并不完全受制于国家，将国家行为的动力和效果机械地移植到国际组织理论框架的做法已遭到质疑，国际组织有相对独立的行为逻辑与伦理体系。⑧另一方面，金砖国家迟迟未能就扩容问题达成

① Kurşun, Ali Murat, Parlar Dal, Emel, “An Analysis of Turkey’s and BRICS’ Voting Cohesion in the UN General Assembly during 2002—2014,” *Global Policy*, 2017, Vol.8, No.2, pp.191—201; Gokhan Bacik, “Turkey and the BRICS: Can Turkey Join the BRICS?” *Turkish Studies*, 2013, Vol.14, No.4, pp.758—773.

② Monowar Mahmood and Golam Mostafa, “Kazakhstan-BRICS Economic Cooperation: Exploring the Possibilities,” *Journal of Balkan and Near Eastern Studies*, January 2017, pp.148—164.

③ Karen Brooks, “Is Indonesia Bound for the BRICS?” *The Business Times* (Singapore), November 11, 2011.

④ Lee, Young Hwan, “Vision and Strategy to Make BRICS as Blue Ocean for Korean Economy,” *International Area Studies Review*, 2006, Vol.9, No.2, pp.1—17.

⑤ 张兵、李翠莲：《墨西哥加入金砖国家合作机制研究》，载《亚太经济》2011 年第 5 期，第 67—71 页；王超：《墨西哥：下一块“金砖”》，载《中国海关》2012 年第 8 期，第 60—61 页。

⑥ 张庆从合理性、潜在对象、意义三个方面论述了金砖国家扩容的可行性，但其更多的是从功能意义，而非伦理视角去探讨的。参见张庆：《金砖国家扩容的可行性研究》，肖肃、朱天祥主编：《当前金砖国家研究的若干问题》，北京：时事出版社 2017 年版，第 25—39 页。

⑦ 蒲傅：《全球化时代的国际组织变迁与中国的战略选择》，载《教学与研究》2012 年第 1 期，第 48 页。

⑧ 刘莲莲：《国际组织理论：反思与前瞻》，载《厦门大学学报（哲学社会科学版）》2017 年第 5 期，第 14—26 页。

共识也源于扩容本身的政治性，扩容与否以及对象国的选择取决于成员国尤其是核心成员国之间的博弈。事实上，扩容应是组织发展轨迹的自然延伸，扩容的选择应立足于组织自身的发展需要。因而，本文将金砖国家作为独立的国际关系行为体而非仅仅是国家间交往的“媒介、工具与平台”，拟从这一整体视角去考察金砖国家扩容的基础、路径与风险。本文的基本观点是：软性扩容①是金砖国家扩容的合理路径。

一、扩容的基础：跨越三个悖论

金砖国家的扩容是提升发展中国家话语权、促进国际机制合理化、实现与发达国家之间兼容性制度重构的有效路径。但扩容并非易事，既要应对成员国异质性与互信度问题、认知差异和离心力问题等现实瓶颈，又需克服规模困境、利益困境、强者可信与小国“搭便车”困境等技术难题，更应充分考量扩容可能增加深化难度、而深化可能抑制扩容进度等结构性矛盾。

（一）制度非中性与机制内部矛盾性之间的悖论

国际制度通常形成于国家之间集体行动的高级阶段。然而，国际制度与生俱来的非中性特征又往往成为合作延续的障碍。即便在公正的制度安排下，受限于实现自身利益的条件与能力的现实差异，成员国能获得的实际收益也难以均等。“制度非中性”②的概念阐释了这一现象。受建制成本、资源分配、合作策略等因素影响，制度非中性往往与国际制度相伴而生，并随着累积效应不断加深，导致既有制度内成员分化为坚守传统的既得利益集团和力主改革的期待利益集团，两个集团的博弈与平衡推动国际制度的变迁。当前，以金砖国家为代表的新兴经济体国家拥有的制度性权力相较于其实力与贡献严重失衡，金砖国家合作机制便是成员国为改革制度非中性导致的权力失衡问题而采取的集体行

① 本文所指的“软性扩容”意指两个层面的叠加：第一层面即狭义理解上的扩容，仅指加入机制或组织，成为正式成员国；第二层面即广义理解的扩容，泛指扩大规模、范围、数量等，包括正式成员国的接收、观察员国与对话国的加入及组织规模的扩大。为方便表述，文中统一使用“扩容”一词指代两个层面的含义。

② 张宇燕：《利益集团与制度非中性》，载《改革》1994 年第 2 期，第 98 页。

动。新兴国家发起的制度变迁有改变现有不合理的国际制度和建立于己有利的新制度两个路径。①作为一种新兴力量，金砖国家难以与拥有话语优势的发达国家（集团）相抗衡，难以从根本上改变现有的全球治理规则体系。而金砖国家通过相互之间的深入合作，一方面在既有国际制度中谋求与自身实力相匹配的话语权，另一方面建立新的制度以平衡现有的全球非中性制度架构。这种努力或许是最为现实的选择。从这个意义上说，金砖国家合作是五国回应制度非中性挑战的集体行动方案之一，改变制度非中性带来的不利处境还需要联合足够多的发展中经济体。然而，金砖机制内部矛盾性的存在制约了集体行动，与制度非中性下集体行动的动力形成悖论。

一是成员间异质性与互信度问题。尽管金砖国家之间的合作在加强，但它们在政治制度、发展模式、经济结构、历史文化等方面存在较大的异质性，这些差异给寻找合作基础制造了障碍，并经常限制金砖国家在许多问题上的合作。比如，在大宗商品的供需方面，金砖国家具有高度的互补性，但在定价问题上却存在尖锐的矛盾。大宗商品价格下跌对俄罗斯、南非和巴西造成不利影响，对印度却是有益的，因为印度是一个主要的能源、原材料进口国。②尽管加强对大宗商品的市场监管以及促进生产国和消费国的对话是金砖国家的共识，但是金砖国家仅愿意就粮食安全问题开展紧密合作，而对于石油、铁矿石等利益冲突较多的大宗商品，并未形成正式的政策。③同时，五国在国际政治领域共识相对较少，尤其体现为成员国之间或成员国对金砖合作信任不足。俄罗斯对金砖国家的战略定位意味着其不愿甘当“配角”，它对中国在金砖机制中的作用表现出既依靠又担忧的矛盾心态。印度国内存在联美制华的论调以及对中巴经济走廊的质疑，它认为中国在金砖国家中的主导型地位是对其战略自主的外交空间的威胁。巴西传统上与美国关系更为密切，且在重大国际事务中往往追随美国。而南非在每次参加金砖会议之后都会主动在南非召开针对西方外交人士的通气

① John Gerard Ruggie，“International Regimes，Transactions，and Change：Embedded Liberalism in the Postwar Economic Order，” *International Organization*，1982，Vol.36，No.2，pp.379—415.

② Manuchehr Shahrokhia，Huifang Cheng，Krishnan Dandapani，Antonio Figueiredo，Ali M. Parhizgari，Yochanan Shachmurove，“The Evolution and Future of the BRICS：Unbundling Politics from Economics，” *Global Finance Journal*，February 2017，Vol.32，pp.1—15.

③ 王永中、姚枝仲：《金砖国家峰会的经济议题、各方立场与中国对策》，载《国际经济评论》2011 年第 3 期，第 77—78 页。

会。这些因素在一定程度上构成金砖国家深度合作的障碍。

二是议题领域向心力问题。金砖国家在改革议程中要求拥有更多话语共识，但在具体议程中的离心力又是不容忽视的。例如，在二十国集团内部，金砖五国缺乏凝聚力，并不总是在具体议题上保持一致立场，只能在大的范围内达成一致，进而阻碍了金砖国家积极制定议程。①相较于发展议题，五国在其他议题上分歧较大。例如，在核不扩散问题上，联合国安理会 2010 年 6 月 9 日对伊朗核项目实施制裁的 1929 号决议，包括俄罗斯、中国在内的 12 个理事国投了赞成票，巴西与土耳其投了反对票。②在全球气候治理议题上，俄罗斯与其他金砖国家分属“伞型国家”和“基础四国”阵营。在新疆域治理如网络空间问题上，尽管金砖国家成员都同意建立全球治理架构，但在建构方式上存在分歧，中俄支持在联合国框架内进行多边谈判，而其他国家支持构建一个政府、企业与社会共治的多方利益相关者模式（fluid multilateralism），即各国为了某些共同利益团结在一起，而不要求意见完全一致。③此外，尽管历次金砖国家峰会宣言都会提及联合国改革问题，所有成员国也都认为联合国需要全面改革，但由于中俄两国在是否支持印度、巴西、南非担任安理会常任理事国问题上的分歧，实际上安理会改革并未成为金砖峰会的议题，④金砖各国如何协调这一问题上的严重分歧目前尚不明朗。⑤而金砖国家合作机制的建立与推进是否必然促进成员国在联合国等国际组织中的一致立场，尚有待观察。从数据统计来看，金砖国家 2006—2014 年间在联合国大会的投票一致性并未受到 2006 年开启合作、2011 年后强化互动的显著影响。⑥事实上，金砖国家在诸多议题中仍表现出作为个体

① Suresh P.Singh，Memory Dube，“BRICS and the World Order：A Beginer’s Guide，” *South Africa Institute of International Affairs*，2013，pp.42—43，http：//www.saiia.org.za，最后访问时间 2018 年 11 月 15 日。

② Sijbren de Jong，Rem Korteweg，Joshua Polchar and Artur Usanov，*New Players*，*New game*?：*The Impact of Emerging Economies on Global Governance*，Amsterdam：Amsterdam University Press，2013，p.54.

③ W.P.S. Sidhu，“BRICS：Shaping a New World Order，” May 13，2018，http：//www.brookings.edu/opinions/brics-shaping-a-new-world-order-finally，最后访问时间 2018 年 11 月 15 日。

④ Jorg Husar，*Framing Foreign Policy in India*，*Brazil and South Africa*：*On the Like Mindedness of the IBSA States*，Switzerland：Springer，2016，p.174.

⑤ Gokhan Bacik，“Turkey and the BRICS：Can Turkey Join the BRICS?” *Turkish Studies*，2013，Vol.14，No.4，pp.758—773.

⑥ Bas Hooijmaaijers，Stephan Keukeleire，“Voting Cohesion of the BRICS Countries in the UN General Assembly 2006—2014：A BRICS Too Far?” *Global Governance*，2016，Vol.22，No.3，pp.389—404.

的存在而并没有展现出作为一个集团的统一立场。①

三是主体认知差异问题。首先，各国对国际秩序的改革设想不同。尽管成员国在现存国际秩序需要改革或完善这一问题上达成了共识，但在如何看待金砖合作与当前国际秩序的关系方面，各国之间存在着不容忽视的差异。②这种差异形成“融入”西方主导的国际秩序和“另起炉灶”催生新的国际秩序等两个基本进路。③俄罗斯作为苏联遗产的主要继承者，文化上自认是西方的，政治上不被西方接纳而与西方陷入对抗；印度从现存国际秩序中受益较多，同时又是改革现存国际秩序的坚定支持者；中国从积极融入开始，以改革的推动者而非国际秩序的挑战者自我定位；巴西与西方在政治上不存在不可调和的矛盾，但它却对现存国际秩序心怀不满，谋求在一系列全球事务上积极作为；南非在对待现存国际秩序的态度上与印度和巴西有许多类似的地方。④其次，各国对金砖合作的定位不同。⑤最大的分歧在于，俄罗斯将金砖国家视为与西方博弈的地缘政治工具，而其他四国则尽力避免金砖合作政治化。⑥印度与巴西高层多次表示，如果金砖变成与西方冲突的工具，两国宁愿退出。尽管俄罗斯在意识到其他成员国无意与西方闹翻时，放弃了借助金砖建立一个新的政治与安全联盟的想法，但将金砖打造为对抗西方的“政治筹码”这一出发点不曾改变。⑦最后，各国对“南南合作”的认知不同。⑧中国、印度、南非认同“南南合作”，但在金砖机制内，印度更多的是从问题领域而不是南南合作视角看待问题的。俄罗

① Niu Haibin，“BRICS in Global Governance：A Progressive and Cooperative Force?” *Dialogue on Globalization*，September 2013，p.4.

② 庞中英：《要有不同于西方的全球治理方案——金砖合作与世界秩序的转型》，载《学术前沿》2014 年 9 月（下），第 26—35 页。

③ Cooper，Andrew F.，Asif B. Farooq，“The Role of China and India in the G20 and BRICS：Commonalities or Competitive Behaviour?” *Journal of Current Chinese Affairs*，2017，Vol.43，No.3，pp.73—106.

④ 庞中英：《要有不同于西方的全球治理方案——金砖合作与世界秩序的转型》，第 26—35 页。

⑤⑧ 参见表 1。

⑥ Bobo Lo，“The Illusion of Convergence-Russia，China，and the BRICS，” *Russie. Nei. Vision*，2016 March，No.92.转引自肖辉忠：《金砖国家的起源、内部结构及向心力分析》，载《俄罗斯东欧中亚研究》2017 年第 4 期，第 7 页。

⑦ 清华大学中国与世界经济研究中心：《金砖发展战略报告（2015）》（金砖国家经济智库），2015 年 12 月，第 7 页。

斯认为“南南合作”的定位会限制金砖国家在国际舞台上执行独立政策的能力，南北之间的桥梁或中介的地位是很难接受的。①巴西由于其西方文化的属性，认为“南南合作”的定位并无实际意义，对以南南合作为主要方向的金砖机制不抱太大的希望。

表 1　金砖成员国的认知差异

认知差异	俄罗斯	中国	印度	巴西	南非
对国际秩序改革的认知	构建多极世界，俄罗斯是其中一极。	改革而非推翻。	改革而非推翻。	改良而非推翻。	改良而非推翻。
对金砖合作的定位	少数没有西方插手、更非美国主导的国际机制，是舒缓外交压力的有效平台，外交的优先考量。	构建维护世界和平、促进共同发展、弘扬多元文明、加强全球经济治理的伙伴关系的多边合作平台。	非安全战略集团，跨区域经济投资合作机制，加强立场与政策协调和追求大国地位的平台。	对金砖合作态度逐渐积极，核心关注点是金融合作。	非霸权、非南北对抗的合作机制，持谨慎乐观态度。
自我定位	合作的发起者，引导者而非跟随者。	平等参与，不追求领导者地位。	平等参与者。	不追求领导者地位，金砖国家与西方沟通与协调的中间人。	非洲代表，南北关系的协调者。
对南南合作的认知	不认同	认同	认同	不太看好	认同

资料来源：作者自制。

（二）偏好上的同质性与集体行动的困境之间的悖论

任何有效的集体行动都基于成员达成的共识，这个共识往往体现在一个强

① Vadim Lukov, “A Global Forum for the New Generation: The Role of the BRICS and the Prospects for the Future,” University of Toronto-BRICS Information Centre, January 24, 2012, http://www.brics.utoronto.ca/analysis/Lukov-Global-Forum.html，最后访问时间 2019 年 9 月 11 日。

有力的愿景宣言。[①]在国际政治与经济领域，金砖国家处于传统制度非中性的弱势，在推动国际体系的转型上有着共同的需求，偏好上的同质性促使金砖国家采取集体行动，带来更多志同道合的朋友的同时，扩容也考验合作机制自身的融合能力。除去对整体偏好同质性的冲击，单从技术层面考察合作机制的设计，扩容增加了合作从理想兑现为现实的不确定性。

一是规模困境，即成员国数目及成员国构成对集体行动效果的影响。从成员国数目来看，组织规模的扩大深刻影响每个成员国的成本分担和利益分享。金砖五国合作的形成，反映了相似国际地位的五个国家避免较多成员的集体行动困境，而其本身就建立在需克服五国之间异质性远大于共同性这一基础之上。更多的参与者意味着无法避免的集体行动难题，对提供公共产品责任的相互推诿，成本分担与利益分享之间的不公平将增加。从成员国构成来看，集团越大，寻找共同议题与组织共同行动就越难，建立一个集团协议或组织的难度就越大，由此产生行为体数目与合作机制代表性之间的弥合困境。南非的经济体量被质疑不符合金砖国家的身份，巴西一个远离亚洲的国家被质疑是否能促进金砖国家之间的合作，俄罗斯处在东西之间的特殊身份被质疑金砖国家并非“南南合作”，印度的左右摇摆被认为是金砖机制中的“最薄弱环节”，而新进一些成员之后是否会冲淡机制的代表性，还需要观察。据此，成员规模在机制建设初级阶段要尽可能缩小，而后逐步吸纳相关国家加入。

二是利益困境。按照曼瑟·奥尔森（Mansor Olson）的理论，金砖国家属于相容性利益集团，但并不意味着成员间不存在排他利益。例如，在国际货币金融体系改革问题上，并非所有的金砖国家均能从中获得显著的收益，部分国家投票权份额上升，但另一部分国家投票权份额却在下降。又如在海洋合作领域，五国同为沿海国家，都希望提升新兴国家在海洋治理中的话语权，也拥有潜在优势和合作空间，但现实的利益分歧，尤其是中俄印三国在印度洋与太平洋地区的现实矛盾，[②]以及

---

① Lee，Young Hwan，“Vision and Strategy to Make BRICS as Blue Ocean for Korean Economy，” *International Area Studies Review*，2006，Vol.9，No.2.

② Juan L. Sua’rez de Vivero，Juan C. Rodrl’ guez Mateos，“Ocean Governance in a Competitive World：The BRIC Countries as Emerging Maritime Powers-Building New Geopolitical Scenarios，” *Marine Policy*，2010，Vol.34，pp.967—978.

三国对于亚太地区海洋权力秩序的认知及立场差异，①阻碍了金砖国家在海洋治理这一重要议题上的合作步伐。事实上，尽管金砖国家面临着共同的全球性问题，但经济上的竞争、发展的不平衡以及国际地位的差异，都促使成员国在合作中倾向于采取实用主义策略，只有在共同利益与国家利益之间实现平衡，才能促进集体行动的成效。那么，扩容对弥合成员之间相容利益与排他利益的影响如何？有观点认为，扩容可以弥合成员国现有的分歧，增加共同利益。事实上，导致国际公共产品供给不足的根源很多时候不在于集体行动的困境无法解决，而在于国际制度安排不够合理和科学。通过有效的国际制度安排对利益进行重塑，即通过改变各国在集体行动中所面临的成本-收益结构，使其选择供给的收益高于不供给时的收益，可以促进国际公共产品供给的实现。

三是“强者可信”与“小国‘搭便车’”的弥合困境。一方面，“强者可信”困境，即强国如何让自己的行为承诺在较弱的国家看来是可信的，或者说较弱一方应该采取什么样的制度设计对强国形成制约，使其承诺可信。中国在金砖国家中拥有最强经济实力，其他成员担心金砖机制由中国主导，变成“中国+BRIS”合作，成为中国的国际政策工具，因而追求绝对平等化的金砖内部治理规则。②以金砖国家新开发银行（NDB）为例，在银行的选址和行长人选问题上，经历了激烈的争论和博弈，最终金砖五国享有完全平等的投票权和运营权，五国均摊500亿美元的初始认缴资金，总部坐落在上海，首任行长是印度人，首任理事会主席来自俄罗斯，首任董事会主席来自巴西，非洲区域中心设在南非。显然，坚持合作平等是金砖国家合作的显著特点。③然而，追求权力与地位的绝对平等不排除合作会陷入非自由性困境，导致合作的排他性与冲突性，使众多中小国家被排斥于合作门槛之外；而“势力均衡”的过分考量也给金砖银行埋下因缺乏主导权威而效率低下的隐患。另一方面，一个小成员一旦免费

---

① Vijay Sakhuja，“BRICS：The Oceanic Connections，” *Institute of Peace and Conflict Studies*，August 4，2014，http://www.ipcs.org/article/india/brics-the-oceanic-connections-4594.Html，最后访问时间2018年11月15日。

② 庞中英：《金砖合作面对的世界秩序和全球化挑战》，载《国际观察》2017年第4期，第35页。

③ Alissa Wang，“From Xiamen to Johannesburg：The Role of the BRICS in Global Governance”，May 20，2018，http://www.brics.utoronto.ca/analysis/xiamen-johannesburg-event.html，最后访问时间2018年11月15日。

地从最大的成员那里获取一定量的集体物品，就已经比它自己能购买的要多了，由此催生“搭便车”现象。即便在抱有共同利益的小集团中，也存在少数“剥削”多数的倾向。①小国更关注对自身有利的合作议程，对金砖机制建设所投注的精力也将取决于金砖合作能够在多大程度上使国内发展受益这一核心条件。2017 年，受国内政治经济危机影响，巴西参与金砖机制的积极性有所下降，为金砖机制提供新鲜想法的能力减弱。南非更加关注金砖国家新开发银行的进度及“非洲议程”是否能够成为金砖机制的常设议程，对机制的发展蓝图无力也无心有更多投入。由于没有新成员加入，中国在金砖国家中体量远超其他几国，这也在一定程度上造成其他金砖国家在经济合作中对中国的依赖，无疑会加重中国的负担。

（三）深化合作内涵与扩大合作外延的悖论

促进金砖机制集体结构的优化是使合作保持旺盛生命力的应有之义：一是对内推进机制化建设，二是对外进行扩容。两者的抉择根植于各成员国对金砖国家合作的不同定位与期许。受制于现实利益与未来话语权的考量，金砖机制的结构优化聚焦于三个基础性问题：第一，金砖机制将从松散的议事组织转向紧密的实体组织，还是长时期作为一个成员间松散议事的便利渠道？第二，金砖合作将把重心放在扩大与深化成员国间经济金融领域的合作，还是有意转向成为经济与政治安全议题并行并重的综合合作平台？第三，扩大与深化的取舍是任何国际组织都要面临的结构性难题，有待达成共识的是应当打造一个更深入合作的金砖还是更大规模的金砖？

一是关于合作性质的界定。金砖国家正由非正式机制发展成为一个“非正式对话机制 + 正式约束机制”的嵌套机制。②非正式对话机制占主体地位，金砖国家新开发银行成为围绕其内核的外围机制。非正式对话机制灵活，而金砖国家新开发银行和应急储备安排务实，并随着提高合作效率的需求而深化，这也正是符合金砖国家发展趋势理想化的机制化路径。然而现实中各国对合作性质

① ［美］曼瑟·奥尔森著：《集体行动的逻辑》，陈郁译，上海：上海人民出版社 2011 年版，第 34 页。

② 成志杰：《复合机制模式：金砖机制建设的理论与实践方向》，载《国际关系研究》2018 年第 1 期，第 109—129 页。

的定位仍存在分歧。俄罗斯立足于将金砖国家建成一个紧密合作的正式团体，通过金融合作实体化、具体领域合作机制化，使金砖国家朝一个国际实体组织方向转化。①而其他四国并不主张将金砖国家建成一个统一的政治实体，认为应加强常规性机制建设，重点是推进以金砖国家新开发银行与应急储备安排为代表的金融合作。

二是关于发展方向的图景。尽管金砖五国有意合力促进国际秩序变革，但对如何实现这一过程却没有更多共识。②金砖合作从建立之初的经济领域拓展为经济、政治"双轨并进"，厦门峰会上又提出向经济、政治、人文"三轮驱动"拓展。③但五国对机制的发展前景仍缺乏共识，各成员国在价值观、经济与政治结构、地缘政治利益方面的显著分歧阻碍了金砖达成一个广泛共享的积极议程。俄罗斯重政治协调，中国、印度、巴西重视经济合作，南非更重视非洲的基础设施建设。中国努力淡化政治集团的形象，印度强调金砖合作的非战略色彩。定位无共识则扩容无标准，各成员国在选择扩容对象时自定标准、各有倾向，影响扩容共识达成。虽然安全议题在历次宣言中占据越来越大的篇幅，但事实上，金砖国家在发展议题上的立场一致性仍远大于政治、安全议题，经济协调往往先于政治协调，因此"我们很可能正在见证经济集团形成的初步迹象"。④

三是关于深化与扩大的分歧。扩大与深化的取舍是任何国际组织都要面临的结构性难题，无论是通过接纳新的成员国形成规模优势，还是通过增设议题拓展合作领域，或是通过机制化加深合作程度，都是金砖机制可持续发展的应有之义。但在当前阶段有待于达成共识的是，应当打造一个更深入合作的金砖还是更大规模的金砖。无疑，扩大可以强化规模优势，扩大经济合作空间，增强国际事务中话语权，扩大政治影响，使新兴经济体作为群体的价值理念得到

---

① William Pomeranz, "Why Russia Needs the BRICS," September 3, 2013, http://globalpublicsquare.blogs.cnn.com/2013/09/03/why-russia-needs-the-brics/，最后访问时间2018年11月15日。

② Sijbren de Jong, Rem Korteweg, Joshua Polchar and Artur Usanov, *New Players, New game?: The Impact of Emerging Economies on Global Governance*, pp.54—56.

③ 外交部：《杨洁篪就金砖国家领导人第九次会晤和新兴市场国家与发展中国家对话会接受媒体采访（全文）》，2017年9月6日，http://www.fmprc.gov.cn/web/gjhdq_676201/gjhdqzz_681964/jzgj_682158/zyjh_682168/t1490622.shtml，最后访问时间2019年9月11日。

④ Sijbren de Jong, Rem Korteweg, Joshua Polchar and Artur Usanov, *New Players, New game?: The Impact of Emerging Economies on Global Governance*, p.53.

推广。但探求金砖国家的扩容之道，不能只关注扩大可能带来的诸多益处，更要充分考量扩大可能增加深化难度、深化可能抑制扩大进度，从金砖国家发展的大局统筹两者关系。

“深化”可能抑制“扩大”进度，而“扩大”可能增加“深化”难度。深化以促进成员国在更多议题上的立场一致性为使命，深化程度越深，就意味着扩大门槛越高。金砖国家处于机制化进程中，以对话为主的“非正式+正式”机制本身不利于共识的达成。深化无定向则扩容无标准。深化方向的不确定性，使成员国标准更加模糊，而扩大使成员国构成更加多元，机制的“纯粹性”遭到削弱，协调的难度增加，一味地扩大可能损害金砖国家发展的大局。举例来说，如果接纳土耳其为新成员，土耳其外交政策偏好与金砖国家相近，联合国投票行为灵活，金砖国家可能利用土耳其的穿梭外交能力建构外交政策协调网络，联通西方与东方、北方与南方。①然而，土耳其是北约成员国，其现代化历史轨迹与任何一个金砖国家都不一样，②在非殖民化和种族歧视问题上与金砖国家立场一致，但是在人权、自决、解除武装、使用雇佣军等问题上与西方一致，③西方身份和投票取向的双重性增加了其与金砖国家之间关系的不确定性，土耳其究竟是会成为金砖国家与西方世界、伊斯兰世界保持密切联系的桥梁，还是成为东西矛盾的掣肘，尚未可知。

欧盟经验值得重视。在欧共体/欧盟发展过程中，内部一直存在“扩大”与“深化”的争论与抉择，曾经历了同步走、深化为主、协调为主的不同阶段，每一轮扩大都给欧盟的一体化带来新的课题。2004—2014 年间的十年是争论最为激烈的时期，2004 年欧盟的爆炸式扩大，2005 年法国、荷兰公民公投否决欧盟宪法，2007 年保加利亚和罗马尼亚入盟，2008 年爱尔兰公投拒绝批准《里斯本条约》，事件频发、争论愈烈，“扩大”和“深化”由可以融合的路径变成互相

---

① “Erdogan Scheduled to Attend South Africa BRICS Summit, Meet with Putin,” http://www.rferl.org/a/russia-turkey-erdogan-putin-brics-summit-johannesburg/29384090.html，最后访问时间 2018 年 11 月 15 日。

② Gokhan Bacik, “Turkey and the BRICS: Can Turkey Join the BRICS?” *Turkish Studies*, 2013, Vol.14, No.4, pp.758—773.

③ Kurşun, Ali Murat, and Parlar Dal, Emel, “An Analysis of Turkey's and BRICS' Voting Cohesion in the UN General Assembly during 2002—2014,” pp.191—201.该文运用了定量和定性结合的方法来分析土耳其与金砖国家之间在联合国投票中的一致性问题。

排斥、非此即彼的选择。直到2008年底欧洲主权债务危机爆发之后才似乎有了结论，“深化”成为欧盟主要的政策选择，欧盟发展呈现“深化”为先、延缓“扩大”的趋势。[①]至2013年克罗地亚加入，至今未再次扩容。欧盟的经验表明，“保持列车运行正常、安全和舒适比快速更重要”[②]，“深化”与“扩大”的选择须结合自身状况和发展阶段。基于以上分析，尚处于起步阶段的金砖机制应以“深化”为主、“扩大”为辅，从严渐进扩大。

二、扩容的进程：推进两个模式

鉴于金砖国家合作仍处于初始阶段，扩容需面临三重悖论，同时成员国立场各异，因此，金砖扩容将是一个缓慢的、十分谨慎的过程。推进金砖国家的软性扩容，既是扩大金砖国家影响力的有效途径，也是应对扩容难题的折中方案和曲线应对办法。一方面，渐进式推进“金砖+新成员”模式，但这不应是“金砖+”的全部和唯一方式，而是最高级形态；另一方面，深层次推进“金砖+区域”模式，这是以扩容之外的方式扩大合作辐射圈的第二层面，也是在制度非中性前提下应对治理非中性、提高金砖国家话语权的有效路径。

（一）成员国的立场分析

扩容问题不仅是学理问题，更是一个政治问题。利益分歧和定位差异导致成员国在扩容问题上的不同立场以及对候选国的不同偏好。

俄罗斯针对扩容问题有两种声音。俄罗斯总统普京表示，金砖国家目前没有计划扩容。[③]俄罗斯外交部长拉夫罗夫（С.В. Лавров）也指出，就金砖国家可能的扩张而言，这个问题需要在这个组织中达成共识。到目前为止，还没有关于计划进一步扩张的想法。[④]俄罗斯总统府金砖委员会主任托罗拉亚（Г.Д.

① 刘作奎：《“深化”还是“扩大”——东扩十年欧洲一体化走向分析（2004—2014）》，载《欧洲研究》2014年第4期，第49—62页。

② 同上文，第60页。

③ 俄罗斯卫星通讯社：《普京表示：金砖国家目前没有计划扩员》，俄罗斯卫星网2018年7月27日，http://sputniknews.cn/politics/201807271025984081/，最后访问时间2018年11月18日。

④ “Lavrov: No Plans for BRICS Expansion,” *The Brics Post*, November 5, 2018, http://thebricspost.com/lavrov-no-plans-for-brics-expansion/#.WvQQ43-nIU，最后访问时间2019年9月11日。

Толорая）也指出："当前立即直接扩大成员国的可能性不大，要在五个国家间达成意见一致本就是很难的事情，更何况六个?"但是面对越来越多的扩容呼声，俄罗斯的态度有所松动，不排除可以接收一些地区大国，在机制内设立"对话国"与"伙伴国"的位置，除增加金砖的国际影响力外，还可以积累这些国家参与金砖事务的经验，待时机成熟可发展为正式成员国。托罗拉亚认为，印度尼西亚或者土耳其有可能在下一个五年内成为金砖准成员国。墨西哥、阿根廷、埃及、尼日利亚等国家的经济发展还不成熟，对金砖成员这一名称而言"太年轻"，可设为观察员国。由此可见，俄罗斯并非完全排斥扩容，而是把机制化作为优先事项，扩容与否关键取决于对象国是否符合俄罗斯战略诉求。在扩容对象的选择上，俄罗斯更多出于地缘政治和对美划线的角度考虑，俄罗斯致力于塑造一个战略性的"非西方世界"集团。托罗拉亚认为，"未来将伊斯兰文明的代表纳入金砖机制完全合理的，如印度尼西亚或土耳其"，"整个伊斯兰国家都不满美国的霸权和单极世界"，金砖国家可与伊斯兰世界合作。而墨西哥因其经合组织、北美自由贸易区成员身份，韩国由于其经合组织成员国身份，均难以获得俄罗斯支持，土耳其虽同为经合组织成员但符合俄罗斯对美划线的外交逻辑。同时，部分俄罗斯专家提出，金砖暂不扩容，不意味着金砖框架下的其他机制不扩容。例如，金砖国家开发银行是实体，可以通过金融机构吸收新成员，实现变相扩容，如吸收阿根廷等。俄罗斯副财长也提议希腊加入金砖开发银行，认为这种做法既可以扩大经济合作范围，又可提升金砖的政治分量。①

中国对金砖国家的扩容持开放态度。习近平主席多次强调，"金砖国家奉行开放包容的合作理念"。针对阿根廷有意加入的表态，外交部发言人华春莹表示，"支持扩大队伍，但需要成员国达成共识。中方支持金砖国家加强与其他新兴市场和发展中国家的对话与合作"②。这一方面说明中国在扩容问题上持开放立场，另一方面也说明成员国间的分歧阻碍了扩容的进程。③对中国而言，五国

---

① 徐庭芳：《俄罗斯总统府金砖委员会主任托罗拉亚：中国提出的"金砖+"计划很及时》，载《南方周末》2017年9月7日。

② 王一菲：《阿根廷望成为金砖国家　中方回应》，中国新闻网2014年5月14日，http://www.chinanews.com/gn/2014/05-14/6171509.shtml，最后访问时间2019年9月11日。

③ 庞中英：《金砖合作面对的世界秩序和全球化挑战》，载《国际观察》2017年第4期，第36—37页。

抱团合作可以实现经济互补，为共同管理国际事务扮演积极角色，同时可以为解决中俄、中印之间的不和谐声音提供一个解决问题的平台。国内学界也普遍支持扩容。①例如，庞中英认为，扩容是必要的和不能拖延的。②王磊则提出了成员国需满足的五项标准：发展中国家、大国、可持续性、底线思维、代表性。③在扩容对象的选择上，基于“南南合作”的定位，墨西哥、韩国难以跻身优先考虑之列。鉴于金砖扩容将是一个缓慢的、审慎的过程，2017 年我国外交部长王毅提出了“金砖 + ”④的拓展模式，扩大金砖国家的“朋友圈”⑤，以此实现曲线扩容。中国新兴经济体研究会副会长江时学指出，“金砖 + ”可能成为金砖国家未来多年的核心发展方向之一。⑥中国社科院拉美所巴西研究中心执行主任周志伟认为，与简单的扩容相比，“金砖 + ”模式将是一种更好的思路。⑦中国的这一创新得到其他四国的认可。尤其是俄罗斯给予了充分肯定，认为“金砖 + ”不失为“重启”经济全球化的不错路径，认为“金砖 + ”是理想的“扩容”模式。2017 年 7 月 19 日，瓦尔代国际论坛俱乐部专门召开“金砖 + ”讨论会，瓦尔代国际论坛俱乐部基金项目主任利索沃里克（Я.Д.Лисоволик）连续撰文，高度评价该倡议，认为其拓展了金砖与第三方合作空间，未来可进一步发展成为

① 当然也存在部分反对的声音，例如，上海国际问题研究院杨洁勉认为在起步阶段扩容需谨慎，也不急于设立秘书处。中国改革开放论坛战略研究中心常务副主任马加力提醒，警惕因扩容而引发的成员间共同性下降、“公约数”缩小、决策力萎缩的风险，当前主要应加强凝聚力。中国社科院全球治理研究室副主任黄薇认为金砖短期内扩容可能性不大，初期规模比较大意味着较高的谈判成本，作出具体扩容举措要谨慎（杨洁勉观点参见杨洁勉：《金砖国家合作的宗旨、精神和机制建设》，载《当代世界》2011 年第 5 期，第 23 页。马加力观点参见李明波等：《谁将是下一块“金砖” 智库不赞成短期扩容》，载《广州日报》2011 年 4 月 15 日。黄薇观点参见李静：《德班“金砖”峰会带来什么》，载《瞭望东方周刊》2013 年 4 月 2 日。）。

② 庞中英：《金砖合作面对的世界秩序和全球化挑战》，载《国际观察》2017 年第 4 期，第 36—37 页。

③ 王磊：《“金砖 + ”到底加什么：金砖可能启动新一轮扩大和扩容》，载光明日报 2017 年 9 月 2 日。

④ 目前关于“金砖 + ”应当如何解释，官方和学界尚未形成定论，学界仍处于学术探索期。

⑤ 王毅：《要探索“金砖 + ”模式 扩大金砖国家“朋友圈”》，中国新闻网 2017 年 3 月 8 日，http://www.chinanews.com/gn/2017/03-08/8168988.shtml，最后访问时间 2019 年 9 月 11 日。

⑥ 俄罗斯卫星通讯社：《“金砖 + ”：应对贸易战的新合作模式》，俄罗斯卫星网 2018 年 7 月 25 日，http://sputniknews.cn/opinion/201807251025964915/，最后访问时间 2019 年 9 月 11 日。

⑦ 缪培源：《推动全球治理是金砖合作不竭动力：访社科院拉美所巴西研究中心执行主任周志伟》，新华社 2017 年 8 月 24 日，http://world.people.com.cn/n1/2017/0824/c1002-29491892.html。

“金砖 + +”。他认为，扩容会淡化金砖的色彩，而“金砖 +”则在保留核心的同时，拓展了金砖的合作空间，“金砖 +”可轻松实现在国际货币基金组织权重超过 15%的目标，提升了其影响力。①

印度将金砖国家合作定位为“跨地区经济金融合作组织”而非反西方的战略集团，对金融合作领域有较高期许，希望在金砖国家银行和应急储备问题上加强合作。对印度而言，“印巴南”合作更能强化其“民主气质”，还能在金砖机制内打造一个“并非由中国主导的集团”的身份认同，而“四国集团”也更能助力其入常诉求，②金砖国家在其整体外交中位阶不高。印度尼赫鲁大学的教授辛格（Swaran Singh）对金砖国家的扩张持谨慎态度，称这可能会分散人们的注意力，阻碍达成共识。在扩容对象的选择上，出于对中国在金砖机制内操控能力的担忧，对于与中国关系良好的国家报以谨慎态度。印度对扩容问题的主导有限。

巴西外交部长曾表示，巴西不希望看到金砖国家的新兴国家在目前扩大，但希望发展中国家在国际组织中拥有更大的话语权。③巴西的态度经历了变化，曾经在南非加入的问题上起了关键作用。中国现代国际关系研究院拉美研究所副所长杨首国认为，巴西对“金砖”的态度有些微妙变化，对“金砖”扩容不太积极。原因在于：第一，巴西认为，设立秘书处，机制会僵化，财政负担会增加。第二，早期南非加入的时候巴西发挥了非常大作用，那时候巴西各方面实力处于上升态势。近年来巴西经济衰退，外交收缩，所以对金砖扩容不是很积极。第三，在拉丁美洲，巴西、墨西哥、阿根廷大国情结很深，巴西肯定不希望墨西哥加入，也不希望阿根廷加入，所以说在扩容问题上是不太积极的。④在扩容对象上，因为巴西在地区主导权上受挫，因此对于墨西哥与阿根廷，持保守立场。

---

① 清华大学中国与世界经济研究中心：《金砖发展战略报告（2017）》（金砖国家经济智库），2017 年 12 月，第 51—52 页。

② 同上文，第 26 页。

③ Ben Blanchard，Olivia Rondonuwu，“No BRICS Expansion，” *IOL*，November 16，2011. http://www.iol.co.za/news/world/no-brics-expansion-1179994，最后访问时间 2018 年 11 月 15 日。

④ 林蕴：《“金砖 +”到底加什么　金砖可能启动新一轮扩大和扩容?》，新浪网新闻中心 2017 年 9 月 3 日，http://news.sina.com.cn/o/2017-09-04/doc-ifykpzey4102832.shtml，最后访问时间 2019 年 9 月 11 日。

金砖国家合作在南非的整体外交中位阶较高，南非希望充当金砖国家与非洲合作的桥梁，在金砖发展方向上优先考虑深化合作，尤其希望“非洲议题”成为金砖讨论的重点。鉴于非洲在金砖国家中仅有一个成员，作为非洲大国，尼日利亚的国内生产总值已经连续六年超越南非，将其扩进来可以增加非洲的分量，但同时又会稀释南非的区域代表性，因此南非的态度是模糊的。在南北问题上，自视为南北关系的协调者，在选择扩容对象上没有西方与非西方、南与北的芥蒂，但南非整体影响较小，对扩容问题的主导有限。

扩容的实现有赖于主导国的推进。相较而言，印度尚不足以成为金砖的主导力量，巴西并不愿意坐第一把交椅，南非主观意愿和影响力皆有限度。俄罗斯希望做金砖机制的主导国，而中国由于经济体量和影响力，是事实上的主导国，若中俄能够达成共识，金砖扩容进程将有机会尽快推进。但两国最大的分歧在于，在是否扩容的问题上，俄罗斯专注机制化而中国希望扩大“朋友圈”；在扩容对象上，俄罗斯希望政治合作而中国更希望经济合作；中国希望增加南南代表性而俄罗斯对美划线，因此一方面扩容迟迟未实现，另一方面对扩容对象的倾向性不同，背后反映出中国希望抱团提升在国际组织中发言权和投票权的发展思路与俄罗斯打造政治团体以防范美欧打压的外交定位的差异。但共识在于：第一，俄罗斯并不反对“合适”的地区大国加入，因此扩容并非不可实现；第二，由中国提出的“金砖 +”模式得到俄罗斯的肯定。

（二）渐进式推进“金砖＋新成员”模式

由于尚未形成一个明确的成员国标准，缺乏分析工具来识别和比较潜在成员国，因此更适宜通过一种比较方法来分析：潜在成员国是否与金砖国家具有相同的主要特征？金砖国家的共性，即评判潜在的未来成员国身份的重要指标主要包括：（1）改革国际秩序的共识，即促使国际秩序转变成一个更加平等和公正的秩序。主要考察相关国家在国际组织中的协调能力、话语权及在重要议题上的态度，不能只关注经济上够格的国家，要吸纳认同金砖国际秩序理念的国家。①（2）物质性指标，即政治稳定、在地理、经济等方面有较大影响力的发

① 庞中英：《金砖合作面对的世界秩序和全球化挑战》，载《国际观察》2017 年第 4 期，第 36—37 页。

展中国家，包括人口、面积、国内生产总值、经济增速、地区代表性等。(3) 考虑金砖国家的融合能力，即增进群体优势与弥合分歧的能力。前者关注扩容能否增进更多共同利益，后者关注金砖机制弥合内部分歧并回应外部分歧的能力，即是否有能力消解扩容带来的副作用。三个指标中，物质性指标①相对较易衡量，改革国际秩序的共识需考察潜在成员国在议题领域的参与度及投票倾向，②而融合能力既需考察候选国的外交战略，又需在互动实践中检验。因此，可设观察员国或对话伙伴国，待时机成熟再发展为正式成员国。

据此，扩容对象可考虑二十国集团中的新兴国家及二十国集团之外符合上述三个标准的国家。金砖五国代表的区域涵盖东亚、欧亚、南亚、南部非洲以及南美，目前在中北美地区、中亚、东南亚、阿拉伯世界等地区还没有代表，未来可考虑在金砖五国所在区域增加 1 到 2 名代表，重点吸纳其他区域有代表性的国家加入。呼声较高且在不同场合表达过加入意愿的国家包括：阿根廷、印度尼西亚、韩国、墨西哥、沙特阿拉伯、土耳其、哈萨克斯坦、埃及、尼日利亚等。以物质指标结合现有成员国立场来看，阿根廷、沙特、哈萨克斯坦、埃及、尼日利亚发展为正式成员国的可能性相对较小；韩国的经合组织成员国身份、人口规模限制了其加入的可能性；墨西哥的经合组织与北美自由贸易协定成员国身份，以及专注于北美大陆及美国因素限制了它在地区或全球范围的重要性；土耳其的北约、经合组织成员国身份，以及在东西方外交上的不确定性决定了其并非最佳候选国。

表 2　金砖国家备选成员国物质性指标

标准 / 国家	地区代表性		物质性指标					
	所在区域	经济在区域内排名	人口（亿人）	面积（km²）	国内生产总值（万亿美元）	经济增速（%）		
						2014 年	2015 年	2016 年
阿根廷	拉美	3	0.44	2 780 400	0.55	−2.5	2.6	−2.2
印度尼西亚	东南亚	1	2.61	1 910 931	0.93	5.0	4.9	5.0
韩　国	东北亚	3	0.51	100 280	1.41	3.3	2.8	2.8

① 参见表 2。

② 金砖五国在政治、安全议题上抱团合作的趋势远低于发展议题，因而对投票倾向的考量仅作参考。

（续表）

国家＼标准	地区代表性		物质性指标					
	所在区域	经济在区域内排名	人口（亿人）	面积（km^2）	国内生产总值（万亿美元）	经济增速（%）		
						2014 年	2015 年	2016 年
墨西哥	拉美	2	1.27	1 964 380	1.05	2.3	2.6	2.3
沙特阿拉伯	中东	1	0.32	2 149 690	0.65	3.7	4.1	1.7
土耳其	西亚	1	0.80	785 350	0.86	5.2	6.1	3.2
哈萨克斯坦	中亚	1	0.18	2 724 902	0.14	4.2	1.2	1.1
埃　及	北非	1	0.96	1 001 450	0.33	2.9	4.4	4.3
尼日利亚	撒哈拉沙漠以南的非洲	1	1.86	923 770	0.40	6.3	2.7	－1.6

数据来源：世界银行数据库、联合国统计司，除特殊注明外，均为 2016 年数据；世界国内生产总值年增速率 2014—2016 年分别是 2.47%、2.47%、2.44%。

相较而言，印度尼西亚是最合适的候选国。首先，印度尼西亚推行中等强国外交，积极参与国际和地区合作机制。作为二十国集团中唯一的东南亚成员，印度尼西亚把二十国集团看作是发挥全球性作用的一个主要平台，在寻求国际秩序的改革方面与金砖国家有共同诉求，在提升全球金融、贸易、经济领域的话语权上与金砖国家有一致立场。①其次，硬实力方面，印度尼西亚是东盟经济实力最强的国家，是东盟的核心国家和对外“代言人”，其最显著的特征是扼守连接和沟通东西方咽喉的战略通道马六甲海峡，这是印度尼西亚最重要的战略资产。金砖国家尚没有这一地区的代表。再次，2013 年“中等强国合作体”

① Sijbren de Jong, Rem Korteweg, Joshua Polchar and Artur Usanov, *New Players*, *New game*?: *The Impact of Emerging Economies on Global Governance*, pp.1—86.该研究采取量化的方式分析了印度尼西亚、土耳其、韩国与金砖国家之间在经济、外交、安全等问题上的合作程度。在经济治理问题上，印度尼西亚与金砖五国一样，似乎更容易表现出对西方经济政策和制度的反对，但是它们的提议往往模糊且范围有限；尽管相互之间存在巨大差异，但它们都表现出在经济问题上加强政策协调的雄心。在外交和安全问题上，印度尼西亚与南非一样，在海外的外交影响力并不大，它们主要关注亲密的邻居。在安理会投票方面，当安理会内部存在分歧时，金砖国家往往是单独行动而不是协同行动。在核不扩散问题上，巴西、印度尼西亚和许多其他发展中国家表现出不同立场。在武器贸易方面，分界线明显存在，巴西、土耳其和南非依赖西方的武器供应，中国和印度则从俄罗斯进口大部分武器，印度尼西亚位于这两个群体之间。

(MIKTA) 的成立表明，中等强国开始寻求合力维护自身利益，已发展成重要的第三极力量。作为“中等强国合作体”的成员，如果成为金砖国家成员，印度尼西亚可以起到桥梁作用，连接金砖国家和“中等强国合作体”在二十国集团以及其他领域中的话语权合作。有西方智库曾提议在七国集团中纳入两个中等强国，组成“七国集团+韩国+澳大利亚+欧盟”的合作模式，以冲抵金砖国家在二十国集团中的话语权，①面对话语权竞争，金砖国家可能寻求与中等强国的联合。除七国集团和金砖五国外，其他二十国集团成员多为中等强国。此外，印度尼西亚奉行大国平衡外交战略，通过全方位外交发展与世界各大国的关系；推行独立友好的外交路线，信奉“零敌人”政策，还利用自身的独特身份，试图担当伊斯兰世界和西方之间的桥梁。金砖概念的发明者吉姆·奥尼尔(Jim O'Neil) 认为，印度尼西亚是新钻 11 国成员中唯一一个够得上金砖成员国资格的国家。②

(三) 深层次推进“金砖十区域”模式

曼瑟·奥尔森指出，“代表的利益愈广泛，该组织或集团会更倾向于增加社会总收益”③。金砖国家区域色彩浓重，成员均为所在区域或次区域的主要经济体。在这些区域一体化的安排中，金砖国家的合作伙伴都可能形成双边或多边的合作模式，使“金砖+区域”合作成为可能。之所以要深层次推进“金砖+区域”合作模式，一方面基于扩大合作规模，为以金砖国家为代表的发展中国家及新兴国家的集体行动形成一个方式上更灵活、效果上更有力的组合；另一方面在于突破成员间经济合作缺乏活力的瓶颈，促使新兴国家和发展中国家在全球经济下行的情况下，联合起来寻找互补合作领域，突出规模优势。

“金砖+区域”的实践始于 2013 年南非德班峰会，自此每年度金砖国家主席国都邀请本地区的新兴市场国家和发展中国家领导人参加金砖国家峰会，开

① 米军：《金砖国家推动全球经济治理的路径选择》，载《国外社会科学》2018 年第 3 期，第 90 页。

② Jim O'Neill and Anna Stupnytska, “The Long-Term Outlook for the BRICS and N—11 Post Crisis,” Goldman Sachs Global Economics, Commodities and Strategy Research, *Global Economics Paper*, December 4, 2009.

③ ［美］曼瑟·奥尔森著：《集体行动的逻辑》，第 4 页。

创了南非德班峰会的“金砖＋非洲”、巴西福塔莱萨峰会的“金砖＋拉美”、俄罗斯乌法峰会的“金砖＋欧亚经济联盟和上合组织”、印度果阿峰会的“金砖＋环孟加拉湾经济技术合作组织”的合作模式。2017年中国以“金砖＋5”的方式首次从全球范围邀请墨西哥、埃及、几内亚、塔吉克斯坦、泰国等5个代表性的新兴市场国家和发展中国家出席对话会，凸显了金砖的开放性和受邀国家的代表性。2018年南非邀请9个非洲国家领导人和其他地区的政府首脑参加会议。目前，区域合作形成三个主要区块：“金砖＋欧亚”“金砖＋南美”“金砖＋非洲”，合作仅限于领导人会谈，缺乏明确的合作议程。纵向上，合作机制亟待建立，横向上，对话伙伴有待拓展。

事实上，“金砖＋区域”属于区域间主义的一种叠加形态——集团对区域，区域间主义为“金砖＋区域”交往提供了合理的解释框架。①金砖国家可立足于自身协调能力选择适合的区域间合作模式，在制度建设、议题设定、认同建构等方面进行深层推进，具体如下。

表3　区域间主义合作的四种运行模式

特点／类型	核心行为体	特　征	模　式	议　题
欧盟模式	超国家机构与政府间组织的混合体	自主性强 成员国整体实力强	契约式的强制度安排	注重政治、经济、发展议题
东盟模式	纯粹的政府间组织	无超国家机构参与 缺乏自主性能力 成员国整体实力较弱	协商式的软制度对话	侧重经济、金融、环境、反恐等非传统安全领域

① 根据目前国内外比较公认的划分方法，按照参与行为体将区域间主义划分为三种形态：双区域间主义、跨区域间主义和准区域间主义。我国学者郑先武指出，区域间主义强调的是来自不同国际区域或次区域的多个行为体之间的集体对话与合作。因此，至少一方必须是区域组织、集团或某一个或多个区域的大多数国家，这是定义区域间主义的“底线”。见郑先武：《国际关系研究新层次：区域间主义理论与实证》，载《世界经济与政治》2008年第8期，第63页。金砖国家合作是来自不同区域的五国组成的对话与合作，属于典型的跨区域间主义，而“金砖＋区域”构成区域间主义的叠加状态——“集团＋区域”，此处的“集团”与传统区域间主义概念界定中的“集团”不同之处在于，传统概念中的“集团”指同属一个地区的区域集团，而金砖国家的“集团”是跨地区五国组成的“集团”，在表现形态、特征、功能上有所不同，但这并不影响其构成“集团＋区域”的区域间主义形态的性质。

（续表）

特点 类型	核心行为体	特征	模式	议题
美国模式	国家	大国模式 自主决策能力强	霸权合作模式	发展议题上类似欧盟模式，软政治议题上类似东盟模式
中国模式	国家	大国模式 自主决策能力强	不附加政治条件的平等合作	注重合作伙伴间的平等相待

资料来源：郑先武：《区域间主义治理模式》，北京：社会科学文献出版社 2014 年版。

第一，关于制度建设。“欧盟模式”“东盟模式”“美国模式”与“中国模式”①是目前最典型的区域间合作模式。相较而言，欧盟模式是契约式的强制度安排，东盟模式是协商式的软制度对话，美国模式是以硬实力为根基的霸权合作模式，中国模式是不附加政治条件的平等合作。②金砖国家在主体上是类似于东盟的政府间组织，缺乏超国家机构的参与和自主性能力，在议题上兼有欧盟的发展议题与东盟的“软政治”议题，在合作性质上更类似于中国的平等合作。“金砖＋区域”交往应是博采众长，兼而有之，但复杂的成员构成决定了“金砖＋区域”模式的自主决策能力较弱，以金砖自身特点为基础，灵活采纳中国模式、欧盟模式与东盟模式，或将有助于“金砖＋区域”合作取得较好成效。例如，通过论坛等初级形式搭建金砖国家与不同区域的常规沟通渠道，筛选合作区域，探索合作领域，寻求合作共识；以双边合作为基础，并由此带动多边合作，形成较低标准的多边合作框架；借助成员与区域的合作基础，从建立试点开始，启动制度建设进程。

第二，关于议题设定。全球性问题越来越多，区域间合作需求也在持续增加，诸如“薄荷四国”（MINT）、“展望五国”（VISTA）、“灵猫六国”（CIVETS）、“新钻 11 国”（NEXT-11）等存在竞争关系的新兴经济体的合作组织越来越多，要保持金砖合作的自主性和引领性，防止“金砖＋”变成“＋金砖”。金砖国家需

① 参见表 3。

② 郑先武：《区域间主义与国际公共产品供给》，载《复旦国际关系评论》2009 年第 1 期，第 85—98 页。

要展示出在关键议题上的决策和领导能力，打造金砖国家的标签。议题设置是至关重要的发挥场所，议程设计应由易而难分期规划，同步实现共同利益的增进与合作空间的拓展的目标。例如，气候变化问题、基础设施建设问题、减贫问题等方面可以作为优先推进的议题领域，而后再过渡到其他议题。①敏感议题须谨慎对待，例如安全问题。尽管金砖内部合作已较多涉及安全领域，但“金砖+区域”合作应谨慎推进，安全领域不应置于优先合作领域。

第三，关于认同建构。新兴国家群体化的集体身份并不是自然获得的，“金砖+区域”提供了一个将更多的新兴经济体和发展中国家纳入金砖合作范畴、避免发展中世界内部分裂的可能路径。但该群体的组成复杂，将差异很大的价值体系、文化系统、社会制度、对国际体系的期待与观念一并囊括，实现在国际事务中集体发声，应积极创造内生性共识而非基于外在刺激，关键就在于构建共同的话语背景，比如国际金融危机、全球气候政治等复合的、相互依赖的议题领域，为新兴大国可能的集体身份之再造或强化提供“时势”场域。②认同的建构是双向互构的过程，在诸多议题上的集体身份有助于增进金砖内部的集体认同，区域间合作作为外部力量也可能推动区域形成集体认同，“金砖+区域”合作即是如此。

三、扩容的风险：兼顾三个层面

扩容的推进将不可避免地改变金砖国家合作的地理空间、议题设置与合作前景。就收益而言，金砖国家的话语权将提升，经济合作将深入和泛化，机制开放性将增强。但风险与收益相伴而生，计算风险时的审慎视角和评估收益时的乐观假设，对于实现金砖国家的可持续发展同等重要。基于金砖国家扩容的复杂性，金砖国家将面临与西方国家的兼容性论战、与发展中国家之间的弥合性难题和成员之间的包容性困境三重风险。

---

① Samuel A. Igbatayo, Bosede Olanike Awoyemi, “Exploring Inclusive Growth and Poverty Reduction Strategies in the BRICS Economies: A Multi-Country Study of Brazil, China and South Africa,” *IOSR Journal of Economics and Finance*, 2014, Vol.5, No.6, pp.54—68.

② 赵斌：《新兴大国的集体身份迷思——以气候政治为叙事情境》，第127页。

（一）金砖国家与发达国家的兼容性论战

金砖国家在推动国际秩序良性变革的同时，与发达国家产生价值理念的冲突与权力关系的冲突，伴随金砖国家的扩大，冲突将呈现加剧态势。

第一，价值理念的冲突。“区隔（发达国家与发展中国家）的界限不仅是领土的，也是思想的和概念的。”①随着不断扩容的金砖国家成为国际秩序变革的中坚力量，西方发达国家与新兴国家在治理理念上的显著差异将成为南北关系中新的冲突热点，不排除发达国家将理念层面的冲突转化为金砖国家发展的现实屏障。围绕国家与社会关系问题而形成的自由主义与国家主义倾向，是两者理念冲突的焦点。新兴国家影响的扩大，使其国家主义的发展模式与理念更加可信，“华盛顿共识”遭遇挑战，而“北京共识”受到关注，国际机制的自由主义价值取向中增添了越来越多的国家主义色彩，全球治理方式面临变革，这正是西方国家所担忧的。②伴随着论战上升到理念价值层面，具体议题上的争论也更加复杂，例如，在联合国人道主义干涉、人权问题、气候谈判等议题上的立场对立愈发显著。论战的复杂性还在于金砖国家成员复杂，内部远非铁板一块，部分成员虽然经济上是新兴国家阵营，但政治上带有浓厚的西化色彩，例如，俄罗斯文化上自认西方国家，政治上因不被西方接纳转而与西方对抗；南非、巴西西化痕迹明显，定位上的模棱两可与外交上的两面下注，使金砖国家内部面临二元性挑战。

第二，权力关系的冲突。国际秩序的构建就如建造一座建筑，理念价值描绘设计效果，实力对比提供砖瓦水泥，而权力关系才是施工图纸，理念和实力的竞争最终要落实到权力关系层面。金砖国家的力量越壮大，西方国家的威胁感越强，③西方国家将金砖国家视为对由其主导的国际秩序的挑战者，金砖国家对国际秩序变革参与程度的加深，更强化了来自西方的敌意。以非洲为例，近年来，中国、印度等新兴国家受经济发展驱动，对非洲大陆的投入增长较快。

---

① Bahgat Korany，“End of History，or Its Continuation and Accentuation?” *Third World Quarterly*，1994，Vol.15，No.1，pp.7—15.

② 卢静：《当前全球治理的制度困境及其改革》，载《外交评论》2014 年第 1 期，第 107—121 页。

③ Manuchehr Shahrokhia，Huifang Cheng，“The Evolution and Future of the BRICS：Unbundling Politics from Economics，” *Global Finance Journal*，2017，Vol.32，Feburary，pp.1—15.

欧洲发达国家将其在非洲影响削弱的事实归罪于中印等国，进而采取对抗性措施。类似的情形也发生在金砖新开发银行与应急储备安排上，使金砖国家遭遇对抗性的误读。影响更为深远的是，金砖国家成为全球再平衡的力量，要依靠自身的外交政策和内部协调。然而，部分成员国应对与西方国家直接或潜在的紧张关系的策略，背离了促进政策协调的组织期待。例如，印度加强与中俄合作的同时，强化其“东向战略”与特朗普“印太战略”的对接，潜在成员国中土耳其、哈萨克斯坦、墨西哥等国家也在与金砖国家和与西方关系上两面下注。可见，即便金砖国家依靠自身扩容与深化成为国际体系中平等成员的潜力很大，①也不能忽视与主要西方国家关系的影响。

（二）金砖国家与发展中国家之间的弥合性难题

合作边界的拓宽可能引发金砖国家与其他发展中国家关系的复杂化，体现为与发展中国家在议题上的分歧以及外交选择的不确定性。

第一，现今某些发达国家试图使用发达国家、新兴国家、贫穷发展中国家三分法来取代发达国家与发展中国家的两分法，将相对发达的新兴国家剥离出发展中国家阵营，意图削弱其作为广大发展中国家代表身份的合法性，分化发展中国家阵营。例如，2008 年的多哈回合谈判，美国就农产品补贴问题区别对待，对贫穷的发展中国家作出妥协，对印度、中国等新兴国家决不让步，最终导致谈判无果，其企图让那些认为可从美国的让步中获益的比较贫穷的发展中国家，将谈判失败的责任归咎于印度和中国。这种离间无疑会增加金砖国家与其他发展中国家之间的弥合难题。又如，联合国政府间气候变化谈判，是全球气候政治互动的主要平台。在谈判进程与博弈各方交锋当中，最为显著的矛盾是发展中国家与发达国家的南北对立。不过，南北国家群体内也存在严重的分化，使原有的发达国家群体与发展中国家群体的二元对立有裂变为发达国家、新兴大国和其他发展中国家的“三足鼎立”的趋势。俄罗斯与“基础四国”的分歧便是例证。然而，尽管有分歧，但新兴国家与其他发展中国家远非对立的群体。“金砖 + 区域”的合作，意在增进新兴经济体国家与其他发展中国家的共

① Gokhan Bacik，“Turkey and the BRICS：Can Turkey Join the BRICS?” *Turkish Studies*，2013，Vol.14，No.4，pp.758—773.

识，共同追求更加公正的国际经济秩序。贫穷发展中国家的经济实力决定了其难以从主张“平等与无差别待遇”中获益，因而倾向于“特殊与差别待遇”的传统路径。新兴国家基于积聚的经济实力，可以通过主张“平等与无差别待遇”而获得增量收益。尽管各有侧重，但并非对立。如果新兴国家不愿对其他发展中国家承担责任，将陷入孤立；如果贫穷发展中国家不支持新兴国家向发达国家发出的“平等与无差别待遇”的主张，其发展诉求便不能摆脱发达国家的束缚。两者可以结成牢固的发展中国家阵营，从不同战线回应发达国家发起的攻势，合力推动国际秩序朝着更加公正的方向发展。①同时不能忽视，金砖国家与贫穷发展中国家因发展阶段的不同，在议题领域、追求目标上是存在差异的。如何弥合差异？其一，继续追求两者相对于发达国家的“公平”；其二，新兴发展中国家要给予贫穷发展中国家以一定的帮助。

第二，外交选择的不确定性，既体现为发展中国家外交方向的摇摆性，又体现为金砖国家成员外交的实用主义倾向。对一些发展中国家而言，与金砖国家走近就意味着与西方国家疏远，两面下注、左右逢源才是理性选择。随着新兴经济体的崛起，不排除这些国家出于经济利益、战略利益的考量而与发达国家形成新的联盟，成为一个不确定性的因素。在金砖国家内部，巴西对墨西哥、阿根廷及南非对尼日利亚加入金砖国家持保留态度，理由是其加入会带来合作困难。事实上，更直接的原因，是对于自身的区域代表性被削弱的担忧。另外，金砖国家与发展中国家之间的关系也存在一定的不确定性。2016 年印度果阿峰会上，印度作为轮值主席国邀请“环孟加拉湾多领域经济技术合作倡议”（BIM-STEC）领导人参与金砖国家对话，巴基斯坦并非该组织的成员国，而巴基斯坦参与的南亚地区合作组织（SAARC）并未被邀请。而且，此次峰会更是把反恐作为重要议题，对巴基斯坦具有明显的指向性，反映了印度意在挤压巴基斯坦在南亚的生存空间。尽管最终印度提出的企图将巴基斯坦与恐怖主义相联系的条文没有写进峰会宣言，但对外交空间的竞争，增加了金砖国家合作的复杂性。②

① 徐崇利：《新兴国家崛起与构建国际经济新秩序——以中国的路径选择为视角》，载《中国社会科学》2012 年第 10 期，第 186—204 页。

② 王蕾：《金砖国家间安全利益的关联与安全合作前景》，《拉丁美洲研究》2017 年第 4 期，第 125—128 页。

（三）金砖国家成员之间的包容性阻力

在经济方面，金砖国家成员处于相似的发展阶段，在生产、贸易结构及全球价值链中基本位于同一层次，经济关系存在竞争性，若扩容不能弥合现有分歧，不仅竞争将会加剧，而且会使本身内生性合作动力不足的金砖国家更难以达成协定。潜在的扩容成员国，例如印度尼西亚，对外资进入的制度限制、歧视性的国际货物认证要求以及严苛的用工制度等大量的服务障碍、基础设施落后等问题①构成经济合作的现实瓶颈。鉴于经济体量的差距，若加入新成员之后未能及时采取适当的制度设计来平衡成员国间的成本分担与利益共享，经济合作将放缓，进而扩大金砖国家的离心力。

在政治方面，成员国基于不同的偏好和资源分配，形成了不同的策略，对合作的优先方向设想不同，如南非及其所代表的非洲大陆偏重于加强基础设施领域的合作，印度更关注反恐与安全议题的协商与合作，扩容将不可避免增加利益整合的难度，具体议题上分歧的弥合难度将加大，合作成效也会打折扣，进而在某些分歧较大的领域难有共识，无所作为。潜在成员国基于不同诉求希望加入金砖国家，或为提升合作空间，或为寻求外交平衡，或为缓解地缘政治压力，这无疑将导致利益关系的复杂化，增加集体行动的阻力。

在安全方面，扩容将会增加成员国间关系协调的难度，目前成员国之间已经存在一些矛盾，扩容将使矛盾关系更加复杂化，进而可能出现在机制内外对外交资源的争夺，如果出现成员选边站，或者外部力量的渗透，将增加组织的离心力。印度、巴基斯坦、俄罗斯之间的三边纠葛，印度借重美国与中国进行角力便是明证。矛盾激化时，组织框架可能成为相关方的角力场。例如，在担任轮值主席国期间可能提出对对方不利的议程，此举虽然符合轮值主席国权限，但无疑将扩大成员分歧，甚至使金砖国家某些领域的合作陷入僵局。在扩容对象的选择上，若一个区域同时接纳两个成员国，尽管会为两国的竞合关系提供一个制度框架，但也可能使原本限于区域内部的安全困境扩大至金砖国家合作。

在身份认同方面，身份认同不是伴随着加入组织而应然获得的，而是一个需要主动建构的过程。对于金砖国家来说，显著的内部异质性和模糊的成员国

---

① Sijbren de Jong，Rem Korteweg，Joshua Polchar and Artur Usanov，*New Players*，*New game*?：*The Impact of Emerging Economies on Global Governance*，p.41.

标准使金砖国家形成共同身份的难度较大，而扩容带来更多元的政治、文化和利益因素，更可能稀释集体认同感。如果内生型的新认同感迟迟未能建立，成员国应对利益冲突的策略就更有利己主义色彩，维系组织运行的根本将不存在。另外，民众对于金砖机制的了解和参与赤字也是一个挑战。①缺乏群众基础是欧洲一体化遭遇今天民粹主义挑战的重要原因，前车之鉴值得金砖合作机制警惕。而民众过度参与又可能导致效率低下，有可能进一步助长民粹主义，如何平衡也是值得思考的事情。②

结　论

金砖国家是联通发展中国家与发达国家的桥梁，立足于弥补和提升原有机制的民主性与合法性，而原有机制也需适应新机制并与之共存，只有建立兼容性的制度安排才能更好地满足双方期许。当前发达国家作为现存制度的既得利益者，推动改革的意愿不足，而发展中国家尽管有改革的意愿和偏好，但受制于实力，对于支柱性的国际机制影响力依然不足。因而，金砖国家的扩容，是提升发展中国家话语权，促使国际机制合理化，实现兼容性制度重构的有效路径。但扩容并非易事，既要应对成员国间异质性突出、认知差异大和向心力不足等现实瓶颈，又需克服规模困境、利益困境、强者可信与小国“搭便车”困境等技术难题，同时更应充分考量扩容可能增加深化难度、深化可能抑制扩容进度等结构性矛盾。

第一，成员国各持立场。俄罗斯更专注于金砖机制的深化以服务其“政治集团”的外交偏好，在对象选择上有较强的地缘政治倾向和对美划线思维。中国将金砖合作定位为“南南合作”，以抱团取暖的方式寻求在国际经济和金融体系中的投票权和发言权的提升。印度将金砖国家定位为跨区域经济投资合作平台而非反西方的战略集团，同时试图在金砖机制内打造一个“并非由中国主导的集团”的身份认同，这也直接影响到印度对扩容候选国的选择偏好。巴西扩容立场相对保守，担心本地区竞争者的加入会稀释其地区影响力。南非更关注

① Suresh P.Singh，Memory Dube，“BRICS and the World Order：A Beginer's Guide，” p.44.

② 王义桅：《“金砖”行稳致远面临的挑战》，载《环球时报》2018 年 5 月 31 日。

“非洲议题”，因而更倾向于深化而非扩大，既希望提升非洲话语权，又担心本地区国家加入会稀释其代表性。

第二，主导国存异求同。印度尚不足以成为金砖的主导力量，巴西不愿坐第一把交椅，南非主观意愿和影响力皆有限，俄罗斯希望做金砖机制的主导国，而中国由于经济体量和影响力是事实上的主导国。中国更倾向扩大，俄罗斯更倾向深化，映射出两国对金砖定位的差异。中国希望抱团提升在国际组织中的话语权，而俄罗斯希望打造政治团体以防范美欧打压。然而，中国提出的“金砖+”模式得到包括俄罗斯在内的四国认同，南非约翰内斯堡峰会也延续并拓展了“金砖+”模式，以软性扩容的方式推进“金砖+新成员”模式与“金砖+区域”模式成为金砖国家扩容的现实路径。

第三，外部环境可资利用。虽然金砖国家越强大面对的外部压力也会越大，不仅要应对来自西方国家的阻力，也要回应发展中国家的质疑，然而金砖国家的扩容依然有可借之力。金砖国家大多与西方保持良好的外交关系，拒绝把金砖机制发展成为一个地缘政治的对抗性集团，通过“金砖+新成员”模式扩大合作核心圈，通过“金砖+区域”模式扩大合作辐射圈，并开拓“金砖++”模式将西方国家拉入金砖合作圈，多层推进，将更有利于金砖机制的可持续发展。

后威斯特伐利亚时代：国际组织如何影响国际体系变迁

王彩霞*

国际组织①是国际社会必需品②。19 世纪中期，国际组织数量极少，1919 年约为 500 个，至第二次世界大战结束时，有接近 1 200 个，20 世纪 80 年代，达到 5 000 多个③，迄今共有 75 750 个国际组织，每年新增近 1200 个④。虽然国际组织在国际社会中存续多年，发展壮大，且发挥重要作用，但未成为独立的研究对象，获得应有的理论关注。与此同时，传统理论的“无政府国际体系-国家理性选择”框架⑤，在国际组织身份、行为与历史演进问题上，也出现解释力欠缺的问题。因此，本文的核心问题是国际组织如何通过与其他国际行为体的互动，影响国际体系变迁。

---

* 王彩霞，吉林大学行政学院博士生，本文系 2018 年行政学院研究生创新研究计划“从话语向规范转化：一种构建人类命运共同体的理论分析”的阶段性研究成果。由衷感谢王逸舟老师、刘莲莲老师、节大磊老师、牛仲君老师与祁昊天老师对论文初稿所给予的修改建议，特别致谢第十一届全国国际关系、国际政治专业博士生学术论坛会务组工作人员！文责自负。

① 有关国际组织词源的考证，详见 Pitman B. Potter，“Origin of the Term International Organization,” *The American Journal of International Law*，Vol.39，No.4，1945。考虑到政府间组织与国家和非国家行为体的关系较易设定，在本文中，特以国际组织代指政府间国际组织。

② Donald G. Bishop，“International Organization—A Necessity and Not A Luxury,” *World Affairs*，Vol.107，No.3，1944.

③ Christer Jonsson，“Interorganization Theory and International Organization,” *International Studies Quarterly*，Vol.30，No.1，1986，p.40.

④ Union of International Associations，“The Yearbook of International Organizations,” https://uia.org/yearbook，最后访问时间 2018 年 8 月 31 日。

⑤ 刘莲莲：《国际组织理论：反思与前瞻》，载《厦门大学学报（哲学社会科学版）》2017 年第 5 期，第 18 页。

一、国际体系中的国际组织

国际组织在国际体系中充当什么角色？在传统的理论研究框架中，国际组织并非独立研究个体，三大范式未对国际组织在国际体系中的地位予以充分认识。以现实主义、理想主义和温特的建构主义为代表，主流国际关系理论都通过关注具体的行为体、环境与互动理解世界。在这些理论框架中，主权民族国家是国际政治的根本行为体，对于重要事件的所有分析必须始于国家，终于国家。①

现有国际体系研究多始于国际社会现实，采取国家中心主义分析路径，同时对国际组织等国家之外的行为体予以选择性规避。研究国际体系所依据的国际现实主要有两种。一种是事实上的斗争与冲突。C.H.卡尔的《二十年危机》关注冲突的“潜在”原因。汉斯·摩根索在《国家间政治》一书中，运用古典现实主义原则分析 1948 年的地缘政治。以现实主义的利益-权力逻辑为基础，罗伯特·吉尔平直接借鉴孟德尔与史瓦波达对体系的定义，认为体系是各种行为体依据一种控制方式通过定期互动而建立的集合，虽然其他跨国或国际行为体在特定环境中可能发挥重要作用，但国际体系的主要实体或行为体是国家。国际体系建立原因与任何社会或政治体系建立原因相同，行为体为增进特定的政治、经济或其他利益，而介入社会关系和创设社会结构。因不同行为体间利益存在冲突，最能获得社会安排保障的特定利益反映行为体的相对权力。在这一语境下，政治变化基于对任何社会体系（包括国际体系）目的或社会功能的理解，通过不同成员从行动中所得利益界定。②

与利益-权力分析逻辑不同，结构现实主义③受经济学启发，从结构入手，界定与认识国际体系。体系由结构与互动的单元构成，国家是国际政治体系的

---

① Cynthia Weber，*International Relations Theory*：*A Critical Introduction*，London and New York：Routledge，2014，p.264.

② ［美］吉尔平著：《世界政治中的战争与变革》（影印本），北京：北京大学出版社 2005 年版，第 9—10、26 页。

③ 结构现实主义侧重国际体系在宏观层面的整体结构，强调体系结构的先决性作用。详见高尚涛：《主流国际体系理论研究评述》，载《外交评论》2006 年总第 88 期，第 49—50 页。

主要行为体，通过互动影响国际体系结构。虽然华尔兹也注意到国际体系中存在的跨国运动，但他采取与经济学相类比的方法，称“正如经济学家以公司定义市场，我以国家界定国际政治结构”，①并主张结构由主要的行为体决定，国家虽非唯一行为体，但作为主要行为体，可影响国际体系结构，国际政治体系由此具有“国家中心”特征。

另一种是理论上的无政府状态。与摩根索主张的人性是斗争本源不同，新现实主义认为国际体系的结构导致权力斗争。具体而言，国际体系的无政府性质是权力斗争的根源，在自助体系中的国家，完全倚赖自身，各自为己，因恐惧、不安全和缺乏信任而产生安全困境②。对此，温特的建构主义认为国际无政府状态是国家造成的。温特采取社会学路径，以规制暴力为立论起点，认识国际体系内的国家与其他行为体。规制暴力关系社会生活秩序根本，近代以来，现代国家成为规制暴力的主要行为者。依据此逻辑，温特运用建构主义框架，首次将韦伯与马克思有关国家的定义相结合，将国家组织行为体，其形成与其通过政治权威结构进行统治的社会相关，拥有主权、可在领土范围内垄断有组织的暴力。在对国家掌控有组织的暴力的共同理解基础上，国际体系深层结构得以形成。这一“国家中心主义”并未将非国家行为者（国内与跨国领域）排除在国际体系之外。其他行为体通过国家这一主要媒介，将其对规制暴力的影响传导到国际体系中。在反映国际体系变化上，非国家行为体可能比国家更为重要，但考虑到，国际体系变化最终通过国家实现，所以，从这个意义上说，国家仍是国际体系的中心③。

国内学界对国际体系的研究，基于三大范式的研究范围、逻辑框架与基本论断，以国家为中心的国际体系研究避而不谈国际组织。国际体系以理性选择和无政府状态为前提设定，④在构成要素上，包括国际行为体、国际格局和国际

---

① ［美］沃尔兹著：《国际政治理论》（影印本），北京：北京大学出版社 2004 年版，第 93—95 页。

② ［美］吉纳斯特编著：《冲突与合作：演进中的国际关系理论》（影印本），北京：北京大学出版社 2003 年版，第 47—48 页。

③ Alexander Wendt, *Social Theory of International Politics*, Cambridge: Cambridge University Press, 1999, pp.8—9, 243, 313.

④ 国际关系理论各流派对无政府性的探讨，详见秦亚青：《国际体系的无政府性——读温特〈国际政治的社会理论〉》，载《美国研究》2001 年第 2 期。

规范，[①]主权国家是首要单元，[②]新型单元直接推动国际体系演变；[③]在转型上，国际体系转型反映在体系自身、体系结构、治理体制三个方面，[④]力量基础、组织机构、规范准则和共有价值观推动国际体系变迁。[⑤]在分析国际体系变迁上，存在两种研究路径，一条是实力路径，关注力量，可分为力量对比与力量结构两种情况，有学者侧重国际力量对比变化，[⑥]大国关系[⑦]集中反映国际权力对比；也有学者关注国际力量结构多样，[⑧]结构性权力影响国际体系变迁。[⑨]另一条是治理路径，有学者以权力的分析逻辑结合治理的研究框架分析，国际体系变迁与全球治理变革之间存在内在关联；[⑩]也有学者从全球治理框架分析非传统安全威胁对国际体系转型的影响。[⑪]综上来看，国内学界在分析国际体系变迁上，呈现以力量路径占主导，开始关注治理维度的研究趋势。本文受此启发，在全球治理的视域内，探究国际组织如何影响国际体系变迁。

为什么国际组织没有成为国际关系理论的基本假设和研究议题，而现在要

---

① 阎学通：《权力中心转移与国际体系转变》，载《当代亚太》2012 年第 6 期，第 13 页。

② 刘丰：《国际体系转型与中国的角色定位》，载《外交评论》2013 年第 2 期。

③ 王存刚和桑修成：《布赞的国际体系理论析论》，载《同济大学学报（社会科学版）》2010 年第 4 期，第 57 页。

④ 秦亚青：《国际体系转型以及中国战略机遇期的延续》，载《现代国际关系》2009 年第 4 期。

⑤ 杨洁勉：《新兴大国群体在国际体系转型中的战略选择》，载《世界经济与政治》2008 年第 6 期，第 7 页。

⑥ 以第二次世界大战为例，国际力量对比变化、国际制度创设以及核武器研制影响国际体系变迁。详见张小明：《第二次世界大战与国际体系的变迁》，载《世界经济与政治》2005 年第 9 期。

⑦ 近年来，国内学者关注较多的是中美互动对国际体系变迁的影响，详见毛维准和潘光逸：《均势、霸权抑或协调？德约视域下的国际体系结构选择》，载《当代亚太》2018 年第 5 期，第 121—127 页；唐永胜：《理解和适应国际体系变迁》，载《现代国际关系》2014 年第 7 期，第 18 页。

⑧ 详见夏立平：《论经济全球化背景下国际体系的转型》，载《毛泽东邓小平理论研究》2006 年第 4 期，第 67—70 页。也有学者认为国际体系演进的根本动力源自力量结构变动。详见金灿荣和刘世强：《延续与变革中的国际体系探析》，载《当代世界与社会主义》2010 年第 4 期，第 121 页。

⑨ 详见王传兴：《现代历时性/共时性国际体系变迁中的结构性权力变化分析》，载《欧洲研究》2012 年第 1 期。

⑩ 详见吴志成和董柞壮：《国际体系转型与全球治理变革》，载《南开学报（哲学社会科学版）》2018 年第 1 期。

⑪ 详见刘中民：《非传统安全问题的全球治理与国际体系转型——以行为体结构和权力结构为视角的分析》，载《国际观察》2014 年第 4 期。

将它纳入国际体系的研究范畴？国际组织未被纳入传统国际关系理论范畴的原因，可能包括以下几个方面。第一，受主权研究影响，国际政治固守民族国家研究传统。国际关系深受政治学影响，自霍布斯、洛克、卢梭确立主权的研究传统以来，无政府状态设定是国家以及国际体系建立的基本前提。在传统的国际关系学者看来，无政府状态是一个客观条件，限制了国际体系中相关行为体的数量，并制约着它们的行为①。第二，在国际体系的历次变迁中，国家发挥了决定性的作用，在国际关系史研究中，国际体系经历了一个由国家主导的演进过程：威斯特伐利亚体系—维也纳体系—俾斯麦大陆联盟体系—凡尔赛-华盛顿体系—雅尔塔体系②。第三，时代的局限性。在国际关系理论著名经典成书时，国际组织在国际事务治理中的影响，并没有现在如此突出；并且理论家受时代局限，其所参考的以往文献很少谈及国际组织在国际体系中的地位。第四，国际组织自身发展的状况。国际关系思想和理论以学术专著为参考，但在成书的年代，国际组织的发展还处于起步阶段，实际影响相对有限。对国家这一研究对象的逻辑处理比较成熟，研究基础深厚，可进行地域、主权等维度的限定与抽象，而对国际组织而言，在地域上，跨越国界，分布全球，一来难以厘定活动范围，二来无法判定行为动机，三来不易确定组织作用。加上规模庞大，种类冗杂，如何将其抽象为学术概念，难以操作，且易引起质疑。第五，对于国际组织的研究设定，固守国家框架。多数有关国际组织的研究所依据的前提是，国际组织是理性设计的产物，主权国家通过利益协调与谈判，创建国际组织，有权控制其行动与行为，并对此产生实质性影响③。

为什么当前需要将国际组织纳入国际关系理论视野？首先，基于全球治理、国际体系变迁、理论发展的需要。其一，国际组织在世界治理中的作用日益重要。国际组织通过聚拢官员，激发世界政治中潜在联盟的活跃性，可充当弱国

---

① Bod Reinalda and Bertjan Verbeek, "Policy Autonomy of Intergovernmental Organizations: A Challenge to International Relations Theory?" in Richard Collins and Nigel D. White, eds., *International Organizations and the Idea of Autonomy Independence in the International Legal Order*, London and New York: Routledge, 2011, p.90.

② 具体可参考刘德斌主编：《国际关系史》，北京：高等教育出版社 2003 年版。

③ John Ravenhill, "Weak Organization, Strong Institution: Comment," Patrick Weller and Xu Yi-chong, eds., *The Politics of International Organizations: View from Insiders*, London and New York: Routledge, 2015, p.2.

的经常性联合机构，联合国体制的一国一票规范有助于小国与弱国的联合①。国际组织可通过增强主体间的期望与规范的稳定意义，提高非正式秩序机制的有效性②；通过议程设置规范权力规则，提升全球治理效率③；通过规范国家治理行动，推进全球公民社会实现④。国际组织具有国际人格与缔约能力⑤，其具有的造法（取缔和重造）职能客观上有助于建立秩序和提升共同利益⑥；国际组织有主体特性，具备自我发展能力，可提供全球治理规则和议事程序，规范国家主体理性选择，其在非政治基础上达成的合作，有助于促进组织功能的自主扩张⑦；可调解国际冲突，提升国际关系民主化和提高国际事务参与度⑧。在区域性国际组织中，区域内部各国通过开展合作寻求安全⑨，不仅展现出应对地区性、低强度冲突的独特优势，也在很大程度上弥补了联合国整体授权的不足⑩。有研究显示，地区安全组织越稳固，大国实行强制干涉的可能性越低⑪。其二，国际体系变迁不同以往之处在于，国家间战争发生的概率因相互依赖而降低，国家通过国际组织进行合作，在核武器时代，大国无战争的可能性提高。其三，现有理论遭遇瓶颈，裹足不前，所以需要进行理论的结构性革新。

---

① Robert O. Keohane, Joseph. S. Nye, *Power and Interdependence*, New York: Longman, 2001, p.31.

② Friedrich Kratochwil and John Gerard Ruggie, "International Organization: A State of the Art on an Art of the State," *International Organization*, Vol.40, No.4, 1986, p.775.

③ 于宏源：《非国家行为体在全球治理中权力的变化：以环境气候领域国际非政府组织为分析中心》，载《国际论坛》2018年第2期，第6页。

④ 郭秋梅：《国际组织与全球问题治理：功能、模式与评价》，载《东南学术》2013年第6期，第148页。

⑤ Amerasinghe, C F., *Principles of the Institutional Law of International Organizations (Second Edition)*, Cambridge: Cambridge University Press, 2005, p.10.

⑥ Louis Henkin, "International Organization and the Rule of Law," *International Organization*, Vol.23, No.3, 1969, p.657.

⑦ Peter Wolf, "International Organization and Attitude Change: A Re-Examination of the Functionalist Approach," *International Organization*, Vol.27, No.3, 1973, p.349.

⑧ 张贵洪：《国际组织：国际关系的新兴角色》，载《欧洲》2000年第4期，第8—9页。

⑨ Norman J. Padelford, "Regional Organization and the United Nations," *International Organization*, Vol.8, No.2, 1954, p.207.

⑩ Ernst B. Haas, "Regime Decay: Conflict Management and International Organizations, 1945—1981," *International Organization*, Vol.37, No.2, 1983, p.212.

⑪ Georges Kaeckenbeeck, "The Function of Great and Small Powers in the International Organization," *International Affairs*, Vol.21, No.3, 1945, p.310.

其次，以国家为核心的国际体系研究存在两个突出问题。其一，以权力与利益为本位，表面关注国际体系对国家的影响，实际目标导向是国家自身的霸权，争夺霸权是权力研究很难走出的逻辑归宿。其二，国际体系研究多属于静态研究，未注意到国家与国际组织在国际体系中的互动。战后所发生的最大转变是，国家在应对全球化世界中存在能力不足的状况。全球性问题或地区性问题出现，要求解决方案也应具有全球性或地区性，国家因而转向政府间国际组织，这些组织运用国家所分享的主权，采取协调行动，增强国家管理自身政策的能力①。

将国际组织纳入现有国际体系可能引起哪些“排斥”反应，引来哪些质疑？其一，对于国家主权被侵蚀的担忧。在国际关系领域中，主权合法性理论认为，主权是一国拥有处理国内与国外所有事务不受其他国家控制的权利②，但随着国家将部分主权分享给国际组织，国家的主权面临被永久性侵蚀的挑战。其二，对于国际组织被大国工具化、政治化的担忧。其三，国际组织自身治理能力的质疑。将国际组织纳入国际体系理论存在一些可能性的质疑：如何对国际组织进行学理层面的概念界定；与此相关的假设是什么？需要解决的核心问题是什么？

将国际组织纳入现有国际体系进行分析，具有一定可行性。首先，突破无政府状态假设。国际组织的实际发展挑战了国际体系的无政府假定，国际体系具有一定组织性。无政府假设可以解释国家间的生存问题，但无法解释国际组织对国际体系的作用。威斯特伐利亚体系建立时并没有明确的国际理论，所以在对国际体系的认知与国际体系的实际演变之间存在一定的不相匹配性。在无政府的体系中，无政府状态催生冲突和战争，国际体系的根本问题是无政府状态，这一看法本身存在问题③。其次，形成对国际体系的新认知。伴随威斯特伐

① John Boli, “Sovereignty from a World Policy Perspective,” in Stephen D. Krasner, ed., *Problematic Sovereignty: Contested Rules and Political Possibilities*, New York: Columbia University Press, 2001, p.71.

② Stephen S. Goodspeed, *The Nature and Function of International Organization*, New York: Oxford University Press, 1958, p.10.

③ 可参考 Marc Trachtenberg, *The Problem of International Order and How to Think about It: History, Theory, and the Logic of International Politics*, Princeton: Princeton University Press, 2012。

利亚体系的建立，民族国家被正式纳入国际关系理论体系。所以，如何解释研究对象在未充分发展时（民族国家还未建构完成）对国际体系的影响？与此同理，国际组织对国际体系的影响还处于发展之中，尚未定型。当前进行国际组织研究，可为国际组织参与国际事务治理提供行动权威的理论来源。

最后，将国际组织纳入理论视野，有利于深入掌握国际组织的实际状况。国际组织数量庞大，种类混杂。据2015年的《国际组织年鉴》统计，在总数67 139个国际组织中，政府间组织所占比重为11.55%，非政府组织占绝大多数，为88.45%。国际组织基本可分为传统国际机构、其他机构和特殊类型三类，各类还可以进行政府间组织和非政府间组织的划分。传统国际机构在三种类型中所占比重最小，主要包括国际组织的联盟、统一成员国组织、跨洲成员国组织和地区成员国组织，政府间组织仅为266个，非政府间组织达8 626个。其他机构由地方、个人、特殊小组和国家组织构成的组织发展而来，政府间组织为1 773个，非政府组织数量达到15 767个。特殊类型的组织包含已解体或明显不活跃的组织、附属性和内部性机构、自发性会议、多边协定和当前不活跃的非传统机构等，政府间组织为5 717个，非政府间组织为34 990个①。综上，探讨国际体系中国际组织的角色，既是对国际组织理论研究的深入性拓展，又是对国际体系研究的具象化延伸。明确国际组织在国际体系中的地位，有助于全球多层治理的合作开展。

以无政府状态为前提的国家中心主义分析，无法解释无霸权多层治理条件下，非国家行为体对国际体系的作用；有历史纵深的英国学派，因宏观时空跨度，未能聚焦和凸显当前国际体系的独特性以及国际社会各行为体在国际体系内的互动。体系要素具有相互关联性，因此其某一方面的变化会产生很大范围的影响。②国际组织通过与国家、非国家行为体的互动，可突破民族国家体系的初始设定。国家、国际组织（联合国）以及非国家行为体会在未来世界秩序中发挥怎样的作用，它们能否在全球治理体系中相互协作，如果可以，采取怎样

① 详情参见 The Union of International Associations ed., *Yearbook of International Organizations 2014—2015*, Leiden: Brill Academic Publishers, 2015。

② Robert Jervis, "System and Interaction," in Jack Snyder and Robert Jervis, eds., *Coping with Complexity in the International System*, Boulder, Sanfrancisco, Oxford: Westview Press, 1993, p.33.

的方式?[①]下文将对此展开分析。

二、后威斯特伐利亚时代的国际体系变迁

对后威斯特伐利亚时代的界定，建立在客观评估威斯特伐利亚体系[②]历史地位的基础上。威斯特伐利亚体系不仅规定新主体运用不受约束的主权去发动战争、签署条约和组建联盟，承认荷兰、瑞典以及很多德意志诸侯国的主权地位，而且确立了首个统治整个欧洲版图的全面性协定。虽然有关威斯特伐利亚体系与国家的因果关系存在争论，但有一点可以明确，国家的产生与政府控制无必然关联，威斯特伐利亚体系取决于国家间的主权承认[③]。在旧的威斯特伐利亚世界秩序中，民族国家是具有唯一性的中心主体，韦伯式的民族国家是能够在领土边界内实行严格的等级控制的主体。随着世界愈加多中心化，水平式网络改变了国内外互动形式，国家在国际体系中的基本特点虽仍保留，但面临新的挑战。国家正在迅速适应这些新的变化，而其在新的治理体系中的地位因体系本身性质的变化而发生改变[④]。

---

① Tanja BrÜhl and Volker Rittberger, "From International to Global Governance: Actors, Collective Decision-making, and the United Nations in the World of the Twenty-first Century," in Volker Rittberger, ed., *Global Governance and the United Nations System*, Tokyo: United Nations University Press, 2001, p.4.

② 对于威斯特伐利亚体系的研究存在多种路径，有学者从宽容、自由放任与自我超越三个逻辑思路分析威斯特伐利亚体系的生存能力，详见潘亚玲：《试论全球化下威斯特伐利亚体系的生存能力》，载《教学与研究》2011 年第 7 期。也有学者从产权转移角度将威斯特伐利亚体系视为由王朝国家主导的开放体系。参见贝诺·特士科著：《威斯特伐利亚国家体系之理论化：国际关系从绝对主义向资本主义的转向》，李清敏、孙兴杰译，载《史学集刊》2014 年第 3 期。还有学者以正义为尺度批判威斯特伐利亚体系，可参考杜敏和李泉：《主权与正义——弗雷泽对威斯特伐利亚体系的批判》，载《太平洋学报》2012 年第 9 期。另有学者从构成元素、权力结构、组织原则等方面将威斯特伐利亚体系与中国古代宗藩体系进行比较分析，详见胡礼忠和刑新宇：《宗藩体系与威斯特伐利亚体系——两种经典国际体系的比较与启示》，载《国际观察》2011 年第 6 期。

③ Bridget Coggins, *Power Politics and State Formation in the Twentieth Century: the Dynamics of Recognition*, Cambridge: Cambridge University Press, 2014, pp.20—21.

④ Pierre Marc Johnson and Karel Mayrand, "Citizens, States and International Regimes: International Governance Challenges in a Globalized World," in Thomas J. Courchene and Donald J. Savoie, eds., *The Art of the State: Goverance in a World Without Frontiers*, Montreal: the Institute for Research on Public Policy, 2003, p.375.

其一，国际体系的时代背景在发生变化。“全球化对传统国际体系转型的另一个突破就是，体系内发挥重要影响的主要行为体已不再局限于主权国家与相关的国际组织，全球公民社会组织和非政府组织在全球治理中的作用正在迅速上升。”①当代国际体系转型的特点之一是全球治理体系的出现。②国际体系当前的变迁主要表现为缓慢渐进性的制度性变迁，已有研究主要关注国际体系对国家的影响以及国家间互动对国际体系变迁的影响。在国际体系中，霸权国受到新兴大国的挑战，采取反应性政策，在此情况下，如果霸权国能够主导体系变迁，则将继续维持霸权。③国际体系内部不同行为体（国家与国家组织、国际组织与非政府组织等）之间的互动会对体系转型会产生怎样的影响，这是现有国际体系研究未触及的问题。

其二，国际体系的构成主体在发生变化。在后威斯特伐利亚时代，国际体系的基本构成单位除民族国家外，还包括国际组织、非政府组织、区域性集团等。④追根溯源，国际组织最初始自古希腊城邦国家间的提洛同盟和伯罗奔尼撒同盟。国际组织一般通过国家间签署协议建立，其创立本身即为国际合作的典范⑤。在实际运行中强调规范的作用，严守合法程序进行操作⑥。在组织观念上，国际组织是国家与国际社会二元均势化的体现，两者在目标、利益与职能上存在双重性。

国际组织与国家共享国际社会空间，是国际体系的重要组成部分，其变化直接影响国际体系的变迁。国内学界对国际体系的认知，存在国家中心主义⑦倾

① 刘鸣：《以世界体系理论与全球化理论解读国际体系转型》，载《现代国际关系》2009 年第 1 期，第 53 页。

② 黄仁伟：《当代国际体系转型的特点和趋势》，载《现代国际关系》2014 年第 7 期，第 11 页。

③ Alex Roberto Hybel, *Made by the U.S.A.: The International System*, New York: Palgrave, 2001.

④ 有关国际体系转型，有学者认为，近代国际体系正处由西方主导向东西共主的转型之中，前两次转型分别是由区域型体系向全球体系转型，以及由英国主导的全球体系向美国主导的全球体系转型。详见林利民：《21 世纪国际体系转型析论》，载《现代国际关系》2009 年第 6 期。

⑤ Charles Easton Rothwell, “International Organization and World Politics,” *International Organization*, Vol.3, No.4, 1949, p.608.

⑥ 潘一禾：《认识现有国际组织的西方组织文化背景》，载《世界经济与政治》2000 年第 12 期，第 68—69 页。

⑦ 孙丽萍：《超越“威斯特伐利亚束身衣”——以英国学派视角审视国际体系》，载《吉林大学社会科学学报》2010 年第 3 期。

向。无论是权力转移，还是大国关系，①均以国家为本位。而在日益多元的国际关系中，国家已不是唯一的行为体，国际组织成为国际秩序的重要成员。以国际组织为研究对象，看其在规范国家行为、参与国际事务管理、重塑国际体系价值等方面如何影响国际体系变迁。国际组织改变了以国家为中心的国际体系性质，国际体系呈现制度化，国际组织在国际体系中的地位上升，②影响国际体系结构。③

其三，国际体系的核心内容在发生变化。1648 年的威斯特伐利亚和会的本质是国际会议，实际是国际机制的初始形态。主权是影响国际组织在国际体系合法性的门槛。现代国家与古代政体、中世纪政体与帝国存在的根本性区别在于，其具有官僚性与组织性特点。④国家的主权分为外部主权与内部主权，外部主权是一国在国际秩序中的地位及其作为独立自主的实体行动的能力，这一概念本身是现代产物，代指主权的国际维度，用于区别在特定疆域内高于其他权威的国内主权。⑤内部主权是一国国内最高权力或权威，其决策对国家领土范围内的所有公民、集团和组织强制执行。⑥

自中世纪体系向现代国际体系发生的最大转变是，主权国家的制度确立以及随之出现的市民社会。主权制度解决了与中世纪有关主权的不确定与疑惑，逃过主权分散的中世纪，新的国家得以确立并运用其自身的中心主权⑦。主权国

① 当前学者关注较多的是中美互动对国际体系变迁的影响，详见毛维准和潘光逸：《均势、霸权抑或协调？德约视域下的国际体系结构选择》，载《当代亚太》2018 年第 5 期，第 121—127 页。唐永胜：《理解和适应国际体系变迁》，载《现代国际关系》2014 年第 7 期，第 18 页。

② 赵广成和付瑞红：《国际体系的结构性变化析论》，载《现代国际关系》2011 年第 8 期。

③ 于营：《论全球化背景下的国际机制》，载《东北亚论坛》2005 年第 3 期，第 96 页。20 世纪末，有学者将冷战后的国际体系描述为自由国际秩序，包含一定秩序，但无统一政府架构，国家与政治体制多样等。详见 Rosalyn Higgins，“International Law in a Changing International System”，*The Cambridge Law Journal*，1999，Vol.58，No.1，p.81。

④ John Hoffman，*Beyond the State*，Cambridge：Polity Press，1995，p.61.

⑤ Pärtel Piirimäe，“The Westphalian Myth and the Idea of external Sovereignty，” in Hent Kalmo and Quentin Skinner，eds.，*Sovereignty in Fragments：the Past，Present and Future of a Contested Concept*，Cambridge：Cambridge University Press，2010.

⑥ Andrew Heywood，*Key Concepts in Politics*，New York：Palgrave Macmillan，2000，p.37.

⑦ Robert Jackson，“Sovereignty in World Politics：a Glance in the Conceptual and Historical Landscape，” in Robert Jackson，ed.，*Sovereignty at the Millennium*，Malden：Blackwell Publishers Inc，1999，pp.16—17.

家体系是一种理想形式，在这一体系中，主权国家是一个社会内的唯一合法统治形式，它具有三张面孔：拥有一个可对疆域内人民施加控制的政府，该政府可参与国际协议制定，并能施加干涉，这三个条件也是主权国家的基本先决条件。①

三、国际组织引导规范

自17世纪中期现代国际体系建立后，国际社会的很多规范逐步出现，包括尊重主权、不干涉别国内政以及尊重领土完整，其他诸如实行民主、民选政府以及民族自决等是此后才出现的规范②。国际规范是国际组织影响国家行为的媒介。国家政策与结构会受到具有主体间性的系统因素影响，尤其受到国际体系内宣传的规范影响。在这方面，国家被国际组织和由专家组成的国际共同体社会化，在接受科学推广和方向上充当必要的恰当角色③。国际组织能够运用其权威、知识与规则规制和建构需要规范的世界，所采取的机制包括：划分世界，创立问题、主体与行动的分类标准；赋予社会世界价值；制定和扩散新的规范和规则。这些机制可能同时产生规范性作用与构成性作用。④

国际组织在全球治理中的影响不断加大。尽管如此，这些组织不会取代国家的作用，也不会消除有关国家的认知和路径。⑤国家与国际组织之间是委托人与代理人关系，国家是理性行为体，国际组织基于国家利益需求与合作需要而

① Daniel Philpott, "Westphalia, Authority, and International Society," in Robert Jackson, ed., *Sovereignty at the Millennium*, Malden: Blackwall Publishers Inc, 1999, pp.156—157.

② Howard M. Hensel, "Theocentric Natural Law and the Norms of the Global Community," in Howard M. Hensel, ed., *Sovereignty and the Global Community: the Quest for Order in the International Sysstem*, Hants: Ashgate, 2004, p.41.

③ Martha Finnemore, "International Organizations as Teachers of Norms: The United Nations' Educational, Scientific, and Cultural Organization and Science Policy," in Lisa L. Martin and Beth A. Simmons, eds., *International Institutions: An International Organization Reader*, Cambridge, Massachusetts and London, England: the MIT Press, 2001, p.93.

④ Michael Barnett and Martha Finnemore, *Rules for the World: International Organizations in Global Politics*, Ithaca and London: Cornell University Press, 2004, p.31.

⑤ Thomas G. Weiss and Rorden Wilkinson, eds., *International Organization and Global Governance*, New York: Routledge, 2014, p.129.

建立，其议程取决于国家利益需求，其权力受国家利益制约。①国际组织的理性设计参考了国家的构建理念与模式。国际组织的效率与价值大小取决于其对国家贡献的具体内容。“当国际组织试图为政府提供更依赖市场而非国家官僚式管理的动机时，它往往最为有效，而只有当国际组织有利于会员国之间导致互惠合作的谈判时，它才是最有价值的。”②国际组织在某种程度上充当国家的工具，国家通过国际组织降低交易成本，创生理念和规范，通过采取和鼓励某些活动，使一些具体理念和实践具有合法性或不具有合法性，借此增强国家能力和权力。③

国际组织间确立规范共识是国际组织影响国家的方式之一。国际劳工组织通过直接或间接的方式促使其他国际组织和全球机构接受和赞同社会保护底线理念（SPFs）。该理念先是被联合国认可，之后被纳入行政首长协调理事会的社会保护底线倡议，而后为世界银行的新社会保护协议所采纳，此外，国际货币基金组织也同意与国际劳工组织展开合作，探讨在国家内部开创用于资助社会保护底线的财政空间④。通过国际劳工组织对社会保护底线理念的推广，该理念成为很多国际组织行动的规范共识。

四、国际组织充当全球多元治理平台

非政府组织具有提出重要议题，产生与扩散信息、经验，分析以及解决问题等能力⑤，非政府组织对全球治理与价值创造具有重要影响⑥。自冷战结束以

---

① 曾向红、李孝天：《中亚成员国对上海合作组织发展的影响——基于国家主义的小国分析路径》，载《新疆师范大学学报（哲学社会科学版）》2017年第2期，第113页。

② ［美］罗伯特·基欧汉、约瑟夫·奈著：《权力与相互依赖》，门洪华译，北京：北京大学出版社2002年版，第355页。

③ Kenneth W. Abbott and Duncan Snidal，“Why States Acts Through Formal International Organizations，” *The Journal of Conflict Resolution*，Vol.42，No.1，1998，p.8.

④ Bob Deacon，“The Social Protection Floor and Global Social Governance：Towards Policy Synergy and Cooperation between International Organizations，” *International Social Security Review*，Vol.66，No.3—4，2013.

⑤ Andreas Rasche and Georg Kell，*The United Nations Global Compact：Achievements，Trends and Challenges*，Cambridge：Cambridge University Press，2010，p.183.

⑥ 可参考 Hildy Teegen，et al.，“The Importance of Nongovernmental Organizations（NGOs）in Global Governance and Value Creation：An International Business Research Agenda，” *Journal of International Business Studies*，Vol.35，No.6，2004.

来，非政府组织在环境、人权和人道主义事务三个领域最为活跃，在反馈、意见动员、服务提供、网络创建、规范生成、议程设定与监督等方面发挥着作用和影响①。非国家行为体在环境法领域尤其活跃，它们不仅充当潜在的游说者和诉讼方，还会出席由国家参与的环境协议的国际谈判②。

虽然具有局限性，但联合国仍是国际体系立法与规范中心，其权威源自国家视角下的国际稳定，具有权威的程序和标准制定、规范生成和机制创设等方面的能力。联合国体系与非政府组织存在一种“联姻”的情况。在国际人道主义反应体系形成过程中，联合国系统与非政府组织共同体在加强合作方面取得一些进展。人道事务部最初每月会与非政府组织在纽约和日内瓦开展合作会谈，就复杂的救助事件进行信息交换，商谈政策分歧。联合国难民署通过行动伙伴（PAR in AC）倡议与非政府组织建立行动与政策框架。③联合国体系的开放性不仅反映在程序层面，而且反映在决策结果上。④在2030年议程制定中，通过建立“规范建构共同体”，将非政府组织、次国家行为体等行为体纳入利益攸关的相联体系⑤。仅2016年，非政府组织向联合国经济及社会理事会提交的报告达84份⑥，不同组织关注议题不同，涉及教育、能源、医疗等方面，有非政府组织建议联合国经济及社会理事会关注全球范围，尤其是发展中和不发达国家的素质教育⑦。

---

① LeRoy Bennett and James K. Oliver, *International Organizations: Principles and Issues*. A&A Publishing Services, Inc., 2000, p.283.

② Rosalyn Higgins, International Law in a Changing International System, *The Cambridge Law Journal*, 1999, Vol.58, No.1, p.85.

③ Andrew S. Natsios, “NGOs and the UN System in Complex Humanitarian Emergencies: Conflict or Cooperation?” in Paul F. Diehl, ed., *The Politics of Global Governance: International Organizations in an Interdependent World*, Boulder: Lynne Rinner Publishers, 1996, p.296.

④ Andrew F. Cooper et al., *Enhancing Global Governance: Towards a New Diplomacy*? Tokyo: The United Nations University, 2002, pp.15—16.

⑤ 张春：《西方在国际组织中维持话语主导权的几种常见策略——以联合国2030年议程制定中的门槛管理为例》，载《国际观察》2018年第3期，第83页。

⑥ United Nations, “Documents by Topic: Major Groups and Other Stakeholders,” https://sustainabledevelopment.un.org/majorgroups/documents，最后访问时间2019年1月10日。

⑦ United Nations, “E/2016/NGO/7-Statement submitted by Asabe Shehu Yar Adua Foundation,” http://www.un.org/ga/search/view_doc.asp?symbol=E/2016/NGO/7&Lang=E，最后访问时间2019年1月10日。

早在联合国建立之初，非政府组织便开始与联合国建立联系。1946年4月，在旧金山举办的联合国国际组织会议中，美国选出42个公民组织的代表加入其官方代表团，另外有160个组织作为观察员参会①。其中，有些非政府组织呼吁将人权关切纳入联合国宪章，因此，联合国宪章在世界和平与发展的基础上增加了追求人权。联合国并无专门与公民社会组织互动的议程，但在联合国系统内，有很多专门机构和专门项目有其自身安排。这始自联合国宪章的第71条，即经济与社会委员会（ECOSOC）可在能力范围内与非政府组织建立适当的协商机制②。依据1948年决定，划定三种类型的非政府组织享有与联合国系统互动的专门权利。

直到20世纪70年代，非政府组织才在确定项目上成为真正的倡导者，具体的议题包括武器控制和去殖民化，当时与女权主义、核裁军和环境相关的各种非政府组织也开始发挥宣传影响。在这一背景下，联合国开放其议程，将非政府组织提出的新议题纳入其中。与此同时，与发展和人权议题相关的专门机构和专门项目，例如联合国粮食及农业组织、联合国教科文组织、国际劳工组织、联合国儿童基金会和联合国难民总署等机构将非政府组织作为项目咨询顾问和实践者。1972年，在斯德哥尔摩召开的人类环境会议，为非政府组织提供了新的参与机会。250个非政府组织的参会目标是将有关人类发展的关切纳入会议日程，获得未来联合国会议的观察员地位。随着非政府组织成为越来越重要的国际行为体，联合国系统的几乎所有组织设立专门负责对外关系部与非政府组织联络员③。

国际组织通过建立非政府组织的对话机制，将非政府组织的高层意见纳入决策考量范围，保障非政府组织在全球治理结构中的制度化参与④，提升非政府

① Molly Ruhlman, *Who Participates in Global Governance：States：Bureaucracies, and NGOs in the United Nations*, New York：Routledge, 2015, p.41.

② Charter of the United Nations, Chapter X：The Economic and Social Council, http://www.un.org/en/sections/un-charter/chapter-x/index.html，最后访问时间2019年1月5日。

③ Diana Tussie and Maria Pia Riggirozzi, "Pressing ahead with New Procesure for Old Machinery：Global Governance and Civil Society," in Volker Rittberger, ed., *Global Governance and the United Nations System*, Tokyo：United Nations University Press, 2001, pp.170—172.

④ 非政府组织在全球治理中的影响力也会受到结构性因素制约，有关非政府组织过多参与全球治理的消极影响，可参考 Charlotte Dany, "Janus-faced NGO Participation in Global Governance：Structural Constraints for NGO Influence," *Global Governance*, No.20, 2014。

组织影响政策制定的能力。作为制度化论坛，世界银行的联合促进委员会，为世界银行高层官员与非政府组织领袖交流提供了正规化渠道①。国际组织在公共议程群体吸纳上具有开放性，广泛吸纳跨国行为者（TNAs）②进入政策过程，充当合作伙伴、监管者、建议者和服务提供者。这些跨国行为者或是通过正规渠道进入理事会，或是辅助开展项目，制定政策，建立经费机制等，而国际组织为非政府组织等跨国行为者提供财政援助和公开的信息资料。但国际组织在不同领域开放的程度存在一定差别，最为开放的是人权与发展问题领域，开放程度最低的领域是安全和金融③。公共决策从国家向区域性和功能性的国际行为体转移④，受全球化深刻影响，国家正在失去在国际关系决策中处于核心地位的自主性⑤。

与此同时，国际组织开始与次国家单元进行合作。全球治理呈现去中心化倾向，地方政府在环境政策的制定与执行中发挥着重要作用⑥。欧盟采取举措长期提升地方层面在环境政策中的作用。2012 年，联合国启动由学术界、市民社会等专家构成的可持续发展行动网络，通过与联合国机构、私营部门和多边机构等合作，共同研究应对全球问题的解决方案，以便从地方基层、国家政府和全球层面解决关系全人类的可持续发展问题⑦，这些方案充分肯定私营部门在推动经济发展、建设社会基础设施等方面的作用，并呼吁包括微小企业、合作社和跨国公司等在内的私营部门改革创新，共同应对发展挑战。相比于“千年发展目标”，这是私营部门在联合国发展议程中的历史性转变，也是联合国在组织

① 刘宏松和钱力：《非政府组织在国际组织中影响力的决定性因素》，载《世界经济与政治》2014 年第 6 期，第 59 页。

② 跨国行为者包括非营利参与者（非政府组织、社会运动、政党联合会、宗教组织、慈善机构、劳工组织、科学家）和以营利为导向的组织（跨国公司、商业协会和雇主组织）。

③ 具体可参考 Jonas Tallberg et al., *The Opening Up of International Organizations: Transnational Access in Global Governance*, New York: Cambridge University Press, 2013。

④ Erika de Wet, “The International Constitutional Order,” *The International and Comparative Law Quarterly*, Vol.55, No.1, 2006, p.53.

⑤ J. Samuel Barkin, *International Organization: Theories and Institutions*, New York: Palgrave macmillan, 2006, p.6.

⑥ Zuidema, C. *Decentralization in Environmental Governance: A Post-contingency Approach*, New York: Routledge, 2017, p.12.

⑦ 陈迎：《联合国 2015 年后发展议程：进展与展望》，载《中国地质大学学报（社会科学版）》2014 年第 5 期，第 17 页。

议程与私营部门之间建立合作框架的开始①。此外，国际组织积极加强与地方政府②、社区的互动，借此增加其在次国家层面的知名度与影响力。

五、结　语

当前的全球治理体系，在现行多边制度如何运转上，存在多种路径依赖的问题。因此，面临的选择有两个：一个是选择有效的合法的基于规则的多边体系，另一个是选择无效的全球秩序的持续脆片化状态（从危机到危机）③。本文针对政府间国际组织所作的体系分析，不同于传统理论范式的结构框架。提出新的宏观理论不是本文的目的，本文发现当今国际社会治理领域现象与国际关系理论研究视野之间存在不相重合的“缝隙”，尝试通过非国家中心视角管窥现实的国际体系。宏观的国际体系研究从长时段和多元论的视角，探求国际体系在世界历史中的出现和演变④，追溯人类由采猎群逐步演进到全球性政治经济体的6万年时间里，国际体系如何与不同历史时段的人类组织形式展开互动⑤。与此不同，本文在宏观框架上研究国际体系的路径，较传统理论“窄”，关注的是关系国际社会发展的治理层面，而非战争与和平这样的主题；在历史跨度上，较英国学派“短”，选取的时间段是威斯特伐利亚体系至今，未对人类发展的整体变迁进行梳理。

本文的上述研究路径主要基于两方面考虑：第一，理论解读与客观事实之间不存在完全匹配性，理论是一种有选择的抽象，具有主观性，鉴于人类认知的有限性，很难对客观事实进行方方面面的把握。第二，理论逻辑起点的设定

---

① 黄超：《私营部门与联合国2030年可持续发展议程：贡献、局限与改进》，载《现代国际关系》2017年第4期，第42页。

② 可参考陈志敏：《全球多层治理中地方政府与国际组织的相互关系研究》，载《国际观察》2008年第6期；刘贞晔：《国家的社会化、非政府组织及其理论解释范式》，载《世界经济与政治》2005年第1期。

③ David Held and Kevin Young，“From the Financial Crisis to the Crisis of Global Governance，” in David Held and Charles Roger，eds.，*Global Governance at Risk*，Cambridge：Polity Press，2013，pp.191，194.

④ 详见刘德斌：《新的历史诠释与新的学科构建》，载《史学集刊》2004年第2期。

⑤ 任东波：《从国社会到国际体系——英国学派历史叙事的转向》，载《史学理论研究》2014年第2期，第112页。

对推演范围与研究结果构成制约。自然状态通常被作为政治学中政府研究的起点，但从历史考证上而言，很难判定这一状态的真实存在。因此，这在很大程度上是学者为回应有关“从何说起”以及“为什么从这里说起”的质疑。这意味着设定原点是对逻辑框架完整性的“求全”，从本质上讲，理论是一种人为的思维操作。

基于上述考虑，本文以威斯特伐利亚体系的确立为研究起点，将后威斯特伐利亚时代界定为研究区间，旨在与历史意义上的威斯特伐利亚体系相区别。国际体系的演变是一个受各种因素综合影响的一次性过程。虽然国际关系史学家将国际体系分为威斯特伐利亚体系、维也纳体系、俾斯麦大陆联盟体系、凡尔赛-华盛顿体系和雅尔塔体系，但从国际体系的基本构成上讲，自威斯特伐利亚和会以来的国际体系都是主权国家体系。从这个意义上讲，威斯特伐利亚体系是主权国家体系的代称。

本文发现，随着全球化的深入发展与全球治理的兴起，原有的国际体系在构成与实质上发生了变化。从构成上说，除国家之外，诸如国际组织、非政府组织等行为体开始在国际事务中发挥其自身作用，这一非国家性质的国际力量在全球治理中的影响值得引起学界关注。从实质上讲，尽管威斯特伐利亚体系对国家主权承认予以合法确立，实际世界范围主权国家的建立是在“第三波”之后建立的，所以威斯特伐利亚体系是一个发展中的界定。随着主权本身的调整与变化，威斯特伐利亚体系赖以维系的核心面临挑战。

无论是现实主义基于权力斗争冲突开展研究，还是温特的建构主义以规制暴力界定国家，既有的国际关系理论都是在国际体系的边界内探讨国家生存问题，虽承认国际组织在国际体系的存在，但未对这一存在的合理性加以充分的学理关注。有鉴于此，国际组织可为国际关系理论发展，开立新的空间。因循本文研究的框架设定，后续在不同国际组织（区域性/全球性、正式性/非正式性）对国际体系的影响比较上，可以继续开展研究，以探究不同国际组织在同一议题上的治理差异性，提升国际组织在全球治理中的效率与影响。

非正式国际机制的中国模式

——中非合作论坛制度探析

张家铭[*]

一、引　言

2018年9月，中非合作论坛峰会在北京举行，这是中非合作论坛第七届部长级会议、第三次峰会，也是中国在时隔12年后再次主办中非合作论坛峰会。上一次峰会是2015年12月5日在南非举行的中非合作论坛约翰内斯堡峰会暨第六届部长级会议，中非合作取得丰硕成果。中非合作论坛（Forum on China Africa Cooperation，FOCAC）是由中国与非洲国家共同倡议，为进一步加强中国与非洲国家在新形势下的友好合作，共同应对经济全球化挑战，谋求共同发展，于2000年10月在北京召开的中非合作论坛——北京2000年部长级会议上正式成立。中非合作论坛是中国对外集体外交机制中规模最大、历史最长、成果最丰硕、运行最稳定的机制，中非合作论坛的模式已经成为一个成功范例，带动了中国-拉美共同体论坛、中国-中东欧峰会、中国阿拉伯合作论坛、“一带一路”国际合作高峰论坛以及印度-非洲论坛峰会、俄罗斯-非洲实业论坛等中外一系列类似外交机制的建立。

中国国内已经有很多针对中非合作论坛机制的研究成果，观点差异也十分明显。例如有学者认为，中非论坛没有超国家的制度运作，在组织形式上更类似于亚太经合组织；①相较于传统的国际合作机制，中非论坛可被视为一种“跨

* 张家铭，复旦大学国际关系与公共事务学院博士生。

① 余振：《中国互利共赢的国际区域经济合作战略》，载《武汉大学学报（哲学社会科学版）》2009年第5期，第645—649页。

区域性质的区域合作”形式，其前景可以是一种紧密的区域化合作体①。有的学者认为中非合作论坛机制的效率很高，作为一种“集体对话机制”中非合作论坛的优势在于覆盖全非、高效和低成本，有利于推动非洲一体化，有利于制定和达成中非间全局性与战略性文件。②有的学者则认为，尽管中非合作论坛所采用的对话机制有一定的灵活性，但是往往在合作执行中因“弱约束力，弱自觉性”而导致低效率；③中非合作论坛推动的论坛化地区间合作是当今地区间主义的一种，相对于欧盟与非洲的强制度化合作，中非合作论坛平衡和双向的互动以及合作的意愿更能够增加最后政策和举措的适用性。④张忠祥的专著《中非合作论坛研究》认为，中非合作模式的内涵有五个方面：不干涉原则、平等互利、劝和促谈、南南合作和不排斥其他模式。⑤北京大学非洲研究中心李安山等人的英文学术报告《中非合作论坛：可持续视角》，通过2010年10月至2010年12月期间收集的文献报道、面对面或电话访谈、实地研究和讲座收集的数据，分析了中非合作论坛的起源、程序、参与机构、运作机制、影响和缺点。⑥在国际上，专门研究中非合作论坛比较有代表性的研究有：尼古拉·肯特西（Nicola P. Contessi）以建构主义视角分析了中国以中非合作论坛和中阿论坛，通过共同身份和国际规范的建构来实现中国领导下的多边主义软平衡。⑦伊安·泰勒（Ian Taylor）的专著《中非合作论坛》以历史路径阐述了中国对非政策，并认为中非合作在议程设定和国家利益目标等方面并不平衡，是中非合作论坛的主要挑战。⑧英国皇家国际事务研究所（Chatham House）在2009年的研究报告《中国

① 张永蓬：《中国与非洲葡语国家经济合作的互补性和区域平台》，载《西亚非洲》2008年第5期，第14—19页。

② 贺文萍：《中国对非政策：驱动力和特点》，载《亚非纵横》2007年第5期，第23—30页。

③ 郑先武：《构建区域间合作中国模式——中非合作论坛进程评析》，载《社会科学》2010年第6期，第20—27页。

④ 周玉渊：《地区间主义的两种形式——基于欧盟与中国对非地区间合作经验的分析》，载《世界经济与政治》2011年第7期，第21—43页。

⑤ 张忠祥著：《中非合作论坛研究》，北京：世界知识出版社2012年版，第212页。

⑥ Li Anshan，“The Forum on China-Africa Cooperation：From a Sustainable Perspective，” *China and Africa in a Global Context*（*Volume Ⅱ*），Center for African Studies，Peking University，2013.

⑦ Nicola P. Contessi，“Experiments in Soft Balancing：China-led Multilateralism in Africa and the Arab World，” *Caucasian Review of International Affairs* Vol.3，No.4，2009，pp.404—434.

⑧ Ian Taylor，*The Forum on China-Africa Cooperation*（*FOCAC*），Oxford：Routledge，2010.

在非洲：准备下一届中非合作论坛》对促进论坛发展提出了设想。①南非斯坦陵博什大学的中国研究中心 2010 年发表报告针对中非合作论坛各种措施的落实情况进行了调研。②该中心的斯温·格里姆（Sven Grimm）分析了中非合作论坛的政策思路和资金使用。③还有南非非洲研究中心出版的论文集《中非合作论坛：人力资源发展的政治》，④等等。本文将在前人研究的基础上，从非正式国际机制的视角出发，以中非合作论坛官方文件为主要资料来源，首先介绍中非合作论坛的概况，归纳中非合作论坛的制度特征，然后运用理性主义方法论分析该论坛选择国际非正式机制的优势和劣势，以及中非合作论坛机制形成的原因，最后作出总结。

二、中非合作论坛制度概况

中非合作论坛成员包括中国、与中国建交的 53 个非洲国家以及非洲联盟委员会。论坛的宗旨是“平等磋商、增进了解、扩大共识、加强友谊、促进合作”。中非合作论坛第一届部长级会议上通过的《中非经济和社会发展合作纲领》规定，中非双方同意建立后续机制，定期评估后续行动的落实情况。2001 年 7 月，中非合作论坛部长级磋商会在赞比亚首都卢萨卡举行，讨论并通过了《中非合作论坛后续机制程序》。2002 年 4 月，后续机制程序正式生效。中非合作论坛对话磋商机制建立在三个级别上：部长级会议每三年举行一届；高官级后续会议及为部长级会议做准备的高官预备会分别在部长级会议前一年及前数日各举行一次；非洲驻华使节与中方后续行动委员会秘书处每年至少举行两次会议。部长级会议及其高官会轮流在中国和非洲国家举行。中国和承办会议的

---

① Kerry Brown, Zhang Chun, “China in Africa: Preparing for the Next Forum for China-Africa Cooperation,” *Asia Programme Briefing Note*, London: Chatham House, 2009.

② Tracy Hon et al., *Evaluating China's FOCAC Commitments to Africa and Mapping the Way Ahead: A Report by the Centre for Chinese Studies*, Prepared for the Rockefeller Foundation, September 2009, Centre for Chinese Studies, Stellenbosch University, 2010.

③ Sven Grimm, “The FOCAC: Political Rationale and Functioning,” Centre for Chinese Studies, Stellenbosch University, 2012.

④ Li Anshan and Funeka Yazini, *Forum on China-Africa Cooperation: The Politics of Human Resource Development*, April edition, Africa Institute of South Africa, 2013.

非洲国家担任共同主席国，共同主持会议并牵头落实会议成果。部长级会议由外交部长和负责国际经济合作事务的部长参加，高官会由各国主管部门的司局级或相当级别的官员参加。在 2006 年 11 月的北京峰会暨第三届部长级会议上，决定建立中非外长定期政治磋商机制，在每届部长级会议次年的联合国大会期间举行。此外，随着中非合作不断拓展和深化，在论坛框架下先后召开了中非农业、科技、法律、金融、文化、智库、青年、民间、妇女、媒体、地方政府等分论坛，有些还实现了制度化，进一步丰富了中非合作论坛内涵。①如今，中非合作论坛自成立以来已经历时 18 载，历经七届部长级会议，三次峰会，中国发布两个《对非政策文件》，为中非关系发展起到极大的推动作用。

三、中非合作论坛的制度特征

中非合作论坛成功开创了一种有别于西方国际合作机制的“中国模式”。这种模式的国际合作机制在议题范围、法律义务、互动形式、后续机制等方面都具有显著特征，并且 18 年来这些制度特征都保持了相对稳定。

(一) 议题范围：聚焦经济社会发展，无政治干涉与附加条件

中非合作论坛一直贯穿着“伙伴合作”的主题，着重强调 21 世纪的中非经贸合作。中非合作论坛第一届部长级会议表明这种合作需要务实，第二届将“合作”作为主题的一个关键词，与“友谊”“和平”“发展”并列。之后的第三届及第四届提出了“中非新型战略伙伴关系”这一概念，第五届致力于开创中非新型战略伙伴关系的新局面，到第六届上将中非关系提升为“全面战略合作伙伴关系”。从议题上来看，第一届中非合作论坛举行的四场专题研讨会主题分别为中非投资与贸易、中国与非洲国家的改革经验交流、消除贫困，以及农业可持续发展、教育、科技与卫生合作。②第二届提出的《中非合作论坛——亚的斯亚贝巴行动计划（2004—2006 年）》提出了要进行旅游合作、减债，并加强

① 中非合作论坛官方网站，https://www.focac.org/chn/ltjj/ltjz/，最后访问时间 2018 年 9 月 5 日。

② 第一届部长级会议专题研讨会，中非合作论坛，https://www.focac.org/chn/ljhy/dyjbzjhy/hyqk12009/t155393.htm，最后访问时间 2018 年 9 月 5 日。

教育合作和民间交流的呼声，①这几点在第三届的《中非合作论坛——北京行动计划（2007—2009 年）》中得到了重申。《中非合作论坛——北京行动计划（2007—2009 年）》还新提出了加强科技、信息、航运、质检等领域合作、新闻合作，以及青年与妇女交流的内容。②第四届则适应实际的需要，提出“适时召开‘中非合作论坛—科技论坛’，并倡议启动‘中非科技伙伴计划’”，以期“帮助非洲国家提高自身科技能力”。此外，《沙姆沙伊赫行动计划》中将“减债”改为了“减贫”，表明中国已然意识到债务问题只是表象，贫困问题才是根本。同时，此行动计划还首次提出了减灾救灾能力与学者智库建设的计划。③第五届论坛提出的北京行动计划则增加了信息通信、交通、科技方面的知识共享以及体育合作的内容。④2015 年举办的第六届中非合作论坛上提出了未来三年的“十大合作计划”，分别是：中非工业化合作计划、中非农业现代化合作计划、中非基础设施合作计划、中非金融合作计划、中非绿色发展合作计划、中非贸易和投资便利化合作计划、中非减贫惠民合作计划、中非公共卫生合作计划、中非人文合作计划、中非和平与安全合作计划。⑤2018 年的中非合作论坛北京峰会使中非合作领域进一步扩大，提出构建更加紧密的中非命运共同体，将中非合作与“一带一路”倡议和非盟《2063 年议程》进行对接，也大力加强了安全合作的力度，落实中国对非 1 亿美元无偿军事援助并支持非洲常备军的建设。同时，中国也一如既往地“重申坚定奉行不干涉内政原则，支持非洲国家自主探索适合本国国情的发展道路”⑥。

---

① 中非合作论坛——亚的斯亚贝巴行动计划（2004—2006 年），https://www.focac.org/chn/zywx/zywj/t155562.htm，最后访问时间 2018 年 9 月 5 日。

② 中非合作论坛——北京行动计划（2007—2009 年），https://www.focac.org/chn/zywx/zywj/t584788.htm，最后访问时间 2018 年 9 月 5 日。

③ 中非合作论坛——沙姆沙伊赫计划（2010—2012 年），https://www.focac.org/chn/zywx/zywj/t626385.htm，最后访问时间 2018 年 9 月 5 日。

④ 中非合作论坛第五届部长级会议——北京行动计划（2013—2015 年），https://www.focac.org/chn/zywx/zywj/t954617.htm，最后访问时间 2018 年 9 月 5 日。

⑤ 习近平在中非合作论坛约翰内斯堡峰会开幕式上的致辞（全文），https://www.focac.org/chn/ljhy/dwjbzzjh_1/hyqk/t1321569.htm，最后访问时间 2018 年 9 月 5 日。

⑥ 关于构建更加紧密的中非命运共同体的北京宣言（全文），https://focacsummit.mfa.gov.cn/chn/hyqk/t1591944.htm，最后访问时间 2018 年 9 月 5 日；中非合作论坛——北京行动计划（2019—2021 年），https://focacsummit.mfa.gov.cn/chn/hyqk/t1592247.htm，最后访问时间 2018 年 9 月 5 日。

可以说，随着的发展，中非由传统的经贸合作慢慢转向政治、经济、发展、社会文化、环境保护、和平与安全等多方面的全方位合作，合作内容上也开始从寻求共同立场向具体合作转变。18 年以来，中非合作论坛的议题内容不断丰富，但依然聚焦在经济与社会领域，中国与非洲更倾向于以伙伴身份进行平等合作，而非一方对另一方的援助施舍，即便论坛议题逐渐从“低级政治”向“高级政治”扩散，政治合作与安全合作的内容大幅增加，也从不涉及各国政治制度或意识形态，不附加任何政治条件，这与欧美的对非政策形成了鲜明对比。中非合作论坛议题内容上的这一特点与中国长期坚持的“不干涉别国内政”的立场相一致。

（二）法律义务：自愿无强制的弱法律化

根据肯尼思·阿波特（Kenneth Abbott）、罗伯特·基欧汉（Robert Keohane）等学者关于国际制度法律化概念（legalization）的论述，国际制度的差异和法律化程度可用精确性、授权性和义务三个维度的连续性变化来描述并测量。[①]国家在不同国际制度中的承诺在义务上（法律约束力）要么是有，要么是无，这决定了国家承诺的属性。而直接体现国家承诺是否有法律约束力的，就是国家在该国际制度下签署发布的国际文件。迄今为止，中非合作论坛发布的会议文件都是指导性、宣言性的文件。第一届中非合作论坛发布《中非合作论坛北京宣言》和《中非经济和社会发展合作纲领》；第二届上发布《中非合作论坛——亚的斯亚贝巴行动计划（2004—2006 年）》；第三届发布《中非合作论坛北京峰会宣言》和《中非合作论坛——北京行动计划（2007—2009 年）》；第四届发布《中非合作论坛沙姆沙伊赫宣言》和《中非合作论坛——沙姆沙伊赫行动计划（2010—2012 年）》；第五届发布《中非合作论坛第五届部长级会议北京宣言》和《中非合作论坛第五届部长级会议——北京行动计划（2013—2015 年）》；第六届发布《中非合作论坛约翰内斯堡峰会宣言》和《中非合作论坛——约翰内斯堡行动计划》。中非合作论坛在发布这些文件时并没有经过成员国投票表决程序，而是根据协商一致原则，基于所有成员的共同同意而发布的。这些文件

① Kenneth Abbott, Robert Keohane, Andrew Moravcsik, Anne-Marie Slaughter and D. Snidal, “The Concept of Legalization,” *International Organization*, Vol.54, No.3, 2000, pp.401—419.

属于国际法的“软法律”范畴，成员国所作出的承诺只展示了共同义务，但并不具有法律约束力，它们的落实在理论上完全依靠成员国的自愿与自觉。这显示出其低法律化的基本特征。

根据国家承诺属性（有法律约束性或无法律约束性），国际制度在国际法地位上有正式和非正式的区别，前者是正式国际制度，后者是非正式国际制度。① 成员国是否具有创造相互之间有法律约束力的权利与义务关系的意图是正式国际机制和非正式国际机制的判定标准，正式国际机制具有正式的国际法律地位，条约对成员国具有国际法意义的强制约束力，非正式国际机制不具有正式的国际法律地位，只具有政治或道德约束力。②中非合作论坛的低法律化程度决定了其本质上是一个非正式国际制度。但是，中非合作论坛会议文件的落实并没有因缺乏法律约束力而打折扣。例如，根据《中非合作论坛北京峰会后续行动落实情况》和《中非合作论坛第四届部长级会议后续行动落实情况》，《中非合作论坛——北京行动计划（2007—2009 年）》和《中非合作论坛——沙姆沙伊赫行动计划（2010—2012 年）》都得到十分有效的落实。③实际上，中方落实会议文件上表现出高度的自我约束，对于承诺的合作项目往往是提前完成。例如，中方在首届论坛提出的对非 3 年免债 100 亿人民币计划，实际上仅用两年多时间就提前完成了。在 2012 年第五届中非合作论坛上，中方提出三年内向非方提供 200 亿美元优惠贷款，在 2014 年李克强总理访非时就已提前一年多时间安排完毕。④约翰内斯堡峰会后，2016 年在北京又专门举办中非合作论坛约翰内斯堡峰会成果落实协调人会议，据不完全统计，峰会结束以来，中非之间已签署各类合作协议共计 182 项，涉及金额共计 325 亿美元左右，在协调人会议期间，双方又签署 61 项合作协议，涉及金额达 183 亿美元左右。⑤

---

① 刘宏松：《中国参与非正式国际制度：以 APEC 和 ARF 为例》，载《国际展望》2009 年第 1 期，第 42—54 页。

② 刘宏松：《正式与非正式国际机制的概念辨析》，载《欧洲研究》2009 年第 3 期，第 91—106 页。

③ 中非合作论坛北京峰会后续行动落实情况，https://www.focac.org/chn/ljhy/bjfhbzjhy/hxxd32009/t627503.htm，最后访问时间 2018 年 9 月 5 日；中非合作论坛第四届部长级会议后续行动落实情况，https://www.focac.org/chn/ljhy/dwjbzzjh/hxxd/t952537.htm，最后访问时间 2018 年 9 月 5 日。

④ 刘贵今：《理性认识对中非关系的若干质疑》，载《西亚非洲》2015 年第 1 期，第 4—20 页。

⑤ 王毅外长在中非合作论坛约翰内斯堡峰会成果落实协调人会议全体会上的工作报告，https://www.focac.org/chn/ljhy/dwjbzzjh_1/hxxd/t1386130.htm，最后访问时间 2018 年 9 月 5 日。

（三）互动形式：大小“双边关系”平衡互动

中非合作论坛成员共有53个国家（中国+非洲52国）和1个国际组织（非洲联盟），在形式上是一个非正式的多边集体论坛，但构成此集体论坛的基本互动形式却是以双边为主。构成中非合作论坛互动形式的是两层相对平衡的“双边关系”互动：中国和单个非洲国家的“小双边关系”和中国与非洲大陆的“大双边关系”。

首先，中国与单个非洲国家的双边关系是构建中非合作论坛的基石。中非合作论坛虽然成立于2000年，远远晚于欧盟、日本等发达国家与非洲合作的类似机制，但中国与非洲各国的双边关系早在冷战前期就已经打下坚实的基础。20世纪50年代到70年代，广大非洲国家相继独立。1956年5月，中国与埃及建交，此后，相继获得独立的非洲国家陆续与中国建交。1963年底至1964年初，周恩来总理对非洲10国的访问是新中国与非洲关系的“开山之旅”。在这次访问中，周恩来提出了中国同非洲国家发展关系的五项原则和中国对外经济技术援助的八项原则，为中非长期友好合作奠定坚实基础。1967年，赞比亚首任总统卡翁达首访中国，归国后首次使用“全天候朋友”一词形容中国。1971年，中国在联合国的合法席位得以恢复，在投赞成票的76个国家中有26个是非洲国家。截至2015年末，中国官方公开报道中出现的“全天候朋友”至少已有14个国家，其中有8个是非洲国家：赞比亚、坦桑尼亚、纳米比亚、埃及、肯尼亚、埃塞俄比亚、马里、津巴布韦。①中国与各个非洲国家之间的良好双边关系是实现一切中非合作的基础，并且也是实现中非合作论坛成果的具体互动渠道。论坛以多边讨论形式进行，但论坛的具体成果都是依照论坛会议文件（宣言和行动计划）的指导精神，中国与非洲各国分别签订正式的双边合作协定而最终落实的。

其次，中国与整个非洲大陆的“大双边关系”主导了中非合作论坛的整体互动形式。中国不但与多数非洲国家建立了良好的国与国双边关系，并在此基础上将非洲作为一个整体来专门对待。2006年1月，中国首次发布《中国对非洲政策文件》，同年11月的中非合作论坛北京峰会上，成员国共同宣布建立

① 《中国14个“全天候朋友”中8个为非洲国家》，人民网-国际频道，2015年12月4日，http://world.people.com.cn/n/2015/1204/c1002-27889890.html，最后访问时间2018年9月5日。

“中非新型战略伙伴关系”。2015 年第六届中非合作论坛，中国发布第二份《中国对非洲政策文件》，会上根据习近平主席的提议，“中非新型战略伙伴关系”提升为“中非全面战略伙伴关系”。论坛化的地区间合作基本是平衡的，虽然可能其中一方的经济实力比较强大，但是制度和规范供给的能力则可能相对较弱，或者很难影响其他地区的规范输入，而实力较弱的一方则有可能通过制度和规范的供给和影响维持结构的平衡，就如同东盟在东亚地区权力结构中推动区域合作所扮演的角色那样，非洲国家通过团结和集体立场在中非关系中也正在发挥类似的作用。①中国的主要作用是采取主动和履行承诺，包括召开会议、收集意见和建议。中国大使馆通常邀请非洲东道国提出 2 个或 3 个提案进行讨论。在磋商和实地考察的基础上，中国大使向中国外交部和商务部报告，并最终获得批准。尽管也存在分歧，但各方对在国际舞台上反复讨论的核心问题表现出了尊重和诚意，论坛促进了中非公开对话。很明显，中非合作论坛是非洲和中国各方共同愿景的产物。②

（四）后续机制：全面而高效的举国体制优势

中非合作论坛虽然具有大多数发展中国家间合作弱机制化的特点，但是中国对非政策中的举国体制无疑是中国区别于其他国家的最大特点，使中非合作论坛拥有一个强有力的后续机制。这里的举国体制（nationwide system），指的是在中国集中力量办大事的体制下，中央政府能够充分调动中央到地方各个部门的资源力量，以集中、高效的体制优势落实政策目标。举国体制的特点有利有弊，但在中国对非洲合作上总体发挥较大优势。一方面意味着中国政府在对外合作与谈判中具有相对较高的承诺可信性和权威性，另一方面意味着对合作成果具有强有力的落实意愿与执行能力。中国作为中非合作中的主要授予方，中国对自身承诺的落实对中非合作能否成功具有决定性作用。2000 年 11 月，中非合作论坛第一届部长级会议上通过的《中非经济和社会发展合作纲领》规定，中非双方同意建立后续机制，定期评估后续行动的落实情况。2001 年 7 月，中

---

① 周玉渊：《地区间主义的两种形式——基于欧盟与中国对非地区间合作经验的分析》，载《世界经济与政治》2011 年第 7 期，第 21—43 页。

② Li Anshan，“The Forum on China-Africa Cooperation：From a Sustainable Perspective，” *China and Africa in a Global Context*（*Volume Ⅱ*），Center for African Studies，Peking University，2013，p.17.

非合作论坛部长级磋商会在赞比亚首都卢萨卡举行，讨论并通过了《中非合作论坛后续机制程序》。2002 年 4 月，后续机制程序正式生效。中非合作论坛中方后续行动委员会共有 28 家成员单位，分别是外交部、商务部、财政部、文化部、中共中央对外联络部、国家发展和改革委员会、教育部、科学技术部、工业和信息化部、国土资源部、环境保护部、交通运输部（中国民用航空局）、农业部、国家卫生和计划生育委员会、中国人民银行、海关总署、国家税务总局、国家质检总局、国家新闻出版广电总局、国家旅游局、国务院新闻办公室、国务院扶贫开发领导小组办公室、共青团中央、中国国际贸易促进委员会、国家开发银行、中国进出口银行、中国银行、北京市人民政府。外交部长和商务部，两部主管领导（副部长）为两委员会的主席。委员会下设秘书处，由外交部、商务部、财政部和文化部有关司局组成，外交部非洲司司长任秘书长。秘书处办公室设在外交部非洲司。①2015 年 12 月 25 日，中非合作论坛中方后续行动委员会举行扩大会议。中非合作论坛中方后续行动委员会的成员单位几乎包括了中国政府的各个部委，涉及贸易金融、经济社会、科技教育、发展援助、国际事务合作等各个方面的深入合作。除中央政府以外，中国各地方省市也在积极地执行对非合作援助举措。与制度化的中国后续行动委员会相比，非洲国家并没有协调和后续行动的总体机构；中非合作论坛的每个非洲国家成员都采取自己的后续行动。为配合中方的后续行动委员会，非洲 30 多个国家已经陆续成立高级别的落实峰会成果内部协调机制。2016 年中非合作论坛又进一步建立峰会成果落实协调人会议。后续机制的流程存在多个层次的关系：中国后续委员会秘书处定期与非洲外交团进行会晤和讨论、中国大使馆和东道国进行沟通、中非外交官向本国政府报告。中国后续委员会将所有提案发送给北京的非洲外交官以及首都的部委。②中非合作正在形成一套宏大、全面而深入的后续执行机制，强有力地保障了中非合作论坛成果能够落到实处。

---

① 关于中非合作论坛介绍，参见中非合作论坛官方网站，https://www.focac.org/chn/ltjj/ltjz/，最后访问时间 2018 年 9 月 6 日。

② Li Anshan，“The Forum on China-Africa Cooperation：From a Sustainable Perspective，” *China and Africa in a Global Context*（*Volume Ⅱ*），Center for African Studies，Peking University，2013，p.17.

四、非正式国际机制的选择

中非合作论坛是一个非正式的国际机制，对成员国不具备强制性的国际法律约束力。查尔斯·利普森（Charles Lipson）指出，国家选择非正式国际协议/国际机制，是因为非正式国际机制具有正式的条约机制所无法比拟的四个方面的优势。①第一，避免正式的或有形的保证：非正式机制不具有正式的国际法地位，其实际效果只是一种相互之间的政治承诺，当国家在缔约阶段还没有形成充分的政治意愿来严格地约束各自的行为时，就会选择非正式国际机制，主动避免有法律约束力的权利与义务关系的建立。第二，避免国内冗长批准程序：非正式国际协议只需要获得政府首脑或部门首长的同意和签署即可生效。借助非正式国际协议，行政部门可以根据现实的需要更加灵活地开展国际谈判，缔结国际协议，避免因国内政治中不利因素的影响而阻碍机制的适时建立。第三，当环境变化时能够重新谈判或进行修正：当国家面临的外部环境的不确定性较大时，成员国将更加倾向于选择非正式国际机制以便重新谈判或以较低的成本退出机制。第四，快速达成协议的需要：非正式国际协议能够在危机时期或者在时间紧迫的条件限制下快速达成，程序繁琐的正式国际机制显然不能适应各国快速处理国际危机的现实需要，各国往往会选择非正式的国际协议来约束各自的行为，以避免危机的进一步升级。②概括起来，非正式国际机制的显著优势就是灵活高效。

但是，非正式国际机制的劣势也是十分明显的。首先，非正式国际机制面临更高的机会主义风险，由于法律化程度低，达成的国际协定和国家承诺没有法律约束力，成员国违约、“搭便车”或退出的成本低，机会主义风险比正式国际机制中的要高很多。其次，非正式的国际机制中国家作出的承诺由于缺少法律约束力，自然承诺可信性就比较低，而且通常承诺很可能模糊不清，精确性也很低。最后，由于机会主义风险高、承诺可信性和精确性低，成员国执行落实该国际机制成果的意愿和动力就会降低，从而降低该机制的整体执行力。中非合作论坛的非正式国际机制性质也因此曾被质疑“低效率”，被学者呼吁应向

---

①② Charles Lipson，“Why Are Some International Agreements Informal?” *International Organization*，Vol.45，No.4，1991，pp.495—538.

正式国际制度靠拢。①很多非正式国际机制，比如 APEC 论坛、金砖国家峰会、二十国集团峰会等也都曾经或正在面临因难以凝聚共识而缺乏实质性落实能力、被指责沦为清谈馆的尴尬。

中非合作论坛具备非正式国际机制的低法律化、灵活高效等特点，但同时成员国的承诺可信性和精确性以及整体执行力并没有打折扣，18 年来也从没有出现重大机会主义风险。因此，中非合作论坛是一个非典型的非正式国际机制。中非合作论坛模式在会议形式上论坛化，在后续执行上强制度化，使得其得以发挥优势，弥补劣势。

五、中非合作论坛制度的形成原因

中国与非洲国家在国家偏好、承诺可信性以及国家间结构三方面上的原因造就了中非合作论坛的独特模式。

（一）对非正式制度的共同偏好

国家偏好对国际机制的选择有着重要的影响。理论上来说，当没有支持国际合作的国内社会团体存在，或者其政治影响力不够强大时，政府决策者将不会产生正式国际机制的内生性偏好，当政府决策者为满足全国选民群体的利益需求而参与国际合作时，政府决策者将偏好于非正式国际机制。②因为非正式国际机制在国内博弈中不需要面对繁琐的立法审批环节，国内反对阻力较小，相比于正式国际机制具有更小的国内博弈成本，同时在应对外国机会主义风险（比如违约）上具有更小的退出成本和更高的容错能力。在中非合作论坛这个案例中，中国和大多数非洲国家的国情决定了双方都偏好用非正式国际机制的形式来最终建立该论坛。从中国方面来说，首先，当时的中国国际合作经验还相对较少，在成立中非合作论坛之前也没有建立过任何类似的机制，可以说是摸着石头过河，不宜一开始就建立具有强制约束力的正式国际合作机制。其次，

---

① 郑先武：《构建区域间合作中国模式——中非合作论坛进程评析》，载《社会科学》2010 年第 6 期，第 20—27 页。

② 刘宏松：《非正式国际机制的形式选择》，载《世界经济与政治》2010 年第 10 期，第 73—96 页。

中国特有的外交风格，注重简约性和实用性，决策过程循序渐进，先原则后计划，长期偏好非正式国际机制。最后，中国政治制度“举国体制”的特点也可弥补论坛弱制度化执行力不足的缺陷。从非洲方面来说，冷战结束后，当时的非洲大陆面临在全球化中被边缘化的趋势，与西方的长期合作并没有取得较好的效果，非洲的贫困人口不降反升，长期的殖民历史和冷战都给非洲留下了负面影响，尽管英法等西方发达国家长期援助非洲，并已经建立比较强力的正式合作机制，但由于该过程中充满了种种附加条件和政治干涉，具有强制约束力的正式国际机制给非洲国家留下了深刻的教训和负面印象。根据2009年中非合作论坛已举办四届之际的一项对9个非洲国家人民的研究性问卷调查，共有50.2%的被调查者认为中国对非政策比西方政策更加有利于非洲，持相反意见的只有10%，同时绝大多数非洲人支持或强烈支持中国的“不干涉”政策。①而且，非洲国家众多，国情差异较大，非正式国际机制具有更高的包容性和灵活性。所以在建立新的国际合作机制上，中国与非洲大多数国家都偏好非正式的国际机制。尽管有非洲代表想要一开始就建立强制度化的中非合作机制，但以上这些因素综合起来都使得大多数非洲国家最终选择同中国一道建立了作为非正式国际机制的中非合作论坛。

（二）对承诺可信性的低需求度

国际机制成员国间的对承诺可信性的需求也会影响最终对国际机制形式的选择，国家为强化成员国们的承诺可信性而倾向于选择正式国际机制，反之则不会倾向正式的国际制度。如果成员国之间的机会主义风险很高，成员国对承诺可信性的需求就很高，因为机会主义行为造成的损害越大，国家希望避免机会主义行为发生的意愿就越强烈，从而更加希望其他国家作出可信的承诺。②对

① Barry Sautman and Yan Hairong, “African Perspectives on China-Africa Links,” *The China Quarterly*, Vol.199, No.9, September 2009, pp.728—759。本研究性民意调研问卷采取了严谨的样本采集方法与科学测量方法，相比于皮尤等商业民调其结果更具有科学性、代表性和可信性，且进行调研的2008年至2009年正值中非合作论坛已举办4届，因而本文引用了这一调研结果而非其他时间的商业民调。考虑到中非合作论坛实际成果的不断扩大，有理由推测同样的调查问题若在最近结果数据可能会更支持本文论点。

② 刘宏松：《非正式国际机制的形式选择》，载《世界经济与政治》2010年第10期，第73—96页。

承诺可信性的需要取决于成员国间的相互认同感和政策取向：相互认同感越高、政策取向越相似，国家间机会主义风险越低，对承诺可信性的需求越低，否则相反。60多年中非传统友谊的发展使得中国与非洲国家的相互认同逐步扩大和强化，建立起深厚的认同基础。一名曾任喀麦隆等非洲多国的中国大使认为，中非认同来源于三个方面的合法性：独立解放的历史联系（历史合法性），冷战时期作为第三世界国家的思想遗产（思想合法性），以及建立在不干涉和中立立场上的伙伴关系（政治合法性）。①并且，非洲一直以来都是中国对外援助的重点，即便是在中国自身经济也十分困难的时候。根据2011年发布的《中国的对外援助》白皮书，截至2009年底，中国累计向161个国家以及30多个国际和区域组织提供了援助，经常性接受中国援助的发展中国家有123个，其中非洲国家51个；非洲占中国对外援助资金的45.7%；中国与50个国家签署免债议定书，其中非洲国家35个，免除到期债务380笔，其中非洲312笔，金额达255.8亿元，其中非洲189.6亿元。②中国与非洲牢固的双边关系是建立中非合作论坛的基石，这种“中非传统友谊”所建构的高度相互认同带来了双方的高度信任感，从而降低了对对方产生机会主义违约风险的相互预期。

国家间在特定合作议题上的政策取向趋势分为趋同和趋异两种情况，政策取向趋同是指机制成员国共同认为，所有成员国在机制规范下的集体性国际政策是其共有的优先政策取向，这一优先政策取向在面临与其他方面国内和国际政策关切的冲突或竞争状态时，会被政府决策者置于优先考虑的位置；换言之，各成员国都相信彼此在该项机制的合作议题上是“志同道合的国家”（like-minded states）。③而政策取向趋异则是相反。政策取向趋同的机制成员国相互之间的信任程度较高，这使它们以承诺可信性来强化对遵守行为的预期性判断的需求较低。此时，国际机制成员国就可以在非正式的机制安排下建立制度化的合作关系。在经济社会发展议题上，中国与非洲同属于发展中国家（地区），人

① 周玉渊：《地区间主义的两种形式——基于欧盟与中国对非地区间合作经验的分析》，载《世界经济与政治》2011年第7期，第21—43页。

② 中华人民共和国国务院新闻办公室：《中国的对外援助》，2011年4月21日，http://www.scio.gov.cn/zfbps/ndhf/2011/Document/896983/896983.htm，最后访问时间2018年9月6日。

③ 刘宏松：《非正式国际机制的形式选择》，载《世界经济与政治》2010年第10期，第73—96页。

口众多，发展速度快，但发展又不平衡，中国的发展经验对非洲来说十分宝贵，很多非洲国家对中国道路表现出浓厚的兴趣。再加上双方在冷战中相互支持的历史，可以说，中国与非洲国家就是“志同道合的国家”。非洲人民对中非关系，特别是对中国道路与利益的认知，总体上持比较积极的印象，专业的民意问卷调查显示 30.9%的被调查者认为中国的发展道路是种非常正面的模式，43.3%的认为比较正面，只有 5.7%认为是负面模式；共有 61.1%的受访者认为中国的崛起对非洲有利，持相反意见的只有 10.5 %。①高度相互认同带来的信任感使得中国与非洲国家间机会主义风险并不高，并且在经济社会发展合作议题上的政策取向趋同，中国与非洲各国对其合作伙伴利用承诺可信性来强化对遵守行为的预期性判断的需求较低，而承诺在实际上的可实现性又很高，所以中国与非洲可以在非正式的机制安排下实现制度化的合作关系，并且也不会促使原本偏好于非正式国际机制的中国与非洲各国决策者共同构建正式国际机制。

（三）开放与平衡的国家间结构

根据合作收益的属性，国家间相互依赖结构特征可分为排他性结构和非排他性结构，在以非排他性为结构性特征的国际机制谈判中，持有非正式国际机制偏好的国家无论是多数还是少数都处于优势地位，所以最后都倾向于以非正式国际机制作为相互博弈的最终妥协结果。②中国与非洲各国的合作关系重点在经济社会发展，是一种非排他性的合作关系。中非合作论坛在建立之初就定位为非排他性的开放论坛，目的是为了最终覆盖所有非洲国家以及各个合作领域。中非合作论坛奉行开放的区域主义，追求一种非排他性的合作安排。这一方面表现在它对区域间合作的成员不设定严格的政治经济等人为条件的限制，所以总能吸纳合作区域内全部或绝大多数友好的成员国；另一方面表现在其合作安

---

① Barry Sautman and Yan Hairong, “African Perspectives on China-Africa Links,” *The China Quarterly*, Vol.199, No.9, 2009, pp.728—759.本研究性民意调研问卷采取了严谨的样本采集方法与科学测量方法，相比于皮优等商业民调其结果更具有科学性、代表性和可信性，且进行调研的 2008 至 2009 年正值中非合作论坛已举办 4 届，因而本文引用了这一调研结果而非其他时间的商业民调。考虑到中非合作论坛实际成果的不断扩大，有理由推测同样的调查问题若在最近可能结果数据会更支持本文论点。

② 刘宏松：《非正式国际机制的形式选择》，载《世界经济与政治》2010 年第 10 期，第 73—96 页。

排强调与联合国等全球多边机制保持一致。①

根据合作双方的地位和议价能力，中国与非洲国家间结构相对平衡。中国与非洲共同发展、互利共赢、援助与发展相结合，这不同于西方国家推动的对非援助理念和模式，在合作的形式上西方国家更强调其援助国地位，因此在合作模式、受援国发展政策制定、援助资金的使用上西方国家处于主导地位。中国与非洲开展合作时，坚持“四不三优先”原则，即不附加政治条件，不干涉非洲国家内政，不提强人所难要求，不开空头支票，优先考虑非洲自身的实际需要，优先帮助非洲改善民生，优先支持非洲提高自主发展能力。中非合作论坛从酝酿、创建到运转是双边多层互动、共同推进的结果，并不是中国单方面的主导行为。据曾经担任过外交部非洲司负责人的刘贵今大使回忆，1999 年，马达加斯加外交部长莉拉·拉齐凡德里亚马纳纳到北京访问时，首先提出了建立中非多边对话机制的需求与渴望。②在高官会议上，非洲国家对中方提出的文件文本表达了意见并提供了不同版本的文件，经过三昼夜讨论，第一届部长级会议通过的《中非合作论坛北京宣言》和《中非经济和社会发展合作纲领》最大程度地包括了双方共同关切的方面，最后文本文字是原文件的两倍多。③西方发达国家与非洲的合作（例如欧盟非洲合作机制）都是建立在双方高度不平衡的结构之上的，物质领域和意识形态领域差异巨大，双方讨价还价能力悬殊，西方过于强势，不得不借助具有强制性的正式制度（契约性的协定）实现合作目的。例如，欧盟与撒哈拉以南非洲国家的关系主要通过《罗马条约》、《雅温得协定》和四个《洛美条约》进行规范和调节。④相比而言，中国与非洲之间的对等平衡使得中国与非洲各国无需借助带有强制性的正式国际机制来实现合作，而具备灵活性等诸多优势的弱制度化论坛模式自然成为实现合作的良好选择。

---

① 郑先武：《构建区域间合作中国模式——中非合作论坛进程评析》，载《社会科学》2010 年第 6 期，第 20—27 页。

② 张梦颖：《论坛机制助中非关系快速发展——访中国前驻南非大使刘贵今》，载《中国社会科学报》2015 年 12 月 7 日，第 3 页。

③ 采访刘贵今大使。转引自李安山，刘海方：《论中非合作论坛的运作机制及其与非洲一体化的关系》，载《教学与研究》2012 年第 6 期，第 57—65 页，北京，2010 年 12 月 31 日。

④ 张凯：《国际体系转型视野下的欧盟对非战略调整》，载《国际论坛》2018 年第 20 卷第 5 期，第 8—14 页。

六、结论：非正式国际机制的中国模式

如今，中非合作论坛已经成为中国进行跨区域国际合作的特有模式之一，带有明显的“中国特色”，已经成为中国建立的诸多非正式国际机制中的典范。中非合作论坛的制度特征显著，在议题范围上主要聚焦经济与社会领域，不涉及各国政治制度或意识形态，不附加任何政治条件；在法律义务上坚持协商一致原则，自愿自觉，无强制约束力；在互动形式上以双边关系为基石，平衡地双向互动；在后续机制上发挥中国举国体制优势，执行力强，确保成果落实。中非合作论坛是一种非典型的非正式国际机制，在形式上论坛化，在执行上制度化。中非合作论坛之所以形成了这样的制度特征，是因为中国和非洲自身情况决定了国家偏好这样的非正式制度；双方的政策偏好趋同和高度的相互认同，使得在非正式的机制安排下可高度实现承诺的可信性；而中非双方合作收益的非排他性和双方地位和议价能力的对等也使得中非国家间相互依赖结构相对开放而平衡，不需要用正式国际机制来强制约束对方以达到合作目的。中非合作论坛这一非正式国际机制的“中国模式”是中国与非洲各国在结合自身情况考虑各种因素下理性选择、自我探索的结果，为实现“南南合作”、推动“一带一路”跨区域合作治理提供了重要启示，是中国为推动构建人类命运共同体提供的重要制度贡献。

国际规范研究

国际社会中的弱规范建构

——以“保护的责任”为例

齐尚才　贺孝康*

导　论

进入 21 世纪以来，制度类型成为国际关系理论研究的一个重要议题。随之制度设计研究引起广泛关注，人们尝试回答“为什么制度会呈现出它现在的样子”。①规范类型作为制度的一项重要内涵，受到了广泛关注。②依据不同的标准可以对规范作出不同的分类，如限制性规范和构成性规范、评判性规范或规定性规范等。③本文依据规范内容的清晰性和一致性界定弱规范，弱规范是指内涵模糊且内聚性较低的规范。弱规范反映了当前国际关系中的一个普遍现象，如航行自由、“保护的责任”以及“共同但有区别的责任”等。然而，这些弱规范并非传统研究所认为的是规范退化的结果，而是建构形成的。人们建构规范和制度旨在提高行为体承诺的可靠性、降低交易成本，进而实现行为体之间的合作。这就产生了一个困惑：为什么行为体会建构弱规范？

传统规范研究本质上是一种强规范解释。规范建构过程中存在一个“倡导者-接受者”结构，倡导者界定规范的内涵并通过社会化机制将其确立为共

---

* 齐尚才，中国社会科学院大学国际关系学院讲师；贺孝康，外交学院博士生。

① Barbara Koremenos, Charles Lipson, and Duncan Snidal, “The Rational Design of International Institutions,” *International Organization*, Vol.55, No.4, 2001, pp.761—799.

② Matthew Interis, “On Norms: A Typology with Discussion,” *The American Journal of Economics and Sociology*, Vol.70, No.2, Social, Methods, and Microeconomics: Contributions to Doing Economics Better (APRIL, 2011), pp.424—438.

③ Martha Finnemore and Kathryn Sikkink, “International Norm Dynamics and Political Change,” *International Organization*, Vol.52, No.4, 1998, pp.887—917.

有知识。在这一逻辑下，弱规范作为建构的结果只能是倡导者有意设计的。但是，这显然并不成立，无论是从理性主义强调的降低不确定性还是建构主义强调的提供一种适当性来看，倡导者都更倾向于建立强规范。本文认为，传统解释模型无法对弱规范作出解释的根源在于其明显的“西方中心主义”偏好。规范建构并不总是存在唯一的倡导者——如西方国家，也并不总是存在一些观念脆弱或处于解体状态的接受者——如东欧国家。相反，规范建构过程中可能存在一系列规范倡导者，它们竞相将自己的倡议确立为国际规范。与此同时，强制、诱导等社会化手段受到环境的限制，如当前环境下说服成为最主要的手段。在此情形下，弱规范是存在认知差异的各方在双向互动中认知融合的结果。

本文旨在对弱规范的建构提出一种解释。这是对传统研究基于强规范偏好提出的规范建构解释的补充，同时也是对规范类型或制度类型研究议程的丰富。本文将采用过程追踪方法对近期出现的“保护的责任”展开梳理，以期对本文提出的解释框架作出验证。本文首先对传统研究中的规范建构解释展开梳理，指出传统解释存在的局限以及本文的研究起点。其次，本文提出一个弱规范建构的解释框架，提出一系列假设。第三部分以“保护的责任”为例展开梳理。最后，本文提出结论并分析弱规范对当前国际社会中规范建构的启示。

一、文献回顾与研究起点

传统规范研究存在明显的强规范（worked norm）偏好，并依此确立起规范建构模型。倡导者处于决定性地位，提出规范倡议并通过强制与说服等策略促使其他行为体接受其倡议。建构规范旨在塑造行为体的行为以提升行为的确定性，因而，倡导者总是倾向于依据自身偏好设计并提出具有较强稳健性的规范倡议，且通过社会化等手段建构起强规范。弱规范主要是由强规范演化而来，成员的违反行为会损害规范的合法性，规范结构、技术变革、社会环境的变化以及制度化等因素影响了规范的稳健性。随着传统解释局限性的日益显现，传统规范建构模型中被忽视的倡议接受者的能动性受到更大的关注。规范建构作为一种双向互动过程为我们提供了一种弱规范建构的解释路径。

(一) 作为退化结果的弱规范

现实主义认为规范是权力的附属物，权力界定规范。雅典人与米洛斯人的对话指出的：大家都知道，经历丰富的人谈起这些问题来，都知道正义的标准是以同等的强迫力量为基础的；同时也知道，强者能够做他们有权力做的一切，弱者只能接受他们必须接受的一切。①霸权体系中的霸主国家主导规范建构，规范是霸权国家维护优势地位的一项手段。均势体系中规范由主要大国决定。大国为了自己的利益，生产出作为副产品的集体产品（规范），而那些不想被征服的国家则将为此感激不尽。②因而，规范由体系中的强国制定和主导，强制、诱导等是规范构建的主要手段，小国向大国妥协，弱国向强国妥协。该解释对单位分异以及弱小国家作用的忽视遭到了其他范式的批判。③政治变革的前提，是现存社会制度与那些在该社会制度变革中受益最大的行为体之中的权力分配之间存在断层。④规范退化或弱规范的出现与权力分配的变化有关，尤其是当霸权国家衰落时，行为体收回向霸权国让渡的权利，霸权国倡导的规范合法性陷入危机。

制度主义受功能主义影响提出了行为体建构制度或规范的一般性动机，但却无法回答制度或规范之间的差异。约翰·鲁杰将制度界定为“一系列围绕行为体的预期所汇聚到的一个既定国际关系领域而形成的隐含的明确的原则、规范、规则和决策程序”⑤。罗伯特·基欧汉从功能主义视角界定了制度的产生：理性行为体为了降低互动中的不确定性与交易成本，在相应议题领域中建立制度。⑥制度降

---

① ［希］修昔底德著：《伯罗奔尼撒战争》，谢德风译，北京：商务印书馆 1985 年版，第 414 页。

② 参见［美］肯尼思·华尔兹著：《国际政治理论》，信强译，苏长和校，上海：上海人民出版社 2008 年版，第 277 页；［美］约翰·米尔斯海默著：《大国政治的悲剧》，上海：上海人民出版社 2014 年版，第 49 页等。

③ ［美］约翰·G.拉格：《世界政治体制中的继承与转换》，载［美］罗伯特·基欧汉主编：《新现实主义及其批判》，郭树勇译，北京：北京大学出版社 2002 年版，第 131—132 页。

④ ［美］罗伯特·吉尔平著：《世界政治中的战争与变革》，武军等译，北京：中国人民大学出版社 1994 年版，第 9 页。

⑤ Ernst B. Haas,“Regime Decay：Conflict Management and International Organizations，1945—1981，” *International Organization*，Vol.37，No.2，1983，pp.189—256；［美］罗伯特·基欧汉著：《霸权之后：世界政治经济中的合作与纷争》，苏长和等译，上海：上海人民出版社 2012 年版，第 57 页。

⑥ ［美］罗伯特·基欧汉著：《霸权之后：世界政治经济中的合作与纷争》，第 57—61 页。

低了遵约行为的交易成本，规范的声誉成本改变了行为体的成本收益认知。①依此逻辑，由于强规范比弱规范对行为体有更强的约束性，行为体总是倾向于建构具有明确界定的强规范。约翰·伊肯伯里指出，新兴大国在权力格局发生转变时积极构建“宪政秩序”，以降低维持霸权的成本。霸权国享有实力优势，更容易将其国内规范推广到全世界。②关于弱规范问题，制度主义也倾向于从演化角度作出解释。与现实主义强调物质权力作为制度衰退的外在根源不同，它从制度本身寻找内在原因，比如制度或规范的设计等。③

传统的建构主义认为，规范的社会化意味着世界变成同质性。建构主义强调的适当性逻辑以及规范“建构性”效应，可以视为对结果性逻辑与规范“管制性”效应的补充。④规范建构、扩散被视为一个有主体的过程，倡导者（norm entrepreneur）在其中扮演核心角色，它可以是个人、国家或国际组织。⑤倡导者提出规范倡议，通过说服、学习、模仿等机制促使他者接受倡议。倡议演变为规范意味着接受者与倡导者实现了同质化，即倡导者的强规范倡议演变为强规范。传统规范研究完全回避了规范接受者可能存在的能动性。例如，杰弗里·切克尔界定的说服条件当中：社会化对象不存在根深蒂固的信念、倡导者是社会化对象期望归附的集团中的权威成员。⑥然而，决策者个体因素及行为体身份塑造

① Joseph S. Nye，“Deterrence and Dissuasion in Cyberspace，” *International Security*，Vol.41，No.3，2016，pp.44—71.

② ［美］约翰·伊肯伯里著：《大战胜利之后：制度、战略约束和战后秩序重建》，门洪华译，北京：北京大学出版社 2008 年版，第 43 页；John Ikenberry and Charles A.Kupchan，“Socialization and Hegemonic Power，” *International Organization*，Vol.44，No.3，1990，pp.283—315。

③ Barbara Koremenos，Charles Lipson，and Duncan Snidal，“The Rational Design of International Institutions，” *International Organization*，Vol.55，No.4，2001，pp.761—799.

④ ［美］罗纳德·杰普森、亚历山大·温特、彼得·卡赞斯坦：《规范、认同和国家安全文化》，载［美］彼得·卡赞斯坦主编：《国家安全的文化：世界政治中的规范与认同》，宋伟等译，北京：北京大学出版社 2009 年版，第 55 页。

⑤ 参见 Alexandra Gheciu，“Security Institutions as Agents of Socialization? NATO and the ‘New Europe’，” *International Organization*，Vol. 59，No. 4，2005，pp. 973—1012；Martha Finnemore，“International Organizations as Teachers of Norms：The United Nations Educational，Scientific，and Cutural Organization and Science Policy，” *International Organization*，Vol.47，No.4，1993，pp.565—597；［美］玛莎·芬尼莫尔著：《国际社会中的国家利益》，袁正清译，上海：上海人民出版社 2012 年版，第 4 页；秦亚青著：《关系与过程：中国国际关系理论的文化建构》，上海：上海人民出版社 2012 年版，第 56 页等。

⑥ Jeffrey T. Checkel，“International Institutions and Socialization in Europe：Introduction and-Framework，” *International Organization*，Vol.59，No.4，2005，pp.801—826.

了行为体偏好和利益界定，认知固化是一种普遍现象。①这种对行为体能动性的主观忽视使得早期建构主义未能注意到弱规范的建构问题，转而像其他范式一样将弱规范视为规范退化的结果。在规范的使用过程中，出现了挑战规范的行为体，与此同时缺乏有愿意和能力对违反规范行为施加惩罚的核心执行权威或单个国家。如果环境不稳定或发生巨变，或者规范高度准确，规范很可能被废弃。②

(二) 异质性与双向互动过程的提出

随着研究的深入，传统规范建构模型的局限不断显现，行为能动性与社会化程度上的差异受到广泛关注。杰弗里·切克尔提出“文化匹配”规范的扩散受到目标国的国内因素与规范的匹配程度的影响；③阿查亚进一步提出了“本土化”，地区行为体会依据地区特征将国际规范加以改造以适应本地区。④中等国家理论比大国驱动分析更具动态性，它认为领导国与追随国是一个双向（two-way）互动过程，而不是一个仅仅单向（uni-directional）-规范制造者、接受者-关系。⑤葛兰西认为霸权计划要想成功必须与共感（common sense）达成妥

---

① 参见 Fred I. Greenstein，“Taking Account of Individuals in International Political Psychology：Eisenhower，Kennedy and Indochina，” *Political Psychology*，Vol.15，No.1，1994，pp.61—74；Jonathan Mercer，“Emotional Beliefs，” *International Organization*，Vol.64，No.1，2010，pp.1—31；［美］罗伯特·杰维斯著：《国际政治中的知觉与错误知觉》，秦亚青译，北京：世界知识出版社 2003 年版，第 19、184 页；齐尚才：《错误知觉、议题身份与国际冲突：以中美南海航行自由争议为例》，载《外交评论》2017 年第 5 期，第 53—78 页等。

② Diana Panke and Ulrich Petersohn，“Why International Norms Disappear Sometimes，” *European Journal of International Relations*，Vol.18，No.4，2011，pp.719—742.

③ Jeffrey T. Checkel，“Norms，Institutions，and National Identity in Contemporary Europe，” pp.83—114.

④ 参见 Amitav Acharya，“Norm Subsidiarity and Regional Orders：Sovereignty，Regionalism，and Rule-Making in the Third World，” *International Studies Quarterly*，Vol.55，No.1，2011，pp.95—123；Amitav Acharya，“How Ideas Spread：Whose Norms Matter? Norm Localization and Institutional Change in Asia Regionalism，” *International Organization*，Vol.58，No.2，2004，pp.239—275；［加］阿米塔·阿查亚著：《建构安全共同体：东盟与地区秩序》，王正毅等译，上海：上海人民出版社 2004 年版，第 66 页等。

⑤ Mark Beeson and Richard Higgott，“The Changing Architecture of Politics in Asia-Pacific：Australia's Middle Power Moment?” *International Relation of Asia-Pacific*，Vol. 14，No. 2，2014，pp.215—237.

协，因此大众可以向那些试图向社会施加自己的意识形态的政治精英施加影响。①国际社会中的污名化会遭到目标国的反制行为。②规范在国家间确立了社会等级，这使得边缘地区产生了发展新政策的动机，因此政策可能从下面开始扩散。③基于此，学者们提出了“反馈回路”（Feedback Loop）与“双向社会化”问题，即规范在国家和区域层次被解构或重构，然后反馈至全球话语当中。④

行为体能动性的提出使得行为体之间的单向互动转变为双向互动，从而为弱规范的生成提供了一种潜在的解释路径。正如经验研究中发现的，规范建构初期确实如传统研究所强调的行为体理性设计出强规范倡议，但在互动之后确立起的却是弱规范，因而问题的关键在于互动过程。

二、理论框架

传统研究界定的“倡导者-接受者”模型过于理想化了。正如托马斯·瑞斯所界定的“争论的逻辑”，规范建构同样也呈现出不同倡导者展开倡议竞争的情形。这一部分基于既有的相关界定，尝试提出一种双向互动的规范建构解释框架，以期对弱规范作为规范建构的结果作出解释。

（一）几个假定

理论假定作为理论建构的根基，有助于明确理论模型的解释边界。依据已有研究和相关共识，本文提出如下三项假定。

首先，行为体存在明显的属性和偏好差异。这不仅体现在现实主义强调的

① Ted Hopf，“Common-sense Constructivism and Hegemony in World Politics,” *International Organization*，Vol.67，No.2，2013，pp.317—354.

② Rebecca Adler-Nissen，“Stigma Management in International Relations：Transgressive Identities，Norms，and Order in International Society，” *International Organization*，Vol.68，No.1，2014，pp.143—176.

③ Ann E. Towns，“Norms and Social Hierarchies：Understanding International Policy Diffusion ‘From Below’，” *International Organization*，Vol.66，No.2，2012，pp.179—209.

④ 参见 Jochen Prantl and Ryoko Nakano，“Global Norm Diffusion in East Asia：How China and Japan Implement the Responsibility to Protect，” *International Relations*，Vol.25，No.2，2011，pp.204—223；朱立群：《中国与国际体系双向社会化的实践逻辑》，载《外交评论》2012 年第 1 期，第 13—29 页等。

物质权力大小，还体现为政治制度、文化、地缘以及国内社会结构等。行为体的差异性极大地影响了国家间关系的形态，如双层博弈提醒人们国内因素对国家行为的影响。①建构主义等关注同质性和制度化、选择性适用的过程（winnowing），但是演化路径关注持续性变化的存在、未来多样性的根源。②行为体在变得类似的同时，差异性也在不断生成，因而关注行为体的差异与关注相似性同等重要。

其次，行为体都是理性-利己的。行为体的行动总是基于特定的成本-收益考量，尽管这种测量标准因议题以及行为体而异。这理性-利己假定在制度理论当中表现为，行为体建立制度的目标是为了实现自身利益，并且总是倾向于依据自身利益和偏好设计规范和制度。国际制度存在多种差异，但是它们并不是随机出现的，而是行为体为解决特定问题而理性和有目的互动的结果。③

最后，行为体的认同是有限度的。传统研究假定社会化意味着行为体将产生完全一致的认同，而完全认同或反对只是一种理想状态，这既是对行为体背景知识过度简化，也忽视了事物本身的复杂性。事实上，行为体对于一个复杂性事物可能有限度接受。这与行为体的认知结构界定相一致，行为体既拥有一些根深蒂固的信念，也存在一些即时性认知，或者说边缘认知与核心认知。人们总是尽可能少地改变认识结构，如果必须有所改变，会首先改变那些最无关紧要、最不受证据支持以及与其他认识最无关联的部分。一旦核心认识发生变化，深远的认知变化也就会随之而来。④因而一个延伸假定，即行为体的认同或社会化可以是有限度的。⑤

---

① ［美］海伦·米尔纳著：《利益、制度与信息：国内政治与国际关系》，曲博译，上海：上海人民出版社 2015 年版。

② Michael Barnett, "Evolution without Progress? Humanitarianism in a World of Hurt," *International Organization*, Vol.63, No.4, 2009, pp.621—663.

③ Barbara Koremenos, Charles Lipson and Duncan Snidal, "The Rational Design of International Institutions," *International Organization*, Vol.55, No.4, 2001, pp.761—799. Ronald B. Mitchell and Patricia M. Keilbach, "Situation Structure and Institutional Design: Reciprocity, Coercion, and Exchange," *International Organization*, Vol.55, No.4, 2001, pp.891—917.

④ ［美］罗伯特·杰维斯著：《国际政治中的知觉与错误知觉》，第 303 页。

⑤ 赵洋：《国家主权与国际干涉：一种以规范为基础的解读》，载《教学与研究》2017 年第 2 期，第 100—109 页。

(二) 弱规范及其生成根源

弱规范作为一种独特的规范类型，学界虽多有涉及却未能对其作出系统界定。通过与软法律的比较与借鉴已有的相关分析，本文基于清晰性和内聚性两个指标提出了一种界定。在明确这一因变量之后，本文提出并界定了三个可能影响弱规范生成的影响因素，如认知差异、权力结构、议题压力等。

1. 弱规范的界定

弱规范是既有研究经常涉及的一个概念，例如，将弱规范与强规范作为构成要素讨论制度的界定。①还有学者探讨了强规范-软法律之间的关系，通过反向推论则可以得出关于弱规范的看法。②规范指的是共有信念、文化或者行为体共同持有的适当行为的共同预期。③弱规范是指成员对规范内容存在有限度的认同。极易与之产生歧义的一个概念是"软法律"，即无法产生可以执行的权利和义务，但又可以产生一定的法律效果。④两者经常共存于特定议题并彼此增强，但是它们又存在本质区别。首先，软法律处于法律与规范之间更靠近法律一侧的概念，主要强调形式上的非正式性，诸如决议、宣言、声明等不具法律约束力的协议都属于此。⑤弱规范则是规范的一种类属，主要强调与其他规范类型在内涵设置上的差异。其次，法律约束性是软法律研究关注的核心指标，但是这从来都不是规范研究关注的因素。规范包括具有法律约束力的法律规范，也包括不具有法律约束力的社会规范等。最后，软法律是一个体系概念，包含一系列规范、规则。弱规范既可能存在于"硬法"当中，例如《海洋法公约》的航行自由规范，也可能存在于"软法"当中，例如《气候变化框架公约》中"共同但有区别的责任"。

---

① John Duffield, "What Are International Institutions?" *International Studies Review*, Vol.9, No.1, 2007, pp.1—22.

② Sarah V. Percy, "Mercenaries: Strong Norm, Weak Law," *International Organization*, Vol.61, No.2, 2007, pp.367—397.

③ 参见［美］亚历山大·温特著:《国际政治的社会理论》，秦亚青译，上海：上海人民出版社2001年版，第231页；［美］玛莎·芬尼莫尔著:《国际社会中的国家利益》，第29页等。

④ Francesco Francioni, "International Soft Law: A Contemporary Assessment in Fifty Years of the International Court of Justice," in Honor of Sir Robert Jennings, V. Lowe and M. Fitzmaurice, eds., *Fifty Years of the International Court of Justice*, *UK*: Cambridge University Press, 1996, p.167.

⑤ 陈海明:《国际软法论纲》，载《学习与探索》2018年第11期，第87—93页。

弱规范被界定为内涵模糊且内聚性或一致性较低的规范，两个关键界定指标分别是清晰性和内聚性。这两个指标与其他学者在分析制度与规范的其他问题时所界定的指标类似。例如，杰弗里·勒格罗（Jeffrey W.Legro）提出规范的三个特性：具体性（specificity）、持久性（durability）和一致性(concordance)。①厄恩斯特·哈斯提出规范的两个特性：有效性（effectiveness）和内聚性(coherence)。②强规范意味着行为体对规范理解的一致性，表现为行为体在同一规范主张下采取行动的一致性。弱规范则意味着行为体对规范的内涵理解存在差异，并且由此产生相互矛盾的行动。按照两个指标的不同组合，可以区分出不同的规范类型（如表1所示）。本文旨在阐述弱规范的建构过程，因而将选取清晰性和内聚性都较低的规范展开论证。

表1　国际社会中弱规范的区分

清晰性 / 内聚性	高	低
高	强规范	次强
低	次强	弱规范

2. 认知差异、权力结构、议题压力

认知差异是指行为体基于自身背景知识对议题产生的不同框定。认知差异根源于行为体的异质性，同时认知差异是产生多元倡议的基础。权力结构是规范建构过程中的一个重要干预变量，它影响了社会化手段的选择以及最终的规范建构结果。议题压力则是另一个重要的干预变量，它在一定程度上促进了弱规范的出现。弱规范是存在认知差异的各方行为体，在互动过程中实现认知有限融合的结果。认知妥协是指行为体在互动对方的强制或说服下主动或被动地完全或部分改变自己的认识。互动中行为体对偏好进行妥协。③行为体之间在不

---

① Jeffrey W. Legro, "Which Norms Matter? Revisiting the 'Failure' of Internationalism," *International Organization*, Vol.51, No.1, 1997, pp.31—63.

② Ernst B. Haas, "Regime Decay: Conflict Management and International Organizations, 1945—1981," *International Organization*, Vol.37, No.2, 1983, pp.189—256.

③ Barbara Koremenos, Charles Lipson and Duncan Snidal, "The Rational Design of International Institutions," *International Organization*, Vol.55, No.4, 2001, pp.761—799.

违背自身最珍惜的信念的前提下实现偏好妥协。①为实现妥协，谈判者经常用灵活性语言替代确定性语言：即把争议性条款模糊化和选择性或者引入说明和条件。②

（三）弱规范的建构过程：倡议竞争与认知融合

当某一议题领域出现了建构规范的需要时，积极行为体（active actors）会依据自己的背景知识设计出有利于自身的规范倡议。积极行为体是指那些希望主导规范建构进程的行为体。这些行为体既可能是出于情感或道德上的考虑，如19世纪英国不计代价地推进废除奴隶贸易；③也可能是出于物质利益上的考虑，如美国为确保海上霸权而倡导航行自由；但是多数情况下行为体的动机既有物质成分也有情感成分。与传统研究不同，规范倡导者并不唯一。大国、中等国家以及弱小国家都可能成为重要的规范倡导者。领导国与追随国是一个双向互动过程。④因而，行为体异质性的一个重要结果是多元倡议的出现。

多元倡议转变为倡议竞争得益于两个背景。首先，国际关系民主化的深入发展。随着第三世界民族解放运动的完成，主权原则在全球范围确立，国际法意义上的主权平等使得集体投票决策成为当前国际制度建构的最主要路径。这一方面使得强制等传统规范建构手段受到巨大限制；另一方面赋予了弱小国家表达自身主张的巨大权力。虽然这些国家在物质实力上处于弱势，但是它们却可以通过组织“获胜联盟”，因而弱小国家通过投票等向强国施加压力。其次，国际权力格局趋于均衡状态。尽管现实主义因为过度强调物质权力而广受批评，

---

① Markus Kornprobst, “Argumentation and Compromise: Ireland’s Selection of the Territorial Status Quo Norm,” *International Organization*, Vol.61, No.1, 2007, pp.69—98.

② Katerina Linos and Tom Pegram, “The Language of Compromise in International Agreements,” *International Organization*, Vol. 70, No. 3, 2016, pp. 587—621; Andrew T. Guzman, *How International Law Works: A Rational Choice Theory*, Oxford, UK: Oxford University Press, 2008, pp.154—161; Kenneth W. Abbott and Duncan Snidal, “Hard and Soft Law in International Governance,” *International Organization*, Vol.54, No.3, 2000, pp.421—456.

③ Chaim D. Kaufmann and Robert A. Pape, “Explaining Costly International Moral Action: Britain’s Sixty-Year Campaign against the Atlantic Slave Trade,” *International Organization*, Vol.53, No.4, 1999, pp.631—668.

④ Mark Beeson and Richard Higgott, “The Changing Architecture of Politics in Asia-Pacific: Australia’s Middle Power Moment?” pp.215—237.

但是物质权力对国际关系的深刻影响是不言而喻的。在单极结构或者西方处于中心地位的情况下，西方国家凭借自身优势强行向国际社会推广自身观念。随着国际权力格局趋于均衡，尤其是非西方国家的崛起，行为体很难通过强制手段开展规范建构。正是在这一背景下，规范建构才能够呈现出双向互动的特征，多元倡议才能够转变为倡议竞争。行为体拥有三类权力货币：强制、利己与合法性。①

如上所述，在多元倡议竞争情况下，说服成为规范建构的最主要手段。在缺乏其他社会化手段辅助的情况下，行为体很难说服那些具有稳固背景知识的行为体彻底转变观念。因而，双向互动的结果使各方认知出现有限度的融合，但在核心认知上仍然存在明显的差异。单一倡议的倡导者要想争取自身倡议获得其他行为体的认同，必须对倡议作出调整以兼顾他者的认知，其结果便是不同倡议的倡导者之间达成双向妥协（认知平衡）。这种平衡并不涉及自身利益界定的转变，而主要通过降低规范内容的清晰性以及内聚性来实现，即通过兼顾不同行为体的诉求来保证有限的共识被保留下来。例如，就主权规范而言，当代国家对于主权的理解往往是同其自身的历史、社会和文化背景结合在一起的，因此主要由西方国家所倡导的“主权有限”的思想并不会被其他国家所全盘接受。②因此，弱规范是在行为体达成有限度共识的基础上建立起来的。

最后，弱规范的出现还得益于议题压力的作用。今天多边协定下的许多制度创造活动，来自那些制度自身，来自对紧迫的集体性问题的不断讨论。③议题压力是指行为体对议题紧迫性的认知。这既可能是议题本身呈现出的不断恶化的趋势，也可能是国家或非国家行为体积极渲染的结果。例如，联合国政府间气候变化专门委员会（以下称 IPCC）关于气候问题的描述对《联合国气候变化框架公约》的产生起到了极为重要的作用。④软法研究也认为，传统造法模式的

---

① Ian Hurd, “Legitimacy and Authority in International Politics,” *International Organization*, Vol.53, No.2, 1999, pp.379—408.

② 赵洋：《国家主权与国际干涉：一种以规范为基础的解读》，第 100—109 页。

③ ［美］约翰·鲁杰：《对作为制度的多边主义的剖析》，载［美］约翰·鲁杰主编：《多边主义》，苏长和等译，杭州：浙江人民出版社 2003 年版，第 39 页。

④ 吕晓莉、缪金盟：《IPCC 在气候变化全球治理中的作用研究》，载《国际论坛》2011 年第 6 期，第 34—40 页。

缓慢与大量紧迫性问题出现之间的矛盾是软法兴起的重要根源。①尽管成功的可能性极小且代价巨大，或许各方行为体通过长时期的协调能够建立起稳健性更高的强规范。但是，议题压力的增长确实迫使人们不得不尽快在这种有限度共识的基础上完成规范建构。在此情形下，通过转变规范形式以容纳不同偏好成为最终选择。

弱规范将成为未来全球性规范建构的一种重要方向。虽然不可否认在同质性较高的地区或特定群体的国家之间仍然可以构建起局限于特定领域的强规范，如欧盟以及石油输出国组织（OPEC）国家之间。但是，在异质性较高的地区或者全球层面，弱规范将成为一种主要选择。例如，作为一种迥异于西方的地区一体化进程，"东盟方式"正式确立在东南亚国家的巨大差异性之上。在全球层次上，弱规范的建构是在国际关系民主化的基础上形成的，而国际关系民主化具有不可逆性。非西方国家不再局限于规范接受者地位，在民主程序中弱小国家的数量优势弥补了它们在物质权力上与大国的不对称地位，大国也越来越难以通过强制性力量压服其他国家。在此情形下，弱规范不仅是新兴国家崛起的特殊产物，更代表着国际规范的发展趋向。正如有关学者指出的，正处于规范建构进程中的网络安全、外太空等议题，可以借鉴气候变化等议题中的弱规范构建一种模糊的"框架公约"。

三、弱规范建构："保护的责任"

本部分采用过程追踪方法，追溯"保护的责任"形成的具体过程。"保护的责任"于2001年由干预和主权国家委员会（ICISS）提出。随着国际权力结构的均衡化和议题压力的增大，各国逐渐弥合对这一概念的局部分歧。"保护的责任"最终在2005年世界首脑会议上被绝大部分国家所接受。由于各国对"保护的责任"的内涵和适用性尚无明确共识，②因此它仍是一个弱规范。

在众多的弱规范中，"保护的责任"引起的国家间认知差异最大，其形成过

① 陈海明：《国际软法论纲》，载《学习与探索》2018年第11期，第87—93页。

② 各方保护的责任的内涵和适用性仍存在争议。见《会议记录》，2009年第六十三届联合国大会第98次会议，http://undocs.org/A/63/PV.98，最后访问时间2018年10月16日。

程处于国际权力结构发生重大变革的时期。将“保护的责任”作为具体的研究对象，有助于我们充分考察认知差异、权力结构和议题压力在建构弱规范过程中存在的逻辑关系。在以往的研究中，学者大多是在传统的理论框架下对“保护的责任”的演进和扩散进行论述。[①]也有很多学者关注不同国家对“保护的责任”的塑造。[②]有学者通过话语分析讨论“保护的责任”的兴起，认为灵活的说辞推动了不同观点的融合和妥协。[③]然而，作为一种弱规范，“保护的责任”的形成并非只是话语表现上的变化。

本部分首先介绍“保护的责任”的缘起，以助于更好地理解各国对这一概念的不同认识；其次分析权力结构的变化如何推动倡议竞争与有限共识的达成；最后分析议题压力如何促使转变“保护的责任”的形式以容纳不同的偏好。

（一）“保护的责任”概念：缘起与发展

“保护的责任”，或曰“人的安全”的思想渊源可以追溯到古希腊时期。柏拉图将希腊人在战争中的“人道主义行为（不蹂躏土地、焚烧房屋、不以平民为敌）限于希腊人内部，对于蛮族则无此限制”[④]。这种观念被奥古斯丁借助基督教义重新解释为“以和平为目的的战争是伸张正义的方式”[⑤]。正义战争的理

① 如陈拯：《说辞政治与“保护的责任”的兴起》，载《世界经济与政治》2018 年第 6 期；贺之杲、巩潇泫：《规范性外交框架下的“保护的责任”》，载《教学与研究》2016 年第 8 期；任慕：《“保护的责任”的运用及扩散——以规范的发展过程为中心》，载《太平洋学报》2014 年第 2 期；刘铁娃：《“保护的责任”作为一种国际规范的发展：中国国内的争论》，载《联合国研究》第 3 期；邱美荣、周清：《“保护的责任”：冷战后西方人道主义介入的理论研究》，载《欧洲研究》2012 年第 2 期。

② 如曾向红、王慧婷：《不同国家在“保护的责任”适用问题上的立场分析》，载《世界经济与政治》2015 年第 1 期；潘亚玲：《中国与“保护的责任”原则的发展》，载《国际观察》2016 年第 6 期；史晓曦、蒋余浩：《美国对外政策中的“保护的责任”立场》，载《美国研究》2016 年第 3 期；罗艳华：《“保护的责任”的发展历程与中国的立场》，载《国际政治研究》2014 年第 3 期；曾向红、霍杰：《西方国家对“保护的责任”的选择性适用：影响因素与案例分析》，载《欧洲研究》2014 年第 5 期。

③ 参见陈拯：《说辞政治与“保护的责任”的兴起》。

④ ［古希腊］柏拉图著：《理想国》，郭斌和，张竹明译，北京：商务印书馆 1986 年版，第 209—211 页；转引自陈玉聃：《正义战争理论与“人的安全”：一种思想史的考察》，载《国际观察》2014 年第 4 期，第 86 页。

⑤ 李若瀚：《西方新正义战争理论的发展及其当代争论》，载《太平洋学报》2017 年第 7 期，第 9 页。

念经过阿奎那、维多利亚等思想家的丰富和发展逐步传播开来。①近代思想家将人的权利置于国家主权的保护之下。洛克认为政府必须保障人民的“生命、自由和财产”②。格劳秀斯强调，基于自然法建立的人类社会，是一种能够保障人自然权利的和平有序的社会。在西方政治思想的发展历程中，对战争中人的保护、对国家主权保护个人权利的讨论从未间断过。

人道主义干预是“保护的责任”思想的来源。人道主义干预是指“一国（或国家集团）为了预防或终止对非本国国民基本人权的大规模侵犯，无需所在国允许而在其境内使用或威胁使用武力的行为”③。英国学派继承和发展了人道主义干预的思想。英国学派内部虽然也有多元主义和连带主义的争论，但越来越倾向于支持人权作为一个普世标准，“连带主义色彩有所加重”④。文森特认为，“一个不能保护公民基本权力的政府不是一个合法的政府”，“如果国家无法履行保护人权的职责，那么这个重担就落到了国际社会人道主义干预的肩上”。⑤

冷战后出现了严重的人道主义危机，而人道主义干预在实践中却引起了巨大的争议。随着冷战结束，“干预”成为一个备受关注的问题。冷战结束以来在安全方面最突出的现象是武装冲突在一些国家内扩散开来。⑥这些在冷战时期大多被强行压制的冲突迅速爆发，国内冲突造成了可怕的政治上和人道主义方面的后果。就外来军事干预而言，无论是联合国1992—1993年在索马里干预的失败，还是1994年对卢旺达的冷漠，都引起了国际社会的巨大争议。发达国家认为，干预行动是“人类良知国际化的体现”，而且“早该如此”。发展中国家，

---

① 阿奎那强调战争要有正当的理由和意图。参见［意］托马斯·阿奎那著：《阿奎那政治著作选》，马清槐译，北京：商务印书馆1963年版，第135—136页。

② ［英］约翰·洛克著：《政府论》，瞿菊农、叶启芳译，北京：商务印书馆1982年版，第4页。

③ J. L. Holzgrefe, “The Humanitarian Intervention Debate,” in J. L. Holzgrefe and Robert Keohaneeds., *Humanitarian Intervention: Ethical, Legal, and Political Dilemmas*, UK: Cambridge University Press, 2003, p.18.

④ 张小明：《国际关系英国学派的发展动向》，载《中国人民大学学报》2014年第6期，第23页。

⑤ R. J. Vincent, *Human Rights and International Relations*, Cambridge University Press, 1986, p.127.

⑥ 干预和主权国家委员会：《保护的责任》，http://www.iciss.ca/pdf/Chinese-report.pdf，最后访问时间2018年9月10日。

尤其是新兴独立的国家则强烈反对外来干预，认为“这是对从属于国家主权的国际性的国家秩序以及各国领土不可侵犯性的令人震惊的破坏”。[①]发达国家认为问题的核心不是要不要干预，而是“确保强制性干预能起到明显效果”。发展中国家则质疑干预的合法性与过程，以及干预本身可能引起的更大的人道主义灾难。1999年北约对科索沃的干预使得这场辩论到了白热化的程度。安理会成员对此意见不一。中俄两国认为未经安理会授权而采取军事行动是非法的，是“对国际和平与安全的真正威胁”[②]。俄罗斯指出“北约组织的轰炸不仅加剧了科索沃境内的人道主义危机，而且造成了覆盖整个南斯拉夫和全体巴尔干的严重人道主义灾难”[③]。中国也认为“这场以所谓‘维护人道’名义进行的战争，实际上酿成了二战后欧洲最大的人道主义灾难”[④]。法国支持安理会的权威，但认为科索沃是造成灾难的罪魁祸首，同时北约的军事行动是依据《联合国宪章》第七章、是“针对贝尔格莱德违反国际义务做出的反应”[⑤]。美国则认为北约的行动是完全正确的，认为对北约的指责是“颠倒黑白”。因为《联合国宪章》“并没有认可对种族群体的武装攻击，也没有暗示国际社会应该对日趋严重的人道主义灾难视而不见”。[⑥]英国坚定支持美国，认为北约的军事行动是在采用其他办法都失败了之后才决定的。人道主义干预一方面反映了冷战后国际社会应对人道主义灾难的现实需求；另一方面，这一理念本身也存在诸多矛盾。人道主义干预的理念和实践面临越来越大的阻力，无法有效应对频发的种族屠杀、战争难民等人道主义危机。

联合国积极推动“保护的责任”萌生。面对西方国家干预的困境和接连不断的危机[⑦]，1992年，“联合国秘书长布特罗斯·加利（Boutros Ghali）任命苏丹前外交官弗朗西斯·邓（Francis M. Deng）担任其特别代表，研究如何推动各国政府增强对国内流离失所者的保护和援助。”[⑧]邓随后提出“作为责任的主

---

① 干预和主权国家委员会：《保护的责任》，http://www.iciss.ca/pdf/Chinese-report.pdf，最后访问时间2018年9月10日。

②⑤⑥ 联合国安理会：《会议记录》，S/PV.3989，https://www.un.org/zh/documents/view_doc.asp?symbol=S/PV.3989，最后访问时间2018年9月20日。

③④ 联合国安理会：《会议记录》，S/PV.4011，https://www.un.org/zh/documents/view_doc.asp?symbol=S/PV.4011，最后访问时间2018年9月20日。

⑦ 20世纪90年代接连发生了索马里危机、波斯尼亚危机、科索沃危机和卢旺达大屠杀。

⑧ 陈拯：《说辞政治与“保护的责任”的兴起》，第12页。

权”①概念。这一概念将主权本身视为一种保护本国居民的责任。当一国不能履行责任时，“应该请求和欢迎国际援助来支持国家履行保护本国居民的责任”②。邓的主张超越了传统的主权原则，引起很多发展中国家的担忧。因此，邓很快将这一概念进行限制，不再强迫一国政府“接受”国际援助，同时又要求政府不能“武断地屏蔽”③国际援助。面对严重的科索沃危机，联合国秘书长安南接受了邓的基本主张。1999 年，安南发表《主权的两种概念》一文，质疑主权的绝对性，提出主权对保护人权应负的责任。④与此同时，安南在年度报告和《千年目标报告》中再次强调“下个世纪人类的安全与干预”，敦促成员国“为支持《联合国宪章》、保卫人类达成共识”。⑤“如果人道主义干预是对主权不可接受的侵犯，那么我们应该如何应对卢旺达大屠杀？如何应对波黑的血案？又该如何应对那些系统性滥杀无辜的行为？”⑥

作为对安南的回应，加拿大政府宣布建立独立的“干预和主权国家委员会”（以下称 ICISS），专门研究“保护的责任”的问题。经过多方调研，该委员会于 2001 年发布题为《保护的责任》的报告。报告将人道主义干预的“干预权”转变为“保护的责任”。这意味着，第一，“保护的责任”以“需要帮助或寻求支持的人为出发点”，而不是以干预者为出发点；第二，保护责任的主体是国家。“只有在国家不能或不愿意履行这一职责或其本身为罪犯的条件下，才能使国际社会承担在其发生地点采取行动的责任”；第三，“保护的责任”不仅意味着“作出反应的责任”，而且意味着“预防的责任”和“重建的责任”。⑦至此，“保

① 参见 Francis M. Deng et al., *Sovereignty as Responsibility*: *Conflict Management in Africa*, Washington DC: Brookings Institution Press, 1996。

② Francis M. Deng et al., *Sovereignty as Responsibility*: *Conflict Management in Africa*, p.19.

③ Walter Kalin, “Guiding Principles on Internal Displacement: Annotations,” *The American Society of International Law Studies in Translational Legal Policy*, No.32, Washington D C: American Society of International Law and Brookings Institute, June 2000. 转引自邱美荣、周清：《“保护的责任”：冷战后西方人道主义介入的理论研究》，第 124 页。

④ 参见 Kofi Annan, “Two Concepts of Sovereignty,” *The Economist*, September 18, 1999。

⑤ *Secretary-General Presents His Annual Report To General Assembly*, https://www.un.org/press/en/1999/19990920.sgsm7136.html，最后访问时间 2018 年 10 月 16 日。

⑥ The United Nation: “We The People”, https://www.un.org/en/events/pastevents/pdfs/We_The_Peoples.pdf，最后访问时间 2018 年 10 月 16 日。

⑦ ICISS, *The Responsibility to Protect*, Ottawa: International Development Research Center, 2001, pp.16—17.

护的责任”概念正式诞生。

(二)认知差异与倡议竞争:有限共识的形成

“保护的责任”提出之后，各国基于不同的知识背景形成了不同的认知。在具体的议题上，不同认知，促成了多元倡议的出现。随着国际权力结构更趋平衡，多元倡议逐渐演变为倡议竞争。各国通过双向说服和互动达成一定程度的妥协。

1. 各国对“保护的责任”的认知差异

各国对“保护的责任”的最初认识集中于两个议题上：对“保护的责任”的总体态度和授权问题。

国际社会最初对“保护的责任”的态度并不热烈。报告发布之后，并没有引起国际社会普遍的积极回应。除了加拿大和部分欧盟国家（北欧）热烈支持外，德国担心海外派兵的合法性，英法将其视为“人道主义干预”的替代品，同时担心影响既有“保护平民”的讨论。①非洲部分饱受战乱的国家热烈欢迎“保护的责任”，例如贝宁、卢旺达和坦桑尼亚。但阿尔及利亚、埃及、苏丹等国却不认同这一理念。②南非最初也强烈反对西方的“人道主义干预”，但随着非洲人道主义危机的恶化，南非也参与到非洲人道主义干预中来。在“保护的责任”发布之后，南非对此表示了欢迎。③拉美许多国家支持“保护的责任”，也有部分国家担忧美国霸权而持反对态度。④美国最初对“保护的责任”的态度也是含糊其词，白宫不确定能否得到国内民众的支持。“9·11”事件之后，美国将

---

① Human Rights Center, Religion, Politics and Globalization Program, International Human Rights Law Clinic, University of California, Berkeley et al., “The Responsibility to Protect (R2P): Moving the Campaign Forward,” October 2007. p.11, https://escholarship.org/content/qt7ch761zb/qt7ch761zb.pdf?t=krniwk，最后访问时间2018年10月10日。

② Paul Williams, “From Non-Intervention to Non-Indifference: The Origins and Development of the African Union’s Security Culture,” *African Affairs*, Vol.106, No.423, 2007, p.277.

③ FBA Col, P Alex Bellamy, M Brosig, *The Responsibility to Protect-From Evasive to Reluctant Action? The Role of Global Middle Powers*, HSF, ISS, KAS & SAIIA, 2012, p.32.

④ William Pace, “The Critical Role of CSOs in the Evolution of ‘Responsibility to Protect’,” paper presented to the Conference on “Oxfam International Conference: The African Union and the Responsibility to Protect,” http://www.responsibilitytoprotect.org/index.php?module=uploads&func=download&fileId=422，最后访问时间2019年1月1日。

反恐战争作为优先选择，才开始接受了“保护的责任”。亚洲国家最初普遍怀疑“保护的责任”的动机与后果。东盟国家对此普遍反应冷淡，日本也持怀疑态度。金砖国家中，除了南非积极支持之外，其余四国并没有积极回应，中国基本持怀疑和抵触的立场。①

“谁来授权”的问题是各方争论的焦点。总的来讲，发展中国家倾向于支持安理会权威，认为干预行动（尤其是军事干预）必须获得安理会的授权。许多发展中国家是干预的对象，考虑到被殖民的经历，它们认为联合国的授权是进行干预的“先决条件”。②中俄都反对北约对科索沃的军事干预，但中国却支持安理会授权的对东帝汶的干预决定，即使这次干预是澳大利亚等西方国家主导进行的。发展中国家并非反对一切没有安理会授权的干预行动。西非国家经济共同体（ECOWAS）在未经安理会授权的情况下，干预了利比亚（1990 年）和塞拉利昂（1997 年）。发展中国家很清楚国家失败的后果，所以它们都支持西非国家经济共同体的行动。③俄罗斯认为联合国的现有制度已经足够应对人道主义危机，未经安理会授权的干预只会打开破坏《联合国宪章》的大门。

20 世纪 90 年代的一系列干预事件让部分国家开始质疑安理会的权威性。发达国家认为要求安理会授权阻碍了内战中的人权保护。然而，发达国家之间对这一问题的立场也并非完全一致。德国支持安理会的权威，认为安理会是唯一能够授权军事干预的合法机构。④法国希望限制否决权。⑤英美认为当安理会因常任理事国之间的分歧而陷入瘫痪之时，干预行动没有必要经过联合国授权。⑥英美的共同立场体现在 1999 年对科索沃和 2003 年对伊拉克的军事干预行动上。

---

① 阙天舒：《论中国对国际规范的塑造——以“保护的责任”为例》，载《国际观察》2017 年第 6 期，第 40 页。ICISS 来中国召开讨论会，中方的接待规格很低，并没有现任高级官员出席。参阅罗艳华：《“保护的责任”的发展历程与中国的立场》，第 20 页。

② Cristina Gabriela Badescu, “*Humanitarian Intervention and the Responsibility to Protect*,” Routledge 2011, p.52.

③ Ibid., p.53.

④ FBA Col, P Alex Bellamy, and M Brosig, *The Responsibility to Protect-From Evasive to Reluctant Action? The Role of Global Middle Powers*, HSF, ISS, KAS & SAIIA, 2012, p.54.

⑤ International Commission on Intervention and State Sovereignty, “*Responsibility to Protect: Research, Bibliography, Background*,” Supplementary Volume, Ottawa: International Development Research Centre, 2001, p.379；陈拯：《说辞政治与“保护的责任”的兴起》，第 17 页。

⑥ Ibid., p.53.

美国自推出反恐战争之后，对联合国的行动越来越冷淡。对于美国来说，安理会的合法性取决于其推进美国利益的能力。①英法反对中俄的观点，认为设置使用武力标准可能会妨碍在适当的时候进行干预。英美也认为不能完全排除无授权干预的可能性。②

对比各国在上述议题上的立场，不难看出各国基于自己的知识背景形成不同的认知。一方面，各国对“保护的责任”的接受程度不同；另一方面，各国对谁来授权的问题也存在巨大分歧。各方的认知差异形成了不同的规范倡议。然而，多元倡议并不能自动引发倡议竞争。需要考查更多的相关条件，才能理解多元倡议如何走向倡议竞争。

2. 倡议竞争与有限共识

国际关系民主化的发展和国际权力结构日趋均衡是多元倡议转变为倡议竞争的两个主要因素。如前所述，国际关系民主化是指国家间在国际社会行使权利和义务更趋平等。国际关系民主化意味着小国与大国拥有同等的主权地位，集体投票决策成为国际组织决策的主要程序。国际权力结构更趋均衡，意味着传统大国依靠强制力推广倡议的方法更不可行。非西方国家的崛起使得“保护的责任”的规范建构体现出双向互动的特征。国际关系民主化与权力结构的变化提高了各国尤其是中小国家参与“保护的责任”辩论的数量和深度。在倡议竞争的过程中，议题内容也逐渐扩展，出现了“保护的责任”的适用范围等新议题。通过不断地说服与被说服，各国在不同议题上的认知呈现一定程度的融合。

更多的国家逐渐接受了“保护的责任”理念。除了加拿大与欧洲国家积极支持倡导该理念之外，随着“保护的责任”辩论的深入，广大发展中国家逐渐也改变看法，接受了“保护的责任”。非洲部分饱受人道主义危害的国家很快便接受了这一概念。巴西接受了军事行动作为干预的最终手段，③同时仍然要求不干涉内政的原则。经济的迅速增长使得印度“更加自信”④。面对孟加拉国、斯里兰卡等邻国的人道主义危机，印度逐渐对干预转为“开放的态度”。⑤

---

①② Cristina Gabriela Badescu, “*Humanitarian Intervention and the Responsibility to Protect*,” p.54.

③ FBA Col, P Alex Bellamy, and M Brosig, *The Responsibility to Protect-From Evasive to Reluctant Action? The Role of Global Middle Powers*, p.75.

④⑤ Ibid, p.95.

印度试图在“保护的责任”议题上发挥积极作用，以“积极谋求安理会常任理事国的地位”。①中国虽然仍避免使用“保护的责任”这一名词，但承认了“保护平民的责任主要在于有关国家政府和冲突当事各方”②。奥地利也认为“武装冲突中保护平民的首要责任在于各国政府”③。最初极力反对“保护的责任”的埃及，也表示“支持联合国和安理会在这方面的努力……完全愿意积极参与这些活动”④。叙利亚也同意保护武装冲突中的平民，同时指出以色列在戈兰高地“封锁巴勒斯坦城镇和村庄、阻挠向巴勒斯坦人运送供应品和药品以及阻止他们去医院和诊所”⑤等等。总而言之，“保护的责任”这一概念得到越来越多国家的赞同。

安理会的权威得到广大发展中国家的支持。发展中国家在接受“保护的责任”的同时，也强调安理会在授权上的核心作用。孟加拉国认为“建立联合国就是要使人民免遭战祸。提供这种“保护的责任”在于我们大家。但根据《联合国宪章》规定，这种责任不容置疑应由安全理事会来承担”。⑥智利提出“安全理事会所采取的解决办法应该通过透明的程序并在其所有成员国适当参与下以协商一致方法决定。”⑦俄罗斯则强调应该遵守《联合国宪章》的条款，“尤其是第三章的条款，同时应尊重安全理事会的特权和权威”⑧。有国家强调安理会更大的作用与效率。新加坡鲜明地提出，安理会“需要多做事少讲空话”。安理会常常受指责，就是因为“对需要作出迅速有效反应的局势无动于衷”⑨。日本建议制定一个“可信的路线图，以便能够把秘书长的建议转变成可在现场适用的切实可行措施”⑩。

“保护的责任”的议题范围得到扩展。与 ICISS 报告最初提出的保护公民“免遭大规模屠杀和强奸、免遭饥饿”相比，许多国家提出了更多需要保护的内

---

① FBA Col, P Alex Bellamy, and M Brosig, *The Responsibility to Protect-From Evasive to Reluctant Action? The Role of Global Middle Powers*, p.97. 2004 年起，印度成为继巴西、德国、日本之后，第四个推动安理会改革以及成为常任理事国的新兴国家。南非在随后也加入了这一运动。

② 中华人民共和国常驻联合国代表团：《王英凡大使在安理会审议武装冲突中保护平民问题公开会上的发言》，https://www.fmprc.gov.cn/ce/ceun/chn/zgylhg/jjalh/alhzh/t40390.htm，最后访问时间 2018 年 10 月 10 日。

③④⑥⑦⑧⑨⑩ 联合国安理会：《会议记录》，S /PV.4660 (Resumption 1)，https://documents.un.org/prod/ods.nsf/xpSearchResultsM.xsp，最后访问时间 2018 年 10 月 5 日。

⑤ 联合国安理会：《会议记录》，S /PV.4777，https://documents.un.org/prod/ods.nsf/xpSearchResultsM.xsp，最后访问时间 2018 年 10 月 5 日。

容。韩国提出由“商业利用冲突及全球恐怖主义威胁”①导致的人道主义灾难也必须得到制止。孟加拉国提议将“致残、绑架和非法拘禁”②也列为保护的范围内。墨西哥认为冲突中的受害者“事实上通常是妇女、儿童与老人，是强暴、暴力虐待、性奴役和强行征募儿童”。③乌克兰提出保护记者的问题，认为“记者已同平民、人道主义工作人员和联合国工作人员一样成为武装冲突中的目标”。④与乌克兰的倡议相辅，韩国倡导“必须保护冲突和冲突后地区的平民，使之免受国际工作人员和维持和平部队的剥削和虐待”⑤。俄罗斯认为“应当考虑一些软性的威胁，如环境恶化、危险疾病的扩散、饥饿等等”⑥。与议题的扩展相关，也有一些发展中国家担心过于分散的议题反而会成为大国强制干预的借口，从而希望将议题本身加以限定。

然而，各国对“保护的责任”的接受并不意味着没有分歧。实际上，各国在“保护的责任”上的认知平衡是有限的，核心认知并没有发生根本改变。发展中国家仍然强调主权原则是最重要的原则。埃及认为“集中精力在武装冲突中保护平民，不应损害《联合国宪章》的基础，它体现为区域各国政治独立和主权的原则及其对自己的公民的责任和对其领土的管辖权”。同时指出“绝对有必要平衡平民享有保护的权利与各国的主权。国际社会对其中一项权利的对待和尊重，不应损害另一项权利”⑦。俄罗斯强调，“不管我们制定何种新的工具和/或我们如何强调必须遵守国际人道主义法”⑧。发达国家仍然坚持人权至上原则。美国虽然不再明确表述这一倾向，但也没有改变在这一问题上的立场，仅仅提出“完全支持进一步发展保护平民的想法和执行其中的许多目标”⑨。美国主张“不应明确排除未经授权开展干预行动的可能，安理会没有绝对首要地位，

①② 联合国安理会:《会议记录》，S /PV.4660（Resumption 1），https://documents.un.org/prod/ods.nsf/xpSearchResultsM.xsp，最后访问时间 2018 年 10 月 5 日。

③⑧⑨ 联合国安理会:《会议记录》，S /PV.4777，https://documents.un.org/prod/ods.nsf/xpSearchResultsM.xsp，最后访问时间 2018 年 10 月 6 日。

④⑤ 联合国安理会：《会议记录》，S /PV.4877（Resumption 1），https://documents.un.org/prod/ods.nsf/xpSearchResultsM.xsp，最后访问时间 2018 年 10 月 6 日。

⑥ 顾炜：《保护的责任：俄罗斯的立场》，载《国际政治研究》2014 年第 3 期，第 55 页；陈拯：《金砖国家与“保护的责任”》，载《外交评论》2015 年第 1 期，第 6 页。

⑦ 联合国安理会:《会议记录》，S /PV.4877（Resumption 1）。

拒绝对安理会常任理事国否决权的任何限制，以保持自由选择”。①美国在以色列过度使用武力问题上的双重标准更是其霸权逻辑的直接体现。尤其是在伊拉克战争爆发之后，发展中国家又重新将主权视为第一要素。有些发展中国家在“保护的责任”的立场上甚至出现倒退的情况。

（三）议题压力：2005年世界首脑会议成果

各国对“保护的责任”概念的有限接受无法直接导致一种规范的形成。倡议竞争一方面促使各国接受了“保护的责任”；另一方面导致各国都无法说服对方改变核心立场。各国在各自偏好的议题中陷入不断争吵。与此同时，人道主义危机愈益严重。联合国等国际组织一方面不断渲染人道主义灾难，一方面大力呼吁各国尽快达成一致。议题压力的上升导致各国越来越认识到该议题的紧迫性。在2005年世界首脑会议上，各国不得不尽快在有限度共识的基础上完成规范建构。

1. 迫在眉睫：新千年的人道主义危机与联合国的呼吁

21世纪初期的人道主义灾难频发。2002—2005年是“动荡的三年”，②战争冲突和自然灾害导致严重的难民危机。阿富汗、伊拉克和达尔富尔的冲突带来对国际社会的最大考验。阿富汗有160 000人由于原籍地不安全或发生干旱而流离失所。另外，估计有一百万阿富汗人滞留在伊朗，还有960 600人居住在巴基斯坦的难民营。根据2005年2月政府的人口普查统计，另外还有190万阿富汗人居住在巴基斯坦的城市，其中有一些人可能是难民。③在达尔富尔，随着冲突的恶化，到村外拾柴的妇女越来越受到强奸和性虐待的威胁。④深重的人道主义危机极大增强了议题压力，促使各国尽快达成一致以解决危机。

联合国的极力倡导也提高了议题压力。一方面，联合国极力渲染人道主义危机的严重性。秘书长在其主题报告中，列举了种种人道主义灾难。秘书长安南以单个难民为视角，力图引起国际社会的同情。例如“一个身患艾滋病的年轻男子，即便可以选举统治者，但如果不识字，生活在饥饿的边缘，那么他就

---

① 陈拯：《说辞政治与“保护的责任”的兴起》，第17页。

② 联合国：《秘书长关于联合国工作的报告》，http://www.un.org/chinese/ga/60/docs/1/ch3.htm#4，最后访问时间2018年10月9日，第30页。

③ 联合国：《秘书长关于联合国工作的报告》，第28页。

④ 同上文，第30页。

不是真正的自由人。同理，一名妇女，即便她的收入足以维持生计，但如果每天生活在暴力的阴影中，对国家治理没有发言权，那么她也不是真正的自由人”①。另一方面，联合国持续发布报告，并将“保护的责任”纳入联合国改革的一揽子计划。2002 年 12 月 10 日，安理会召开“武装冲突中的平民保护”会议，决定“将武装冲突中保护平民作为一个重要项目保留在安理会议程上”。② 2003 年，秘书长安南在 2003 年 9 月召开的第 58 届联大上宣布成立“威胁、挑战和改革问题高级别名人小组”，“目的是就联合国在新的时代背景下如何实现《联合国宪章》所载理想、为所有人提供集体安全向他提供意见”。③2004 年，该小组公布了一个报告：《一个更安全的世界：我们的共同责任》。报告呼吁把“保护的责任”作为一种“新规范”，即“如果发生灭绝种族和其他大规模杀戮，国际社会集体负有提供保护的责任，由安全理事会在万不得已情况下批准进行军事干预，以防止主权国家政府没有力量或不愿意防止的族裔清洗或严重违反国际人道主义法行为”。④该报告将“保护的责任”纳入扩大安理会的改革之中，提出“加强安理会的民主性和责任性”，建议“各常任理事国，以个别的名义，承诺在发生灭绝种族和大规模侵犯人权情况时，不使用否决权”，甚至“任何改革提案都不应扩大否决权”。⑤安理会“应全面执行关于武装冲突中保护平民的第 1265（1999）号决议”。⑥2005 年 4 月，安南在联大上所作的《大自由：实现人人共享的发展、安全和人权》报告正式采纳了“保护的责任”这一概念。报告指出“我们必须承担起保护的责任，并且在必要时采取行动。这一责任首先在于每个国家，因为国家存在的首要理由及职责就是保护本国人民。但如果一国当局不能或不愿保护本国公民，那么这一责任就落到国际社会肩上”。⑦安南

---

① 联合国：《大自由：实现人人共享的发展、安全和人权》，http://www.un.org/chinese/largerfreedom/part3.htm，最后访问时间 2018 年 10 月 9 日，第 6 页。

② 联合国安理会：《安全理事会主席的声明》，https://www.un.org/chinese/aboutun/prinorgs/sc/sdoc/02/sprst41.htm，最后访问时间 2018 年 9 月 30 日。

③ 罗艳华：《“保护的责任”的发展历程与中国的立场》，第 13 页。

④ 联合国：《一个更安全的世界：我们的共同责任》，A/59/565，https://documents.un.org/prod/ods.nsf/xpSearchResultsM.xsp，最后访问时间 2018 年 10 月 8 日。

⑤ 同上文，第 249（d）、256 段。

⑥ 同上文，第 67 段。

⑦ 联合国：《大自由：实现人人共享的发展、安全和人权》，http://www.un.org/chinese/largerfreedom/part3.htm，最后访问时间 2018 年 10 月 9 日，第 135 段。

呼吁，在这一“决断时刻”，“我们必须有雄心壮志。行动的紧迫性，行动的规模，必须与需要相称。紧急的威胁，必须紧急应对。我们必须达成的空前共识，同时必须就如何应对新威胁达成新共识。唯有立即果断行动，才能应对紧迫的安全威胁”。①

2. 2005 年世界首脑会议成果

面对严峻的形势和联合国的不断呼吁，各国终于同意将“保护的责任”列入 2005 年 8 月召开的世界首脑会议议程中。在拟定首脑文件草案的讨论中，各国将保护的责任的形式进行转变，把主要的诉求容纳进草案条款中。最终草案在首脑会议上被顺利通过。

随后，“保护的责任”被写入首脑会议成果文件。“保护的责任”的概念在会前就已被许多国家接受。欧盟和加拿大极力推动将这一概念写入草案，并主张建立“一个与之匹配的、长期的、多边性质的规范建设”。瑞典指出了国际干预的思想基础：“没有发展就没有和平，没有和平就没有发展。”并认为“在情况需要的时候，我们所称的‘保护责任’必须成为一种具体现实”。同时倡议“加强我们的保护人权机制，因为人权与发展和安全一道，是联合国活动的三大支柱。三者彼此之间始终是相互作用的”。②罗马教廷也支持“保护的责任”，认为“核心实质来自这样一种事实，即所有人民的尊严高于国家，高于所有意识形态的制度”。③有国家接受了这一概念，同时提出了自己的附加条件。中国“审慎支持这一正在形成中的规范”④，但坚持“各国政府负有保护本国公民的首要责任”。⑤广大发展中国家更青睐其中国家能力建设与援助的部分，同时由于对大国干预和选择性利用的疑虑，因而强调提升区域一体化组织的作用。⑥有国家对这一概念提出了质疑，但最终也接受了。加蓬对这一概念提出了怀疑，认为

---

① 联合国：《大自由：实现人人共享的发展、安全和人权》，http://www.un.org/chinese/largerfreedom/part3.htm，最后访问时间 2018 年 10 月 9 日，第 23 段。

②③ 联合国：《第 60 届联合国大会第六次全体会议：会议记录》，http://www.un.org/zh/documents/view_doc.asp?symbol=A/60/PV.6，最后访问时间 2018 年 10 月 2 日。

④ 汪舒明：《“保护的责任”和中国的选择》，第 38 页。

⑤ 中华人民共和国常驻联合国代表团：《张义山大使在“武装冲突中保护平民问题”公开辩论会上发言》，http://www.china-un.org/chn/zgylhg/jjalh/alhzh/wzctpm/t200660.htm，最后访问时间 2018 年 9 月 30 日。

⑥ 任慕：《“保护的责任”的运用及扩散——以规范的发展过程为中心》，第 38 页。

“这个概念会为那些谋求干涉其他国家内政的国家提供了一个机会……这样的概念需要经过仔细研究，以便验证这些概念的提出者的动机”。①

安理会的权威得到尊重。英美等国不想排除无授权干预的可能性，但这一举动遭到大多数国家的反对。非洲联盟各国要求给予区域组织在未经安理会事先授权的情况下对其成员采取行动的空间，即可以根据一定规则在特殊情况下先采取紧急行动，然后在“事后”寻求追认。②印度主张限制安理会（特别是常任理事国）的职权。要求对“保护的责任”设置更高门槛，严格避免被滥用的可能。印度强调联合国机构必须进行改革，特别是常任理事国应事先声明回避在有关问题上动用否决权。而美国、中国和俄罗斯都表示反对限制否决权。中方指出，考虑到事态的复杂性，不能为安理会设定任何预先的行动标准，应当根据具体情况逐案决定。③美国和俄罗斯也强调安理会需保持在是否动用武力问题上的灵活裁量权。与此同时，不少不结盟国家也担心界定某些明确标准将会建立某种“自动触发机制”，从而更可能出现国际强制干预。④为了调和在安理会权威上的争议，草案中不再使用“授权”一词，而仅指出“根据《联合国宪章》，包括第七章，通过安全理事会逐案处理，并酌情与相关区域组织合作，及时、果断地采取集体行动”。⑤

由此，“保护的责任”范围得以大致确定。部分国家希望能扩大“保护的责任”范围。俄罗斯认为“保护的责任”不应仅局限于严重危害人权的罪行，还应该考虑一些软性的威胁，如环境恶化、危险疾病扩散、饥饿等对公民造成的伤害。⑥法国也试图扩大这一范围，将对自然灾害的管理不当包括在内。⑦部分国家

---

① 联合国：《第60届联合国大会第四次全体会议：会议记录》，http://www.un.org/zh/documents/view_doc.asp?symbol=A/60/PV.4，最后访问时间2018年10月2日。

②④ 陈拯：《说辞政治与“保护的责任”的兴起》，第19页。

③ 中华人民共和国外交部：《中国关于联合国改革问题的立场文件》，2005年6月7日，http://www.Fmprc.gov.cn/mfa_chn/gjhdq_603914/gjhdqzz_609676/lhg_609678/zywj_609690/t199083.shtml，最后访问时间：2018年3月2日。

⑤ 联合国：《2005年世界首脑会议成果》，第139段，http://daccess-ods.un.org/access.nsf/Get?Open&DS=A/RES/60/1&Lang=C，最后访问时间2018年9月30日。

⑥ 顾炜：《保护的责任：俄罗斯的立场》，载《国际政治研究》2014年第3期，第55页。

⑦ C.S.R. Murthy & Gerrit Kurtz, “International Responsibility as Solidarity: The Impact ofthe World Summit Negotiations on the ‘Responsibility to Protect’ Trajectory,” *Global Society*, Vol.30, No.1, 2016, p.47.

则希望避免范围太大而被滥用。中国反对宽泛界定“保护的责任”原则，中国仅支持在安南秘书长在2005年递交联合国大会的报告中列举的三项：“灭绝种族行为、族裔清洗和危害人类罪。”爱沙尼亚认为惩罚防止种族灭绝、危害人类罪和战争罪是重要的，但要通过国际刑事法院制止这类行为。①在这种情况下，巴基斯坦驻联合国大使穆尼尔·阿克拉姆（Munir Akram）提议将“保护的责任”一词与四项具体罪行（种族灭绝罪、反人类罪、战争罪和族裔清洗罪）联系起来，帮助各国就适用范围问题达成了妥协。这些是“以现有国际法和条约所确定的罪名为基础的，便于在实践中进行判断和应对”，②也是国际法上早已明确禁止的大规模侵犯人权的行为，反映了多数国家的关切。

“保护的责任”在2005年首脑会议上得到绝大部分国家的支持，③成为一个新的国际规范。然而，大多数国际法学家都认为，它尚未成为国际法意义上有约束力的规范。④与《联合国宪章》等国际社会的“根本大法”相比，它仍然处于新生阶段，仍然有从属性和不完备性，也尚未获得国际社会的广泛支持。“保护的责任”尚未进入普遍适用的成文国际法规范之中，也远远没有成为一般法律原则，⑤仍然是一种“软法”。⑥

结论：作为“多元治理”路径的弱规范

综上所述，与传统过规范研究将弱规范视为规范退化结果不同，弱规范可以是由存在认知差异的各方行为体双向互动的结果。行为体往往具有不同的背景知识，这使得它们会对规范形成不同的框定，进而产生不同的规范建构倡议。在权力均衡以及国际关系民主化的背景下，说服作为规范建构的主要手段。不

① 联合国：《第60届联合国大会第六次全体会议：会议记录》，http://www.un.org/zh/documents/view_doc.asp?symbol=A/60/PV.6，最后访问时间2018年10月2日。

② 罗艳华：《“保护的责任”的发展历程与中国的立场》，第17页。

③ 极少数国家拒绝承认“保护的责任”，如古巴、委内瑞拉、苏丹、尼加拉瓜、斯里兰卡等。参见罗艳华：《“保护的责任”的发展历程与中国的立场》，第19页。

④ Alex J. Bellamy, Sara E. Davies and Luke Glanville (edits), *The Responsibility to Protect and International Law*, Leiden: Martinus Nijhoff Publishers, 2011, p.137.

⑤ 王琼：《国际法准则与“保护的责任”：兼论西方对利比亚和叙利亚的干预》，载《西亚非洲》2014年第2期，第97页。

⑥ 汪舒明：《“保护的责任”和中国的选择》，第37页。

同倡议的倡导者竞相依据自身倡议展开规范建构，规范建构陷入多元倡议竞争的局面。在双向互动过程中，行为体之间实现有限度的认知融合。议题压力的不断增长使得行为体探索在有限度共识基础上建构规范的路径，最终通过降低规范的清晰性和内聚性将不同行为体的偏好同时纳入规范中。在“保护的责任”建构过程中，各国存在明显的认知差异，都希望依据自身的认知界定规范的内涵。最终，各方通过调整规范形式将主权原则与人道主义原则同时纳入进来。

弱规范作为一种认知平衡的结果，兼顾了各方的偏好。这使得弱规范相对于强制度具有一种独特的优势，它是“多元治理”的一种重要路径，也是新兴国家和弱国参与全球治理的一种更实际的方式。

首先，在西方国家长期主导国际社会的背景下，依据强规范所体现的规范更替逻辑，新兴国家追求依据自身偏好塑造国际秩序必然招致西方国家的强烈抵制，而弱小国家更不具备这样的能力。弱规范意味着一种渐进性秩序变革逻辑，在承认既有秩序某些价值的同时，新兴国家和弱小国家将自身的价值融入新规范当中。弱规范降低了西方国家的抵制压力，为新兴国家提供了参与机会。

其次，它提供了一种弱小国家维护自身利益的路径。在强规范下，规范主导国垄断规范的解释权，并通过这种话语上的优势地位损害其他行为体的利益。在弱规范下，每一个行为体都可以利用规范的模糊性作出利己性解释，并对他国的解释作出抵制。在此情形下，任何一个国家都难以将自身解释确立为关于规范的唯一性话语，由此展开的行动将面临严重的声誉危机。

最后，弱规范降低了合作的“门槛”，为解决紧急性的国际问题提供了一种方案。国际社会中存在各类问题，紧急性和严重性是区分这些问题的重要指标。问题的不同类型可能对规范的形成存在重要影响，这是未来可做进一步发展的问题。在此，本文想指出的是弱规范对于紧急性问题的意义。紧急问题需要行为体立即做出行动，但是在存在认知差异的情形下构建完全一致的强规范则需要漫长的协调过程。弱规范形式缩短了规范建构的时间，同时保证了行为体最低限度的一致行动。

美国南海航行自由发展探析
——基于规范扩散视角

刘艳峰　邢瑞利*

一、已有研究不足及问题的提出

近年来，“南海航行自由”问题成为重要关注。2012年奥巴马政府批准美国海军在南海执行首次航行自由行动。进入2015年，美国在南海问题上频繁提到“航行自由”，鹰派强烈建议在南海开展航行自由行动并派遣军机军舰进行巡航侦查，关于是否应该及如何开展行动的争论长达半年。①仅2016年美国就开展了3次航行自由行动，这使得奥巴马政府任期的航行自由行动总数达到了5次之多。特朗普上台后，新一届政府很快就批准了五角大楼要求美军在南海开展航行自由行动的年度计划。②由此出台的新“航行自由计划”有如下两个特点：其一，军方自主权更大，可以独立决定在何时何地进行航行自由行动；其二，奥巴马时期的持续行驶改为间断航行，放弃直线行驶而故意在中方海域延耽停留。③截至目前，这种带有军事挑衅意味的航行自由行动已经开展了8次，它不

---

* 刘艳峰，中共江苏省委党校国际问题研究中心讲师；邢瑞利，南京大学国际关系研究院博士生，中共南通市委党校教师。本文系国家开发银行“海上丝绸之路战略性项目实施策略研究”，国家社科基金2014年重点项目“推进21世纪海上丝绸之路建设研究”（14AZD055）以及2014年度国家社科基金重大项目“总体国家安全观下的中国东南周边地区安全机制构建研究”（14ZDA087）阶段性成果。

① 吴士存、胡楠：《美国航行自由行动体系与遵约议价模式研究——兼论对南海形势的影响》，载《东北亚论坛》2017年第4期，第104—105页。

② Fang Tian, “Trump Reportedly Approves US Navy's Annual Operation Plan in South China Sea,” *People's Daily Online*, July 25, 2017, http://en.people.cn/n3/2017/0725/c90000-9246195.html，最后访问时间2018年5月6日。

③ 朱锋：《“印太战略”阴影下的南海大国较量》，载《当代世界》2018年第1期，第18—19页。

仅使南海问题复杂化，而且增加了中美意外冲突的风险并深化了战略疑惧。

目前学界关于“南海航行自由”问题的研究成果比较丰富，观点成熟，并且呈现阶段性发展特征。2001 年“中美南海撞机事件”与 2009 年“无暇号事件”引发了中美南海专属经济区航行准则的争议，这引起了世界各国的关注。在此背景下，国内一些学者就中美“南海航行自由”问题展开学术探讨。①然而，由于这一时期的南海问题并不凸显，因此有关南海航行自由问题的第一阶段探究很快沉寂而并未引起过多关注。第二阶段是 2015 年前后，随着美国频繁在南海实施“航行自由计划”，学界掀起一股探究中美“南海航行自由”问题的热潮，出现了大量的论文和专著。综合来看，学界对南海航行自由问题的探究有两个侧重。

其一，探究美国开展航行自由行动的理论逻辑。吴士存认为，美国的“南海航行自由计划”采取一种“遵约议价”的模式，即美国从战略层面构建南海航行自由行动体系，提高南海周边国家对“航行自由规则”的遵约水平；与此同时凭借实力推动组建联盟和签署协议，形成对自身有利的航行自由行动的遵约环境。②美国在南海实施航行自由行动的理论基础是“过度海洋主张”理论，有意混淆正常的“航行自由”与军舰的“航行自由”，通过自创“国际水域”等概念进行“长臂管辖”。③其思想渊源是雨果·格劳秀斯（Hugo Grotius）提出的海洋自由理念。④尽管这些研究解释了美国实施南海航行自由计划的深刻根源，然而并未回答：南海航行自由问题早在 1995 年中菲“美济礁事件”后就被美国提及，而为什么在 2015 年才突然成为中美南海争端争议的焦点？由此来看，美国实施南海航行自由行动的理论逻辑并非探究的重点，其背后的目的和意图才是关键。“南海航行自由计划”是美国实施“亚太再平衡”战略的具体体现，美

---

① 季国兴：《南海航行自由原则的歧义及增进信任措施》，载《上海交通大学学报（哲学社会科学版）》2005 年第 4 期，第 9—13 页。

② 吴士存、胡楠：《美国航行自由行动体系与遵约议价模式研究——兼论对南海形势的影响》，第 104—116 页。

③ 包毅楠：《美国“过度海洋主张”理论及其实践的批判性分析》，载《国际问题研究》2017 年第 5 期，第 124 页。

④ 叶强：《“南海航行自由”：中美在较量什么》，载《世界知识》2015 年第 16 期，第 34—36 页；段琼：《从南海争端看中美“航行自由”制度》，载《法制与社会》2017 年第 7 期，第 27—28 页。

国在有意制造南海航行自由问题，为介入南海寻找借口。①美国实施“南海航行自由计划”意在遏制中国在南海日益自信的姿态，以维护在南海的地缘经济、政治利益及亚太霸权。②美国霸权护持和中国维护国家主权的战略利益竞争导致了中美围绕南海航行自由问题的战略博弈。③

其二，探究中美南海航行自由分歧的原因。李岩直陈分歧的原因是《联合国海洋法公约》对“军舰是否享有无害通过权”以及“他国在专属经济区内的军事活动是否适用于航行自由”等问题的相关规定较为模糊。④黄凤志指出分歧的另外一个诱因是中美两国对南海断续线性质认定不同，美国政府、智库和学界普遍认为断续线“挑战”了美国在南海的航行自由与安全。⑤荣正通、柳思思和齐尚才认为错误知觉是中美分歧的原因。美国认为中国在限制和妨害南海航行自由进而影响了美国的全球海洋霸权，而中国认为美国追求绝对航行自由进而影响了中国的国家安全和利益，加之中国是半海洋性国家而美国是全球性海洋国家，彼此的地缘身份认知决定了各自的利益认知，进而导致双方在南海航行自由问题上产生错误知觉。⑥然而，这忽视了美国航行自由计划有其历史根源，它可以追溯到卡特政府时期，此后美国逐渐在全球范围开展航行自由行动，近几年在南海的航行自由行动就是该计划的产物。⑦当前已有研究仅从战略层面探究中美当前的分歧及其背后的原因，而忽视了南海航行自由计划自身的发展进程，这表明已有研究还停留在静态层面而并未详细回答“南海航行自由”问题是如何凸显的，是否具有阶段性发展以及美国运用何种策略推行“南海航行

---

① Xinjun Zhang, “The Latest Developments of the US Freedom of Navigation Programs in the South China Sea,” *Journal of East Asia & International Law*, Vol.9, No.1, 2016, pp.167—182.

② 张景全、潘玉：《美国“航行自由计划”与中美在南海的博弈》，载《国际观察》2016 年第 2 期，第 87—99 页。

③ 曲升：《美国“航行自由计划”初探》，载《美国研究》2013 年第 1 期，第 102 页。

④ 李岩：《中美关系中的“航行自由”问题》，载《现代国际关系》2015 年第 11 期，第 24 页。

⑤ 黄凤志、刘瑞：《应对中美关系南海困局的思考》，载《东北亚论坛》2017 年第 2 期，第 38 页。

⑥ 荣正通：《身份认知差异与中美关系中的南海问题》，载《国际关系研究》2016 年第 2 期，第 140—152 页；柳思思：《身份认知与不对称冲突》，载《世界经济与政治》2011 年第 2 期，第 114—127 页；齐尚才：《错误知觉、议题身份与国际冲突——以中美南海航行自由争议为例》，载《外交评论》2017 年第 5 期，第 65 页。

⑦ 张小奕：《试论航行自由的历史演进》，载《国际法研究》2014 年第 4 期，第 22—34 页。

自由计划”等问题。

航行自由是《联合国海洋法公约》的重要内容，其本身还是一种法律规范。已有研究还未从规范扩散视角进行过分析。规范扩散视角源自玛莎·芬尼莫尔（Martha Finnemore）和凯瑟琳·西金克（Karthryn Sikkink）提出的“规范生命周期”：规范兴起、规范扩散、规范内化。①她们重点强调社会规范结构对国家行为的影响，但国内外学者认为这是一种自上而下单向的规范扩散。②单向的规范扩散偏好规范进化，影响了研究的客观性，增大了理论与现实的隔阂度，在现实中造就了许多研究盲点或者忽视。当前规范扩散研究正从单向的规范扩散转为双向规范扩散。③规范扩散视角有助于我们更好地理解南海航行自由规范的传播过程，即关注规范在扩散中如何受到霸权国意图的绑架而突然得到关注。一方面，该视角可以在充分尊重航行自由规范积极意义的同时厘清美国规范扩散中的霸权性主导并且加以抵制；另一方面，该视角认为航行自由规范一直处于动态建构的进程当中，从而给予国际规范与既有规范互动的契机，最终在双向的碰撞与磨合中构建更加符合本地区经验的新规范。

---

① Martha Finnemore and Kathryn Sikkink，“International Norm Dynamics and Political Change，” *International Organization*，Vol.52，No.4，Winter 1998，pp.887—917.

② 这样的反思成果包括杰弗里·切克尔（Jeffrey T. Checkel）认为，除非国家原有观念与外部规范之间构成“文化匹配”，否则规范扩散不会成功，参见 Jeffrey T. Checkel，“International Institutions and Socialization in Europe：Introduction and Framework，” *International Organization*，Vol.59，No.4，2005，pp.801—822；杰弗里·勒格罗（Jeffrey Legro）认为，单位（次单位）层面上的组织文化比体系层面的国际规范对国家行为体行为的影响更大，参见 Jeffrey W. Legro，“Which Norms Matter? Revising the‘Failure’of Internationalism，” *International Organization*，Vol.51，No.1 1997，pp.31—56。转引自秦亚青、［美］亚历山大·温特：《建构主义的发展空间》，载《世界经济与政治》2005 年第 1 期，第 9 页；莱德·麦基翁（Ryder Mckeown）认为，作为一种人为构建，规范有可能被挑战进而消亡，参见 Ryder Mckeown，“Norm Regress：Revisionism and the Slow Death of the Torture Norm，” *International Relations*，Vol.23，No.1，2009，pp.6—18；柳思思：《从规范进化到规范退化》，载《当代亚太》2010 年第 3 期，第 145—160 页。规范扩散在国内学术界也引起了重大反响：黄超梳理了规范传播研究，参见黄超：《建构主义视野下的国际规范扩散》，载《外交评论》2008 年第 4 期，第 55—62 页；朱立群和林民旺归纳了规范内化机制，参见林民旺、朱立群：《国际规范的国内化：国内结构的影响及传播机制》，载《当代亚太》2011 年第 1 期，第 136—160 页。

③ 陈拯：《建构主义国际规范演进研究述评》，载《国际政治研究》2015 年第 1 期，第 135—152 页；郑先武：《区域间治理模式论析》，载《世界经济与政治》2014 年第 11 期，第 116—118 页。

二、从航行自由计划到南海航行自由行动

大国在地区一体化的过程中必定要发挥主导作用，从而将自己的意志强加在地区内其他国家之上。为了长远利益和战略需要，霸权国愿意独自承担规范建设的成本，提供政治、军事和经济公共产品。1945 年以后出现的自由国际秩序是一个松散的多边机构，在这个体系中，美国提供了诸如自由贸易和海洋自由等全球公共产品，依靠美国权力体制得以运转。在南海地区，美国往往直接决定地区规范的内容、类型和发展方向。航行自由规范本身的理念是好的，但由于对现实情况涵盖不全因此产生模糊的规定，其缺陷与不足在某种程度上被美国所忽视和利用。

从历史发展来看，美国的航行自由计划可以追溯到卡特政府时期。1979 年，卡特政府率先出台了“航行自由计划”，此举意在主动采取措施来防止沿海国家非法损害美国的航行权利。随后里根政府在 1982 年发布了“美国行使海上航行和飞越权利计划”，即“国家安全决策指针 72 号”文件，坚决反对他国采取单边行动限制航行、飞越和利用公海的权利与自由，美国将进行航行和飞越等航行自由行动。此后的老布什政府和克林顿政府各自颁布了“航行自由计划”，分别是 1990 年的“国家安全指针 49 号”文件和 1995 年的“总统决策指针/国家安全委员会 32 号”文件。此后，美国政府通过政府声明、官方讲话、政府文件等话语手段，在南海频频发声，这使得南海航行自由问题日益凸显并引发国际社会关注。进入 21 世纪以来，“航行自由计划”取得一定发展，例如，美国参谋长联席会议于 2003 年出台“美国航行自由计划和敏感区域报告”，美国国防部在 2005 年出台“美国行使海上航行和飞越权利计划”。2009 年美国实施“亚太再平衡战略”后，航行自由就被框定为“国家利益”。从 2015 年开始，“南海航行自由”突然成为美国南海政策中出现频率最高的关键词，政界和军界强硬派主张在中国南沙岛礁附近进行“航行自由”宣示行动。①

---

① 吴士存、胡楠：《美国航行自由行动体系与遵约议价模式研究——兼论对南海形势的影响》，第 104—105 页。

表 1　美国的南海航行自由行动

时　间	航行自由行动
2018 年	（1）9 月 30 日，美海军第七舰队“迪凯特”号宙斯盾驱逐舰（USS Decatur DDG 73）在南沙海域“自由巡航”。 （2）5 月 27 日，美军“希金斯”号导弹驱逐舰（USS Higgins DDG76）和“安提坦号”导弹巡洋舰（USS Antietam CG54）驶入西沙群岛岛礁 12 海里范围内开展所谓的“航行自由行动”。 （3）3 月 23 日，美军“马斯廷”号导弹驱逐舰（USS Mustin DDG 89）在南海以“航行自由”为名进入了南沙美济礁 12 海里范围内。 （4）1 月 20 日，美军“霍珀”号导弹驱逐舰（USS Hopper DDG 70）驶入中国黄岩岛 12 海里领海范围内进行所谓的“航行自由行动”。
2017 年	（1）10 月 10 日，美军“查菲号”导弹驱逐舰（USS Chafee DDG 90）驶入西沙群岛附近水域进行“航行自由行动”。 （2）8 月 10 日，美军“约翰 · S.麦凯恩”号导弹驱逐舰（USS John S.McCain DDG 56）闯入中国南沙美济礁 12 海里以内海域开展“航行自由行动”。 （3）7 月 2 日，美军“斯坦塞姆”号导弹驱逐舰（USS Stethem DDG 63）进入中建岛 12 海里范围内实施所谓的“航行自由行动”。 （4）5 月 24 日，美军“杜威号”号导弹驱逐舰（USS Dewey DDG 105）在美济礁 12 海里水域内进行所谓的“航行自由行动”。
2016 年	（1）10 月 21 日，美军“迪凯特”号导弹驱逐舰（USS Decatur DDG 73）进入中建岛和永兴岛邻近海域实施“航行自由行动”。 （2）5 月 10 日，美军“威廉 · 劳伦斯”号导弹驱逐舰（USS William P. Lawrence DDG 110）进入永暑礁邻近海域进行“航行自由行动”。 （3）1 月 30 日，美军“柯蒂斯 · 威尔伯”号导弹驱逐舰（USS Curtis Wilbur DDG 54）在中建岛 12 海里范围内开展“航行自由行动”。
2015 年	10 月 27 日，美军“拉森”号导弹驱逐舰（USS Lassen DDG 82）进入渚碧礁邻近海域执行“航行自由行动”。
2012 年	10 月 26 日，美军“拉森”号导弹驱逐舰（USS Lassen DDG 82）在南沙群岛首次执行“航行自由行动”。

资料来源：作者自制。

航行自由是一种法律规范，兼具共识与差异。根据《联合国海洋法公约》，航行自由有如下两个内容：第一，国家只能在他国领海之外享受航行自由，他国可以在领海内有效管理船只确保无害航行，有权防止其威胁国家安全或干扰合法商业航运等活动。第二，国家的海上军事活动应受到限制，他国虽然被默许享受有限使用武力，但也不能损害沿海国的主权和安全利益。然而，如何在沿岸国管辖权与他国航行自由权之间寻求边界与平衡，一直是法律规范的难点也是其本身的模糊之处，这也导致国家对其的理解兼具共识与差异。就共识层面来讲，国家普遍认同，相关国家在航行和飞越自由行动的同时，不得妨碍和损害沿岸国对资源和环境的保护和管理的权利。①就差异层面而言：其一，自由是否绝对，尤其是考虑到国家安全时？也即，国家是否可以基于安全忧虑，而运用国内、地区和国际规范来限制航行和飞越自由。其困境是如何维持航行自由权利和国家利益之间的平衡。②其二，自由是否得到合法使用，战时如何享受航行自由权利？近年来，国际海事组织（IMO）以及其他一些地区和国际组织都承认，他国专属经济区内的航行自由，与公海航行自由是不同的。这在某种程度上是认同了沿岸国的管辖权利，例如他国不得滥用航行自由权利，应该和平使用航行自由权，将航行自由权用于和平目的，以及在践行该权利时不以威胁其他国家的安全权益。③

中美在南海航行自由规范上有两点分歧：一是军舰是否享有无害通过权；二是他国在专属经济区内的军事活动是否应受到沿海国的管辖。就第一点而言，美国认为所有军舰包括潜水艇都应不受阻碍地，并且在无需通告沿岸国的基础上，享有无害通过权。在美国看来，美国在南海航行自由行动，就是在践行国际法所赋予的无害通过权。④然而，中国出于国家安全考虑，要求他国军舰进入领海时，要事先获得批准。中美之间的分歧更多地反映了中美之间的战略竞争，也即海洋自由与国家安全的对抗。美国将航行自由的国际规范视为根本的国家利益以及关系地区和全球稳定，而中国认为航行自由应该基于安全保证。⑤就第二点而言，美国认为，在包括毗连区、专属经济区和公海在内的国际水域中，

---

① Mark Valencia and Kazumine Akimoto，“Guidelines for Navigation and Overflight in the Exclusive Economic Zone，” *Marine Policy*，Vo1.30，No.6，November 2006，p.705.

② John M. Van Dyke，“The Disappearing Right to Navigational Freedom in the Exclusive Economic Zone，” *Marine Policy*，Vo1.29，No.2，March 2005，p.121.

③ Hong Nong，“Freedom of Navigation and China-US Relations in the South China Sea，” *China International Studies*，July-August 2017，p.136.

④ Bonnie Glaser and Peter Dutton，“The US Navy's Freedom of Navigation Operation Around Subi Reef：Deciphering US Signaling，” *The National Interest*，November 6，2015.

⑤ Morton Katherine，“China's Ambition in the South China Sea：Is A Legitimate Maritime Order Possible?” *International Affairs*，Vol.92，No.4，2016，p.925.

航行和飞越自由应该适用于各国。美国强调，对于他国在专属经济区内的航行和飞越自由，沿海国不能过度限制、阻碍或管辖，但中国反对任何一方未经允许在中国专属经济区内采取任何军事行动。①例如，2001 年 4 月 1 日，中美就南海撞机事件僵持不下，更演变成为了一场外交危机甚至是冲突。②弗吉尼亚大学法学院教授约翰·摩尔（John Moore）因此指出，未来中国的南海困境是，如何在航行自由和本国安全利益之间保持平衡。③

美国的航行自由存在悖论。其一，美国政府的航行自由规范更多地体现在海洋垄断和谋求对南海实际控制上。根据卡尔·施米特（Carl Schmitt）在《陆地与海洋》一书中的观点，海洋在以前属于英国，而在今天只属于美国。④美国扩散航行自由规范是希望本国军舰、军机、潜艇和民用的商船一样，享受无害通过权，而无须受到沿岸国的限制。这实质上是西方传统大国海权的延伸，这并非反映了国际法中的航行自由规范，而是其全球霸权战略。在南海，沿岸国的利益和航行自由权之间注定是有差异甚至冲突的，未来也将围绕着航行自由、无害通过权、和平利用等产生争论。⑤其二，美国的航行自由规范更体现绝对自由。美国不想受到法律约束，拒绝加入《联合国海洋法公约》，游离于规范约束之外。美国学者克里斯托弗·乔伊纳（Christophe Joyner）说："具有讽刺意味的是，美国提供了很多资金支持和技术贡献来支持《联合国海洋法公约》的谈判但却没有批准该公约。"究其原因，问题的本质在于主权私利与国际公利的竞争和取舍。在这种竞争中，主权私利最终胜出。⑥其三，美国作为海洋的实际垄断者，它不可避免地侵蚀和破坏了航行自由。格劳秀斯虽然提到航行自由，但现实是与之相反的，各国都在进行海洋争夺与垄断。美国成为全球霸主后也不例外。自 20 世纪 80 年代以来，美国依托其建立的庞大的军事基地网络，实施

---

① 潘玉：《美国航行自由政策研究》，吉林大学 2017 年国际政治系博士学位论文，第 81—83 页。

② Eric Donnelly, "The United States-Shina EP-3 Incident: Legality and Realpolitik," *Journal of Conflict and Security Law*, Vol.9, No.1, pp.25—42.

③ Hong Nong, "Freedom of Navigation and China-US Relations in the South China Sea," p.137.

④ ［德］卡尔·施米特著：《陆地与海洋——古之"法"变》，林国基译、周敏译，上海：华东师范大学出版社 2006 年版，第 50—51 页。

⑤ Hong Nong, "Freedom of Navigation and China-US Relations in the South China Sea," p.129.

⑥ 吴敏文：《怎样看待特朗普政府的"南海巡航计划"》，载《中国青年报》2017 年 8 月 10 日第 11 版。

海上封锁、控制和拦截，全面掌控着全球各大主要海上要道。

为什么南海航行自由规范在近年来突然备受关注？既然航行自由规范本身兼具共识与差异以及还存在缺陷与不足，那为何西方国家忽视规范本身的问题，并且无视由此而导致的中美之间的客观分歧而赤裸裸地将中国视为南海航行自由的破坏者和威胁方呢？可想而知的原因是美国对该规范的歪曲宣传与主导带动。

三、美国对南海航行自由规范的扩散

自冷战结束以来，美国就已经逐步开始关注“南海航行自由”问题，然而很长一段时期以来美国对南海航行自由的关注是润物细无声的，并没有将航行自由视为中美南海博弈的焦点。美国这一时期的政策重点只是将维护南海航行自由视为自身的霸权责任，通过敦促相关方以外交谈判方式和平解决南海争端，来最大程度地防止地区冲突危及其南海航行自由。

自 1995 年起，美国通过政府声明、官方讲话、政府文件等话语手段凸显“南海航行自由”问题，使之出现在公众视野。1995 年 5 月，美国政府就中菲“美济礁事件”发表声明成为南海航行自由问题“话语凸显”的起点。时任美国国务院发言人克里斯丁·谢利（Christine Shelly）宣读了美国关于南海问题的声明，称所有船只和飞机在南海均享有航行自由权及无害通过权，这关乎南海地区的和平稳定。①这是美国首次提及南海航行自由。此后，美国政府就该问题发起一系列言语行为：1995 年 6 月，时任美国国防部负责国际安全事务的副国务卿约瑟夫·奈（Joseph Nye）表示，一旦南海发生冲突危及美国航行自由，美国应采取必要的军事干预手段。②同年 8 月，时任美国国务卿沃伦·克里斯托弗（Warren Christopher）在东盟会议上再次强调，维护航行自由是美国的基本利益，希望相关各方通过对话和平解决争端。③1997 年 7 月，时任美国参议院共和

① Christine Shelly, “US Department of State Daily Press Briefing,” *University of Illinois at Chicago*, May 10, 1995, http://dosfan.lib.uic.edu/ERC/briefing/daily_briefings/1995/9505/950510db.html，最后访问时间 2018 年 6 月 22 日。

② 余颂：《美国对南中国海的军事渗透》，载《国际资料信息》2000 年第 12 期，第 29 页。

③ 同上文，第 29 页。

党领袖康尼·麦克（Connie Mack）在《美中国家安全与自由保护法》中提议美国向南海派遣两个航母战斗群以威慑中国，通过联合巡航来保障南海航行和飞越自由。①同年9月，时任美国联邦参议员约翰·克里（John Kerry）也表示，中国在南海的主权声索以及军事化行为给南海航行自由蒙上了一层阴影。②随后，美国国会更是在《1998财年国防授权法》中特别增加南海航行自由问题的相关法律，其中一再强调南海航行自由，即确保美国军机军舰顺利通过南海而不被沿岸国干扰。③需要说明的是，1998年至2008年期间美国的战略重心在中东地区加之南海整体和平稳定，美国在南海航行自由问题上较为低调。直至2009年，南海航行自由问题再次被美国刻意凸显。2009年7月，美国参议院军事委员会主席约翰·麦凯恩（John McCain）警惕称，美国不允许海军进入中国南沙群岛周围12海里是非常危险的错误，这实际上等于默认了中国的主权声索。④

自2009年起，美国有倾向性的将“南海航行自由”框定为美国的“国家利益”，通过媒体进行话语传播，歪曲中国“破坏”南海航行自由，使得公众对南海航行自由存在威胁达成了共同认知。所谓的“社会框定”是源于戴维·斯诺（David A. Snow）等人的社会运动研究，即指活动家会策略性地建构一种框架，用“框定”的话语赋予某些政治和社会事件以意义，从而进行个人或集体的社会动员。⑤通常来讲，社会框定的具体方式包括宣传、动员以及运动策略等因素，框定的目标是说服目标行为体接受某些观念、态度、规范、习惯和行为。社会框定在强调所扩散规范具有重要意义和必要性上起到重要作用，但它一般不是

---

① “United States-People's Republic of China National Security and Freedom Protection Act of 1997,” *United States Congress*, July 29, 1997, https://www.congress.gov/bill/105th-congress/senate-bill/1083，最后访问时间2018年4月25日。

② 李贵州：《从美国国会议案看其南海问题态度及其根源》，载《当代亚太》2016年第5期，第122页。

③ “National Defense Authorization Act for Fiscal Year 1998,” *United States Congress*, March 19, 1997, https://www.congress.gov/bill/105th-congress/house-bill/1119，最后访问时间2018年6月12日。

④ “Maritime Disputes and Sovereignty Issues in East Asia,” US Government Printing Office, July 15, 2009, https://www.gpo.gov/fdsys/pkg/CHRG-111shrg53022/html/CHRG-111shrg53022.htm，最后访问时间2018年4月25日。

⑤ David A. Sonw, et al., “Frame Alignment Process, Micro Mobilization and Movement Participation,” *American Sociological Review*, Vol.51, No.4, 1986, pp.464—481.

通过正向宣传规范的积极意义，而是通过宣扬威胁从反面突显所扩散规范的规约和束缚作用。美国在南海航行自由规范扩散中对“社会框定”的运用主要有如下三种形式。

第一，诊断性框定（diagnostic framing）。指的是界定议题中受到不公正对待的遭遇。通过框定“什么是威胁”“什么是错的”“哪些东西或者内容值得被探讨”等问题，重构了以前被忍受的不愉快的政治或社会生活遭遇，使之成为必须纠正或改革的事情。①美国对南海航行自由进行了诊断性框定。南海问题产生之初，域外大国普遍持相对中立和不介入立场，甚至整个国际社会和国外学者都表达了对中国的支持。②随后越南、菲律宾等南海国家为中国赋予了南海问题“制造者”、南海地区安全“威胁者”和领土“侵略者”的形象。③2009 年开始，南海断续线越来越引起西方学者的关注，美国政府开始将其与“航行自由规范”联系起来，进而将中国“不合国际法”的身份变得合法化。彼得·达顿（Peter Dutton）认为，中国在南海划定的九段线，过分自信和咄咄逼人，是地区不稳定的“罪魁祸首”。④葛来仪（Bonnie Glaser）指出，中国的南海断续线，将大部分国际海域划为内海，这将直接限制美国的航行和行动自由。⑤达顿、葛来仪等人频繁出席国会外事委员会听证会并成功影响美国外交政策，支持相关争议国联合制华，同时以航行自由为借口直接介入南海事务。⑥此后，“南海航行自由”问题成为中美博弈的焦点，中国在南海的正当维权行动频繁被指责为妨碍和威胁了航行自由。2012 年 9 月，美国政府官员在众议院外交事务委员会听证会上借“无暇号事件”指责中国妨碍了南海航行自由和破坏了南海的稳定局

---

① 黄超：《框定战略与“保护的责任”规范扩散的动力》，载《世界经济与政治》2012 年第 9 期，第 65 页。

② 鞠海龙：《和平解决南海问题的现实思考》，载《东南亚研究》2006 年第 5 期，第 59 页。

③ 葛红亮：《中国南海维权与国际形象重塑》，载《太平洋学报》2013 年第 4 期，第 59 页。

④ Peter Dutton，“Three Disputes and Three Objectives：China and the South China Sea，” *Naval War College Review*，Vol.64，No.4，2011，p.47.

⑤ Bonnie Glaser，“Beijing as an Emerging Power in the South China Sea，” House Foreign Affairs Committee Hearing：Congressional Documents and Publications，September 12，2012，http://search.proquest.com/docview/1040694194?accountid = 41097，最后访问时间 2017 年 11 月 12 日。

⑥ 张洁：《对南海断续线的认知与中国的战略选择》，载《国际政治研究》2014 年第 2 期，第 52 页。

势。①2014年2月，时任美国亚太事务助理国务卿丹尼尔·拉塞尔（Daniel Russel）强硬表示，“领海要求须符合国际法，美国反对侵犯他国海洋航行自由和合法使用海洋的权利。航行自由是由联合国海洋法所赋予的，而非大国对他国的施予赠惠”。②美国在各种场合歪曲指责中国是地区稳定与航行自由的“破坏者”和“责任者”，通过突显事态的紧张性与威胁的迫切性从反面彰显了支持和追随航行自由规范的重要意义，这无疑是一种技术性操作。

第二，预期性框定（prognostic framing）。指的是提出具体的解决方案及实现目标的综合手段。简单地说，就是“怎么做”以及如何进行社会动员的问题。③美国对南海航行自由问题进行了预期性框定。美国根据本国国家利益，提出解决所谓“南海航行自由”问题具体的策略、手段以及目标。其一，美国认为应通过国际法解决南海航行自由问题，甚至不惜通过掩盖或美化国际法缺陷来达到目的。中国客观认识到了国际法中对军用和商船船只在专属经济区航行的规定有模糊之处，因此谨慎提到这一原则只适用于商用船只，军用船只不得在专属经济区进行演习或监视。然而，美国无视中国的安全忧虑并且对南海航行自由的国际法进行了主观解释，认为所有国家的船只，包括军用船只均有权在专属经济区自由航行。④其二，美国认为应通过多边协商解决南海航行自由问题。2011年6月，美国民主党参议员吉姆·韦伯（James Webb）向参议院外交关系委员会提交《呼吁以和平及多边途径解决东南亚海洋领土争端的议案》。其中，韦伯借“无暇号事件”和“麦凯恩号事件”指责中国妨害美国军舰和商船在南海的航行自由。韦伯声明美国支持以和平及多边途径解决南海争端，以便为美军南海巡航提供便利。⑤其三，美国认为应该在南海进行监视活动或常态化航行自由行动。美国海军军事学院行动和战略领导系副教授肖恩·亨斯勒

① 杨光海、严浙：《南海航行自由问题的理性思考》，载《新东方》2014年第5期，第29页。

② “Testimony Before the House Committee on Foreign Affairs Subcommittee on Asia and the Pacific,” *US Department of State*, February 5, 2014, https://2009—2017.state.gov/p/eap/rls/rm/2014/02/221293.htm，最后访问时间2018年4月27日。

③ 黄超：《框定战略与“保护的责任”规范扩散的动力》，第67页。

④ “Chinese Security and Freedom of Navigation in the South China Sea,” *East Asia Forum*, June 5, 2017, http://www.eastasiaforum.org/2017/06/05/chinese-security-and-freedom-of-navigation-in-the-south-china-sea/.

⑤ 李贵州：《从美国国会议案看其南海问题态度及其根源》，第126页。

(Sean P. Henseler) 认为，南海航行自由行动是必须的，有助于增强美国盟友和地区伙伴的信心，是确保美国南海航行自由权利的有效手段。①

第三，激励性框定 (motivational framing)。所谓的激励性框定是指确保和维持支持者的参与应对安全威胁的积极性。②美国鼓励同盟及伙伴国参与集体行动以维持其参与的积极性。其一，美国通过渲染炒作南海"军事化"和中国"强硬论"，为同盟国寻求介入南海航行自由问题的借口，维持其参与积极性。美国通过话语优势和媒体传播，将南海航行自由问题与中国在南海的维权行动如岛礁建设，以及南海主权争端等联系起来，肆意渲染中国"违反联合国海洋法"和"过度的海洋主张"。在美国舆论引导下，日本、印度和澳大利亚等国积极呼应，纷纷寻求介入南海以示对南海航行自由问题的担忧关切，一时间中国南海威胁论甚嚣尘上。其二，美国促使"南海航行自由"问题进入香格里拉对话、东盟峰会、东盟地区论坛等多边政治议程，促使东盟关注。例如 2012 年 6 月，在美国的推动下，"保护航行自由"成功进入第十一届香格里拉对话议程。同年 11 月，美国在《第四次东盟-美国领导人联合声明》中特别指出，美国与东盟在亚太地区和平稳定问题上拥有共同利益，拥有在南海自由航行以及飞越的权利。③美国呼吁东盟关注"南海航行自由"问题显然收到成效。2014 年 5 月，第二十四届东盟峰会首次在《主席声明》中特别提及"南海航行自由"，④随后召开的第二十一届东盟地区论坛上也同样提到"南海航行自由"问题。

2015 年 9 月，美国在《2016 财年国防授权法》中特别增加"1263 号南海行

---

① Sean P. Henseler, "Why We Need South China Sea Freedom of Navigation Patrols," *The Diplomat*, October 6, 2015, https://thediplomat.com/2015/10/why-we-need-south-china-sea-freedom-of-navigation-patrols/，最后访问时间 2018 年 4 月 16 日。

② 艾喜荣：《话语操控与安全化：一个理论分析框架》，载《国际安全研究》2017 年第 3 期，第 68 页。

③ Phnom Penh, "Joint Statement of the 4th ASEAN-U.S. Leaders' Meeting," *The White House*, November 20, 2012, https://obamawhitehouse.archives.gov/the-press-office/2012/11/20/joint-statement-4th-asean-us-leaders-meeting，最后访问时间 2017 年 6 月 16 日。

④ Nay Pyi Taw, "Chairman's Statement of the 24th ASEAN Summit: Moving forward in Unity to a Peaceful and Prosperous Community," *ASEAN Official Site*, May 11, 2014, http://www.asean.org/storage/images/documents/24thASEANSummit/24th% 20ASEAN% 20Summit% 20Chairman% 27s% 20Statement.pdf，最后访问时间 2017 年 3 月 25 日。

动”章节，以法律形式确立了干预南海问题的具体条文。①在该法颁布后，美国随后就针对中国在南海进行了频繁的航行自由行动。2015 年后，随着“南海航行自由”问题进入国际议程和引起广泛关注，美国及其盟友、伙伴国加紧采取行动以应对所谓的南海航行自由“威胁”。首先，随着美菲、美越关系的加强，菲律宾和越南极力支持美国参与南海联合巡逻。在“拉森号事件”中，越南和菲律宾都公开表示支持美国，在 2016 年 1 月威尔伯号驱逐舰进入中国中建岛区域 12 海里范围后，原本在“领海的无害通过权”问题上与中国立场相同的越南转而支持美国。②其次，美国敦促日本海上自卫队加入南海巡逻。2015 年 1 月，美国第七舰队司令罗伯特·托马斯（Robert Thomas）称，美国希望日本将空中巡逻区域覆盖至南海上空，以制衡中国在南海日益自信的姿态。③面对美国的邀请，前日本防卫大臣稻田朋美（Tomomi Inada）称日本始终支持美国的南海航行自由计划。④最后，美国呼吁澳大利亚尽快推出南海航行自由计划。对此，澳大利亚国立大学国际法专家唐纳德·罗斯韦尔（Donald Rothwell）认为，澳大利亚始终是国际法的坚定支持者，尊重海上航行自由规则是澳大利亚贸易繁荣的基础。不支持外国军舰在南海的航行自由权利只是中国等少数国家的立场，澳大利亚应积极支持美国的航行自由计划以防止中国所持立场成为事实。⑤美国通过积极拉拢并鼓动盟友和伙伴加入联合航行计划以给中国带来更大的外交压力，掣肘中国的海上崛起。

---

① “National Defense Authorization Act for Fiscal Year 2016,” *United States Congress*, November 25, 2015, https://www.congress.gov/114/plaws/publ92/PLAW-114publ92.pdf，最后访问时间 2018 年 4 月 16 日。

② Mira Rapp-Hooper, “Confronting China in the South China Sea,” *Foreign Affairs*, February 8, 2016, https://www.foreignaffairs.com/articles/china/2016-02-08/confronting-china-south-china-sea，最后访问时间 2018 年 6 月 16 日。

③ Sam LaGrone, “U.S. 7th Fleet CO: Japanese Patrols of South China Sea ‘Makes Sense’,” *USNI News*, January 29, 2015, https://news.usni.org/2015/01/29/u-s-7th-fleet-co-japanese-naval-forces-patrol-south-china-sea，最后访问时间 2018 年 6 月 19 日。

④ “Japan Supports but Won't Join U.S. Operations in South China Sea: Inada,” *Japan Times*, February 5, 2017, https://www.japantimes.co.jp/news/2017/02/05/national/sdf-wont-join-u-s-operations-south-china-sea-inada/#.WgRIr0xtbVo，最后访问时间 2018 年 6 月 17 日。

⑤ Donald Rothwell, “Freedom of Navigation in the South China Sea: Australia Must Take A Stand,” *Australian Strategic Policy Institute*, June 14, 2017, https://www.aspistrategist.org.au/freedom-navigation-south-china-sea-australia-must-take-stand/，最后访问时间 2018 年 5 月 12 日。

总之，美国故意在不同场合与机制平台上挑起南海航行自由的议题，通过某种歪曲事实和夸大威胁，逐步引导南海相关国家来接受符合美国立场的原则、规则、规范和政策，从而使得“中国是航行自由的威胁者以及国际法的破坏方和国际规则的挑战者”突然成为南海相关国家所谈论的话题。这属于一种自上而下单向的规范扩散，表明了美国在通过某种有预谋的技术性操作，给予南海相关国家以话语诊断、话语预期和话语激励的契机。表面上是南海相关国家主动判断国际形势和威胁，其实是在美国的牵引中逐步接受了规范，在不断地确证规范意义的同时受到麻痹而将其内化，最终对美国在南海的规范扩散和主导习以为常了。

四、对美国南海航行自由规范的反思

第一，美国对南海航行自由规范的扩散采取了自上而下的“教化”模式。玛莎·芬尼莫尔（Matha Finnemore）认为，规范扩散是主体向客体主动传播规范的进程，国际制度和国际组织起决定作用，她所称的教化机制包括三个步骤：战略计算（strategic calculation）、角色扮演（role playing）和规范说服（normative persuasion）。①就南海航行自由规范而言，美国故意忽视其他国家对航行自由的威胁和破坏，协调和降低它们加入和遵守规范的成本，以避免陷入困境并且达成最佳的合作结果（战略计算）；航行自由规范进而塑造南海相关国家维护航行自由的身份利益和共享期望，并且逐渐演变成规范追随国（角色扮演）；最终美国成功地说服地区关键国家接受航行自由规范（规范说服）。南海相关国家认为接受航行自由规范更有助于获得南海经济和安全等重要的物质利益，因此该规范就在这些国家成功得到传播。②成功的规范说服很好地抓住了东南亚国家的利益需求。例如美国注意到南海相关国家因担忧南海利益受侵害要求中国澄清“九段线”主张，因此，相关智库机构就顺势将其视为扩散航行自由规范的契机，很快就列出了具体的方案来陈述美国政府应有的立场。2014 年 12 月 5 日，

① Jeffrey T. Checkel，“International Institutions and Socialization in Europe：Introduction and Framework，” *International Organization*，Vol.59，No.4，2005，pp.801—822.

② Andrew P. Cortell and James W. Davis，“Understanding the Domestic Impact of International Norms：A Research Agenda，” *International Studies Review*，Vol.2，No.1，2010，pp.75—77.

美国国务院海洋、国际环境和科学署海洋与极地事务办公室发表题为《海洋边界——中国在南中国海的海洋主张》的研究报告。这份报告首先是列出了九段线的3种法律含义，而后对其进行逐一质疑与批驳，进而顺理成章地完全否定了中国的南海主张，报告最终认为九段线含糊不清而且完全不符合《联合国海洋法公约》，它侵犯了南海周边国家海洋权益并且威胁了南海的航行自由。①作为一种外部规范，美国的南海航行自由规范之所以得到了成功扩散还依赖如下两方面的优势：一是南海地区国家逐渐都会感受到来自外部规范的压力，一些国家一旦接受了外部规范，转而也会对未接受国产生伙伴压力；二是南海相关国家领导人也希望增强自尊，加强本国在国际社会中的地位，因此也会模仿遵守该规范。

第二，美国对南海航行自由规范的扩散体现了美国的霸权主导。一方面，美国将南海航行自由界定为美国的“国家利益”。2010年7月，时任美国国务卿希拉里·克林顿（Hillary Clinton）在东盟地区论坛上发表“河内讲话”，声称确保南海公海海域的开放，维护《联合国海洋法公约》所赋予的航行自由权是美国的“国家利益”。②希拉里后来说，这一精心挑选的措辞是为了反击中国宣称南海领土属于其核心利益的主张。③根据希拉里的逻辑：美国必须开创一种有章可循的且开放、自由、透明、公平的南海秩序，而且只有美国才有能力充当这样一种秩序的开创者和维护者。通过这种方式，美国既可以规避遏制中国的坏名声和恶形象，又可以逼迫中国就范，因为中国如果不接受将会被置于国际规则和国际法的违背者甚至挑战者的位置上。④另一方面，美国将南海航行自由视为“普世原则”，而无视地区国家对主权的合理诉求。中国南海岛礁建设是在本国领土上进行的基础设施建设，但美国却横加插手指责。从2015年5月20日到6

---

① United States Department of State Bureau of Oceans and International Environmental and Scientific Affairs, “Limits in the Seas, No.143, China: Maritime Claims in the South China Sea”, https://www.state.gov/documents/organization/234936.pdf，最后访问时间2017年8月16日。

② Catherine Putz and Shannon Tiezzi, “Did Hillary Clinton's Pivot to Asia Work?,” *The Diplomat*, April 15, 2016, https://thediplomat.com/2016/04/did-hillary-clintons-pivot-to-asia-work/，最后访问时间2018年4月28日。

③ 杨志荣：《中美南海战略博弈的焦点、根源及发展趋势》，载《亚太安全与海洋研究》2017年第4期，第19页。

④ 李向阳：《中国崛起过程中解决边海问题的出路》，载《现代国际关系》2012年第8期，第18页。

月 3 日，常务副国务卿布林肯（Atony Blinken）、美国防长卡特、总统奥巴马、助理国务卿拉塞尔先后表达了对南海地区局势紧张、不稳定和冲突的担忧，并声称反对通过武力或胁迫进行主权声索，反对将争议岛礁进一步军事化，进而威胁南海航行自由。①2015 年 7 月，时任美国亚太事务助理国务卿丹尼尔・拉塞尔还称，与南海岛礁的主权归属问题相比，美国更在乎“南海航行自由”等“普世原则”。②在中国南海岛礁建设期间，美国媒体倾向于采用拥有话语权的政治精英和智库学者的观点来构建关于航行自由的话语框定框架，美国政府也在借助媒体高调报道南海航行自由问题，美军 P-8A“海神”巡逻机在巡逻南海岛礁建设时搭载美国有线电视新闻网记者就是体现。因此南海航行自由规范更体现美国的霸权主导，其中国际组织、地区组织和代理国家构成规范传播的主体，政府官员的声明谈话、智库报告、学者观点、媒体构成规范传播途径。概括而言，美国或西方的价值观、美国主导的军事联盟、联合国及其下属机构组织成为其霸权主导的三个重要支柱。③

第三，美国对南海航行自由规范的扩散是对本国和他国国内制度的利用与操控。一方面，美国在南海扩散航行自由规范得益于本国国内制度。美国是典型的社会主导型国家，社会利益集团对国家政策和行为的影响力很大。例如，在 1995 年 5 月，美国国务院就发表了一项明显针对中国的政策声明，第一次较为系统地阐明了美国保护南海航行自由的必要性。紧接着，美国和平研究所（United States Institute of Peace）高级研究员迈克尔・伦德（Michael S. Lund）就指出，在南海地区进行预防性外交，联合国和区域组织作为第三方进行参与和干预，防止航行自由权受到侵害非常有必要。④很快在 1996 年 8 月，美国和平研究所就发表了所谓的“斯奈德报告”，正式提出了美国应当在南海问题上奉行

---

① United States Department of Defense，“Carter Urges Peaceful Resolution of South China Sea Disputes”，May 27，2015，https://www.defense.gov/News/Article/Article/604731/，最后访问时间 2017 年 3 月 25 日。

② Prashanth Parameswaran，“US Not ‘Neutral’ in South China Sea Disputes：Top US Diplomat，” *The Diplomat*，July 22，2015，https://thediplomat.com/2015/07/us-not-neutral-in-south-china-sea-disputes-top-us-diplomat/，最后访问时间 2018 年 5 月 25 日。

③ 傅莹：《失序与秩序再构建——7 月 6 日在英国皇家国际问题研究所的演讲》，载《中国人大》2016 年第 14 期，第 25—26 页。

④ Michael S. Lund，“Underrating Preventive Diplomacy，” *Foreign Affairs*，Vol.74，No.4，July-August 1995，p.162.

“积极的中立主义”政策，通过开展预防性外交来防止中国威胁南海航行自由。① 另一方面，规范受众国的国内制度为美国的航行自由规范的扩散提供了机会。国内制度确定了民众和政府之间的游戏规则及彼此的权利和义务，界定了什么是合法行为以及什么是非法行为，同时在这一过程中也帮助国内行为体界定它们的国内利益和国际利益。②通常，美国总是针对规范受众国特定的利益群体进行战略宣传和战术动员，使它们成为潜在的规范支持者。规范受众国国内可被利用的制度主要有两种：一是国内大选制度。规范受众国的国内领导人为了赢得这些选民支持，进而在大选演讲或者政策声明中有意识地向这些选民宣扬某些国际规范以赢得选票，而这些规范正是传播者想要传播的。二是，国内政治博弈。众所周知，任何一个国家的对外政策都是国内利益群体博弈的最终结果。美国往往通过在国际和区域制度中创造或排斥机会，使某些支持美国立场的国内利益群体比其他反对美国的利益群体获益更多。一旦没有遵循美国想要达成的战略目标，那么它就会在机制中失去机会或者遭受排斥，进而受到其他国内利益群体的压制而在国内政治博弈中失利，最终也将会失去相应的利益和名誉。③

总之，美国对南海航行自由规范的扩散采取了“教化”模式并体现了霸权主导以及对本国和他国国内制度的利用和操控。自上而下单向的规范扩散模糊了规范本身的积极意义，致使规范议程变得越来越偏狭，甚至无视他国合理的主权诉求，这构成扩散中固有的缺陷与疏漏。然而，现实中的规范扩散是互动的，复杂的且难以预期的。未来的南海航行自由新规范既要抵制美国的霸权主导又要彰显其积极价值，这无疑指向了一种互动型的双向规范扩散。

五、双向规范扩散与南海航行自由新规范

自下而下单向的规范扩散属于“刺激-反应”的简单模式。芬尼莫尔和切克

---

① 王传剑：《南海问题与中美关系》，载《当代亚太》2014 年第 2 期，第 8 页。

② 林民旺、朱立群：《国际规范的国内化：国内结构的影响及传播机制》，载《当代亚太》2011 年第 1 期，第 140 页。

③ ［美］乔纳森·科什纳：《进攻性现实主义的悲剧：古典现实主义与中国崛起》，载《国外理论动态》2013 年第 4 期，第 67 页。

尔虽看待规范扩散的视角不同，但都有明确的“教化主体”即国际组织。规范“倡导者”或“接受者”的二元区分并不能描述国际社会复杂的身份变动。①国际规范主要是西方国家构建的社会事实，它体现在西方的话语之中。一方面它反映了自上而下的和西方中心的狭隘理念，另一方面它必然地造就了一些理论盲点。陈拯就提道，国家行为体具有能动性和施动性，而相关研究片面且过度强调体系规范对单元的影响，忽略了行为体的反社会化倾向与实践自主性。②然而实际上，国际规范并非一成不变而是始终处于变动演进的过程之中。③自上而下单向的规范扩散对规范的理解片面而忽视了新规范的产生。其一，模糊性规范。杰弗里·勒格罗（Jeffrey Legro）认为，单位（次单位）层面的组织文化比体系层面的国际规范对行为体行为的影响更大。行为体处在快速变化的国际环境中，并非所有规范都是明确的，行为体之间也会产生一些模糊规范，进而对目标行为体产生教化效果。④其二，竞争性规范。在安·弗洛里尼（Ann Florini）看来，规范就像基因一样处于竞争当中，有时候规范虽然受到质疑和挑战，但问题可能并非源于规范自身，而是来自其他的竞争性理念。⑤其三，指涉对象的消失。周方银提到，如果规范涉及的对象消失了，那么就会失去作用和继续存在的理由。⑥其四，国家属性的变化。国内和国际规范处于互动中，前者对后者具有能动作用。国家内部的政治、经济或社会等属性变化会部分地甚至全部地改变国家的制度、利益以及价值观，进而会影响原有规范的扩散甚至引起新规范的产生。⑦其五，时空环境的影响。任何规范都产生于特定的历史环境之中，没有脱离环境而存在的特殊规范。⑧现实中，环境的剧烈冲击和重大事件的发生，往往

① 陈拯：《建构主义国际规范演进研究述评》，第143页。

② 同上文，第142页。

③ 张小明：《中国的崛起与国际规范的变迁》，载《外交评论》2011年第1期，第35页。

④ Jeffrey W. Legro, “Which Norms Matter? Revising the ‘Failure’ of Internationalism,” *International Organization*, Vol.51, 1997, pp.31—56. 转引自秦亚青、〔美〕亚历山大·温特：《建构主义的发展空间》，载《世界经济与政治》2005年第1期，第9页。

⑤ Ann Florini, “The Evolution of International Norms,” *International Studies Quarterly*, Vol.40, No.3, 1996, pp.363—389.

⑥ 周方银：《国际规范的演化》，清华大学国际关系系2006年博士论文，第92—94页。

⑦ 徐进：《国家何以建构国际规范》，载《国际论坛》2007年第5期，第10页。

⑧ 柳思思：《从规范进化到规范退化》，载《当代亚太》2010年第3期，第155页。

为新规范取代旧规范提供了刺激条件。①

自上而下单向的规范扩散忽视了规范传播的复杂过程以及规范本身的变动性，忽视了去关注由模糊性规范、竞争性规范、原有规范指涉及对象的消失、国家属性的变化，以及时空环境的变化等影响因素所导致的新规范的产生。当前我们需要从理论层面搭建新规范诞生的孕育场所，例如能够承载外生性规范与内生性规范互动交流的区域间机制。此外，美国对南海航行自由规范的扩散表明，当规范获得强大物质力量的持续性支持时更容易获得成功传播并且赢得其他国家的支持与追随。因此理论上，双向规范扩散需要有区域间机制作为平台，并且能够获得较强大物质力量的持续性支持，还要有推进新规范诞生的具体行动。在区域间主义实践中，区域行为体的角色兼具结构性和施动性，他们既可以创造和倡导国际规范，又可以接受乃至革新国际规范，既能够抵制国际规范向本地区的扩散，又可以努力推动本地区规范向外部的扩散。在规范扩散进程中，区域间平台可以扮演双向角色，规范倡导者借助区域间制度平台，通过"劝说"方式推动了新的国际规范兴起，进而通过规范的社会化而实现"规范普及"，最终通过法律化、习惯化和制度化使原有内部规范成为新的国际规范。②

第一，以"东盟+"为核心的南海区域间机制可以作为航行自由新规范诞生的平台。区域间机制成为区域/国家与体系层面之间的中间平台或路径。一方面，它可以融纳本地区共享规范的对外制度性或常规化地输出，更有利于规范的普遍化与国际化；另一方面，它可以缓冲国际规范或者甄别有益于本地区的特定规范，更有选择性的促进全球规范向内部扩散而使之区域化和地方化。实际上，这种双重的规范扩散进程赋予了其改变规范标准的能力。以"东盟+"区域间安全机制对南海航行自由规范的双重作用为例。其一，中国可以将现有的海洋法框架纳入中国-东盟区域间对话当中。例如，中国可以依托东盟组织主办航行自由相关论坛与会议，增强自身议题提出和设置能力，纠正美国及南海争端各国对中国妨碍南海航行自由的偏见及误解。此外，中国可以通过借用"东盟+"平台联合相关成员国提供南海航行自由的公共产品以扭转美国在南海

① ［美］彼得·卡赞斯坦主编：《国家安全的文化：世界政治中的规范与认同》，宋伟、刘铁娃译，北京：北京大学出版社2009年版，第445页。

② 郑先武：《区域间治理模式论析》，第115—116页。

航行自由问题上给中国造成的不利局面，减少南海相关国家对中国的战略疑惧。其二，在中美战略竞争背景下，中国应坚持和维护已有的互信机制，并且通过“东盟+”框架来减缓中美战略竞争的烈度及其对南海秩序的波及。一方面，中国要巩固和维护已有的互信机制。早在2014年，中美就签署了“建立重大军事行动相互通报信任措施机制谅解备忘录”和“海空相遇安全行为准则谅解备忘录”等互信机制。然而，特朗普上台后美国在南海的航行自由行动明显地增强了军事挑衅性，不仅行动频率增强而且与实战结合更加紧密。这在一定程度上会损害和侵蚀已有的互信机制，未来需要更大的战略信心和耐心来进行维护。另一方面，中国要将中美战略博弈与“东盟+”的区域间安全机制相互协调，以有效管控意外冲突和分歧，并且减弱中美战略竞争的恶性影响。不可否认，在中美战略竞争背景下，中美围绕“规则和结构”包括法律规则、组织结构和机制的博弈已经是基本事实，但特朗普政府当前的核心关注在于经贸和朝核问题，而导致对“南海行为准则”、东盟的重视减弱，因此中国应抓紧时机将中美战略博弈融纳于“东盟+”区域间机制约束中。中国要增强国际规范如国际法和《联合国海洋法公约》与地区规范及标准的交流，并逐步增强由东盟主导的相关地区组织（东盟地区论坛、东亚峰会、东盟防长扩大会议）所确立的南海地区规范和结构。①

第二，有能力的大国和区域政府组织起着核心作用，在“东盟+”的区域间安排中扮演支配性角色，并将有力推进南海航行自由新规范的产生。行为体的角色能力决定规范权力，地区国家可以成为外部规范的“建设性地方化者”，或支持和强化全球规范，或挑战和抵制强大行为体和国际组织的狭隘观念，最终挑战和影响全球规范的进程。这种双重的规范扩散进程突破体系上的西方普遍主义和文化上的种族中心主义偏见，并且使发展中国家和区域组织能够与发达国家和区域组织一道，影响本区域的规范变革。②尤其区域大国基于国内政治需求以及地区其他国家和域外大国的认知与态度，能够做到增进本国的区域优势并从地区内外两个方向建构南海地区的新规范。③中美在南海的战略竞争就聚

① ［美］帕特里克·克罗宁：《南海地区的权力与秩序：美国南海政策的战略框架》，载《亚太安全与海洋研究》2017年第1期，第36页。

② 郑先武：《区域间治理模式论析》，第116—118页。

③ 李峰、郑先武：《印度尼西亚与南海海上安全机制建设》，载《东南亚研究》2015年第3期，第55页。

焦于规则制定权、话语权、议题设置等方面，鉴于此，中国应切实增强中国在南海航行自由上的法律影响力并且增强与东盟的沟通协商。一方面，中国应促进国内法与国际法的相互贯通与渗透，做到彼此影响与互动。中国法治建设要做到及时了解国际法治动向，及时了解、分析和掌握国际立法的规则、立法发展趋势和基本特征，中国应将自身的法治主张和诉求体现在国际法治进程中，借鉴人类文明先进成果，积极参与国际法治进程，逐渐将南海航行自由问题上鲜明的区域性特征拓展为在国际法事宜上的一种国际大视野。①中国既遵循与支持《联合国海洋法公约》所规定的航行自由权，也可以为南海航行自由设立国内法框架与限制。另一方面，中国应该增强“议题设置”和“议题置换”的能力，提出中国与南海相关国家共同维护南海航行自由的建设性方案。2018 年 8 月中国与东盟已就“南海行为准则”单一磋商文本草案达成一致，作为《南海各方行为宣言》框架下的第一份草案，这是共同推进南海航行自由新规范诞生的新框架和新平台。很多南海国家如越南、印度尼西亚和泰国在“专属经济区内的军事活动是否适用于航行自由”问题上同中国持相同立场。中国可以组织这些国家的专家和学者共同梳理和研讨有关国际法条款和具体案例，增强和凝聚共同立场。2018 年 10 月，中国—东盟成功举行了“海上联演-2018”，未来可以尝试在联合军演的框架下与一些国家共同缔结联合巡航的相关条约和协定，就潜在危害各国海洋权益或有损国际法公正公平的模糊情况提出议案，并落实到“南海行为准则”具体条文当中，最终完成对现有南海航行自由议题的置换。

第三，中国与东盟切实推进“南海行为准则”的磋商与谈判，用具体行动来切实促进南海航行自由新规范的产生。近年来，随着新兴大国的崛起，它们在规范扩散中处于特殊地位并且和国际规范也进行着复杂的双向互动。不同于一般接受客体，新兴大国一方面在现存国际规范中得到社会化，另一方面作为更加积极的施动者来塑造新兴规范。新兴大国都面临西方国家主导的霸权机制，包括物质能力和意识形态的双重控制，其在早期需要通过与现存规范互动来获得国际社会认可，但随着发展壮大因而更有能力来影响甚至塑造国际规范的建

① James Crawford and Donald R.Rothwell, *The Law of the Sea in the Asian Pacific Region*, Leiden: Martinus Nijhoff Publishers, 1995, pp.237—242. 赵骏：《全球治理视野下的国际法治与国内法治》，载《中国社会科学》2014 年第 10 期，第 84—86 页。

构与重构。①相关研究动辄将中国刻画成为“维持现状者”的对立面“改变现状者”，或者将中国描述为“守成国”相对立的“崛起国”。在西方的思维逻辑中，这种非此即彼的二元对立和冲突性根深蒂固。这事实上忽视了中国与其他国家的互动，否定了中国改变自身并且融入国际社会的积极努力。事实上，国际社会的运作并不像结构主义所描画的那样简单。中国通过金砖峰会、亚投行等多边机制来作为抗衡西方优势的手段，进而推动国际秩序规范的转变。②双向规范扩散框架就突出了新兴大国作为规范主动塑造者的角色与作用。③2017 年 8 月 2 日至 8 日，在中国和东盟国家的共同努力下达成“南海行为准则”框架，南海问题被重新拉回直接当事方对话协商解决的轨道。④当前，中国与东盟切实推进“南海行为准则”的磋商与谈判，将有力推进南海航行自由新规范的产生。一方面，中国应该继续推动“南海行为准则”的案文磋商并且在必要时要赋予其法律效力，其中要用相关条款厘清国际法中的航行自由与美国语境中航行自由的区别。美国故意混淆南海航行自由概念并渲染所谓的南海航行自由问题，意在护持其在南海及亚太地区的霸权地位，中国应加强话语和舆论引导并揭露美国制造南海航行自由存在威胁是伪命题，避免陷入舆论被动的不利境地。中国应对南海航行自由问题实现“话语引导”，正面减弱美国大肆对南海航行自由问题的军事、外交、舆论渲染。另一方面，中国应适当借助学术团体、研讨会等非正式制度来扩大区域间对话，预先就南海航行自由新规范诞生的提供智力和舆论支持。中国可积极利用相关官员和国内外学术力量就南海航行自由进行辩论并加以引导，尤其要对航行自由相关事件进行客观翔实的研究。中国要主动构筑维护自身利益的话语系统，提升自身的话语权和影响力，增强南海航行自由的中国方案的号召力。

---

① Pu Xiaoyu，“Socialization as A Two-way Process：Emerging Powers and the Diffusion of International Norms，” *The Chinese Journal of International Politics*，2012，Vol.5，No.4，pp.341—367；王存刚：《国际规范的新变化与新趋势》，载《世界经济与政治论坛》2013 年第 6 期，第 120—130 页。

② Yan Xuetong，“International Leadership and Norm Evolution，” *The Chinese Journal of International Politics*，Vol.4，No.3，2011，pp.233—264.

③ 陈拯：《建构主义国际规范演进研究述评》，第 142—143 页。

④ 《“南海行为准则”框架达成意义重大》，新华网 2017 年 8 月 9 日，http://news.xinhuanet.com/2017-08/09/c_1121456354.htm，最后访问时间 2017 年 9 月 25 日。

六、结论与未来的努力方向

在未来，中国可以分阶段推进海洋强国战略，为南海航行自由新规范的诞生创造制度渠道。海洋强国战略的目标有近期、中期和远期之分。其一，近期战略目标主要是管控南海争端的升级或爆发，在维持现状的基础上采取有效措施，减少他国对我国海洋权益的侵害。其间，南海岛礁的后续建设着重为南海航行自由提供公共服务和公共物品，与之匹配的南海事务的领导机构、科研院所、智库中心，以及相关的国内政策和法律制度为航行自由新规范提供“软性”支持。其二，中期战略目标主要是利用国家综合国力，进一步推动中国与域外大国、东盟和南海相关国的制度合作，成为南海区域重要的规范扩散国，创造条件来设法解决南海问题。其间，中国与相关各方积极促动“南海行为准则”的具体案文磋商以及法律效力的逐渐赋予，增强对南海航行自由新规范的“硬性”支撑。中国要逐渐引领南海航行自由回归理性轨道，权力要基于社会共识，制度应融纳新的规范议程，巩固和增强对规范冲突的预防。①其三，远期战略目标主要是完成对南海安全秩序的重塑，中国转型为主要的规范扩散国并且成为世界性海洋大国，全面管理中国海域且适度自由利用全球海洋及其资源。②在实现海洋强国最终战略目标时，南海航行自由新规范将真正成为适应南海地区经验的，能够获得南海相关国家支持和追随的，其积极价值真正获得遵奉的，而且行之有效的国际法规范。

在未来，中国应积极推动构建人类命运共同体，为南海航行自由新规范的诞生提供理念和思想的指导。目前南海航行自由所依赖的制度渠道主要有如下几方面：美国在盟国辅助下实施的覆盖海上的军事部署，美国主导的海上安全和军事合作机制；东盟国家基于大国平衡战略与美国等国构建的海上军事和安全合作机制；马六甲海峡安全保障合作机制；技术性多边合作机制和其他相关机制，包括国际涉海安全公约或者在APEC框架下的多边合作机制。③然而，南

① Morton Katherine，“China's Ambition in the South China Sea：Is A Legitimate Maritime Order Possible?，” *International Affairs*，Vol.92，No.4，2016，p.914.

② 金永明：《中国制定海洋发展战略的几点思考》，载《国际观察》2012年第4期，第13页。

③ 邹立刚：《南海非传统安全问题与安全合作机制》，载《新东方》2013年第4期，第24—25页。

海安全机制繁杂重叠且缺乏效力，这在相当程度上阻碍或迟滞了南海航行自由新规范的诞生。因此，中国应积极推动制度升级，并构建人类命运共同体。在南海地区构建人类命运共同体，可以进一步发挥南海航行自由规范的原有价值，促进新规范的诞生。人类命运共同体要求南海相关国家缓解双边或多边规范之间的竞争与冲突，遵循政治磋商与平等协商的规范来解决南海争端。它也充分表达了中国与东盟国家间安全合作的政治意愿。人类命运共同体可以在相当程度上缓和域外大国、南海相关国家对中国的规范施压，它倡导域外大国与中国在南海议题发展过程中发挥建设性作用，它也希望东盟和南海相关国共同促进南海地区和平稳定与合作。①有理由相信，在人类命运共同体的指导下，围绕南海航行自由的机制建设将取得有效进展，并将推进南海航行自由新规范的案文磋商及法律效力的赋予。

总而言之，从规范扩散视角考察南海航行自由问题，为我们观察南海问题和中美关系提供了独特视角，也对南海航行自由新规范的诞生有一定的启示意义。但同时我们也要注意到该视角本身存在一定的局限和问题。首先，规范扩散受到现实权力因素的限制。南海航行自由既是一种法律规范，也是中美战略博弈的一个焦点。中国积极推动南海航行自由新规范诞生时，一定会受到战略竞争的影响，只是在何种程度及在哪些具体议题上影响有待观察和探讨而已。此外，菲律宾和越南等南海相关方是美国的战略盟友，它们与美国的同盟关系也将影响南海航行自由新规范的诞生。它们是否支持中国有可能与印度尼西亚、越南、泰国等国家联合提出的议题或者在未来是否有可能加入南海地区国家有可能组建的联合巡航机制仍然有待观察。其次，双向规范扩散的效果很难衡量。例如，自下而上的规范能否有效改变美国在航行自由规范中的霸权主导，以及能否改变本地区比较狭隘的规范认知，应该以什么标准来衡量呢？目前还没有答案。最后，双向规范扩散更加注重交流与互动的进程而非结果，那么南海航行自由新规范在什么情况下可以被宣称诞生了，诞生了之后是否仍然处于发展进程当中呢？对此，规范扩散视角目前也没有定论。鉴于以上局限与问题，在未来如何推进南海航行自由新规范还需要学界从不同视角的共同努力，也需要相关方在实践层面的努力推进。

① 葛红亮、鞠海龙：《“中国—东盟命运共同体”构想下南海问题的前景展望》，载《东北亚论坛》2014年第4期，第29—30页。

规范传播、国家社会化与中国全球治理观的形成

毕海东*

一、引　言

全球治理（global governance）自从20世纪90年代被提出以来，一直是学界和政界讨论的一个热门话题。全球治理是顺应全球化的发展和全球性问题的产生而兴起的一个概念，是治理（governance）在全球层面的拓展和运用。随着全球化进程的深入和全球性问题的凸显，其理论内涵和实践意义也不断丰富，成为人们理解全球变革的一个重要而有益的视角。一般来说，全球治理的概念存在规范和实证两个层面的含义。①规范层面的全球治理主要从理论上强调治理的超国家、多中心内涵及蕴含其中的全球主义价值，即各种公共的和私人的机构只要得到公众的认可，都可以成为各个层面的治理中心，这样的治理思路呈现出的是世界整体和人类中心的视野与意识。实证层面的全球治理主要在实践上关注全球性问题的解决，即如何将全球治理的规范和价值融入全球性问题的治理中。除此之外，全球治理还可以从普遍性和地域性的视角予以解读。普遍性思维假设"所有的知识原理都适用于所有地方的所有人，仿佛世界上只存在着一种可能的知识共同体"，但是，在现实世界中，存在各种不同的文化和知识共同体是个显

* 毕海东，中国人民大学国际关系学院博士生。

① ［美］马丁·休伊森、蒂莫西·辛克莱著：《全球治理理论的兴起》，张胜军编译，载《马克思主义与现实》2002年第1期，第43页；卢静：《全球治理：在规范与经验之间》，载《国际论坛》2006年第6期，第20—23页；高奇琦：《国家参与全球治理的理论与指数化》，载《社会科学》2015年第1期，第3页。

然的事实。①具体到全球治理上，现有全球治理的普遍性研究更多地认为治理内含的超国家和多中心规范普遍适用于全球，应该在全球层面和跨国层面上加以实践；而既有全球治理的地域性研究更多从地区主义的视角切入，关注地区性组织在区域治理中的效用及其给全球多边治理带来的机遇和挑战，②却缺失了对各个国家基于自身独特的历史经历、文化土壤和制度属性所参与的不同的治理实践，以及在此基础上形成的治理观念的关注。这一缺失构成本文研究的出发点。

进而，本文在研究不同国家的全球治理观念和治理实践时，将研究重点放在治理观念上，并将研究对象具体设定为中国，即中国的全球治理观（view of global governance）及其形成机制。这一设定是因为，相对于全球治理观念来说，各国的全球治理实践明显直观且易于总结，但实践背后的深层次观念因素却不容易把握，需要细致地加以梳理和挖掘。除此以外，观念研究也是国际关系研究中一个非常重要却有待充实的领域：国际关系研究的主题是战争与和平，或曰冲突与合作，而国际行为体选择何种行为首先受到的是各自观念的支配和制约，并且国际关系形态的演进也离不开观念的变革与建构。但是，在国际关系理论研究中，现实主义范式强调的是“权力”和“利益”等物质性要素，很少关注对观念的研究。新自由制度主义开始认识到“观念”的重要性，强调观念因素和物质因素都能对外交政策产生影响，但该理论集中于探讨观念的作用，而没有解释观念的形成和来源，③因而难以成为本文所需的理论工具。主流建构主义认为行为体间的互动可以形成共有观念，共有观念赋予国家身份、利益和行为以意义，④这可以被视为关于观念的一种研究视角。但此处的“观念”指的

① 赵汀阳：《没有世界观的世界》，北京：中国人民大学出版社 2005 年版，第 92 页。

② 参见 JÜRGEN RÜLAND，“Southeast Asian Regionalism and Global Governance：‘Multilateral Utility’ or ‘Hedging Utility’?” *Contemporary Southeast Asia*，Vol.33，No.1，2011，pp.83—112；MARIO TELÒ，ed.，*European Union and New Regionalism*：*Regional Actors and Global Governance in a Post-Hegemonic Era*，2nd ed.，Hampshire，Ashgate Publishing Limited，2007；肖欢容：《地区主义及其当代发展》，载《世界经济与政治》2000 年第 2 期，第 58—62 页；王学玉：《论地区主义及其对国际关系的影响》，载《现代国际关系》2002 年第 8 期，第 29—35 页；卢静：《全球治理：地区主义及其治理的视角》，载《教学与研究》2008 年第 4 期，第 55—60 页。

③ ［美］朱迪斯·戈尔茨坦、罗伯特·基欧汉主编：《观念与外交政策：信念、制度与政治变迁》，刘东国、于军译，刘东国校，北京：北京大学出版社 2005 年版。

④ ［美］亚历山大·温特著：《国际政治的社会理论》，秦亚青译，上海：上海人民出版社 2008 年版。

是体现主体间性（intersubjectivity）的共有观念，更多的是以“文化”的形态表现出来，与本文所要研究的体现主体性（subjectivity）的国家行为体的全球治理观并不属于同一概念范畴，所以主流建构主义也不能作为本文的直接理论工具。但是，观念毕竟属于非物质性的社会范畴，相对于理性主义将观念视为物质性要素的附带现象（epiphenomenon）来说，建构主义范式能够还原观念在理论和实践中的本来面貌和真实地位，对观念的研究更具有解释力和说服力，也适合作为本文的理论基底。因此，在具体的分析视角上，将借鉴建构主义范式（paradigm）的规范传播（norm diffusion）①理论，构建起体现主体间性的“规范”与体现主体性的“观念”之间的互动机制，作为分析中国全球治理观的理论框架。

二、既有文献回顾

国内学界关于中国全球治理观的研究中，有一部分集中于探讨中国政府提出的关于全球治理的理念和主张，其中，有代表性的是对“和谐世界”和“人类命运共同体”的研究。俞可平和庞中英认为，“和谐世界”新理念集中体现了中国对当今国际局势、全球问题、人类命运和理想目标的基本判断和价值追求，实际上从“全球治理”的角度指出了中国如何面对全球化挑战、管理全球化的思路。它是中国国内政治发展在国际政治领域的反映，代表了中国全球战略的最新进展，因而也是中国的全球治理观。②王永贵和李沛武认为，当今全球化的发展进程因为一系列负面因素的影响而出现了严重偏差，特别是某些主观的人为因素严重干扰着全球化的客观发展进程，使全球化在许多方面处于加速失衡的危险境况，从而越来越偏离了全球化的本质属性和要求。“和谐世界”理念作为中国式的全球治理观，反映了全球化的本质要求，代表了全球化的发展趋势，对于治理和矫正全球化的偏差与失衡具有重大的战略意义。③左高山认为，中国

① 国内一些学者也将“norm diffusion”译为“规范扩散”。参见黄超：《建构主义视野下的国际规范扩散》，载《外交评论》2008 年第 4 期，第 59—65 页；张凯：《战略约束、规范扩散与冷战后东亚地区秩序》，载《国际关系学院学报》2012 年第 1 期，第 66—70 页。

② 俞可平：《和谐世界与全球治理》，载《中共天津市委党校学报》2007 年第 2 期，第 5—8 页；庞中英：《和谐世界：全球治理的中国主张》，载《国际先驱导报》2005 年 12 月 29 日版。

③ 王永贵、李沛武：《全球化进程与中国构建和谐世界的外交战略选择》，载《当代世界与社会主义》2008 年第 4 期，第 80—83 页。

提出的“和谐世界”理念是基于对现实的深刻反思而提出的一种新的世界观，是综合了世界各国、各民族对平等、正义和普遍价值的共同追求的新的国际伦理观，是由人类发展的共同目标所支持的新的全球治理观。①

目前将“人类命运共同体”与中国的全球治理观联系起来的论述多散见于报纸，②学界的相关研究相对较少。曲星和张彪认为，“人类命运共同体”是近年来中国政府反复强调的关于人类社会发展的新理念，需要各国在维护和追求本国安全和利益时兼顾他国的合理关切，在谋求本国发展中推动共同发展。这一理念的价值观基础包括平等互信的新型权力观、合作共赢的共同利益观以及包容互鉴的文明观，体现了中国的全球治理观，有利于实现全球可持续发展。③王公龙和韩旭认为，“人类命运共同体”思想反映了崛起的中国对世界潮流的新认知、对21世纪国际关系模式的新主张以及对全球化时代国际秩序的新思考，它既符合中国维护国家利益、和平融入国际秩序的内在需求，又体现了当代中国对世界发展和人类未来的责任，其内在逻辑是从改变自己、改变地区到改变世界，理论本质是基于全人类利益相关与命运相连的立场，表达出一种旨在促进人类生存与发展的共同体意识。④

赵晨梳理了中国对于不同治理领域、治理主体、治理方式以及治理价值的看法，认为中国政府认可并明确了在全球经济治理领域的基本立场、观点和目标，但在政治和安全这样的“高政治”领域，中国政府对采用全球治理的概念比较慎重，主要是担心西方以此为借口干涉中国的内政，威胁中国的主权完整和独立自主。在治理主体上，中国全球治理视域的基本行为体是现代国家，也不排斥政府间国际组织在国际事务中发挥协调、沟通和管理作用，但在对待国际非政府组织上，中国要比欧美谨慎得多。关于治理方式中的主权与人权关系

---

① 左高山：《和谐世界理念：一种新的政治伦理》，载《道德与文明》2008年第2期，第19—21页。

② 代表性的论述参见：徐惠喜：《创新中国全球治理观，构建人类命运共同体》，载《经济日报》2015年12月29日第006版；蓝蔚青：《全球治理核心理念：打造人类命运共同体》，载《学习时报》2016年1月18日第003版。

③ 曲星：《人类命运共同体的价值观基础》，载《求是》2013年第4期，第53—55页；张彪：《构建命运共同体的国际政治经济意义》，载《学术界》2015年第11期，第167—173页。

④ 王公龙、韩旭：《人类命运共同体思想的四重维度探析》，载《上海行政学院学报》2016年第3期，第96—102页。

问题，中国是传统国际法主权平等原则的坚强捍卫者，不认可人权高于主权。在治理手段方面，中国在力所能及范围内积极参加联合国等国际机构组织的民事行动，并于1990年开始参加联合国维和行动。不过，中国不主张军事干预，即使接受国际维和任务，中国依然主张一国的事要由本国人民自己解决，地区的事要由该地区国家协商处理，国际社会包括联合国只能起辅助和推动作用。在治理价值上，“平等”是中国提出的规范要求的主题词。所以从整体来看，中国已经形成自己的全球治理观，可以将其概括为“国家主权基础上的平等主义全球治理观”。①

金灿荣在比较中美两国的全球治理观后认为，第一，中国的全球治理是“以联合国为中心”，非常看重联合国的道德价值和自身作为联合国安理会常任理事国的地位，对联合国要尊重得多。第二，从治理议题上讲，中国优先关注发展议题，认为长期安全或和平的基础是可持续发展，没有发展便无长期和平可言。第三，中国在全球治理中强调的是构建全球平等伙伴关系网络，不同于美国带有等级制的同盟网络。第四，中国在全球治理中坚持不干涉内政原则，认为各国选择适合自身的发展道路是既利己又利人的思路。②蔡拓认为，中国在参与和融入全球化的过程中，一方面感受到全球治理的必然性和合理性，从而加大了参与国际事务并且与国际规则接轨的自觉性与力度；另一方面，对西方发达国家强调和关注的非领土政治和全球公民社会有较多保留，对突破联合国和多边主义框架、由全球公民社会倡导和推动的全球层面与跨国层面的活动和新机制的建立持慎重态度。这决定了中国关注和研究全球治理的特殊视角：在国家层面和本国范围内认同并推动全球治理。③

国外学界多是从中国对待全球多边秩序、多边机制和多边规范的态度以及中国在全球多边议程上政策倾向，来探讨中国的全球治理观。谷静（Jing Gu）、约翰·汉弗莱（John Humphrey）和德克·梅斯勒（Dirk Messner）认为，中国的巨大体量和快速发展以及它在国际舞台上的日益强硬，代表着其对现行国际秩序的一种挑战。权力转移对于全球治理架构的未来影响还未确定。中国加入

① 赵晨：《中美欧全球治理观比较研究初探》，载《国际政治研究》2012年第3期，第98—102页。

② 金灿荣：《打造有分量的“中国式”全球治理》，载《环球时报》2016年4月19日版。

③ 蔡拓：《全球治理的中国视角和实践》，载《中国社会科学》2004年第1期，第99—102页。

世界贸易组织及其发展政策表明，中国崛起制造的紧张程度将取决于中国与西方国家的利益发生冲突的方式。①陈宗翼（Gregory Chin）认为，在过去五年中，中国增加了对于地区发展银行的支持，如亚洲开发银行（ADB）、美洲国家间发展银行（IDB）以及非洲发展银行（AfDB），使中国的发展政策、贸易关系、原材料和能源来源等多元化。从深层次来看，中国想要推动布雷顿森林体系的改革，因此中国一方面在有选择地内化（internalize）一些已经存在的全球治理实践，另一方面也在重塑国际规则和规范，以推动一个更加公平、公正、平等和多极化的全球秩序的形成。②李莎伦（Sharon X. LI）认为，中国正在变成全球治理中日益重要的一个行为体。在参与全球治理的过程中，中国一方面提出自己的全球治理观念（concepts），另一方面也遵从现有的全球治理规范。中国政府除了是维护国家主权和不干涉他国内政的坚定倡导者外，也提出其他的全球治理观念，如“和平崛起”“和平发展”“和谐世界”“韬光养晦”等，这些观念的提出深受中国传统的道家和儒家思想的影响。③

李明江（Mingjiang Li）认为，中国在全球多边治理中会更加积极主动，但是，各种限制和约束也使中国不可能在全球层面颠覆整个多边治理结构。中国会重复过去十年在东亚地区多边治理中采用的模式，即积极参与和接触、推动符合中国利益的合作、避免承担过多的责任、阻滞有损自己利益的方案以及克制作出重大倡议。此外，中国困惑于界定自身的身份，这是因为中国在一些问题上是发展中国家的代言人，而在另一些问题上又站在了发达国家一边。考虑到这些限制因素，中国对待全球多边主义的态度会被实用主义而非宏伟愿景（grand visions）所主导。④陈莱哈（Lai-Ha Chan）、李湃克（Pak K. Lee）和陈乐宗（Gerald Chan）认为，中国加强了参与全球治理的广度和深度，但中国视野中的全球治理仍然是以国家为中心的，由此也导致中国在解决全球议题时，将

① Jing Gu, John Humphrey and Dirk Messner, “Global Governance and Developing Countries: The Implications of the Rise of China,” *World Development*, Vol.36, No.2, 2008, pp.274—292.

② Gregory Chin, “Realigning Global Governance: Regionalism in China's Financial Rise,” *Harvard Asia Quarterly*, Vol.13, Issue 1, Spring 2011, pp.5—15.

③ Sharon X. LI, “China's International Education Initiatives and View of Its Role in Global Governance,” *Frontiers of Education in China*, Vol.7, No.1, 2012, pp.103—123.

④ Mingjiang Li, “Rising from Within: China's Search for a Multilateral World and Its Implications for Sino-US Relations,” *Global Governance*, Vol.17, No.3, 2011, pp.331—347.

更多的注意力放在政府间国际组织上，同时承认多元行为体的存在。中国对于多边主义的认可和对非国家行为体的接受，可以被理解为中国的“权力政治”的一部分，目的在于分享经济全球化带来的物质收益，同时又以一种非对抗的方式“对冲”（hedge）美国领导的全球治理。直到近期，“保护的责任”的概念才影响到中国关于主权的认知，但这一新思路并没有在中国的外交政策中反映出来。总之，中国将全球治理视为一种建立更富包容性的国际社会的方式，这种包容性就意味着拥有多元文化、意识形态和政治经济制度的国家能够和谐共处。然而，在深度参与的表象之后，中国并没有与西方共享支撑全球治理的基本原则和规范。①

总体来说，上述研究从不同的视角丰富了关于中国全球治理观的研究，但也存在相应的不足。第一，关于中国的全球治理观的研究中，有一部分国内研究集中探讨中国提出的关于全球治理的理念，如“和谐世界”和“人类命运共同体”。具体到本文的研究主题上，能否以中国提出的具体治理理念来代替具有一般意义的治理观念，这是需要作出区分的。第二，国外学界多是从中国作为一个崛起大国对待全球多边秩序、多边机制和多边规范的态度以及中国在全球多边议程上政策倾向，来探讨中国的全球治理观。实际上，国外学者更热衷于研究中国的国际秩序观。全球治理观自然不同于国际秩序观，同时，这也启发我思考，国外更多关注中国的国际秩序观是否意味着中国的全球治理更多是国际层面的治理。第三，随着中国参与全球治理的广度和深度的增加，中国的全球治理观也会相应地进行调整。因此，本文最后探讨包括中国在内的国家行为体如何调整各自的全球治理观，降低全球治理观的地域性差异带来的负面效应，以形成既符合国家利益又契合全球公益的全球治理图景。

三、国家行为体全球治理观的形成机制

如上所述，在国际关系理论界，“观念”或“理念”并不属于结构现实主义和新自由制度主义研究的重点。因此，本文借鉴建构主义范式的规范传播理论来

---

① Lai-Ha Chan，Pak K. Lee and Gerald Chan，“Rethinking Global Governance：A China Model in the Making?” *Contemporary Politics*，Vol.14，No.1，March 2008，pp.3—19.

构建国家行为体全球治理观的形成机制。当前，建构主义的规范研究议程包括以“国家社会化”（state socialization）①和“规范生命周期”（life cycle of norms）②为主体的传统“规范传播”研究，以及从“规范传播”向“规范变动”转换的前沿研究。③其中，规范传播的研究又在三个层面展开：第一，体系层面，代表人物是玛莎·芬尼莫尔（Martha Finnemore）；第二，地区层面，代表人物是阿米塔·阿查亚（Amitav Acharya）；第三，单位层面，代表人物是杰弗里·切克尔（Jeffrey T. Checkel）。④无论从逻辑还是经验分析，国家行为体全球治理观的形成要受到体系和单位两个层面的影响，因为国家既不会自动生成全球治理的观念，又不会被动接受全球治理的规范。因此，本文构建国家行为体全球治理观的形成机制，重点聚焦并借鉴体系层面和单位层面的规范传播理论，同时也吸收和整合地区层面的规范传播研究的有益成果。⑤在此，有必要首先对“观念”与“规范”之间的关系进行梳理，这是理顺概念逻辑、进行理论借鉴的前提条件。按照建构主义者的界定，规范是行为体持有的适当行为的共同预期。⑥这就指明了观念与规范的不同，即观念是行为个体持有的，体现的是主体性（subjectivity），而规范是行为体共同持有的，体现的是主体间性（intersubjectivity）；观念可以有行为意义，也可以没有行为意义，但根据定义，规范涉及行为意义。

---

① 代表性研究参见 Frank Schimmelfennig，“International Socialization in the New Europe：Rational Action in an Institutional Environment，” *European Journal of International Relation*，Vol.6，No.1，Mar. 2000，pp.109—139；Jeffrey T. Checkel，“International Institutions and Socialization in Europe：Introduction and Framework，” *International Organization*，Vol.59，No.4，Autumn 2005，pp.801—826。

② 相关研究参见 Martha Finnemore and Kathryn Sikkink，“International Norm Dynamics and Political Change，” *International Organization*，Vol.52，No.4，Autumn 1998，pp.887—917。

③ 陈拯：《建构主义国际规范研究述评》，载《国际政治研究》2015 年第 1 期，第 135—153 页。

④ 黄超：《建构主义视野下的国际规范扩散》，第 59—62 页；王帆、曲博主编：《国际关系理论：思想、范式与命题》，北京：世界知识出版社 2013 年版，第 336 页。

⑤ 从根本上说，本文关于国家行为体的全球治理观的研究着重分析的是体系层面的治理规范如何内化成为单位层面的治理观念。而地区相对于体系来说是单位，相对于单位来说是次体系，因此，关于地区层面的规范研究成果也可以纳入“体系—单位”的双层分析结构中。

⑥ 参见［美］玛莎·芬尼莫尔著：《国际社会中的国家利益》，袁正清译，上海：上海人民出版社 2012 年版，第 16 页；［美］彼得·卡赞斯坦：《导论：国际安全研究的不同视角》，载彼得·卡赞斯坦主编：《国家安全的文化：世界政治中的规范与认同》，宋伟、刘铁娃译，北京：北京大学出版社 2009 年版，第 6 页。

总的来说，规范是行为体集体持有的行为观念。

体系层面规范传播的代表作是芬尼莫尔的《国际社会中的国家利益》①，作者在开篇就提出了一个问题：国家如何知道它们需要什么（偏好），或者国家如何定义自身的利益（偏好）。②按照结构现实主义和新自由制度主义的解释，偏好是国家所固有的，可以从一国的客观条件和物质特征中推导得出，因而，偏好也是毋庸置疑的。按照这种理解，两大理论范式把国际关系解释成相关行为体依据自身能力进行国际互动，以寻求预设的利益和偏好，最简单的概括就是“结构选择”与“制度选择”，③从而体现了一种结果性逻辑（logic of consequence），即持不同偏好的行为体的行为是不同的。但是，芬尼莫尔在书中引用的三个案例证实了前述解释逻辑的局限性，即第二次世界大战后几乎所有发达国家和大多数发展中国家都建立了科学科层组织、各国都遵守《日内瓦公约》关于对伤兵和平民实行人道主义保护的规定、所有援助国和受援国都把缓解贫困和满足人的基本需求视为国家发展政策和计划的必要组成部分。④如何解释这项关于相似性而非差异性的研究，芬尼莫尔依据适当性逻辑（logic of appropriate）提出了自己的观点：“国家利益的再定义常常不是外部威胁或国内集团要求的结果，而是由各国共享的规范和价值所塑造的，这些规范和价值组织了国际政治生活并赋予其意义。”这也就是说行为体把国际规范和价值内化为自身遵守的脚本，不完全是出于理性的原因，也在于它们知道这些行为是适当的。⑤进一步而言，适当性逻辑遵循的是结构取向（structural approach）的研究方法，把社会结构看成因果变量（causal variable），然后从中推导出行为体的偏好及利益。换言之，结构而非行动者在本体上是原初的，构成了分析的起点。因此，作为结构要素的国际共同规范就可以要求不同的国

① 其他有代表性的体系层面规范传播研究参见 Martha Finnemore，“International Organizations as Teachers of Norms：The United Nations Educational，Scientific，and Cultural Organization and Science Policy，” *International Organization*，Vol.47，No.4，Autumn 1993，pp.565—597；Martha Finnemore and Kathryn Sikkink，“International Norm Dynamics and Political Change，” *International Organization*，Vol.52，No.4，Autumn 1998，pp.887—917。

② ［美］玛莎·芬尼莫尔著：《国际社会中的国家利益》，第 1 页。

③ 秦亚青：《权力·制度·文化——国际政治学的三种体系理论》，载《世界经济与政治》2002 年第 6 期，第 5—10 页。

④ ［美］玛莎·芬尼莫尔著：《国际社会中的国家利益》，第 33—121 页。

⑤ 同上书，第 2、20 页。

家采取同样的行为。①与之相反，理性主义（结构现实主义和新自由制度主义）遵循的是行为体取向（agent approach）的研究方法，认为宏观水平上的政治结果可以从追求预定偏好的行为体的微观水平上的行为总和中推导出来。很显然，理性主义无法解释不同的行为体在没有压力的情况下为何会采取同样的行动。②

芬尼莫尔在解释三个在理性主义看来是“反常”的案例时，在结构取向的方法论基础上提出了国际组织的“教授”机制（teaching mechanism），认为三个案例中都存在主动的“教师”（国际组织），他们为“学生”（国家）提供了明确的学习计划，其他行为体则制定议程、明确任务，进而塑造国家利益。因此，在科学案例中，联合国教科文组织（UNESCO）“教会”国家应该建立科学的科层组织以协调科学政策；在人道主义案例中，红十字国际委员会（ICRC）“教育”国家承担战时非交战人员的福利和保护的责任；在发展案例中，世界银行（WB）“教导”国家重新定义发展内涵。通过国际组织的“教授”机制，芬尼莫尔解释了不同的国家行为体作出相同行为的原因，也建构起了体系层面的规范传播机制。但是，芬尼莫尔的规范“教授”机制太过笼统，没能说明规范传播的具体社会化机制。在芬尼莫尔研究的基础上，切克尔进一步区分了三种规范传播与社会化机制：首先是战略考量（strategic calculation）机制，即国家对规范进行利益权衡，以决定是否接受规范。③其次是角色扮演（role playing）机制，

---

① 结构取向是芬尼莫尔研究的方法论基底，那么如何在此基础上探讨国际社会结构的内容，芬尼莫尔在书中提到了三大流派：建构主义、英国学派和社会学制度主义（sociological institutionalism）。按照温特的划分，这三派理论都属于结构取向明显的整体主义理论。但是，在芬尼莫尔看来，“制度主义者的方法最全面、最明确地阐述了‘社会结构是原因’这一论点”，制度主义所强调的以韦伯理性观念为核心的世界文化规则创造了近代国家，并通过两种方式塑造国家：一种是给国家提供“理性的”目标，如追求“现代性”和“进步”；另外一种就是确定实现这些目标的“理性”制度，如市场和科层组织。而其他两派的研究方法和成果都可以包含在制度主义的逻辑框架内。［美］玛莎·芬尼莫尔著：《国际社会中的国家利益》，第13—15页；Martha Finnemore，“Norms，Culture，and World Politics：Insights from Sociology's Institutionalism，” *International Organization*，Vol. 50，No.2，Spring 1996，pp.325—347。

② ［美］玛莎·芬尼莫尔著：《国际社会中的国家利益》，第4—11页。

③ 战略考量和利益权衡明显属于理性主义的范畴，但切克尔认为，在规范传播研究中完全忽视理性主义的存在是不可取的，行为体的理性计算主要在规范传播的初期阶段发挥作用。同时，切克尔和其他研究体系层面规范传播的学者都强调在研究中融合理性主义和建构主义的重要性。参见 Michael Zürn and Jeffrey T. Checkel，“Getting Socialized to Build Bridges：Constructivism and Rationalism，Europe and the Nation-State，” *International Organization*，Vol.59，No.4，Autumn 2005，pp.1045—1079；Jeffrey T. Checkel，“International Norms and Domestic Politics：Bridging the Rationalist-Constructivist Divide，” *European Journal of International Relations*，Vol.3，No.4，Oct. 1997，pp.473—495。

即国家被动地按照规范要求的角色行事，而无需考虑为何要这么做，即国家对规范“知其然而不知其所以然”。再次是规范劝服（normative suasion），即国家经过思考、辨别以及讨论，自觉地接受并内化规范。在这一阶段，国家对规范的认知可以说是“知其然亦知其所以然”。①但是，体系层面的规范传播无法解释一个明显的事实，即为什么有的规范在一些国家或地区具有显著的构成性（constitutive）影响，而在另外一些国家或地区却不被接受。正如切克尔所指出的那样，“该层面的研究无法解释规范扩散不成功的现象”（the dog doesn't bark）。②这就需要将规范传播的分析层次回落到单位层面，从行为体身上找原因。为此，切克尔进一步提出了关于单位层面的规范传播理论。③

基于对上述问题的回应，切克尔提出了“文化匹配”（culture match）的概念，认为文化匹配是指嵌入（embedded）在国际规范中的行为准则（prescription）与国内规范相一致（convergent）的情形。同时，文化匹配不是一个“两分的”（dichotomous）变量，而是一个谱系（spectrum）：谱系的一端是正匹配（positive match）（+），表示国际规范与国内规范在特定议题领域完全一致；中间是零匹配（null match）（0），意味着国内规范没有包含针对特定体系理解的明显障碍；谱系的另一端是负匹配（negative match）（-），表明国际规范与国内规范之间不存在一致性。因此，规范传播的程度取决于国际规范与国内规范的文化匹配程度。在文化匹配的基础上，切克尔进一步提出了国内结构决定国家行为体接受国际规范的具体机制，他将国内结构分为自由主义（liberal-

---

① Jeffrey T. Checkel, “International Institutions and Socialization in Europe: Introduction and Framework,” pp.808—816. 江忆恩（Alastair Iain Johnston）也提出了国家行为体社会化过程的三种机制：模仿（mimicking）、说服（persuasion）和社会影响（social influence），并可分别对应于切克尔提出的角色扮演、规范劝服和战略考量三种机制。Alastair Iain Johnston, “Treating International Institutions as Social Environments,” *International Studies Quarterly*, Vol.45, No.4, Dec. 2001, pp.487—515.

② Jeffrey T. Checkel, “The Constructive Turn in International Relations Theory,” *World Politics*, Vol.50, No.2, Jan., 1998, p.339.

③ 其他有代表性的研究参见 Jeffrey T. Checkel, “Why Comply? Social Learning and European Identity Change,” *International Organization*, Vol. 55, No. 3, Summer 2001, pp. 553—588; Amy Gurowitz, “Mobilizing International Norms: Domestic Actors, Immigrants, and the Japanese State,” *World Politics*, Vol.51, No.3, Apr., 1999, pp.413—445; Theo Farrell, “Transnational Norms and Military Development: Constructing Ireland's Professional Army,” *European Journal of International Relations*, Vol.7, No.1, Mar., 2001, pp.63—102。

ism)、法团主义（corporatism)、国家主义（statism）和国家主导（state-above-society）四种类型，并认为在国内存在社会压力（societal pressure)、精英学习（elite learning）两种传播机制和自下而上（bottom-up)、自上而下（top-down）两个传播过程。切克尔强调，不同的国内结构将导致不同的规范传播机制和传播过程，具体如表1所示。①这也就把国家行为体的能动作用带回到规范传播研究中，增强了规范传播理论的解释力。切克尔在总结中认为，国内规范和国内结构都是国际规范传播过程中的干预变量，其中国内规范决定了国际规范与其共振（resonate）并形成构成性效应的程度，即规范传播的结果（outcome)，表现为文化匹配的谱系；而国内结构决定了国际规范传播的机制，即形成规范传播结果的过程（process)。②

表1　国际规范的国内传播机制和传播过程

国内结构	自由主义	法团主义	国家主义	国家主导
传播机制	社会压力	社会压力为主 精英学习为辅	精英学习为主 社会压力为辅	精英学习
传播过程	自下而上	自下而上为主 自上而下为辅	自上而下为主 自下而上为辅	自上而下

资料来源：Jeffrey T. Checkel，“Norms，Institutions，and National Identity in Contemporary Europe,” *International Studies Quarterly*，Vol.43，No.1，Mar.，1999，p.91。

不过，研究地区层面规范传播机制的阿查亚认为，切克尔依托国内规范和结构的规范传播是静态的（static）而非动态的（dynamic）匹配过程。因此，阿查亚提出了“本土化”（localization）的概念，认为“本土化”涉及外部规范与地区既有规范进行整合的重构（reconstitution）过程，并更加关注地区行为体的角色。阿查亚进而勾勒了“本土化”机制形成的轨迹（trajectory)：首先，“本土化”的前提条件是，地区行为体认为外部规范不会对现行制度造成底蚀作用（undermining)，反而有助于增强现行制度的合法性和有效性；其次，地区行为体以向当地受众建立价值观的方式借用和框定（frame）外部规范；再次，地区

① Jeffrey T. Checkel，“Norms，Institutions，and National Identity in Contemporary Europe,” *International Studies Quarterly*，Vol.43，No.1，Mar.，1999，pp.85—91.

② Ibid.，p.91.

行为体会对外部规范进行“修剪”（pruning）和再定义，以使其适应当地现行的规范和实践；最后，新的规范和实践将会从整合后的规范框架中形成，而地区既有规范在新的规范框架中的影响力仍然很明显。当然，阿查亚同时认为，“本土化”只是地区既有规范对外部规范的回应方式之一，另外两种回应方式分别是规范抵制（resistance）和规范位移（displacement），即外部规范完全不能融入地区既有规范和外部规范完全取代地区既有规范。在阿查亚看来，规范抵制意味着规范传播的不成功，规范“本土化”意味着规范传播成功，而规范位移是很少会发生的情形。①因此，阿查亚以“本土化”为核心概念，建构起地区层面的动态的规范传播机制，并赋予了规范接受者（norm-taker）更多的能动性。

规范在体系、单位和地区层面的传播机制为本文构建国家行为体全球治理观的形成机制提供了有益的借鉴。芬尼莫尔在解释不同国家采取相同行为的原因时，主要论述的是体系层面的国际组织“教授”机制，这是作者为增强论证的说服力而精心选择的案例。但本文认为，规范“教授”者不仅包括国际组织，也包括国家、非政府组织、跨国倡议网络、全球精英等，这是由参与全球治理的主体多元性所决定的。切克尔提出的战略考量、角色扮演、规范劝服机制则进一步补充、细化了芬尼莫尔的规范“教授”机制。体系层面的多元主体的“教授”表明了国家行为体全球治理观存在相似性的原因，并构成国家在全球治理上合作的基础。切克尔提出了国际规范在单位层面传播的两个干预变量——国内规范和国内结构，其中国内规范与国际规范的文化匹配程度决定了规范传播的结果，国内结构决定了规范传播的过程。本文同样对此做进一步的引申，认为由国内结构所决定的国内制度规范不仅决定规范传播的过程，也影响规范传播的结果。②进而，国内既有规范即国家的文化根基、历史经历和制度属性等应该是本文研究的重点。阿查亚提出了规范在地区层面的传播机制——“本土

① Amitav Acharya, “How Ideas Spread: Whose Norms Matter? Norm Localization and Institutional Change in Asian Regionalism,” *International Organization*, Vol.58, No.2, Spring, 2004, pp.244—254.

② 对这一论点可作如下理解：在规范传播上，按照切克尔关于国内结构决定规范传播过程的论述，自由主义国家的规范传播动力主要来自社会压力，传播过程是自下而上的，而国家主导型国家的规范传播动力主要来自精英学习，传播过程是自上而下的。本文研究的全球治理规范内含有超国家、多中心的价值，所以可以认为，自由主义国家对全球治理规范的理解和学习效果要胜于国家主导型国家。

化”，这一机制比切克尔提出的“文化匹配”更具动态性，也赋予了行为体更多的能动性。结合芬尼莫尔提出的体系层面的规范“教授”机制以及切克尔和阿查亚提出的规范传播机制，本文进一步提出单位层面的国家行为体“学习”机制（studying mechanism），即国家可以依据自身的既有规范偏好，主动学习外部规范，并有选择地塑造新的规范偏好。单位层面的“学习”机制体现了国家行为体全球治理观存在差异性的原因，也是国家在全球治理议题上存在分歧的根源。这样，体系层面的规范教授机制与单位层面的规范学习机制共同构成国家行为体全球治理观的形成机制（见图1），国家在这两个机制的合力作用下也得以“社会化”，从而进一步融入国际社会。换言之，国家作为参与全球治理的重要行为体，既要受到体系层面的全球治理规范的约束，又要受到国内既有规范的制约，双方合力塑造了国家的治理偏好，并通过国家的治理观念和治理实践表现出来，而国家行为体的治理观念则是本文研究的重点。

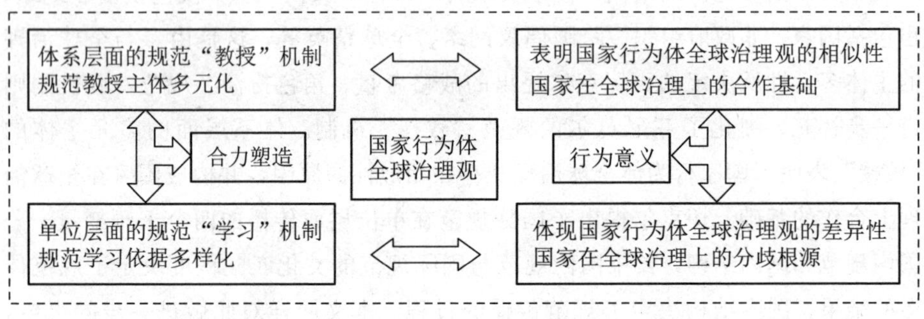

资料来源：笔者自制。

图1　国家行为体全球治理观的形成机制及其意义

四、体系层面的规范“教授”与中国全球治理观形成的外生机制

按照前述分析框架，中国全球治理观的形成是体系层面的规范“教授”机制与单位层面的规范“学习”机制合力作用的结果。那么从规范“教授”视角分析中国全球治理观的形成过程，首先要明确全球治理规范是什么，进而才能分析全球性治理规范如何被“教授”给国家行为体。全球治理是随着全球化的

迅猛发展和全球议题的显著增加而兴起的，表现为多元治理主体的作用不断加强，①这是全球治理规范形成的实践基础。到目前为止，学界对于全球治理的研究并没有形成一个严谨统一的理论体系，日本学者星野昭吉将全球治理的理论流派划分为以詹姆斯·罗西瑙（James N.Rosenau）的全球治理理论原型和斯蒂芬·克拉斯纳（Stephen D. Krasner）的现实主义全球治理理论为代表的国家中心维持现状派、以奥兰·扬（Oran R. Young）的新自由主义国际机制论为代表的新自由制度改良派、以“全球治理委员会”（Commission on Global Governance）的规范性全球治理理论和全球市民社会的全球治理理论为代表的全球市民社会变革现状派。②流派之争的关键在于，到底是要坚持国家中心的维持现状治理还是超国家多中心的变革现状治理。结合全球治理规范的实践基础可知，从国家中心治理到超国家多中心治理才是符合全球治理价值向度的转变。这说明超国家、多中心治理是全球治理规范的理论基础。

全球治理规范是存在于体系层面的，需要参与全球治理的主体遵循行为准则，投射到国家（单位）层面，就形成符合国家行为体治理偏好的全球治理观念。在全球治理的五个要素中，③治理主体是最具能动性的要素，也是全球治理规范的主动传播者和倡导者；治理规制是全球治理的基础，④也是相对静态的全球治理规范载体；治理领域（对象）是国家接受和学习全球治理规范的场域；治理价值蕴含于全球治理规范之中，也是全球治理规范的基础；治理效果则反映全球治理规范，也是全球治理规范的实现形式。冷战结束以后，中国不断参与全球性多边议题的治理，通过与治理主体进行互动，来学习全球治理的规制，认可全球治理的价值，并形成了一套评估全球治理绩效的标准。按照芬尼莫尔和切克尔关于规范传播和国家社会化机制的论述，全球治理规范被“教授”给中国的过程和实践可以细化为战略考量、角色扮演、规范劝服三个机制，亦即

---

① 蔡拓等著：《全球学导论》，北京：北京大学出版社 2015 年版，第 325—331 页。

② ［日］星野昭吉著：《全球治理的结构与向度》，刘小林译，载《南开学报》（哲学社会科学版）2011 年第 3 期，第 1—4 页。

③ 一些学者把这五个要素转化成五个问题：为什么治理、谁治理、如何治理、治理什么、治理得怎样。关于这五个要素的具体内涵参见俞可平：《全球治理引论》，载《马克思主义与现实》2002 年第 1 期，第 13—19 页。

④ 一般认为，全球治理是基于规则（rule-based）的治理，在本文的语境下，全球治理是基于规制（regime-based）的治理。

三个进化式的阶段，而“教授”的结果和效果要通过中国的内政和外交政策来体现。①下文将从过程和结果两个维度对中国全球治理观的五个方面展开分析，同时，分析视角并不局限于冷战结束后，而是将视野放在更长时段的中国与外部世界的交往过程中，以全面梳理全球治理规范被教授给中国的历史渊源。

(一) 战略考量

战略考量实际上属于理性主义的范畴，遵循的是结果性逻辑。但是，如果以规范劝服作为规范“教授”和内化的最后阶段，那么战略考量主要存在于规范“教授”和内化的初始阶段，也是其必备阶段。治理规制是全球治理规范的主要载体，在当前的国际环境下，治理规制以正式的国际规制为主，但非正式的治理规制也在不断增多。各种形式的治理规制所固有的权威性、制约性和关联性②，使得其在推动国家接受全球治理规范的过程中可以发挥必要的奖励和惩罚作用。因此，国家行为体在决定参与全球治理之前，势必对参与之后体系所施加的奖励和惩罚、单位所接受的收益和成本进行权衡，以决定参与哪些领域而不参与哪些领域，以及在各领域参与的深入程度。众所周知，中国参与全球治理的进程起步较早，但直到冷战结束以后才开始大规模地参与全球治理，并不断加深在各领域的参与广度和深度。事实上，从较长时段来看，冷战期间东西方对峙的两极格局构成中国在参与全球治理上进行战略考量和利益权衡的国际大环境。在此期间，虽然参与全球治理规制可以获得一定的收益，但中国仍然拒绝大范围和深度参与全球治理。冷战结束以后，国际安全环境发生变化，世界大战的危险骤然减轻，虽然存在局部冲突，但世界总体和平得以长期维持。与此同时，国家间以意识形态为主的斗争开始转变为以综合国力为主的竞争。在此环境下，不断扩大对外开放程度并参与全球治理就成为包括中国在内的各国增强国际竞争力的必然选择。在这一时期，中国参与全球治理主要是出于对参与治理规制所能带来的奖励和惩罚以及收益和成本进行的战略考量，这在中国加入关税及贸易总协定/世界贸易组织（以下称 GATT/WTO）的进程中体现

① 一般而言，“教学相长”，体系层面的“教授”与单位层面的“学习”是一体两面的规范传播过程。因此，本部分虽然探讨体系层面的规范“教授”在中国全球治理观形成过程中的作用，但“教授”的过程和结果仍然要通过作为规范接受者的中国的态度、认知和行动来体现。

② 正式的国际规制所具有的这三个特性要强于非正式的治理规制。

的尤为明显。

应该说，中国在决定是否“复关”/“入世”的问题上既面临机遇，又面临挑战。长期以来，中国游离于也被排斥于多边贸易体系之外，对参与全球经济治理表现出谨慎的态度。这导致中国不得不主要依靠双边磋商和协定来协调对外经贸关系，也使国内企业和产品在进入国际市场时受到许多歧视性或不公正的待遇。为了改善这种情况，中国需要加入以GATT/WTO为基础的多边贸易体制，维护中国的国家利益，参与国际经贸规则的制定，分享经济全球化带来的红利。但与此同时，中国也要为“复关”/“入世”承担必要的成本，这些成本涉及中国为达到“复关”/“入世”的标准需要进行的一系列改革措施，包括从计划经济体制向市场经济体制的转变、外贸企业经营机制和外汇管理体制的改革、关税的削减和非关税壁垒的清除、服务业市场的开放、知识产权法规的修订、对农业领域的开放和国内司法体系和行政管理体制的改革，以及这些改革措施可能带来的失业问题和社会紧张。那么，在中国“入世”利弊的大讨论中，中国国内社会各界最后取得共识，认为中国在“复关”/“入世”问题上虽然是机遇与挑战并存，但机遇要大于挑战，并且中国完全有能力化挑战为机遇，变压力为动力。因此，中国坚定了“复关”/“入世”的决心和信心，即使在谈判中面对中美之间就中国的发展中国家地位问题和最惠国待遇（MFN）的反复较量和博弈，中国也没有放弃“复关”/“入世”的努力。前后历经15年，中国最终成功“入世”，成为世界贸易组织的成员，这也意味着中国进一步融入世界体系之中。

在全球治理规范的“教授”过程中，国家行为体不可避免地需要进行战略考量。此处的战略考量既涉及有形的物质方面，又涉及无形的声誉方面。中国在参与全球治理实践时表现出了较高程度的遵约性，这既让中国获得了物质性的经济利益，又为中国赢得了负责任的大国形象，从而增加了中国参与全球治理并接受全球治理规范的意愿。结合前述对中国全球治理观的论述，可以认为，在中国的战略考量中，主权权益是一项重要的考量标准，因此，中国当前参与的全球治理领域多是不涉及国家核心利益和主权权益的全球公共议题领域。当然，这并不意味着中国的主权优先立场不可动摇。事实上，中国为加入国际组织而进行的国内改革本身就是对主权原则的适度放松，而在未来，以主权权益为标准，找到坚持主权原则与参与全球治理的平衡点仍是中国进行战略考量并参与全球治理的重点。以战略考量为基础参与全球治理所形成的路径依赖锁定效应（path-dependent lock-in）将推动国家行为体对全球治理规范的进一步接纳，并将全球治理规范的“教授”过程推进至角色扮演阶段。

（二）角色扮演

角色扮演标志着国家行为体的行动逻辑开始从结果性逻辑向适当性逻辑转变，即国家体不再以单纯的利益考量作为行动的依据，而是开始部分地内化全球治理的规范，并依据规范所期待的角色行事。按照切克尔的说法，这一阶段的全球治理规范的内化属于内化类型 I（Type I internalization）。在江忆恩提出的行为体接受规范的微观机制中，与角色扮演相对应的是模仿机制，认为模仿是行为体适应不确定环境的有效方法。[①]无论角色扮演还是模仿机制，两者都代表国家行为体在加入新的治理规制和进入新的治理领域时，所处的“知其然而不知其所以然”的状态，但这种状态已然超越了物质性的刺激而进入了规范内化的初始状态，在规范“教授”的过程中则处于从战略考量到规范劝服的过渡阶段。角色扮演是体系层面的规范塑造行为体偏好，进而决定行为体行为的过程，但落实到单位层面，就表现为行为体主动学习全球治理规范，并按照规范要求行事的过程。中国虽然较早就开始加入治理规制（国际组织），但真正开始参与全球治理则是在冷战结束以后，即便如此，中国也是参与全球治理的后来者，因而，中国在进行利益权衡和战略考量并决定参与全球治理之后，在最初参与全球治理的进程中存在很多的模仿、学习和角色扮演的行为。

例如，在“复关”谈判阶段，中国政府主要通过“请进来”和“派出去”的方式来学习掌握关税及贸易总协定规则，进行人才队伍建设。[②]其中，“请进来”的方式主要是指邀请国际知名的权威人士、教授和多年从事关税及贸易总协定工作的专家来中国进行座谈、会谈、咨询和办培训班等。“派出去”的方式主要指利用多边国际组织和双边国际援助合作项目来培训从事关税及贸易总协定业务的人才。到了“入世”谈判阶段，为了营造良好的“入世”社会舆论环

---

① Alastair lain Johnston，*Social States：China in International Institutions 1980—2000*，New Jersey：Princeton University Press，2008，pp.23—24.

② 王毅：《世纪谈判：在复关/入世谈判的日子里》，北京：中共中央党校出版社 2007 年版，第 8—11 页。

境，中国国内开展了一场全民性的世界贸易组织知识的普及学习活动，包括利用媒体、出版物进行宣传和教育，通过讲习班、培训班进行专业人员的培训，通过会议、论坛进行深入学习和研讨，等等。①又如，当中国于1980年初首次派出代表团参加日内瓦裁军谈判委员会工作时，代表们普遍不熟悉作决议所依据的辩论语言、互动程序、日常规则和规范，以及一个代表团为有效促成审议所使用的方法。经过一段时间的学习之后，代表们开始熟悉和掌握专业术语，学会谈判语言和技巧，再到参与机制建设，逐渐提升了中国的参与效果。②芬尼莫尔在举例论证体系规范的“教授”作用时提到，国家建立科层组织的目的是为了协调科学，如果国家将体系规范内化，那么即使国家没有科学可以协调，国家仍会建立科层组织。这表明体系规范在缺乏物质刺激和功能（function）需求的情况下，仍然可以促成符合规范的国家行为。③

当然，中国进行全球治理规范模仿和学习的对象不限于国际组织，全球治理的各类主体都可以作为中国模仿和学习的对象。特别是中国兼具社会主义国家和发展中国家的身份，使西方资本主义发达国家特别乐于推动中国学习体系层面的治理规范，接受和认可由它们所倡导的治理规则，如时任美国常务副国务卿的佐立克提出，要求中国做现存国际体系中“负责的利益攸关方”（responsible stakeholder），要求中国在国际上“按规则办事”（play by rules），④自由国际秩序理论家约翰·伊肯伯里（G. John Ikenberry）也认为，应对中国崛起的有效途径就是将中国纳入美国领导创建的自由国际秩序中，但中国同样需要按规则办事。⑤在此过程中，发达国家所主导的国际制度为全球治理规范的推广提供了制度基础。结合前述对战略考量的分析可知，中国在角色扮演阶段所进行的模仿和学习对于中国学会参与全球治理是必需的，当然，其中也存在诸多不符合

---

① 卢静：《中国参与世界贸易组织的实践进程》，载朱立群等著：《中国与国际体系：进程与实践》，北京：世界知识出版社2012年版，第33—35页。

② Alastair lain Johnston，*Social States：China in International Institutions 1980—2000*，pp.45—74；［加］江忆恩：《简论国际机制对国家行为的影响》，李韬编译，载《世界经济与政治》2002年第12期，第26页。

③ ［美］玛莎·芬尼莫尔著：《国际社会中的国家利益》，第21页。

④ Robert B. Zoellick，“Whither China：From Membership to Responsibility?”参见美国国务院网站：http://2001-2009.state.gov/s/d/former/zoellick/rem/53682.htm。

⑤ G . John Ikenberry，“The Rise of China and the Future of the West，” *Foreign Affairs*，Vol.87，No.1，Jan.Feb.2008，pp.23—37.

中国意愿和期望的地方，但这是中国学习规范所付出的必要成本，中国在这一阶段也基本对成本持接受态度。角色扮演同样也会形成路径依赖效应，将全球治理规范的教授和内化过程导向规范劝服阶段。

（三）规范劝服

到了规范劝服阶段，行为体对全球治理规范的理解、接受和内化程度将会进一步加深，适当性逻辑开始显著影响行为体的行为方式，行为体表现出按照体系规范和国际社会的共同期望行事的行为取向，达到了切克尔所说的内化类型 II（Type II internalization）。具体到中国参与全球治理的实践上，在这一阶段，中国不仅通过与其他治理主体互动、加入各治理领域的治理规制进行战略考量和角色扮演，而且以认可全球治理价值、形成评估全球治理绩效的标准来表达对全球治理规范的接受和内化。另外，在规范劝服阶段，中国可以对之前的战略考量和角色扮演两个阶段形成反向的回馈效应。也就是说，接受和内化全球治理规范后的中国会对自身的身份定位具备自觉的认识，对参与全球治理的成本和收益可以进行适度的调控，实现参与全球治理与增进国家收益的有机统一。

从前述对中国全球治理观的梳理可以看出，伴随着中国对全球治理规范的逐步接受和内化，在全球治理的价值上，中国认可的平等、和谐、共生的价值并不局限于中国语境，而是超越特定时空的全人类共享的普遍价值，其中蕴含的世界主义和全球主义的价值取向可以被认为是全球治理规范塑造的结果。在全球治理的主体和规制上，中国虽然看重主权国家和国际规制在全球治理中的地位和作用，但并不排斥全球化推动下形成的多元治理主体和非正式治理规制，无论是在涉及中国国内还是跨国范围的全球性议题上，中国都参与包括全球公民社会组织在内的非正式治理机制，并与非政府行为体开展了富有成效的合作。在全球治理的对象上，中国重在参与不涉及国家核心利益和主权权益的全球公共议题领域，但是，随着中国对国家核心利益和主权权益的再定义以及受到全球治理规范的深入影响，中国的参与领域也会逐渐扩展。在全球治理的效果上，中国评估全球治理的标准会以国家利益为考量，同时也会从全球视角出发以全球善治为标准。这些都是中国全球治理观中的全球特色。

按照建构主义的理解，主体间互动能够形成共有观念，共有观念构成了国家身份，国家身份建构了国家利益，国家利益决定了国家行为。①因此，全球治理规范可以被看作治理主体间的共有观念，塑造了治理主体的身份。中国在接受全球治理规范的不同阶段，产生了不同的身份。结合对全球治理观的分析和全球治理规范的内化过程，在战略考量阶段，中国是全球治理的参与者；在角色扮演阶段，中国是全球治理的建设者；在规范劝服阶段，中国则是全球治理的推动者。当然，只有到了规范劝服阶段，中国对自身的身份认知才具有了自觉性，能够主动按照全球治理规范的要求参与全球治理实践。同样在这一阶段，中国在一定意义上也表现出了全球治理变革者的身份，表现为中国对于参与全球治理的成本和收益有了新的认知，开始尝试着通过变革全球治理的体制和机制，在国际秩序和国际体系长远制度性安排中发出中国的声音，以降低中国的参与成本和提升中国的参与收益。

综上所述，战略考量、角色扮演、规范劝服是全球治理规范（被）“教授”给中国的三个阶段，也是中国全球治理观形成的外生机制。结合中国参与全球治理的历程，基本可以认为，从 1971 年中国恢复在联合国的合法席位、正式进入国际体系到冷战结束，是中国接受全球治理规范的战略考量阶段。这一阶段中国对参加全球治理体系持犹豫和观望的立场，表现出对参与全球治理的谨慎态度。从冷战结束到 2008 年国际金融危机爆发，是中国接受全球治理规范的角色扮演阶段。中国开始全面参与各领域的全球治理，但基本是按照全球治理的规范要求行事。从 2008 年金融危机爆发至今，是中国接受全球治理规范的规范劝服阶段。中国对全球治理规范的认可度提高，表现为“全球（经济）治理”进入中国的官方话语体系，中国开始有意识地发出全球治理倡议和推动全球治理变革。当然，中国参与的全球治理领域众多，全球治理规范在不同领域的内化程度也有所区别。其中，全球治理规范在全球经济和环保等“低位”政治领域的内化程度较高，在全球政治和安全等“高位”政治领域的内化程度较低。总体来说，在当前及今后相当长的时期内，中国参与全球治理的阶段将处于规范劝服的进行时而非完成时状态。这种参与态势也与中国自身有选择地学习全球治理规范的立场和态度密不可分。

---

① 秦亚青著：《权力·制度·文化：国际关系理论与方法研究文集》，北京：北京大学出版社 2005 年版，第 113 页。

五、单位层面的规范"学习"与中国全球治理观形成的内生机制

按照切克尔和阿查亚关于规范"学习"机制的论述，单位层面的规范"学习"过程主要受到中国国内规范结构的影响。同时，切克尔提出规范在单位层面传播的两个干预变量是国内规范和国内结构，且国内规范侧重指文化规范。那么具体到本文的分析语境下，国内结构是中国全球治理观形成的制度规范，而国内规范包括但不限于文化规范。其中，文化规范是国内规范的基础性构成要素。同样，中国的近现代历史和当代外交史记忆对中国全球治理观的形成也产生了重要影响，这可以被认为国内规范中的历史要素，即历史规范。此外，中国现今的国际地位和基本国情也在很大程度上塑造了中国的全球治理观，因而可以被视为影响中国全球治理观形成的国情规范。不同于切克尔提出的静态的"文化（规范）匹配"概念，阿查亚提出的"本土化"概念，指出了在规范传播过程中行为体可以对外部规范进行"修剪"或适应性调整，以使内部和外部规范能够整合为一个新的规范框架。①因此，接下来本文将从制度规范、文化规范、历史规范以及国情规范四个方面，论述中国对全球治理规范的学习过程。

（一）制度规范

根据《中华人民共和国宪法》，"社会主义制度是中华人民共和国的根本制度"。②因此，社会主义制度也就构成中国学习全球治理规范的内部制度环境。马克思主义经典作家都表达过社会主义内含的和平属性。例如，马克思认为全世界工人的联合终究会根绝一切战争，新社会的原则将是和平。③列宁认为战争根

① 上一部分在论述体系层面的"教授"机制时，侧重的是体系（外部）规范的对单位（内部）规范的渗入和影响，这一部分论述单位层面的"学习"机制，侧重的是单位（内部）规范对体系（外部）规范的调整和适应。

② 《中华人民共和国宪法》，《中华人民共和国全国人民代表大会常务委员会公报》2004 年 S1 期，第 5 页。

③ 马克思、恩格斯：《国际工人协会总委员会会员关于普法战争的第一篇宣言》（1870 年），载《马克思恩格斯全集》（第十七卷），北京：人民出版社 1963 年版，第 7—8 页。

源于资本主义制度，要结束战争，就非推翻资本主义不可；①社会主义变革十分重要。不实行社会主义变革，就谈不上真正反对战争、消灭战争和建立持久和平。②斯大林也认为社会主义国家永远是捍卫和平的坚定力量，应该坚定地实行和平的睦邻友好的外交政策。③但是，回顾20世纪的国际关系史尤其是冷战史，可以认为，在社会主义尚未充分发展的历史进程中，社会主义并不是实现和平的充分条件。而对于中国特色社会主义来说，首先它有别于以霸权主义和强权政治为底色的资本主义，其次也有别于过去的苏联式的社会主义。毛泽东指出，无论美国是否承认我们，无论我们是否进联合国，我们都要承担世界和平的责任。我们不会因为不进联合国就无法无天，像孙悟空大闹天宫那样。我们要维持世界和平，不打世界大战。④邓小平也曾指出，“我们奉行独立自主的正确的外交路线和对外政策，高举反对霸权主义、维护世界和平的旗帜，坚定地站在和平力量的一边，谁搞霸权主义就反对谁，谁搞战争就反对谁。所以，中国的发展是和平力量的发展，是制约战争力量的发展”⑤。冷战结束以后，中国领导人也在多种场合反复申明中国坚持独立自主的和平外交政策，以及维护世界和平、促进共同发展的立场。也就是说，中国特色的社会主义是“主张和平的社会主义”，⑥是倡导平等、和谐、共生的社会主义，符合全人类共同的希冀和诉求，也与全球治理规范所承载的价值取向是一致的，因而成为中国全球治理观中的价值偏好。

中国的社会主义国家属性除了影响到中国全球治理观中的价值偏好的形成，也在很大程度上塑造了中国高度重视主权的认知。当然，这也是在与外部世界

---

① 列宁：《论无产阶级在这次革命中的任务》（1917年），载《列宁全集》（第二十九卷）（第二版），北京：人民出版社1985年版，第114页。

② 列宁：《致拥护反战斗争以及同投靠本国政府的社会党人斗争的工人》（1916年），载《列宁全集》（第二十八卷）（第二版），中共中央马克思恩格斯列宁斯大林著作编译局译，北京：人民出版社1990年版，第278—281页。

③ 李慎明主编：《马克思主义国际问题基本原理》（下卷），北京：社会科学文献出版社2008年版，第917—918页。

④ 毛泽东、中共中央文献研究室编：《同斯诺的谈话》（1960年），载《毛泽东文集》（第八卷），北京：人民出版社1999年版，第217页。

⑤ 邓小平：《在军委扩大会议上的讲话》（1985年），载《邓小平文选》（第三卷），北京：人民出版社1993年版，第128页。

⑥ 邓小平：《社会主义的中国谁也动摇不了》（1989年），载《邓小平文选》（第三卷），北京：人民出版社1993年版，第328页。

互动之后的结果。结合第二次世界大战后国际关系史和中国外交史可知，新中国建立以后面临着十分复杂的国际和国内环境，以美国为首的西方资本主义阵营敌视新中国，主权就成为中国维护和捍卫自身国家利益的国际法保障。当中国同时面临美国和苏联霸权行径的压力时，主权地位仍然是中国在强国环伺的国际环境中立足的重要保证。到了冷战结束前后，“历史终结”的言论甚嚣尘上，作为最大的社会主义国家，中国同样面临着巨大的内部和外部压力，虽然中国一度由于内部事务而遭受外部的制裁，但外部世界毕竟无法赤裸裸地干涉中国内政，很大程度上就在于中国是独立的主权国家。时至今日，中国依然面临着和平演变与反和平演变的斗争。实际上，作为一种隐晦的干涉形式，和平演变本身也是由于主权的不可侵犯性才得以存在。从现实主义的视角看，权力或实力才是决定国家地位的最重要的因素，这是需要承认的一个事实，因为20世纪甚至21世纪都不乏大国入侵小国、强国欺凌弱国的案例，但另一个需要承认的事实是，国家的权力或实力要发挥作用需要以国家主权的存在为前提，试想，如果国家没有主权而是一盘散沙，如何增加权力和发展实力呢？并且，随着人类文明的不断进步和国际社会对国际法的日益重视，主权也会受到人们越来越多的重视，从而成为中国在参与全球治理的进程中维护国家权益的合法保障。

影响中国全球治理观形成的另一个制度规范是中国国内的“大政府，小社会”的治理格局。新中国成立初期，由于没有进行大规模社会主义建设的经验，苏联是世界上第一个社会主义国家，它在工业化建设中所取得的成就显示了苏联模式的威力。因此，中国在20世纪50年代初期选择了苏联社会主义建设的模式。随着苏共二十大对于苏联模式弊端的披露，中国开始探索适合本国国情的社会主义建设道路，在这期间取得了一些初步成果，但由于随后发生的一系列运动以及沿袭苏联模式所造成的路径依赖效应，中国形成以计划经济体制和全能型政府为主的国内制度架构，政府在国内治理中发挥着决定性作用。为适应改革开放以后融入国际社会和参与全球治理的要求，中国的计划经济体制已经转向市场经济体制，中共十八届三中全会进一步提出，要让市场在资源配置中起决定性作用，①全能型政府体制也在进行简政放权，向法治型政府和服务型

① 《中共中央关于全面深化改革若干重大问题的决定》，载《人民日报》2013年11月16日，第001版。

政府转变，并鼓励社会力量参与国家治理。但总体来说，政府仍然在中国的国内治理中发挥着显著的影响，是国内治理的信心、经验和知识的最主要来源，非政府主体对政府保持着高度的依赖性。这种国内治理结构投射到全球治理上，就形成了中国以主权国家为主、以非国家行为体为辅的治理主体偏好。

（二）文化规范

博大精深的中华文化潜移默化地塑造着中国人的思维方式和行为方式，自然也会影响着中国参与全球治理的观念和实践。对应于全球治理，首先需要提及的是古代中国的政治世界观——“天下”（all-under-heaven）。一般认为，周朝创建了天下体系，试图将“世界”作为一个完整的政治单位去治理。虽然周朝所理解的“世界”只是当今世界的一部分，但周朝所具备的世界眼光和世界意识值得注意。周以西部小邦的身份领导众多友邦兴兵攻商而一战成功，随后建立的周政权面临一个全新的问题：如何能够做到以一治众且以小治大？周朝的考虑是设计一个全新的政治制度，以制度的优势和包容代替武力的威慑和征伐。这个新制度需要做到：无论存在多少部族和文化，其都能获得人们的普遍同意和支持，也就是说，只有当所有部族承认的是一种普遍制度而不是一个特殊权威时，周这个小部族才能代表这个制度去管理“世界”①。于是，政治就从天下体系和世界问题开始了。周朝建立的天下体系是一个利益共享的体系，以至于各国加入天下体系的好处明显大于独立在外的好处，从而使各国都愿意承认并加入天下体系。因此，“天下无外”，“天下是天下人的天下”。具体来说，周朝的天下体系是一个分治而又统一的分封制，其中的权力和权利分配大致是：天子管理天下公共事业和公共秩序，负责促进“世界”利益和“世界”正义，并拥有相对最大的一片土地作为直辖区；诸侯拥有国内高度的自治权，并有义务分担天子在维持“世界”秩序上的成本，因此需向天子纳贡赋役；天子拥有相对最大军力，但没有压倒性优势，诸侯国则按照人口和土地拥有成比例的军力。②可以看出，周朝制度的基本精神是实现“世界”范围的合作最大化和冲突最小化，同时创造出优先发展世界公利的政治条件。但随后某些诸侯国试图取

---

① 赵汀阳：《天下体系的一个简要表述》，载《世界经济与政治》2008年第10期，第61页。
② 同上文，第62页。

代周天子的地位，以霸权体系解构天下体系，结果进入了长期的列强争霸时代，最后由秦于公元前221年建立大一统帝国，帝国体系又取代霸权体系，天下从此成为往事。

作为周朝思想遗产的“天下”观尽管不再是政治实践，但一直是中国的政治世界观，影响着中国对政治的理解和中国政治价值观的形成。与西方世界注重个体性和国家性的政治观念相比，“天下”观彰显了一种整体性和社会性的政治观念，代表了一种兼容式的普遍主义（compatible universalism），在方法论上体现为以“关系”为分析单位，关注人与人、人与物、物与物之间的关系定位和互动实践。孔子提出的“政者，正也”所体现的中国式政治思维也表明，政治的根本问题是各种人、事、物之间关系的正当性，换言之，只有先明确了关系的正当性，才能进一步明确政治实体的权利和义务的正当性。中国学者秦亚青进一步将“关系”和“过程”这两个中国社会文化中的重要理念植入国际关系理论中，提出了过程建构主义的理论模式。秦亚青同样认为，西方是个体本位的社会，强调“理性”（rationality），中国是关系本位的社会，强调“关系性”（relationality）。在此基础上，秦亚青提出了“元关系”的概念，认为“元关系”就是阴阳两个要素之间的关系，是关系的关系。①由“天下”观所引申出的“关系”思维也体现在当今的中国外交和全球治理实践中，表现为基于维护国家利益和拓展国际影响的需要，中国构建了以和平共处五项原则为基础，通过双边关系改善带动全球战略拓展的伙伴关系战略。自1993年与巴西建立伙伴关系以来，中国的伙伴关系战略不断深化。截至2014年底，中国同世界上67个国家、5个地区建立了72对不同形式的伙伴关系。②

正如中国的伙伴关系战略所证实的那样，“天下”视野中“关系”的性质之一是和谐。和谐的最早表达为“协和”，即“协和万邦”，后来简化为“和”。③成中英先生在比较研究中西哲学思想的时候，提出了中国辩证法的根本是和谐。④

① 秦亚青：《关系本位与过程建构：将中国理念植入国际关系理论》，载《中国社会科学》2009年第3期，第69—86页。

② 门洪华、刘笑阳：《中国伙伴关系战略评估与展望》，载《世界经济与政治》2015年第2期，第66页。

③ 赵汀阳：《天下体系的一个简要表述》，第63页。

④ 成中英：《中国哲学范畴的特性》，载《哲学研究》1984年第12期，第47页。

中国的和谐化辩证法是将以阴阳为代表的两极视为相互依赖、相互补充的两种要素，而不是像西方辩证法那样将对偶两极视为相互竞争、相互拼斗的两种要素。实际上，这也就从方法论意义上指明了对于关系的看法。中国的和谐化辩证法是“和而不同”，承认差异性和多样性的存在，也承认竞争和争斗的存在。但其关注的重点是“和”，认为差异性和多样性能够形成优势互补的最优合作关系，竞争和争斗是为了进一步的生长和发展，最终形成新的和谐的合体生命。而西方辩证法是“同而不和”，也承认差异性、多样性、竞争、争斗的存在。但其关注重点是“同”，希望通过竞争和争斗的手法，以西方的“普世化”价值观为标准消灭差异性和多样性，最终创造一个只有一元真理存在的世界。在全球治理领域，中国的和谐化辩证法代表着尊重国家主权和不干涉国家内政的立场，目标在于以各国“自”理实现全球治理，这也是中国提出构建“和谐世界”的文化和价值依据。

进而，中国的和谐化辩证法认为，从根本上说，对偶两极之间的关系是共存和共生的。这既是对“关系”内涵的另一种阐述，也是对和谐价值的进一步延伸。中国式存在论（ontology）的观点是，存在（existence）以共存（co-existence）为条件，共存是存在的保障。也就是说，单个人、事、物是无法单靠自身而生存的，必须与另外的人、事、物相互依靠而共存，这也就是所谓的“万物并育而不相害，道并行而不相悖”。如果说共存体现的是一种静态的相互依存，那么，共生体现的就是一种动态的共同生长，一种“己欲立而立人，己欲达而达人”的舒展气度和包容精神。应该说，无论是共存还是共生，都立足于世界多样性的根本现实，以多元而非一元为价值基础观察世界和处理世界事务。①因此，共生以共存为基础，两者又都是事物之间关系的另一种状态，是对和谐价值的升华。在中国的全球治理观中，共生思维的直接体现就是中国提出“人类命运共同体”理念。如同共生内含和谐一样，构建“命运共同体”也是在构建“和谐世界”的基础上进行加深与拓展，反映了中国对全球治理认识的深化和中国全球治理观的演进。

---

① 任晓：《论国际共生的价值基础——对外关系思想和制度研究之三》，载《世界经济与政治》2016年第4期，第4—28页。

（三）历史规范

此处的历史规范主要指中国的近现代史和当代外交史记忆所塑造的中国参与全球治理的偏好。近代以来，外国资本——帝国主义的入侵把独立的中国逐步变为半殖民地的中国，把封建的中国变为半封建的中国。在某些时期，中国的某些地区甚至沦为帝国主义的直接统治。这就决定了近代以来中华民族面临的两大历史任务——争取民族独立、人民解放和实现国家富强、人民富裕。到1949年新中国成立时，第一个历史任务基本完成，中国赢得了民族独立和人民解放，获得了独立的国家主权。但是，与西方世界国家主权观念产生的背景不同，中国人的国家主权观念是从日益加深的民族危机中萌生出来的，中国人对国家主权观念的理解也是与洗刷民族耻辱、挽救民族危亡、渴求独立自主的意识紧密联系在一起的。①那么，到了中国要完成第二个历史任务时，中国面临的国际环境不容乐观。如前所述，这是由中国国家政权的社会主义性质和国际上两极对峙的大环境所造成的，因此，独立的国家主权地位就成为中国实现国家富强和人民富裕的根本前提和重要保障。严峻的外部环境也促使中国形成了独立自主的国家发展思路，即主要依靠自己的力量实现国家发展。改革开放以后，中国加强了与外部世界的联系和交流，但自主发展仍是中国发展的基本立足点。近现代和当代历史记忆形成了中国独特的主权观和发展观，也成为中国在参与全球治理中对主权高度重视和强调自我治理的历史渊源。

（四）国情规范

国情规范是影响中国全球治理观形成的现实因素。中国仍处于并将长期处于社会主义初级阶段是中国现阶段的最大国情，这也决定了中国的发展中国家地位。这一最大国情和国家定位表明了中国国内改革和发展任务的艰巨性。因此，中国自然会将发展的基点和重心放在国内，外交也要为国内发展营造良好的国际环境，维护和延长国家发展的重要战略机遇期，为实现中华民族的伟大复兴提供有力保障。另外，中国辽阔的疆域和庞大的人口基数也给其带来了维持稳定的巨大压力。如同中国历史所昭示的那样，从古至今，中国不乏残酷的

① 章百家：《改变自己，影响世界——20世纪中国外交基本线索刍议》，载《中国社会科学》2002年第1期，第4—19页。

战事，但最残酷的战事源于中国内部体系的崩溃，体现为中国内部秩序的调整。因此，对于中国来说，在实现善治的意义上，维持国内稳定和抵御外敌入侵同等重要。这样，国内的改革、发展和稳定的压力造就了中国内向型的发展思维。在全球化时代，国家间的相互依存程度越来越深。顺应全球化的潮流，中国在处理内部事务时必须兼顾国内与国际两个方面的因素。这就形成了中国既要参与全球治理，但同时又反对外部力量的干涉，将治理的重心放在中国国内的治理偏好。

综上所述，制度规范、文化规范、历史规范和国情规范构成了影响中国学习全球治理规范的国内因素。其中，文化规范的影响最为深远，在一定程度上也塑造了其他三个规范；其他三个规范则修正、补充和完善了文化规范，共同促成了中国国内规范偏好的形成。应该说，与全球治理规范的“教授”相比，中国对全球治理规范的能动“学习”更加突出。换言之，中国不是被动地接受全球治理规范，而是根据自身的规范偏好，有选择地内化全球治理规范，最终形成了具有中国特色的全球治理观。

六、结　　语

本文研究国家行为体的全球治理观，意在弥补关于全球治理的地域性研究的缺失，还原一个多元的全球治理主张图谱。为此，本文将研究对象具体设定为中国，分析中国全球治理观的形成过程。具体来说，本文借鉴并发展了建构主义的规范传播理论，从体系和单位两个层面进行论证，最终明确了战略考量、角色扮演、规范劝服是全球治理规范被“教授”给中国的三个阶段，也是中国全球治理观形成的外生机制。在当前及今后相当长的时期内，中国参与全球治理的阶段仍将处于规范劝服的进行时而非完成时状态；制度规范、文化规范、历史规范和国情规范构成影响中国学习全球治理规范的国内因素，也是中国全球治理观形成的内生机制。其中，文化规范的影响最为深远，在一定程度上也塑造了其他三个规范，其他三个规范则修正、补充和完善了文化规范，共同促成了中国国内规范偏好的形成，并影响到中国对于全球治理规范的学习和内化过程。最后，本文认为，中国的全球治理观在治理价值上体现为平等、和谐、共生，在治理主体上以主权国家为主、非国家行为体为辅，在治理规制上以国际规制为基础、软性方式为手段、“共同而有区别的责任”为原则，在治理领域主要认可不涉及国家核心利益和主权权益的全球公共议题领域，并优先关注发展议题，在治理效果的评估上坚持由各国“自”理达到全球善治的标准。

二十国集团（G20）领导人第十一次峰会于2016年9月在中国杭州召开，这是近年来中国主办的级别最高、规模最大、影响最深的国际峰会。中国作为峰会东道国，运用议题和议程设置主动权，首次全面阐释自己的全球经济治理观，首次把创新作为核心成果，首次把发展议题置于全球宏观政策协调的突出位置，首次形成全球多边投资规则框架，首次发布气候变化问题主席声明，首次把绿色金融列入二十国集团议程。①在后续关于此次峰会和全球治理的中央政治局集体学习中，中国又表达了既要坚持以经济发展为中心，不断增强在国际上说话办事的实力，又要坚持共商共建共享原则，使关于全球治理体系变革的主张转化为各方共识，形成一致行动。作为中国参与全球治理的一次重要实践，杭州峰会集中体现了中国在全球治理的价值、主体、规制、对象和效果等方面的偏好与立场，而主办峰会既是全球治理的规范进一步被“教授”给中国的一种方式，也是中国根据自身的规范偏好“学习”全球治理的规范，并积极塑造和引领全球治理规范的一个过程。在这一过程中，中国加深了对于全球治理的认可度，并由全球治理的参与者和建设者的身份向推动者和变革者转变。

总体来说，体系层面的规范“教授”机制和单位层面的规范“学习”机制合力塑造了中国的全球治理观，并使得中国的全球治理观兼具全球特色和中国特色。更进一步说，中国全球治理观的中国特色明显胜于全球特色，这意味着单位层面的规范“学习”机制在中国全球治理观的形成过程中占据主导地位，中国对全球治理规范的接收和内化仍有很大的提升空间。同时，这也反映了在当前的全球治理进程中，国家利益与全球利益、国家主义与全球主义之间存在的内在矛盾和张力。在全球化大潮的推动下，国家行为体参与全球治理实践中的全球主义倾向会越来越明显，但这并不代表着罗西瑙所说的“没有政府的治理”（governance without government）即将来临，因为国家主义也会持续存在，成为制约国家行为体参与全球治理实践的内部因素，使得全球治理的地域性凸

① 《加强合作推动全球治理体系变革　共同促进人类和平与发展崇高事业》，载《人民日报》2016年9月29日，第001版。

显，并对全球多边治理构成合法性和有效性的挑战。从规范意义上说，包括中国在内的国家行为体应该坚持全球主义关照下的国家主义，放松绝对主权的立场，在治理规制的构建中融入更多的全球主义元素，并将全球善治纳入全球治理绩效的评估中，以降低国家行为体全球治理观的地域性差异带来的负面效应，形成以全球公益为基础的全球共识，构建人类命运共同体，实现理想状态的全球治理图景。

此外，建构主义规范传播理论的前沿议程已经从“规范扩散”向“规范变动”转变，从关注体系规范对行为体的单向社会化过程，转向重视行为体的反社会化倾向与实践自主性。这实质上是对建构主义早期研究中所强调的行为体和结构双向互构的回归。本文结合研究主题，重点探讨了全球治理规范如何塑造中国的全球治理偏好，从而形成中国的全球治理观，但是，当前的全球治理规范主要还是由西方国家来制定，研究者也大多假定，体系规范的权威性和正当性不容置疑，只有符合西方期待的身份和观念才是值得追求的目标。那么，中国作为参与全球治理的重要行为体如何在全球治理实践中将自身的文化和价值融入全球治理规范，主动塑造而非被动接受全球治理规范，如何突出中国参与全球治理的能动性和塑造自身全球治理观念的主动性，提升中国在全球治理中的制度性话语权，如何突破西方的话语霸权和话语强制，维护全球治理规范的公平性和正义性，则是今后需要进一步研究的议题。

联合国全球契约的规范传播机制研究

刘菁元*

绪 论

在1995年的世界社会发展大会上，时任联合国秘书长科菲·安南正式将“社会规则”、“全球契约”（Global Compact）的构想展示给了世界。之后在1999年1月，他又在达沃斯世界经济论坛年会上提出“全球契约”计划，号召公共机构与商业行为体联手，解决世界上的一些难以凭借国家就可以解决的问题，应对时代提出的新挑战和新情况。倡议提出以后，2000年7月，联合国全球契约组织正式成立，总部设在美国纽约。“全球契约”的突出特点是，它并不是一个管制手段，而是一项自愿倡议，在代表了一种全球治理背景下新的思路和价值观的同时，为全球跨国企业提供了一个政策平台和实用行动框架，激励各企业与包括联合国各机构在内的一些公共组织发展合作和伙伴关系，一方面推进企业发展的可持续化和责任化，另一方面减少全球化的负面影响，推进全球化向着更加积极的方向发展。2009年时任联合国秘书长潘基文（Ban Ki-moon）在瑞士达沃斯世界经济论坛上提出了“以全球契约应对经济衰退”的口号，以此对各个主体进行激励和动员。

作为一项典型的自愿性倡议，联合国全球契约没有一套严格的监督机制和强制性的管理机制，那么在该倡议“弱设计”的“软性约束”下，其倡导的各项国际规范和原则是如何传播的？联合国全球契约是如何促进其各项目标的达成的？是如何保证成员企业的责任履行的？这些问题无疑是联合国全球契约研

* 刘菁元，外交学院国际关系专业博士生。

究的重点，也是国际规范研究的新视角。本文旨在就联合国全球契约相关作用机制的进行研究，从而总结出作为一项“弱设计”结构下的自愿性倡议，联合国全球契约的规范传播路径和具体机制。

一、既有研究及不足

（一）国内研究

1. 现实角度

从现实角度来讲，国内学界对于联合国全球契约的研究主要在两个层面展开：一是对于联合国全球契约自身内涵、原则、组织框架和运行模式的研究，二是以企业实践案例为切入点，探究联合国全球契约对于企业具体实践的影响和改善，从而探索联合国全球契约对于企业社会责任履行方面的作用和意义。

具体来讲，针对联合国全球契约自身的研究议题主要集中于全球契约成立的背景、联合国全球契约的发展成效及其影响等方面。①

① 全球问题的凸显，“治理”思潮的出现，非政府组织影响力上升以及全球化的急速发展被认为是全球契约诞生的重要背景。对于其发展程度及其贡献，有学者从全球视角对全球契约十年的发展成效作了简要总结，认为全球契约在发展的第一个十年在规模和影响力方面都有较大提升，不仅推动了国际规范的传播，而且塑造了关键问题领域的全球议程。此外，联合国全球契约不仅给予企业在经济全球化背景下参与国际事务的机会，改良全球化模式，同时也有利于树立企业形象，扩大企业知名度，为企业在盈利性和社会性之间找到了平衡的平台。还有学者从国际政治社会学视角对全球契约的影响进行了论述：首先，全球契约作为治理理论的一次实践与完善，在改善联合国与企业的关系，凸显全球治理的作用以及促进国际规范的传播三个角度促进了国际社会的发展；其次，全球契约也加速了国际行为主体多元化发展趋势，拓展了国际合作的模式，同时也提升了“低级”政治领域议题的重要性。关于对联合国全球契约的评价，有文章从对联合国全球契约的有效性分析入手，认为对联合国软实力的运用，利益契合点的寻找，国际组织和政府的认可，契约的开放性与包容性，多中心治理架构的灵活性是其显著的优点，但全球契约在未来发展中依然面临着数量和质量上的挑战，并进一步分析了影响其未来发展的内部和外部因素。具体研究见中国企业社会发展中心：《中国企业社会责任调查报告》2011 年 11 月 8 日；殷格非、于志宏、李文：《契约“升级”2007 全球契约领袖峰会开启 CSR 新征程》，载《WTO 经济导刊》2007 年第 8 期，第 12 页；崔连德：《全球契约与企业社会责任》，载《中国船检》2008 年第 3 期，第 84—85 页；孙伊然：《联合国全球契约：十年回顾与展望》，载《现代国际关系》2011 年第 8 期，第 24—31 页；何丹：《论全球契约与我国公司社会责任制度的完善》，对外经济贸易大学硕士论文，2006 年 7 月；崔连德：《全球契约与企业社会责任》，载《中国船检》2008 年第 3 期，第 84—85 页；刘稳：《论全球契约的国际政治意义》，上海交通大学硕士论文，2006 年 6 月；《引领全球企业的“全球契约”》，载《上海企业》2005 年第 11 期，第 13—14 页；刘建民、杨明佳：《契约理论视野中的“全球契约”》，载《经济研究导刊》2010 年第 25 期，第 11—13 页。

关于以企业为切入点的研究，主要是将联合国全球契约作为一项企业参与全球治理的平台和工具，以此视角进行分析。相关文献中不仅涉及了企业对全球治理具体议题的参与过程，而且提及了联合国全球契约对于企业社会责任制度发展的影响，一些学者认为，企业加入联合国全球契约不仅对企业自身具有重要影响，同时也对企业社会责任运动具有一定的影响。①

2. 理论角度

刘建民的《契约理论中的全球契约》从法学理论角度对联合国全球契约法理上的一般性和特殊性进行了分析。

（二）国外研究

1. 现实角度

国外对联合国全球契约本身的研究主要集中于对其评价和影响的研究。有研究从环境规则对国际政治的影响出发，提出环境原则与理念的社会影响之前的互动是联合国全球契约内部学习模式的一个重要原理，并以问卷调查的方法对联合国全球契约内部的环境原则如何影响文化认同进行了分析。②此外，也有一些学者以量化研究的方法对企业加入联合国全球契约之后的表现进行分析。关于联合国全球契约的影响，国外学者大多持有一种保守的倾向：认为联合国

---

① 关于企业微观视角的联合国全球契约研究成果具体参见刘发欣、刘昕、庄宁、吴秀和、庞军、吴金希：《全球契约与企业应对气候变化》，载《气候变化研究进展》2010 年第 6 期，第 222—227 页；魏家福：《履行全球契约，建设和谐企业，促进世界和谐》，载《中国远洋航务》2007 年第 8 期，第 30—31 页；贺芳：《论“全球契约”与企业社会责任》，载《国际公关》2007 年第 2 期，第 80—81 页；孙伊然：《联合国全球契约：十年回顾与展望》，载《现代国际关系》2011 年第 8 期，第 24—31 页；黄晓聪：《从全球责任的角度探讨跨国公司对全球治理的参与》，暨南大学硕士论文，2006 年 7 月；何丹：《论全球契约与我国公司社会责任制度的完善》，对外经济贸易大学硕士论文，2006 年 7 月；周宗社：《企业社会责任运动及其思考》，载《沿海企业与科技》2006 年第 2 期，第 27—28 页；郭沛源：《中国企业社会责任机构发展回顾》，载《WTO 经济导刊》2007 年第 1 期，第 122—123 页；陈英：《经济全球化浪潮中的企业社会责任》，载《上海企业》2007 年第 8 期，第 18—19 页。

② 具体研究见 Andreas Rasche，Malcolm McIntosh and Sandra Waddock，“The United Nations Global Compact：Retrospect and Prospect”，*Business & Society*，Vol.52，No.1，2014，pp.6—30；Daniel Berliner and Aseem Prakash，“Blue washing” the Firm? Voluntary Regulations，Program Design，and Member Compliance with the United Nations Global Compact，*Policy Studies*，Vol.43，No.1，2012，pp.115—138。

全球契约的影响力和效果都有待商榷。①

企业微观角度的研究也不在少数。主要集中的议题有企业加入全球契约的原因、加入联合国全球契约对企业财务和企业绩效的影响以及企业加入全球契约的市场反应。

2. 理论角度

马里科（Mariko Shoji）在文章中总结了目前研究联合国全球契约的三个理论视角：全球治理理论、建构理论和国际法理论，并从规范理论视角，参与对象理论视角和责任理论视角对全球契约进行了分析。②

3. 其他角度

杰弗里·威廉（Geoffrey William）和约翰·赞坎（John Zinkin）从宗教文明角度入手，在文章中对联合国全球契约的十项原则与伊斯兰教义是否相冲突进行了研究，发现两者不仅大部分内容是相容的，后者在一定程度上对前者还有一定的补充作用，因此文明冲突是不存在的。③

（三）本文研究问题及思路

联合国全球契约提出的十项原则以一系列国际宣言为价值基础，旨在号召

---

① 学界基本从合法性和效率两个角度对全球契约进行了批评和褒奖。批评方面主要有：（1）全球契约近似于一个“蓝色熔炉”（Blue Washing），会掩盖企业逐利本质；（2）缺乏监管和惩罚体制；（3）打破UN对经济政策的传统立场，动摇联合国的优越性与合法性，败坏联合国名声，使之与非政府组织和发展中国家的合作更加困难，商业部门政治权力的扩大导致联合国权力的弱化。同时也有学者对这些批评作出了反驳，认为联合国全球契约的形式具有一定的合理性，并对其日后的发展进行了预测，提出了建议。具体研究参见 Christian Voegtlin and Nicola M. Pless，“Global Governance：CSR and the Role of the UN Global Compact，” *Bus Ethics*，Vol.122，No.10，pp.179—191；Patrick Bernhagen，“Corporate Citizens and the UN Global Compact：Explaining Cross-national Variations in Turnout，” *Business and Politics*，2013，Vol. 15，No. 1，2008，pp. 21—25；Jorge A. Arevalo，Francis T. Fallon，“Assessing Corporate Responsibility as A Contribution to Global Governance：the Case of the UN Global Compact，” *Corporate Governance*，2008，Vol.8，No.4，2013，p.122。

② Luis A. Perez-Batres，Van V. Miller，Michael J. Pisani，“Institutionalizing Sustainability：An Empirical Study of Corporate Registration and Commitment to the United Nations Global Compact Guidelines，” *Journal of Cleaner Production*，2010，Vol.19 No.8，2009，pp.21—29.

③ 具体研究见 Geoffrey William and John Zinkin，Islam and CSR：“A Study of the Compatibility between the Tenets of Islam and the UN Global Compact，” *Journal of business Ethics*，Vol.31，No.1，2010，pp.20—29。

跨国企业将有关规范和价值贯彻到日常的经营和生产过程，并配合联合国实现其千年发展计划，这实质上就是规范传播的过程。因此，国际规范视角无疑是研究联合国全球契约的重要切入点。而目前关于全球契约的研究主要集中于其概念、特点、执行效果、学界争议等方面，关于其在规范传播方面的具体路径与机制则鲜有涉及。本文旨在从国际规范传播的视角对联合国全球契约的运行机制进行分析，探讨联合国全球契约组织架构下国际规范的传播路径和传播机制，并对其传播机制的优势和不足进行讨论。

研究的理论框架方面，本文主要在组织传播学相关理论的基础上融合了玛莎·芬尼莫尔的“国际组织教授”机制、杰弗里·切克尔有关国际规范传播的理论、米德的角色互动理论和哈贝马斯交往互动理论提出了一个分析框架。

“组织传播”的概念出现于20世纪50年代，是指某个组织凭借组织或者系统的力量所进行的有领导有秩序有目的的信息传播活动。组织具有以下三个特征：一是共同的目标，二是统一的系统，三是共同遵守的规范。①科勒尔在《组织传播：行为观》中提供了这样一种组织定义：“一个组织可以被界说为一种结构化的、通过沟通统一组织成员行为以达到某种特殊目标的系统。”②联合国全球契约作为全球规格最高、规模最大的可持续发展组织有两个主要目标：一是促进企业的管理方式和运营方式的变革，促进世界市场的合理化发展，帮助解决全球化带来的一系列社会性问题，二是实现联合国各项目标。在这两个目标的指导下，联合国全球契约借助提出的十项原则和一系列管理框架和治理机制对成员企业进行行为约束。由此，将联合国全球契约看作一个组织系统，进而对其系统框架下的规范传播机制进行分析无疑是一个值得尝试的思路。

组织传播的方式和方向大致分为组织内传播和组织外传播，组织外传播也包括组织间传播，目前全球契约框架下的规范传播主要涉及的是组织内传播。组织内传播按照传播方向可以划分为横向与纵向传播。横向传播主要指的是组织系统内部同级成员之间的交流，主要借助平等协商与联络的形式，目的在于加强彼此之间的协调与配合。一般来讲，横向传播需要一定的制度保障。纵向

---

① 魏永征：《关于组织传播》，载《新闻大学》1997年第3期，第31—34页。

② 彭凤仪：《论组织与组织传播》，载《杭州大学学报（哲学社会科学版）》1996年第3期，第152—158页。

传播按照信息流的方向又可分为上行传播与下行传播。

组织内传播的首要目标就是实现组织内成员的融合和价值的趋同，其实质就是营造共同的归属感和价值观，促进共同行动，实现共同目标。组织传播的过程实质上就是信息流动的过程，规范、价值理念、规则都可以被看作一种信息。

玛莎·芬尼莫尔提出的国际规范传播机制将“国际组织教授”作为影响国际规范传播的干预变量，杰弗里·切克尔进一步将“教授”机制细化为奖惩机制（reward and punishment）、角色扮演（role playing）机制和规范劝服（normative suasion）机制。

米德的象征角色互动理论认为，行为体的角色是在不断的社会互动中产生和形成的，互动中形成的认知也是行为体解释自我和他者行为的基础。在角色互动理论下，规范和规则成为了一种角色产生过程的强制力，即行为体在一系列规范或规则的约束下按照角色预期行事，从而逐渐形成角色认知，获得和接受自我角色。①这实质上是行为体社会化的过程，也是规范扩散和社会化的过程。在这一过程中，行为体并非一个被动接受者，而是通过角色的自我扮演将自我放置在他人的审视之下从而主动地形成自我身份的认知。这种借助角色扮演形成的自我概念米德称为“宾我”（me），即自我的关于他人对自我的期望的内在化。“宾我”的概念反映了法律、道德及共同体的期望。

联合国全球契约下的“角色扮演”机制是指通过项目倡议赋予成员企业特定情境下的角色，使其按照一定的角色期望进行行为选择和自我约束，并进行一定的内部改革。角色扮演，或曰角色互动是一种影响行为体自我认知和期望，引导行为体行为的作用机制。

哈贝马斯将社会行为划分为四类：目的行为、规范调节行为、戏剧行为和交往行为。②其中，交往行为是指一种主体之间的，通过一定媒介和对话，从而达到相互理解和一致的过程。③交往行为理论强调行为体在互动和交往中促进了文化和理念、精神的传播和共享，从而进一步协调行动，促进社会整体化与团

① ［美］乔治·赫伯特·米德著：《心灵、自我与社会》，华夏出版社 1999 年版。

② 李远行：《哈贝马斯的理性批判与现代性问题的方法论重建》，载《东南大学学报（哲学社会科学版）》2000 年第 1 期。

③ 王凤才：《哈贝马斯交往行为理论述评》，载《理论学刊》2003 年第 5 期，第 38—41 页。

结互助。①哈贝马斯的交往互动理论有两大特点：一是强调道德规范的力量，将道德的规范看作实现社会变革的关键；②二是强调符号互动，尤其是言语互动。③全球契约各项原则以一定的价值规范为基础，同时又借助一系列学习和互动场所中进行的言语互动和实践沟通进行传播，这就使得哈贝马斯的交往互动理论在全球契约框架下规范的传播方面具有一定的解释力。④

联合国全球契约框架下的交往互动机制主要借助全球契约框架下的地区网络为成员企业提供交流、互动和学习空间，从而促进各项原则的理解、执行和内化。“交往互动”机制是联合国全球契约框架下规范传播建构性路径的另一个作用机制，此种作用机制主要借助全球契约地区网络这一场所发挥作用。哈贝马斯的交往行为理论为此种机制提供了一定的理论基础。本文分析框架综合以上理论框架，设计思路如下：

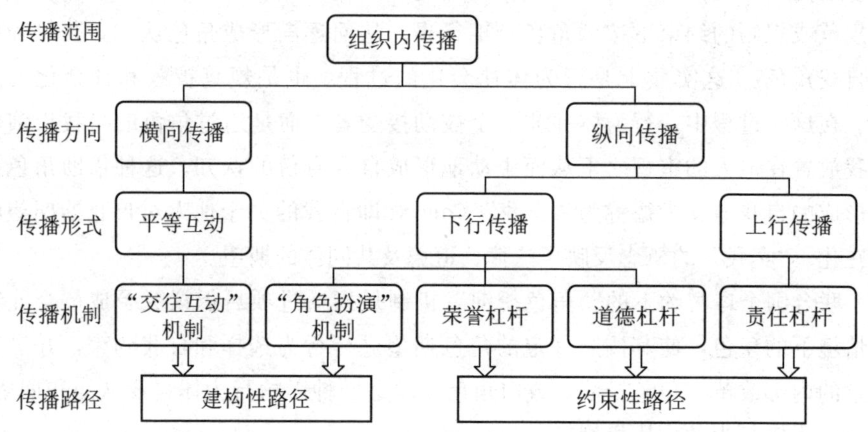

图 1　规范的组织内传播机制示意图

① 洪波：《论哈贝马斯交往行为理论的构建》，载《江苏科技大学学报（社会科学版）》2006 年第 1 期，第 20—24 页。

② 章国锋：《哈贝马斯访谈录》，载《外国文学评论》2000 年第 1 期，第 29—31 页。

③ 唐晓群：《哈贝马斯的交往互动行为理论》，载《中国社会科学院研究生院学报》1997 年第 6 期。

④ 关于哈贝马斯交往行为理论的具体研究和文献参见 Habermas J，*Communication and Evolution of Society*，Boston：Polity Press，1995；Habermas J，*The Theory of Communicative Action*（Vol.1），Boston：Boston Press，1984；［德］哈贝马斯：《现实与对话伦理学》，郭官义译，载《世界哲学》1994 年第 2 期；［德］哈贝马斯：《交往行为理论》（第一卷），曹卫东译，南京：译林出版社 2004 年版。

二、联合国全球契约倡议的启动及背景

(一) 联合国全球契约倡议提出的背景

首先，跨国企业在全球治理格局中地位上升。在全球化时代，各种全球化问题不断涌现，使得以主权国家为中心的传统政治思路正面临危机。在这样的全球背景下，单靠国家这一种行为的力量已经难以解决复杂的、相互重叠交叉的全球性问题。跨国企业作为经济全球化背景下发展起来的重要行为体，经济影响力和社会影响力都在以极大的速度提升，在一些重要的问题领域中的发言权也在逐步提升。人类公共事务治理的协商化、自愿化、平等化和网络化转向也在为跨国企业这类行为体提供了更大的参与空间。跨国公司各个方面实力的不断提升使得企业有能力在生产、投资的各个环节发挥影响力，促使世界经济向稳健化、秩序化和制度化发展。工业化国家从大萧条时期的痛苦遭遇中吸取教训，为重建社会和谐和政治稳定，采取了社会保障以及其他各种措施，旨在抑制机构及波动，补偿市场失灵的受害者。而放眼全球，全球经济面对的一大难题是如何在全球范围达成一个类似的共识以巩固世界经济。在联合国全球契约最初选定的人权、劳工标准以及环境保护三个领域中，企业的作为空间是巨大的。

其次是跨国公司的企业社会责任问题受到关注。跨国企业所具有的先天的逐利性在全球化时代逐步显露其弊端。经济学理论领域绝对的经济人身份使得跨国企业的社会责任履行状况不佳。在全球化问题不断出现的全球背景下，企业社会责任也从最初的一个概念逐步发展为一项社会运动，并在 20 世纪 80 年代开始产生一定程度上的社会影响。企业的社会责任一方面来自这一社会现实：跨国企业是一部分全球问题的制造者。跨国企业在其盈利的过程中制造了一系列全球性问题，而这些问题又必须由制造者本身来进行解决。另一方面，跨国企业的经济实力和社会影响力都在不断提升，跨国企业的数量和规模也在不断扩大，因此跨国企业逐渐具有了在全球治理中担任重要角色的实力，而履行自身社会责任也可以帮助企业树立更好的社会形象。

最后是联合国作为全球倡议发起者的作用。联合国作为当今世界最具有政治影响力和政治权威的国际组织，由 196 个主权国家组成。自其成立后，对世

界发展和人类发展作出了很大贡献：促进国际法的不断完善、维护世界秩序和消除国际危机、促进世界经济平稳向前、保护人权、维护世界和平、促进国际合作等。联合国也具有完善的组织机构：联合国总部、联合国大会、联合国安全理事会、联合国经济及社会理事会、托管理事会、国际法院、联合国秘书处等。联合国系统具有方案、基金和专门机构等多套组织系统，各个系统相互协作完成关于世界经济、安全和合作的各项决议和方案。作为20世纪“最伟大的政治发明”，联合国在其发展的过程已经从最初的霸权国附庸发展为具有全球影响力的政治组织。联合国全球契约倡议由联合国官方发出，可以充分借助联合国的政治资源和政治影响力，快速在全球范围获得一定的影响力，实现相对快速的初期发展。此外，联合国的官方性质也使得联合国全球契约倡议更加容易激起成员国的认同和参与，为进一步规模的扩大和影响力的延伸也做好了铺垫。

（二）联合国全球契约倡议的提出

1999年1月，在瑞士达沃斯世界经济论坛上，全球契约倡议正式被提出。该倡议有四个重点领域：保护人权、完善劳工标准、保护环境和反腐败，建立一个涵盖跨国企业在内的行为框架，培养和支持企业与其他行为体进行合作，为合作提供平台和基础。联合国全球契约计划于2000年7月在联合国总部正式启动，50多家公司对今后的经营模式和经营理念作出初步承诺，严格遵循联合国全球契约的各项原则和倡议，改善雇员工作待遇和工作环境，为保护环境、保护人权、反腐败方面的事业贡献出自己的力量。2001年通过的联合国55215号决议旨在向联合国授权，以便开展一系列组织和倡议工作。诸多参与方都对联合国全球契约组织的各项倡议和机构进行了表态，在态度和资金方面都有积极的行动和配合。

（三）联合国全球契约倡议的发展

为将这一创新性的思路落实到联合国的实践工作中去，2000年7月在联合国总部所在地美国纽约，联合国全球契约组织正式成立。该组织以企业社会责任和社会可持续发展为原则，重点推动联合国各个机构与跨国企业进行多方面的合作和交流，从而推动全球契约价值观的影响，进一步推动一些全球性问题的解决。在运行原则上，联合国全球契约采取自愿性原则，这使之区别于一般的管制型组织，它依赖于信息披露制度、公共问责制度和社会公共开放程度等指标，进行管制，为成员提供更多空间，同时也有利于消除企业加入的疑虑和顾忌，吸引更多跨国企业加入，扩大组织规模。这种以会员制为主要特点的参与模式以企业为参与主体，同时也接受非政府组织、基金会、商业协会、学术机构、城市等成为会员。

联合国为全球契约建立了完备的组织框架和运行机构框架，其中包括全球契约办公室、地区网络、全球契约理事会。该理事会的主要职责是向联合国全球契约的发展和运行提供建议和意见，提供方向指导和政策建议，成员包括企业、劳工、国际社会及联合国系统的代表。在资金筹集方面，由全球契约基金会负责，集资渠道主要集中于商业部门，筹集到的资金用于全球契约的运行和建设。在这些正式的组织机构之外，联合国全球契约还会不定期或者定期组织一些学习会议和学习论坛，这些平台也是联合国全球契约的重要组成部分。

联合国全球契约一方面旨在促进企业的管理方式和运营方式的变革，以促进世界市场的合理化发展，帮助解决全球化带来的一系列社会性问题。另一方面，联合国全球契约也是实现联合国各项目标的重要途径。联合国全球契约的参与方不仅有联合国各项机构和跨国企业，还有大量的社会组织、工会、学术机构等，联合国全球契约有助于在各个行为体之间建立良好的沟通网络，推动利益相关者之间的合作，促进合作伙伴关系，更好的实施联合国的各项倡议，实现联合国的相关目标，比如联合国千年发展目标（The Millennium Development Goals）。为了实现以上目标，联合国全球契约每年至少举行一次经济对话会议，旨在给企业以及各种非政府组织提供对话机会，一方面方便企业之间交流管理经验和教训，互相学习和借鉴，另一方面也方便各种行为体就现行存在的各种公共问题商议解决方案和建议。除此之外，联合国全球企业服务协议所形成的全球契约俱乐部成员制度也大大地提升了联合国全球契约的服务和交流作用，这个俱乐部不仅帮助企业对联合国系统资源进行利用与合作，向企业提供全球发展年度报告，同时也对特定行业的全球资源进行协调，促进成员企业之间的交流学习，给企业商业案例进行研究与推广、建设全球重大的经济论坛、国际商业活动与访问提供支持。

联合国全球契约主要包括两个部分：联合国全球契约组织以及其提出的全

球契约十项原则。虽然这一契约以企业为导向，[①]组织社会其他部门的参与也尤为重要。科菲·安南在倡议之初就曾指出民间团体组织和工会也是联合国全球契约的一个重要组成部分。一方面，全球契约可以看作企业作出的一系列承诺，而民间团体则站在一旁作为某种裁判，当发生错误时及时指出。另一方面，可以将联合国全球契约看作企业与社会其他团体合作解决共同面对的问题的一个论坛。一直以来，在全球契约最初的顾问小组以及后来由秘书长主持的联合国全球契约理事会中，民间团体和劳工组织的代表人数与企业界代表人数几乎相等。

三、全球契约框架下国际规范的纵向传播

1999年，时任联合国秘书长科菲·安南指出企业和联合国应该共同发起一项“共同价值观和原则的全球契约，为全球市场带来人性化的一面”。[②]联合国全球契约从一项国际倡议逐步发展为一个国际组织，一直积极引导企业遵循全球契约的倡议理念，这些理念来源于《世界人权宣言》、国际劳工组织《关于工作中的基本原则和权利宣言》、《里约环境与发展宣言》以及《联合国反腐败公约》等一系列原则和宣言。具体来讲，《世界人权宣言》对于具体人权的规定有两类，第一类是个人在社会和政治生活中应该享有的各种自由平等权利；第二类是经济、社会和文化权利。这种权利的实现建立在一定的组织和资源基础之上。[③]国际劳工组织《关于工作中的基本原则和权利宣言》将“工人的基本权利”归纳为以下四个方面内容：禁止强迫劳工和童工；结社自由；自由组织工会和进行集体谈判；同工同酬以及消除就业歧视。[④]《里约环境与发展宣言》为各国在环境与发展领域开展国际合作提供了相关的指导原则，旨在建立一套既尊重各方利益，又保护全球环境与发展体系的发展原则，该宣言反映了各国保护环

① 参见2004年6月24日秘书长在全球合约领导人峰会上的开幕词，http://www.un.org/chinese/partners/unglobalcompact/gcsummit_opening.htmm，最后访问时间2017年12月6日。

② Kofi Annan，Address at Ceremony of Adherence to the Global Compact. Madrid，1 April 2002.

③ 参阅《人人享有一切人权：世界人权宣言五十周年》http://www.un.org/chinese/work/rights/rights.htm，最后访问时间2017年12月30日。

④ 国际劳工局：《国际劳工组织关于工作中基本原则和权利宣言及其后续措施》，北京：国际劳工局北京局1998年版。

境的价值诉求和集体愿望。《联合国反腐败公约》确立了反腐败的五项机制：预防机制、刑事定罪和执行机制、国际合作机制、资产追回机制和履约监督机制，从而为世界各国政府执行对腐败行为的定罪、惩处、责任追究、预防、国际法律合作、资产追回以及履约监督机制提供了法律依据。①

以上宣言涵盖了保护人权、完善劳工标准、保护环境和反腐败四个重点领域，是联合国全球契约十项原则的基础和来源。

表1　联合国全球契约十项原则②

人　权	1	企业应该尊重和维护国际公认的各项人权
	2	企业绝不参与任何漠视与践踏人权的行为
劳工标准	3	企业应该维护结社自由，承认劳资集体谈判的权利
	4	彻底消除各种形式的强制性劳动
	5	消除童工
	6	杜绝任何在用工与行业方面的歧视行为
环境保护	7	企业应对环境挑战未雨绸缪
	8	企业应主动增加对环保所承担的责任
	9	企业应鼓励无害环境技术的发展与推广
反贪污	10	企业应反对各种形式的贪污，包括敲诈、勒索和行贿受贿

资料来源：笔者自制。

但应该注意的是，联合国全球契约的十项原则与其各项来源宣言具有明显的区别性：第一，联合国全球契约所倡导的一系列国际规范和价值观念并非以上各项宣言的简单叠加，而是一种有机组合和改进。第二，全球契约所倡导的一系列国际规范和价值观念所约束的对象并非主权国家，而是跨国公司。这不仅扩大了相关国际规则和价值理念的受众群，也提升了规范的影响力，促进国际社会的发展。

规范的传播不是一蹴而就的，而是具有一定的过程性。全球契约框架下的规范传播是在一定的驱动力背景下沿着一定机制和路径发生作用的。规范信息沿着一定组织活动关系（部门、职务、岗位以及其隶属或平行关系）环节在组

① 石刚：《简评“联合国反腐败公约”的影响》，载《现代国际关系》2004年第2期。

② 中国企业联合会全球契约推进办公室：全球契约的十原则，http://gcp.cec-ceda.org.cn，最后访问时间2018年1月10日。

织内流通，其传播形式可分为两种，即横向传播和纵向传播。一般来说，横向传播双向性强，互动渠道畅通；纵向传播则有单向流动的性质。因而，根据规范信息的流向，纵向传播又区分为下行传播和上行传播。

（一）下行传播

下行传播是指有关组织目标、任务、方针、政策的信息自上而下得到传达和贯彻的过程。传播的内容主要与组织成员的权利、义务信息相关，也包含上级单位的评价和奖惩信息。联合国全球契约框架下国际规范的下行传播一方面借助了荣誉杠杆和道德杠杆，另一方面也借助了“角色扮演”机制。

1. 荣誉杠杆：社会审查制度（social vetting and screening）

荣誉杠杆，指借助企业对良好社会形象的重视和追求对企业行为进行一定约束和引导的作用机制。荣誉对于跨国企业这一行为体来说，一是指良好的社会形象，二是指积极的社会评价。①良好的社会形象和正面的社会评价不仅有助于企业内部加强凝聚力，提升企业核心竞争力，更有利于扩大企业在国际社会上的影响力，加强与国际社会各界的合作，在日益激烈的市场竞争中获得更大的资源和优势。②

企业形象，指社会公众和企业职工对企业整体的印象和评价。企业形象是可以通过公共关系活动来建立和调整的，其中，参加具有良好社会效应的活动和组织就是企业建立和维护自身社会形象的重要途径。《美国周刊》的一篇文章写道：“在一个富足的社会里，人们都已不太斤斤计较价格，产品的相似之处又多于不同之处，因此，商标和公司的形象变得比产品和价格更为重要。”③这从一个侧面反映出企业社会形象的重要性正在不断上升，跨国企业所面临的越发激烈的市场竞争更大程度上成为了形象、声誉与知名度的竞争。这就为“荣誉杠杆”提供了一定的作用空间。

---

① Patrick Bernhagen，Neil J. Mitchell and Marianne Thissen-Smits，“Corporate Citizens and the UN Global Compact：Explaining Cross-national Variations in Turnout，” *Business and Politics*，Vol.21，No.1，2013，pp.34—49.

② Jorge A. Arevalo，*Collaboration and Partnership in the Context of Indian CSR：The Global Compact Local Network and the I4D Project*，Springer Netherlands，2014，pp.38—50.

③ Georg Kell，“The Global Compact Selected Experiences and Reflections，” *Journal of Business Ethics*，Vol.24，No.2，2005，pp.47—70.

"社会审查制度"实质上是联合国全球契约的准入"门槛"。作为全球规格最高、规模最大的可持续发展组织，联合国全球契约的社会效应和国际影响无疑是巨大的。其所倡导的可持续发展原则和企业社会责任原则是企业未来发展的重要方向，加入联合国全球契约不仅有利于企业树立良好的国际形象，也有利于企业在全球契约内部建立合作关系，拓展合作伙伴。此外，加入联合国全球契约的企业有权在公开场合使用全球契约的官方标识，这也是全球契约为企业成员提供的身份认证。总的来说，联合国全球契约以其提供的社会效应和内部资源为"福利"，以社会审查制度为手段，驱动企业严格遵守国际金融规则和联合国所倡导的各项的规范和原则，从而加入全球契约，获得内部成员的"身份认证"和"交流资源"。①

联合国全球契约社会审查制度从2007年开始实行。任何申请加入联合国全球契约的行为体必须接受基于全球性的数据库的社会审查，审查内容为该行为体是否正在接受联合国或者其他国际金融机构的制裁，任何处于制裁期的行为体都不被允许加入联合国全球契约。这项审查制度效率较高，可以使得联合国全球契约在两周内对行为体的加入申请作出回复。在此之外，社会审查所依据的数据库也会与各个地区网络进行共享。基于对联合国全球契约成员企业身份及其内部资源的追求，广大准成员企业会倾向于遵守国际金融规则和联合国各机构倡导的各项原则，由此对规范进行了初步的接受和遵循。②

2. 道德杠杆：对话便利机制（the dialogue facilitation mechanism）

道德杠杆是建立在普遍道德原则的约束上的一种监督和质询性质的作用机制，通过对行为体不当行为或争议行为提出质疑从而达到监督和约束的效果。联合国全球契约并非一个裁决性机构，而是旨在为贯彻全球契约各项原则提供一个透明化的交流平台。其运行的主要原理是企业在接受社会各界监督的同时有权利对自己的行为进行解释和说明。③对话便利机制就是一个旨在加强社会对

---

① Geoffrey Williams and John Zinkin, "Islam and CSR: A Study of the Compatibility Between the Tenets of Islam and the UN Global Compact," *Journal of Business Ethics*, Vol.43, No.1, 2010, p.36.

② Dorothée Baumann-Pauly and Andreas Georg Scherer, "The Organizational Implementation of Corporate Citizenship: An Assessment Tool and its Application at UN Global Compact Participants," *Journal of Business Ethics*, Vol.21, No.1, 2013, p.7.

③ S.Prakash Sethi, Donald H. Schepers, "United Nations Global Compact: The Promise-Performance Gap," *Journal of Business Ethics*, Vol.20, No.1, 2014, pp.21—29.

成员企业行为监督，促进成员企业与社会各界对话的交流机制。社会各界有权力向联合国全球契约组织提出对相关企业行为的质疑，企业接受质疑的主要方面有：（1）强迫劳动、雇佣童工和儿童剥削；（2）对环境的严重破坏；（3）严重腐败；（4）有违于其他基本道德准则的行为。①

成员企业一旦被第三方质疑违反了全球契约相关原则和规则，就有承担一定声誉损失的风险。企业出于维护其社会声誉和国际形象的考虑，会倾向于遵守相关原则和规范，并对一些争议性行为进行解释或补救。

3.“角色扮演”机制

联合国全球契约在“角色扮演”机制下的规范传播主要借助一系列倡议项目，这些倡议项目赋予参与企业一定的情景角色和行为预期。成员企业通过参与一系列倡议项目，适应不同倡议规范下的角色，按照相关倡议的行为预期采取行动，从而形成符合国际社会期望的“宾我”。此类项目倡议中，最具代表性的就是“CEO水之使命”（CEO Water Mandate）和“关爱气候”（Caring for Climate）和“负责任投资原则”（The Principles for Responsible Investment）三个项目。

联合国全球契约在2007年与太平洋研究所合作动员企业界联合提出了“CEO水之使命”的项目计划。该项目旨在提升企业内部管理水平、改善企业经营过程中的水资源利用模式，促进企业负责任的政策参与和集体行动。既是对企业水资源利用权利的保护，又是促进企业生产中的水资源高效率管理的重要尝试。目前已得到超过137家企业的支持，这些企业分别来自不同的生产领域，其中有很大部分来自诸如工业、消费品制造业等水资源高耗能产业。“CEO水之使命”项目作为首个全球性聚焦水资源利用和水资源保护议题的项目将对水资源的保护意识提升到全球层面。②

在此项目倡议的框架内，参与企业获得“节约水资源”以及“保护水资源”的角色期望和行为预期，并据此改进自己的实践行动，使之适应项目框架下的

① Hens Runhaar and Helene Lafferty, “Governing Corporate Social Responsibility: An Assessment of the Contribution of the UN Global Compact to CSR Strategies in the Telecommunications Industry,” *Journal of Business Ethics*, Vol.10, No.1, 2009, pp.5—9.

② Daniel Berliner and Aseem Prakash, “The United Nations Global Compact: An Institutionalist Perspective,” *Journal of Business Ethics*, 2014.

成员身份。这实质上是一个从“角色赋予”到“角色适应”的过程。“CEO 水之使命”项目启动以来，企业纷纷聚力寻求利用水资源的高效措施和手段，并追求形成一套水资源利用的指导框架。此外，该项目还召集举办一系列公开性的活动，为企业和各机构提供讨论挑战、分享经验、寻求解决问题新途径的场所和平台。对于企业而言，该项目带来的集体性基调和同行间的互相启发很大程度上激励了企业内部的改革和进步。

表 2　参与“CEO 水之使命”的企业行业分布

行　业	数量（单位：个）	占　比
原材料	26	20%
生活消费品	38	29%
消费性劳务	6	5%
金　融	8	6%
卫生保健	4	3%
工　业	23	17%
石油及天然气	2	1%
技　术	6	5%
通　信	0	0%
公共事业	15	11%
不适用	4	3%
合　计	132	100%

数据来源：2008—2015 年全球契约实施调查。

根据参与企业的上报数据，2007 年至 2015 年间，所有参与企业总共节约用水 126.9 亿立方米，这相当于全球用水量最大的 10 个城市 7.6 年的用水量总和。①

聚焦参与企业进行的角色适应过程，以第一批加入联合国全球契约“CEO 水之使命”活动倡议的企业金光纸业 APP（中国）为例：金光纸业通过加入全球契约“CEO 水之使命”的项目倡议获得相对具体的行为角色与行为预期，并以此为指导进行了一系列的内部改革和行动规划，从生产环节、生产标准、水

① Andreas Rasche and Sandra Waddock, “Global Sustainability Governance and the UN Global Compact: A Rejoinder to Critics,” *Journal of Business Ethics*, 2014.

资源管理等各个方面进行观念转变和技术升级，使自身逐步适应“CEO 水之使命”参与企业的身份和角色，形成了倡议角色下的“宾我”。①在生产实践中，APP（中国）注重回顾和总结，随时对设定目标进行灵活调整，确保将生产过程中对环境的负面影响降到最低程度，为其他高耗能企业提供行动范本和实践经验。比如，生产链方面，吨纸浆耗水量的指标被严格的规定为 10 吨以下，而国际先进水平尚在 15 吨左右，吨纸浆排水量被限定在 9 吨之内，而国内的平均水平则在 18 吨左右。如果进行设想，国内造纸企业都能对自身的生产耗水量进行这样严格的限制的话，那么年度节水量将会超过 30 亿吨，这在水资源严重匮乏的社会现实下无疑具有重大意义。②

此外，APP（中国）集团将重点放在了对水资源的规划和管理方面。针对该行业生产耗水量大的问题，APP（中国）旗下公司进行了一系列研究和设计，开发了处理水资源、回收水资源和保护水资源的各种先进措施：第一是设备更新和技术优化，第二是系统升级，第三是降低水和蒸汽的消耗，第四是加强回收，升级废水处理流程。APP（中国）还通过高效率的活性油泥和化学程序来处理生产过程中的废水，是浆纸行业中率先利用有氧和厌氧相结合的废水处理方式的公司，这种处理方式能够将废水转化为生物燃料。以上技术改进和标准升级都是金光纸业在加入“CEO 水之使命”倡议获得一定的情景角色之后，通过自身状况与预期身份的对照，进行一定的角色适应，从而逐步形成角色情景下的“宾我”，这种“宾我”更加符合国际社会的行为预期和角色期望，其背后是原则传播和实践的过程。③

与此类项目倡议相近的还包括由联合国全球契约、联合国环境规划署（UNEP）以及《联合国气候变化框架公约》秘书处联合发出的“关爱气候”（Caring for Climate）倡议和世界上最大的负责人投资者网络“负责任投资原则”。这些倡议项目以一系列原则为基础，为参与企业提供角色扮演的平台，促

---

① Dilek Cetindamar，“Corporate Social Responsibility Practices and Environmentally Responsible Behavior：The Case of The United Nations Global Compact，” *Journal of Business Ethics*，Vol.28，No.1，2007，pp.21—24.

② Christian Voegtlin and Nicola M. Pless，“Global Governance：CSR and the Role of the UN Global Compact，” *Journal of Business Ethics*，Vol.44，No.1，2014，pp.21—24.

③ Oliver F. Williams，“The United Nations Global Compact：What Did It Promise?” *Journal of Business Ethics*，Vol.32，No.1，2014，pp.32—38.

进了规范的传播。

气候变化是人类目前面对的重要挑战之一，改变商业界对全球气候变化的态度和认识不仅有助于缓解全球气候变暖，也是走向未来经济可持续发展的第一步。①2007 年，在时任联合国秘书长潘基文的支持之下，由联合国全球契约、联合国环境规划署（UNEP）以及《联合国气候变化框架公约》秘书处联合发出倡议，建立了旨在进一步强调和发挥商业界在应对气候变化方面作用的项目计划。该计划的目标主要有两个：一是通过分享成功的经营经验来讨论全球气候变化政策议程，二是动员企业在能源高效利用和低碳经济方面进行进一步的探索。已经有超过 4 000 个企业表态加入“关爱气候”倡议计划，这使之成为世界上规模最大的针对气候变化中商业领导力问题的全球性倡议。自此倡议建立以来，所讨论过的议题包括“适应绿色经济：企业、团体与气候变化”（2011 年）、“你是否按照气候科学所要求的削减指标进行排放量校对?”（2014 年）等。②

德勤的一项研究表明，33 个大型参与企业在 2013 年已经实现相比 2007 年下降 13%的排放量削减指标，也实现了自 2007 年以来的最低排放量。除此之外，“关爱气候”商业论坛作为官方商业论坛讨论年度进展报告（以下称 COP）报告的论坛也为企业与其他利益相关方交流成功经验、商讨气候政策提供了平台，使得企业、公民社会和政策制订方能够更好地交流和协作。

“负责任投资原则”已发展为世界上最大的负责人投资者网络，现有 1 325 个签署者，总共可代表 45 万亿美元的管理资产。由于环境、社会和治理问题（ESG Issues）是影响企业投资收益的三大重要因素，负责人投资（以下称 PRI）提倡资产所有者以及经理人将环境、社会和治理问题与投资战略决策和决策实践结合起来，最终目标是建立起一个可持续发展的全球金融体系，并为全球契约所倡导建立的具有可持续性和包容性的世界经济环境提供支持。③

责任投资理念（ESG 三大要素）发源于欧洲。在亚洲，责任投资原则依然

① 参见 WTO，“Trade，Poverty and the Human Face of Globalization，” speech by Director-General Mike Moore at the London School of Economics，London，16 June，2007。

② McCormick，J，“Environmental policy and the European Union’s Contributions in Political Science，” *Journal of Conflict Resolution*，Vol，51，No.1，pp.37—50.

③ Zürn M.，“Global governance and legitimacy problems，” *Government and Opposition*，Vol.27，No.1，2004，pp.260—287.

处于早期阶段，但发展态势迅猛，从2011年至2016年，亚洲（除日本）责任投资的资产规模同比增长22%。ESG本质上是一种多元化投资理念，特点在于将社会、环境和公司管理三者进行融合，认为这三者相互影响，关系密切，公司管理在投资上的决策在很大程度上要将环境和社会纳入考虑的因素之中。PRI原则由投资者自行设计、自愿参与、遵守承诺，并由官方机构强制执行。①

"负责任投资原则"大体上包含六项关于企业投资决策与投资实践的原则遵循，签署方应将这些原则融入自己的经营决策中。

作为一个多方合作的平台，PRI提倡资产所有者、资产管理者以及金融服务机构在彼此合作中践行和完善PRI原则，为建立可持续的金融体系移除结构性、管理性障碍。其主要成果体现在两个方面：一是负责人投资参与规模的显著扩大，涉及的资产规模也在不断扩大；二是负责任投资原则在严密程度和实践性方面均有所提升。除了对个体签署者的影响，PRI更大的作用在于阐明在不同资产类别中负责人投资的不同内涵和具体要求。

（二）上行传播

上行传播主要是指下级部门向上级部门汇报情况或提出建议的过程，是组织的管理部门获得信息反馈的重要渠道，是组织目标、组织任务和组织规则贯彻落实情况的重要反映。联合国全球契约框架下各项规范的上行传播以"责任杠杆"为主要作用机制。责任杠杆是保证行为体政策连续性的作用机制，旨在监督行为体的政策声明与其行为是否具有一致性，揭露行为体声明与实践之间的差距，从而对目标行为体进行施压，使之在实践中持续性地履行承诺。②

联合国全球契约作为一项志愿性倡议，一直面对着广泛的批评，其中一种最主要的声音就是契约本身缺乏硬性规则和责任约束，这会大大削弱其倡导的诸项原则的执行效果，在这一背景下，COP应运而生。COP的最初设想是号召企业利用其财务年报和其他公开性报告来汇报企业在执行全球契约各项原则的情况，使得企业的执行进展透明化。COP主要针对以下几个目标：提升原则执

① Lynn Bennie，Patrick Bernhagen and Neil J. Mitchell，*The Logic of Transnational Action*：*The Good Corporation and the Global Compact*，University of Aberdeen，2014.

② Vikrant Shirodkar，*Political CSR in India*：*Analysis of Indian Participants in the United Nations Global Compact in the Pre and Post Mandate Period*，Springer International Publishing，2017.

行的公信力、鼓励企业积极贯彻全球契约各项措施、使得各参与成员互相学习借鉴、为社会监督提供资源与素材以及保证全球契约作为一项志愿性倡议的执行。①

基于全球契约的志愿性特征，COP的灵活性和包容性一直被认为至关重要。因此COP所要求涵盖的内容十分简单：关于继续支持全球契约各项原则和计划的声明、关于具体实践的描述以及衡量实践结果的衡量标准。COP对具体形式和内容规定具有明显的笼统性，这就难免导致部分企业的COP内容含混，形式各异。此外，各个地区网络对于COP的形式与内涵的理解也各不相同。例如，西班牙就按照一套在线的问答模板对COP进行形式和内容上的规定，对这些具体问题的回答就形成一个年度进展报告。而在法国，“出色实践案例”则被作为必须列入COP的内容，这意味着企业必须针对其在本年度贯彻某项全球契约具体原则所进行的实践进行详细的说明。

2008年，联合国全球契约办公室与毕马威会计师事务所进行合作，合作目的是对COP制度进行评估和改进，进一步明确COP的各项标准。该计划对COP提出了一系列的改进意见：建立更加明确的最低标准、建立COP比较系统、在COP制度管理上加强地区网络的作用等。在此之后，COP进行了如下改进：新加入成员必须在加入后一年之内上交第一份COP报告；COP报告不仅应包括正文，还应包括相关的证明数据和必要信息。“消极成员”的契约参与者资格将被取消，一年未上交COP报告的企业将被移除参与企业名单。

如企业未于限定日期前提交进展报告及相关证明，将被列为“无沟通”企业，②未提交进展报告的企业名单也会在联合国全球契约的官方网站上进行公布。如果在规定期限一年之后，全球契约组织仍未收到相关企业的进展报告，则该企业则面临被全球契约公开除名的风险。这具体表现为该企业在全球契约网站上的公示状态被更改为“缺乏沟通”类，但企业可以进行后续的补救措施，上传其进展报告，及时将状态转变为“积极参与”类，企业一旦被全球契约除

① Notable COPs，published online at：www.unglobalcompact.org/COP/notable_cops.html，最后访问时间2018年3月6日。

② UN Global Compact Leaders Summit 2007，published online at：www.unglobalcompact.org/newsandevents/event_archives/Leaders_Summit_2007.html，最后访问时间2018年2月14日。

名，可以提供证明并以自己的实践和承诺为依据重新申请再次加入。①

COP报告所要求涵盖的内容是企业执行全球契约各项原则的具体实践进展，即企业在具体运营过程中对全球契约各项原则的遵守情况。②在COP制度的最低标准（相关数据和必要信息）、COP比较系统等机制的约束之下，企业必须对其在一年之内的具体执行情况作出必要的总结和汇报。否则将面临失去全球契约成员的“身份”认证和内部资源的危机。

四、全球契约框架下国际规范的横向传播

横向传播，指同级部门成员之间互通情况、交流信息的活动，目的是为了相互之间的配合和协调，一般来讲，横向传播需要一定的制度保障。联合国全球契约系统下的横向传播主要凭借“交往互动”机制发生作用，其中，最典型的方式就是地区网络。③

联合国全球契约的地区网络是一个建立在全球契约一系列原则与规范基础上的学习平台与互动场所，不仅是成员企业交流经验的绝佳空间，也为一些地区性问题的商讨和解决提供了良好的契机。在地区网络的机制框架下，企业进行交流、互动、商讨和学习，就地区性问题的解决和全球契约的原则和规范的执行进行交流和借鉴，逐步形成彼此间关于全球契约原则和规范的共同认识和理解，并在这一过程中促进了相关原则的实践。这实质上就是一个规范传播的过程。

全球契约地区网络是指全球契约参与方地区性或者国家性的集聚，是指参与方基于某一特定地区或者特定国家而产生的共同推进全球契约原则运行的集体性行动。它为推进全球契约原则在不同民族，文化和语言背景下的理解和执

① World Bank：“Who Cares Wins：Connecting Financial Markets to a Changing World（English），” http：//documents.worldbank.org/curated/en/280911488968799581/Who-cares-wins-connecting-financial-markets-to-a-changing-world，最后访问时间2019年9月5日。

② Jennifer Ann Bremer，“How global is the Global Compact?” *Business Ethics：A European Review*，Vol.54，No.1，2008，pp.32—36.

③ Daniel Berliner and Aseem Prakash，“From norms to programs：The United Nations Global Compact and global governance，” *Regulation & Governance*，Vol.33，No.1，2012，pp.21—24.

行发挥了巨大的作用，同时也有助于解决全球契约规模不断扩大中产生的组织结构问题。①各地区网络不仅负责为三年一度的领导人峰会提供讨论议题，同时也为全球契约各项原则的贯彻和执行提供巨大动力和重要途径。年度网络论坛是提高地区网络运行效率的重要国际性场合。各参与方分享执行经验，回顾执行历程，总结各自经验教训，学习先进案例，商讨改进方案和措施。②

在地区网络中，参与成员讨论的最重要的议题是地方的首要事务。③即确定一个国家或地区最为重要的问题是人权问题、劳工问题、腐败问题还是环境问题，抑或兼而有之？并确认哪些实际事务可以通过集体性行动来完成，哪些行动需要与政府取得一定程度上的合作。这些地区首要问题的商讨和确定均由地区网络自己探讨和制定。④通过地区性的集聚和针对性的讨论和学习，参与企业在互动和交流中不断交流贯彻全球契约原则和规范的实践经验，交换对地区事务的认识和判断，不断形成共同认识，同时也深化了企业对于全球契约各项原则的认识，推动各企业在实践中贯彻全球契约各项原则和规范。⑤

以迪拜地区网络为例。移民劳工的工作环境问题以及能源效率与消耗问题是该地区最值得重视的两大问题。在能源消耗性社会中，较低的能源价格加上较低的补贴能源价格使得人均能源使用量很高，这就使得在该地区探索出一条在巨大人口规模下能源利用的可持续方式显得至关重要。此外，该地区移民劳工的工作条件也非常艰苦，移民劳工通常来自印度次大陆或菲律宾，劳动法规的薄弱加上执法不力使得移民劳工工作环境不断恶化。而且不断涌入的移民劳

---

① What is a Local Network? published online at：www. unglobalcompact. org/docs/networks_around_world_doc/What is a Local_Network.pdf，最后访问时间 2017 年 12 月 12 日。

② Marinilka Barros Kimbro and Zhiyan Cao，“Does Voluntary Corporate Citizenship Pay? An Examination of the UN Global Compact,” *International Journal of Accounting and Information Management*，Vol.12，No.1，2011. p.12.

③ Cubie L.L. Lau，Cliff D. Fisher，John F. Hulpke，William Aidan Kelly，Susanna Taylor，“United Nations Global Compact：the Unmet Promise of the UNGC,” *Social Responsibility Journal*，Vol.33，No.1，2017，p.15.

④ 蔡拓、王南林：《全球治理：适应全球化的新的合作模式》，载南开学报（哲学社会科学版）2004 年第 2 期，第 64—69 页。

⑤ Luis A. Perez-Batres，Van V. Miller，Michael J. Pisani，“Institutionalizing Sustainability：An Empirical Study of Corporate Registration and Commitment to the United Nations Global Compact Guidelines,” *Journal of Cleaner Production*，Vol.23，No.1，2010，pp.21—24.

工也使得城市人口形成了扭曲的工作伦理观，大量民众满足于由移民劳工来从事例如农业和服务业工作，而自己宁愿失业和接受国家补助也不愿从事这些低收入行业。这两个问题经过地区网络内企业小组的讨论，提出了一些改善方案，例如通过与非政府组织联盟合作以确保在没有工会的条件下与移民劳工进行适当的公开沟通等活动。在迪拜地区网络的讨论中，人权原则和可持续发展原则不断被学习和阐释，参与企业在针对地区性问题的讨论和实践中不断达成共识，从而进行一系列集体行动。

地区网络的一个鲜明特点就是具有地区特色，孟加拉联合国全球契约地方网络组织的集会活动就是典型的案例。针对该地区显著的劳工问题，孟加拉国主张为身体有残疾的人解决就业问题。不在少数的实例证明，企业在解决社会问题的同时也可以盈利，这两个方面不是相互冲突的，反而在一定程度上相互促进、相辅相成。在达卡发生的火灾和大楼倒塌事件①也使得地区网络将有关单位遵守建筑法规并且具备充分的火灾预防措施列入了地区首要事务范围。建筑规范和消防安全法规中存在的执行不力的问题是事故发生的重要因素，但另一个不容忽视的原因则是不合格建筑源源不断的资金来源。拉纳广场倒塌之后，全球贸易劳工联盟和全球工会联盟两大全球联盟的秘书长于尔基·雷纳（Jyrki Raina）和菲利普·詹宁斯（Philip Jenings）（他们二人都在联合国全球契约董事会任职）发起了一场旨在完善孟加拉国消防条例和建筑安全、建筑投资管理协议的运动。40多家企业在联合国全球契约的缔约方H&M的领导下签署了该协议。②该协议制定了建筑与安全检查以及工人保护、救济工作以及资金安排等规定。对缔约方具有约束力。该协议的建立和完善是全球契约多方利益集团共同解决某个地区典型问题时通力合作的良好典范。

---

① 2013年4月24日，拉纳广场上一栋建筑物倒塌。几家成衣工厂位于盖大楼的较高楼层，而底层是一家银行和一些零售店。倒塌前一天，该大楼已出现裂痕，有报道称，政府建筑检查员已声明该大楼的居住和使用已不安全。总之，据报道，该建筑上面四层没有取得建筑许可证。银行和零售店已从该大楼中疏散，但成衣厂仍继续工作，据称，工厂曾威胁他们的工人如果拒绝工作将停止支付工资。在一家托儿所现场找到1 129名工人和儿童的尸体，从大楼残骸中找到2 500名幸存者。

② Hennes and Mauritz（H&M），2003，Corporate Social Responsibility Report，published online at：www.hm.com/filearea/corporate/fileobjects/pdf/common/COMMON_CSRREPORT_2002_PDF_1124204589850.pdf，最后访问时间2017年12月13日。

除了在地区网络的年度会议和论坛上进行言语交流和学习之外，地区网络之间在实践上的合作活动也是地区网络机制下的重要交往方式。①以孟加拉网络和迪拜网络的合作为例：由于孟加拉地区的劳工问题一直是社会难题，所以孟加拉地区网络以劳动派遣国的角度对劳工问题进行了思考，这成为了孟加拉国地区网络与迪拜网络关于此问题的合作基础。②

五、全球契约框架下国际规范传播机制的特点

（一）核心特点：开放性

联合国全球契约具有很强的开放性，任何企业或者组织只需按照规定的程序皆可加入：

（1）在企业董事会批准的情况下，由总裁通过企业所在的全球契约地区向联合国秘书长致函表示支持全球契约的各项原则。企业必须由总裁通过企业的名义向联合国秘书长作出支持联合国全球契约各项原则的明确表态，这项表态必须征得董事会的讨论，并可由企业所在地区网络进行上交。

（2）参与企业的经营文化和业务组成要按照联合国全球契约的原则进行完善和改革。

（3）企业需以公开方式对全球契约进行宣传。

（4）每年以公司年度报告的形式对企业执行和支持联合国全球契约各项原则的情况进行汇报和说明。

（二）制度化下的实践性

为保证企业和各组织更好地参与到联合国全球契约中去，全球契约提供了一系列包括政策对话、地方网络和伙伴合作关系的参与途径，这些途径都具有制度化的特点，这些制度组合起来使得联合国全球契约具有很强的实践性和可

① Susanne Soederberg，“Taming Corporations or Buttressing Market-Led Development? A Critical Assessment of the Global Compact，” *Globalizations*，Vol.33，No.1，2007，pp.43—45.

② Stefan Fritsch，“The UN Global Compact and the Global Governance of Corporate Social Responsibility：Complex Multilateralism for a More Human Globalisation?” *Global Society*，Vol.21，No.1，2008，p.15.

操作性。政策对话主要是指全球契约组织的一系列讨论全球化与企业公民意识的会议和论坛，发挥各个部门的作用，主要包括联合国全球契约全球论坛、全球专业高峰会议、全球社会责任研讨会、全球商业供应链管理会议，讨论过的话题有“私营部门在冲突区的作用”“企业与可持续发展”等。①地方网络主要是指全球契约在国家或者地区一级设立的地方机构和网络，这些地区或者国家级的网络不仅可以使同一个地区的企业和组织更加方便的交流，也使合作的领域更贴近所在地区的现实，企业与组织之间的合作更加具有本土性。伙伴合作项目可以凝聚各参与方的力量支持联合国的各项发展计划和发展目标。

（三）对联合国软实力的有效运用

联合国作为全球治理中最具权威性和代表性的政治核心机构，具有的政治吸引力以及所倡导的法律框架和价值观念都是其软实力的重要组成部分。根据约瑟夫·奈（Joseph Nye）的定义，软实力即通过吸引而非强迫或收买手段来实现自己愿望的能力。②一个国际组织的软实力主要取决于其所倡导的价值观、其惯例与政策所树立的榜样，以及其处理与其他行为体关系的方式。③联合国以促进国际间共同的价值观为目标，提出了应对社会关系每一个层面的准则，其所制定的规范基于广泛的国际共识，因而具有高度的合法性。④

联合国全球契约自建立之初就旨在借助联合国的道德权威力和号召力对个行为主体（尤其是企业）的行为进行软性约束和正确号召。全球契约办公室通过与联合国各个机构建立密切的合作关系，合作提出关于引导企业实践、改善企业经营环境以及倡导世界主流价值观的一系列合作项目，通过借助联合国对世界各国和各行为主体的号召力和影响力进行规模的扩大和影响力的提升。

---

① Sandrine, Tesner（with Georg Kell）, *The United Nations and Business: A Partnership Recovered*, New York: St. Martin's Press, 2000.

② ［美］约瑟夫·奈著：《软实力——世界政坛成功之道》，吴晓辉、钱程译，北京：东方出版社2005年版，“前言”第2页。

③ 同上书，正文第7—8页。

④ Jean Philippe Therien and Vincent Pouliot, *The Global Compact: Shifting the Politics of International Development?* New York: Harper & Brothers Publishers, pp.60—61.

（四）寻求不同主体间的利益契合点

多主体参与既是联合国全球契约的一个优势和亮点，也为其运行带来了一定的困难和障碍。企业作为市场体系中最有活力的财富创造者，其天然的逐利性难易忽视，[①]而联合国又被视为“全球公共产品的守护者”，[②]两者的侧重各有不同。因此，在全球化带来的诸多挑战面前，诸多利益主体如何寻求到一个最佳的利益契合点是成果合作达成的重要条件。1998 年，联合国与国际商会（ICC）共同发布的新闻稿中明确指出：“联合国的目标在于和平与发展，工商界的目标在于财富与繁荣，我们完全有理由相信，两者可以相辅相成。”[③]

联合国全球契约聚焦于联合国与商业部门共同关注的四个方面：市场建立、腐败抵制、环境保护以及社会凝聚力的集聚，[④]通过一系列伙伴关系的构建为各方合作建立平台，这为各参与方实现资源优势互补提供了良好的条件。企业不仅可以借此降低社会风险和经营成本，联合国也可以更好的借助工商界力量实现诸项目标。

（五）倡议本身的开放性与包容性

科尔曾经指出：“全球契约是一项战略或理念，是一个具有历史意义是学习与行动试验，而非一个固定实体。它的初衷就是以基于价值的平台推动机制化学习，而不拘泥于繁文缛节。”[⑤]全球契约作为一项全球性倡议首先在参与主体上具有很强的包容性，不论大型跨国公司还是小型企业，只要是合法组建的企业都可以加入，除过企业这一主要的参与方之外，还包括非政府组织以及诸多学术机构和民间团体。除此之外，全球契约在利益观和价值观上也具有包容性。

---

① 何丹：《论全球契约与我国公司社会责任制度的完善》，对外经济贸易大学硕士论文，2006 年 7 月。

② Oliver F. Williams，“The United Nations Global Compact：What Did It Promise?” *Journal of Business Ethics*，Vol.122，No.2，2014，pp.21—25.

③ Michel Coulmont and Sylvie Berthelot，“The Financial Benefits of A Firm’s Affiliation with the UN Global Compact，” *Business Ethics A European Review*，Vol.24，No.2，2015，pp.144—157.

④ Andreas Rasche and alcolm McIntosh，“The United Nations Global Compact-Retrospect and Prospect，” *The Policy Studies Journal*，Vol.43，2015，pp.23—28.

⑤ 贾晶晶：《让全球契约中国网络引领企业可持续发展》，载《中国企业报》2012 年 12 月 27 日第 1 期。

对参与主体以及价值观的开放和包容是全球契约规模不断扩大，影响力不断提升的重要原因。

（六）多中心的治理架构

现行的全球治理体系是一种国家中心的治理模式，同时也呈现出“中心-外围”的治理结构，[①]而面对目前的全球局势和力量变化，这种传统的模式的弊端不断凸显。而联合国全球契约正是在这种趋势下解决全球问题的全新尝试。

2006年，在回顾了全球契约建立之后的短暂历程后，全球契约开始采用非集中决策的形式进行运转。在保持其志愿性质和网络化特征的基础上，将契约的治理职能分交给七个实体进行承接，七个实体之间相互协作，简约又灵活，既保证了全球契约的高效运行，又促进了契约活动在全球层面和地区层面的深入进行。领导人峰会三年召开一次，为各方领导商讨重要议题提供机会和平台。地方网络在管理方面具有很强的自主性，在利益方面具有多元性，这些特征使得地方网络逐渐成为全球契约实地实践的重要基地和制度支撑。全球契约理事会本质上是一个顾问机构，主要职能是向全球契约提供战略和政策建议。全球契约办公室是管理各项倡议、推动各项原则实施的管理机构，归属于联合国内部，接受联合国的委托和授权，同时也负责促进实践案例的经验分享与交流。机构间小组则代表了推动联合国全球契约具体各项实践的落实的各个机构。这种多中心的运行架构使得联合国全球契约的整体运营具有高度的灵活性和简约性。

结　语

本文通过结合全球契约的组织机构、管理措施和相关的倡议项目，就全球契约框架下的规范传播具体机制进行分析，将联合国全球契约的规范传播机制总结为限制性和建构性两个路径。全球契约内部横向传播主要沿着建构性路径，借助“交往互动”机制下的地区网络和项目倡议等平台发挥作用。纵向传播涵盖建构性和约束性两大路径，其中，上行传播主要借助约束性路径下的责任杠

① 卢静著：《全球治理：困境与改革》，北京：社会科学出版社2016年版，第2页。

杆发挥作用，下行传播主要借助约束性路径下的荣誉杠杆和道德杠杆以及建构性路径的“角色扮演”机制发挥作用。

限制性路径，顾名思义是指对行为体行为进行限制和制约的机制，具有一定的约束性。此种规范传播路径主要以行为体的工具理性为作用基础，以“奖惩制度”为工具，对行为体的行为进行规范和约束。在工具理性的指导下，行为体对各项行为选择进行利益计算与衡量，而全球契约正是借助一系列“奖惩制度”改变行为体对一项行为的利益计算，从而达到行为约束和规范传播的效果。在此路径下，行为体对各项规范的遵守和服从是基于一种“结果性逻辑”(logic of consequence)，是工具理性基础上的利益抉择，并没有对规范进行理解和内化。

但联合国全球契约框架下规范传播的限制性路径又与国际组织传统的“奖惩制度”有一定区别。第一，联合国全球契约所面向的行为体是跨国公司，而非国家行为体。因此，全球契约的奖惩机制是建立在“企业利益”而非“国家利益”的基础上。第二，联合国全球契约对成员企业没有强制性约束力，这就决定了全球契约框架下的“奖惩机制”以道德与情感因素为基础，而非物质性激励。详细划分，联合国全球契约框架下的规范传播限制性路径主要依赖三个杠杆发生作用：一是荣誉杠杆，二是责任杠杆，三是道德杠杆。这三个杠杆分别对应了联合国全球契约框架下的三项机制：社会审查制度、评估与检验制度和对话便利机制。

建构性路径不同于限制性路径的“结果性逻辑”，即“因为某种做法会给我带来怎样的收益或者避免怎样的损害，所以我选择这样做”，而是一种“恰当性逻辑”，“我认为这样是正确的，符合我身份和利益的，所以我这样做”。联合国全球契约框架下的“交往互动”机制和“角色扮演”机制就是借助地区网络和一系列项目倡议对参与企业的行为和认知产生影响，从而促进相关国际规范的传播。

联合国全球契约通过约束性和建构性两条路径对跨国企业的行为进行了引导和约束，并包含了横向传播和纵向传播两个传播方向。总体来讲，联合国全球契约框架下的规范传播机制具有一定的优势。

首先是规范本身的易传播性。就规范的来源来讲，联合国全球契约所倡导的十项原则均建立在《世界人权宣言》、国际劳工组织《关于工作中的基本原则和权利宣言》《里约环境与发展宣言》以及《联合国反腐败公约》等一系列原则和宣言的基础上，这些原则和宣言大多经过了国际重大会议和论坛的讨论和修正，争议性较小，具有权威性。就规范的指向和适用范围来讲，人权、环境保护、劳工等议题不仅与当今时代背景息息相关，同时也是跨国企业这一国际新兴行为体发挥作用的重要领域。以上均为全球契约框架下规范的传播提供了坚实的基础和广阔的空间。①

此外，联合国全球契约在规范传播方面仍存在一定的改进空间。组织外传播是组织传播的一个重要方面，其中也包括组织间传播。而就联合国全球契约的对外交流来看，这方面是其传播机制的短板。如何更好地与其他组织和机构进行合作和交流，促进相关规范的传播，应是联合国全球契约未来发展的重要方向。

① Tariq Banuri，Erika Spanger-Siegfried，“The Global Compact and the Human Economy，” *Journal of Human Development and Capabilities*，Vol.21，No.1，2001，pp.32—35.

规范与效力：对国际规范失范问题的思考

杨美姣*

国际规范是世界行为主体在进行国际事务中应该如何行事的规则。在政治哲学上，规范就是一种探讨事物“应当”如何行事的概念，它与“是”相对应。“应当”与“是”之间的关系是政治哲学，乃至国际关系理论探讨的核心问题之一。“是”要求我们按照客观事物发展的规则来行动，它只是在陈述一个事实，或遵守一种客观规律。比如，“美国是当今世界的强国”这一判断只是陈述了国际政治中的一个客观现象，我们在思考国际形势或进行国际事务时需要考虑到这一现象。而“应当”则是属于规范性评价的范畴，它对行为主体具有约束力量，“虐待战俘是不对的”“关注妇女利益是好的”，我们可以对这些判断进行好与坏、是与非的判断，而不是把它们看作一种客观事实来看待。

因此，国际规范可以说是在客观环境的基础上，基于规则制定者和认可者同意而制定出来的规则。它对任何一个规则制定者或认可者都具有约束力，我们可以根据规则制定者或认可者是否遵守国际规范来判断它们的行为是对是错，是好是坏。我们可以看到，规则制定者或认可者“应当”遵守这些国际规范，但是它们也可以不遵守国际规范。我们可以对违反国际规范的行为体进行道德谴责，从而在下次规则制定时考虑到它们的违规行为。

目前的国际社会依然处于无政府状态中，虽然出现了越来越多的国际规范，但违反国际规范和国际规范失范的现象时有发生。国际规范并不是一种具有客观规律一般的强制性力量，因此，国际规范失范现象的出现也是必然发生的。对国际规范的研究也不可避免地需要将国际规范的失范问题置于其中心位置。

---

* 杨美姣，北京大学国际关系学院博士生。

不管是何种国际规范，都会经历产生、发展、消逝和再生的过程，国际规范失范问题引起了一系列的国内外学术思考和讨论：国际规范究竟是什么？从两次世界大战到现在相互依赖的全球化时代演变过程中，国际规范经历了怎样的变化？在新旧更替的规范中有没有某种规律或者经久不衰的政治价值需要考量？为什么有些国际规范失范了，这种失范对于国际社会和国际秩序而言是不是一种损失，是否能产生一种长效机制规范国际社会？应该做出哪方面的努力提升国际规范的有效性？

本文试图在现有研究的基础上，通过考察国际学术界对于国际规范的概念及其作用的争论，分析国际规范失范的原因，找到影响国际规范失范的某些因素，并对如何建立更为有效的国际规范提出一些看法。

一、关于国际规范的争论

目前学术界尚无对国际规范的共识性认识，不同学者和理论流派对于国际规范的各种问题进行了长久的探讨。

（一）与国际规范概念有关的争论

现实主义代表人物摩根索认为，国家安全和国家利益是一个国家时刻关注的最重要内容，国际规范的存在要么为国家发展机遇提供了平台，要么是需要付出代价的约束。①新现实主义也强调安全的重要性，规范虽然起到一定的规制作用，但是它反映的仍是权力分配的变化，国家间的权力分配才是影响国家利益和地位的关键，而权力分配的变化会带来体系的转变。新古典现实主义则将国际体系的无政府状态作为背景板，通过国际规范或者国际制度的体系刺激作用于国内层面上的因素，比如领导人的意向、战略文化、国内制度、国家-社会关系等中间变量，在这种双层棱镜的透射之后形成政策反应。②新自由制度主义对国际合作持比较乐观的态度，与现实主义一样它也将国际规范看成外生要素，

① ［美］汉斯·摩根索著：《国家间政治：权力斗争与和平》，郝望等译，北京：北京大学出版社2006年版，第266—291页。

② ［加］诺林·里普斯曼、［美］杰弗里·托利弗、斯蒂芬·洛贝尔：《新古典现实主义国际政治理论》，刘丰、张晨译，上海：上海人民出版社2017年版，第25—36页。

规范通过改变成本收益约束行为体的行为选择，因为行为体是理性的和自利的，所以国际规范能够起到约束其行为的作用，并且制裁也能够在一定程度上监督行为体，减轻彼此之间的信息不对称的程度，①这为国际社会的良性有序发展提供了条件。

博弈论着眼于战略互动的形式，认为规范是一种外部的协调机制，参与者会在多重选择和多元平衡中将规范纳入考虑的范围，借此减轻集体行动的困境。②建构主义经历了从“规范扩散”到“规范变动”的转变，对规范扩散传播的理论研究也逐步得以完善。它对待国际规范的态度与上述流派截然不同，规范在这里被当作决定性因素，它不仅塑造国家的目标和达成目标的方式，③还能约束行为体的行为、建构其观念和利益。④国家在决策时需要基于当前的国际社会情况考虑如何进行决策，对自我的身份认知是怎样的，⑤并通过观察其他行为体的行为在期待和现状之间找到最佳平衡点。在这里，规范和行为体之间是一种双向互动关系，也是一种互相建构的模式，行为体通过调整自身的选择和行为以符合国际规范的要求，行为体的身份得到了创造或加强，而规范通过在作用于行为体的过程中不断调整、修正和再生也实现了其自身的发展。⑥

结合上述学者的研究，不同理论流派针对国际规范都形成了自己的认识，虽然谈论的对象都是国际规范，但是使用的仍是各国流派领域的分析框架，可以说分析的内核没有发生本质变化。从现实主义（包括新现实主义和新古典现实主义）和新自由主义将国际规范当作外生性要件，到建构主义将其当作决定

---

① Robert Axelrod and Robert Keohane，“Achieving Cooperation under Anarchy：Strategies and Institutions，” In B. Schlenker et al.，*Neorealism and Neoliberalism：The Contemporary Debate*，New York：Columbridge University Press，1993，pp.91—94.

② 关于博弈论的相关内容，可参见 Binmore. K.，*Playing Fair：Game Theory and the Social Contract*，New York：Cambridge University Press，1994；Stein A.，*Why Nations Cooperate：Circumstance and Choice in International Relations*. Ithaca，New York：Cornell University Press，1990。

③ 关于建构主义对国际规范概念和作用的看法，参见 Ann Florini，“The Evolution of International Norms，” *International Studies Quarterly*，Vol.40，No.3，1996，pp.363—389。

④ Martha Finnemore and Kathryn Sikkink，“International Norm Dynamics and Political Change，” *International Organization*，Vol.52，1998，p.891.

⑤ Alexander Wendt，“Constructing International Politics，” *International Security*，Vol. 20，No.1，1995，pp.71—73.

⑥ Ethan A. Nadelmann，“Global Prohibition Regime：The Evolution of Norms in International Society，” *International Organization*，Vol.44，No.4，1990，pp.479—526.

要素，这些研究都是经过第二重审视之后发展出来的，可以说国际规范可以变化，但是运用这些理论范式研究问题之时与以前如出一辙。所以我们如果从这个角度考虑，使国际规范的研究跳脱出固有的种种分析框架，发展出一种规范和约束国际社会行为体的长效机制将是比较理想的模式，不过这仍是一个需要不断探索的问题。

(二) 国际规范的性质和作用

加里·戈茨和保罗·迪尔（Gary Goertz and Paul F.Diehl）提出了国际规范的要素说，认为国际规范应该包含四个要素，分别是行为规则、与自利行为的关系、制裁以及与道德和道义的关系，其中行为规则是任何国际规范都必须具备的要素，它是区别于其他行为理论的基本要件。不同的国际规范是由后三种要素的存在与否及其作用强弱决定的，在此基础上可以分成合作型规范、霸权规范和分散型规范。①在相互依赖的国际关系中，随着各国之间交往的问题领域不断外溢，国家会基于自利原则自发的遵循国际规范，因为一旦违反此规范就会使国家利益受损，②从另一个角度讲，规范就是一种必要的存在。③国际社会的无政府状态从来没有发生过根本变化，这种无政府状态并不是混乱、无序的代名词，而是相较于国内社会而言，国际社会中缺乏中央权威机构的集中管控，恰恰是在国际规范产生之后，国际社会变成一种有规制的无政府状态，④这不仅是国际社会在发展过程中需要作出的调整，也是各个国家参与国际事务的基本背景。

针对国际规范本身而言，它代表的是国家在国际社会交往中所要遵循的规则，⑤并对遵守国和违约国进行及时有效地奖惩，通过不断的磨合与修正，国际

---

① Gary Goertz and Paul Diehl，"Toward a Theory of International Norms，" *Journal of Conflict Resolution*，Vol.36，No.4，1992，pp.634—664.

② 关于国家利益和国际规范的关系，参见 Keohane R，"The Demand for International Regimes，" In S. Krasner ed.，*International Regimes*，Cornell University Press，1983；Kaplan M and N.Katzenbach，*The Political Foundations of International Law*，New York：Wiley，1961。

③ Haggard S.and B. Simmons，"Theories of International Regimes，" *International Organization* Vol.41，No.3，1987，pp.491—517.

④ Wendt A.，"Anarchy is What States Make of It：The Social Construction of Power Politics，" *International Organization*，Vol.88，No.2，1992，pp.384—396.

⑤ Thomson J. E.，"Norms in International Relations：A Conceptual Analysis，" *International Journal of Group Tensions*，Vol.23，1993，pp.67—83.

规范才能持久地存在下去，并对国际社会起到应有的规制作用。①国际规范中的规则指的是各国需要符合的种种规范性行为，这对于各国而言同样也是一种义务。②其实国际规范不仅仅是义务，也是一种权利，这从其内容中的奖励机制可以得到印证。除此之外，对比理想主义的思想性，国际规范则是关于行为的，机制的重要内容之一就是国际规范，包括权利和义务范围内的行为标准。③国家之间基于相互交往可以向彼此提出行为要求，④所以国际规范其实也代表了行为体之间的相互期许，每个行为体都期待其他行为体以理性经济人的行为行事。

国际规范既然作为一种标准和期望的行为选择，就不得不考虑到道德或者道义和它的关系。由于在无政府状态下的国际社会不像国家一样处于某种权威机构的管理和协调之下，所以不管是国际规范还是国际制度对于国际社会的行为体而言都属于“软性”的外部环境，国际规范的内容没有强制力或者强制机关的保障实施，是否遵循国际规范依靠的是行为体的自觉及其对自身利益的考量。当遵守国际规范带来的收益低于不遵守或者违反规范的收益，同时又没有强制力制裁措施时，国家就可能会违反国际规范，比如同盟国中的成员在同盟面临的安全威胁上升到危机程度之时，为了避免损失过大，会有相当一部分国家不履行同盟义务。⑤同时也可能出现这样的情况：当共同体的安全威胁并没有上升，而是某一成员国作为共同体成员之身份需要付出更大的代价时，也会导致共同体规范得不到遵守，比如由于叙利亚战事的发展，中东欧地区不断动荡，有大批难民源源不断地涌入欧盟，虽然欧盟针对难民实行了配额制，但是中东欧四国——波兰、匈牙利、捷克和斯洛伐克——明确表示不再接收难民，哪怕因此受到欧盟的制裁也不会改变此政策。虽然从人道主义观念来讲，需要国际

① 关于国际规范发展的问题，参见 Rosecrance.R. *The Rise of the Trading State*：*Commerce and Conquest in the Modern World*，New York：Basic Books，1986；Mueller，J.，*Retreat from Doomsday*：*The Obsolescence of Major War*，New York：Basic Books，1989。

② Axelrod，R.，“An Evolutionaty Approach to Norms，” *American Political Science Review*，Vol.80，No.4，1986，pp.1095—1111.

③ Krasner，S. D.，ed.，*International Regimes*，New York：Cornell University Press，1983，p.87.

④ 关于国际规范下行为体之间的互动关系，参见 Finnemore. M.，“Constructing Norms of Humanitarian Intervention，” Paper Presented to the Conference on “the Annual Meeting of the International Studies Association，” Washington，D.C.1994。

⑤ 刘丰、董柞壮：《联盟为何走向瓦解？》，载《世界经济与政治》2012 年第 10 期，第 4—31 页。

社会其他行为体为困境考虑，但是正如肯尼思·汤普森（Kenneth Thompson）所指出的，国家生存是一切行为和决策的前提，国际道德的作用也需要建立在这一前提之下，包含道德标准的规范需要在国家利益不受威胁的情况下发挥作用，国家利益对于国家来说从古至今永远处于第一位，尤其是在没有强制力保障实施的无政府国际社会中，更是需要国家自身对利益和安全进行充分的关注和维护。①

（三）国际规范的两大思想传统

世界主义和社群主义是国际规范研究的两大思想传统。这两大思想传统基于不同的哲学基础，形成了两种截然不同的规范风格，但是它们都受到了后现代主义思想的挑战。②世界主义认为个人的权利是先天的和自然的，国家只是为了维护个体或者整体中人类价值的工具，③康德曾撰文分析世界主义，他比较推崇建立在个人自由和平等基础上的共和制，同时认为在共和制国家之间组成某种和平联盟是通向永久和平的途径。④相对而言，潘恩对国家的作用持一种乐观的态度，他认为人类正处在理性上升时期，需要对国家在国际社会中的作用有全面的认识，帮助其他国家建立民主制，并完成世界主义的安排可以通过合理干涉达成。⑤

在国际关系中，社群主义更加注重社群而非个体，个体只有在社群之中才有价值和意义，才能完成自我实现。也有学者认为社群主义就是国家道德主义。⑥黑格尔对社群主义有较为深刻的认识，他分析了两种考察伦理的观点，即

---

① Kenneth W. Thompson，*Morality and Foreign Policy*，Baton Rouge：Louisiana State University Press，1980.

② Steve Smith，“The Forty Year's Detour：The Resurgence of Normative Theory in International Relations，” *Millennium*，Vol.21，No.3，1992，p.501.

③ Chris Brown，*International Relations Theory*：*New Normative Approaches*，Herfordshire：Harvester Wheatsheaf，1992，p.53.

④ 关于康德的世界和平论，参见［德］康德著：《历史理性批判文集》，何兆武译，北京：商务印书馆2005年版。

⑤ Thomas C. Walker，“The Forgotten Prophet：Tom Paine's Cosmopolitanism and International Relations，” *International Studies Quarterly*，Vol.44，No.1，2000，pp.51—72.

⑥ Heikki Patomaki，“From Normative Utopias to Political Dialectics：Beyond a Deconstruction of the Brown-Hoffman Debate，” *Millennium*，Vol.21，No.1，1992，pp.53—73.

从实体性出发和以原子式角度探讨，而原子式的个人主义是没有精神的，①伦理领域则是精神性的和富有生机的，需要经历家庭、市民社会和国家三个阶段，个人才能实现社会化和国家化，国家代表的是一种客观精神，“个人本身只有成为国家成员才具有客观性、真理性和伦理性”②。

将世界主义和社群主义的分析场域扩大到国际社会可以看到，在无政府状态的国际社会中，种种国际规范或者国际制度的建立都是建立在这两种思想传统上的，要么将个人作为研究的焦点，个人的身份跨越了国家的界限，逐步形成一种世界公民的资格，比如现在学术界中有很多关于欧盟成员国公民身份的研究，从他们的研究看，欧盟成员国的成员不再是某一国的公民，而是欧盟公民。将关注点从国家延伸到国际社会，各种行为体只有在国际社会中才能实现价值，这也就为国际规范的形成和发展创造了理论基础。

(四)中国学者对国际规范理论的创新

中国一些现实主义学者借鉴中国古代政治思想传统创造出了一些新的国际规范，主要有合法崛起理论、合法干涉理论、以身作则理论、等级规范理论和战略均衡理论。③合法崛起理论属于一种政治权威理论，认为在国际体系从严格的等级制向松散的等级制转变过程中，体系内会出现一个实力较弱的国际权威，这一权威的存在会影响国家的争霸方式，争霸国会尽力为其争霸行为寻找合法性支撑。④以往提及干涉都是禁止和非法的，但是通过对干涉类别的划分，可以将干涉行为分为进攻性干涉和防御性干涉，而后者是一种维持现状的策略，在国际关系中，现状的存在和维持具有一种天然的合法性，这就为防御性干涉找到了合法性来源。⑤以身作则理论主要针对主导国而言，主导国通过以身作则和

---

① [德]黑格尔著：《法哲学原理》，范扬等译，北京：商务印书馆1996年版，第173页。

② 同上书，第254页。

③ [美]詹姆斯·多尔蒂、小罗伯特·普法尔茨格拉夫著：《争论中的国际关系理论》，阎学通、陈寒溪等译，北京：世界知识出版社2013年版，第11页。

④ 周方银：《松散等级体系下的合法性崛起——春秋时期“尊王”争霸策略分析》，载《世界经济与政治》2012年第6期，第4—34页。

⑤ 陈琪、黄宇兴：《春秋时期的国家间干涉——基于〈左传〉的研究》，载《国际政治科学》2008年第1期，第33—73页。

奖惩推动国际规范的演化，①其他国家会效仿主导国的行为。而战略均衡理论认为中心国家和周边国家的战略互动在两个纳什均衡点可以保持稳定，双方的关系呈现一种循环变化的态势。②

不管是从国际规范的内容和作用、不同理论流派对它的认识、思想传统还是中国在国际规范上作出的理论创新，我们都可以看出国际规范的产生和发展经历了一个复杂的过程，行为体的角色和作用与国际规范相互发生作用，呈现的是一种网状多重复合关系模式。但是国际规范发挥作用的过程并不是一帆风顺的，也存在一种产生、发展、消亡、再生的进化周期。比如玛莎·芬尼莫尔（Martha Finnemore）和卡特林·斯金科（Karthryn Sikkink）提出了一种“规范生命周期”概念，规范要经历兴起、扩散和内化三个阶段，规范的认同和内化是其中较为重要的部分。③在国际关系中，研究国际规范形成和发展的文献数不胜数，但是很少有文章研究国际规范的生效情况，尤其是失范，而对于失范的研究能帮助我们更好地理解国际规范的现状和发展路径，在分析问题的基础上推出更为合理和科学的规范机制。

二、为什么有些国际规范会失范?

任何事物都有一个产生、发展和消亡的过程，国际规范虽然包含价值判断，但由于其本身也是由行为体建构出来的，所以其消亡也是发展的结果之一。这里的“失范”并不是涉及价值判断的问题，不能判断某个规范失范就是坏事或者倒退，而是指规范被接受的程度。

有的学者将国际规范的失范称为“规范退化”④，这里存在一个逐渐变化的过程，国际规范的挑战者对现有的国际规范提出质疑，继而违反国际规范的规定，当这种违反行为变为一种常态而不是例外之时，国际规范就失去了其原有的效力。赖德·麦基翁（Ryder Mckeown）将这种消亡或者退化看作逆向演化，

① 阎学通：《国际领导与国际规范的演化》，载《国际政治科学》2011 年第 1 期，第 1—28 页。

② 周方银：《朝贡体制的均衡分析》，载《国际政治科学》2011 年第 1 期，第 29—58 页。

③ Martha Finnemore and Kathryn Sikkink，“International Norm Dynamics and Political Change,” *International Organization*，Vol.52，No.4，Winter 1998，pp.887—917.

④ 陈拯：《建构主义国际规范演进研究述评》，载《国际政治研究》2015 年第 1 期，第 141 页。

他将其分为三个阶段，分别是规范挑战的出现、规范挑战的蔓延和规范消亡，挑战者通过话语上的刺激对既有规范提出挑战，这必然受到遵守规范的行为体的维护，双方辩论的过程其实就是规范开始退化的过程，因为不管挑战者输赢，规范的存在基础已经开始受到损害，如果规范挑战者赢得了挑战胜利，那么规范的合法性和正当性更会逐渐减弱。①

规范消失的缘起还是由于存在违反规范的行为和行为体，有学者认为规范消失是因为相关行为体不再遵守规范的内容，②或者行为体违反规范是为了减少遵守规范的成本，③这些并没有正面回答问题而是陷入了循环论证的怪圈。戴安娜·潘克（Diania Panke）和乌尔里希·彼得松（Ulrich Petersohn）从内部分析了规范消失的原因，他们认为环境的稳定程度、规范的精细程度以及敌对规范的竞争性是影响规范存在和消失的关键因素。同时没有一个中央权威或者国家有意愿或有能力对违反规范的行为体进行惩罚时可能会引发违反规范的连锁反应，这就加速了规范的消失过程。④安·弗洛里尼（Ann Florini）认为有三个要素决定了被挑战规范的存在，首先规范是否在众多相近规范中具有特殊的优越性，其次它与其所处环境的互动程度是怎样的，最后被挑战规范面临哪些外部环境。规范的发展也体现了传承的特点，在竞争中不断再生和调整，它受到行为体选择力量的制约，这一力量决定了某一规范的地位。⑤学者根据事物发展的正常过程推演出国际规范的演变情况，从中我们也可以分析出规范失范的一般性原因，但是还存在其他重要因素影响着国际规范的存在和发展。

规范的消失或者失范都涉及成本-收益计算的问题。当违反规范的成本大于服从规范成本时，行为体会更倾向于服从，相反则是违反，而针对违反行为是

① Ryder Mckeown，“Norm Regress：Revisionism and the Slow Death of the Torture Norm，” *International Relations*，Vol.23，No.1，2009，pp.14—18.

② Kratochwil F and Ruggie J.G.，“International Organization：A State of the Art on An Art of the State，” *International Organization*，Vol.40，No.4，1986，pp.753—775.

③ 关于此观点的有关内容，详见 Henkin L，*How Nations Behave*：*Law and Foreign Policy*，New York：Columbia University Press，1968；Zürn M and Joerges C，eds.，*Law and Governance in Postnational Europe*：*Compliance beyond the Nation-State*，New York：Cambridge University Press，2005。

④ Diana Panke and Ulrich Petersohn，“Why International Norms Disappear Sometimes，” *European Journal of International Relations*，Vol.18，No.4，2011，pp.719—742.

⑤ Ann Florini，“The Evolution of International Norms，” *International Studies Quarterly*，Vol.40，No.3，Special Issue：Evolutionary Paradigms in the Social Sciences，Vol.40，No.3，1996，pp.363—389.

否存在制裁和制裁与进一步违反之间的成本收益也会影响行为体的选择。当然不管是何种因素导致国际规范的失范或者消亡都需要考虑的一个重要问题是如何处理国际利益和国际规范之间的困境，但是国家利益是一个永恒的影响因素，所以此处我们在分析国际规范的失范问题时可以将国家利益作为整体的背景而从规范内部探求问题的缘由。

具体关系如下：

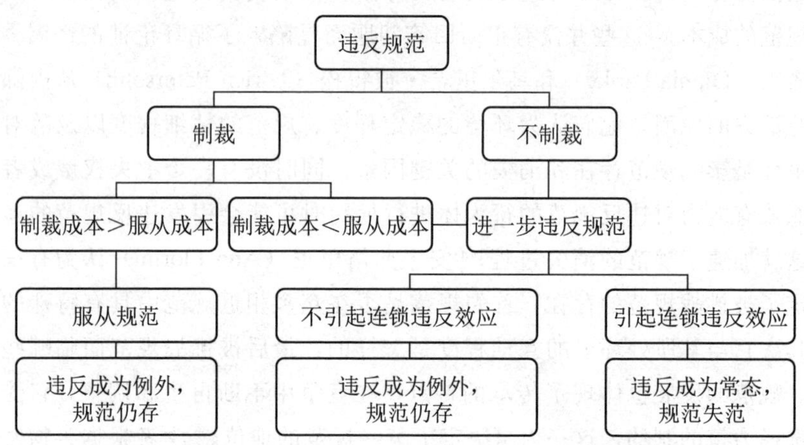

图 1　违反规范与规范存否的关系图

（一）外在国际环境的影响

国际社会的环境对规范产生着极其重要的影响，当国际局势稳定时，国际规范就呈现一种较为缓慢的发展态势；当国际环境不稳定时，就会加剧国际规范的转变，尤其是在极度不稳定的环境中，规范会急剧的消亡。①在稳定的环境中，关于规范的技术创新所起的作用不具有根本性，关于规范的监管、科学和技术不会发生触及规范性质变化的情况，理性行为体会对其他行为体存在一种合理期望，这种相互交织的期望增强了规范的效力，制裁行为也被认为具有合理性和正当性，在这种情况下，国家就不太可能愿意承担因违反规范而被惩罚的风险。

① Olsen J.P.,"Garbage Cans, New Institutionalism, and the Study of Politics," *American Political Science Review*, Vol.95, No.1, 2001, pp.191—198.

（二）规范弹性的强度影响国际规范的解释空间

国际规范是对行为体行为进行规制和管理的标准，针对不同的行为会存在诸多类型不同的规范，这也就意味着其规定具有较大的解释空间，有的只能按照规定的具体事项行事。精细的规范具有详细的程序和意思明确的定义，并且具有精确的适用范围，在这种规范中很难出现自由解释的情况，也没有超出规范之外的例外情况。这种规范对于行为体而言可能会得到更准确的遵守，但是一旦其他影响因素发生变化，出现了违反收益大于遵守收益的情况时，此时的精细规范就会消亡得更为迅速，也更为彻底。

而一般性规范则只是在原则或者整体上作出某些安排，具体的实行情况需要行为体根据自身现状和特点诠释性执行，这既有利于规范的演变，又会催生出侵蚀其规定的因子。由于这种规范具有的模糊性，所以其解释空间就会变大，行为体的某一行为在此框架内就具有更多的解释性，如果不是触犯原则的行为，都具有一定的合理性。同时如果某一行为体违反了规范的模糊方面而仍假装遵守整个规范，这就降低了因违反规范而受到制裁的风险。①并且由于一般性规范的解释弹性比较大，这也扩大了其适用的范围，从这个角度上讲，一般性规范的消亡会呈现一种缓慢的过程。

（三）主导国的态度决定国际规范的活力

在国际社会中，主导国是否积极参与国际社会秩序的建设对国际规范的产生和发展发挥着重要作用。当主导国根据国际局势的具体情况积极倡导新秩序的建立时，就会加剧现存规范的消亡；或者在主导国只想维持现状的情况下，国际规范就会呈现一种稳定的状态。这里的主导国不仅包括霸权国还包括挑战国，霸权国本身就是国际社会现存的主导国，挑战国则是具有成为霸权国的潜力，所以它也被列为主导国之列。

主导国的积极性还表现在它能提出具有竞争性的规范以挑战现有规范，这就使得行为体即使在违反现有规范的情况下也并不带有多强的非法性，因为有更为合适的规范嵌入国际社会，按照新规范会使得行为体之间的利益扩大化。

---

① Diana Panke and Ulrich Petersohn, "Why International Norms Disappear Sometimes," *European Journal of International Relations*, Vol.18, No.4, 2011, pp.719—742.

(四) 制裁的有效性决定违反国际规范的代价

违反规范行为的制裁是否有效关键要看行为体对规范的认同程度，当行为体之间对某种规范达成高度认同之时，一旦出现违反规范的行为就会受到及时、严厉的制裁，那么估计会有更少的国家愿意继续违反规范，这就为规范的延续提供了有利条件。而当行为体对规范缺乏认同，并且缺乏有意愿或者有能力的国家对违反规范行为的国家进行惩罚之时，现存规范就开始走向消亡。

不管国家对规范的认同如何，都需要在国家利益与国际规范之间进行博弈，自利的认知考量与规范的道德诉求之间存在均衡的困境。①而国家在违反国际规范时通常会以道歉、否认、找借口或者将其合法化的方式处理，制裁在发挥作用时也需要与这些事后行为进行斗争。

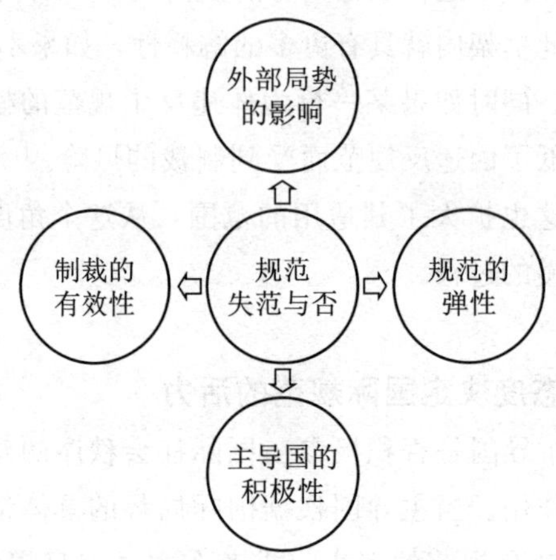

图 2　规范失范的影响因素

麦基翁以美国反酷刑的规范退化为例展开描述，小布什政府通过话语建构使国际社会中的行为体接受美国对敌人施加酷刑是可以接受的，尤其是美国司法部进一步扩大了酷刑使用的范围，这逐渐使其他国家也效仿美国的这种酷刑规范，反酷刑规范由此经历了产生、蔓延和消亡的过程。②这一事例体现了美国

---

① Fritz Heider，*The Psychology of International Relations*，New York：Wiley，1958，p.63.

② Ryder Mckeown，"Norm Regress：Revisionism and the Slow Death of the Torture Norm，" *International Relations*，Vol.23，No.1，2009，pp.14—18.

在使反酷刑规范失范过程中采取了积极主动的态度，虽然这一规范并没有什么解释空间，也没有其他国家干预、挑战美国而制裁其违反反酷刑规范的行为，但是正是因为美国所处的外部环境发生了变化，采用酷刑更有利于美国的国家利益，所以美国通过话语建构一步步使反酷刑规范失范，其实这也是“以身作则”规范的另类例证，美国作为国际社会的主导国，其本身的行为会成为其他国家效仿的对象，主导国的自我实践是推行新国际规范的重要条件。

潘克和彼得松列举了两次世界大战之中反不受限制的潜艇战规范、20 世纪 70 年代以后反雇佣军规范，以及反武力干涉的例子，以此说明规范消失的不同情况。在反不受限制的潜艇战规范中，他们指出了在外部环境不稳定的情况下，关于反不受限制的潜艇战的规范比较精细，同时也不存在其他可以替代的竞争性规范，反不受限制的潜艇战规范迅速消失。在华盛顿会议和伦敦会议上，美、英、法、意、日等主要海洋大国都同意限制潜艇战，规定潜艇需要遵循水面舰艇的规范。①而在之后不到十年的时间里，潜艇在作战中的作用得到了诸多国家的认可。到了第二次世界大战期间，使用无限制的潜艇战变成了惯例而不是例外，反潜艇战主要是针对有限战争，但是一旦战事开始很可能会升级为全面战争，此时再以有限战争的部分规范约束全面战争中的行为体是必然失当的，②当然全面战争的爆发也不必然预示着有限战争的所有规范都会失范，比如反化学战规范在两种战争中都得到了遵守。

在反潜艇战规范消亡的过程中，因为规范适用的有限性（主要针对有限战争），所以就不再适合全面战争和新型战争的要求，这可以看作所处外部环境发生了重大变化，虽然在以往的有限战争中，针对违反潜艇战规范的行为提供了有效的制裁机制，但是这种制裁的有效性还是建立在战争性质和外部局势的基础之上的，所以当外部形势发生重大变化之时，规范也可能会失范或者消亡。

自 19 世纪以来，暴力行为被国家垄断，所以一切非国家暴力行为都是不合法的。20 世纪 60 年代以来不管是在联合国还是在国际社会中都谴责使用雇佣军

① 关于潜艇战的详细规定，参见 Goldman EO, *Sunken Treaties*: *Naval Arms Control between the Wars*, University Park, Pennsylvania State University Press, 1994。

② Burns R, “Regulating Submarine Warfare, 1921—41: A Case Study of Arms Control and Limited War,” *Military Affairs*, Vol.35, No.2, 1971, pp.56—63.

的行为，①并且反雇佣军规范正式纳入了国际法规定之中，可以说整个20世纪雇佣军都没有发挥特别突出的作用。但是进入21世纪后，武装市场开始不断扩大，私营安保公司开始在冲突地区活跃起来，国家开始根据其需求使用雇佣军为其进行军事服务，比如美国的黑水公司、南非的私营武装公司、英国的G4S等，不管是在阿富汗战争还是伊拉克战争中都可以见到雇佣军的影子，现在很少再有针对雇佣军的制裁或者谴责，反雇佣军规范逐渐失范直至消亡。而在反雇佣军规范消亡的案例中，一方面基于国家自利选择的原因，另一方面没有中央权威或者任何国家愿意或者有能力对使用雇佣军展开制裁。此外，国家违反规范的收益远远超过服从此规范的收益，使用雇佣军不仅可以节约培训武装人员的成本，将精力投入其他领域，而且可以在发生意外之时，将部分责任推脱给雇佣军，这就刺激了国家在进行局部战争的过程中主动使用雇佣军，一旦跨越这一界限，那么基于反雇佣军的精细性，反雇佣军规范就会遭到严重的侵蚀直到消亡。

反武力干涉的规定最早出现在20世纪20年代，不管是在《联合国宪章》还是《维也纳条约法公约》（1969年）中都有规定禁止使用武力干涉别国内政，但是到20世纪80年代，人道主义干预变成此规范的一个例外，尤其是90年代以来参与人道主义干预的人数大幅度增加，反武力干涉的规范出现了某种模糊性。这进一步降低了规范的精细性，联合国、大赦国际等组织要求积极地促进人权，尤其是1994年《人类发展报告》的出台，进一步使人类权益的界限跨越国家疆界，国家或者政权的安全不再等同于人民的福祉。这就为反武力干涉规范的消亡增加了进一步的刺激因素。反武力干涉规范的消失不仅体现了国际局势变化的影响，还体现了由于这一规范的模糊性，可以解释的空间比较大，所以其消亡过程呈现出一种渐进的形式。从这个角度讲，规范弹性的大小在一定程度上影响了规范消亡的速度。

综上可以得出，在国际社会，规范经历了如生物体类似的产生、发展、消亡或者再生过程。外部局势的变化（在国际关系领域主要是国际环境的变化）、规范本身的弹性程度、主导国（霸权国或者挑战国）的积极性和制裁的有效性

① Percy S.，“Mercenaries：Strong Norm，Weak Law.，” *International Organization*，Vol.61，No.4，2007，pp.367—397.

都会影响国际规范的失范或消亡。促成国际规范消亡的因素主要有国际局势发生重大变化，规范自身太过精细而没有可以回旋解释的余地，主导国积极倡导新规范的创造，借此来增强本国利益或者彰显其在国际社会中的地位，针对违反国际规范的行为没有及时有效的制裁机制（要么是因为没有中央权威，要么是没有相关国家有实施制裁的意愿或者能力）。当然一些规范所包含的政治价值并没有发生变化，比如自由、平等、民主等。

三、规范和效力：建立更为有效的国际规范

本文的第二部分分析了影响国际规范失范的因素，当然我们在谈论规范失范与否时不带有任何价值上的评判，很多时候规范失范并不是坏事，因为有更为科学合理的规范替代它，即使没有竞争性规范来取代也只能说明现行规范确实不合时宜，但是我们不能据此对规范失范不管不顾。国际社会的无政府状态是无可争议的事实，全球化的发展使国家间相互依赖的程度不断加强，不管是个人、国家还是其他行为体早已跨出国界进入国际社会，无规矩不成方圆，各种行为体不能自行其是，国际规范或者制度的存在就成了必要。与此同时，国家利益或者权力分布始终是需要考虑的重要因素，国家虽然成了国际规范中的成员，但是其国家身份是抹不去的，这样看来规范的影响貌似只是外生性的，甚至有学者认为国际规范几乎不起什么作用。①我们对于国际规范的认识不能采取极端的态度，既不能认为国际规范是影响行为体行为的最重要因素，又不能认为它不重要，国际规范确实有在国际社会存在的必要。在解决了规范存在合法性的问题之后，还需要考虑的是有些规范会失范的问题，其实就是行为体对它的认同度和接受程度降低直至变为零。那么我们在制定和实施国际规范时应该怎样做才能提高它的效力，规范本身可以存在“生命周期”的现象，但是在尚没进入退化阶段之前应该如何才能使规范发挥其应有的功效，以此对国际社会行为体进行良性的规制，这是我们在这一部分需要解决的问题。

---

① 关于第三次转向的详细背景，参见 Ray, James Lee, “The Abolition of Slavery And the End of International War,” *International Organization*, Vol.43, 1989, pp.405—439.

（一）加强规范制定者的话语力量

国际关系经历了三次学术转向，其中第三次就是以语言学为基础的话语转向，①这开始使人们关注话语背后的关系。话语体现在国际规范中就是语言符号，这种符号的含义不是固定不变的和不可控的，而是受到权力的控制，在权力的作用下话语通过规范这一载体建构和规制着国际秩序，并更多体现的是话语建构者的利益。②有学者提出了“符号权力”的概念，语言权力的本身不能只从语言本身理解，需要将其放置在特定的环境中，分析权力行使者与权力承受者之间的关系。③国际规范多是以语言符号为载体，这些语言符号是经过筛选或者反复斟酌之后才被叙述出来的，这些符号所表现的“现实”与最初未经过加工改造的现实一定存在某种偏差，这是一种受到规制并充满规范意味的呈现。④由此看来拥有建构话语的力量也就拥有建构秩序的力量，这就要求国际社会的行为体在进行国际规范建构或者协商之时充分参与，政治沉默有时就是政治受损或者牺牲的代名词。

国际关系中存在不同的理论流派，但是每种流派都代表着某些方面的价值标准和取向，它们以特定的视角去观察和分析问题，比较两种不同范式或让我们看到两种截然不同的世界，比如从现实主义视角下看到的更多是权力争夺、尔虞我诈、国家利益至上的处事方式，但是在新自由主义框架下体会更多的是彼此间的相互依赖、制度的规范作用，所以所有规范表现出来的都是一部分行为体的一定目的。不管是国际社会中的大国还是小国，都平等地拥有参与规制国际社会的资格，行为体不仅要在规范制定之时积极出谋划策，还要在规范的具体执行中多方活跃，这会有利于打破某些国家的话语霸权。

国际关系既需要争夺硬实力也需要争夺软实力，而软实力的表现之一就是国际社会的话语权，主要体现在能有效地推动新国际规范的建立和调整上面。行为体除了具有参与的积极性之外，还需要讲究一定的策略，比如需要分析清

---

① 刘永涛：《理解含义：理论、话语和国际关系》，载《外交评论》2007年第95期，第23页。

② Michel Foucault，*Discipline and Punish*：*The Birth of the Prison*. New York：Vintage Books，1995，p.194.

③ Pierre Bourdieu，“Language and Symbolic Power，” in John Thompson ed.，*Gino Raymond*，*Matthew Adamson*，trans，Massachusetts：Harvard University，1991，p.170.

④ 李少军：《国际关系研究与诠释学方法》，载《世界经济与政治》2006年第10期，第11页。

楚在特定的议题领域到底哪个环节起着关键作用，比如在共同体内部的决策环节，投票表决机制的规定是否合理，是否会出现即使某个小国不参与投票或者作出哪种选择都无关紧要的情况，培养能力卓越的代表团也是非常必要的，有时代表团成员的能力也会影响国家在话语建构方面的表现，除此之外还要有国际社会责任感，不能有“搭便车”的侥幸心理，在行为体众多的国际社会中，很容易出现集体行动的困境，大家都不愿意为公共产品买单，所以就更加需要在进入国际社会之前做好各方面的心理建设，并清晰地认识到参与本身也是建构权力的一部分。只有参与到国际规范的架构中才能更好地维护本国的利益，同时规范也会更加多元，适用范围自然就会扩大，这将更有利于发挥国际规范的效力。

（二）制定清晰的规范表达

定义不是固定不变的，而是会随着历史环境和适用主体、客体、领域的变化发生相应的改变，不同行为体对同一对象进行理解就会产生不同的含义，也许可以通过解构的方法将符号的定义进行不同时段的多重解读。①尤其是国际行为体各自的文化背景不同，不同的文明在国际交往时可能会发生冲突，②那么对国际规范的解读也会发生歧义，比如“大规模杀伤性武器”“非武装人员”等概念可能在不同国家就有多种理解。我们在第二部分讲到有些规范失范的原因之一就是规范太过精细，这里的精细与清晰概念不同，精细针对的是具体的规定比较细致，而清晰指的是使用的语言不要令人产生联想，不要使用模棱两可的词汇，当然两者也存在某种程度的语义交叉。

清晰的规范定义不仅可以避免行为体之间由于理解的不同而产生认识上的偏差，还可以有助于行为体进行具体的操作实施。具体到如何能使得模糊的规范清晰化，我们可以参考联合国的例子，在联合国中有六大官方语言，分别是英语、法语、汉语、俄语、阿拉伯语和西班牙语，不同语言可能属于不同语系，比如汉语属于汉藏语系，西班牙语属于印欧语系，而当在联合国中因为表达产生认识上的偏差时，以法语的意思为准，因为法语相对而言更为严谨。那么行

---

① Jacques Derrida，*Of Grammatology*，trans. G. Spivak，Baltimore：Johns Hopkins University Press，1976，p.50.

② 有关文明冲突论的有关内容，参见［美］塞缪尔·亨廷顿著：《文明的冲突与世界秩序的重建》，周琪译，北京：新华出版社 2010 年版。

为体在国际规范的建构过程中，当产生歧义时也许可以借鉴此经验，以一种能够达成共识的、更为严谨语言来表述可能更为合理。

规范在表达上更为清晰也许解决了认识上的问题，此外还有一个重要的问题就是对于规范的内容需要有清晰的路线图，即具体可行的操作步骤是怎样的，如何通过一步步的执行遵守国际规范更好地维护国际秩序，为行为体带来更多的好处，为国际社会创造更大的福利。以往有些国际规范可能代表了一种美好的愿景，比如希望国际社会更加稳定和平，地区冲突的频率更加低等等，但是并没有具体的实施路径，行为体不能清楚地明白到底应该怎样做才能实现这种愿望，所以这种规范只能被束之高阁。路线的存在不仅可以使国际规范更具有可行性，也更加能够赢得行为体的认同。针对如何规划清晰合理的规范路线需要区别不同的国际规范，在国际社会中，既存在实体规范也存在程序规范，我们不能判断究竟哪种规范更加优越，具体到一个特定规范的话可能会需要实体和程序的双重存在。此外国际分工和合作也是有效遵守和践行国际规范的有效途径之一，很多时候针对某些规范不能靠单个国家的一己之力，需要将其分阶段、分区域进行细化。

国际规范有效性的提升不仅需要清晰的定义，不同文明圈层的行为体能对同一个规定达成共同认识，还需要具备可操作性的路线，这意味着规范并不只是原则性的指导，还包括具体的监控和规划，这是从载体和内容方面做的双重努力。

（三）选择性制裁和针对性指导相结合

国际规范的有效性不仅需要其本身的清晰化和条理化，还需要对其进行有效的监管，这种监管以往依靠的是对违反规范者进行制裁。以往的研究主要从制裁的内容或者性质方面着手，有学者将制裁分为惩罚性制裁和聪明制裁，前者主要关注制裁双方国内政治影响以外的因素，后者则是把焦点放在国内政治层面。①此外还有从领域方面入手研究制裁的分类，比如有专门针对经济方面的制裁，②以

① Major S., *The Domestic Politics of International Economic Sanctions*, Ph D dissertation, Stanford University, 2004, pp.37—38.

② Green J.D., "Strategies for Evading Economic Sanctions," in Nincic M, Wallensteen P eds., *Dilemmas of Economic Coercion: Sanctions in World Politics*, New York: Praeger Publishers, 1983, pp.61—86.

此来分析违反国规避问题的情况。与威胁一样，制裁也会遭遇可信性的问题，① 国际规范在对制裁内容作出规定或者具体实施时，不仅需要发动制裁本身耗费的成本，而且需要承担信用成本。但是不论实施何种类型的制裁或者对哪些领域进行制裁，在具体的实施中都可能会产生一定的问题，比如制裁可能会造成食物、药品或者饮用水等方面的中断，会给当地的平民带来生活或者社会秩序上更大的困扰，正如马亚尔指出的那样，制裁虽然具有法理依据，但是可能在具体的实行过程中造成违背初衷的结果，同时这种制裁带来的恶性后果可能会被暴力统治者非法利用，转嫁国内经济困境②这种情况层出不穷，在进一步对国际规范进行调整的过程中需要考虑到这个方面。

联合国作为最大的国际组织，早在2000年就建立了专门的制裁监测小组，对各成员国实施制裁的情况加以监管，同时还对未能有效实施制裁的成员作出进一步的制裁。当然这是针对国际规范实施情况的进一步优化，但是换个角度来讲拓展思路也许更能提高国际规范的有效性，这就引出了选择性制裁和针对性引导。

行为体违反某一国际规范并不都是由于单一性质的原因，可能是因为某一规范确实不符合其国内环境，凭借一己之力在没有其他选择的情况下不得不违反；还有一种情况是行为体针对某一问题有多种选择，但就是枉顾国际规范。针对两种违反国际规范的情况，共同体在实施制裁时需要进行合理的区分，不管是在制裁的力度上还是在具体的制裁行为上都要有所区别。具体到第一种情况，也许更合适的解决方法是共同体派出专门的监测小组进行调查，针对其具体问题作出有效的指导，而对于第二种情况的违反行为则可以按照惯例方式加以制裁。这种相对而言较为弹性的解决方式能够在一定程度上避免国际共同体内无差别的违反而引起的连锁反应，最终导致国际规范渐进性或者急剧性的失范，③所以这里的选择性制裁和针对性指导都可以归为有效弥补之内。

---

① Martin L. Credibility,“Costs, and Institutions: Cooperation on Economic Sanctions,” *World Politics*, Vol.45, No.3, 1993, p.407.

② ［美］詹姆斯·马亚尔著：《世界政治》，胡雨谭译，南京：江苏人民出版2004年版，第92页。

③ Diana Panke and Ulrich Petersohn, “Why International Norms Disappear Sometimes,” *European Journal of International Relations*, Vol.18, No.4, 2011, pp.719—742.

由于国际关系中存在话语转向，所以在国际规范的制定和协商过程中多方行为体需要积极参与，努力争夺话语权构建自己的规范体系，同时规范定义和实施路径的清晰化也有助于行为体更准确的理解国际规范，一切规范或者制度的实施都需要监管保障，具体到对国际规范的违反行为进行制裁时需要分清不同类型、不同性质的违反行为应该采取怎样的选择性制裁和针对性指导，所有这些措施都有利于国际规范效力的发挥，从另一个层面讲也对国际秩序的规范化和有序化作出了贡献。

四、总　结

学术界尚无国际规范定义的共识，但是不同的理论流派，不同学者从国际规范的内容、性质、作用以及思想传统方面提出了自己的认识，尤其是随着中国融入国际社会的程度不断深入，一些中国学者也开始尝试从中国古典中创立新型国际规范，这些争论和创新都有利于丰富我们对国际规范的认识和了解。纷繁复杂的国际规范在国际社会中进行“生命周期”演化时可能有些会被淘汰，究其原因主要有外部局势的稳定程度、规范的弹性、主导国的积极性和制裁的有效性，这些因素是从国际规范内部着手进行的研究，但时刻需要考虑的是国家利益和国际权力分布的因素影响。当然有些规范的失范或者消亡并不必然是一件坏事，但是在无政府状态的国际社会中，不同行为体进行互动，在没有一个中央权威管控的情况下，国际规范的存在确有必要，所以接下来分析了如何建立或者提高国际规范的有效性，考虑到话语背后的权力关系，呼吁多方行为体踊跃参与规范的制定和实施，除此之外不管是对于规范的定义还是具体的实施路径都应该更加清晰化、明确化。这与之前论述的规范弹性问题并不冲突，同时对于违反规范的行为要进行科学的甄别和区分，有选择地实施制裁和进行针对性的指导。

中国作为国际社会的大国，不断融入国际秩序和国际话语权的建构之中，这既具有法理上的正当性又有现实层面的合理性，但是中国在具体的实施过程中还存在诸多问题需要解决，比如如何创立国际社会新秩序，如何体现中国大国地位的影响力，中国应该怎样推出能得到国际社会认同的国际规范等这些问题都需要进一步的探索和研究。

国家为何宣战：以1820—1914年欧洲的战争为例

常玉洁[*]

一、问题的提出

宣战（Declaration of War）是一种古老的外交传统，这一规范已经存在几千年之久。不可否认的是，并不是所有的战争都会进行宣战。约翰·弗雷德里克·莫里斯（John Frederick Maurice）通过分析考察1700—1870年间发生的战争，认为在这171年间，正式宣战的战争寥寥无几，许多国家的战争宣言或者战争声明和警告都是在实际的军事行动开始之后才发出的。莫里斯认为，这样的战争警告是毫无意义的。①

但是，通过考察1820—1914年第一次世界大战爆发前这段历史，发现这一时期的国家间战争（interstate war）进行宣战的比例很高，有近一半的战争都进行了宣战参见图1。

图2显示，在欧洲大陆上，欧洲国家之间在发动对彼此的战争时进行宣战的比例更高。在这一时期爆发的国家间战争中，欧洲国家间战争只有3场未进行正式宣战。这一比例远远高于同时间段其他地区国家发动战争时进行宣战的比例，也高于欧洲国家与欧洲外地区国家间战争中进行宣战的比例。在拿破仑战争后至第一次世界大战爆发之前，为什么欧洲国家会普遍进行宣战呢？在这一时期，宣战规范为什么在欧洲地区能够得到普遍的遵守呢？

---

* 常玉洁，外交学院博士生。特别感谢第十一届北京大学博士生论坛的匿名审稿专家以及各位点评老师提出的宝贵修改建议，本文所有纰漏由作者负责。

① John Frederick Maurice, *Hostilities Without Declaration of War: From 1700—1870*, London: Kessinger Legacy Reprints, 1883, p.4.

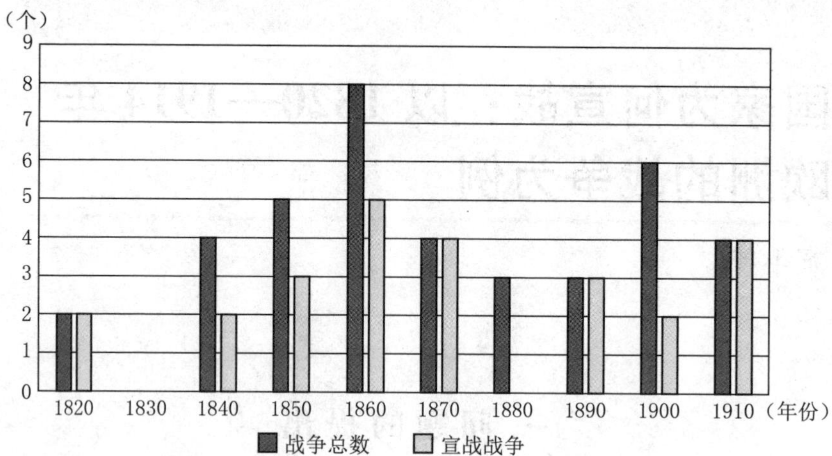

资料来源：根据 Meredith Reid Sarkees and Frank Whelon Wayman，*Resort to War：1816—2007*，CQ Press，Washington，DC，2010，pp.78—121；John Frederick Maurice，*Hostilities Without Declaration of War：From 1700—1870*，Kessinger Legacy Reprints，London，1883。以及 Tanisha M. Fazal，"Why States No Longer Declare War，" *Security Studies*，Vol.21，No.4，2012，p.564 中的图表整理。

图 1　1820—1914 年国家间战争与宣战情况统计

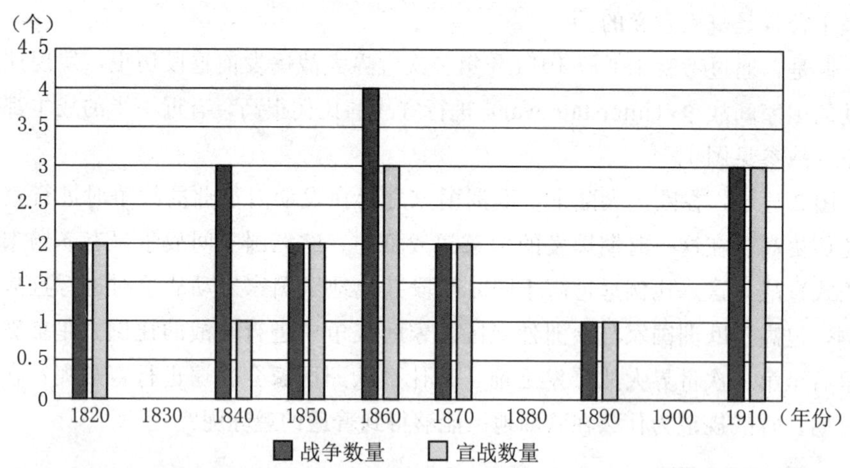

资料来源：根据 Meredith Reid Sarkees and Frank Whelon Wayman，*Resort to War：1816—2007*，John Frederick Maurice，*Hostilities Without Declaration of War：From 1700—1870* 中数据与 Tanisha M.Fazal，Why States No Longer Declare War 中图表整理。

图 2　欧洲国家间战争及宣战情况（1820—1914 年）

通过研究，在拿破仑战争后至第一次世界大战爆发，欧洲大陆是处于一种经过精心设计和安排的整体均势体系之下的，这种均势有两个核心因素——具有合法性和正当性的大国干涉原则与均势体系中天然的具有不稳定性的联盟，正是这两个核心要素的存在使国家在发动战争时不宣而战的代价极为高昂。不宣而战将大大降低国家取得预期战争红利以及赢得战争胜利的可能性，所以这一时期的欧洲国家更倾向于普遍宣战。而到了第一次世界大战后，国际体系由先前的多极体系逐步转变为两极体系，宣战的做法也就逐渐开始减少。

在结构安排上，本文共分为五个部分。第一部分为导论。第二部分为文献综述，阐述学界研究的关于宣战规范的三个主要问题，即宣战规范的起源、演变及消亡。第三部分为分析框架，在提出并阐释本文的核心自变量及假设的基础上，分析导致欧洲国家进行普遍宣战的机制。第四部分为实证检验，通过对四个历史案例的分析，验证本文的基本假设。第五部分为最终结论。

二、宣战规范的起源、演变与消亡

宣战究竟是什么？宣战的出现通常被视为一种信号，表明冲突是由主权国家发起的，而不是由强盗或海盗发起的。①一些学者认为，宣战有广义和狭义之分。广义的宣战并不仅仅限于一国对他国发表正式的战争宣言，当一国对他国发动军事攻击时，从这一刻开始它便是向这个国家和这个国家的人民宣战。②这种广义上的宣战既包括正式的宣战声明，又包括实际的战争行动。狭义上的宣战仅指国家在发动对他国的战争时发表的战争宣言或者战争声明。本文所讨论的宣战是指一个国家与其他国家进行战争的一种正式行为。这一战争宣言是由国家政府的授权方通过发布的官方声明（或是签署的文件），宣布两个或多个国家之间开始进入战争状态。宣战是判定一个国家由和平状态进入战争状态的一

① R. Plumer Ward, *An Enquiry into the Manner in Which the Different Wars in Europe Have Commenced, During the Last Two Centuries, to Which Are Added the Authorities Upon the Nature of a Modern Declaration*, J. Butterworth, London, 1805.转引自 Tanisha M.Fazal, "Why States No Longer Declare War?" *Security Studies*, Vol.21, No.4, 2012, p.559。

② Michael D. Ramsey, "Textualism and War Powers," *The University of Chicago Law Review*, Vol.69, No.4, 2002, p.1545.

条法律准绳。①

对于宣战问题的研究由来已久。目前对宣战规范的研究主要集中于宣战规范的根源，宣战规范形式的演变，以及宣战规范的衰弱或者消亡这三个方面。

(一) 宣战规范的起源

国际法学界在研究国家为何宣战时，通常讨论的是战争何时存在，以及国家在特定情况下是否应该宣战。②正义战争理论将是否进行宣战作为区分正义战争和非正义战争的关键因素。西塞罗认为，“除非进行事先通知或者宣战，如果没有满足这些要求，战争将是非正义的战争”。③托马斯·阿奎那认为，正义战争应该具备三个前提条件：(1) 战争发动者和执行者是具有主权性质的权威，战争不是私人争斗；(2) 战争具有充分而又正当的理由，如惩罚敌方的过错；(3) 战争具有正当的目的和意图，如出于惩恶扬善的和平愿望。④17 世纪，格劳秀斯的正义战争理论开始从自然法的角度探讨战争。格劳秀斯认为正义战争应该具备以下条件：它须是在国家的主权权力基础上开展的；它须伴随着某种形式。这两方面的要求是非常重要且不可或缺的。⑤首先要有正当的战争发动者，即战争

---

① George Grafton Wilson and Albert E.Hindmarsh，“War Declared and The Use of Force，” *Proceedings of the American Society of International Law* at Its Annual Meeting（1921—1969），Vol.32，1938，p.106.还有一些学者认为 17 世纪以后就没有正式的宣战了，而是寻求功能替代方式进行宣战，比如最后通牒、实际的交战行为等，参见 Brien Hallett，*The Lost Art of Declaring War*，University of Illinois Press Chicago，1998，p.61。但是，这种评价方式是不太恰当的，宣战形式会随着科技的发展、体系的变化以及国家内部情势的不同而发生变化，原来复杂的宣战形式简单化了，并不是只有严格意义上的派遣使臣去往别国君主面前进行宣读才是正式的宣战。可是，实际的交战行为发生就等同宣战也并不恰当，因为这样宣战便没有意义了。本文所强调的宣战包括国家最高领导人或者最高权威机构发布的宣言和声明，也包括一国对另一国下达的最后通牒。

② 关于对战争何时存在，以及国家在特定情况下是否应该宣战的研究，参见 Clyde Eagleton，“The Form and Function of the Declaration of War，” *American Journal of International Law*，Vol.32，No.1，1938；Jules Lobel，“‘Little Wars’ and the Constitution，” *University of Miami Law Review*，Vol.50，No.4，1995；Ellery C. Stowell，“Convention Relative to the Opening of Hostilities，” *American Journal of International Law*，Vol.2，No.1，1908；Quincy Wright，“When Does War Exist?” *American Journal of International Law*，Vol.26，No.2，1932.

③ [古罗马] 西塞罗著：《论共和国》，王焕生译，上海：上海人民出版社 2013 年版，第 157 页。

④ [意] 托马斯·阿奎那著：《阿奎那政治著作选》，马清槐译，北京：商务印书馆 2007 年版，第 135—136 页。

⑤ [荷] 格劳秀斯著：《战争与和平法》，何勤华主编，上海：上海人民出版社 2005 年版，第 83 页。

应该都拥有双方最高权力的支持，并且要以最高权力的名义进行战争。其次，国家应该公开宣战。

正义战争理论认为并不是所有的战争都需要进行宣战，也不能武断地认定没有进行过宣战的战争不能称为战争。在两种情况下进行的战争不需要战前宣战：当一个国家进行防御性战争抵御别国侵略时不需要进行宣战；内战不需要进行宣战。①那么谁拥有宣战的权力呢？正义战争理论认为是一国的最高统治者。德意志法学家塞缪尔·冯·普芬多夫（Samuel von Pfendorf）将战争分为两种类型——宣战战争和未宣战战争。宣战需要具备两个标准：宣战双方必须都是主权国家当局，并且宣战必须在战争爆发之前进行。②这便将宣战的权力限定在了主权国家手里，次一级的政府机构没有进行宣战的权力，换句话说，只有独立国家的最高权力执掌者或国家最高权威才具有宣战的权力。③还有一些学者将宣战分为有条件宣战和绝对宣战两种类型。有条件宣战附有一个正式庄重的赔偿要求，并且声明如果伤亡得不到补偿便诉诸战争，这种形式便是最后通牒。绝对宣战没有任何条件，只是向友国或者其他君主通报它将向哪国宣战。④

虽然这些分析为我们研究宣战问题提供了重要的理论视角，但是，因为它们将分析重心放在了某一单个国家上，这些解释是有局限性的。传统国际法学界对于这一问题研究的局限在于，该问题的提倡者很少对一般性假设进行系统性的验证。个别国家的案例研究能够为我们提供许多可信的证据，但是不可能告诉我们更多的关于不同国家在不同环境下将如何行动的内容。

许多学者是从宣战的功能性上来解释国家进行宣战的原因的。如果宣战只是一种古代国家间爆发战争时的外交惯例，那么它能够延续数个世纪就一定有其本身的功能所在。国家之所以进行宣战主要取决于宣战规范所具有的军事功

---

① Frederic J.Baumgartner, *Declaring War in Early Modern Europe*, New York: Palgrave Macmillan, 2011, p.45.

② Ibid., p.101.

③ 美国宪法规定，美国国会具有对外宣战的权力，但是美国宪法同时还规定，美国总统具有对军队的最高指挥权。所以在美国存在总统和国会对宣战权的争夺。参见 Brien Hallett, *Declaring War: Congress, the President, and What the Constitution Does Not Say*, New York: Cambridge University Press, 2012; Brien Hallett, *The Lost Art of Declaring War*, Chicago: University of Illinois Press, 1998。

④ Frederic J.Baumgartner, *Declaring War in Early Modern Europe*, p.129.

能和道德功能。①就其军事功能而言：第一，确定一国由和平状态转入战争状态的确切日期是很重要的，宣战便是为国家间由和平状态转为战争状态确定了一个具体的时间点，即战争宣言的功能便是为界定国家间关系由和平转入战争提供依据。②第二，宣战可能是出于一种内部的或者国内的目的，凝聚国民力量，号召他们进行武装，即宣战能够令国家取得战争动员的正当理由。“宣战并不是为了给被宣战国以战争警告，而是宣战国在用一种正式的方式向它的国民表示需要他们援助国家即将进行的战争。”③当一个国家的最高权威向其他国家进行宣战时，表明这一宣战是代表整个国家向他国宣战的，并且这个国家的所有国民都是被宣战国的敌人。到了18世纪，这一功能进一步拓展，一旦一个主权国家向另一个主权国家进行宣战，就应该将这一宣战行为作为是向这个国家全体国民和所有加入敌方或者之后将会加入敌方的国家的宣战。即不需要再对敌方盟国进行宣战，因为对敌对国的宣战便包含了对其当下的盟国以及战争开始后达成的联盟宣战。④

宣战为战争创造了合法地位。⑤一国在对他国发动战争之时，为了占据舆论优势，需要阐述自己为什么要对特定对象发动战争以占领道德制高点。战争宣言的功能是为国家陈述它为什么要发动战争提供一个工具。⑥战争宣言就是要陈述国家为什么要发动战争的正当理由，或者说国家为自己为什么发动战争找到一个正当的理由并将其公之于众。宣战的目的是为了明确表明双方发动战争是基于人民或者最高统治者的意愿，而不是因为国家私人的倡议，这便赋予宣战战争以正当性与合法性。

但是，单纯的从宣战所具有的功能上来解释国家为什么要宣战以及国家为什么普遍进行宣战这些问题是不科学的。宣战本身具有这些功能并不是国家进行宣战的充分必要条件，因为不同的国家具有不同的宣战需求，⑦宣战本身所具

---

① Brien Hallett, *The Lost Art of Declaring War*, p.45.

② Clyde Eagleton, “The Form and Function of the Declaration of War,” p.29.但是，这并不意味着宣战日期是战争的起点，有很多战争是在发生实质性的军事冲突之后才宣战的。

③ John Frederick Maurice, *Hostilities Without Declaration of War*: *From 1700—1870*, p.9.

④ Frederic J.Baumgartner, *Declaring War in Early Modern Europe*, p.132.

⑤ Clyde Eagleton, “The Form and Function of the Declaration of War,” p.21.

⑥ Ibid., p.34.

⑦ Tanisha M.Fazal, “Why States No Longer Declare War,” p.562.

备的军事功能和道德功能只是这种需求的一部分而不是全部。

本文将宣战置于规范的基础之上，研究国家为什么普遍遵守宣战规范，是规范本身所具有的效力，还是来自规范外部的力量迫使国家遵守这一规范呢？建构主义的许多学者更加倾向于研究规范对行为体行为产生的影响。卡赞斯坦认为，规范有两种作用，即建构性作用（constitutive effect）和管制性作用（regulative effect），规范既有建构认同的功能，也有规定行为的功能。①当规范发挥管制性作用时，它会影响到国家的收益和成本计算，使得理性的国家必须遵循某些行为方式。费丽莫与卡赞斯坦观点相似，但是她更强调规范的建构性作用。②规范塑造利益，利益塑造行为。③规范对行为体行为的影响不是外在的，而是被内化到行为体中，它们不只是限制了国家行为，更重要的是改变了国家的偏好。但是，这一解释是有局限的，它只解释了规范是怎样产生作用，却没有解释在什么条件下规范产生作用。针对后一个问题，莉萨·马丁和贝思·西蒙斯将合法性、显要性和规范的内在特征作为影响规范发挥作用的重要因素。④

（二）宣战规范的演变

一些学者在研究国家宣战的原因时从战争文化这一视角出发，认为不同的战争文化会形成不同的宣战形式，不同的战争文化会导致国家选择是否进行宣战。战争文化根源于国家的文明，不同的文明形式有着不同的战争文化，宣战的形式和是否进行宣战也是不同的。中国古代讲求“先礼后兵”，讲求“师出有名”，但是这种规范还是原始的、不系统的。古印度的《摩奴法典》中记载有针对战争宣战的规范，“战争开始前应提出最后通牒，然后才能正式宣战，宣战结

① ［美］彼得·卡赞斯坦主编：《国家安全的文化：世界政治中的规范与认同》，宋伟、刘铁娃译，北京：北京大学出版社 2009 年版，第 6 页。

② 费丽莫认为，国际体系是构成的（constitutive）、生成的（generative），为行为体建立新的利益和价值。它不是通过约束具有既定偏好的国家的行动，而是通过改变偏好来改变国家行为。参见［美］玛莎·费丽莫著：《国际社会中的国家利益》，袁正清译，杭州：浙江人民出版社 2001 年版，第 7 页。

③ ［美］玛莎·费丽莫：《国际社会中的国家利益》，第 4 页。

④ Martha Finnemore, Kathryn Sikkink, “International Norm Dynamics and Political Change,” *International Organization*, Vol.52, No.4, 1998, p.906.

果是中断正常的外交关系”①。印加人试图进攻其他地区时，在发动进攻前会首先派遣信使到该地区，要求该地区人民臣服并敬奉太阳神。②公元5世纪中期以前，古希腊很少发动突袭和不宣而战的战争。③修昔底德在《伯罗奔尼撒战争史》中记载了希腊的盟国与斯巴达的盟国在进行战争之前将传令官送至敌对国宣读战争宣言的场景。④中国学者刘大明通过研究法国大革命时期法国对奥地利的宣战，认为大革命时期对于“公开性”的推崇以及好战情绪的高涨，加之用战争维护和平的理念的煽动，这些政治文化推动了法国进行宣战。⑤

但是，即便是在同一地区，不同的时期宣战规范无论是概念内涵还是形式都发生了很大变化。就概念内涵而言，主要表现为两方面，一是由于对正义战争内涵的认知变化而导致的对宣战认知的变化，二是对宣战权认知的变化。

以欧洲为例，宣战规范的演变大致以16世纪为节点，在16世纪以前，人们认为部族之间在未经过提前宣战便对其他部族发动进攻是不光彩的行为。进行公开宣战之后，直至发动正式进攻之前会预留一段时间以便让对方进行战争准备。早期的许多宣战规则中有一条规定，即在宣战声明发出33天之后才能开始战争，宣战的同时便进行战争的行为被认为是不正义的。但是，当一个国家进行的是防御性战争时，它是可以立即采取军事行动的，并且这一行为是一种正义行为。⑥这种惯例在中世纪时便一直存在，毫无疑问，它也受到了中世纪骑士精神和骑士制度的影响。宣战行为与骑士之间私人的决斗很相似。

古罗马时期，根据惯例，国家在准备发动战争之前，会将传令官送至国界处告知对手国。⑦至15世纪，传令官进行战前宣战在西欧已经成为一种标准程序。⑧之后，专门的信使携带宣战布告到对手国，并将其送至对方君主处。⑨但是

---

① 杨泽伟著：《宏观国际法》，武汉：武汉大学出版社2001年版。

② Hartley Alexander，*Latin-American Mythology*，Boston：Marshall Jones，1920，p.244.

③ Victor Hanson，The Wars of the Ancient Greeks，London：Cassell，1999，p.68.

④ ［古希腊］修昔底德著：《伯罗奔尼撒战争史》，谢德风译，北京：商务印书馆2008年版，第134页。

⑤ 刘大明：《法国大革命1792年宣战动因析论》，载《世界知识》2008年第2期，第65—68页。

⑥ Clyde Eagleton，The Form and Function of the Declaration of War，p.20.

⑦ Frederic J.Baumgartner，*Declaring War in Early Modern Europe*，p.10.

⑧⑨ Ibid，p.29.

到 16 世纪，由于国家间关系发生了变化，欧洲国家间开始相互派驻外交人员，至此，新的宣战形式便出现了。驻外大使取代了古代的传令官，他们将刊印的战争宣言送至敌国朝廷，并向其发出口头挑战。这一宣战形式一直持续到 20 世纪中期。①

1899 年和 1907 年的海牙和平会议与其说是为了寻求和平，不如说是为了限制战争，尤其是 1907 年通过的海牙第三公约。第三公约在历史上第一次正式确立了宣战制度，有别于过去涉及宣战行为的法律文本，它明确规定不宣而战是非法的。其中《关于战争开始的公约》对战前宣战制度进行了详细规定：

> 第一条：缔约各国承认，除非有预先的和明确无误的警告，彼此间不应开始敌对行为。警告的形式应是说明理由的宣战声明或是有条件宣战的最后通牒。
>
> 第二条：战争状态的存在必须毫不延迟地通知各中立国，并且只有在中立国接到通知之后，对它们才发生效力。通知可采用电报方式。但如事实足资证明中立国确实知道战争状态的存在，则它们不得以未得到通知作为借口。②

其中第一条中的"说明理由的宣战声明"特别强调国家在进行宣战时必须向国际社会解释国家发动战争的原因。同时，进行宣战的形式不再仅限于国家最高权威发表的正式战争宣言，最后通牒也被视作一种在功能上等同于战争宣言的形式。至此，宣战的标准得到了进一步的补充，除了必须由国家最高权力执掌者进行宣战以外，还强调宣战必须是公开的声明，同时宣战国还必须在战争宣言中明确说明本国发动与别国战争的意图。③但是，这些以限制战争为目的的公约并没有发挥限制战争的作用，在不到半个世纪的时间里，爆发了两次世

① Frederic J.Baumgartner, *Declaring War in Early Modern Europe*, p.54.

② 《关于战争开始的公约》，http://www.icrc.org/chi/resources/documents/misc/hagueconvention3-18101907.htm，最后访问时间 2017 年 2 月 25 日。

③ Carl-August Fleischhauer, "Declaration," in Rudolf Bernhardt, ed, *Encyclopedia of Public International Law*, Amsterdam: Max Planck Institute for Comparative Public Law and International Law, 1997, p.971.

界性的战争，各大国开始重新审视战争规则。

(三) 宣战规范的消亡

第二次世界大战结束后，各国开始寻求消除战争的方法，此时的战争规则再次发生变化。《联合国宪章》第一章规定：各会员国应以和平方法解决其国际争端。各会员国在其国际关系上不得使用威胁或武力，或以与联合国宗旨不符之任何其他方法，侵害任何会员国或国家之领土完整或政治独立。①这样便规定了使用武力解决争端是有违国际法的，国家发动对别国的战争是不合法的行为。在第二次世界大战之后，战争法激增，国家间宣战成本随之增加，所以在 1950 年之后，进行了战前宣战的战争寥寥无几，战前宣战行为逐渐消失。

为什么在第二次世界大战之后尤其是 1950 年之后，国家间发动战争时不再进行宣战了呢？宣战规范为何会消亡？弗雷德里克·鲍姆加特纳（Frederic J.Baumgartner）整理了欧洲在不同世纪宣战规范的变迁，认为对战争态度的变化导致宣战规则发生变化。②布赖恩·哈利特（Brien Hallett）重点研究美国的宣战权，探讨了美国总统与国会在宣战权上的矛盾以及美国总统是怎样一步步篡夺了国会的宣战权力的。③第二次世界大战之后，联合国宪章中明确规定了国家在国际关系中不得使用武力或威胁，这一方面显示了国际社会对于国家发动战争态度的变化，战争不再是一种合法手段，战争权在某种程度上转移到了一个集体安全组织——联合国之手。

塔尼莎·法扎尔（Tanisha M.Fazal）总结了三种规范衰亡的因果机制：（1）战

① “Charter of the United Nations,” http://www.un.org/en/sections/un-charter/chapter-i/index.html，最后访问时间 2017 年 2 月 25 日。

② Frederic J.Baumgartner，*Declaring War in Early Modern Europe*，p.123.

③ Brien Hallett，*The Lost Art of Declaring War*.由美国宣战权引发的讨论在国外学术界极为常见，其中具有代表性的学者有迈克尔·D.拉姆齐（Michael D.Ramsey），他的文章“Textualism and War Powers”便是从 18 世纪的“宣战”概念入手，探讨美国宪法文本中的宣战权力，认为根据宪法中的宣战条款，美国国会和美国总统都有实质上的战争相关的权力。而威廉·迈克尔·蒂亚诺（William Michael Tieanor）则提出了为什么美国国家的创建者们想要让美国国会拥有发动对别国战争的权力这一问题，通过研究美国的宪法结构以及语言的使用，以及早期建国者们的实践，得出结论，即美国的早期建国者之所以将发动战争的权力赋予国会是因为他们坚信，总统会为了个人的荣誉而进行战争。

争、霸权转移和技术变革等外生冲击导致规范消亡；① (2) 政策制定者与规范之间的关系就像"规范修正主义者"采用"主动合法化战略"，即政策的指定者对于规范的修正导致了规范的消亡；② (3) 有学者认为，相较于模糊的规范，规范越精确便越脆弱，并且容易快速衰亡。③这三个机制都认为，伴随着旧规范衰亡同时会出现竞争性的或者替代性的规范。那么，我们是否可以这样认为，这三种关于规范消亡的因果机制其实也是规范形成的因果机制：外生性冲击，如战争、霸权转移和技术变革可能导致新的规范的产生；政策制定者通过对政策进行修正可能产生新的规范；以及一种规范的形成与推广在某种程度上有赖于规范的设计。

法扎尔还深入探讨了1950年后国家间战争不再宣战的问题，认为正是因为战争法的激增才导致国家遵守宣战规范的成本增加，所以国家不再进行宣战。④在整个战争史的发展历程中，科技的作用也是不容忽视的。科技的发展、交通的便利使奇袭变得更为容易也更为有利可图，这样一来，不宣而战便较科技不够发达的世纪来得更多。⑤

布赖恩·哈利特在其另外一部著作《宣战艺术的失落》(*The Lost Art of a Declaring War*) 中，认为宣战规范之所以消亡有历史原因也有观念原因，其中观念原因是对于"战争"这一概念更加模糊暧昧的界定导致宣战不再被接受。而历史原因便是将以前作为战争复杂仪式的宣战彻底简单化，这种形式上的简单化意味着宣战已经失去了它所有的政治和外交功能，功能上的丧失使其不再具有存在下去的意义。⑥

---

① Vsevolod Gunitskiy, "Do Old Habits Die Hard? Hegemonic Transitions and Norm Death in Global Politics," paper presented at the annual meeting of the American Political Science Association, Seattle, September 1—4, 2011; Wayne Sandholtz and Kendall W. Stiles, *International Norms and Cycles of Change*, Oxford; New York: Oxford University Press, 2009.

② Ian Hurd, "Breaking and Making Norms: American Revisionism and Crises of Legitimacy," *International Politics*, Vol.44, No.2, 2007; Ryder McKeown, "Norm Regress: US Revisionism and the Slow Death of the Torture Norm," *International Relations*, Vol.23, No.1, 2009.

③ Diana Panke and Ulrich Petersohn, "Why International Norms Disappear Sometimes," *European Journal of International Relations*, Vol.18, No.4, 2012, p.5.

④ Tanisha M.Fazal, *Why States No Longer Declare War*, p.558.

⑤ John Frederick Maurice, *Hostilities Without Declaration of War: From 1700—1870*, p.8.

⑥ Brien Hallett, *The Lost Art of a Declaring War*, p.62.

三、国家为何宣战

综合有关国家宣战的既有解释，发现其共有缺陷在于未能充分关注国际体系结构与宣战规范之间的相关性。因为宣战具有的军事功能和道德功能，所以国家会选择宣战，但是历史上不宣而战的战争也不少。单纯从宣战的功能上并不能解释国家为何宣战。因为宣战规范对国家行为所具有的建构作用和管制作用，国家会学习规范，受规范教化，所以国家会选择宣战。我们在考察历史上战争案例时发现，同样接受宣战规范教化的欧洲国家在对彼此发动战争时普遍宣战，但是在对地区外其他国家发动战争时宣战的比例却大为下降了。同样存在宣战规范的欧洲外地区国家间发生战争时宣战的比例也较欧洲国家间宣战的比例更低。为什么在欧洲地区宣战规范更为普遍的得到了遵守呢？这需要考察体系结构与国家宣战之间的关系。

在1820年至1914年第一次世界大战爆发前这一时期，欧洲地区处于一种多极均势体系结构之下，这种多极均势体系结构有两个核心要素，即大国干涉原则与联盟的暂时性。大国干涉原则是指国家有权介入他国内部事务或者一国与其他国家之间的事务，这便要求一国在发动对他国的战争时需要有正当、合法的理由，如果国家在发动战争时不宣而战，发动战争的一方不可避免地要背上“侵略者”的恶名，这必然招致其他相关利益国进行干涉，战争发起国赢得战争的可能性便会大大降低。

在多极均势体系之下，由于多个力量中心大致保持着实力的均衡，为了维护这种均衡状态的稳定，国与国之间并不存在天然的联盟障碍，国家可根据形势的变动以及本国国家利益与他国结盟或者背叛盟友，所以这一时期的联盟是不稳定的，是灵活变动的。一国在做战前准备的时候，会与利益相关国家签订中立条约以防止他国进行干涉而导致本国战争红利的减少；或者，会与利益相关国结成军事同盟来引入干涉，以增加己方军事实力，赢得战争的最终胜利。如果国家在发动战争时未进行宣战，与盟国签订的中立条约或军事同盟条约便无法启动，这会导致两种严重后果。第一种便是中立国不必严守中立，它很可能会进行干涉，国家取得战争胜利的可能性和战争红利将大大降低。第二种后果对于在战争之中处于较弱一方而言尤为致命，无法启动军事同盟意味着盟国不能为其提供军事上的支援，国家将陷于孤军奋战的困境之中，取得战争胜利的可能性便变得极为渺茫。

由此我们可以看到，在这一时期，国家进行不宣而战的代价是高昂的，不宣而战将大大降低国家取得战争胜利的可能性，所以这一时期欧洲国家更倾向于普遍宣战。

（一）欧洲多极均势体系

"均势"（balance of power）是一个含糊不清、模棱两可的术语。①厄恩斯特·哈斯列举了这个词的几种截然不同的含义，例如权力分配状态、均衡或制衡过程、大国协调下的稳定与和平、权力政治的总和、一种历史的普遍规律、一种体系、政策制定者的指南。②小伊尼斯·克劳德（Inis L. Claude Jr.）批评说，"均势的拥护者很少费心去界定他们的关键术语。他们常常无法区分作为均衡状态的均势，以及作为一种有关竞争性权力分配的国家体系的均势。"③但是，如果我们考虑的是均衡而不是优势，这些概念并不一定互相矛盾。④

本文所探讨的均势是一种结构均势，⑤即将均势界定为一种体系，均势是指

① 较为全面探讨均势的，参见 Inis L. Claude Jr., *Power and International Relations*, New York: Random House, 1962; Edward V.Gulick, *Europe's Classical Balance of Power*, Ithaca, NY: Cornell University Press, 1955; Alfred Vagts, "The Balance of Power: Growth of an Idea," *World Politics*, Vol.1, No.1, 1948, pp.82—101; 以及 Paul Seabury, ed., *Balance of Power*, San Francisco: Chandler, 1965。

② Ernst B. Haas, "The Balance of Power: Prescription, Concept, or Propaganda," *World Politics*, Vol.5, No.4, 1953, pp.442—477.

③ Inis L. Claude Jr., "The Balance of Power Revisited," *Review of International Studies*, Vol.15, No.2, Special Issue on the Balance of Power, 1989, p.77.

④ ［美］詹姆斯·多尔蒂、小罗伯特·普法尔茨格拉夫著：《争论中的国际关系理论》，阎学通等译，北京：世界知识出版社2013年版，第44页。

⑤ 均势理论所探讨的均势大致可以分为联盟均势、结构均势和威胁均势。关于联盟均势的研究，参见［英］马丁·怀特著：《权力政治》，宋爱群译，北京：世界知识出版社2004年版；［美］莫顿·A.卡普兰：《国际政治的系统和过程》，薄智跃译，上海：上海人民出版社2007年版，第57—72页；［英］阿诺德·汤因比：《历史研究》，郭小凌、王皖强译，上海：上海人民出版社2010年版，第301—302页；关于结构均势的讨论，参见［美］汉斯·摩根索：《国家间政治》，徐昕等译，北京：北京大学出版社2006年版，第205—215页；［美］肯尼思·华尔兹：《国际政治理论》，信强译，上海：上海人民出版社2008年版。关于威胁均势的研究，参见［美］斯蒂芬·沃尔特：《联盟的起源》，周丕启译，北京：北京大学出版社2007年版，第17—18页。

在一个多国的社会里，所有的主要行为体通过制衡过程保持它们各自的身份、统一和独立。①均势体系的关键任务便是维持或者恢复一种近似均衡的状态。②由于国与国之间力量的消长是不断变化的，它表现为“无休止的力量变化与重组，以及天平没完没了地上下摆动”。③

罗伯特·杰维斯认为，在均势体系之下，存在着大量的限制因素：没有国家占据统治地位，战争并非总体性的战争，无条件投降很少出现，战败国的领土并没有在战胜国之间分割，战败国通常很快又被纳入体系中。这些限制产生于单个国家相互冲突的自我利益，它们会采取联合行动以阻止任何国家居于主导地位；但是因为今天的敌人可能会成为明天的盟友，或者今天的盟友可能会成为明天的敌人，所以对战败国过于严厉的处罚将毫无意义。④

现代史学家所称的欧洲均势体系出现于 17 世纪。欧洲大国常常将均势作为处理它们之间政治关系的一种手段。最初，均势很少是来自刻意的安排，反而常常是为了阻止某一国扩张的野心而形成的结果。从某种意义上来讲，19 世纪的均势有别于 17、18 世纪的均势。1815 年后的欧洲均势，无论是哪种均势体系，都是某些大国为了限制某一个或者某几个大国而进行的刻意安排。“维也纳体系造成此种独特的国际态势的部分原因是，其均势建构得极佳，要集结足以推翻它的庞大势力极其困难。”⑤

在近现代国际关系史中，欧洲均势一般是指 1815 年至 1914 年欧洲大国的政治关系，即各大国或大国集团力量对比的相对均衡状态，以及一种相互牵制

① ［美］詹姆斯·多尔蒂、小罗伯特·普法尔茨格拉夫：《争论中的国际关系理论》，第 44 页。

② Inis L. Claude Jr.，“The Balance of Power Revisited，” p.79.

③ ［英］马丁·怀特著：《权力政治》，第 121 页。

④ ［美］肯尼斯·奥耶编：《无政府状态下的合作》，田野、辛平译，上海：上海人民出版社 2010 年版，第 60 页。

⑤ ［美］亨利·基辛格著：《大外交》，顾淑鑫、林添贵译，海口：海南出版社 2009 年版，第 70 页。关于维也纳体系以及欧洲协调的研究，参见［美］亨利·基辛格著：《重建的世界：梅特涅、卡斯尔雷与和平问题》，冯洁音等译，上海：上海译文出版社 2015 年版；Enno Kraehe，*The Congress of Vienna：1814—1815*，Princeton：Princeton University Pres，1983；W.A.Philips，*The Confederation of Europe：A Study of the European Alliance，1813—1823，as an Experiment in the International Organization of Peace*，New York：Longmans，Green，and Company，1920；H.G.Schenk，*The Aftermath of the Napoleonic Wars：The Concert of Europe：An Experiment*，New York：Oxford University Press，1947。

和维持现存局面的政治结构。①在这百年当中，欧洲整体上处于一种均势状态，但是随着均势内部国家间力量的变化，均势结构呈现三种不同的状态：维也纳会议后至 1870 年普法战争结束，这一时期欧洲的均势是英、法、俄、普、奥五国多极均势；1870 年至 1907 年德皇威廉三世彻底抛弃俾斯麦的政策，这一时期的欧洲均势是以德国在大陆上处于优势地位而构成的均势，第一个阶段表现为英国、法国和德国及其盟国各为一极的三极均势，第二阶段由于德国放弃联合俄国的政策，俄法接近，形成了俄法、英国和德国及其盟国的三极均势；1907 年至第一次世界大战，德国试图与英国结盟失败，德国积极在海外的扩张殖民度使英德矛盾加剧，不稳定的三极均势逐渐过渡为同盟国和协约国的两极同盟均势。

19 世纪，均势的出现是因为每个独立的欧洲国家都拥有相对平等的权力，都害怕它们中间出现一个支配性国家（霸权）。因此，它们组成联盟以制衡任何潜在的更强有力的集团，从而创造了均势。在欧洲大陆称霸这方面，英国没有这个野心，法国曾经尝试过而且一直在尝试，但从未成功，俄国的壮大以及野心被英国和法国在其状态最为巅峰之时扼杀了，而德国，为了它想要称霸欧洲的企图发动了两次世界大战。这些都是均势的结果，均势的目的是为了营造和平，限制战争。均势并不必然意味着和平与稳定，为了维持系统内国家的独立，有时候不得不诉诸战争。②所以恰恰是均势，在其力量相对集中或者出现失衡之时，战争便成为了一种或迟或早都会发生的不可避免的状况。

本文对于均势有以下几个假定：（1）几个国家行为体的权力相对平等，行为体的最小数目是两个。③（2）国家为了维持秩序内的平衡或者改变秩序会对他

① 崇德、存浩：《简析 1815—1914 年欧洲国际关系中的均势》，载《历史教学》1986 年第 7 期，第 22 页。

② Inis L. Claude Jr.，“The Balance of Power Revisited，” p.78.

③ 莫顿·卡普兰认为，在均势系统中，基本行为体的数目至少应当是五个或者应当更多一些，参见［美］莫顿·A.卡普兰著：《国际政治的系统和过程》，第 57—58 页。阿瑟·李·伯恩斯则认为，最稳定均势安排应该由五个或五个以上奇数个大国组成的，而其中最佳则是由五个实力基本相等的国家集团组成的世界，每个集团中包换若干个有互换可能的成员国，参见 Arthur Lee Burns，“From Balance to Deterrence：A Theoretical Analysis，” *World Politics*，Vol.9，No.4，pp.505，508.哈里森·瓦格纳后来认为，从二到五的任意几个行为体都能形成一个稳定的体系，但是最稳定的是三个行为体的体系，参见 R.Harrison Wagner，“The Theory of Games and the Balance of Power，” *World Politics*，Vol.38，No.4，1986，p.575。

国进行军事干涉。（3）国家能够在短期利益的基础上相互结盟，并不存在许多强大的“联盟障碍”。①根据体系内国家力量的变动进行灵活结盟，在不同时期与不同国家结盟限制威胁国或潜在霸权国。（4）战争是主权国家的应有权利，为了更好地实现国家的利益，战争手段是可取的，也是合法的。在均势下，所有国家都适合成为潜在的联盟伙伴，没有一个国家被看作比其他国家更为邪恶。这样一来，干涉原则与联盟的暂时性便成为多极均势体系之下的两个核心要素。

（二）干涉原则

干涉原则并不是多极均势体系所独有的，多极均势体系下的干涉与1945年之后的干涉无论从形式还是目的上都有重大差别，不同均势体系下的干涉由于其目的与干涉国的利益不同也会出现差别。②

维也纳会议后，均势及正统观之间的关系表现在两份文件中：神圣同盟（the Holy Alliance），由被称为“东方三强”的普鲁士、奥地利、俄国三国组成；四国同盟（the Quadruple Alliance），由英国、普鲁士、奥地利及俄国组成。③1915年9月14—26日签订的《神圣同盟条约》条文规定：“缔约三国君主应以真正的、牢不可破的兄弟情谊联系，互视为同胞，无论何时、何地，应相互给予支援、帮助和救护”，“一切国家如愿意庄严地接受本文件所阐明的神圣原则……均可加入这个神圣同盟”。④除梵蒂冈和土耳其外，欧洲所有国家都在盟约上签字并加入了这一同盟。虽然英国外相卡斯尔雷称神圣同盟为“满纸冠冕堂皇莫测高深之荒唐事”，⑤但是英国仍然表示完全赞同神圣同盟的基本原则。神圣同盟以缔约国有责任维持欧洲内部现状为各国的宗教义务，这是近代史上，欧洲列强首次赋予本身一个共同的使命——干涉他国内政，同时，还在各列强的互动关系中加入道德的限制。⑥

---

① ［美］肯尼斯·奥耶编：《无政府状态下的合作》，田野、辛平译，上海：上海人民出版社2010年版，第61页。

② 参见［美］玛丽莎·芬尼莫尔著：《干涉的目的：武力使用信念的变化》，袁正清、李欣译，上海：上海人民出版社2009年版，第10页；［英］马丁·怀特著：《权力政治》，第132页。

③ ［美］亨利·基辛格著：《大外交》，第74页。

④ 《国际条约集（1648—1871）》，北京：世界知识出版社1987年版，第331—332页。

⑤ ［美］亨利·基辛格著：《大外交》，第75页。

⑥ 同上书，第74—75页。

1820 年在西班牙和那不勒斯爆发的革命令奥地利对本国在意大利的统治深表担忧，根据梅特涅的建议，1820 年 11 月 19 日，俄、奥、普三国签订了《特洛波议定书》，确定了神圣同盟的“干涉”原则：“凡由于革命而更换政府的国家，都威胁着其他国家，因而它们不再是欧洲同盟的成员国，并且在这些国家的国内形势还不能保证安定和法制以前，不能接纳它们加入同盟。如果由于上述变化而对其他国家发生直接威胁时，缔约国将联合起来，以便采取和平方式，必要时以武力使该滋乱国重新回到伟大的同盟中来”。①次年召开的莱巴赫会议则签订了一份更为详细的宣言来阐释干涉原则。在 19 世纪的多极均势体系之下，神圣同盟赋予了大国干涉原则以道义和法律上的责任，维护国际秩序和安全以及维护“正统”成为当时欧洲大国干涉的通用法则。

这些条约自然遭到了英国的反对，卡斯尔雷坚持英国“身为四国同盟之一员，不会承担维持一支欧洲警察的道德责任”。②但是应该首先明白的一点是，英国并不是反对干涉原则，而是反对其他列强所定义的干涉原则。英国认为“外国对其内部宪法及政府形式有意做何种改革，应被视为英格兰无由以武力干预之事。但一国企图夺取侵吞属地国之领土则另当别论。因此类企图将扰乱既有均势，改变各国相对实力，而可能为其他强国制造危险；因而此类企图，英国政府享有予以制裁之充分自由”③。

欧洲列强并不是反对干涉原则，其最为关心的问题是干涉将如何影响它们自身的利益，干涉或不干涉是根据自身利益的攸关程度来决定的。英国和奥地利反对俄国和法国出兵干涉西班牙国内起义，是因为害怕俄国在得到国际批准后派其军队横跨欧洲，同时害怕法国恢复其在伊比利亚半岛上的影响力。但是，在那不勒斯爆发革命时，奥地利因为自身利益需求主张干涉，英国因为想要扶持奥地利并保持奥地利的强大以制衡法国和俄国，转而支持奥地利干涉那不勒斯。

大国干涉原则的正当化和合法化赋予了欧洲大国干涉本国外事务的权力，

---

① ［苏］伊·莫·马依斯基：《西班牙史纲（1808—1917 年）》，北京：三联书店 1972 年版，第 251 页。另见［美］诺曼·里奇：《大国外交：从拿破仑战争到第一次世界大战》，吴征宇、范菊华译，第 33—34 页。

② ［美］亨利·基辛格著：《大外交》，第 82 页。

③ 同上书，第 86 页。

大国可根据国际形势与本国利益的需求干涉他国事务。这种大国干涉原则的合法存在使国家在发动战争时需要具备正当、合法的理由，即一国对另一国进行战争时应该进行公开宣战，否则发动战争的一方将成为侵略者，侵略行为必然招致利益相关国进行干涉来阻止战争野心。大国的干涉方式通常分为以下三种：外交干涉、经济制裁以及军事干涉。外交干涉通常是利用国际舆论的压力迫使发动战争一方接受停战或执行相关的停战协定，外交孤立是外交干涉的重要手段。如果一国对另一国不宣而战，战争的发动国便会被视为"侵略者"，这无形当中会使国家在国际上面临巨大的舆论压力。另外，一些大国可能会认为赢得战争的一方很可能会改变地区均势，为了维持秩序，它们会通过外交协调干涉战争局势。

针对未经宣战就发动的战争另一种重要的干涉方式是对侵略国进行经济制裁。经济制裁会加重发动战争一方国家经济的困难，甚至可能会导致国家的经济陷入停滞困难的状态。经济发展的困难会削弱国家对于战争的经济储备，国家税收和战争资源的供给能力将大大下降，这便会降低国家赢得战争的可能性。在某些情况下，大国很可能通过直接的军事干涉来惩罚侵略者，这种直接的军事干涉会导致发动战争一方面临强大的额外的军事压力，国家预计通过战争获得的红利将化为乌有，同时，国家还将面临战争失败的命运。

综上所述，本文认为，欧洲多极均势体系结构的核心要素——大国干涉原则使国家不宣而战而取得战争胜利的可能性大大降低，从而导致这一时期的欧洲国家在发动对彼此的战争时倾向于普遍宣战。

（三）联盟

多极均势体系的另外一个特征表现在联盟的非稳定性与暂时性上。①均势秩序并不是稳衡不变的，它会根据体系内部国家实力在不同阶段的消长而出现波动或者呈现暂时的混乱局面，以等待下一次的平衡局面的形成。即便是在多极

① 关于联盟的论述，参见 George Modelski, "The Study of Alliance: A Review," *Journal of Conflict Resolution*, Vol.7, No.4, 1963, p.773. Julian Friedman, "Alliance in International Politics," in Julian R. Friedman eds., *Alliance in International Politics*, Boston, 1970. Hans J.Morgenthau, "Alliance in Theory and Practice," in Arnold Wolfers, ed., *Alliance Policy in the Cold War*, Baltimore, Md., 1959, p.175；［美］斯蒂芬·沃尔特著：《联盟的起源》，周丕启译，北京：北京大学出版社 2007 年版。

中的几个大国不变的情况下，它们本身也会在不同发展阶段出现实力的变动。比如在维也纳体系形成初期，俄国无疑是欧洲大陆上最为强大的国家，但是俄国的不断扩张和实力的持续增长引起英法的不安，经过克里米亚战争，无论是从实力还是从野心，俄国都被削弱了。德意志的统一使原本的普鲁士从维也纳会议后五强中的最弱者上升到欧洲大陆最有可能称霸的潜在霸权者的位置。这种变动必然意味着原有均势体系的解体，大国实力的重新分配导致新的体系出现。

历史上权力均衡最重要的表现，并不是两个单个国家之间的平衡，而是一个国家或一个联盟与另一个联盟之间的关系。在多国体系内，联盟必然具有平衡权力的功能。[①]乔治・利斯卡（George Liska）认为，“联盟只不过是建立在利益或胁迫基础上的正式联合”[②]。联盟一定是以利益的一致为基础的，典型的联盟总是建立在时常变动的、歧见纷呈的利益和目标的基础之上。一个国家可能与不同的国家订立许多联盟，这些联盟在具体问题上可能部分重合，甚至彼此矛盾。[③]

“天然敌人”和“天然联盟”的概念更是为多极均势下的联盟的灵活性和变动性提供了充分的认知和理论依据。国家之间存在着看来比正式联盟关系更深的联合，它基于利益，同样也基于亲近关系和传统，与其说是一种实用的关系，不如说是一种天然联系。反过来说，它们之间也有看似天然敌意的彼此厌恶和由来已久的冲突。[④]韦尔热纳曾经说：“身处当时境况的普鲁士王国是奥地利王室名副其实的天然敌人。”在这个问题上，他点明了一条真理：使普鲁士成为奥地利敌人的不是天性，而是形势。与天性不同，形势是不断变化的。那么，天然盟友即短暂均势式的盟友。[⑤]

由于在多极均势体系之下，欧洲国家之间不存在结盟的障碍，国家可根据形势的变化与他国结盟或背叛盟友。在国家进行战争准备的阶段，为了增加本

---

① ［美］汉斯・摩根索著：《国家间政治》，徐昕等译，北京：北京大学出版社 2006 年版，第 219 页。

② George Liska，*Nations in Alliance*：*The Limits of Interdependence*，Baltimore：The Johns Hopkins Press，1968，p.3.

③ ［美］汉斯・摩根索著：《国家间政治》，第 223 页。

④ ［英］马丁・怀特著：《权力政治》，第 80 页。

⑤ 同上书，第 81 页。

国取得战争胜利的筹码，一国会与其他相关利益国家签订中立条约或者军事同盟条约。①如果这个国家未经宣战便发动了对另一国的战争，那么，它之前与其他相关利益国签订的中立条约或军事同盟条约便无法启动。这便会导致两种严重后果：第一种便是原本的中立条约失去了法律效力，这些国家很可能不去保持中立，这增加了外部干涉的危险，取得战争胜利的可能性便降低了。另一个严重后果源于军事同盟条约的无法启动，一国未经宣战便发动对他国的战争，使盟国缺乏正当合法的借口介入战争。②尤其是对于在战争中处于较弱的一方来说，无法启动军事同盟便意味着盟国不能为其提供军事上的支援，国家很可能将面临独自对敌方作战，要想取得这场战争的胜利，希望是极为渺茫的。

综上所述，欧洲多极均势体系结构中的另一个核心要素——联盟的暂时性——导致国家不宣而战的成本极高，这在很大程度上降低了国家取得战争胜利的可能性。因此，作为一个理性的行为体，这一时期的欧洲国家在发动战争时普遍宣战。

四、案例研究

本文运用历史案例研究的方法对核心假设进行实证检验，选择的四个案例为：1828年俄土战争（案例1）、1859年意大利统一战争（案例2）、1863年丹麦战争（案例3）、石勒苏益格—荷尔斯泰因革命（案例4）。案例1检验干涉原

① 费德认为是否签订盟约并不重要，因为联盟就是“一组国家在不确定的时间（in X time）采取的相互促进军事安全的行为”；沃尔特认为“联盟是两个或两个以上主权国家出于安全合作而形成的正式与非正式安排”。首先，存在非正式联盟关系的国家彼此肯定会明确这样一种国家间关系。其次，除了少数秘密的结盟关系之外，大多数非正式的联盟关系是可以通过口头声明、实际援助等具体行动被其他国家和观察者所认知的。最后，如果某种非正式的联盟关系是不能被明确观察到的，那么就不具备研究的可操作性，而它平时所产生的实际政策意义也是有限的。参见［美］斯蒂芬·沃尔特著：《联盟的起源》，第12页；Roger V.Dingman，“Theories of，and Approaches to，Alliance Politics，” in Paul Gordon Lauren (ed.)，*Diplomacy：New Approaches in History，Theory，and Policy*，New York：The Free Press，1979。根据他们对于联盟的界定，本文中提及的一国与其他国家结盟时，除了签订条约，还包括一些非正式的口头承诺等，比如一国对另一国保证其对某一国发动战争时己方保持中立的承诺。

② 也有学者从理性决策的视角来研究国家决策者在战争中选择站在哪一边，见 Michael F. Altfeld and Bruce Bueno de Mesquita，“Choosing Sides in Wars，” *International Studies Quarterly*，Vol.23，No.1，1979，pp.87—112。

则与国家宣战之间的关系，案例 2 检验联盟与国家宣战之间的关系，案例 3 在案例 1 和案例 2 的基础上进一步检验在一场战争中干涉原则和联盟同时与国家宣战之间的关系。案例 1、案例 2 和案例 3 作为正面案例对假设进行检验，而案例 4 则是反面案例，通过一场不宣而战的战争从反面验证在多极均势体系之下，干涉原则和联盟的暂时性使不宣而战成本高昂，国家普遍宣战的假设。

（一）1828 年俄土战争

强国发动对弱国的战争时，不宣而战的收益较之势均力敌或者弱国对强国不宣而战的收益要小很多。原本就占据绝对的军事优势地位，奇袭所获得的战争收益在整个的战争收益中的占比相对较小。可是，如果大国没有进行宣战便发动了对弱国的战争，这一行为的成本则会较之弱国对大国或者势均力敌的国家之间不宣而战的成本要大上很多。在多极均势之下，大国之间的力量均衡就好像是旋转木马，但是一旦一国发生异动，任何举动都会被解释为是为了改变现状、威胁现有均势秩序的行为。①这样的话，其他列强必然会进行干涉，发动战争的强国要么作出妥协，割舍战争预期收益，要么被其他大国联合打败。为了避免这种发生，强国在对弱国发生战争之时会更倾向于借助法理和道义上的正当性进行首先宣战，进而防止其他国家进行干涉。

1921 年爆发的希腊反对奥斯曼帝国统治的革命，由于在这一地区所有欧洲列强（除普鲁士外）都有着极为重要的政治、经济利益，外国进行干涉的风险是极大的。②但是任何列强的干涉都会引起其他列强的不安，一国在这一地区影响力和控制力的增强会导致其他列强利益受损，于是，一开始英国和奥地利是反对在这一地区进行干涉的。但是之后随着形势的发展，为了反对俄国对这一地区进行单独干涉，英国主动提出与俄国进行联合干涉的主张。鉴于英国对俄国的支持，土耳其不得不屈服，并于 1826 年 10 月 7 日与俄国签订了《阿克

① 参见［美］汉斯・摩根索：《国家间政治》，第 211 页；Inis L. Claude Jr.，“The Balance of Power Revisited,” p.78。有一种古典理论认为，当均势处于崩溃边缘时，就会出现一个公正和警觉的均势维持者，它拥有强大的力量，足以恢复平衡。历史上，英国在欧洲国家体系中就扮演过这一角色。参见［美］詹姆斯・多尔蒂、小罗伯特・普法尔茨格拉夫著：《争论中的国际关系理论》，第 45 页。

② Meredith Reid Sarkees and Frank Whelon Wayman，*Resort to War*：*1816—2007*，Washington，DC：CQ Press 2010，p.79.

曼公约》。①

为了使土耳其人相信它们的决心和目标的一致性，1827 年 7 月 6 日，英国、法国和俄国在伦敦缔结条约，10 月 20 日，三国舰队集聚那瓦里诺港，并全歼了土耳其-埃及的联合舰队。②土耳其人非但没有被那瓦里诺港大国的军事行动所吓倒屈服，反而被其激怒，于 11 月废除了与俄国签署的《阿克曼公约》。俄国以奥斯曼土耳其撕毁《阿克曼条约》违反国际法作为其宣战理由，在 1828 年 4 月 26 日对土宣战。土耳其人废除英国、法国和俄国集体干涉希腊问题时签订的《阿克曼公约》，这一行动给了俄国一个能在与法国和英国保持一致的同时针对奥斯曼帝国采取军事行动的借口，③同时，这一行动还消除了英国和法国进行干涉的借口。

1828 年的俄土战争是一场经过正式宣战的战争，④俄国对土耳其进行宣战的理由是土耳其违反了国际法。这一发动战争的正当理由使英国、法国等国对俄土战争的干涉变得极其困难，虽然英国和法国在土耳其地区存在重大的利益关切。比如英国，在拿破仑战争后，英国在相当长的一段时间内视俄国为欧洲大陆均势的最大威胁，这种观点来自英国对俄国实力强大的一种恐惧。它担心俄国对奥斯曼帝国的控制会破坏欧洲均势，担心俄国控制奥斯曼帝国后会对自己通往印度的陆上交通、在近东的贸易以及在地中海的海上力量造成威胁。⑤但是，因为俄国对土耳其进行宣战的正当性，其他利益相关国无法对这一战争进行干涉。

最终，俄国取得战争的胜利，1829 年 9 月 14 日，俄国与土耳其签订《亚德里亚堡条约》。条约再次确认《阿克曼公约》的相关条款，给予俄国对塞尔维亚

---

① 关于东方问题以及奥斯曼帝国与欧洲国家关系的研究，参见 M.S.Anderson，*The Eastern Question，1774—1923：A Study in international Relations*，New York：St. Martin's Press：1966；J. C. Hurewitz，"Ottoman Diplomacy and the European State System，" *Middle East Journal*，Vol.15，No.2，1961，pp.141—152。

② 参见 John Frederick Maurice，*Hostilities Without Declaration of War：From 1700—1870*，p.49；Meredith Reid Sarkees and Frank Whelon Wayman，*Resort to War：1816—2007*，p.79。

③ ［美］诸曼·里奇著：《大国外交：从拿破仑战争到第一次世界大战》，第 46 页。

④ John Frederick Maurice，*Hostilities Without Declaration of War：From 1700—1870*，p.49；Meredith Reid Sarkees and Frank Whelon Wayman，*Resort to War：1816—2007*，p.79.

⑤ Godfrey Davies，"The Pattern of British Foreign Policy 1815—1914，" *Huntington Library Quarterly*，Vol.6，No.3，1943，p.369.

和多瑙河两公国事实上的保护权。且条约同时将俄国的边界推进到多瑙河三角洲最南端的航道上，这将使俄国能够控制中欧地区和东南欧地区最重要的交通运输大动脉的入口。[①]俄国在黑海东岸的获益甚至更大。它获得了从库班河到位于巴统正北的整个黑海沿岸的控制权；它在卡尔斯省和阿尔达汗省都获得更好的战略边界；它迫使土耳其承认俄国对埃里温的要求。[②]总之，这个条约意味着俄国在高加索的领土沿奥斯曼帝国东北部边界得到相当大的拓展。可以说，有着正当、合法理由的宣战让俄国从对土耳其的战争中取得极大的战争红利，而防止英法干涉的成功也使俄国免遭与其他大国进行战争的风险。

如果俄国当时对土耳其不宣而战，它是否还能取得战争的胜利呢？这个结果是未知的。可能俄国依然会取得战争的胜利，也可能1853年爆发的克里米亚战争提前来临。但是，不可否认的是，如果俄国当时并未宣战，那么英国、法国或者这两国中的任何一国都存在对战争进行干涉的极大风险。也许在当时的情况下，其他相关利益国不会轻易选择军事干涉，外交上的孤立是难免的，到时，俄国将不得不作出妥协和让步，既得的战争红利会大大减少甚至很可能化为乌有。这种情况下最为典型的案例便是石勒苏益格-荷尔斯泰因革命。

(二) 1859年意大利统一战争

当一国实力在交战双方之间处于劣势地位的时候，为了加大赢取战争的砝码，劣势国首先会与利益相关国进行结盟来对抗处于优势地位的国家。通常情况下，这种联盟关系多呈现为一种军事同盟，即双方约定，当处于劣势地位的国家与他国发生战争或者与特定国家进行战争时，盟国会对其提供军事援助和支持。这便是引入盟国干涉战局以便取得战争胜利。为了引进盟国进行干涉，为盟国军事干涉提供正当合法的借口，处于劣势地位的国家往往会有目的地引诱对手国首先进行宣战，占据道义上的主动权，营造对手进行侵略的既定印象，这样一来，盟国军事介入便顺理成章了。那么在这种情势之下，不宣而战的成本是高昂的。盟国军队无法介入，其他国家也很可能会以此为名进行干涉，除

---

① 《国际条约集（1648—1871）》，第364—366页。

② 参见《国际条约集（1648—1871）》，第367页；［美］诺曼·里奇著：《大国外交：从拿破仑战争到第一次世界大战》，第47页。

战争胜率降低以外，战争的红利还会大幅度削减。

1859 年的意大利统一战争是在双方实力有一定差距时，一方为引入干涉而诱导实力强大的一方首先进行宣战，从而在道义上占据正当地位，启动与相关国家联盟条约，引入盟国军事介入，以保证本国取得战争的胜利。

法国控制着意大利的部分领土，在 1849 年，两国还曾联手进攻罗马共和国。但是，十年后，形势发生了转变，拿破仑三世宣战支持撒丁王国。①1858 年，拿破仑三世通过秘密中间人向加富尔传达了他希望与撒丁王国结盟的愿望。在一次双方的会晤中，拿破仑三世保证如果撒丁王国受到奥地利的攻击，法国将会同撒丁王国一道对奥地利作战。但是，作为附加条件，这场战争需要从外交角度以及在欧洲公众舆论中证明是正当的。②1859 年 1 月 19 日，两国签订了正式的盟约——《普伦比埃协定》，法国将在一场针对奥地利的战争中给予撒丁王国以军事援助，而相应的交换条件便是撒丁王国将萨伏依和尼斯割让给法国。这个协定给撒丁王国带来了与奥地利对抗所需同盟，并且确保他能够得到当时西欧最大军事强国的支持。③

但是，要确保法国对战争的支持，撒丁王国必须在欧洲公众舆论中证明这场战争是一场有着正当理由的战争。为了达到这个目的，加富尔采取了一系列行动刺激奥地利，但是这些计划都最终以失败告终。但是情势于 4 月 23 日那天发生逆转，奥地利派信使将一份最后通牒送至都灵，要求撒丁解除动员并且解散志愿军团。在给出的三天答复期满后，撒丁王国拒绝了通牒，奥地利被迫宣战。④奥地利的宣战启动了法国与撒丁的同盟，1959 年 5 月 3 日，法国声称“奥地利驱使其军队侵入其盟国撒丁王国境内便是对法国宣战”并加入战局。⑤

诱使奥地利主动宣战并引入法国对这场战争的干涉对于取得战争的胜利是至关重要的。撒丁王国并不具备赢得战争的实力，除了因为其与奥地利的军备差距以外，它的准备也并不充足。如果没有法国提供的军事援助和后勤支持，撒丁王国不会取得战争胜利，甚至可以断定，它可能就不会在这样的时间将自

① Meredith Reid Sarkees and Frank Whelon Wayman, *Resort to War*: *1816—2007*, p.86.

② ［美］诺曼 · 里奇著：《大国外交：从拿破仑战争到第一次世界大战》，第 109 页。

③ 同上书，第 110 页。

④ 同上书，第 112 页。

⑤ John Frederick Maurice, *Hostilities Without Declaration of War*: *From 1700—1870*, p.68.

已卷入一场对奥地利的战争了。

(三) 1863 年丹麦战争

1852 年 5 月在伦敦签订的《伦敦条约》明确禁止三公国并入丹麦。1863 年 11 月 18 日，丹麦国王弗雷德里希七世为了建立专制政权，颁布了一部共同的宪法，再次将三公国归入丹麦，因而违反了 1852 年签订的《伦敦条约》。①在这一次，普鲁士利用丹麦违反国际法、自身维护国际法这一更为正当合法的借口，与奥地利结盟联合向丹麦发出最后通牒，要求丹麦在 48 小时内放弃新宪法。丹麦拒绝了这一要求，普鲁士与奥地利联合向丹麦宣战。②

由于普鲁士和奥地利占据了坚定地捍卫国际法的道义立场，所以外部的大国很难找到理由进行干涉。虽然丹麦向其他国家请求支持，但是欧洲诸国并未进行干涉。因为普奥在俄国镇压波兰时并未介入，所以这次俄国投桃报李，保持中立；英国虽然对普奥行动感到不安，但是并不具备强大的陆军力量而无法进行干涉；由于成本高昂，瑞典不会选择单独进行干涉而法国则由于拿破仑三世缺乏决断力而听任普奥决定石勒苏益格和荷尔斯泰因的命运。③最终，普鲁士与奥地利取得了战争的胜利。1864 年 10 月 30 日，在维也纳，战争双方签署了最后和约，要求丹麦国王放弃对石勒苏益格等三公国的所有权利，并将其转让给奥地利皇帝和普鲁士国王。④而深谋远虑的俾斯麦在两年之后又利用石勒苏益格-荷尔斯泰因的问题诱使奥地利对普鲁士宣战，最终将奥地利踢出统一德意志的核心圈外。

这两次因为三公国引发的普鲁士对丹麦的战争因为采取的形式不同，所以结果也不相同。在前一次的战争中，由于普鲁士并未就当时丹麦违反国际法作

---

① Mountague Bernard, "The Schleswig-Holstein Question: Considered in A Lecture Delivered March 9," 1864, pp.53—55.

② [美] 诺曼·里奇著：《大国外交：从拿破仑战争到第一次世界大战》，第 163 页。1863 年丹麦战争又称第二次石勒苏益格—荷尔斯泰因革命，对于这一问题的详细解释，参见 Francis Prange, "Germany versus Denmark: Being A Short Account of the Schleswig-Holstein Question," *Foreign and Commonwealth Office Collection*, 1864; Otto Wenkstern, "Ten Years of the Schleswig-Holstein Question: An Abstract and Commentary," *Foreign and Commonwealth Office Collection*, 1863。

③ [美] 亨利·基辛格著：《大外交》，第 103—104 页。

④ [美] 诺曼·里奇著：《大国外交：从拿破仑战争到第一次世界大战》，第 164 页。

为理由对丹麦正式宣战，而是发动了一场不宣而战的战争，导致其他利益相关国纷纷进行外交干涉，最终战争并未取得实质性的结果。但是，在第二次战争中，由于普鲁士占据了道义上和法理上的正当性，它以丹麦违反国际法为理由对丹麦宣战，最终，战争取得了与前一次不同的结果，第一次战争中未实现的目标终于在这一次战争中实现了。

（四）石勒苏益格—荷尔斯泰因革命

石勒苏益格—荷尔斯泰因爆发的1848年革命属于民族革命类型，①这场革命是一场丹麦民族主义与德意志民族主义的冲突。位于德意志北部的石勒苏益格、荷尔斯泰因和劳恩贝格三公国的王朝君主——丹麦国王颁布了一部新宪法，规定将三公国并入丹麦王国。②但是这一兼并是有违国际公法的，因为根据古老的传统和新近的条约，三公国独立于丹麦，两者之间的唯一联系在于丹麦国王还是石勒苏益格—荷尔斯泰因的大公。③

根据同样的传统和条约，三公国是不可分割的一部分，但是1815年的维也纳会议对于欧洲各国边界的重新划定使这一情况复杂化了。④根据维也纳会议上签订的《最后议定书》规定，日耳曼人占绝大多数的荷尔斯泰因成为德意志邦联的成员，石勒苏益格则因其人口中包括了数量庞大的丹麦人而不被允许加入德意志邦联。⑤当得知了丹麦国王颁布新宪法以后，石勒苏益格和荷尔斯泰因国民议会中的日耳曼代表都拒绝接受新宪法，相反，他们要求为三公国制定一部单独的新宪法并且要求将石勒苏益格也纳入德意志邦联。丹麦政府拒绝了这些要求，三公国中的日耳曼人因此于1848年3月28日发动起义，宣布脱离丹麦王

① 关于石勒苏益格—荷尔斯泰因问题的研究，参见 L.D.Steefel，The Schleswig-Holstein Question，Cambridge，Mass.：Harvard University Press，1932。

② Meredith Reid Sarkees and Frank Whelon Wayman，*Resort to War*：*1816—2007*，p.81.

③ 参见［美］诺曼·里奇著：《大国外交：从拿破仑战争到第一次世界大战》，第79页；Meredith Reid Sarkees and Frank Whelon Wayman，*Resort to War*：*1816—2007*，p.81。

④ 石勒苏益格—荷尔斯泰因问题是欧洲外交中最为复杂的议题之一，因为它不但涉及国际法的解释问题，还涉及几乎不可调和的国家对抗。参见 William J. Orr，Jr.，"British Diplomacy and the German Problem，1848—1850，" *A Quarterly Journal Concerned with British Studies*，Vol.10，No.3，1978，p.213。

⑤ 见《维也纳最后议定书》第34条、第53条规定，《国际条约集（1648—1871）》，第298、204页。

国独立，同时建立一个临时政府并向德意志邦联成员国寻求支持。[①]普鲁士政府不顾英国和俄国的警告，派军队介入，将丹麦军队赶出三公国之后入侵丹麦领土。

在 1848 年石勒苏益格-荷尔斯泰因革命中，首先丹麦王国吞并三公国便是有损多个利益相关国家的利益的[②]；其次，这一吞并行为是不合法的，这便将丹麦置于了被动孤立境地。三公国主动向德意志邦联请求支持为普鲁士军事干涉提供了合理合法的借口。但是之后，普鲁士将战争扩大化了，未经宣战便发动了对丹麦的战争，而且入侵了丹麦的领土。严格意义上来讲，普鲁士是一个侵略者，它在之后的对丹麦作战中并不具有道义和法理上的正当性。再加上欧洲北部的所有国家及另外两个欧洲大国英国和俄国都在这一地区有重大利益，未经宣战便发动战争必然引起其他国家的干涉。

自危机开始，普鲁士就处在英国、俄国和瑞典要求将整个石勒苏益格-荷尔斯泰因问题呈交国际仲裁的强大压力下。面对如此强大的一个联盟施加的外交压力，普鲁士最终妥协并作出让步，将石勒苏益格-荷尔斯泰因问题提交国际仲裁解决。这一未经宣战的战争并未实现普鲁士设想的战争目标，并未给普鲁士带来直接的战争红利，之后的结果便是签订了《伦敦议定书》，将这一问题又恢复到 1848 年以前的状态。

五、结　　论

在拿破仑战争后的整个 19 世纪，以及 20 世纪早期，有近一半的国家间战争都在战前进行过宣战，而其中欧洲国家在发动对彼此的战争时则更为普遍。相反，这一做法在第一次世界大战后却逐渐较少，以至于在 1950 年以后，只有

① 参见 Meredith Reid Sarkees and Frank Whelon Wayman，*Resort to War*：*1816—2007*，p.81；W. Caff，*Schleswig-Holstein*，*1815—1848*：*A Study in National Conflict*，Manchester：Manchester University Press，1963；转引自 William J. Orr，Jr.，“British Diplomacy and the German Problem，1848—1850，” p.213。

② 英国、法国、普鲁士和俄国都是丹麦与石勒苏益格保持现有关系的保证国，参见 Mountague Bernard，“The Schleswig-Holstein Question：Considered in A Lecture Delivered March 9，1864，” *Foreign and Commonwealth Office Collection*，1864。

三场战争战前进行宣战。本论文研究的核心问题是，为什么在拿破仑战争后至1914年第一次世界大战爆发前，欧洲地区国家间进行战争时会更倾向于进行宣战呢？

本文认为欧洲多极均势体系结构的两个核心要素——大国干涉原则、联盟的暂时性与欧洲国家宣战这一行为之间存在着相关性。通过对1820年至1914年第一次世界大战爆发前欧洲国家间战争进行案例对比分析，可以得到这一问题的解释，即如果国家未进行宣战便发动对他国战争，这便赋予大国进行干涉的理由，大国通过外交干涉、经济制裁或者直接的军事干涉降低了国家赢得战争的概率，国家预期的战争红利也会大大减少。另外，在多极均势体系结构之下，国家能够在短期利益的基础上相互结盟，并不存在许多强大的“联盟障碍”，所有国家都适合成为潜在的联盟伙伴。在这种情况下，一国为了增加战争胜利的砝码，会根据形势与他国签订中立或军事同盟条约。如果国家不宣而战，中立和同盟条约便无法启动，取得战争胜利将变得更加困难。因此，在这一时期，国家间发动战争时会普遍选择进行宣战。

通过分析1828年俄土战争、1859年意大利统一战争、1863年丹麦战争、石勒苏益格—荷尔斯泰因革命四个战争案例中战争参与国宣战的原因，本文的假设得到验证。其中1828年俄土战争验证了干涉原则与国家宣战之间存在相关关系，1859年意大利统一战争验证了联盟与国家宣战之间存在相关关系，而1863年丹麦战争则进一步考察了这两个因素在推动国家进行宣战时的作用。如果说前三个案例是验证假设的正面案例，那么石勒苏益格—荷尔斯泰因革命则从反面验证了联盟和大国干涉增加了国家不宣而战的成本。

中美地方交往：双边规范指导下的次国家政府行为体对外关系

张晓羽*

引　言

自国际关系学科创设以来，主权国家一直被认为是国际关系领域的主要行为体，国际关系问题研究的核心也一直聚焦于国与国之间的关系。20世纪末以来，科技革命与信息技术的日新月异，政治多极化、经济全球化和区域一体化成为世界发展潮流，各种各样的非国家行为体、次国家行为体成为了国际关系舞台上的活跃因素。基于此，国际关系的理论与实践层次发生了转换，逐渐"从国际层面向超国家层面、跨国家层面以至次国家层面推进"。①

本文认为，以省州为具体代表的次国家政府行为体在国际体系互动中发挥着重要的推动作用，它不仅有利于重塑国际关系观念层面的相互认知，而且通过规范观念被制度化这一机制演化进程，有利于在国家对外关系决策过程中激发内部力量的活跃因素。本文针对学界将省州交往窄化为城市外交研究的不足，借助国内外国际关系学界在观念、规范领域的理论框架，梳理中美双边规范在国家、次国家层面的史实，结合中美省州交往中的具体案例，重点考察双边规范指导下的次国家政府经贸关系，归纳并总结两国之间地方交往互动在观念、

---

* 张晓羽，北京外国语大学国际关系学院博士生。本文曾在第十一届全国国际关系、国际政治专业博士生学术论坛上宣读，由衷地感谢匿名评审专家给予的修改意见和论坛组委会提供的宝贵参会机会，感谢我的导师、北京外国语大学国际关系学院李英桃教授对本文选题给予的支持与指导，特别致谢王逸舟教授、祁昊天助理教授、许亮助理教授对本文给予的中肯建议，文中疏漏由作者自负。

① 陈志敏著：《次国家政府与对外事务》，北京：长征出版社2001年版，"引言"第1页。

规范层面对国家之间关系产生的影响和效果，进一步深化次国家政府对外关系理论，为今后中外省州外事、城市交往实践提供学理支撑。

一、双边规范指导下的中美互动交往的回顾

（一）中美国家层面的双边关系

中美两国国家层面的双边关系大致可以划分为早期中美关系（1784—1844年）、近代中美关系（1844—1949年）、现当代中美关系（1949年至今）三个主要时期。①早期中美关系肇始于民间的经贸往来，通过比较两国18世纪以来的各自历史和具体国情可以发现，在早期的双边关系中，美国出于国内市场的需要，在双边经贸交往实践中较为主动，而中国则由于晚清政府的封建保守意识及其实行的闭关锁国政策在双边经贸交往中较为被动。但在这一时期的双边关系中，两国是处于相对平等地位的。1844年《望厦条约》的签订标志着中美两国由“早期平等的双边关系开始向近代不平等关系发展”，加之封建保守的晚清政府对现代民族国家观念及主权规范意识的模糊认识，在一定程度上导致了中国在后续的双边关系进程中一再地被迫让渡国家主权和利益，以保全其摇摇欲坠的腐朽统治。②美国独立以前，其作为英国的殖民地，在经济上主要面向英国和欧洲地区出口原材料和初级产品，在政治和文化上由于大批欧洲移民的涌入为其带来了启蒙思想等在当时较为先进的理念，③但也面临经济上长期依赖英国、资本和劳动力缺乏等不利局面，这些因素反而对其日后建国初期亟须摆脱对英贸易束缚、扩大商贸交流、构建独立的工商业体系起到了促进作用。

“从1842年8月至1949年9月，中国同外国签订了一千多个条约，这些条约当中有很多属于不平等条约。”④19世纪后期至20世纪初西方列强进入垄断资本主义阶段，“欧洲列强瓜分世界和重新瓜分世界的争斗是19世纪后期至20世

① 上述划分依据主要参照仇华飞著：《早期中美关系研究》，北京：人民出版社2005年版；许晓冬著：《早期中美贸易关系与政策研究（1784—1894）》，北京：经济科学出版社2015年版；中共中央党史研究室著：《中国共产党历史　第二卷（1949—1978）》，北京：中共党史出版社2011年版；陶文钊等著：《当代中美关系研究（1979—2009）》，北京：中国社会科学出版社2012年版。

② 仇华飞著：《早期中美关系研究》，第49页。

③ 同上书，第53页。

④ 王铁崖主编：《国际法》，北京：法律出版社1995年版，第298页。

纪初国际政治中的重要特点。它不仅深刻地影响了欧洲国际关系，也深刻地影响了世界范围的国际关系格局”。“他们除了加剧自身之间的关税战和贸易战以外”，①加大开拓原材料产地和广阔的市场需求使其加紧了对殖民地的掠夺，掀起了瓜分世界的狂潮，美国后来者居上，不仅与腐朽的晚清政府签订了一系列不平等条约，而且提出了专门针对中国的以所谓要求贸易机会均等为核心的“门户开放”政策，要求“利益均沾”。这一系列罔顾中国利益、严重践踏中国主权的、由美国发起的双多边规范就此开启了中美关系以国际规范为基础的调整与博弈进程。通过梳理中美之间自签订第一个不平等条约《望厦条约》至美国提出“门户开放”政策可以发现，美国在围绕攫取其在中国的通商、外交等特权的同时，所谓“利益均沾”的原则一直贯穿其国际规范实践始终，美国亦试图建立以此为基础的国际秩序。美国通过与中国签订《望厦条约》获得了英国通过鸦片战争在中国攫取的特殊利益，该双边规范对中美双边关系的改变是深刻的，标志着两国由“半个世纪平等的民间商务关系向不平等的外交关系转变”。②中美《天津条约》使美国不费吹灰之力获得了英法通过第二次鸦片战争在中国取得的一切特权，此后美国又通过《通商章程善后条约》《中美续增条约》和《辛丑条约》使得晚清政府丧失关税自主权并为其在华招募华工、开设学校以及传教披上了“合法化”的外衣。在这里需要提及的是，腐朽的晚清政府自1842年与英国签订《南京条约》后，便逐步地失去对进出口税的自主权，③美国则通过《望厦条约》获得了协定关税的权利。“90年代末期的瓜分狂潮正是这种中华民族与帝国主义列强的矛盾以及帝国主义列强之间的矛盾发展激化的结果。原有的东方国际体系被彻底打破了。它是被西方列强的强权和武力打破的。中国被完全被动地纳入了一个不平等的世界政治经济秩序之中。”④

中国共产党自1921年成立以来，始终高举反帝反封建的革命旗帜，在国共合作与斗争的不同阶段，为推动反帝废约目标的实现进行了顽强地斗争。特别是在抗战时期，“中国共产党在敌后战场英勇抗战，不怕牺牲，在整个抗日战场

① 袁明主编：《国际关系史》，北京：北京大学出版社2005年版，第60页。
② 许晓冬著：《早期中美贸易关系与政策研究（1784—1894）》，“前言”第2页。
③ 刘德斌主编：《国际关系史》，北京：高等教育出版社2003年版，第140页。
④ 袁明主编：《国际关系史》，第69页。

上起了中流砥柱的作用，是英、美等国取消与中国签订的不平等条约的重要原因”。[①]此后，国民党政府为实现其在内战中借助外国势力以消灭民主力量的阴险目的，与美国签订了《中美友好通商航海条约》，更是几乎将美国在华的一切特权推向极致，中国完全丧失了关税自主权、沿海及内河的航行权，美国在华可以为所欲为。随着新中国的成立，中国人民在中国共产党的领导下获得了完全的民族独立和国家解放，起临时宪法作用的《中国人民政治协商会议共同纲领》明确规定，“对旧条约要加以审查，分别予以承认、废除、修改或重订”。[②]新中国建立之初“不承认国民党时代的任何外国外交机关和外交人员的合法地位，不承认国民党时代的一切卖国条约的继续存在……立即统制对外贸易，改革海关制度”。[③]20 世纪 60 年代国际力量格局发生了显著变化，美国尼克松政府公开提出了“五大力量中心”的概念并指出美苏和中国是政治上的三极，苏联在这一时期军事力量得到了大幅提升，美国急于从越战脱身，积极调整对华关系成为当时执政的尼克松政府对外关系的重中之重。经过中美双方一系列积极地互动，1972 年 2 月至 1982 年 8 月中美双方先后签订并发表了三个联合公报，由此正式确立在相互平等并互相尊重领土主权、关照彼此核心利益基础上指导双边关系的基本规范原则。

2018 年是中美发表建交公报 40 周年，2019 年是两国建交 40 周年，中美关系作为当今国际社会中最重要的一对双边关系，因为美国特朗普政府上台以来推行的一系列逆全球化举动和涉华错误言行，致使这对关系面临重重困难和挑战。2018 年 3 月美国总统特朗普签署《台湾旅行法》并使其生效，这一行径严重违反中美双方对“一个中国”原则的长期共识和中美双边三个联合公报精神，进一步加剧了台海紧张局势。与之相比较，自 21 世纪以来，中国与日本的关系虽几经波折，但依托两国双边规范为基础建立起来的国家间关系在一定程度上经受住了时间考验，尽管两国在领土争端、日本战后军国主义残余等问题上屡有分歧，但往往在两国关系趋紧时，中日始终遵循四个政治双边规范，并不断

① 中国共产党新闻网：《新中国成立前中国共产党与不平等条约的废止》，http://dangshi.people.com.cn/n/2012/1213/c85037-19881537-3.html，最后访问时间 2018 年 10 月 10 日。

② 王铁崖主编：《国际法》，第 298 页。

③ 毛泽东：《在中国共产党第七届中央委员会第二次全体会议上的报告》，载于《毛泽东选集》第四卷，北京：人民出版社 1960 年版，第 1372 页。

努力推动双边关系向前发展。2018 年亦是中日缔结和平友好条约 40 周年，该条约以法律规范形式将双边关系进行了历史性调整与定位，包括该条约在内的中日四个政治文件奠定了中日关系的政治法律基础，成为稳定双边关系的重要基石。中日一衣带水的近邻关系有力地促进了两国地方交往，双方多年来重视中日之间的地方交往、民间外交，开展了形式多样、内涵丰富的友好交流，为发展双边关系奠定了坚实的民意基础，为从次国家政府对外关系层面调整与改善国家间关系提供了有益借鉴。

（二）中美地方层面的次国家政府关系

作为中美两国地方行政管理等级系统中的一级，省州这一次国家行为体在现实国际政治中，对推动双边外交关系向着正确方向发展，发挥着承上启下的作用。中国省一级权力运行机制充分展现了中国特色社会主义政治制度的优越性和灵活性。除了省级建制外，中国省级地方还设有自治区、直辖市、特别行政区，享有省一级经济管理权限但仍为省辖市的副省级市、计划单列市是中国地方行政建制的一大创举，特别行政区对外交往工作是在中央政府的指导和支持下，开展较为自主、灵活的地方外事工作。中国共产党领导是中国特色社会主义最本质的特征。2012 年以来，中国围绕服务民族复兴、促进人类进步这条主线，努力开创中国特色大国外交新局面。①在中国对外交往中，党和国家高层均设置了专门负责外交外事工作的机构、职务和人员，党和政府高层在开展中央层面外交工作的同时，重视对地方外事工作的宏观调研和指导。在中国省级地方外事工作中，中国共产党省级地方组织的主要官员担负着重要而特殊的角色，他们一方面作为中国执政党在地方行使权力的主要代表并在地方外事工作中发挥着积极作用，另一方面向被交往对象展示了极具中国特色的执政党地方高官的独特魅力。

近年来，在中外地方交往中占据主流的城市交往（即友好城市交流）日益密切，呈现互动形式多样、交流机制完善、相关研究丰富的特点。在这一交往

① 《坚持以新时代中国特色社会主义外交思想为指导　努力开创中国特色大国外交新局面》，《人民日报》2018 年 6 月 24 日，http://paper.people.com.cn/rmrb/html/2018-06/24/nw.D110000renmrb_20180624_2-01.htm，最后访问时间 2019 年 9 月 8 日。

形式中，中国官方与非官方共同探索出了一个以主流民间外交机构为主体，即中国人民对外友好协会、各级地方友协与党和政府地方外事工作部门的相互协作成功实施公共外交、民间外交的新机制。在此机制的基础上，中国人民对外友好协会组织实施了中美省州长论坛、中美友城大会、中英地方领导人会议、中法地方政府合作高层论坛、中印地方合作论坛、中非友好城市暨地方政府合作研讨会、金砖国家友好城市暨地方政府合作论坛、中国丹麦地方政府合作论坛、孟中印缅地方政府合作论坛等系列交流项目。①其中，较为活跃并逐步形成常态化、机制化的是2011年以来已互办五届的中美省州长论坛，该论坛以达成经贸合作意向及其成果为主线，推动两国省州层级的地方政府开展务实合作，增进了两国在次国家政府层面的多元交往，已成为中外地方合作的重要平台。

地方外事工作是中国党和国家对外工作的重要组成部分，对推动对外交往合作、促进地方改革发展具有重要意义。中国省级地方外事工作机制是在中央外事工作委员会集中统一领导下，统筹做好地方外事工作。中央外事工作委员会从全局高度集中调度、合理配置各地资源，有目标、有步骤推进相关工作。2018年6月召开的中央外事工作会议明确提出，对外工作体制机制改革是推进国家治理体系和治理能力现代化的内在要求和重要组成部分。此后，各级党委、政府陆续定期召开专门会议，研究部署地方省、市两级外事工作推进情况。按照中央关于地方党和国家机构改革时间表和路线图的指示要求，各省级地方加强和优化党委议事协调机构，将各省级党委外事工作领导小组改为各省级党委外事工作委员会，其常设办事机构及具体职责一般由各省级地方政府外事部门承担。

以河北省为例，该省地域面积、常住人口分别接近朝鲜半岛面积、人口各项总数，在中国历史上素有“京畿之地”的称号，发挥着“拱卫京师”的作用，曾在近代晚清时期中国对外关系史上扮演过重要角色。新中国成立以来，特别是改革开放以来，河北省经济社会发展迅速，在国家完善和深化全方位外交布局的引领下，积极树立“整体外事”理念，利用奥运外事、京津冀协同发展、雄安新区设立等重大国家战略的优势，实施开放带动战略、出台配套政策，筹

① 上述系列项目的详细情况参见：中国人民对外友好协会官网中的“系列项目”专栏，http://www.cpaffc.org.cn/project/index.html，最后访问时间2019年9月8日。

办2022年冬奥会、冬残奥会，发挥河北雄安新区窗口示范作用，上下一盘棋，运用政治外事、经济外事、文化外事、体育外事等手段，大力开展公共外交、民间外交，集中向世界展示该省对外开放的新形象，不断推动外事理论和实践创新。2018年河北省地区生产总值达3.6万亿元，①深度融入“一带一路”建设，开通至欧洲和中亚5条冀欧国际班列线路，秉持共商共建共享原则，发展了一批友好省州，②先后举办第三次中国-中东欧地方领导人会议和第十届中国-拉美企业家峰会，中美友谊示范农场落户该省，河钢集团塞尔维亚钢厂合作运营良好，已成为塞尔维亚第二大出口企业并成为我国与中东欧合作的标志性工程、国际产能合作的样板。③

美国州政府与中央政府在权力运行中有着较为明显的分工与差异，州政府行政管理自主性较高，在地方立法权上拥有较高的自主性。尽管美国州政府的对外政策、外事交流需要接受中央政府的统一领导，因美国实行联邦制的国体，其各州政府在制定并实施地方对外政策中拥有一定的自主性。由美国特朗普政府发动的对中国输美产品加征关税的行动尽管给中美两国乃至全球自由贸易体系造成极大冲击，但美国部分州政府仍然继续加大与中国有关省市的合作力度。由于美国特朗普政府实施钢铝进口关税政策，造成部分州企业因无法通过获得豁免政策而降低企业运营成本，此前一些于2016年总统大选中曾投票支持特朗普的州对这一做法表示了强烈的不满。④在上述贸易战持续发酵的过程中，中美两国的省州交往虽然受到一定影响，但两国地方政治、投资、经贸、人文交流仍呈现一些新的亮点，比如，美国新能源汽车制造企业特斯拉公司反而加速在中国上海布局其生产线并希望尽快量产。

以美国艾奥瓦州（Iowa）为例，该州素有“美国粮仓”之称，早在1983年

---

① 河北省统计局：《2018年全省GDP初步核算数据》，http://www.hetj.gov.cn/hetj/tjsj/ndsj/101548813276596.html，最后访问时间2019年9月9日。

② 许勤：《2019年河北省政府工作报告》，《河北日报》2019年1月31日，http://hbrb.hebnews.cn/pc/paper/c/201901/31/c120976.html，最后访问时间2019年9月9日。

③ 《习近平会见塞尔维亚总统武契奇》，人民日报2018年9月19日，http://paper.people.com.cn/rmrb/html/2018-09/19/nw.D110000renmrb_20180919_1-01.htm，最后访问时间2019年9月9日。

④ 《“美国优先”政策下的美国输家》，http://baijiahao.baidu.com/s?id=1599148978847325805&wfr=spider&for=pc，最后访问时间2018年7月22日。

就与中国河北省缔结了友好省州关系。由于中国国家领导人曾到访该州并与该州主要人士建立了良好关系的原故，该州在推动中美两国省州交往方面发挥了积极的示范性作用，两省州的互动成为中美地方务实合作的典范。近年来，两省州发挥各自互补优势，在农业项目合作方面结出了一系列丰硕成果，中美友谊示范农场、河北-艾奥瓦友谊蛋鸡场、优质荷斯坦牛胚胎高效生产工艺及良种推广等项目不仅深化了双方的务实合作，而且增进了两省州民众的相互了解和彼此友谊。

结合实践层面的研究发现，中美省州交往的重点领域集中在投资经贸合作，双方在这一领域的交流明显多于政治、人文等其他领域的交流，为什么投资经贸合作是当前次国家政府对外关系的重点？长期以来，在中美双边规范、双边机制的指导下，人文交流对增进国家之间关系起着巨大的推动作用。当前和今后一个时期，中美省州交往的领域和范围将向人文交流倾斜，人文交流力度的加大以及投资经贸合作的持续将在观念、规范、制度和决策层面的影响下产生哪些效应？除此之外，其他方面的交往呈现出哪些新的特点？在国家之间发生非暴力形式冲突的情况下，次国家政府行为体在经贸、政治、人文领域的积极互动能否缓和国家之间的紧张关系？次国家政府行为体互动是否有利于国家之间形成的新的共有知识、是否有助于改善国际政治无政府状态？以上这些问题是本文着重探讨的内容。

通过梳理这一时期中美在国家、地方层面的双边关系史实，以双边规范为基础的两国关系经历了平等的民间商务关系，不平等的经贸政治外交关系，世界反法西斯战争中的相互协作，以及新中国建立、改革开放以来的中美合作与竞争关系等几个主要时期。在上述几个主要时期中，中美经贸关系伴随两国双边关系发展进程始终，特别是两国次国家政府行为体的互动交往对推动国家行为体互动交往发挥了重要作用，并始终受到国家层面、次国家层面双边规范的约束和指导。通过考察早期中美关系中的经贸往来并与当前两国交往实践作比较，可以发现美国作为近现代商业社会的主要发源地之一，为攫取资本、侵占关税主权，在双边关系各个时期与中国发生了激烈的冲突。在两国关系早期和近现代历史进程中，双方不乏以暴力形式解决贸易不平衡的争端。近年来，国际力量格局发生深刻调整，国际秩序朝着更加公正、合理的方向发展，以中国为代表的发展中国家在发展过程中遇到分歧和争议时，坚持以联合国等双多边规范框架下的争端解决机制调整与改善国家间、区域间关系，通过次国家政府层面在经贸、政治、人文等领域广泛接触与积极合作，有效避免了国家层面在双边和多边层面冲突的升级，在一定程度上缓和了国家之间可能出现的紧张关系。

二、关于国际观念、国际规范研究的传统解释

“国际关系研究的对象，根本特点是与现实的国际互动密切相关。”①本文中的次国家政府行为体互动，即省州层面的交往行为也始终依赖于国家行为体互动理论。国际关系中的现实主义者认为，国家利益是分析国际行为体互动的重要参照物，国家及其地方的外交外事行为的实施服从、服务于国家利益的需要，但他们忽视国际道德和国际法在国际互动中的作用。尽管此后新现实主义者在一定程度上接受了除国家利益之外存在国际合作的可能性，承认国际制度与机制在国家对外关系中发挥着一定的作用，但他们仍然坚持在国际关系中以获取相对利益、国家安全优先的原则实施外交外事行为。自由制度主义者认为，在国际无政府状态的条件下，国际制度与机制是解决这一长期困扰国际关系理论与实践创新的现实路径。由次国家政府之间的交往关系衍生出的诸如国际论坛、国际会议、合作协议、结对友好等规范、制度模式，无疑对国际观念、规范、制度与机制理论创新提供了实践范本。在国际政治多极化、全球化与反全球化、区域一体化的背景下，“人们应该打破对外政策与传统现实主义的联系”，不再拘泥于对外交往中“国家中心论”的理论与实践束缚，“而且国家的对外政策也并非只具有外向性”。非国家行为体的互动显然在重新塑造着传统意义上的对外关系，国家“不得不接受来自‘国内’部门的大量平行外交”，国家的对外政策越来越受到国内政治因素的影响。②

国内学界较早地系统探究次国家政府对外关系理论与实践的学者是复旦大学的陈志敏教授。陈志敏把次国家政府的国际行为作为研究的起点，探讨了次国家政府国际行为的动力及其所采取的主要方式、国际议程的主要内容、央地

---

① 李少军著：《国际政治学概论（第四版）》，上海：上海人民出版社 2014 年版，第 24 页。

② 李少军：《放开眼界思考对外政策问题》，载［英］克里斯托弗·希尔：《变化中的对外政策政治》，唐小松、陈寒溪译，上海：上海人民出版社 2007 年版。

关系，总结并展望了次国家政府对外关系理论研究、实践发展及其对中国的指导意义，揭示了次国家政府对外关系理论对深化国际关系理论的重要意义。陈志敏指出，国际社会中的非国家行为体日益发挥积极作用，国际关系的多层化趋势，即国内政治的国际化、国际政治的国内化逐渐显现，难以十分明确地区分国内与国际政治的传统界限。次国家政府作为非国家行为体中的主要代表，既有别于以跨国公司等为代表的非国家行为体，又因其代表国家或根据国家授权在地方层面行使行政权力而作用特殊。因此，关于国际关系中的次国家层面研究聚焦于次国家政府的国际行为研究，这一方面把握了近年来国际问题研究的新变化和新趋势，另一方面弥补了学界对有关研究的不足和缺失。①陈志敏把联邦制国家次国家政府与单一制国家次国家政府进行比较研究，提炼了次国家政府国际行为的基本特征，对建构一项具有次国家层面的对外战略进行了展望。②

陈志敏注意到次国家政府行为体把参与中央政府国际谈判、订立国际协定等方式作为其介入对外事务的渠道，结合研究次国家政府国际行为的主要理论，阐述了次国家政府在参与国际谈判、订立国际协定时所发挥的作用，特别是其对中央政府产生的影响。③陈志敏关于次国家政府对外关系理论与实践研究的背景处于20世纪末全球化与地方化相互交织之际，全球化与地方化的互动关系尽管已经显现，但当时未受到学界足够的关注。进入21世纪以来，特别是头十年，经济全球化与区域经济一体化渐趋主流，尽管2017年美国特朗普政府执政以来对上述趋势造成一定冲击，但全球化与地方化相呼应的大趋势和紧密的互动关系已成为不争的事实，现今次国家政府的国际行为方式及其活动空间也早已远远超出该领域早期研究的视野和范围，这些都亟待学界对该领域呈现的新变化和新特点进行及时地梳理和总结。

朱迪斯·戈尔茨坦（Judith Goldstein）、罗伯特·基欧汉（Robert Keohane）等学者指出了观念对一个国家对外交往产生着重要影响，求证了观念在具体外交实践中如何发挥作用。④美国政治学家莫娜·哈林顿（Mona Harrington）进一

---

① 陈志敏著：《次国家政府与对外事务》，北京：长征出版社2001年版，“引言”第1—12页。

② 同上书，“引言”第4页。

③ 同上书，第13—18页。

④ ［美］朱迪斯·戈尔茨坦、罗伯特·O.基欧汉编：《观念与外交政策》，刘东国、于军译，北京：北京大学出版社2005年版，“译者序”第8页。

步指出了戈尔茨坦、基欧汉等人在对观念与外交政策进行分析时，仅仅认识到了精英们的观念在起作用，忽视了妇女、少数民族、贫困阶层等政治上被边缘化的集团对于外交政策的制定几乎没有发言权的事实。①建构主义的主要代表人物亚历山大·温特（Alexander Wendt）提出，戈尔茨坦、基欧汉等人承认观念能够塑造利益和行为，但剖析观念如何发挥作用的问题，需要设定一个关键的零假设，那就是观念只影响行为，在该假设的前提下将分析的重点放在观念是否真正地作用于利益。②总之，戈尔茨坦、基欧汉等人对观念与外交政策的分析，"弥补了建构主义对于观念作用的论证不足，从而在新自由制度主义与建构主义之间架起了一座桥梁。"③

罗伯特·H.杰克逊（Robert H. Jackson）探讨了20世纪50年代中期到60年代中期，规范性信念在国际体系由欧洲殖民列强拥有大量合法海外附属国到大部分殖民地成为独立国家这一进程中所产生的关键性影响。杰克逊揭示了19世纪的殖民主义不仅是以攫取利益为目的的权力体系，而且是规范观念被制度化后生成的一种机制，具体举例说明了从19世纪40年代起西方列强掀起的瓜分中国的狂潮，均是以与当时的中国政府签订不平等条约的手段使得殖民主义规范观念被具体化、制度化的。④

在国际规范中，主权规范已成为近代以来各国普遍接受并遵循的国际关系基本准则之一，逐渐成为调整国家间关系，特别是双边关系的基石。中国自鸦片战争以来，国势渐衰、军备废弛，国家主权饱受践踏，被迫与西方列强签订了一系列不平等条约，这些双边、多边国际规范无不是通过出让部分中国国家主权和核心利益以求得当时腐朽政权的苟延残喘。新中国成立后，中国共产党坚持独立自主的发展道路和外交方针，不仅将主权规范视为中国国家核心利益，而且创造性地发展并丰富了主权规范的内涵与外延，在和平共处五项原则指导下，大力发展同世界其他国家和地区的双多边关系。袁正清等学者指出，中国在革命、改革、建设过程中，始终坚决捍卫国家主权和核心利益，针对解决台

① ［美］朱迪斯·戈尔茨坦、罗伯特·O.基欧汉编：《观念与外交政策》，刘东国、于军译，北京：北京大学出版社2005年版，"译者序"第14—15页。

② 同上书，"译者序"第15页。

③ 同上书，"译者序"第7页。

④ 同上书，第111—115页。

湾和平统一和香港、澳门回归祖国问题，创造性地提出了一系列构想，推动了国家主权规范的实践创新。在“一国两制”的框架下，中央政府依照宪法和特别行政区基本法对香港、澳门实行管治，与之相应的特别行政区制度和体制得以确立。“除外交和国防权隶属于中央政府之外”，两个特别行政区“享有高度的行政管理权、立法权及独立的司法权和终审权”。①邓小平指出：“台湾作为特别行政区，虽是地方政府，但同其他省、市，甚至自治区的地方政府不同，可以有其他省、市、自治区所没有而自己所独有的某些权利，条件是不能损害统一的国家的利益。”②“一国两制”作为中国对主权规范的一种创新，不仅允许不同类型的政治制度在同一个主权国家内部同时施行，而且为国际社会解决类似问题提供了中国方案。“国家往往并不只是被动地接受外界所施加的规范，而是可以根据自身的国情对规范进行创新，以使规范可以更好地解决本国所面对的现实问题。”③袁正清等学者注意到了国际社会中有重要影响力的领导人在规范的传播、内化和创新的过程中所起到的推动作用。④本文所关注的中美省州长论坛是两国国家领导人亲自敲定并直接推动的现实案例。中美省州投资经贸合作机制的建立亦是得益于双方省州、国家领导人达成共识后的具体成果。

“尽管各国都接受了同一种规范，但它们对规范的理解往往不尽相同。美利坚大学教授阿米塔·阿查亚（Amitav Acharya）将这一现象称为规范的‘本土化’（localization）过程，即本地行为体对外来观念的积极建构，它使外来观念发展出与本地信念和实践的有意义的一致。本土化的结果是本地先前存在的一些规范的关键性特性得以保存下来，而不是完全被新规范所取代。对本土化而言，最重要的一点在于外来观念同时也在适应本地的实践，因此，这实际上是一个现存的本土规范和外来观念之间相互建构的过程。”⑤追溯至中美签订的《望厦条约》中有关领事裁判权的条款，昏庸腐朽的晚清政府居然认为把在中国领土上犯罪的美国人交由其原籍国审判有助于平息争端，这一行径不仅彻头彻

① 袁正清、赵洋：《“一国两制”与主权规范创新》，载《国际政治研究》2017 年第 4 期，第 126 页。

② 《邓小平文选》（第三卷），北京：人民出版社 1993 年版，第 30 页。转引自袁正清、赵洋：《“一国两制”与主权规范创新》，载《国际政治研究》2017 年第 4 期，第 126 页。

③ 袁正清、赵洋：《“一国两制”与主权规范创新》，第 127 页。

④ 同上书，第 128 页。

⑤ 同上书，第 128 页。

尾地使中国主权利益受到极大损害，而且反映了两国之间对主权规范、司法观念在认知上的巨大差异。

秦亚青教授系统梳理了近年来国际规范研究的主要发展趋势和代表性观点，指出了“规范研究议程基本上实现了从规范产生到规范死亡的整个周期”；①秦亚青分别结合玛莎·芬尼莫尔（Martha Finnemore）关于国际规范传播机制的创新性论述、阿米塔·阿查亚有关全球性规范与地区规范结构的关系、杰弗里·切克尔（Jeffery Checkel）对规范传播机制的进化式分类以及莱德尔·麦基恩（Ryder McKeown）对规范退化的研究，发掘了国际规范研究中通过观察并研究国际关系事实中出现的差异或新现象进而实现的理论创新；秦亚青以上述研讨作为案例，探究了如何做好国际关系问题的研究设计。

刘兴华通过考察中国和印度在国际核不扩散机制条件下的社会化过程、中国和俄罗斯结合国际反洗钱规范进行的国内制度改革，以及中国与其他新兴市场国家基于知识产权规范所作出的调整，在国际规范的权威性和团体成员资格的分析框架基础上，探究了全球治理规范对国家国内制度改革所产生的深刻影响及其机制过程。刘兴华指出，国际规范的权威性影响着国际社会中各种规范团体内部和外部国家的国内制度改革，规范的权威性越强，越容易对国家的内部制度改革产生影响。国家为寻求团体成员资格，一方面会加快建立或调整国内制度的步伐，另一方面可能面临获得正式成员资格后所带来的问题和挑战。刘兴华通过关注国家社会化的演进过程，尝试建立一种对该进程具有普遍意义的整体过程分析路径，以“丰富国际关系理论对国家与国际社会关系的解释”。针对国家学习规范的主被动成因，刘兴华认为强制和讨价还价是否存在并不能起到决定作用，而是要将国际体系层次对国家对外政策的影响与国家内部制度的调整变化相结合并“进行具有逻辑关系的分析”。刘兴华认识到频繁有效的国际交流与合作有助于国际观念在国家之间的积极传播，为了推动尽早获得国际规范团体成员资格，国家及其领导人会将上述事务作为议事日程中的优先项并利用国家机器推动其在国内的有效落地。②刘兴华将中国和印度结合国际核不扩散规范进行的国内制度改革作为研究国家与国际规范体系之间关系的切入点，

① 秦亚青著：《国际关系理论：反思与重构》，北京：北京大学出版社2012年版，第285页。
② 刘兴华著：《国际规范与国内制度改革》，天津：南开大学出版社2012年版，第1—13页。

通过该案例重点考察了“国家在社会化进程中的利益重塑和角色转换”，指出了美国一直以来借助国际核不扩散等国际机制企图建立由其主导的各种机制的国际规范，探究了中国对国际核不扩散规范从排斥与接触、学习与内化、维护改造与推广的社会化进程。①

齐尚才注意到了在扩散进程中的规范演化长期被忽视且被割裂开来加以研究的现状，通过确立新的变量关系——引入议题身份概念、突出行为体能动性，解释了在双向说服过程中规范的倡导者与接受者通过调整认知结构实现扩散进程中的规范演化的现象。齐尚才采用过程追踪方法对1945年以后国际航行自由规范的扩散与演化机制进行了考察，在简要阐述传统航行自由规范的基础上，发现了行为体由于议题身份决定的认知偏好差异导致的对规范的差异性理解，“而行为体对规范变化引起的利益界定调整的高度敏感性则促使认知差异转变为认知竞争”，海洋传统强国与新兴国家经过长期的双向说服过程，基于规范界定的利益展开了争论，通过多次调整认知结构及妥协程度逆向重构了规范内容，规范出现了双向扩散。齐尚才从新现实主义、新自由主义出发分别提出了权力分配、交易成本两种替代性解释并结合前述案例对其进行了验证与评估。按照新现实主义的推论，“规范内容的调整取决于权力结构的变化以及霸权国家的需要”，然而，事实却是第三世界国家不但没有主动接受海洋强国提出的主张，“反而对其说服行动进行了抵制甚至反向说服”。按照新自由制度主义的逻辑，“扩散进程中的规范演化取决于规范降低交易成本的功能需求”。通过考察第二次世界大战以后的航行自由规范的扩散发现，行为体在互动过程中并没有把“交易成本”作为主要考虑的内容。因此，上述两种相关假设都被证伪。②齐尚才提出，在规范的扩散与演化研究中，摒弃西方中心主义之后，新兴国家可以通过促进认知妥协与开放式规范建构的方式推动上述研究领域的延展与深化，抑或是促使新规范、新观念被广泛接受的一种有效途径。制度是由霸权国家制定的，用来维护优势地位的工具，也是霸权国家提供的“公共产品”，规范的扩散与演化取决于维持霸权的需要。齐尚才依据上述论点提出如下假设：体系结构

① 刘兴华著：《国际规范与国内制度改革》，天津：南开大学出版社2012年版，第145—157页。

② 齐尚才：《扩散进程中的规范演化：1945年以后的航行自由规范》，载《国际政治研究》2018年第1期，第38—73页。

决定了扩散进程中的规范演化。如果这一假设正确，那么规范内容总是与体系中实力最强国家的偏好相一致，由其主导制定和推进，行为体越强大则规范越容易传播，规范内容和属性的变化反映的是权力结构与强国利益偏好的变化。① 新自由制度主义将国际制度视为核心变量，从功能主义角度论证了制度对行为的影响。罗伯特·基欧汉认为，理性行为体为了降低互动中的不确定性与交易成本，在相应的议题领域中建立起制度（包括原则、规范、规则和决策程序等）。②

张豫洁从传统的制度变迁理论出发，比较了制度变迁理论与规范扩散理论之间存在的异同，在此基础上提出了一个经过整合两者特性的分析框架，并界定了该理论框架的基本变量、基本路径。分别结合日本的援助规范扩散、《国际禁雷公约》的扩散这两个案例深入浅出地对渐进式扩散理论的两种主要路径进行了分析，探究了在国际社会中某一议题领域存在既有主流规范的前提下，新兴规范推广国在渐进式规范扩散过程中所采取路径的可能性。张豫洁借助渐进式制度变迁理论框架中的自变量与因变量，发展出了渐进式规范扩散理论的自变量与因变量，指出了上述两种理论在渐进过程方面的共性以及在渐进性表征、具象化与模糊性方面的区别。尤其值得一提的是，张豫洁在文中对国际规范、国际制度概念进行了细致地梳理与区分，厘清了上述两个概念的异同，举例说明了两者在国际关系实践中的具体表现形式，“国际规范更为普遍的以公约、条约等松散的形式呈现出来。”鉴于规范分析的渐进性与模糊性特征，张豫洁围绕推动规范动态演变的主体对渐进式规范扩散理论进行了探析，通过三个自变量衡量了影响新兴规范推广国进行渐进式规范扩散路径选择的因素，借助类型化方法梳理并总结了八种可能的渐进式规范扩散路径，结合具体案例并运用三个自变量对上述基本路径中的两种路径进行了探析，对该理论框架的进一步研究取向提出了展望。③

---

① ［美］罗伯特·吉尔平著：《世界政治中的战争与变革》，武军等译，北京：中国人民大学出版社 1994 年版，第 9 页。转引自齐尚才：《扩散进程中的规范演化：1945 年以后的航行自由规范》，第 52 页。

② ［美］罗伯特·基欧汉著：《霸权之后：世界政治经济中的合作与纷争》，苏长和等译，上海人民出版社 2012 年版，第 57—61、91 页。转引自齐尚才：《扩散进程中的规范演化：1945 年以后的航行自由规范》，载《国际政治研究》2018 年第 1 期，第 52 页。

③ 张豫洁：《新兴规范的国际扩散路径——基于类型学的分析》，载《国际政治研究》2019 年第 2 期，第 28—52 页。

三、次国家政府行为体双边规范指导下的中美地方经贸往来

中美地方交往，特别是以经贸往来为主要形式的双边互动可以追溯至 18 世纪美国建国之初。1784 年一艘名为“中国皇后号”的美国商船突破西欧列强的贸易封锁，带着其建国之初百废待兴的历史使命，载着美国的优势产品——西洋参、毛皮、羽纱和棉花等，从美国纽约启航不远万里来到中国广东，“彼时的中国，以其约占世界一半的经济总量成为当时美国的最佳贸易伙伴”。“这次远航的过程充满艰辛，但是结局非常美好。这很像中美经贸关系的写照。”①在中美地方交往中，省州层面的经贸合作、人文交流发挥了重要作用。截至 2019 年 7 月，中美缔结了 43 对友好省州、227 对友好城市关系，涉及中国 31 个省（区、市）和美国 50 个州。②中国 25 个省市与美国的 7 个州（市）建立了贸易投资合作联合工作组。③“据美中贸易全国委员会估算，2015 年美国对华出口和中美双向投资支持了美国国内 260 万个就业岗位。其中，中国对美投资遍布美国 46 个州，为美国国内创造就业岗位超过 14 万个，而且大部分为制造业岗位。”④

中美经贸关系在长期的双向互动中必然面临着合作与斗争并存的局面，特别是在当前，美国特朗普政府对全球多边主义发起挑战并举起贸易保护主义的大棒，同时中美两国关系因美方挑起贸易战而暂时步入僵局，中美在国家层面的经贸合作作为传统的稳定发展两国关系的“压舱石”和“推进器”作用受到严重阻碍。美国特朗普主政以来，出现了双边或多边国际规范遭到严重践踏的局面。特朗普多次强调美国优先政策，自 2017 年上台，已先后退出跨太平洋伙

① 中国新闻网：《通讯：汪洋借“中国皇后号”故事寄语中美省州合作》，http://www.chinanews.com/gn/2015/11-22/7635783.shtml，最后访问时间 2018 年 8 月 15 日。

② 中华人民共和国驻纽约总领事馆网站：《章启月总领事出席“中国省与美国纽约州贸易投资合作论坛”并致辞》，https://www.fmprc.gov.cn/ce/cgny/chn/lgxw/t1479117.htm，最后访问时间 2018 年 10 月 7 日；外交部网站：《2019 年 7 月 18 日外交部发言人陆慷主持例行记者会》，https://www.fmprc.gov.cn/web/fyrbt_673021/t1681913.shtml，最后访问时间 2019 年 7 月 19 日。

③ 中华人民共和国商务部网站：《“中国省与美国纽约州贸易投资合作联合工作组”成立》，http://www.mofcom.gov.cn/article/i/jyjl/l/201604/20160401296677.shtml，最后访问时间 2018 年 10 月 5 日。

④ 国新网：《关于中美经贸摩擦的事实与中方立场》白皮书，http://www.scio.gov.cn/zfbps/ndhf/37884/Document/1638295/1638295.htm，最后访问时间 2018 年 10 月 2 日。

伴关系协定（TPP）、《巴黎协定》、联合国教科文组织、联合国人权理事会、伊核协议、《苏联和美国消除两国中程和中短程导弹条约》（以下简称“中导条约”），其上述行为被称为“退出战略”（Exit Strategy），旨在破坏多边主义的世界格局，重建以美国霸权为核心的单边主义旧秩序。同时，美国又分别与欧盟、日本、加拿大、墨西哥就贸易争端问题进行磋商，不仅对此前的双边规范进行了较大幅度地调整，而且大多采用双边谈判的方式试图提高美方的主导权。美国政府甚至错误地指出应将中国纳入《中导条约》——这一美苏双边性质的国际规范。“长期以来，美国都习惯于推行双边主义，即两国之间、而不是多国之间的谈判。这样的行为是有个背景的，那就是二战后美国世界第一、远远领先于世界上其他国家。这其中当然也包括了美国的国内市场和非常高的消费水平。欧洲和日本的经济复兴，很大程度上靠的就是美国国内市场在当时领先于全世界的消费能力，所有的市场主义国家都迫切希望和美国进行贸易，打开美国市场。在这种情况下，如果美国和各国实行一对一的贸易谈判，那么无疑对于美国来说，它将会占据上风。”①有部分学者认识到，中美竞争进入了新疆域：“美国应准备好与中国长期斗争，中美对立的主要武器应当是高技术领域的领先地位。美国政府如今正在按照这一战略行动”。“霍洛德科夫称‘贸易战’一词是粗浅的定义。这位专家认为，把中美当前的贸易关系描述成经济和技术领域世界霸权之争是最好的。美国人在这方面追求两个主要目标，其中一个是减少贸易逆差。美国经济的霸权地位现在靠世界贸易和资本结算中使用美元来维持。”②

“资本全球化大量流动的背景下，对国际投资协调机制的需要日益凸显。作为对其多边机制尝试受挫的替代，双边投资协定成为调节与规范对外直接投资的主要手段，在国际投资协调中占据重要地位，中国亦成为缔结双边投资协定最多的国家之一。”③“2012年以来，中国商务部先后会同国内25个省市与美国加利福尼亚州、芝加哥市、艾奥瓦州、得克萨斯州、密歇根州、华盛顿州、纽

① 新浪网：《日媒：特朗普布局“退出战略”在新环境重新构建秩序》，http://mil.news.sina.com.cn/dgby/2018-08-22/doc-ihhzsnec0231628.shtml，最后访问时间2018年10月4日。

② 参考消息网：《外媒：中美经贸谈判未破争端僵局　遏制与反遏制才是本质》，http://www.cankaoxiaoxi.com/china/20180825/2316026_6.shtml，最后访问时间2018年8月26日。

③ 陈兆源、田野、韩冬临：《双边投资协定中争端解决机制的形式选择——基于1982—2013年中国签订双边投资协定的定量研究》，载《世界经济与政治》2015年第3期。

约州等7个州市分别建立‘贸易投资合作联合工作组’机制。”“在2015年6月召开的第七轮中美战略与经济对话期间，双方就深化中美地方经贸合作达成共识。2015年9月，习近平主席对美国进行国事访问期间，两国领导人对中美省州市‘贸易投资合作联合工作组’的作用给予高度评价，并欢迎建立更多的类似机制。2015年11月，在第26届中美商贸联委会期间，中美两国商务部签署了《关于建立“促进中美地方贸易投资合作框架”的谅解备忘录》谅解备忘录。”①截至目前，中国参与该机制的省份主要来自国内中东部地区，西部主要省份根据其资源禀赋优势在该机制中亦有所参与。其中，河北省充分发挥其传统特色产业优势，与美国相应省州开展了互利合作，四川省近年来加快了对外开放步伐，在中西部地区中扮演了中外省州交往的积极角色。美国参与该机制的成员主要来自中西部地区经济和综合实力较为发达的州和地方政府，其中，美国人口和经济排名前10名的州、2012年州内人均地区生产总值前10名的州以及较大的城市中有6个州市参与了该机制，②纽约州是东北部地区第一个与中方建立该机制的成员，③特别是艾奥瓦州因其特殊的政治因素及其农业产业优势亦与中国河北省等省份组成了贸易投资合作联合工作组。

中美省州（市）之间建立“贸易投资合作联合工作组”机制以来，各个工作组分别签署了《关于建立“中国市与美国芝加哥市贸易投资合作联合工作组”的谅解备忘录》《关于建立“中国省与美国艾奥瓦州贸易投资合作联合工作组”的谅解备忘录》《中国省与美国得克萨斯州合作备忘录》《关于建立“中国省与美国华盛顿州贸易投资合作联合工作组”的谅解备忘录》等次国家政府双边规范文件。依据上述规范文件，双方明确了工作组的目标任务，确定了各自的牵头单位和成员单位，特别是分别指定了工商界代表承担秘书处职责，商定了工作组运行机制的主要形式包括沟通联络、信息交流、促进项目和组织活动，拟定了开展合作的重点领域。尤其需要指出的是，为避免上述规范与双方各省州

① 中华人民共和国商务部美洲大洋洲司网站：《中美省州和城市间经贸合作情况介绍》，http://mds.mofcom.gov.cn/article/zmsz/qkjs/201604/20160401297895.shtml，最后访问时间2018年10月4日。

② ［美］蓝志勇、黄衔鸣著：《美国地方政府管理》，北京：科学出版社2015年版，第59页。

③ 中华人民共和国驻纽约总领事馆网站：《章启月总领事出席“中国省与美国纽约州贸易投资合作论坛”并致辞》，https://www.fmprc.gov.cn/ce/cgny/chn/lgxw/t1479117.htm，最后访问时间2018年10月7日。

单独建立类似机制之间可能发生的冲突，上述规范文本对类似机制之间的相互促进特别作出了声明。①

在2018年中美爆发贸易战之前，美方要求中方平衡双方贸易的要求早有其主张。②中国政府近来多次强调在国际贸易中追求“平衡”的主张，体现了中国对国际观念在认知层面的调整以及对国际规范的调整与适应。2018年8月中美双方进行中等级别的谈判磋商，旨在通过沟通对话打破中美贸易摩擦僵局并实现更高级别的再次接触。“特朗普政府之所以不顾国际社会乃至美国国内的反对声音推出对华关税制裁，是由于对自身霸权受到全球第二大经济体中国的威胁有着强烈危机感。”“美国政府内部已出现严重分歧，以财长姆努钦为首的一派努力推动达成协议，而另一派则主张推迟谈判，直到美国通过加征更多关税给北京方面施加更大压力。就目前来看，强硬派似乎在白宫占据上风。”“虽然中美两国政府同时也举行了事务级别磋商，但是未能阻止当前对立的局面。最多也只是通过磋商明确掌握两国政府的立场。”“双方都仍然认为自己即便没有能力抵挡来自对方的压力也是占据上风的”。③“一般来说，美国耐用品生产企业更易受到美国与世界上多数国家激烈竞争的影响。因此，这些企业的利润指数非常敏感，尤其是在因竞争导致贸易环境出现深刻变化的时候。由特朗普掀起的针对世界主要大国的贸易战和经济战就导致了这种局面，其影响正显现在各种区域协定和很多国家中。”④“除非在执行绝对必要的检验法，任何州都不能在没有国会同意的条件下，设立进出口关税；在特殊情况下得到的任何进出口关税收入，都归联邦政府国库所有。”⑤中美贸易摩擦最终损害的必然是来自美国地方的市场主体。2018年10月中国政府领导人在素有“欧洲门户”之称的荷兰就

---

① 参见中华人民共和国商务部网站以及部分贸易投资合作联合工作组中文官方网站：中国投资指南网，http://www.fdi.gov.cn/；中国市与美国芝加哥市贸易投资合作联合工作组网站，http://china-chicago.fdi.gov.cn/；中国省与美国密歇根州贸易投资合作联合工作组网站，http://cnmi.cccme.org.cn/index.aspx；以上网站最后访问时间2019年9月10日。

② 凤凰网：《中美省州和城市间经贸合作“有甜头”助推中美关系发展》，http://news.ifeng.com/a/20170701/51354135_0.shtml，最后访问时间2018年11月3日。

③ 参考消息网：《外媒：中美经贸谈判未破争端僵局　遏制与反遏制才是本质》，http://www.cankaoxiaoxi.com/china/20180825/2316026_3.shtml，最后访问时间2018年8月26日。

④ 参考消息网：《西媒：特朗普或引爆美国新一轮经济危机》，http://www.cankaoxiaoxi.com/china/20180825/2316026_7.shtml，最后访问时间2018年8月26日。

⑤ ［美］蓝志勇：《给分权划底线，为创新设边界——地方政府创新的法律环境探讨》，载《浙江大学学报（人文社会科学版）》2007年11月第37卷第6期，第19页。

当前单边主义、保护主义的逆流表明了中方立场，中国将同有关各方一道继续坚持以规则为基础、以世界贸易组织为代表的多边贸易体制，以更大力度加强知识产权保护，实施更为严格的侵权赔偿制度，“改善司法服务，健全与国际经贸规则接轨的创新保护体系”。①

本文发现，中美省州长论坛、中美（省州）贸易投资合作联合工作组等制度性安排及其达成的合作成果在一定程度上降低了中美国家层面之间的贸易摩擦与纠纷，通过次国家政府行为体之间的国际合作在一定程度上弥合了双方在观念、规范层面上的认知偏好和认知差异。“国际规范作用于国内制度的结果就是国家将国际规范制度化为具体的国内机构、法律体系和规则规定。”②“商业自由主义认为国家之间的自由贸易和经济交往是促进合作的重要条件。商业自由主义同样把国家视为理性行为体，认为国家之间的商业和经济往来可以促进国家之间的合作，从而降低发生冲突的可能性。”“在商业自由主义的视野中，国家不是唯一的国际行为体，从事国际经济的行为体也都在从事国际交往和跨国活动。这些次国家或超国家行为体会在国家政治进程中发挥重要的作用，从而使得国家决策程序更多地反映经济行为体的利益。总之，对于商业自由主义来说，国家之间的商贸交往本身就是合作性质的活动，同时又可以促进合作的发展。商贸活动不仅可以促进国家的共同福祉，还会鼓励国家以非冲突的方式解决它们之间的分歧，弱化将战争视为解决国际争端主要手段的意识。”“国际社会的核心是国际秩序，这是因为国际秩序是国际社会的首要价值，而国际合作是保证国际秩序的基础。同时，国际体系中社会性因素，如国际规则、国际规范、国家制度、国际法等则是维系国际社会并加强社会性内涵的重要手段。在一个没有最高权威的无政府社会中，是这些社会性因素保证了社会的运作，共同规范、规则和制度所构成的网络有效地运行，促进并保证了‘社会’因素在国际体系中的逐渐增长，因而也就有助于促成国际合作。”民主和平论认为，“民主体制的国家在相互的交往中能够促进合作、保证冲突的和平解决。进而，民主国家之间的人民有着高密度的相互交流，正如威尔逊所相信的那样，拆除了人民之间交往的障碍，也就给战争建立了一个不可逾越的障碍”。“具体来说，

① 中国政府网：《李克强在中国-荷兰经贸论坛上的主旨演讲》，http://www.gov.cn/premier/2018-10/18/content_5331904.htm，最后访问时间 2018 年 10 月 10 日。

② 刘兴华著：《国际规范与国内制度改革》，第 8 页。

合作的目标有两种，一种是近期目标，一种是长期目标。近期目标是合作双方的利益得到最大限度的实现，长期目标则是建立共同体。”①

“规范在扩散过程中的演化本质上是为了更好的约束行为体，通过减少违约现象确保规范稳固。”②传统大国与新兴大国目前正围绕国际规范展开激烈博弈并互有攻守，正处于相持阶段。③中美贸易战使两国关系出现的裂痕以及多次谈判因分歧导致无果而终的状态，意味着双方将对此前双边认可的规则、规范进行必要的调整，特朗普政府针对包括传统盟友及中国在内的有关国家的旨在解决其长期对外贸易逆差而提高进口关税的行为，既是对现有国际规范的冲击，也表明了国际规范在某种程度上的退化。特别是，“美国和西方一些国家对中国崛起的势头越来越警觉，开始转变态度，把中国当作‘头号战略竞争对手’来对付，这就使得很多过去我们习以为常的东西——从双边关系到国际制度范式，都在发生分水岭式的变化，必将影响到每一个人的实际生活”。④这种行为体现了对规范的重塑与重构。

结　论

本文通过考察此前中美双方业已达成的国家层面、次国家层面双边规范及其在扩散进程中的演化，依托两国以次国家政府行为体经贸往来为重点的双向互动实践，探究了国家、次国家政府行为体在社会化进程中的利益重塑和角色转换。受中美双边国家层面行为体交往实践和双边规范的约束和指导，在双方次国家政府行为体交往中，互动行为体之间起初因议题身份的不同导致认知偏好差异，规范提出者或守成者依据其利益认知确立的规范，需要通过多种形式的接触与尝试以调整双方对新规范与既有规范之间利益界定的敏感性，如果新的规范触及了彼此的核心利益，双向说服机制则成为弥合分歧的重要手段。⑤

---

① 秦亚青著：《国际关系理论：反思与重构》，第76—78页。

② 齐尚才：《扩散进程中的规范演化：1945年以后的航行自由规范》，第52页。

③ 王存刚：《国际规范的新变化与新趋势》，载《世界经济与政治》2013年11月第6期，第120页。

④ 安刚：《中美关系会在“下行通道”里坠落吗?》，载《世界知识》2018年第18期，第59页。

⑤ 齐尚才：《扩散进程中的规范演化：1945年以后的航行自由规范》，第45—47、73页。

追溯至18世纪中美贸易开端的时候美方所做的主动作为，结合当前中美贸易战中中方展现的积极姿态，尽管历史背景和时代背景使得双方的互动行为有所差异，但是中美关系作为当今世界上最重要的一对大国关系，双方都要珍视多年来之不易的大好局面，在切实履行双边既有规范的基础上，尽早对既有规范的认知偏好差异作出调整，降低双方对规范引起的利益变动的高度敏感性，通过形成新的共有认知，在双向说服过程中以期达到双向妥协。

中美“双方也都希望避免冲突，所以，扩大累积性的双边规范、规制共识，用预防性规范来弥补冲突扩大的趋势，根据‘新型大国关系’的理念共同构建新的规范，将是中美两国在和平时期应该尝试的一种软性战略”。① “这种结果的出现得益于早期的互动经历，双方依据自己的认知各行其是导致海洋秩序陷入空前混乱且双方利益遭到严重损害，这使得各方重新审视自身认知的适当性，并在后续的互动中采取了开放性态度。为此，它们承认了对方主张的合理性并对自己的认知作出调整……这种认知上的接近构成了达成协议的基础，并最终完成了对规范的重构。”②

“中美在建交近40年的过程中形成了一系列累积性的双边规范、规制共识，它们可以成为双方稳固国家间关系的积极因素。对于因为战略分歧而加剧的规范冲突，双方需要用双方的消极性规范，或预防性规范来弥补冲突扩大的趋势。”③ “对于双方战略目标与利益冲突、战略观的差异的问题，由于现存的国际规范并不能发挥有效协调与管控作用，因此双方需要共同构建新的规范。”④

---

① 刘鸣：《中美竞合关系发展——基于国际规范、国际战略对冲与协调的视角》，载《国际观察》2016年第5期，第105页。

② 齐尚才：《扩散进程中的规范演化：1945年以后的航行自由规范》，第62页。

③ 刘鸣著：《中美竞合关系发展——基于国际规范、国际战略对冲与协调的视角》，第103页。

④ 同上书，第104页。

图书在版编目(CIP)数据

国际组织、国际规范、国际公共政策:新动向与新挑战/王逸舟,张小明,庄俊举主编.—上海:上海人民出版社,2019
ISBN 978-7-208-16156-6

Ⅰ.①国… Ⅱ.①王… ②张… ③庄… Ⅲ.①国际组织-文集 ②公共政策-文集 Ⅳ.①D813-53 ②D035-01

中国版本图书馆 CIP 数据核字(2019)第 227157 号

责任编辑 王　冲
封面设计 零创意文化

国际组织、国际规范、国际公共政策:新动向与新挑战
王逸舟　张小明　庄俊举 主编

出　　版 上海人民出版社
(200001　上海福建中路 193 号)
发　　行 上海人民出版社发行中心
印　　刷 上海商务联西印刷有限公司
开　　本 720×1000　1/16
印　　张 29.25
插　　页 2
字　　数 471,000
版　　次 2019 年 11 月第 1 版
印　　次 2019 年 11 月第 1 次印刷
ISBN 978-7-208-16156-6/D·3506
定　　价 115.00 元